反败为胜

1942 印缅战场对日决战 1945

DEFEAT INTO VICTORY

Battling Japan in Burma and India, 1942—1945

〔英〕威廉·斯利姆 / 著

蒋经飞 / 译

William Slim

新 华 出 版 社

图书在版编目（CIP）数据

反败为胜：印缅战场对日决战：1942–1945 /（英）威廉·斯利姆著；蒋经飞译. — 北京：新华出版社，2021.5

书名原文: Defeat Into Victory: Battling Japan in Burma and India, 1942–1945

ISBN 978-7-5166-5728-7

Ⅰ. ①反… Ⅱ. ①威… ②蒋… Ⅲ. ①威廉·约瑟夫·斯利姆（William Joseph Slim，1891–1970）–回忆录
Ⅳ. ①K835.615.2

中国版本图书馆CIP数据核字（2021）第047866号

反败为胜: 印缅战场对日决战1942—1945

作　　者: ［英］威廉·斯利姆　　**译　　者:** 蒋经飞

选题策划: 巴别塔文化　　**责任编辑:** 江文军　樊文睿
特约编辑: 何梦姣　　**责任校对:** 刘保利
封面设计: 宋　涛

出版发行: 新华出版社
地　　址: 北京市石景山区京原路8号　　**邮　　编:** 100040
网　　址: http://www.xinhuapub.com
经　　销: 新华书店、新华出版社天猫旗舰店、京东旗舰店及各大网店
购书热线: 010－63077122　　**中国新闻书店购书热线:** 010－63072012

照　　排: 胡凤翼
印　　刷: 天津光之彩印刷有限公司

成品尺寸: 145mm×210mm　32开
印　　张: 19　　**字　　数:** 506千字
版　　次: 2021年5月第一版　　**印　　次:** 2021年5月第一次印刷
书　　号: ISBN 978-7-5166-5728-7
定　　价: 98.00元

献给军人的妻子爱琳

她追随着战鼓

把泥墙小屋或政府官邸变成真正的家

推荐序

缅甸是第二次世界大战东南亚战区的一个特殊战场，那里丛林密布、河流纵横、气候恶劣、疾病肆虐、物资匮乏。缅甸战场在盟军战略中处于最末优先级，却有着世界军事史上最复杂的指挥结构。盟军缅甸作战的主要目的是打通并保持通往中国的交通线，以支持中国长期抗战。中、美、英三国军队在缅甸并肩作战，与日军进行了英勇卓绝的战斗，从耻辱溃败到光荣凯旋历时 3 年多时间。

威廉 · 斯利姆将军是盟军在缅甸的主要战场指挥官之一。他临危受命来到缅甸，亲身经历从全线溃退到全面反攻的过程，亲自组织计划制订、部队训练、后勤准备和战斗指挥，妥善处理了英军与美军和中国军队错综复杂的指挥关系，成功驾驭了史迪威、温盖特那样特立独行的下属，展现出一名高级将领的全面素质。这样特殊的经历在二战盟军集团军司令或集团军群司令中，即使不是绝无仅有，也是寥寥无几。斯利姆被人们称作“士兵中的士兵”（Soldier’s Soldier），他为人真诚、谦逊、朴实，他赢得部下的信任靠的是坦率和关怀，他愿意与下级指挥官充分讨论作战构想，他重视向下级灌输清晰的意图，鼓励他们根据指挥官意图和战场情况创造性完成任务。斯利姆在处理友军关系中表现出理解和宽容，他在成功与挫折面前表现出理性和冷静，他在荣辱面前表现出不贪功、知悔过的风度。不论战争如何演变，领导指挥艺术的真谛是相对稳定的，而斯利姆将军堪称这方面的楷模。

《反败为胜》是斯利姆将军的缅甸作战回忆录。这部著作从一个高级指挥官的视角，全景记述了盟军在缅甸战场反败为胜的全过程，不论从内容还是文字看，都称得上是二战高级将领回忆录中的杰作。长期以来，国内关于二战缅甸战场的研究集中在中国远征军和美国“飞虎队”，相关人物传记也主要限于孙立人、陈纳德、史迪威等中国和美国将领，对英军战史和人物较少触及。谈到缅甸战场上的英军，国人脑海中很容易想到1942年日军大举入侵缅甸时，英军先兵败如山、后背信弃义，一路狂奔撤往印度，致使中国远征军第一次入缅作战失败。尽管很多人对“仁安羌大捷”“密支那战役”耳熟能详，但国内普通读者大多不了解英军才是缅甸战场当之无愧的主力，也很少有人听说过“钦迪特远征”“英帕尔—科希马战役”，当然更说不清楚缅甸是如何光复的。这部回忆录中文版的出版，填补了国内二战史研究方面英军史料的重大空白，对于了解中缅印战区全貌，客观公正评价中、美、英三国军队的历史贡献有着重要价值。

杨　虎

军事历史研究学者

序　言

在今天的美国，英国陆军元帅威廉·斯利姆爵士（Field Marshal Sir William Slim）几乎无人知晓。即使在英国，他的知名度也只比在美国略高一点。这位英国将领在1942年的缅甸惨败后重振雄风，组建并领导多国部队于1944年和1945年赢得了对日的压倒性胜利。然而，这一胜利在绝大多数第二次世界大战史中通常只是一笔带过，而且英美公众对此几乎毫无认知。可是在研究缅甸战争的人士看来，斯利姆却是第二次世界大战中的伟大将领之一，而且他的回忆录《反败为胜》（*Defeat into Victory*）是此类题材的经典之作，正如一位评论者所说，这可能是“最佳的第二次世界大战将领著作”。

为什么斯利姆以往如此不被人关注？诚然，如果说缅甸是一个“被人遗忘的战场”，则稍显夸张，由于同盟国和美国媒体太着迷于“酸醋乔”约瑟夫·W. 史迪威（Joseph W. Stilwell）和“梅里尔突击队”，这一战场尚有些许关注度。但从1944年初，随着盟军在欧洲和太平洋战场的突飞猛进，他们对中国人为共同事业贡献力量的期望也在日渐消退，从而对缅甸战场的关注也开始减少。此外，当美国人关注缅甸战场时，他们倾向于将自己的注意力集中在缅北战役上——大部分美军部队在缅北，而且正试图建立一条新的对华补给线——而不是关注斯利姆在中缅和南缅的攻势。他们认为斯利姆的进攻只是为了重新夺回英国在亚洲的殖民地。那时，另外一些更引人注目的人物经常夺去斯利姆的风头。英国将军陆军元帅伯纳德·劳·蒙哥马利爵士（Field Marshal Sir Bernard L. Montgomery）曾令美国人爱恨交加，他所指挥的战役及其鲜明的个性，遮蔽了第二次世界大战中所有英国军事将领的光芒。至于缅甸，史迪威的光芒绚烂夺目，同样使所有竞争者相形见绌，特别是在美国文献中。缅甸的英国将领中，“钦迪特”突击队的领导者，性格古怪的奥德·查尔斯·温盖特（Orde C. Wingate）少将，曾经是与史迪威受到同等关注的唯一之人。

1944年初，盟国公众对于缅甸战场的关注开始消退，斯利姆军旅生涯能否功成名就，希望还是相当渺茫。斯利姆1891年出生于布里斯托尔（Bristol）一个中低阶层家庭，他曾是一名小学教师，后来成了伯明翰的一个低级职员，第一次世界大战爆发时被委任为军官。他曾在加利波利（Gallipoli）身负重伤，又在美索不达米亚再次负伤，然后前往印度养伤。由于第一次世界大战后英国陆军的发展机会甚微，于是他转入英印军，并指挥一支廓尔喀人（Gurkha）部队。作为参谋军官，他在印度西北战线历经战事，并在各所参谋学院担任教职。他在这些工作中展示出了其分析能力，但并未获得什么特别的声誉。第二次世界大战爆发时，他晋升为陆军准将，在埃塞俄比亚－苏丹边界指挥英印第10旅。他在默特马（Metema）指挥该旅进攻意大利军队的要塞时，严重应对不当，但由于运气好，战斗结束后他反而获得提拔，出任英印第10师师长。在此任上，斯利姆一帆风顺。1942年3月，他到达缅甸，及时领导遭受灾难性战败的英缅第1军，并率领所部疲惫地撤往印度。到1943年，斯利姆一直和一长串失败联系在一起。温斯顿·丘吉尔首相1944年大发议论时，心中正回想起那些事件：“我不相信一个有着像斯利姆这样姓氏的人能好到哪里去。”

正是这样的逆境锻造了斯利姆的基本人性，他的回忆录有诸多涉及。邓肯·安德森（Duncan Anderson）曾说：“读者徒然地寻找一位‘伟大的领袖'阔步登上历史舞台，按照一些精心制订和完美实行的伟大计划部署麾下诸师。"恰恰相反，斯利姆毫无保留地承认第一次缅甸战役中他经常犯下的错误：他迟迟不下命令向英帕尔（Imphal）平原撤退，造成了破坏性后果；他几乎致命性地低估了敌人向科希马（Kohima）渗透的能力；还有，虽然他事先的假设被证明都是错误的，但曼德勒（Mandalay）攻势还是取得了成功。他反复将其获得的成功归功于别人，归功于上级给他的巨大支持，归功于努力工作的参谋人员，以及"足智多谋的下属指挥官们和顽强英勇的部队"。他找到很多机会嘲笑自己，他讲到有一次他陷入敌人的火力攻击，还徒劳地想要显示自己很英勇，结果惹得一个廓尔喀军士狂笑不已。他还讲到一次打了败仗后，他极力想使部下们高兴起来，便议论说："天要是下雨的话，咱们的情况可能会更糟。"直到两个小时后，果然下起了倾盆大雨。斯利姆甚至愿意承认，从全局而言，其他战场可能比他更有资格获得稀缺的人力和各种资源。与蒙哥马利和道格拉斯·麦克阿瑟将军们相比，这简直不能不令人惊叹。

斯利姆还能承认他经常与自我怀疑做斗争，正像他对 1942 年的大失败所作的公正而著名的反思所表明的那样。

> 唯一可以证明将才的是胜利，我努力过，但一无所成……士兵可以用这样的想法安慰自己，无论结果如何，他已经尽心尽力且坚定不移地完成了他的职责，但指挥官如果没有赢得胜利，就没有完成他的职责，因为赢得胜利是他的职责。对此，将军没有别人可以比较。他会在脑海里把战役的各种事件仔细想一遍。他会想道："在这里，我做错了。在这里，在应该大胆的时候我却退缩了。在那里，我本应该等待着以聚集力量，而不应该零敲碎打。在这样一个时刻，在机会出现在我面前时，

我却没有抓住机会。”他会记住那些被他派去参加一场失败的进攻而没能回来的士兵。他会回忆起那些信任他的士兵双眼的目光。“我辜负了他们，”他会自言自语道，“并且辜负了我的祖国！”他会看清自己是谁，他是一位打了败仗的将军。夜深人静时，他会转向自己的内心世界，质疑自己的领导能力和勇士精神的基础究竟何在。

随后他必须停止！因为，如果还要重返战场指挥作战，他就必须甩掉这些遗憾，并且将其踩在脚下，因为这些遗憾会动摇他的意志和自信。他必须击败攻击自己的敌人，摒弃因失败而产生的怀疑。忘掉这些遗憾，记住从失败中学到的教训，这比胜利的经验更为有用。

著名领袖人物写出的回忆录，在坦诚和自我批判上，很少有人达到斯利姆在以上这段话中所体现的水平。同时，在众多回忆录之中，没有哪个人是如此自我陶醉和自我怜悯的。斯利姆通过这一特别部分所展现的自我评价、道德勇气和精神纪律设法驱散了战败之将的魔咒，使自己准备好面对成功返回缅甸的各种挑战。

斯利姆面临的问题确实很多。正如斯利姆描述的，第 14 集团军的作战地区包括了“世界上最恶劣的地区，滋生着世界上最可怕的疾病，一年中至少有一半时间笼罩在世界上最恶劣的天气之下”。这个战场位于一条漫长交通线的尽头，距离相当于英国到美国的一半路程。这种情况，加上战略上的优先次序考虑，导致每一种补给物资几乎都相当匮乏。在这个战场，由于铁路不足、公路状况恶劣和铁路运输车辆和汽车的短缺，各种作战行动备受妨碍。斯利姆的集团军面对着陡峭而丛林密布的山脉，在他们前进的路上，横亘着众多溪流以及世界上的两条大江——钦敦江和伊洛瓦底江。作战计划人员必须考虑从 5 月开始并持续两三个月的季风雨季、倾盆大雨以及疾病问题，包括疟疾、痢疾和斑疹伤寒。绝大多数缅甸民众对于盟军要么十分冷淡，要么怀有敌意。最后，盟军内部也因猜疑和不同的利益而陷入不合。英国人关心的是保卫印度和从日本人手里收复他们的殖民地，而美国人则质疑英国人的帝国盘算，并且热衷于把中国打造成对日战争一个重要力量。

在《反败为胜》中，斯利姆明确指出“胜利的基石”是建立起这个战场的后勤基础建设和补给储备，维持军队的健康，以及重建军队的士气。对于职业军人，这些听起来没有什么特别不寻常的，但是在缅甸战争的背景之下，每一条都具有特殊的重要性。关于后勤和健康，斯利姆当然面临着机械化时代在亚洲大陆作战的西方军队都会遇到的困难。他非常清楚后方勤务对其胜利的重要性，尤其是在决定性的英帕尔战役中，他能够依赖很好的交通线，而日军却因补给线太过于漫长和脆弱而大受其苦。在整个战役过程中，由于斯利姆认真重视后勤和健康问题，第 14 集团军深受其益。

为了应对后勤方面的挑战，斯利姆反复宣传勤俭节约和自力更生，提醒各部队“人肯自助，天必助之”。他神通广大的后勤人员为铺设全天候公路的路面筹集材料，编成了规模小却有效的舰队，以进行侦察和支援沿河与沿海作战。盟军发展出了高效的空投、运输和疏散系统，为战场上的第 14 集团军提供维持军队的补给，特别是空中补给使得斯利姆的作战行动具有了可能性。空投补给需要大量降落伞，而他的后勤补给军官缺乏足够的丝绸，只好使用在孟加拉地区常见的黄麻纤维来制造代用的降落伞。斯利姆在其回忆录中承认空中运输在他的作战行动中的关键作用，但是他也谨慎地指出，空中补给依赖于制空权，以及陆军和空军在安排物资输送方面的重要作用。他还指出了在长期被围困的部队方面，空中补给存在的局限性。

在《反败为胜》中，斯利姆也指出：“一个指挥官身上最重要的东西是他对于士气的影响。”对于那些常年置身军伍的人来说，这也是他们烂熟于心的原则之一，但是运用起来却并没有那么容易。令读者印象深刻的是，斯利姆在叙述这一主题时，有条不紊而颇具洞察力。他指出日本人拥有心理上的优势，但在 1942 年的战役之后，因战场的艰难性以及远离故土而恶化；在英联邦部队方面，则缺少为大英帝国而战死的热情。斯利姆制订了一个计划，目标在于提高士气的精神、理性和物质基础，设法使部队相信，他们是一支更大队伍的一部分，这支队伍的任务就是消灭邪恶的化身——日本陆军。通过全面训练，战术调整，以及精心计划的作战行动，他的部队变得充满了信心，坚信他们能够在丛林中作战并且打败日本人。

斯利姆的个性对于士气的重建极为重要。他证明自己是一个天生的带兵人，会选择恰当的人选并且为他们提供坚定的支持，同时允许他们在履职时享有机动灵活性。虽然读者不能从这本回忆录中完全感觉到他的那种个人影响力，但有很多斯利姆亲身视察部队时与普通士兵接触的记录，他的亲身出现以其牛头犬式的下巴激发起了士兵们的信心，更不用说，他可以讲英语和廓尔喀语，或者还可以在特定环境下说方言。根据雷蒙德 · 卡拉汉（Raymond Callahan）的描述，密铁拉（Meiktila）附近的一位英国士兵惊讶地遇到这位集团军司令官，这位司令官“事实上无人陪同，卡宾枪斜挎在肩膀上”，他没有蒙哥马利的表演艺术或者乔治 · S. 巴顿中将（Lt. Gen. George S. Patton）的装腔作势，他告诉这位英国士兵及其战友们，他们会更快地占领仰光，他们会更快地坐着“大船”回家。他很快赢得了士兵们的爱戴和钦佩，士兵们叫他“比尔大叔”。

在斯利姆对于自己集团军以外盟友的评价中，令人意外的是，比起中国人，他对待美国人要更为谨慎。虽然他赞扬所有民族中的个体，但也说到中国人不守时间、他们有偷窃嗜好以及死要“面子”，同时也特别赞扬了中国士兵的勇敢、坚毅不拔和对于地形的独到眼光。相比而言，虽然他颂扬了美国人在修建利多公路（Ledo Road）过程中做出的后勤努力，但他也指出："美国人有大量可用的筑路机械，这使我们垂涎不已。"斯利姆的叙述，在他的部队以少得多的设备在同等险峻地形上修建公路之际，夸大美国人筑路的创造性会令其感到愤怒。他愤怒的部分原因在于，美国人集中精力修建穿过缅北的公路，无法支持其缅甸南部的攻势，按照英国人的观点，进攻缅南才能打通有效的对华补给线。斯利姆指责说，美国人曲解地怀疑英国人希望用美国人的生命收复大英帝国的土地，但是他肯定已经认识到，对于美国人来说，这种怀疑绝非空穴来风。

尽管斯利姆与史迪威在战略意见上存在诸多分歧，但是斯利姆实际上显然很喜欢这个刻薄的美国人。确实，他清楚认识到史迪威的固执、不必要的偏见及在媒体和公众面前维持坚毅步兵形象的努力，都带着一丝滑稽可笑，而且史迪威似乎不太热衷于争权夺利。但是，史迪威在精神和身体上的坚强，以及坚定、真诚和勇气，给斯利姆留下了深刻的印象。他这样评价史迪威："在最严格意义上而言，他不是一个伟大的军人，但是在战场上，他则是一个真正的领袖。在我所认识的人中，没有别人能使他指挥下的中国人做到他们所做到的那些事情。"史迪威曾反对接受担任盟军东南亚地面部队总司令的英军将领的指挥，但经过漫长而紧张的争吵之后，却突然主动提出，自己愿意服从斯利姆的指挥。斯利姆的资历比他还浅，而且仅仅是一个集团军司令官，此举让斯利姆甚为高兴。史迪威的行动表明，他高度赞扬斯利姆是一名战士。他很少给予别的英军将领此种评价。早在 1942 年 3 月，在灾难性的第一次缅甸战役期间，史迪威就在其日记中写道："斯利姆是好人。他可能是正确的。"

对于温盖特，斯利姆像对史迪威那样予以积极肯定。斯利姆承认

“钦迪特”突击队第一次远征极大地提振了士气，而且突击队员们具有巨大的勇气和耐力，但他也批评这次突击是一次代价高昂的失败。在1944年3月“钦迪特”突击队第二次大远征的开始阶段，他对温盖特的评价有进一步的下滑，当时温盖特因有报告说“钦迪特”突击队的3个重要着陆区之一存在问题，便忧心忡忡，担心他的部队会遇到伏击，于是把继续作战行动的责任推到斯利姆身上。斯利姆产生厌恶的部分原因在于，他不喜欢像温盖特和麦克阿瑟那样的极其任性以及传教士般的个性，他们二人在这部回忆录中很少得到赞扬。斯利姆回顾“钦迪特”突击队的作战行动，他认为，特种部队是浪费的，若将其所花费的人力和物力资源用在正规部队中，本来会发挥更好的作用。他坚持说他并不反对温盖特，而且的确同意此人的很多想法，但是他的绝大多数讨论却恰恰给人相反的印象。

他对于日本人的敌意甚至更为明显。从他到达缅甸的时候，他就按照中国兵法家孙子的优良传统，把了解他的敌人当成自己的要务。他赞扬日军的战斗素养以及近乎天生的夜战才能，这对他城镇出生的白人部队来说是较难获得的技能。但是，他也发现日本人，特别是指挥官的行为是可以预测且十分死板的，在最初的计划失败后，他们就会茫然不知所措。斯利姆从一位中国军官处了解到，只要能够顶住日本人的最初的猛攻，等待他们耗尽贫乏的补给物资，最终就可以进行反击，斯利姆利用这一经验，从而在英帕尔取得优势。从斯利姆对于日本人的看法中，不仅可以感知斯利姆存在个人的反感，也有困惑不解，这不仅来自敌人对他部队所施的残暴行径，也来自他们的狂热的纪律以及实施自杀性任务的习惯。甚至当他向日军战士致敬时，斯利姆也认为他们是不齿于人类的物种，他将日军个体描述为：“历史上最令人敬畏的战斗物种。”他违背了麦克阿瑟的愿望，在终战时强迫他的日本对手放弃其军刀，带着战败感回家。

斯利姆历经数年才得到他应得的认可。即使是让斯利姆建功封爵的英帕尔战役，他也因谨慎而缺乏想象力的战术而饱受批评。在1944—1945年的长驱直入进攻缅甸，包括勇渡伊洛瓦底江和猛击密铁拉的作战，他都展现出丰富的想象力，乃至军事天赋。然而在日本投降后，斯利姆回到家乡，他却受到了不冷不热的待遇。蒙哥马利和陆军元帅哈罗德·亚历山大爵士（Sir Harold Alexander）才是这一时刻的英雄。甚至连丘吉尔也把缅甸胜利的荣誉归于海军上将路易斯·蒙巴顿勋爵（Admiral Lord Louis Mountbatten）和亚历山大，而不是斯利姆。1947年，斯利姆退休出任英国铁路公司副总裁。但是，他也得到了某种程度的认可，在前任蒙哥马利的反对之下，1948年，他作为帝国总参谋长重新担任军队实职。5年后，他成为澳大利亚总督。在此任上的1956年，卡塞尔出版公司出版了他的《反败为胜》。这部著作一经出版立即引起了轰动，在几天之内，第一版就卖掉了2万册。斯利姆变成了一位军队的英雄，他的回忆录被誉为缅甸战役的经典文献。

虽然斯利姆之后又近乎默默无闻，淡出了公众视野，而《反败为胜》的热度却多年不减，一代代读过这本书的军事历史学家可以作证。再次提醒读者，人类曾历经战争，而且“优秀之人”能够首先结束战争。

小大卫·W. 霍根

1999年6月于华盛顿特区

前言

参加过一场战争的将军绝不是叙写这场战争历史的最佳人选。如果这段战史要成为完整与无偏见的历史，其作者就应该是与这场战争有较少个人牵涉的人。然而，这位参战将军只要尽可能老老实实地讲出当时他面对的问题，为什么他当时做出了那些决定，那些决定对当时的战事有什么帮助或妨碍，他有什么幸运之处，他又犯了哪些错误，他就有可能会写出颇具价值的书。他可能会分享一个人怎样发挥指挥艺术，而对后世那些可能不得不运用这一艺术的人有所裨益。他甚至可能给予那些没有经历过战争的人一些启示，即在战争中承担指挥责任的感受为何。此乃本书之目的。

本书是根据亲身经历，以战地军长或集团军司令官视角写成的。我的视野经常受到周围环境的限制。本书基于我那时所写的简要报告、纲领式日记、当时的一些文件以及我的回忆。对于任何不精确之处，当然，还有本书的观点和判断，只由我来负责。

如果在一些地方我曾提到一些个人、单位和部队的名字，那通常是因为在那个特定的时刻我碰巧在他们附近，而他们吸引了我的目光。对我提到的每个人，我都非常清楚。有 100 多个人值得我记录下来，不管有无姓名，我都会因曾经和他们一起服役而永远感到骄傲。缅甸的胜利，不是来自某一个人的工作，甚至不是来自某一些人的工作，而是来自无数人的共同努力。我们大家，甚至包括我们当中那些可能看起来失败的人，都竭尽了全力。十分幸运，事实证明，所有这些共同的努力铺就了辉煌之路。

英国陆军元帅

威廉·约瑟夫·斯利姆

1955 年 12 月 1 日于堪培拉

CONTENTS

目录

地图目录

第一部

战败

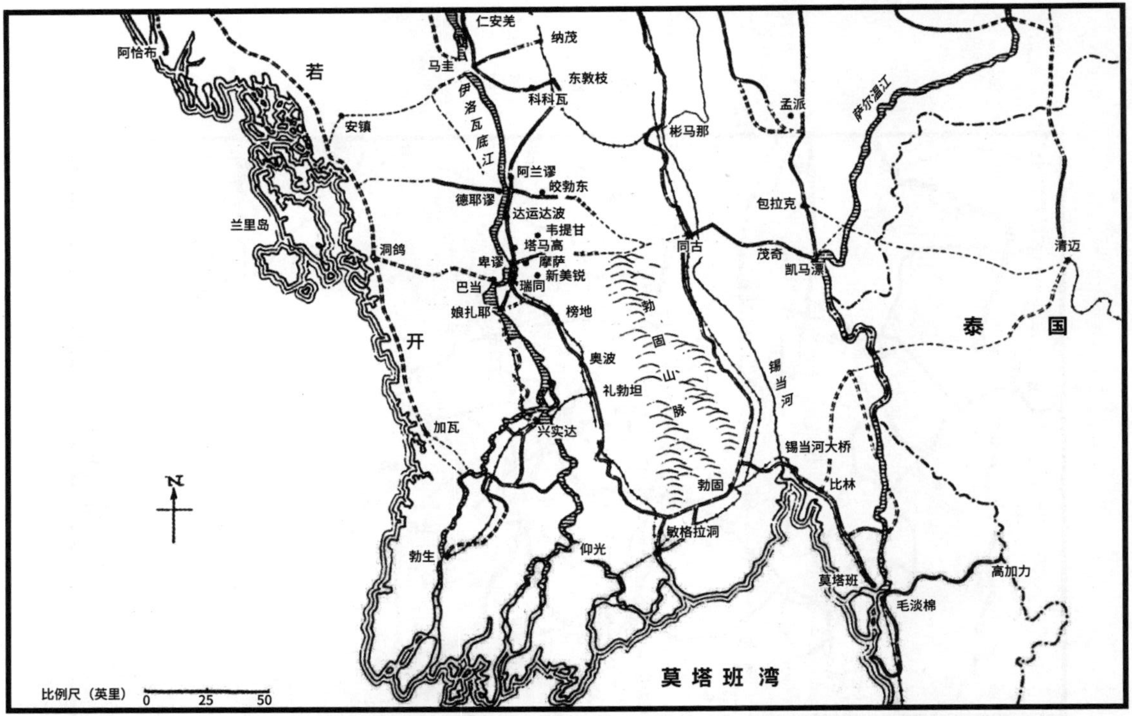
阿恰布
若
开
马圭
仁安羌
纳茂
东敦枝
科科瓦
伊洛瓦底江
安镇
阿兰谬
皎勃东
德耶谬
达运达波
韦提甘
塔马高
卑谬
摩萨
新美锐
巴当
瑞同
娘扎耶
榜地
兰里岛
洞鸽
奥波
礼勃坦
加瓦
兴实达
勃固山脉
勃生
仰光
敏格拉洞
勃固
彬马那
孟派
萨尔温江
包拉克
同古
茂奇
凯马漂
清迈
泰
国
锡当河
锡当河大桥
比林
莫塔班
高加力
毛淡棉
莫塔班湾
N
比例尺（英里）
0
25
50

地图 1　缅甸南部

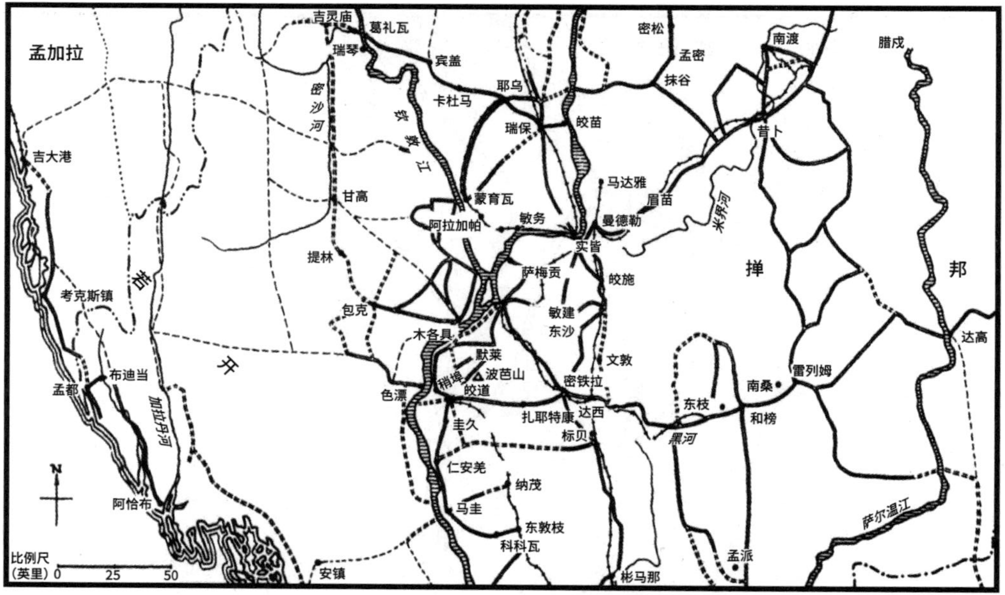
孟加拉
吉大港
考克斯镇
孟都
布迪当
加拉丹河
阿恰布
若
开
吉灵庙
葛礼瓦
瑞琴
宾盖
密沙河
钦敦江
耶乌
卡杜马
瑞保
皎苗
甘高
蒙育瓦
阿拉加帕
敏务
提林
包克
萨梅贡
木各具
默莱
波芭山
稍埠
皎道
色漂
圭久
仁安羌
纳茂
马圭
东敦枝
科科瓦
安镇
马达雅
眉苗
曼德勒
实皆
皎施
敏建
东沙
文敦
密铁拉
扎耶特康
达西
标贝
彬马那
密松
孟密
抹谷
南渡
昔卜
米界河
掸
邦
腊戍
达高
雷列姆
南桑
和榜
东枝
黑河
孟派
萨尔温江
比例尺
（英里）0 25 50
N

地图2　缅甸中部

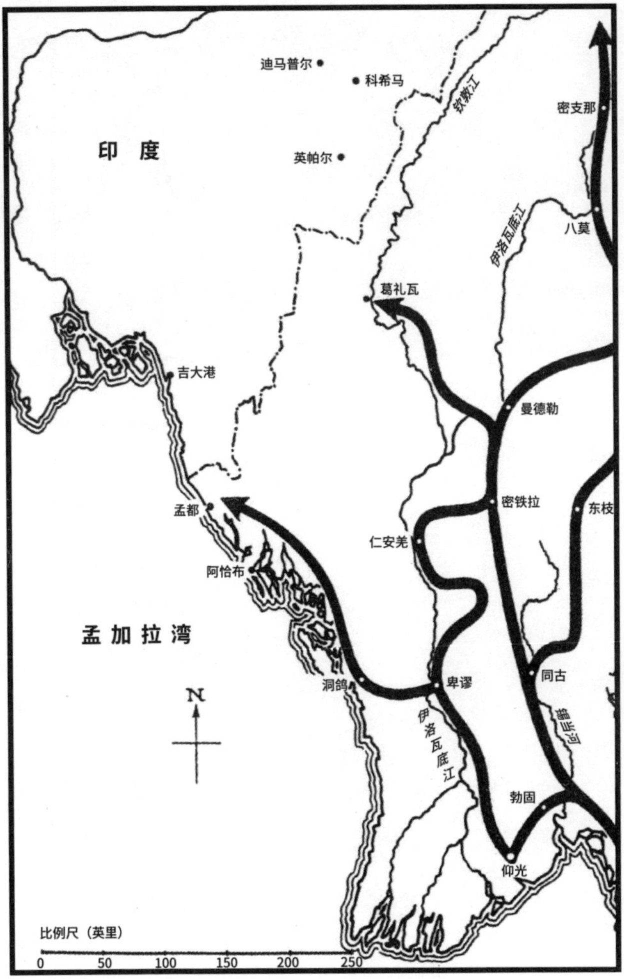

地图 3　日军进攻路线，缅甸，1942

第一章 进入缅甸

在伊拉克的沙漠指挥一个师，是一种享受。在任何地方指挥一个师，都是一种享受。这是服役生涯中最好的四个指挥职务之一，即指挥一个排、一个营、一个师和一个集团军。指挥一个排是你的第一个指挥职务，因为你还很年轻，如果你是优秀之人，那么对排里士兵的了解甚于其母亲，且对他们的爱堪比母亲。一个营是具有自己生命的一个军队单位，无论好与坏，都全看你一个人的了，你终于有了真正的指挥权。一个师，因为它是一个完整的战争交响乐队的最小构成单位，同时又是一个身在其中的每个人都会认识你的最大的建制单位。而一个集团军，因为在战斗中树立部队精神和领导权，而使你所经历的情感与理智经验实现最大的统一。

指挥英印第 10 师尤其是一种享受。作为一个师，我们发现了自己的能力。我们曾摸爬滚打地经历了伊拉克叛乱的一连串冲突，曾与驻叙利亚的法军浴血奋战，却未给予其太沉重的打击。我们曾毫不紧张地见证了入侵波斯帝国的滑稽闹剧。我们曾在海法（Haifa）买啤酒，在里海岸边享用。我们会调动，我们会作战，我们已经开始获得了所有财产中最具价值的东西，那就是成功的传统。我们有了优秀军人的自负。现在，1942 年 3 月，尽管有漫天的沙尘暴、装备短缺、武器过时，还要没完没了地构筑工事，但振奋人心的是，我们还是认为这里是一处要地，我们在等待着险恶的德国人入侵土耳其。如果这种入侵到来，德国人的无数个装甲师隆隆作响地越过那珍珠色的地平线，我们就会成为扔在压路机前面的软皮儿橙子。但在同时，开着车在荒漠上奔驰令人兴奋，一天长驱 100 英里[①]，让我们的野外双筒望远镜飞掠过一圈光秃秃的沙丘。这片沙漠适合英国人，我们也适应在其中打仗。你能看见你的士兵们。

我的司令部在哈巴尼耶湖（Habbaniyeh Lake）一个破旧的水上飞机站，我在那个司令部接到远在巴格达的集团军司令官电话，他告诉我，要在三天之内飞往印度。我的心猛然沉了下来。

“我被撤职了吗？”我问道。

“不，你已经另有任用。”

“但是，我并不想要别的工作。我想和我的师待在一起。”

“一个优秀的军人派他去哪儿就去哪儿，叫他干什么就干什么！”

电话在我的耳畔挂断了。

由于持续不断的沙尘暴，我的出发耽搁了几天，因此延长了告别的悲哀，但我终于出发进入哈巴尼耶湖，走向了那架水上飞机。穿过那依然吹打着我面孔的沙尘，我看着来给我送行的六七个师部参谋人员，他们很快变得模糊不清并消失在朦胧之中。我感到自己像他们一样孤立无助，弯腰驼背，背后是滚滚的沙尘。飞机若隐若现，我爬上飞机，在低矮的入口处碰了头，我最近总是这样。我听见机组人员议论沙尘是否太大而无法起飞。然而飞行员断定并非如此，于是我们起飞了。我想到已致电妻子告诉她我们要在德里（Delhi）相会，想让自己高兴起来，但是离开我的师还是令我有些闷闷不乐。

第二天我们降落在瓜廖尔（Gwalior）城外日趋干涸的湖上，又经过

① 1 英里≈ 1.61 公里。——编者注

一段单调而漫长的火车旅行后，我在德里车站见到了我的妻子。第二天早晨，在英印军总司令部，似乎没有人能够或者至少愿意告诉我，我的工作是什么。唯一明确的事情是，我应该几乎马上和已在印度的总参谋长莫里斯中将（Lieut. General Edwin Logie Morris）一起飞往缅甸。他将视察前线，以便对那里不太乐观的形势有一个第一手的观察。除此之外，我并不知道为什么我要去。但是，这次我是个优秀的军人，派我到哪儿就去哪儿，叫我干什么就干什么，绝无二话。

我们早早就出发了，在加尔各答（Calcutta）过夜，然后继续飞往阿恰布[①]（Akyab）。阿恰布是缅甸若开（Arakan）海岸[②]的一个小海港，似乎是一个快乐而和平的海边小镇，比印度一些同样的地方清洁得多、好得多，的确像所有缅甸城镇和村庄一样。我们与英国空军少将、驻缅空军司令官史蒂文森（Vice-Marshal Donald Fasken Stevenson）一起坐到很晚，讨论了目前的形势。就在几天前，仰光（Rangoon）已于3月9日陷落，[③]英国军队艰难脱险，但现在形势明朗起来，正在重新集结。地面和空中两个方面的形势，都令人十分焦虑。

面对着数量极具优势的敌军，我们在空中无疑比在地面更为成功。在任何战场，空军的重要性都是显而易见的，而在缅甸，从一开始空军就是一个决定因素。英军在日军发动攻击之前制订的各项保卫缅甸的计划，都极大地依赖于空军的能力以阻敌军，或者至少是极大地延迟敌人各个纵队前进。事实上，我们对空军的作战期待太多，在未来3年里，我们和日本人都发现，仅仅靠空中打击，双方都从来没有成功地制止对方的活动。即便能够做到这一点，缅甸的英美空中力量，1942年也从来没有进

① 阿恰布，现名“实兑”。缅甸西端加拉丹河河口港市，若开邦首府。临孟加拉湾。——编者注

② 若开海岸，缅甸西部、孟加拉湾东岸。——编者注

③ 作者叙述有误，仰光于1942年3月8日陷落。——编者注

行过一次认真的尝试。正像在其他事情上一样，在使用飞机的优先考虑名单上，缅甸是最后一名。1941 年 12 月，我军在缅甸的空军几乎可以忽略不计，仅仅由一个装备有几架“野牛”式战斗机（Buffalo）的英国皇家空军中队、一个配有一些过时机型的印度空军中队和配有几架 P40“战斧”式战斗机（Tomahawk）的美国志愿援华航空队第三中队组成。本来还应该有英国皇家空军的一个轰炸机中队，但飞机被留在了马来亚[①]（Malaya），只有人员到达了缅甸。

美国志愿援华航空队处于精力充沛的陈纳德（Chennault）上校指挥之下，负有保护滇缅公路的任务，其基地在中国昆明。蒋介石委员长意识到仰光的重要性，因为它是滇缅公路唯一的门户，于是派第三中队保卫仰光。这些美国志愿援华航空队的飞行员是从美国空军中精选出来的，在美国参战之前已具有对付日本人的丰富经验，像在任何地方能够找到的战斗机飞行员集体一样优秀。至于我们自己的英国皇家空军飞行员，在个人方面，他们已取得了对日本对手的优势，这一点是显而易见的。但是，英美部队要与巨大的逆境做斗争。

据估计，要对付缅甸全境的日军，将需要 14 个战斗机中队，还不包括轰炸机。然而，当日军开始进攻时，在这个地区我们只有两个中队的战斗机、一个中队的轰炸机和两个陆空协同作战中队。后来，三个中队的“飓风”式（Hurricane）战斗机，绝大多数是陈旧的马克 I 型（Mark I），以及一个中队的“布伦海姆”式（Blenheim）轰炸机抵达了。备件短缺十分严重。相对于这支小小的空中力量，敌人则在泰国[②]（Siamese）各个机场集结了 150 架作战飞机。

总的说来，所有这些日军战斗机在性能上都低于我们的“飓风”式

① 马来亚，马来西亚半岛旧称。马来西亚西部地区，简称“西马”，位于东南亚马来半岛南部。——编者注

② 泰国，旧称暹罗。——译者注

和 P40 式，例外的是日本海军的“零”式战斗机（Navy 0），其性能大致与我们的飞机相当。然而，日本海军“零”式战斗机更容易受到攻击，该型战斗机以及日军的轰炸机都没有自封油箱或保护飞行员的装甲。然而日本人的飞机在航程上有巨大的优势。在一个地域辽阔的地区，这让他们真是受益匪浅。例如，日本海军“零”式战斗机有 250 英里作战半径，外加可抛式外挂油箱，作战半径可达 500 英里，与之相比，我们的“飓风”II 式的作战半径只有 135 英里。我们因此失去了以战斗机报复机场敌机的能力。

日军飞机数量和航程上的优势并不是令我们遭受损失的唯一不利条件。在此不利条件之下，一个有效的预警系统至关重要，它可以保护自己的机场，还可使我们的飞机逃脱在地面被摧毁的命运。然而缅甸各个机场的布局使这一点成为不可能。我军机场几乎都建在一条面对泰国边界的长长南北线上，从最南部的维多利亚角（Victoria Point），经丹老[①]（Mergui）、毛淡棉（Moulmein）、仰光、同古[②]（Toungo）、黑河[③]（Heho）、南桑（Namsang）到腊戍（Lashio）。除非我们的军队推进到进入泰国，但我们从来没有考虑过这一点，这些机场将无法获得足够的预警。我们应该在伊洛瓦底江流域修建机场，而在这里的马圭[④]（Magwe）、密铁拉（Meiktila）、瑞保（Shwebo）和密支那（Myitkyina），我们只有一些辅助性的简易机场。缅甸公共工程部以如此之少的设备迅速建设了这些全天候机场，表现极为出色，他们奉令在错误的地点修建了机场，但这并不是他们的错。除了这些建在不幸位置的主要机场，我们只拥有一套无线电测向设备，辅之以一些少得可怜的高射炮以及新组建并匆忙

① 丹老，又译作“墨吉”。——译者注
② 同古，又译作“东吁”“东瓜”。——译者注
③ 黑河，又译作“海霍”。——译者注
④ 马圭，又译作“马格威”“马魏”“勿外”。——编者注

训练出来且根本没有无线电的缅甸防空观察部队，而且他们还受制于本来就数量不足的民用电话和电报系统。因此很容易就能想象出我们小规模空军所处的劣势。

仰光曾饱受日军轰炸的折磨，但只有两个半中队的英国空军和一个中队的美国航空部队在保卫这个城市。在最初两个月 31 个日夜的空战中，他们以大约 60 架飞机的代价摧毁了 130 架敌机，迫使日军 2 月底以后放弃了空袭。大多数敌机被美国志愿援华航空队击落。美国志愿援华航空队不仅拥有性能更好的 P40 战斗机，而且美国飞行员比大多数英军飞行员更有经验。这使得最后护送援军进入仰光成为可能，而且我军能够在不受日军严重空中袭扰的情况之下完成破坏以及最后的撤离工作。与此同时，P40 和“野牛”式战斗机攻击了航程范围以内敌人的所有机场，但这个航程对于“飓风”式来说望尘莫及，同时我们为数不多的轰炸机则远远地飞进了泰国。很少会有一支这样小规模的空军能够在逆境中如此勇敢而又有效地作战。

这种努力并不能维持下去。1942 年 1 月 31 日，我们的作战力量是 35 架飞机，对抗日军的 150 架飞机。要求增援的呼吁遭到了拒绝，马来亚和荷属东印度群岛已经首先发出了呼救。新加坡于 2 月 15 日陷落，日本航空力量马上得到了巨大增强。到 3 月中旬，日军的 14 个飞行战队部署到缅甸，总共大约有 400 架飞机，每日出动 260 架次。与之对应的是，我们每日投入空战的飞机平均不足 45 架次。敌我飞机数量的悬殊不断急剧扩大，甚至英美飞行员的数量也比不上日军。

那天晚上在阿恰布，我们边坐着喝酒，边听了很多这样的情况。我们还了解到，随着仰光陷落，我们的空军将不得不撤退到缅中地区，剩下的力量被编成两个混合联队，一个联队在马圭，一个联队在阿恰布。被迫一分为二的重要原因是后勤问题，这是我初次了解到缅甸补给与维持因素的压倒性力量，失去仰光，空军也像陆军一样，几乎必须完全依靠储备才得以生存。没有补给物资和援军可以通过陆路或海路被运送到和到达缅甸中部，只有少量物资能通过空运被运过来。我们对缅甸空军的全部维持资源和物资储备进行了调查，并对其能维持多久进行了计算，从而决定可驻马圭的空军规模。剩余空军被转移到阿恰布，我们希望从印度经海路运输补给而予以维持，因此驻马圭的联队包括：

临时组建的联队司令部。

英国皇家空军的一个“飓风”式战斗机中队。

英国皇家空军的一个轰炸机中队。

英国皇家空军陆空协同作战小队的一个分遣队。

美国志愿援华航空队的驱逐机中队。

无线电测向站。

到目前为止，美国志愿援华航空队的那个中队战力已经相当薄弱，我们那个唯一的宝贝无线电测向站则奄奄一息。

留在阿恰布的有：

一个临时司令部。

一个“飓风”式战斗机中队（老式的马克Ⅰ型）。

一个通用侦察机小队。

通信小队的一个分遣队。

马圭被选定为缅甸一个空军联队的基地，即所谓“驻缅空军联队”乃基于以下原因：

1. 马圭由两条电话线覆盖，一条通往锡当河[①]（Sittang），另一条通往伊洛瓦底江流域（Irrawaddy Valley），沿此流域能驻扎缅甸防空观察部队。这样就能获得某种预警。

2. 马圭以南没有任何大得足以让现代轰炸机或战斗机起飞的简易机场。

3. 这是唯一能够掩护陆军撤退到伊洛瓦底江流域的机场。

因此，马圭虽然尚存在种种不足，事实上却是最佳的唯一选择。

我们还了解到，除了负责在缅空军，英国空军少将史蒂文森还接受所属驻印空军司令官的命令，在其指挥下组织加尔各答、孟加拉（Bengal）和比哈尔（Bihar）各工业中心以及阿萨姆（Assam）与迪格博伊（Digboi）石油设施的防空。他还必须继续从印度实施进攻轰炸以支持在缅陆军，继续侦察并攻击孟加拉湾的敌军舰船。这个新命令迫使他在加尔各答建立司令部，他打算几天后就搬到那里去。

在16个月前的苏丹，我得到了深刻的教训，懂得了地面部队司令部与支援他们的空军司令部在一起的必要性。因此，当我发现缅甸战役的空军司令部设在加尔各答，而陆军司令部设在曼德勒附近的眉苗[②]（Maymyo）时感到相当失望。这两地空中距离有500英里，而且陆上交通不通。就连马圭的“驻缅空军联队”距离陆军司令部也有大约200英里。直到1945年，空军在保卫加尔各答和投入缅甸战役之间首尾不能兼顾。由于资源缺乏，不可避免地妨碍了这个战场空中支援的自由调配，这迫使空军指挥官们如履薄冰。

第二天，我们从阿恰布前往马圭。马圭现在是我们驻缅甸的主要空

① 锡当河，又译作“锡唐河”“西当河”。源出缅甸掸邦高原西部河流。向南流注莫塔班湾，全长420公里。——编者注

② 眉苗，又译作“眉谬”，即今宾乌伦。——编者注

军基地。我们飞越了若开山脉（Arakan Yoma），我第一次看到了缅甸被丛林覆盖的群山。飞越群山时，你能意识到丛林阻碍了视野，但还是无法真正懂得是怎样阻碍军队的行动。若要真正懂得这一点，你必须在黏糊糊以及在紧贴身体的草木中披荆斩棘，用利刃砍出一条通路，跌跌撞撞爬上陡峭险峻的山坡，再在山的另一侧连滑带摔地滚下山去，无休无止，就像你一直行走在锯齿上一样。后来，我的一些访客曾在小比例地图上衡量了我曾走过的距离，他们很有礼貌地对我缓慢的行军速度表示惊讶。我经常希望他们不是坐着飞机而是步行走到我的司令部来的。我们以后都会经历这些。现在，当我们高高飞翔在这无穷无尽像剃刀刀刃一样锋利的山脊之上，山顶覆盖着最稠密的丛林，给人的印象似乎是一条厚厚地堆积在一起的暗绿色的地毯，一重又一重地重叠起伏。这对我是一种慰藉，过去的一年里，我的眼睛习惯了光秃秃的沙漠，而现在突然脱身出来，来到美丽的伊洛瓦底江，河身狭窄，但两岸区域却显得相对开阔。

在马圭和一个充满信心的当地空军指挥官会谈后，莫里斯和我乘坐一架更小的飞机，飞往曼德勒。一番犹豫后，我们的飞机在一条很简陋的跑道上着陆。这条跑道是从一片稻田中清理出来的，距离曼德勒城有几英里。我们坐在那儿，相当孤立无助，直到一辆旅行车出现为止。我们坐车沿着一条弯弯曲曲的公路来到缅甸的夏都眉苗。这是个令人喜欢的地方，有一些英式房子，都是萨里郡（Surrey）证券经纪人住房那种风格，每栋房子都有宽大的花园。

英缅军司令部冒险从仰光逃出来后，正搬进眉苗，很显然那番经历令他们大为震撼。一开始，英缅军司令部并没有作为一机动司令部组织、运作和训练，以指挥野战战场中的各个部队。事实上，英缅军司令部是和平时期英国战争部德里—白厅（Delhi–Whitehall）模式的微型复制品。虽然紧急进行了一些增补和扩充，以对付突如其来的日军入侵，但作为一个适应直接控制一场战役的机构，英缅军司令部还相差甚远。不幸的哈顿[①]中将（Lieut. General Hutton）在日军开始进攻时在缅甸负责指挥。作为战地指挥官，他不得不通过一个出于不同目的而设计且繁冗低效的司令部指挥作战。我毫不怀疑，如果给他一些时间，哈顿必会以其出色的组织能力，组建成一个更合适的指挥机构。但是，他当时立刻陷入一种危急的战术形势之中，这时候进行这样的改组变得几乎毫无可能。如果在此战场没有上一级野战司令部便进入战争，我们无须为此过度惊讶或者愤愤不平。比起英国本土，缅甸受到攻击的可能性更低，英国曾经只有一个英国战争部，但面临的危机迫使其任命了一位本土部队总司令，并建立了一个资源充足的司令部。但是，一个不合适的司令部只是若干严重不利因素之一，在此情况之下，哈顿和他的部队开始投入到战争中。

在缅甸，当我们遭遇攻击时，准备极端不足，于是，为此付出了代价。根本错误在于缅甸内外没有人会预料到缅甸会受到攻击，其完全没有清晰而一致的决策来确定：究竟谁应该负责防务准备，如果缅甸受到攻击，谁应该实际履行保卫之责。1937 年，缅甸与印度在政治上分治，但两者在防务上却存在着千丝万缕的联系。缅甸事实上是印度防务上的一个外垒，依赖于印度提供众多军队，而且印度是缅甸的基地。缅甸与印度应当保持密切联系，而不能有所中断。在 1937 年之前，缅甸曾是英属印度的一部分，其防务像其他活动一样，都由英印政府负责。缅甸与印度政治分治后，缅甸自行负责军事部队。随着对德战争爆发，形势发生了变化。1939 年 9 月，英国参谋长委员会在作战方面直辖缅甸部队，但财政和后勤仍由英缅政府负责。1940 年 11 月，缅甸部队的作战指挥权突然转移给了不久前成立于新加坡的远东军总司令部，同时其管理后勤职责却由英缅政府和伦敦的英国战争部分担，后者在当时实质上承担了缅甸的防务预算。比起遥远的缅甸，新加坡和伦敦在自己的家门口都有更加紧迫的各种

① 哈顿，又译作“胡敦”，1942 年 3 月 5 日前任英缅军总司令。——编者注

事务，将作战责任和后勤责任分开打破了一项原则。我从来没有见过违反这一原则却没有人为此受到沉重惩罚。实际上，显然可以理解的是，缅甸的新主人们都不太注意缅甸，而当地的指挥官和继任的英印军总司令都迫切要求将缅甸纳入英印军节制之下。仅仅过了一年，1941 年 12 月 12 日，当日军的进攻迫在眉睫时，缅甸防务终于转归英印军负责，但并没有持续太长时间。12 月 30 日，日军真正开始进攻时，尽管当地指挥官和英印军表示反对，缅甸又相当勉强地被纳入另一个主人的防区——新成立的美英荷澳司令部（A. B. D. A.），即所谓的西南太平洋司令部前身。在这个司令部的指挥之下，缅甸前线作战指挥接受来自爪哇的命令，而后勤则由德里负责。随着日军入侵荷属东印度群岛，美英荷澳司令部迅速解散，缅甸又回归英印军防区之下。这样在大约 16 个月生死攸关的时间里，先后有 5 个不同的上级司令部轮流负责缅甸的防务。实际上在这整段时间里，缅甸的后勤补给和作战指挥一直是分离的。仅仅这些隶属变更就肯定会造成延误、疏忽、混乱以及对当地各种困难缺乏了解。这就导致修筑连接印度和缅甸的公路的努力进展甚微，或毫无进展，战争到来时，印度和缅甸之间没有任何陆路交通。

除此之外，我军兵力长期不足，而且现有部队甚至也存在装备短缺的问题。新近到达的英印第 17 师[①]各个旅是匆忙从其他部队抽调组建的，像所有英印军的各师一样，该师是为中东地区的沙漠作战而进行的训练和装备。该师的运输是机械化的，但除了在开阔地带，无法离开公路展开作战行动，而缅甸的公路很少。其他部队，即英缅第 1 师[②]，所辖大部为缅甸部队，没有经过战争考验。许多缅甸部队都是最后一刻才匆忙组建起来的，没有任何战斗传统。这两个师都没有战斗经验，其配属的火炮数量远

① 英印第 17 师，辖英印第 16 旅、英印第 48 旅、英印第 63 旅。——编者注

② 英缅第 1 师，辖英缅第 1 旅、英缅第 2 旅、英印第 13 旅。——编者注

低于常规师的水平，而且经常是过时的火炮。例如，反坦克炮连装备的是奥地利 77 毫米炮，是在 1918 年被意大利人缴获的，22 年后我们在西部沙漠再从意大利人手里缴获过来。有意思的是，这些博物馆里的老古董没有视距标度盘，每门炮只有 120 发炮弹。原来承诺从英国和非洲派来的援军已转调新加坡，孤注一掷作战，以挽救新加坡要塞。至于几个澳大利亚师，则被转派到了锡兰[①]（Ceylon），该地处于占压倒性优势的日本海军的威胁之下。因此，我们的两个师准备不足，一个英印师，一个英缅师，而且只得到力量薄弱的英美空军支持，当日军首次猛攻时，这两个师就要对阵一支装备精良且受过良好丛林战训练的优势敌军部队，还要对抗一支具有巨大优势的敌军空中力量。

从地理上而言，战端刚起，我们就因主要交通线而陷入困境，即从南到北的仰光至曼德勒铁路与泰缅边境平行且距离很近，各处都易受到来自东面的攻击。由于这种原因，原来的防卫计划是将英缅第 1 师的绝大部分部署在掸邦南部，因为我们预计日军将经景栋（kengtung）主攻这条易受攻击的交通线。导致兵力分散的另一个原因是，缅甸有一条又长又细的尾巴，即丹那沙林[②]（Tenasserim），向南绵延 400 英里，平均宽度为 40 英里。以缅甸防务而言，最好放弃这片区域，但丹那沙林的机场具有双重重要性：第一，这些机场对通往新加坡或荷属东印度群岛的空中航线是必要的；第二，如果这些机场在敌人的掌控之中，就会严重威胁仰光。因此，一种尝试是，以小而分散的守备部队据守丹那沙林。

日军的主攻开始了，但未按所料经掸邦入侵，而是越过高加力山口（Kaw kareik Pass），穿过丹那沙林到达毛淡棉。由于担心侵犯泰国脆弱的中立状态，我们一直不允许在泰国建立任何情报组织，我们不知道日本人

---

① 锡兰，斯里兰卡旧称。——译者注

② 丹那沙林，即丹那沙林省，德林达依省旧称。——编者注

的行动产生了严重的影响。日军击溃了据守高加力山口的我军部队，经过一场战斗后，敌军由南向北攻占了毛淡棉，我英印第 17 师主力北撤至比林（Bilin）。面对优势敌军，英印第 17 师在比林英勇地打了一仗，但在可能遭到敌军合围的威胁下，被迫再次撤退。与此同时，丹那沙林的一些小规模守备部队，受到敌军空中和陆地的双重进攻，不得不通过海路撤离。随后而来的是 2 月 22 日和 23 日锡当河灾难性失败。英印第 17 师通过丛林道路撤退到锡当河，其机械化车辆只能走这条道路。他们发现强大的日军侧翼迂回，分割了现已过河的先遣旅与该师余部。英印第 17 师还在锡当河东岸的两个旅正进行绝望而英勇的战斗，力图通过还被我军战友据守的锡当河铁路大桥。这是我军及车辆通过这条 600 码宽的激流的唯一希望。这时，悲剧到来了。这天夜晚，英印第 17 师师长被人叫起来，并得知东岸那个小小的桥头堡再也坚持不住了，日军几乎已经登上了锡当河大桥。他不得不做出决定，是冒险让这座大桥完整地落入日军手中，从而使其直奔仰光；还是将这座大桥炸掉，致使所部大部分留在河的另一边，但也使日军和仰光之间依然存在一道巨大的障碍。他下令炸桥。桥头守备部队撤退到了西岸，这座大桥被炸毁了。这个决定很容易受到人们的批评，但这是一个很不容易做出的决定。只有那些曾面对同样严峻而紧迫的两难选择的人，才会懂得一个指挥官做出这种决定时肩上承受的沉重压力。

那巨大的爆炸声是这场战斗突然寂静下来的一个信号。双方都知道这意味着什么：日军明白无论他们的进攻多么激烈，都无法获得那座大桥了；而英军明白，他们已处于多么绝望的困难情势之下。英军通过最后的努力，突破敌围冲向河岸，他们惊恐地看到了那座被炸断了的大桥，明白已不能让车辆和大炮过河了。于是，英军尽可能破坏车辆和大炮，官兵们纷纷脱掉身上的军装，单个或者成群地奔向滚滚河水。一些人趴在简陋的木筏或汽油桶上，带着武器，千方百计设法渡河，绝大多数人不得不游过去，只能借助于一些竹子的浮力泅渡。对任何人来说，即使他是一个强壮的游泳者，要想带着装备和武器负重渡过河去，都是不可能的。许多人淹死了，一些人渡河时遭到日军射杀。到 24 日下午，在被切断在东岸的 8 个营中，到达西岸的不足 2000 名官兵，他们带着 550 支步枪、10 挺布伦式机枪、12 支汤普森冲锋枪。几乎所有人都没有靴子，绝大多数人只剩下内衣和内裤。

这就是第一次缅甸战役的决定性战斗。此后，我们的部队无论多么英勇地战斗，都很少有希望守住仰光。仰光于 3 月 9 日失陷。这时，在缅甸作战的军队被日军有效地切断了与外部世界的联系，几乎和锡当河东岸的那两个旅一模一样。

我在眉苗第一次见到了亚历山大[①]将军，他刚从仰光侥幸撤出，虽然平静如常，但显然对形势十分忧虑，在此状况之下，亚历山大的这种状态不足为奇。哈顿是他的前任，现在则是他的参谋长，正努力在可能致使我军陷入困境的各种复杂情况和困难中理出头绪，他看上去还远远没有那么平静。过去两个月他一直处于极度紧张之下，且不久前，他还遭遇了一场特别严重的飞机坠毁事故，飞行员阵亡，他本人受到极为严重的撞击。换一个缺乏勇气的人，会为此住院几个星期。我认为，他依然能感觉到那次坠机事故的影响。一个明显的事实是，首先是哈顿，然后是接替他的亚历山大将军，他们发现自己正面临一名英国将领在战争之初通常会遇到的形势，即必须以既有资源执行一项不可能完成的任务。

如前所述，亚历山大将军十分侥幸地从仰光逃了出来。情况就是这样。若不是因为一位日军师团长典型地严格拘泥于自己收到的命令，现在逃出仰光的所有英国军队，以及亚历山大将军及其司令部，本来会遭到灭顶之灾的。日军由东面进攻，沿小路经过群山和丛林，扑向仰光。这位师团长接到的命令是绕到城市的北面，然后掉头，从意想不到的西面攻击仰

① 亚历山大，1942 年 3 月 5 日接任英缅军总司令，前任哈顿改任参谋长。——编者注

光。为了在经过仰光北面时掩护其侧翼，他在卑缪主干公路上设置了一处强大的路障。日军完全封锁了意图突围的英军部队。英军对这道路障发动了几次攻击，但事实证明日本人的不屈不挠精神可以与英国人和印度人的英勇相匹敌。这道障碍岿然不动。这位日军指挥官应该做的一切就是，坚守路障，而以其余部队攻击沿这条公路展开 40 英里长的英军纵队。他们被自己的机械化车辆限制在这条狭长的公路上，没有谁能挽救英国军队。对英军来说，十分幸运的是，当日军确认其主力已经踏上了向西的行军路时，那位日军指挥官认为其侧翼警戒部队已达到了目的，于是他撤走了这道路障。这个日军师团就这样按照既定计划从西面进入仰光；而英军，发现这个“瓶塞”被人拿掉了，于是脱身而去，携带着全部行囊辎重，向北疾行，原来的计划就是如此。

我与亚历山大将军的交谈并没有持续太长时间。他要去参加总督举行的一次会议。我怀疑那是否是一个令人愉快的会议，因为缅甸的行政管理形势并不比军事更光明。缅甸人民对日军的入侵毫无准备，当英军遭受接二连三的失败，而日军长驱直入时，不管他们是否相信，英缅政权确实崩溃了。这令人震惊，他们一直认为英国人是不可战胜的，英国人的统治已经成为自然的一部分。绝大多数缅甸人根本没有觉得这场战争是他们自己的事，而只是希望避开这场战争。一小部分缅甸人，其中绝大多数是士兵和政府官员，仍然是积极而忠诚的；大约有同样数量的少数人，即那些民族主义政客们，1924 年那些老叛匪的遗类、大学生们和一些政治大和尚（佛教僧侣）也极具敌意。后一部分人因由日本人培训出来的缅甸人领导，从而变得更加强大。这些人随着入侵的日军而进入缅甸，相当数量的土匪与恶徒因战利品的吸引而投靠他们，遂变得日益嚣张。随着日军的推进，警察、各政府部门下级官员和文职人员中，私自逃跑的现象蔓延开来。对城镇的空袭，伴随空袭造成的重大伤亡和大火造成了巨大破坏，而且产生了成群结队的印度难民，这些难民主要不是逃避日本人，而是逃避那些与他们曾共同生活的缅甸人，所有这些都加剧了指挥控制和交通系统的崩溃。英缅文职政府在日军到达前就瓦解了。

然而，在这阴暗的场景里，还是有一道明亮的光彩，那就是中国人。1941 年的圣诞节，蒋介石委员长慷慨地派出了中国第 5 军和第 6 军入缅协防。韦维尔将军立即同意，将可以最快到达的第 6 军第 93 师派赴掸邦。该军的第 49 师，则经腊戍前往萨尔温江畔的达高（Takaw）。而第三个师，即暂 55 师还处于分散状态，没有像其他师那样做好入缅准备，遂向畹町（Wanting）集结，并在那里补充装备和接受训练。1 月底，正在紧急安排中国各师的补给时，蒋介石委员长应哈顿的要求，同意第 5 军接防同古地区。这个军由新 22 师、第 96 师和第 200 师组成，第 5 军是中国装备最为精良和训练最为有素的部队。2 月，虽然因缺乏运输力量而受到妨碍，中国军队还是开赴进入缅甸。

中国远征军由于未能立即全部入缅，英国指挥层遭到了众多批评，然而当时这么决定还是存在正当理由的，因为中国远征军希望完全在缅甸补给，而实际上他们又没有任何补给和辎重部队，在后勤机构完善之前，这么庞大的部队不可能在缅甸移动或得到维持。由于运兵力量如此短缺，而且只有一条公路可用，即使马上同意中国远征军所有师入缅，他们是否能够更快进抵缅甸，仍存疑问。中国军队的维持补给一直处于最危险的状态。由于蒋介石在对入缅中国远征军的指挥权问题上变化无常，根据其命令入缅的新 22 师和第 96 师还是延迟了。到 1942 年 3 月中旬，只有第 5 军的一个师，即第 200 师已经到达锡当河谷的同古。这个军的其余部分正缓慢地跟上来，第 6 军则跟在其后。不久后，亚历山大将军就能将英缅第 1 师从同古抽调到伊洛瓦底江河谷，与英印第 17 师会合。亚历山大将会有两个集群，一个中国军队集群和一个英国军队集群，两个集群被勃固山脉相互交错且丛林覆盖的群山隔开。

中国部队的指挥权存在某种不确定性，这让亚历山大将军的处境雪上加霜。3月中旬，美国司令官史迪威中将到达了，他既是缅甸全部中国军队的司令官，又是蒋介石委员长的参谋长，担任双重职务。从前者职务上而言，他是亚历山大将军的直属；但从后者职务上而言，显然不是。由于参谋人员和通信人员不足，史迪威的工作举步维艰。此外，有一位中国远征军司令长官罗卓英将军，史迪威的所有命令都不得不通过他传达给各位军长。在选择执行哪些命令方面，这些军长具有相当大的独立性。师长们甚至有时候也对命令挑挑拣拣。他们能够坚持拒绝执行命令行为的某种合法性，源于蒋介石实际上没有授予史迪威司令官之官防。如果这还不够，还有一个坐镇腊戌的中国使团，团长为林蔚将军。林蔚作为蒋介石委员长的直接代表，温和地否认自己对所有作战行动负责，但正如他谦虚地说到的，他只是“施加影响”。正是这种“影响”，导致没有一位中国军队的指挥官会执行亚历山大－史迪威－罗卓英联署的命令，除非这项命令被林蔚将军批准了。

一个中国的“军”（army）相当于一个欧洲的军（corps），通常由两个或者三个师组成。中国的师比英国或者美国的同等部队编制小得多，只有7000到9000兵员，却只有三分之二士兵配有武器；另外三分之一士兵则代替缺少的牲畜或者机械化运输车辆，充当搬运夫。因此，一个中国师的步枪火力满员也很少达到3000人，此外还配备200挺轻机枪，30挺或40挺中型机枪和一些3英寸迫击炮。除了极少数部队配备一些小口径反坦克炮，其余没有任何炮兵部队。任何医疗队也没有，通信兵稀少，有一两辆指挥车、五六辆卡车、200匹喂养得很差的小马。然而，中国士兵却很坚韧、英勇且经验丰富——毕竟，他们已经在没有别人帮助的情况下抗战多年。在盟军中，中国士兵算是老兵。此时，他们可以声称自己比其他人更成功地抗击了日本人。的确，他们与敌分遣队作战数次，规模虽小，但取得了显著的胜利，向敌宣示他们已经到达了前线。

在眉苗，我已经和很多参谋军官谈过话，他们通常都是我以往岁月里一起服役的老朋友。我还参加了几个会议，包括和一位中国将军一起开的会议。这位中国将军曾深度参加了迄今为止中国人真正打胜的唯一一次战役，即长沙会战。我把他拉到一边，通过一个翻译，十分仔细地倾听他讲述那次会战的战术。他的经验是，日本人对自己的勇武相当自信，后勤补给的安全配给余量相当之少。他判断，一支日军通常携带不超过 9 天的作战给养。如果你能够顶住日军攻击这么长时间，并且阻止他们俘获你的物资供给，然后反击，就可以歼灭他们。我饶有兴趣地听他讲话——毕竟他是我见到过且唯一一位曾经打败过日本人的盟军指挥官，即使是只在一次战役中打败过他们。应用这种理论当然有些牵强，但是，我认为其主要原则是正确的。我记住了这些原则，并且采取了行动。

我对我为什么会被召到缅甸来依然一无所知，而且看来依然没有人打算帮我搞清楚。我私下担心的是，我将取代哈顿的位置成为亚历山大将军的参谋长，而哈顿将要返回印度。如果为亚历山大将军工作，他会是一位很有魅力的、无私的领导。除此之外，作为参谋长我根本无法达到哈顿的水平，他担任参谋长的能力很出色。我根本没有想象过自己能够出任此职。10 年前我曾在印度担任过二级参谋官，1941 年初曾短时间担任过准将参谋。无论如何，我自认为已经有足够的经验，无论我在指挥官任上做得怎么样，我认为其他人还是会想，他肯定不能胜任参谋长一职。

为了等飞机，我们在曼德勒待了一天，因此有机会可以去周围看看。我们视察了众多部队，询问了详情。他们出于各种原因撤出战斗整编或者作为补充队。我看到一些失去了火炮的炮兵，他们是世上最可怜的人，还有那些被打散的部队的参谋人员以及疏散营，各式各样的人都有，零星的队伍和个人。英国人看上去忧心忡忡，印度人茫然无措，缅甸人闷闷不乐。我怀疑，除非有什么人很快掌控住形势，否则很快会在前线后面爆发一场大溃败。

我们开始踏上回印度的旅程，但我仍然感觉前途未知。我开始担心会遭遇更糟糕的命运——我可能注定要在印度从事某种参谋工作。然而担心毫无益处，应该很快就有人告诉我谜底。我的行程仅仅到加尔各答为止。我到达的那天早饭后，在那栋阴郁而肮脏的政府大厦里，我立即受到韦维尔将军的召见。他站在一间会客室里，一如既往地一副坚忍不拔的神情。在这场泰山压顶的大难中，他的目光已经横扫过了马来亚、荷属东印度群岛、菲律宾群岛，以及盟军远东海空军。此刻，他掌握着世界上最困难的司令部，即印度和缅甸的司令部，然而看着他会给人以信心。我曾在令人目眩神迷的成功巅峰时刻看见过他，那时他站在那里，以和现在同样的平静而若有所思的神情看着我。他问了我一些有关我在缅甸看到了什么的问题。我回答后，他说："我明白了。"然后我们陷入了沉默。他打破了沉默，没有任何开场白地说道："我想要你回缅甸去，指挥将在缅甸组建的那个军。"

我的心脏突地一跳。这比参谋工作要强！但我现在意识到，缅甸的指挥职务更可能是一次考验，是一次严峻的考验，而不是一次凯旋。

他似乎知道我的想法，继续说道："亚历山大面临一个最为困难的任务。你会发现你的任务也并不容易。"又停顿了一下，然后他继续说道："你到缅甸越快越好。"

"我会明天早晨动身。"我向他保证。

"我知道了。"

一阵停顿。

我斗胆向他问道，为什么新加坡就那么陷落了。他一动不动地看了我一小会儿，然后把情况告诉我。他祝我好运。我们握了握手，然后我离开了。

回到我的房间，我坐在一个慢腾腾地转动着的电风扇下思考着。有大量东西要思考，我在缅甸听到和看到的那些事情，以及韦维尔将军告诉我的有关新加坡的那些事情。一张地图铺在我的膝盖上，我才发现自己对缅甸的情况知道得多么少。我做了通常我在这种情况下总会做的事情，把那张地图变成一张粗略的图表，标示出一些主要地点之间的距离。当你把这样一张图表放进你的脑海后，你就有了一个地形框架，并且能够用进一步的知识血肉覆盖在上面而不会使其扭曲变形。我对日本人也相当无知，对他们的作战方法和他们的指挥官也是如此。1938 年，那时我指挥第 7 廓尔喀团第 2 营，在西隆（Shillong）周围的山地，我曾把日本人作为我营年度训练计划的假想敌。我曾起用阿萨姆步枪团的一部官兵指导我们进行丛林战，他们是为控制印度东部边境而由各部族组建的宪兵部队。坐在政府大厦里，我突然自负地想到，我的营曾是大英帝国军队为数甚少受过丛林战训练的部队，而这些部队现在却在沙漠里和我的英印第 10 师待在一起。想到这一点，我唯有苦笑连连。永远要像那些口若悬河的顾问们催促我们的那样，为下一场战争做准备而训练英国军队。这确实有点儿难。我试图回忆起日本军队的编制结构，当年训练我的营时我曾学习过，但我只拥有非常粗略的知识，我的回忆十分模糊。我确实知道得很少。

随后还有一些紧迫的个人事务，我不得不予以关注。我一直轻装旅行，携带着不超过二三十磅的行囊。我的行李中有我的所有野营设备，其余的东西是在巴格达和缅甸之间的一些地方得到的。我有一位副官，我要求他为我找一个印度裁缝。半个小时内，这位印度裁缝用软尺在我全身上下量来量去，并在一张报纸的边儿上记下我的各种尺寸。他带着我的订单走了，做三套咔叽布丛林训练衬衫、三条宽松长裤和衬衫，在第二天早晨 5 时完工。他发誓一定做到，他的确做到了，他在灯下飞针走线干了一整夜。

那天晚上，在政府大厦的大餐厅吃过晚饭后，我们到一家有空调的电影院参加一个晚会。一个人把自己在文明社会的最后一个晚上，花在看这种通常很没有意义的电影上，这看起来相当愚蠢。这个城市为知识分子提供的消遣资源很有限，但是我认为待在房间里更多地思考也没有太大的作用。

我早早就起床了，把那位裁缝的劳动成果收拾进我的行囊，准备出发了。但是，正像通常发生的情况那样，一打电话询问才知道我的飞机在原来规定的时间没有做好准备。我因此又度过了两个小时，在那位乐于助人的副官陪同下，去买一些额外的东西。这个年轻人为我工作很卖力，运用他的全部魅力——而他确实很有魅力——劝说我带他到缅甸去。除了很不情愿地夺走了我热情主人——那位总督——的副官，我还发现这个小伙子身上有在北非落下的无法恢复的重伤。但是，他的心智完全正常。

按变更后的时间，我来到加尔各答郊外的杜姆杜姆机场。对一个旅客来说，这是一个令人恼火的地方。这里一直保持了原样子，到 1945 年，英国空军中将科里顿（Air Marshal Alec Coryton）才将其整顿得井然有序。为了找到一个了解预定航程的人，或者一个根本不知道的人，我颇费了一番周折。最后，我终于找到了那位飞行员和那架将带我去缅甸的“莱桑德”式飞机（Lysander）。飞行员是印度空军的一个快乐而年轻的锡克教徒，奇怪的是他曾在伊拉克带我飞行过一两次。我们系好降落伞落座，飞机却发动不起来，用了半个小时仍不成功。最后我的那位锡克教徒，像往常一样高高兴兴地下了飞机去找另一架“莱桑德”式飞机。他终于找到了，于是我们转到那架飞机上，终于起飞了。

飞机的汽油装载量迫使我们进行了一系列起落。在吉大港（Chittagong），我们着陆前不得不驱赶走一群群苦力。我想我们那位好心情的锡克教徒会抛弃他们，可能也会抛弃我们。但是，我无须担心，他是一位最熟练的飞行员。时间于消磨中度过，喝了一杯茶后，我们又起飞了，飞行于似乎漫无止境的丛林之上。太阳已经下山了，汽油变得更少了，这时我们突然看到了闪闪发亮的伊洛瓦底江和一座白色宝塔笼罩在暮色之中。我们经过宝塔，飞越了这条江。我的飞行员表现非常出色，他飞向的这条江对面正是我们的目的地，马圭机场。我们在空中盘旋，等待来自地面的信号，但没有任何灯光闪烁，于是我们就这样着陆了，滑向跑道。没有人出来引导，我们在跑道尽头停了下来，依然没有一个人露面。夜幕降临。我们周围密密麻麻停放着飞机。我走下飞机，走向一排小屋，这排小屋显然是机场指挥站。最前面一栋小屋的门是开着的。这是一间办公室，但空洞洞的，其他几间也是如此。我的飞行员走到我的身旁。就从目前我们发现的情况来看，这个机场和英军在缅甸的大量飞机完全被人抛弃了。锡克人发现了一部电话机，无论另一端是什么，他们都无法从电话的另一端得到任何回应。当他还满怀希望地继续拨电话时，我漫步到机场周围的公路上，并且终于看见一辆卡车沿着公路开来，车上有一些缅甸步枪团的官兵。我向他们喊叫，并带上飞行员。我们来到大约两三英里外英国皇家空军驻马圭联队司令部。我发现这里的每个人都心情不错，高高兴兴的。我指出将那么多飞机留在荒废的机场且周围的人都不太可靠，这样做有些冒险，他们却告诉我，保障飞机的安全是陆军的事。虽然知道已经从印度发出了预先通知，但我根本没有搞清楚人们是否真的期待我。我的到达颇有些奇怪的感觉，而且无论是驻缅甸参谋的工作水平还是我们那些宝贵飞机的安全，都让人不太放心。

第二章 第一印象

第二天，也就是 1942 年 3 月 13 日，这日早晨，我向南飞往卑谬[①]（Prome）。我在卑谬见到了亚历山大将军以及两位前来参加会议的师长：英缅第 1 师师长布鲁斯 · 斯科特少将（Major-General Bruce Scott）、英印第 17 师师长“老拳”考恩少将（Major-General David Tennant Cowan）。我一直非常感谢这样的命运安排，斯科特、考恩和我三人都来自第 6 廓尔喀团第 1 营。我们曾在 20 多岁的时候一起服役和生活，我们以及我们的妻子都是最亲密的朋友，我们的孩子都是在这个最幸福的团里一起成长。除了他们两个，我再也找不到更具信任或更愿意一起共事的人了。正是基于这个原因，在未来的艰难时刻里，我们经历的不仅仅是相互帮助。也就是说，我们互相了解，彼此知道对方对战事会有什么样的反应，知道即使在最严峻的考验面前，我们依然会站在一起。我从来没有听说过其他地方的军长及其麾下师长不仅来自同一个团，而且来自同一个营。仅凭这样独一无二的巧合，这个军就应该能取得辉煌的胜利。然而，我们却彻底战败了，但无论造成失败的原因是什么，问题肯定不在这两位师长身上。他们

① 卑谬，又译作“普罗美”“勃郎”“比艾”，缅甸西南部城镇，临伊洛瓦底江。——译者注

二位在第一次世界大战中作为年轻军官，都曾经出类拔萃、战功赫赫。两次世界大战间，积极投身军旅，战绩斐然。现在他们都是经验丰富的对日军作战老兵，特别是考恩，他曾任史迈斯（John George Smyth）的副师长，后来又继任英印第17师师长。我认为，他们比起英国军队的其他高级军官，在对日作战的方法和战术上，都更富有经验。我很幸运，当国人大肆嘲笑漫画《毕林普上校》[①]中的毕林普上校时，英国和印度陆军却一声不响地默默培养出许多有能力、受过高度训练、真正职业化的年轻将领，而且数量惊人，我的这两位师长就是典范。

亚历山大将军发现没有必要向我介绍我的师长们，于是开门见山地发出他对英缅第1军的命令。我是驱车直接从机场赶来参加这个会议的，对我的这个军是什么、在什么地方以及实际形势如何，我只有很笼统的概念。涉及的绝大多数地名我甚至还不熟悉，我在地图上搜索这些地名。两天前我在加尔各答所做的那个粗略的图表还清楚地记在我的脑子里，这很有帮助。

简要情况是，英印第17师在锡当河惨败后，尚未能完全重新装备或整编，现在正在卑谬以南大约30英里处进行重整，此刻已与敌军脱离了接触。英缅第1师在以东约80英里处的同古，在勃固山脉另一侧防守锡当河谷。中国远征军第5军正前进接防英缅第1师，所以该师被调到伊洛瓦底江前线。因为中国军队不愿意到同古以南，所以英缅第1军须防守卑谬地区。这样盟军就要据守一条几乎横跨缅甸的水平防线。当中国军队集结时，我的军也在收拢。

这个会议时间较短，亚历山大将军午饭后立即乘飞机离开了。我和斯科特聊了一会，他看到我大为吃惊。我要求他，一旦中国部队进抵同

---

① 《毕林普上校》，1930年代英国《伦敦晚旗报》连载的一个著名漫画，1943年被拍成电影（导演迈克尔·鲍威尔、埃默里皮斯伯格）。漫画讽刺了保守落后的上校毕林普，后来毕林普上校成了“老顽固”的同义语。——译者注

古，他的师就尽快靠拢英印第 17 师。然后，我转身去看我的军司令部，这是第一次去。

司令部由一些主要来自英缅军司令部的军官组成，还有少量书记官和一支配备 4 台无线电且小得不能再小的缅甸通信队，大约总共不超过 60 名官兵，他们都坐在他们的背包或行囊上。我申请了办公设备、食堂设施、帐篷设备和运输工具，以此资源建立任何一支正规部队的司令部都少得滑稽，更不要说建立一个军司令部了。唯一让我欣慰的是参谋长，英国陆军准将“太妃糖”戴维斯（Brigadier Henry Lowrie Davies），他也曾任哈顿的参谋长。我认识他很久了。战争之初，他曾在我的旅里任营长。他后来离开我成为一名参谋军官，在冰岛各地被调来调去，又从那儿回到印度，再后来被调到缅甸。如果说我很幸运遇到所属几位师长，那么参谋长的选定也同样很幸运。“太妃糖”戴维斯不仅仅是一位杰出的参谋军官，他还是一个很有个性的人物。他身材高挑、瘦骨嶙峋，随着持续撤退，无论是在体力上还是精神上都没有得到休息，这使得他变得越来越瘦弱。但是，他建立了这个临时拼凑的司令部，且保持其运行。他完全白手起家，而且几乎一无所有，就以自己的精神组建、组织和鼓舞这个司令部。这个司令部的大小从来没有达到我见过的其他军司令部的五分之一，拥有的办公设备也没有达到其他军司令部的十分之一。但由于我们不用签发和保留很多纸面文件，我认为效率确实较高。我们从没有与所辖部队失去过联系，总是很快就知道他们的部署和调动情况，从来都是尽最大可能向他们提供给养和弹药，从来都是及时把我们的命令传达给他们。当然，我们只是一个战术上的战斗司令部。例如，我们的“G（参谋）”部门就靠两辆吉普车、一辆卡车和两三辆摩托车活动，我们发布的经常是口头命令。我想，我们只签发了 4 份书面命令。考虑所有情况，这个司令部的努力程度令人惊讶，但无法在那种压力下持续运转几个月，官兵们无法承受无限期的紧张状态。我与戴维斯及一小群主要军官一起工作，这一小群军官的精力、无私精神、能力、献身精神甚至能与戴维斯媲美。辛普森（Simpson），作为“副官兼军需官”，负责令人困扰的临时后勤工作，而他的左右手帕特森－奈特（Patterson–Knight），做什么事都从不慌张气馁；情报参谋蒙哥马利（Montagomery），似乎根本不需要睡觉；工兵威尔逊（Wilson）创造了一些奇迹，我们到达印度时他却死于极度疲劳。一个指挥官的最大价值之一就是能够明智地选择他手下的参谋和指挥官，但是我可以说，我在英缅第1军接手的那个参谋班子无可指摘；我怀疑，这是哈顿组建的。无论是谁，我都要感谢他。

在我和“老拳”考恩一起去视察他那个师时，“太妃糖”戴维斯正率领我的司令部开进卑谬法院。令人敬畏的帕特森－奈特正着手搭建军官食堂，他简单迅速地从一些被遗弃的欧式小屋里收集来烹调锅、盘碗陶器和各种刀叉餐具，并且从路边找来一个炊事员。无休止的印度难民潮正涌入这个城市，难民中各色人等都有。路上一个男人经过，样子看上去好像从前干过仆人。帕特森－奈特上前抓住他，审问一下，如果合适，就安排他当大师傅、端菜工、洗碗工或者扫地工。这些穷人，大多数会为再次成为某个组织的一员而感到高兴，因为这个组织会照顾他们、保护他们，改变他们的身份。我们的炊事班长安东尼（Anthony）就是这样意外地雇到的。我怀疑，如果没有安东尼这个人，这支英国军队也许根本走不出缅甸，军司令部肯定也无法一直保持运转。在令人难以相信的困难条件下，安东尼撑起了一个相当出色的高级军官食堂，我们都非常感激他。我想他肯定认为我们会付钱给他，但谁会为此而对他不满意呢？

英印第17师正进入奥波（Okpo）正南的一个地区，考恩与我乘坐一辆轮式装甲运输车前往那里。我们沿仰光主干道南下，考恩向我报告了截至目前该师经历的事情。他以残存的人和资源重组为一个师，我们要向他及其部队致敬。师部位于一个缅甸村落的高脚屋里，我们到达时，我遇见的第一个人大概是英国陆军准将韦尔什曼（Brigadier Godfrey de

Vere Welchman)。在喀土穆(Khartoum)的一家医院里，我曾向他告别。此前我们都是从厄立特里亚(Eritrea)被带到那所医院的，因为我们乘坐的同一辆卡车被炮火击中了。在东非，他曾经指挥我那个旅里的炮兵团，曾是我的副旅长、顾问和主要支持者。在这里，他一如既往高高兴兴的，并且依然带着在非洲就始终陪伴着他的那柄长矛。“韦尔彻”①(Welcher)，仅次于“老拳”考恩，是我见到过的最伟大的士气鼓舞者。我认为，当我缺少一个军属炮兵指挥官的时候，让他们两个人同在一个师部是一种错误。附带说一下，当时军属炮兵力量极小，而韦尔彻是一名杰出的炮兵，我将他从考恩那里调走了。

我们看了英印第17师的很多部队，有英国人、印度人和廓尔喀人。他们看来都很疲倦，可能就是如此，看到他们的武器装备短缺的情况，以及他们的靴子和衣服的状态，我十分震惊，但是鉴于他们最近所经历的那一切，他们的精神状态已经算是好得惊人了。锡当河战役后，最后一批补充兵被编入该师，各部队的兵力，这时已经恢复到某种水平，但依然很差。而且由于仰光失陷，已无希望得到更多援军，想到这个情况，令人不安。

英国陆军准将安斯蒂斯(Brigadier Anstice)的英军第7装甲旅也在考恩的指挥之下，我很高兴看到这个旅及其现状。它的两个轻坦克团，都是美国的“斯图亚特”式(Stuart)或称“甜心”式(Honey)，像通常那样，只装备一门两磅炮和很薄的装甲，任何反坦克武器都能穿透，对这种地形要求的近战来说很不理想。然而，任何坦克的弱点都可以由坦克乘员弥补。第7轻骑兵团和第2皇家坦克团像我在任何地方看到的英国部队一样优秀。来缅甸前，他们曾经在西部沙漠身经百战，他们看上去还是以往那个样子，是信心百倍、经验丰富、刚毅顽强的军人。他们的支援部队

① 韦尔彻，韦尔什曼的爱称。——译者注

有英国皇家骑炮兵（R. H. A）的第 414 连，英国皇家炮兵第 95 反坦克团 A 连，以及西约克郡团第 1 营，均属于标准编制。我视察了尽可能多的部队，会见了尽可能多的军官，他们中的许多人都是我的老朋友。然后，我回到了我的司令部。

这不是第一次，也不是最后一次，我在形势不太好的时候临危受命。我知道，在这种时候首先是感到不安，伴着各种接踵而来且令人沮丧的事实，心也会为之一沉；然后，随着接二连三的问题得以解决，于是豪兴勃发；随着紧迫形势得以缓解和棘手工作得到掌控，最终到来的是神经的刺激和精神的放松。经验已经教会我，在仓促行动之前，首先要明确目标是什么，这才是明智之举。所以，现在我坐下来想明白目标该是什么。我们的紧迫任务是组建两大作战集群，中国军队在锡当河，英国军队在伊洛瓦底江，稳定一条从卑谬到同古横贯缅甸的战线，但是这背后的目标是什么，全面目标是什么？难道我们要在什么地方建立一条最后的战线以坚守住部分缅甸？或者是，在仰光失陷之后，我们要通过一系列有计划的撤退而集结军队，将军队完整无损地撤回印度？还是我们希望中国军队加上我们剩下的资源，会给我们足够的力量进行成功的反击？要回答这些问题，很大程度上取决于我们的中期行动如何实施，这由高于一切的战役目标决定。而这个目标我们并不知道。在最后阶段开始之前，目标确实都毫不明确，而我认为，我们因目标不明而致使所有作战行动都举步维艰。

还有，无论我们的最终目的是什么，是迟滞，是坚守，还是前进，从各方面来说，无论如何都有必要从日本人那里夺回主动权，而这意味着我们必须攻击日军，而攻击的力量须足以使其失去平衡，站不住脚。我们能做到这一点吗？我认为能。我们能看到的情况是，英印第 17 师对抗的是日军的第 33 师团，日军可能还有一些附属部队，以及数目不详的敌对缅甸人。因此，当英缅第 1 师加入我们以后，我们第一次至少达到势均力敌的状态，也许会强于日军。根据对到目前为止日军行动方式的判断，日军必定将会发动攻击，并且几乎可以肯定会同时从勃固山脉迂回包围我军左翼。如果我们能够集中一支机动预备队，让日本人自己发动攻击，然后以真正的力量进行回击，要么在日军于丛林发动迂回包围运动时，要么直接到公路上打击日军各要地，我们就可能给日军一个巨大的震撼。因此，我拿定了主意，英缅第 1 军的目标应该是集中我们的两个师，以便尽早有机会进行反击。

在随后的一两天里，我在各部队到处巡视，或者坐在法官昏暗的房间里思考，这儿是我的办公室，到处排满一行行沉甸甸的法律书籍，有几个因素显而易见，但都不能让我保证计划可以成功：

1. 我们的情报工作极差。

没有任何缅甸人的情报组织给我们提供来自敌后的消息，甚至也没有我军控制区内的情报。所需的空中侦察不足，因为这个地区自然环境的原因，侦察结果不理想，也不可靠。我们没有捉到任何战俘。我们的唯一情报来源是敌人的尸体或者从尸体上发现的文件来判明敌人部队的番号。对这种情报来源的利用也很受限制，因为整个军里只有一个军官能够较流利地说日语和阅读日文。他夜以继日地工作，但是由于翻译上的迟误经常使他发现的东西成为过时新闻。毫不夸张地说，关于敌人兵力、调动或企图方面，我们实际没有任何有用或可靠的情报。我们获得的关于日军调动的最初暗示，通常是接连不断的红色子弹曳光轨迹和动物的吠叫声，这宣告了日军已经到达我们的侧翼或者背后。我们就像一个瞎子拳击手，试图打击一个看不见的对手并且试图避开对手的打击，我们不知道敌人在哪儿，直到敌人击中了我们为止。这种感觉很令人讨厌。

2. 我们的丛林战训练不足且装备较差。

日本军队显然可以在丛林连续行军几天，而我们则认为这些丛林是无法穿越的。这不仅是因为他们有当地的缅甸人做向导，而且因为他们的行军装备比我们更轻，在该地区的生存时间更长。几乎所有运输都是机械化的，这就把我们的纵队沿着穿过这片丛林的单一公路拉成几英里长，很容易受到来自空中和地面的攻击。我们的英国、印度和廓尔喀部队在肉搏战中与日军相匹敌，但是，一成不变受制于公路将导致我军走向毁灭。这使得我们在一条狭窄的战线上作战，而敌人则通过丛林进行广泛的运动，包围我们，并在我军后方的唯一必经公路上设置路障。日军已经把路障战术发展到极致，而我们似乎对此没有任何破解之术。我们如果原地作战，除非重新打通那条公路，否则就只能饿死了。所以不可避免的，我们要转而清理这道路障，这通常要付出损失车辆的代价，并且无论如何，要进行再一次撤退。

3. 作战部队的兵力和装备不足。

我军伤亡惨重，特别是英印第17师，患病人数日益增加。我们还担心，如果被迫进一步撤退，在各缅甸部队中，逃亡现象将日益增加。很显然，这些损失和未来的损失将无法弥补。除了空运，现在没有与印度的任何交通线，而我们只有数量可以忽略不计的运输机。如果一个营今天投入作战行动，短缺200名士兵，并失踪50名，那么明天投入作战时，就会短缺250名士兵，并且这样继续下去，直到兵力减少到无以为继的地步。我们正遭受着一场无法治愈的消耗性疾病。

4. 本地居民对我们毫无帮助。

这儿没有缅甸地方防卫军性质的力量，甚至没有任何组织来提供向导或民用运输。我得知，英军在组织缅甸人合作反抗侵略者方面做了非常少的工作，因为担心承认可能会撤退将带来恐慌、失望和不满。虽然山地部族几乎都积极而忠诚，而平原地区的缅甸人——大部分战斗将发生在平原地区——表现冷漠，避免卷入任何一方。有少数人在日本军官和间谍的影响下，实际上对我们怀有敌意。我们的战线后面，缅甸的文官政府正表现出垮台的迹象。虽然英国官员和绝大多数缅甸上层人士坚守着他们的岗位，但是他们的下属却正在逃亡。

5. 在锡当河谷的我军部队和伊洛瓦底江的我军部队之间有一条巨大的缝隙。

同古附近的英缅第 1 师和正在和中国军队换防，该师与卑谬地区的英印第 17 师被 80 英里宽的勃固山脉分隔开来。这些断断续续和被丛林覆盖的丘陵地带没有任何公路，只有很少的小道。从一地到另一地的部队调动常常十分困难而且缓慢。然而对这条缝隙，除非我们占领它，否则会给予日军机会以实施他们十分喜欢的包围战术。

6. 士气低落的威胁。

这是所有问题中最严重的危险。这些部队曾经打得很漂亮，但是却没有成功。经常撤退、可怕的路障、新加坡和仰光失陷，以及日本人是丛林超人的那些传言，再加上所有物资显而易见的短缺，必然导致士气低落。在这个阶段，锡当河惨败对作战部队的影响显而易见但不是不可收拾，而我们后方后勤区的士气给我的印象很不好，到处都有很多严重动摇的人。

知道存在什么问题是一回事，而纠正问题则是另一回事。我毫不怀疑，如果给哈顿几个月时间进行准备，他一定会纠正众多问题并且做很多别的工作。但是我发现，正如哈顿所为，要在残酷无情的现实中挽回过去的损失绝非易事。

当务之急是整顿情报组织。除非我们能够依靠适当的警告和情报了解日军的活动情况，否则我们就毫无希望成功抵抗敌人，更不要说去判断我们打击的时刻或者方向了。英印第17师的考恩已经意识到这一点，并且开始组建一道覆盖前线的情报侦察机关，将其命名为“勃固山脉情报队”。情报队的灵魂人物是比尔·冈恩（Bill Gunn）。他曾经是缅甸一家大型贸易公司的资深成员，考恩很早就将他变成了自己师里的情报军官。大量缅甸人散布在这个地区森林各处，他们在和平时期曾经为冈恩和别的公司采伐和收购木材。这些人中的监工和更高级的人员成了我们情报队的主干。我们在那些热忱的年轻英国雇员中选定军官。我们开始在勃固山脉扩张情报侦察机关。我们强烈期望得到有关日军在我们侧翼的调动情报，最终能够向我们提供可靠的预警。在这些公司雇员的基础上，我们增派了政府的森林官员和护林员，但是当我要把一些其他平民招募进情报队后，我发现自己已经踩上了一个马蜂窝。甲和乙拒绝被安排在丙的下面去提供服务！他们不喜欢他，从来就不喜欢他，他曾经在和平时期妨碍他们快乐地生活。他们这些讨嫌的矛盾是有某种理由的，但是战争时期这些无聊的争论很愚蠢，不值一提，并且最令人恼火。我恐怕曾对一两个人有些粗鲁，但是我还是呼吁每个人都要有责任感，继续实施情报收集工作。在压力下临时进行军民转变存在众多不同的困难，我提到的事只是其中一个例子。实际上应该说，从阶层角度来看，我们最优秀的情报军官群体并不是政府的文官，而是一些商业公司的驻外人员，他们更为熟悉缅甸及其人民。值得注意的是在中央政府和地方政府层面得到巨大发展的议会制政府，似乎迫使官员们越来越愿意坐在办公室。而缅甸的各级商业机构人员，在主动性方面似乎比政府机构人员有着更好的训练。

将这些年轻平民转变为军官则是件简单的事情。他们既没有训练时间，实际上也没有通过惯常的渠道呈报他们的姓名并且等待《印度公报》发布。我们现在需要他们，所以我和我的师长们告诉他们成为军官了，并授予了临时军衔，少尉、中尉，甚至上尉。我们认为哪一级适合他们的年龄或资历就定哪一级。我们的各项资源相当匮乏，以至于无法发放相应的军衔标志。一个年轻人自己解决了这个问题，他有一双可能暂时用不着的黑袜子，于是从上面剪下来一些小方块，然后将其缝在肩章上，以恰当的形式表明了他的新军阶。我们将这种做法作为普遍方法。正如我们想见到的，后来支付这些多少有些非正规任命军官的薪水有一些困难，但是最终一切都顺利解决了。

我们临时组建的情报侦察机关存在巨大的弱点。首先，建立情报侦察机关需要时间。其次，除了传递员，缺乏其他途径，或者在最好的条件下，有几匹小马可以将消息送回公路终点。最后，情报队不得不停在原地不走。无论前进或者撤退，我们都会失去这个情报队里的所有缅甸人，因为他们不会离家工作。即使是那些愿意和我们一起进退的人，在新的地区也不像原来那么有用了。即便如此，如果我们在那个地区停留的时间长一些，情报侦察机关就仍然极具价值。

我们当然迫切需要更多能说日语的军官和士兵。我们得知很多人正在英国和印度的大学或短训班开始学习日语，一旦他们学成了，就会加入我们。而我担心，在那些优秀的学生走出大学校校园之前，日本人就已经将我们赶出缅甸了！

丛林战训练几乎像改进我们的情报工作一样困难重重。日本人自由穿越丛林的能力强于我军，加上我们的机械化运输系统受到公路的限制，这给了他们各种优势——这是日军应得的优势。补救之法就是学会依靠轻装移动，学会适应丛林，学会在没有这么多运输工具的条件下运动作战，学会改进对敌人运动的预警，尤为重要的是，从敌人那里夺回战斗的主动权。到目前为止，我们的全部战术都受制于日本人的路障，这已经变成了我们部队的一场噩梦。我认为这个问题的解决之道在于，在敌人可能试图设置路障的地方，部署一支比较强大的预备队，其目的是在敌军有时间建立路障之前马上予以攻击。当有部队的时候，事实证明在我们可以在丛林机动之前，这是最好的应对方法。但是，由于我们的兵力人数正日益减少，我们在前线受到很大的压力，因此无法建立这样的预备队。

训练的主要困难是没有机会。若要训练部队，即使只有一个月的时间，也必须撤出战斗。可是，我们却做不到这一点。在前线，我们越来越迫切地需要每一个能打仗的士兵。虽然我们获得了很多经验教训，但是以日本人为师是一种代价昂贵的学习方式。由英缅军司令部开办的“丛林战学校”培养了一些受过理论训练的军官和士兵，但是他们都去组建小规模“突击队”了。我认为，最好是派他们到常规步兵营里去提高官兵的普遍水平，特别是侦察水平，这是一种迫切的需要。减轻我们的装备注定在某种程度上解决了这个问题。士兵们和各部队正在抛弃越来越多的东西，因为他们意识到机动性和幸存是同义语。然而，在被训练得能够更轻装行动和生存之前，在得到更多驮畜之前，我们还是无法甩掉尾巴上的机械化运输车辆。我们想到风驰电掣的空中运输，那显然是一种解决问题的办法，但是我们依然是在前景黯淡中等待着飞机。师长和旅长们都在绞尽脑汁地思考和向士兵灌输新的战术方法。丛林作战的技术水平略有提高，但并不显著。直到今天我依然不知道在那样的时间和条件下我们还能做什么。

很少有什么问题是无法解决的，但是我们力量的消耗问题是其中之一。我们最大的希望是降低减员的速度。我们在后方挑选一些战士或潜在的战士，在一个几乎所有后勤人员都是缅甸人或者印度人的战区里，从这种资源里难以挑选出多少兵力。英缅军司令部给予了帮助，我们加快了医院和疗养院的士兵归队的工作，但这是一种危险的做法。我们的医疗服务远远低于其应该达到的水平，即使他们那样尽心尽力地忘我工作，仍然无法降低病员率。事实上，随着医疗物资变得更加不足，以及持续的紧张、疲劳和物资匮乏，士兵们遭受更多的痛苦折磨，病患率往往也将上升。

在东非时，我们曾经彻夜敲打埃塞俄比亚皇帝的皇家战鼓，发出集合的召唤，要他的臣民离开意大利人的军队，恢复他们对皇帝的忠诚。那时我曾想道："身为一个意大利军官，每天早晨醒来发现自己更多的年轻士兵跑掉了，那该多么可怕呀。"现在我有了切身的感受。据报，缅甸部队的逃亡情况正在与日俱增。印度士兵有三种忠诚：对印度的忠诚，对他的宗教的忠诚，以及对他所在团和军官的忠诚。而缅甸士兵，没有时间形成他的第三种忠诚，由于担心他的家庭在日军占领区没有人保护，一些缅甸士兵沿着丛林中的小路偷偷开小差回家。除了胜利和前进，没有办法制止这种情况的发生。

因为我们毫无希望找到足够的军队来守住我们和中国军队之间的危险缝隙，遂试图在"勃固山脉情报队"之外另行建立骑步兵机动部队。缅甸宪兵由定居在缅甸的印度士兵组成，缅甸宪兵中的骑兵部队构成了骑步兵机动部队的核心，但是马匹十分短缺。我记得有一次与一位年老、疲倦而又情绪低落的平民讨论马匹的供应问题，在我看来，他并没有太紧张。他站了起来，并且变得十分活跃，"啊哈！"他主动提出，"马匹！你应该去找的人是X。他掌握着无数马匹，恰恰是你们需要的那种！"

"好极了！"我说道，兴奋得发抖，我们终于找对了地方，"他在哪儿？把他带来。"

"天啊！"这位平民回答道，又恢复到他原来的悲哀的腔调，"可怜的X！他三年前就死掉了！"

这些骑步兵分遣队应该沿着这些小道推进，同时建立一些观察哨和情报中心，勃固山脉情报队能够通过传递员传递情报。随后由一个骑马的侦察兵迅速带回情报，这个观察哨的其他人则要提供支持和协助，运用一切手段拖延日军部队的行动。这种时刻，我们能够想出的最好对策就是封闭这个缝隙，或者至少做好对它的警戒。

关于缅甸文官政府及其崩溃，前面也曾经提到了一些。我总的印象是，政府的很多英国高官年龄太老，头脑太僵化，而且太缺少精力和领导能力以真正应对外敌入侵的巨大困难和严峻现实。但是，在军人们进行激烈批评之前，我认为他们应该清醒地记住，从对德战争一开始，有关缅甸防务的重要决定都是由作战指挥部门做出的。英国参谋长委员会决定了什么样的军队应该被分派到缅甸，以及他们应该扮演什么角色，各司令官及其当地的指挥官决定了应该怎么使用这些军队。那些文官公务员们最多只能够遵照这些决定并且予以合作。无疑一些文官未能做到这一点，但是这样的军事结果是否可以让我们的军人们忘记那些关于生活在玻璃房子里人的笑话吗？我的经验是，除了极少的例外情况，英国平民们，包括政府官员和商人，以及许多缅甸人，都勇敢坚守岗位、恪尽职守。在一些地区，一些文官由于他们下属缅甸职员的叛逃而不能正常工作，而我们并没有意识到这种情况的严重性。一个警督都不见了下属警察，一个市长的下属文书、办事员都跑到丛林里去了，一个下属为了私人急事无限期离开了副专员。对于军人来说，这样的文官政府是缺乏效率的，但无论形势多么困难，他们都会接受命令。当然，我们可以说，警察们、秘书们、清洁工和小职员们逃亡，这个事实本身就证明了他们的长官在某些事情上出了问题。然而，不管怎么说，缅甸公务员像军人兄弟一样离开岗位的真正的原因是，他们怀疑我们的军人和飞行员们不能击退那些日本人。我们能够帮助文官政府的唯一事情就是与其保持紧密接触，这样我们就能共享情报，提出我们的要求，并在维持秩序、控制和疏散难民方面，以及在成千上万的其他事情方面提供我们能够给予他们的帮助。我要求文官政府向英缅第

1军司令部派驻一位职位较高且行动积极的文官，以实现军政合作。我迎来了丹尼斯·菲利普斯（Denis Phelips）先生，他是个无价之宝。不仅立足岗位工作，而且他的勇气、精力、资源和对事业的献身精神，对我们所有人都产生了影响。他是个永不改变的乐天派，那种欢快，绝不会引起别人的反感。当乌云压城、身处逆境的时候，他总是鼓舞着人们的精神。他的笑声就像我们的战斗号角，我肯定对日本人也是如此，因为他们肯定经常听得到。菲利普斯体现了印度文官政府优良传统，是我们军人的榜样。

最终和最根本的危险在于，我们部队士气崩溃。保持士气依赖于很多东西：精神上的、智力上的和物质上的。若能胜利的话，这当然是建立和保持士气的最容易基础。即使没有胜利，对自己领导者的信心也会使士兵们充满士气。困难在于没有胜利的感召却要保持士气，但我们这里情况要好得多。敦刻尔克战役之后，英缅军司令官亚历山大是英国官兵的信心之源。他一往无前、所向无敌，而且其英勇绝不负所享盛名。我们拥有士气上的最大财富，就是两位师长，在很大程度上，他们得到了所部的信任和真正的爱戴，包括英国人、印度人和廓尔喀人。艰苦的战争考验使得一些优秀的旅长脱颖而出，像琼斯（ Jones）、卡梅伦（ Ronald Thomas Cameron），他们是真正的领袖人物，而且也扮演了重要的角色，在各种理由使士气低落时，部队却保持了高涨的士气。

一个指挥官身上最重要的东西是他对士气的影响。众多高级军官都认识我，特别是英印军营长以上军官，但是部队底层认识我的人却很少。因此，就士气来说，我得一切从头开始做起，这么做不是一件坏事。在战争中，这样的事情经常发生，经历一段不顺利的时期之后，新的指挥官接管了一切，恰恰在这时候，他的前任所安排的诸如援军、改进的武器装备和增加的补给物资，开始纷纷抵达这个战场。这当然绝不是贬低这位新领导可能在利用现成的资源过程中所展示出的才能，而是说在提振士气方面，这的确给他以巨大的帮助。部队自然会把这些改进的条件归功于他，而他找到了一个准备好的基础，在此基础上开始进行建设，直到能够给他们带来一个胜利，就这样，他以唯一永恒的方式，巩固和加强了他们的士气，无论是亚历山大将军或是我都不具有这种优势。我们等来的却恰恰是相反的情况。仰光的陷落不仅意味着我们的各种资源和生活设施将会日益急剧减少，而且伴随着马来亚的陷落，一波日本援军的浪潮将通过这个港口横扫而来。很显然，我必须在各个部队里到处巡视并且让官兵们看到。很幸运，我的司令部没有公关部门笨拙地敲着大鼓欢迎我的到来。如果一个指挥官是明智的，他就要在新闻界和别的吹捧者忙于为他鼓噪扬名之前，首先让自己的部队认识自己。所有这些在今后将会最有帮助。

我对形势进行调查所得出的一般结论，并不特别光明，或者像最初设想的那样提振士气。对于其他麻烦而言，我们所需要的是一个被人认可的重大胜利。我认为，我们有机会取得这样一个胜利，如果将英缅第 1 师调出来，整编英印第 17 师，并且完成坦克延误了的维修保养工作，我们就能以一个团结的军来回击敌人。我们在实施反击之前，如果日军对我们的前线施加的压力、其他地方的战事没有迫使我们进行一些较大规模的作战行动，我们就有理由相信敌人会给我们反击的机会。

我们的首要任务是让英缅第 1 师尽可能快地进入卑谬地区。该师的调动当然依赖于抵达与接防的中国军队。1 月间，中国的第 6 军（第 98 师、第 49 师、暂 55 师）已经到达掸邦，现在第 5 军正在向掸邦以南移动，但是该军不会去同古以南的地区。这是最不幸的，这意味着，已经成功向南反击的英缅第 1 师不得不撤回来，导致广大的锡当河下游地区向敌洞开。对于补给方面而言，失去一个最富有的稻米产区也是个严重的问题。英缅第 1 师早先曾经派出一些部队支援承受着巨大压力的英印第 17 师，而对这种撤退，部队认为其理由并不充分，因而令人沮丧，特别是对那些缅甸士兵来说更是如此，他们当中的很多人发现自己正在放弃缅甸本土。日本人紧跟其后，我们的后卫部队作战英勇而坚决，但也遭受了沉重的损失，然而英缅第 1 师却精疲力竭地到达了同古。在这里英缅第 1 师经过了新近到达的中国第 5 军，并且在 3 月 22 日，奉我之令，向在伊洛瓦底江河谷的达运达波（Dayindabo）—皎勃东（Kyaukpadaung）—阿兰谬[①]（Allanmye）地区集结，阿兰谬位于卑谬以北大约 50 英里处。出于后勤补给的原因，我选择这个地区，而不是卑谬本身或其周边地区，而且因为该师必然零散到达，所以应不受干扰地集结部队。我最不想做的事情是在全师做好准备之前，就让其一部投入作战。该师完成集结的具体时间不确定，估计十天到两周。

与此同时，英印第 17 师展现了其战斗精神。3 月 17 日，后来成为温盖特突击队中最著名的指挥官、年轻的少校卡尔弗特（Major James Michael Calvert）率部领导了一次大胆的袭击战，攻击了兴实达（Henzada），据说这是敌人经常使用的一个港口。据守该地的是日本军官指挥的一支敌对缅人部队，卡尔弗特的突击队和英国皇家海军陆战队让敌军遭受严重损失。大约同一时间，格洛斯特郡团第 1 营在小镇礼勃坦（Letpadan）突袭了驻兵营里的一个日军大队。礼勃坦距离卑谬大约 80 英里，他们予敌重创，并且将其追到了丛林里，这是一件最令人振奋的事。英印第 17 师显然也多有战斗。

见过考恩后，我决定把他的师和那个装甲旅撤到距离卑谬更近的地方。我这么做是为了让他们更靠近英缅第 1 师，并且使其运输情况得到改善。我的观点是，这样可以减少我军被敌军从河流或勃固山脉实施包围的机会，而且卑谬以南地带同样适合于坦克作战。而且，我希望这种调动会使敌军放弃或推迟发动进攻。在这个阶段我担心的是，要赢得时间以集结全军部队。我认为我犯了一个错误。我本来应该把英印第 17 师留在前面，而在卑谬附近集结英缅第 1 师。除掉其他，我以一场撤退开始我的指挥工

① 阿兰谬，又译作“阿蓝庙”“阿兰庙”。——编者注

作，这是一个错误，如果能避免这种情况就好了。无论如何，英印第 17 师还是北撤了。其一个旅（英印第 63 旅）驻卑谬，覆盖从南面来的主要公路，另一个旅（英印第 16 旅）在新美锐—摩萨（Sinmezwe-Hmawza），防守东南方的道路，第三个旅（英印第 48 旅）作为预备队梯次部署在韦提甘（Wettigan），防止敌军迂回包抄侧翼。后方则是随预备旅英印第 48 旅行动的英军第 7 装甲旅，希望找到机会维修保养坦克。勃固山脉的情报侦察机关和缅甸边防部队分遣队保护左翼；河船上的英国皇家海军陆战队以及随其在伊洛瓦底江西岸作战的突击队则负责保护右翼。卑谬的英缅第 1 军司令部现在也许相当靠近实际的前线，如果我们能避免危险，我就毫无撤退的打算，因此便维持现状。

日军飞机轰炸卑谬的强度通常不大，大约每隔一天来一次，总是在吃早饭的时候。以前我经常受到轰炸，但是从来不是在城镇里，我发现在城镇里挨炸比在荒漠或树林里吓人得多。我们在控制空袭引起的火灾方面存在困难，但即使没有空袭，火灾依然发生。这些我们所在城镇发生的神秘火灾变成了这个战役一个令人讨厌的特色。有时候我们抓到一些正在放火的缅甸人，他们会简短的忏悔，但是到头来，这也是似乎大量存在的敌人第 5 纵队喜欢的活动。很不幸，卑谬显然是敌对缅甸人活动的中心。尽管卑谬具有吸引人的地理位置，有很多小屋和花园，但在空袭之下，火灾和难民遍地，已经不是一个令人舒适的地方。成千上万可怜的印度难民和很多患有天花和霍乱的人就露宿在城市的街头和河边码头上，等待着渡过伊洛瓦底江，走上洞鸽（Taungup）小路前往若开海岸，他们处境凄惨。此外，他们很快使得城镇和水供应状况恶化，军队面临爆发流行病的危险。虽然只是微薄之力，但我军后勤补给参谋和部队全力帮助行政当局，保证其全身心地工作，让成千上万的人渡过河去，最终安全到达孟加拉。街道的清理是一个问题，因为城市的保洁管理服务在日军的空袭下已经逐渐消失了。为了解决这个问题，我们尽了最大的努力，将成群的犯人从当地的监狱里放出来，只要他们干几天街道清扫工作就给他们自由。我们从犯罪程度最低的犯人开始，逐渐扩大到犯罪程度比较严重的人。真正的重罪极恶分子、暴力犯罪分子，我们最后逆流而上将他们送往曼德勒关押。但是，运载他们的驳船却受到了日本飞机的攻击。犯人和看守一起跳到水里，有些犯人遭到射击，有些人淹死了。我认为，没有谁到达曼德勒或其他什么地方的监狱。我希望那些幸存者在日本人占领期间成为他们的大麻烦，也担心他们会成为日本人的顺民。

第三章 不幸的一章

当我们在地面只实施了两三次小规模攻势时，在缅甸的英国皇家空军却已经取得了一场更引人注目的胜利。3 月 20 日，侦察报告称有 50 架日军飞机，作为日本强大援军的一部分，正从其他战线飞来，到达仰光附近的敏格拉洞（Mingaladon）机场，于是，由来自阿恰布和马圭的我军所有可用飞机于次日晨发动了一场攻击。这支由9架英国轰炸机和10架“飓风”式战斗机组成的小规模空中编队，在距离仰光大约 70 英里处，遭到日本海军的“零”式战斗机截击，但是他们一路突破重围杀进去，轰炸并用机关枪扫射了日本人的机场，又杀出重围飞了回来。11 架日军战斗机在空中被击毁，16 架飞机在地面上被击毁。我们的所有轰炸机都被敌军击中，但是都飞了回来，全部损失是一架“飓风”式战斗机。

这次战果完全有理由令人兴奋不已，我们的空军正准备于 3 月 21 日下午再次出击，这时，马圭机场突然受到日军压倒性数量的战斗机和轰炸机攻击。在随后的 25 个小时里，日机发动了 6 次攻击。敌人出动了 250 架飞机，其中有大约 150 架为中型和重型轰炸机。第一次空袭是否收到了任何警报，尚存疑问，但以后的几次袭击都没有得到任何警报。当敌人的第一波袭击到来时，我军有 12 架可以参战的“飓风”式战斗机停在地面上。这些战斗机有些起飞拦截日机，并且击落其中 4 架，但是敌人的攻击达到了高潮。到 3 月 22 日 9 时，在经受连续攻击之后，只有美国志愿援华航空队的 3 架 P40 飞机和英国皇家空军的 3 架“飓风”式战斗机能够起飞，而只有“飓风”式战斗机可以作战。我们由于不能为飞机提供安全庇护所和疏散区域而付出了沉重的代价。据美国志愿援华航空队指挥官的报告，由于没有警报系统，加之敌机袭击的规模，他没有别的选择，只有撤退还能飞行的飞机。就在那天下午他们飞往垒允（Loiwing）。3 时半，最后 3 架“飓风”式战斗机升空拦截了敌人的一架侦察机。大约 4 时半，他们刚再次着陆，一个由大约 50 架日军轰炸机和一个强大的战斗机护航编队组成的两波进攻就到来了。这场最后的攻击几乎完全摧毁了我们全部飞机。下午晚些时候以及第二天一大早，即 3 月 23 日，那些残存且还能飞行的飞机飞往阿恰布。英国皇家空军驻缅联队司令部及其各中队人员匆忙撤往腊戌和垒允。3 月 23 日，以及后来的 27 日，日本飞机在阿恰布重复了马圭式的袭击，带来了同样的结果。我空军放弃了阿恰布。英国皇家空军的最后人员离开了缅甸。

在英国皇家空军消失之际，特别是放弃马圭时表现出匆忙和混乱，那些愤怒的军人们说了一些难听的话。但是，他们也必须清楚地记住，正是这支小规模的英美联合空军部队曾经在空中击落了 233 架日军飞机，在地面摧毁了 58 架日军飞机。其中，美国志愿援华航空队共摧毁敌机 217 架，英国皇家空军摧毁敌机 74 架，而我们付出的代价是在空中被敌人击落 46 架，在地面被敌人击毁 51 架，或者说，空战中我们以五比一的战绩占据了上风。即使在地面上，尽管超出航程之外，且预警也对他们十分不利，但战损比还是达到了一比一的水平。

从此以后，我英缅第 1 军完全没有了空中侦察、空中掩护或空中支援。我们在天空看到的任何飞机都是敌机，而我们将会看到很多。我们的行动甚至比以前更加目盲，越来越多地被迫在夜间转移，而白天则更为分散。建筑物变成了要避开的死亡陷阱，我们越来越多地依赖丛林。即使在日本航空部队获得绝对制空权之后，其对我军作战部队造成的实际伤亡也出奇之少。上述战事对士气的影响并不像预料的那么大，最初很严重，但是后来部队似乎在某些方面习惯了经常的空袭，并调整自己适应这种情况。

现在，一群群排列成楔形的巨大银色轰炸机群嗡嗡地轰鸣着划过天空，一个接一个的缅甸城市喷出火焰，并且在怒号的大屠杀中沦为废墟。卑谬、密铁拉、曼德勒、达西（Thazi）、彬马那[①]（Pyinmana）、眉苗、腊戍、东枝（Taunggyi），大多是一些木材建筑为主的城镇，都墙倒屋摧，被烧成了废墟。日本人采用固定模式轰炸，以完美的队形飞过，他们排成从容而蠢笨的一两行，然后让所有的炸弹分散地倾泻下来爆炸开去。日机的投弹相当精准。我们总是说，他们每一编队的长机负责瞄准，其他飞机都依靠长机。这当然有效率，但是我个人倾向于意大利人在没有空中对手时采用的方法。他们采用巡航绕圈的方式，一次扔下几排炸弹，并且保持一个悬念。因为日本人的空袭总是很快结束，所以你要么受到打击要么能活到下一次轰炸。无论这种方法如何，这对消灭平民老百姓足够有效。警察、医院的医护人员、防空部队、公共服务和铁路都崩溃了。劳工们都逃到丛林里去了，城镇居民都被疏散了。只有一些有献身精神的英国人、英缅混血人和一些缅甸人崇高地坚守着自己的岗位。

我们偶尔听说，从加尔各答和印度其他地方起飞的轰炸机曾经攻击过仰光，但是这在部队里只引起舞台导演所谓的“苦笑”。韦维尔将军认为唯一正确的策略是在印度保持一支他能够集结在一起的空中力量，这样在时机到来时，他才能够增强保卫印度的空中力量。若将其微弱的资源投入缅甸前线，没有空袭预警机构以及又要对抗一支有压倒优势的敌军空中

① 彬马那，又译作“平满纳”“平蛮纳”“平马”“彬马纳”。——编者注

力量，这将不可避免地会导致其走向毁灭。英缅军必须在没有空中力量的条件下继续作战。毫无疑问，这是一个正确的决定。但是，这对我们却于事无补，这使得我们发动反击夺取主动权的机会变得更为渺茫。

我们的空中力量撤出缅甸的消息令种种令人不安的事情雪上加霜，这不仅影响了英缅第 1 军的计划，而且影响了整个战役的计划。在同古的中国第 5 军第 200 师，到目前为止本来已经取得了几个小小的胜仗，但是 3 月 24 日却突然被日军第 55 师团和其他部队切断了后路。中国军队新 22 师的一个团紧跟着第 200 师，这时候在 60 英里之外的彬马那，该师的其余部队在腊戌，距离 300 英里。第三个师，第 5 军的第 96 师，只是刚刚接近缅甸边境线。那是一条单行公路，第 5 军很难超过正在行军途中的第 6 军，而且另一些麻烦已经延迟了第 5 军的南进。中国军队在同古坚决地进行抵抗，这时，新 22 师前进换防。形势十分危急。3 月 28 日，在蒋介石委员长的催促之下，亚历山大将军命令我马上发动攻势，以缓解中国军队的压力。史迪威的两个参谋来见我，并致电强调其需求。

这种在我们军完成集结之前就发动攻击的做法，与我们原来的整个想法完全相反。而且存在疑问的是，就算我们能够暂时实施进攻，将攻击中国军队的日军吸引过来，但是日军仍有可能向其前线增派部队。但是，亚历山大将军所处的位置比我更适宜判断此举的影响，我们将尽全力帮助盟友。

我们的情报工作不足以使我们适当地发动一次攻势，这种盲目作战是极其严重的不利条件。而且，我的英缅第 1 军还没有完成集结，同时英印第 17 师还正在试图重新装备。关于亚历山大将军的命令，我最多可以做的是，命令考恩以可以集结的机动力量组成最强有力的攻击部队：

1. 沿着主要公路和铁路两侧向卑谬东南方大约 60 英里处的奥波前进。

2. 在奥波以北15英里处的只光（Zigon）部署一支分遣队，作为后备部队并警戒东翼。

3. 确保卑谬以南23英里、伊洛瓦底江畔的娘扎耶（Nyaungzaye），以保护西翼，并且阻止敌人渡江。

4. 消灭前进路上遇到的所有敌人，并且利用局部胜利扩大战果。

由于考恩实际上已经指挥着这一地区的所有作战部队，我能够给予他的唯一帮助，就是组织了一支由海军陆战队、突击队和缅甸边防部队组成的小规模分遣队，在伊洛瓦底江西岸展开作战。根据报告所称，一支日本人和缅甸人的联合部队在卑谬以南大约25英里的伊洛瓦底江西岸的通博（Tonbo）。我们希望我们的分遣队，加上江上的小股武装船队以及我们在空袭下克服困难于卑谬以南建立的水栅，会阻止敌人的部队从考恩的背后渡江到达东岸。这里存在这种危险，并且我们的船只正受到远处敌人的炮击，但是我们很少有部队可以抽调出来应对。

我给了考恩一个相当模糊的任务，但是他以一如既往的充沛精力执行这个任务。命令发出的当天，格洛斯特郡团第1营就勇敢出击，进攻并占领了榜地（Paungde）。榜地是卑谬以南30英里的一个大村子，他们击毙了很多敌人。为避免该营被孤立在榜地，考恩撤回了该营，但是当接到军里的命令之后，他又组织了由一个坦克团、一个炮兵连、三个步兵营和一个野战工兵连组成的攻击部队，在安斯蒂斯（Anstice）旅长指挥下，重新占领榜地，拉开了向奥波前进的序幕。这是一支临时凑成的军队，因为其所属师仍在整编集结，而且每个营只有两个连的兵力。接近榜地时，安斯蒂斯收到报告，一支日军分遣队正向他后面的公路进发。他的一些部队被派去对付这个威胁，同时其余部队则攻击榜地，却发现榜地被敌人强力据守着。于是，随之而来的是一场混战，我们的部队取得了部分成功，进入了榜地，予敌重创，但最终又被赶出了这个村子。一个联络官从安斯蒂斯处回到师司令部，使他大吃一惊的是，他发现卑谬以南大约 10 英里的城镇瑞同（Shwedaung），到处都是日本人，他们是从西南方出现的。其他敌人部队也正在向安斯蒂斯背后渗透。于是，考恩命令他撤退。为了帮助安斯蒂斯撤退出来，他派出两个印度营从北面肃清瑞同。

瑞同散布在那条公路的长度大约有 2 英里，分别向南北两侧延伸 1 英里。必须开辟一条穿过瑞同的路，因为那里没有别的路能够通过汽车。傍晚 6 时以后，安斯蒂斯的前卫部队攻击了瑞同南端的一个路障，同时两个营攻击了瑞同北边。房屋和竹林的大火阻碍了进攻。夜间，安斯蒂斯以更多的兵力发动了另一场进攻，但取得一些进展之后，进攻被这个镇内的主要路障阻止住了。晚 7 时进攻重新开始，次日晨我们的部队突破了那道路障。运输车辆开始通过，但又被这个镇子北端的路障阻挡住了，各种车辆沿着公路拥挤成一团。瑞同镇剧烈地燃烧着，很多卡车着了火。使事情更糟的是日军的飞机持续不断地用机关枪扫射这支纵队。两个营的攻击从北面又开始了，然后坦克从南面突破了这道路障，后面跟着一大串卡车和装满了伤员的救护车，但是许多车辆被空袭打得不能动弹，燃烧着或者彼此拥挤在一起，不得不被抛弃了。有几百名日军和叛变的缅甸人试图逃离这个燃烧的城镇时，被我军俘虏或击毙。

与此同时，被派去保护伊洛瓦底江西岸的海军陆战队、突击队和缅甸宪兵组成的分遣队，已经占领了巴当（Padaung）。村民们欢迎他们，并且带来了食物。一支被派出去的侦察队报告，由此向南 18 英里以内都没有任何敌人。实际上，一支日军始终隐藏在这个村子里，当我军休息的时候，日军发动了突袭。我军拼死抵抗但也毫无希望。一些人逃跑了，很多人被日本人或者变节的居民当场杀死，但 12 个受了伤的英军士兵和海军陆战队员，仍然坚持到第二天，这时他们被捆在大树上，被日本兵当着那些钦佩他们的村民们的面用刺刀刺杀。在这一战役中，这仅仅是日本军队对手无寸铁的英国、印度、廓尔喀和中国战俘们犯下的许多野蛮暴行中的一例。一个战俘的命运很大程度上依赖于对方军官反复无常的心情。他可能受到折磨或残酷的杀害，被开枪打死或用刀剑杀死，或者仅仅受到虐待、挨饿、捆绑和挨打。甚至有一些某个战俘没有受到严重虐待的例子，但这种情况极其罕见，在英军战俘们中几乎没有听说过。日本人在战地或者战俘营中对待战俘的行为作为污点被记录下来。那些曾经和他们打过仗的人会刻骨难忘。

随着我们西岸的分遣队全军覆没，敌人开始大举过河。他们中有几百人是穿着蓝色制服的缅甸傀儡义勇军的官兵，其在日本军官的指挥下组成一些部队。他们最初在瑞同周围的战斗中作战狂热，因为相信自己刀枪不入，当发现自己搞错了时，激情便一下冷了下去。但是，他们加重了正在撤退中的我军部队的困难。瑞同的这次战斗，双方的伤亡都很沉重。我们损失了10辆坦克、两门大炮、一些车辆，仅仅步兵的伤亡就超过350人。这些是实际损失，减少了我们的兵力且没有任何补充的希望，这让我们无法承受。

与此同时，锡当河前线的同古失陷，虽然瑞同战斗没有像同古失守那样影响严重，但都令人沮丧。中国军队的第200师被日军包围在同古，他们进行了一场真正勇敢的抵抗。但是，中国第5军最初两个补充团和随后的新22师，不理会史迪威要求发动进攻的命令。毫无疑问，正是这种拒绝服从命令的行为让我们付出了失去同古的代价，因为当新22师未能接防第200师时，守城部队除了突围、挨饿和投降别无选择。第200师选择突围，不得不放弃了全部车辆、大炮及其大部分装备，蒙受了超过3000人的伤亡，残部分成几支小股部队突围。中国军队遂向彬马那全面撤退。同古的失陷事实上是一个重大的灾难，仅次于我们在锡当河大桥的失败。

我们是否应该继续据守卑谬，现在成了一个问题。纵贯缅甸的那条线的东半部已经失去了。卑谬沿伊洛瓦底江江岸延伸两三英里，周围是一片矮树木，防御圈甚大，甚至很容易就会受到包围。日本人正移动到距我们阵地很近的地方，并已经占领了对面西岸。卑谬本身的状态很令人绝望。在遭受一次特别严重的空袭后，卑谬已经几乎被完全烧毁了，难民中的霍乱病例与日俱增，甚至部队里也已经有一些病例。假如不是因为有大量储备物资，主要是堆放在河边一些码头上的大米，卑谬本身的价值并不大，倒是有大量危险悬而未发。英缅军司令部显然也是这么认为的，因而我们在 3 月的最后几天里收到了命令，要后送所有多余的储备物资。从卑谬往北没有铁路，我们可以使用的公路运输可以忽略不计，所以不得不完全依赖伊洛瓦底江。平时，卑谬拥有强大的水上交通，可以运输成千上万吨的稻米，但现在变得比较困难了。民用汽船的水手们自然不愿意到这么遥远的南方来。水位异常低，这使夜航变得很危险，而白天日军的空中力量使航运变得更是无比危险。频繁的空袭驱散了所有劳工。然而，多亏亚历山大将军的后勤部长戈达德（Goddard）和我们自己参谋人员的充沛精力和非凡能力，戈达德也经常来看望我们，才取得了巨大的进展。

我的司令部搬到了伊洛瓦底江畔的阿兰谬，位于卑谬以北大约 35 英里处，因为卑谬现在已经成为前线了。4 月 1 日在阿兰谬，我接待了韦维尔将军，并接受了亚历山大将军的视察。在评估全局形势之后，韦维尔将军决定有必要进一步北撤。我奉命加速储备物资的后送工作，并且把全军集结在阿兰谬—皎勃东—德耶谬（Thayetmyo）地区，以保护油田和上缅甸。我很高兴韦维尔做出这个决定。除了担心英印第 17 师的形势，即使当全军已经集结起来的时候，我也并不认为，存在良好的机会从卑谬和阿兰谬实施反攻。在斯科特的极力催促之下，英缅第 1 师尽快赶来，但其不可避免地是零星赶到的，必须将其收拢在一起。英缅第 1 师极差的装备令我深感震惊，装备甚至从来没有达到过英印第 17 师的水平，例如，全师只能集合起一个临时运输排，而不是每个营都有一个运输排。大炮短缺到了令人震惊的地步。步兵和后勤补给部队大多数是缅甸人。虽然这个师表现较好，但是师里还是存在大量逃兵。尽管有许多优秀的英国和缅甸军官，各种事情并不见好转。随着敌人在西岸的威胁与日俱增，分拆这个师势在必行。这是一件我极不喜欢做的事情，我派英缅第 2 旅过江，据守阿兰谬对面的德耶谬以南地区。

4 月 1 日黄昏，即韦维尔将军在阿兰谬举行会议的那天，在是否应该据守卑谬这个问题上，日军帮我们做出了决定。英印第 17 师被分成三个加强旅部署，一个加强旅（英印第 63 旅）在城内和城南；另一个加强旅（英印第 48 旅）在摩萨附近，即卑谬以东 4 英里处；第三个加强旅（英印第 16 旅）在塔马高（Tamagauk）周围，即卑谬以北 5 英里处。日本人发动的最初攻击是针对据守城镇以南的印度营的，但被击退了。第二波进攻随之而来，激战中一些敌人从我们的阵地之间渗透进城镇中。当黑暗中发现自己显然被包围了时，城南的印度营就退进了城里。在城里的房屋之间该营失去了各部之间的结合。日军对英印第 63 旅其他部分的攻击失败了，但利用南面的这个缺口涌进城里，并且把别的守卫者抛在了背后。混战之后，整个英印第 63 旅撤出了城，并且向在塔马高的英印第 16 旅方向溃退。与此同时，英印第 48 旅受到敌人的猛烈攻击，该旅浴血奋战击退了攻击者。

敌人通过卑谬继续向前推进，这时另一支强大的敌军显然正试图绕到摩萨以东。英印第 48 旅在侧面赶上了这支敌军，并且予敌重创。不久之后，考恩命令该旅向主公路移动，以阻止来自卑谬的敌人进攻。英军第 7 装甲旅和英印第 16 旅前进，掩护英印第 63 旅和师辎重队，他们这时正向塔马高撤退。那天上午 10 时半，考恩从他位于卑谬—阿兰谬公路旁的保护林师部打电话给我，说他得到一些可靠的报告，一支强大的敌军正绕过他的左翼向其后方以北 16 英里处的达运达波运动，那支敌军想切断他的退路，他应该原地据守还是向阿兰谬撤退？在那种局势下我没有大量时间思考，如果一支日军插到考恩和我之间，除了英缅第 1 师的两个弱旅，没有什么力量能够制止其继续向仁安羌[①](Yenangyaung) 前进。我的目标仍然是集结全军，日军插在这两个师之间对我毫无帮助。我知道考恩所在的那个地区，据守那里无论是从容易防守还是从其本身的价值来看都没有什么好说的，而且我已经得到指示要把这个军带回阿兰谬。因而我命令他继续向阿兰谬撤退，并且派英缅第 1 旅到达运达波，如果该地受到威胁则予以坚守，并帮助英印第 17 师通过。英缅第 1 旅于 4 月 2 日傍晚到达指定阵地。

考恩所部经历了一场艰苦的行军。一整夜和白天的大部分时间他们一直在战斗。天气很热，尘土飞扬，一路上没有水。加上日本人的航空部队一刻也不让他们安生，持续不断地用机枪低空扫射他们，轰炸他们。尽管如此，4 月 3 日，在英缅第 1 师的掩护之下，他们还是安全通过，部队建制完整，状态不是太坏。我们很幸运，疲劳不堪的日军没有紧追不舍。尽管存在一个侦察军官的目击报告，但是后来的情况表明并没有任何日军部队威胁到达运达波。据我得到的报告，日军并没有造成很大的破坏。但是，在完全缺少空中侦察时，要很快验证情报是不可能的，这是很多例子之一。

我的军现在集结起来了，但不是在我原来希望的地方。这件事也不是我原来希望的样子。但毕竟是集结起来了，而且我现在依然要去决定：应该如何完成不把油田让给敌人以及保卫上缅甸的任务。首要之事是我们应该在哪里坚守并战斗。一条合理的防线本来可以是从阿兰谬向西部地势更高地区，但这样会在我们和中国军队之间留下一条数英里宽的缺口。为了避免这种情况，亚历山大将军已经命令我全力坚守东敦枝[②]

① 仁安羌，又译作“燕南阳”“彦南阳”“叶南阳”“燕南羌”“燕南江”“彦南扬”“营安阳”。——编者注

② 东敦枝，又译作“东定吉”“唐得文伊”“淡温夷”。——译者注

（Taungdwingyi），将此地作为与中国军队前线的结合点。若防守阿兰谬的伊洛瓦底江两岸以及将防线延伸至东北偏北的东敦枝，共计 50 英里防线，这意味着我两个战力薄弱的师要在 60 多英里的防线上铺开来，而这两个师的现在兵力还不及一个满员师。在我看来，我必须缩短我的战线，在离东敦枝更近之前，只能移动到伊洛瓦底江更北的地区。因此，我决定退向马圭正南，据守马圭—东敦枝一线以南的东西横向公路。我不喜欢再次撤退的想法，当面临所有问题导致不得不撤退时，我们也正在快速接近危险。我希望这将是最后一次撤退。

我们在阿兰谬以南坚守了足够长时间，因此得以摧毁江对岸的那个小油田，4 月 8 日撤离了阿兰谬，通过一个殿后阵地撤至最后的防线。日本人没有全力追击，我们到达新的防线时只发生了一些小规模遭遇战。很显然，我军一列散开，停下来等待敌人进攻，这毫无用处。我们无论如何必须集结一支攻击部队实施反击，然而这绝不容易。一个旅不得不被部署在伊洛瓦底江西岸，两个兵力薄弱的师（欠分遣队）防守一条 40 英里长的战线，我们集结兵力实施有效反击的希望极其渺茫。因此，我强烈地要求英缅军司令官敦促现在彬马那以北的中国军队接防我防线的东端。他同意了。史迪威将军命令第 5 军军长杜将军[①]，用一个团增援我，随后在东敦枝地区派驻一个师。

这是我和史迪威首次积极接触，他比我晚几天到达缅甸。他因为脾气不好外加不信任世上的大多数人已经有了一些名气。我必须承认我们第一次会见时，他让我有些吃惊，他说："你好，将军，我必须告诉你，我的格言是，所有的交易都是'买主要提防'。"但是，至少在和我有关的事情上，他从来没有实行过这条老马贩子的格言。他已经年过 60，但无论精神还是身体都很强大。他像成队的骡子那样难以驾驭，经常没有道理

① 杜将军，即中国远征军第 1 路副司令长官兼第 5 军军长杜聿明。——编者注

地且非常粗鲁地对待他不喜欢的人。但当他说要做一件事情时，他就会做到。真的，你不得不让他说出他要说的事情，让他清楚、明确地说出来，而这并不总是容易的事情，但是他一旦说了，你就知道他会信守承诺。他有一个习惯，我发现他会让人消气儿。他本来正最为固执地争论、反对某个建议，这时候突然带着严峻的表情，越过眼镜的上方看着你，并且说道："现在你告诉我你想要我干什么，我会做的。"作为听众和对你一个人谈话，他简直判若两人。我认为，他在公众面前，特别是在他的参谋人员面前，乐于保持自己"酸醋乔，严厉的老家伙"的形象。美国人都怕他，无论美国人喜不喜欢他，他的美国敌人都比英国敌人多。他具有一般人少有的勇气和决心，通常当他把这种勇气和决心集中在很狭窄的战线上时，就具有一种充满活力的力量。在最严格意义上而言，他不是一个伟大的军人，但是在战场上，他则是一个真正的领袖。在我所认识的人中，没有别人能使他指挥下的中国人做到他们所做到的那些事情。他无疑是东南亚战场上最有特色的人物，我喜欢他。

英缅第 1 军现在已经进入了"干旱地带"。这里不再是一片浓绿植物覆盖的区域，而是一片棕色，光秃秃的，只是偶尔看到一块焦黄的丛林。一条条河流蜿蜒穿过低矮起伏的丘陵，气候干旱和炎热，到处弥漫着尘土。这里的地形是峡谷和多石丘陵相互交错，汽车离开公路则无法在此自由行驶。我们尽可能整顿作战部队的辎重运输。现在步兵旅部分依赖于驮畜运输，而各师的机械化车辆已经减少，只能满足他们最基本的需要。这样节约下来的车辆组成了一个军属机械化辎重队，按照需要被留下或被分配下去使用。除了战术原因，如果我们要继续补给各个部队，这种整顿是迫不得已的，因为空袭和战斗中损失了许多车辆，且重要的是缺少适当的修理设备和各种配件。这种整顿使后方获得了更大的机动性，而前线则增加了驮畜运输，我们有望集结一支攻击部队，可使其在侧翼进攻可能渗透进入前线的日军部队。

中国军队接防防线东端的东敦枝之后，我们计划在英缅第 1 师师部下面组建一支攻击部队，由该师的英印第 13 旅、英印第 17 师的第 48 旅和英军第 7 装甲旅组成。供水不足迫使他们分成两个集群驻扎在相距稍远的两个地点。英印第 48 旅和英军第 7 装甲旅驻东敦枝以西 10 英里处的科科瓦[①]（Kokkogwa），英印第 13 旅驻科科瓦以西 8 英里处的西迪亚高科（Thityagauk）。这条“防线”本来不得不由军的其余部队据守，即英印第 17 师（欠英印第 48 旅）为左翼，剩下的两个英缅旅横跨伊洛瓦底江防御。缅甸边防部队各特遣支队部署在前线前面，就正在迫近的敌军而提出预警。这个部署计划最后却未实际执行，在中国军队进抵东敦枝之前，也无法集结攻击部队。我们正满怀期待地等待着中国军队的到来。

我们白白地等待。我将司令部设在东敦枝，试图和中国人取得直接联系。通过英缅军司令部和史迪威代转达的电文都是一些模糊的回答，那个团在路上。两天后，又说第二天到达。如果我们不送大米过去，该团就会因补给困难而迟滞了。我们派出一些军官去寻找该团，报告说该团在这儿、在那儿，然后报告也没有了。最后，我们实际上联系到了一些中国人，但又消失了。这种情况重复了几次，就像诱惑一只害羞的松鼠在你的窗台上安家。我们倾倒大米补给，中国人出现了，收集了那些大米，又消失了。我们每次在距离东敦枝更近的地方放置一些大米，最后一支中国部队确实在那里出现了。但是，天啊，不是原来答应的那个团，而只是一个所谓的“游击营”，并且是一个兵力很小的营，靠该营接管这条战线的任何部分，其兵力都相当不足，且装备相当差。所以英印第 17 师不得不留在东敦枝及其周围地区，东敦枝变成了一个真正的要塞。东敦枝的大部分地方被有控制地放火烧平了，不只是为了改善消防区和增加行动自由，也是为了避免发生卑谬陷落时的完全毁坏。随着空袭变得经常化且日益猛

① 科科瓦，又译作“克克瓦”。——编者注

烈，这种清理工作也在进行。

当师长们和其他人正聚集在英缅第 1 军司令部举行会议时，发生了一次空袭。我们一些人刚刚吃完早餐，这时警报声就响了起来。我们一群人走向狭长掩壕。我还端着一杯茶，抬头向上看，能看见那种通常由二三十架轰炸机组成的紧凑的楔形编队，正直接飞到我们上空。食堂服务员和其他人也看见了那些轰炸机，开始跑去隐蔽。我曾经坚持制止人们在这种时候跑动，因为会导致惊慌，所以我们继续以缓慢而优雅的步伐走着。我向他们叫喊，让他们停止跑步，改为慢走。我记得自己用印度斯坦语喊道："有的是时间呢，不要急急忙忙的！"这一句话几乎有资格被收进《临终遗言名篇》。正在这一瞬间，我们听见了明确无误且正在落下炸弹的尖啸声。有两三位将军和六七名高级军官不约而同抛弃了尊严，一头扎进最近的战壕。斯科特是个很好的运动员，第一个冲进了战壕，一头撞在两个已经蹲在黑暗中的印度清洁工身上。我紧随其后，手里的一杯茶洒了一身，其他人都摞在了最上面。那些炸弹一齐爆炸开来，发出令人魂飞魄散的"轰"的一声。

可怜的斯科特，被我们重重地压在底下。他感到一股温暖的液体滴流到身上，还以为是我被炸得摔进了战壕，此刻正在他身上血流如注，奄奄一息。他英勇地挣扎着要起来救助我，但这对那两个躺在最底层的清洁工来说却几乎是致命的。我们挣扎起来并且把他们拖拉出来，然后有些羞愧地回去继续开会。

4 月 8 日，我把英缅第 1 军司令部搬到了另一侧的马圭，这是一个好得多的交通中心，空袭虽然没有像前线那么多，但同样令人困扰。马圭也在主要公路上，离仁安羌要近得多，目前我们正准备炸毁仁安羌油田。我把很多时间花在从马圭到东敦枝的横向公路上，这条公路位于我们防线后面，我从来没有这么讨厌一条公路。这条公路绝大部分道路都暴露在空袭之下，白天的几乎全部时间，日军派出两三架战斗机不断在其上空巡逻。

吉普车是最安全的车辆，从车里能够清楚地看到天空，你能够很容易地就从座位上跳到沟壕里。人们经常这么干！有一次我正在视察英印第 13 旅旅长柯蒂斯（Curtis）的防区，他坐在一辆封闭式汽车里，走在前面，他的旁边坐着皇家恩尼斯基林燧发枪团的一位上校。一架日本战斗机俯冲下来，向他们的小汽车后面密集扫射。那位上校当即毙命。当我们赶上前去，发现柯蒂斯三处伤口流血，所幸都是表皮伤。他打上绷带，完全不为所动，领着我视察了他的阵地情况，根本没有再提这次意外事件。我甚少看见人们有这样沉着坚定的表现。

形势很快明朗，日军正在准备一次强有力的攻击，以夺取仁安羌油田。我们能够得到的迹象表明，日军似乎沿伊洛瓦底江东岸直接发起主攻。我们知道，日军的援军源源不断地经过仰光涌入。他们已在缅甸的部队将得到补充，而且几乎肯定增加了一些新的部队。日军的攻击将会十分猛烈。所有这一切使得我更急于把英印第 17 师撤出东敦枝，即使只能抽调英印第 48 旅作为一支攻击部队。然而，承诺前来换防的中国团，却毫无出现的迹象，而英缅军司令部一直坚持我的军应该在东敦枝保持一支强有力的部队。确实，东敦枝本该成为盟军部队之间的一个结合部，但是我认为，当我无法说服英缅军司令部同意减少东敦枝的守备部队时，我就应以一己之力完成任务。

4 月 10 日，众多小股敌对缅甸部队和日军化装成平民，在其掩护之下，预料中的敌军进攻开始了。敌人的这种战术很难对付，因为那片乡村地带到处都是许多试图逃离战区的真正难民。缅甸男女和小孩组成的人群，他们赶着吱吱嘎嘎的牛车，经过阵地，对我们的士兵来说，其究竟真是老百姓还是掩蔽携带机关枪的日本人，永远是一件难以判断的事情。

11 日一大早，英缅第 1 旅前沿哨所发现了大规模成建制敌军。不久之后，主要公路以南的英印第 13 旅与日军一个联队交火，同时英印第 48 旅和一些零散的敌人部队发生了战斗。有时这些敌人试图化装成中国军队经过，尝试渗透到北面去。那天夜晚有一场激烈的战斗，当时日本人真正猛烈攻击我军右翼的英缅第 1 旅和科科瓦的英印第 48 旅。这两场进攻都被击退了。对英印第 48 旅的进攻是这次战役中最激烈的作战行动。敌人全力狂热进攻。那是一个漆黑的夜晚，电闪雷鸣伴着狂风暴雨。到 12 日拂晓，经过激烈的肉搏战，双方在进攻和反攻之中反复拉锯。日本人被击退了，我方的坦克大显身手。不幸的是，对英缅第 1 旅和英印第 48 旅的进攻被击退的同时，另一股规模相当大的日军渗透到我们的两个集群之间，并且为自己建立了一块阵地，他们能够从那里向公路开火。12 日整个白天，东岸的压力不断增加，敌机持续不断地打击任何我们移动着的部队。

我与亚历山大将军一同视察两个师部。我们看到了战斗开始时的一些情况。在斯科特的师部，我们受到了来自空中的机关枪射击。师部虽然很好地掩藏在一大片树林里，却还是暴露了，我认为是通向树林的汽车轮胎痕迹暴露的，或者是被缅甸间谍发现了。亚历山大将军像平常一样，相当泰然自若，拒绝到战壕隐蔽，而我像以前一样，十分迅速地笔直地站在一棵大树背后。为此，我为亚历山大的行为感到生气，不只因为这是有勇无谋的表现，而且我们一直试图制止士兵们这样做。我们已经为此损失了很多人。如果敌人的飞机不是从一个以上的方向飞来，如果他们没有扔下一些战斗机携带的小型杀伤弹的话，不慌不忙是对的。恰恰相反，敌机通常不是这样来袭的，若不进战壕或待在平地，结果将令人不快。这不是仅有的一次，我发现英缅军司令官的勇气在我之上。

当天下午稍晚时候，我们从东敦枝回来，发现英印第 48 旅刚刚阻止了日军对主要公路的大规模渗透，该部日军企图在公路上设立路障。由于战斗依然在这条公路以南 800 码处进行，而且敌人似乎有一门步兵炮，正在轰击一座必经的桥梁，我们的汽车被阻挡住了。他们的射击不是很有效，但可能随时命中一个目标，于是我召来两辆正停在旁边的轻型坦克，向亚历山大将军建议，他上一辆，我上另一辆，以便过桥。

“那我的汽车和司机怎么办？”他马上问道。

“哦，他必须猛踩油门，碰碰运气了。”我回答道。

“那么做的话，他就承担了本应由我承担的风险！”

“是的，但他不是英缅军司令官。”

“好吧，”亚历山大说道，“你上一辆坦克，我要待在那辆汽车里！”

结果，当然了，我们俩都上了那辆汽车。

4 月 12 日至 13 日那天夜里，日本人又重新发动了攻击。英印第 48 旅再次在前线坚决地击退了这次进攻，但我们的英缅第 1 旅的侧翼就没有这么幸运了。12 日，已预料到日军这次进攻的斯科特命令增援河岸的前线部队，同时他准备用他的主要机动预备队于第二天早晨攻击敌人的侧翼。不幸的是，他的师极为缺少通信设备，特别是无线电，而且电话线经常被破坏者和间谍割断。结果是，命令传达失误，行动延迟。与此同时，在黑暗中，日本人穿着和缅甸步枪团和平民一样的衣服，突袭了据守河岸的缅甸步枪团和缅甸边防部队的阵地。强大的日军跟了上来，而我们迟到的援军根本不知道发生了这种情况。当第二天早晨援军接近那个阵地时，他们遭到了敌人的伏击。虽然他们重新集结进行反击，救回了一些夜里被俘的战友，但他们被迫后退，导致往北的道路对敌洞开。日军对英缅第 1 旅施加的压力在增加，一些强有力的敌军部队进行大规模的渗透进攻，而我们的一些部队则放弃了战斗。斯科特组织的攻击部队南下反击，陆续与敌人发生了一系列的战斗，并因应对敌军而反复行军和反向行军，致使部队疲惫不堪。最后，英缅第 1 旅陷入混乱，退回到主要公路，同时暴露了我军整个右翼，敌军可以长驱直入马圭。

我们在英缅第 1 军司令部得到的最初消息，是来自斯科特的一个警示，说江岸上的形势不明，他担心已经发生了某些令人不快的事情。很快出现了几名溃兵，他们像其他溃兵那样，描述了他们进行的英勇战斗，并且向我们保证他们是仅有的幸存者。我有足够的经验判断，事情并不像最初的报告说的那么糟或那么好，但形势显然很严重。我们必须采取措施重建右翼防线。我们可用的兵力甚少，事实上，除了少数已撤出战场进行休整的疲惫部队，几乎没有可用之兵。这些匆忙组织起来的部队出发了。以机械化运输的国王直属约克郡轻步兵团第 2 营据守敏贡（Myingun），并且阻击沿江岸前进的敌人，但其兵力确实极为薄弱；跟着他们的是兵力已远远不足的苏格兰步兵团第 1 营和一支我们的印度骑步兵分遣队。我还从英缅第 2 旅抽调一个营渡江组成一支新的预备队。

英缅第 1 军司令部受到两次空袭，我们相当匆忙地收拾行装，准备转移。在这种时候，我们不止一次地庆幸参谋班子规模很小、设备很轻。

到 4 月 14 日上午，我们的两个师之间显然存在一个很宽的大口子。马圭到东敦枝的公路完全被切断了，相当规模的日军横跨在英印第 13 旅和英印第 48 旅之间的这条公路。这两个旅现在都没有发动进攻，而是面对优势敌军打着艰苦的防御战。我和斯科特一致同意，攻击部队再次出击前景不利。因为这个原因以及通信中断，致使英缅第 1 师无法掌控所部，于是，我将英印第 48 旅转隶英印第 17 师。我们的正南面，派出去重建侧翼防线的那支临时部队与敌激烈交火。那些约克郡的小伙子们实际上被敌人包围了，但他们终于英勇地杀出一条血路，冲了出来，而剩余的部队则没有力量阻挡那些日本人。除了将侧翼收缩到因河（Yin Chaung）深深的干涸河道，别无他法。因河发端于东敦枝以北，从东到西蜿蜒而行，在马圭以南大约 8 英里处汇入伊洛瓦底江。我们试图以英缅第 1 师据守这道障碍。如果我们不能做到这一点，基于供水原因，那么我们的下一个止步之处，就不得不在仁安羌以北的品河[①]（Pin Chaung）河畔了。换句话说，我们就要失去仁安羌油田。

① 品河，又译为拼墙河、宾河、平河、平墙河。——编者注

事实上，现在很明显，除非我们很快地重新联合两个师，否则很难阻挡敌军的进攻。我确信时机现在已经到来，必须把英印第 17 师收缩回来，但亚历山大将军不愿意做任何可能严重影响中国人的事情。他依然坚持把英印第 17 师留在东敦枝。幸运的是，英缅第 1 军司令部还在那里时，我们更改了路线，在出城通向北面皎勃东的铁路桥铺设木板，把原来的土路变成了一条略有路面的公路。如果这项工作没有完成，当马圭的公路被切断之后，则不可能维持英印第 17 师的补给。在经常受到空袭的情况之下，将铁路改建为公路，对于工兵而言，这是非常在行的一项工作。

此后两天里，在英军第 7 装甲旅坦克的全力掩护之下，英缅第 1 师撤至因河。4 月 16 日至 17 日夜，日军沿因河屏障进攻英缅第 1 旅。最初这个旅顽强抵抗，并且通过伏击敌军先头部队，造成敌人的巨大损失，但缅甸步枪团的一个营放弃了战斗，这就导致一个印度营被敌人包围。那些印度人自己突围出来，但整个战线崩溃了。必须记住这一点，此时各部队均兵力薄弱，没有几个营能达到 300 人，而且这些营的士兵都精疲力竭、饥肠辘辘，且缺少武器装备。英缅第 1 师毫无选择，只能尽可能全力挽救一切，于是，英缅第 1 旅和英印第 13 旅向马圭—仁安羌公路撤退。

我们已经派大多数后勤部队和部分英缅第 1 军司令部人员回到仁安羌。当一个山炮营在我们司令部后面开火时，我走出去，问他们的射程多远。一个军官告诉我："2000 码。"但他补充说："我们正把距离减少到 1500 码。"我遂决定撤走英缅第 1 军司令部的其余人员。

这场穿越油田的撤退已经开始了。

第四章 灾难

令人失望的是，我们在马圭—东敦枝一线进行一场反击的全部努力，已经如此惨烈地失败了。我驱车到仁安羌去检查最后的爆破安排，没有半点好心情。我曾经在叙利亚和伊拉克看到过其他油田的爆破准备情况。幸运的是，破坏的命令从来没有发出过，那些油田仍然还在。而在这里，我知道这是不可避免的。各项准备工作已经就绪，只待起爆的一声令下。福斯特（Forster）是石油公司的一名高级职员，他及员工已经做完了令人悲伤的准备工作，他们不但技艺高超，而且具有令人起敬的献身精神。他们看到了一支后撤的军队蜂拥而过，像我一样清楚地知道形势有多么危险，但现在每一加仑汽油都十分珍贵。尽管经受着一次次空袭、一次次警报和种种流言，他们直到最后一刻仍维持生产一部分石油。他们是最后撤离的人，沉着冷静、充满勇气，是所有人的榜样。

在东敦枝及其周围的英印第 17 师右翼英缅第 1 师被迫撤退，左翼中国军队也北撤，导致英印第 17 师两侧都暴露在敌人的攻击之下。虽然日军实际并没有压迫英印第 17 师，仅仅是从其旁边绕过，但是仍导致该师的形势更加危险。我希望放弃东敦枝，在其以北 25 英里处的纳茂（Natmauk）留下一支分遣队，以保护我们与曼德勒的交通线，而该师则向通往马圭的主公路撤退。这样可以进入日军追击英缅第 1 师的交通线，并且可以从敌后攻击日军。这个计划有很多冒险之处，但英印第 17 师依然充满斗志，经过科科瓦河一战，正信心高昂。我认为该师应前往马圭，如果到达那里，形势就会有很大的改观。然而，英缅军司令部依然坚持让英印第 17 师必须全力据守东敦枝。这对我的军可能是十分危险的，但也是可以理解的决定，因为在铁路和锡当河之间丘陵地带的中国第 6 军已经处于重重困难之中。英印第 17 师没有同中国军队接触，若该师从此结合部向西移动可能会被认为是抛弃了盟军。因此，我所能做的就是命令考恩使用机动纵队从东敦枝和纳茂攻击仁安羌以南的日军侧翼和后方。考恩取得了一些胜利，但是效果不如以全师收复马圭那样明显。

英缅第 1 军司令部暂驻在仁安羌以北、品河岸边矮灌木丛覆盖的小丘之间，可以防止敌人的空中侦察。在这里我得知亚历山大将军即将派给我中国新 38 师，该师隶属于新近到达的中国第 66 军，我要求该师尽快在皎勃东集结。史迪威对这个师的调动没有表示反对，这是他的慷慨之处，当时他指挥的第 6 军让他高兴不起来。我已经把英缅第 2 旅的缅甸步枪团一个营从伊洛瓦底江西岸调到了东岸，现在抽调第二个营，这是一个印度营，因此，英缅第 2 旅只剩下两个兵力薄弱的缅甸营和一个缅甸边防部队的特遣支队。当时英缅第 1 旅大幅减员，而且发生严重动摇，我遂用从西岸调回来的那两个营重组该旅。整个白天，英缅第 1 师沿公路向仁安羌艰苦行军。这是一次感伤的行军，一开始他们就十分疲倦。路上没有水，虽然军属工兵队付出极大努力在公路边放了一些装满水的水箱，部队却由于干渴和炎热而饱受折磨，同时经常遭到日军飞机的轰炸和机枪扫射。英军第 7 装甲旅再次掩护了这次撤退，若没有那个旅，我真不知道该怎么办。我们设法使英缅第 1 师机械化运输的后卫梯队安全通过油田，在仁安羌以北的圭久（Gwegyo）集结。

4 月 15 日 13 时，视察过仁安羌后，我下达命令炸毁油田和炼油厂。

不能让它们完整无损地落入日军之手，这是最为重要的。我们从地面收集到的敌军行动情报虽然远远不足，却显示出了不祥之兆。加之没有任何空中力量，我不能冒险再有延误。发电厂没有被破坏掉，因为我们还要用其维持稍埠（Chauk）的一个小型附属油田，我希望这个油田能够尽可能长地保持生产。福斯特马上执行爆破计划。100 万加仑原油熊熊燃烧起来，升腾起 500 英尺高的火焰，机械设备、通信设备和各种建筑崩裂，发出爆炸的闪光和撞击声，而这一切之上悬着一片巨大、险恶的黑色浓烟所形成的顶盖。那是一幅古怪而可怕的景象。

16 日，我们将英缅第 1 军司令部从品河岸边移驻圭久。从防空和通信联络的方面来看，圭久是一个好得多的位置。幸亏我们这么做了，因为当晚天黑不久，日本人化装成缅甸步枪团，突然从我们刚离开不久的那个地方进攻公路。我们得到消息时，英缅第 1 军司令部附近的唯一部队是缅甸边防军的一支特遣支队。普赖斯上校（Colonel Pryce）是我的参谋班子中一个不屈不挠的军官，我让他负责缅甸边防部队的所有部队，很幸运的是他可以领导缅甸边防部队。他们在黑暗中进行了一场快速反击，虽然难以捉摸的日军集群狙击手和轻机枪手又返回来了，并制造了一些麻烦，但是在经过一场艰苦的战斗后他们还是将日本人赶出了那条公路。尽管有这些情况，运输还是开始畅通了。保护公路的一部分高射炮遭到了敌人的伏击，经过一番战斗之后，它们被敌人缴获了。在一些路过坦克的帮助下，我军进行了一场反击，重新夺回了那些高射炮，当时日本人正企图放火烧掉它们。我遇见了突围出来的这支部队，一门高射炮的轮胎还在燃烧。那些英国炮手被烟熏黑了，但依然乐观。他们的射击也没有受影响，因为当天稍晚时候他们击落了 7 架敌机。这里到处都是目标。

在品河以南，敌人渗透进了仁安羌城里，且攻击了发电厂的守军。英缅第 1 师筋疲力尽地杀出一条血路，踏上公路，但还在仁安羌以南。17 日凌晨时分，他们得知日本人已经先于他们进入了仁安羌。那天夜里，斯科特开始在仁安羌南郊集结又渴又累的士兵，其先头部队则继续前进，增援发电厂的守军。4 月 16 日午夜，他们炸掉了发电厂，完成了整个油田的破坏工作。

品河以北——在原来我们英缅第 1 军司令部的所在地——敌军以更多的兵力再次出现了，并且重新建立了路障。这次除了普赖斯及其边防部队的廓尔喀部队，那里可用的兵力还有一些西约克郡团的官兵和一些从南面撤过来的坦克。我军发起了协调一致的攻击，再次扫清了那条公路，给敌人造成了沉重的伤亡，日军留下了许多穿着我军军装的尸体。运输车队随后又一次越过渡口前进，但在被迫停下的时候，遭遇了空袭，损失了众多车辆。更多敌人出现在这个被清理掉的路障南面，大约有 1000 人，遭到了我们炮兵的有效轰击，但他们再次建立了一道路障，这次靠近品河渡口。这种形势无法令人鼓舞，得知中国新 38 师第 113 团刚刚到达皎勃东时，我大大地松了一口气。我跳上我的吉普车去会见他们的指挥官，并且给他下达命令。

除了那个在东敦枝很不情愿加入我们的游击营，这是我第一次指挥中国军队。在皎勃东村，依然耸立着的房子已经为数不多，在其中一栋的楼上房间里，我找到了那位团长。他是个身体单薄但外表粗犷的小个儿中国人，长着一张真正一本正经的脸，挎着一副双筒望远镜和一支大驳壳枪。这个团的英国联络官为我们做了介绍，他能说一口流利的中国话。我们握了握手，然后用一张地图谈起了正事。当我描述形势时，这位中国上校给我留下了很聪明的印象，他很快就明白了我想要什么，即带上他的团，乘坐我准备好的卡车，马上前往品河，然后派运输车队尽快返回去接下一个团。我解释说，我的打算是，用这两个团，或者如果可能的话，用整个师于 18 日早晨发动进攻，协助英缅第 1 师突围。完全解释完这一切后，我通过翻译问他是否明白。他回答明白了。

“那么让我们开始行动。”我高兴地说道。翻译了这句话之后，联络官与这名中国团长进行了一大段中文交谈。他说，在接到师长孙将军的命令之前，他无法离开皎勃东。

“但是，”我解释道，“孙将军已经归我指挥了。如果他在这儿，我会告诉他让你去做我告诉你去做的事，而他会照办。难道这不对吗？”

“对的。”这位团长心甘情愿地表示同意。

“那好，我们开始行动吧。”

“但是我不能走，除非我得到孙将军的命令。”

这样的对话进行了一个半小时，我恨不能用这位上校的手枪把他毙了。最终，当我正感到绝望时，他突然微笑起来，并且说道：“那好，我会照办！”

我不知道他为什么改变了主意。我怀疑在我们会谈的过程中，进进出出这个房间的各军阶中国人肯定已经带来了孙将军的口信，告诉他按照我要求的去做。一旦他开始行动，我就对中国人没有任何怨言了。的确，此后几天我开始非常喜欢他了。

事实上，我非常喜欢与我共同作战的所有中国人，或者说几乎所有中国人。他们是很可爱的人。作为军人，他们具有优秀战士的基本品质——勇气、吃苦耐劳、乐观，以及热爱祖国。与他们打交道的过程中我很快就发现我们相处得很好，我记得关于我们盟军的三件事：

1. 时间对他们来说一文不值。他们虽然有获得成功的希望，却没有任何基于精确时间的计划。无论进攻敌人还是前来吃饭，说好的 8 时可能是指 4 时或者可能是指 12 时。

2. 他们常常偷窃他们附近的任何东西：物资、口粮、卡车、铁路机车，甚至从我们司令部偷通知告示板。为此而大惊小怪甚至觉得不正常，则毫无益处。毕竟，如果我是中国军队的一员，四五年来一直在打仗，却没有任何供给、运输或者名副其实的医疗机构，而只能依靠从别人那里收集东西而使我自己活下来，我就会对财产有许多同样的想法，否则只有死掉。

3. 对一个中国人来说最重要的东西是“面子”。我想“面子”可以被解释为一个中国人受到其他人的尊重。事实上，无论“面子”是什么，无论其令人讨厌的后果可能是什么，如果能向一个中国人提出一个建议，而实现这个建议会在同事们中给他带来威望，他几乎总是予以接受。对一个西方人来说，这一点应该被好好记住，这是一种人性。中国人不是世界上唯一对邻居们“怎么看”感到不安的人。

那天晚些时候，新 38 师师长孙立人中将来了。他是一个身材单薄但很匀称且相貌英俊的男人。他的年龄大约在 25 岁到 45 岁之间。他为人机警，精力充沛，性格直爽。后来，我发现他是一个很好的战术家，行为冷静，但内心积极进取，我和他打交道时，完全直来直去。此外，他还有巨大的优点，就是可以说一口流利的英语，略带一点美国腔，正如他自豪地告诉我的，他曾经在弗吉尼亚军事学院学习。弗吉尼亚军事学院可以为孙立人感到骄傲，他在任何军队都会是一位优秀的指挥官。

我和他讨论了第二天上午进攻的各种细节。他有些多疑，我想曾经在什么地方有人警告过他，让他提防被狡猾的英国人算计。我们的所有盟军最初都因我们可怕的精明而心生疑窦，这是一种奉承，但有些令人不安。孙立人给我留下了深刻印象，但最重要的是要获得他的信任。他的师没有自己的炮兵部队或者坦克，我因此安排我们在品河北边的所有炮兵都要支持他的进攻。我决定在当时当地的情况下，这些装备不是被用以“支持”他，而是由他直接“指挥”。历经磨难的英军第 7 装甲旅安斯蒂斯旅长，听见我做出这个决定时，用如同一只受伤黑鹿的眼神看着我，但他还是可以应付自如。他和孙立人相处极好。实际上，我和孙立人私下商定，在使用装甲部队时应先与安斯蒂斯商量，即使对于一个没有运用坦克作战经验的英国师长，我也会这么交代。孙立人是一个极为敏感的人，他这样做了。据我所知，他是第一个实际指挥一支盟军炮兵和装甲部队的中国将领，他在自己人那里的“面子”因此大为增长。那些炮兵和坦克手，尽管在语言方面存有极大的障碍，但还是以英国军人的方式，很快与新战友相处和睦起来。我根据双方的反馈予以确信，他们的合作不仅是紧密的，而且是最为友好的。

4 月 17 日至 18 日夜间，英缅第 1 师的后卫部队靠近仁安羌。他们依然没有水，因为日军处于他们和品河之间，并且已经乘船到达，还据守着河岸。我与斯科特的唯一联络渠道是，通过英军第 7 装甲旅旅部，用无线电联系随斯科特行动的坦克连通信小分队。我们尽可能地用密码通话，我再次发现下属师长是亲密朋友存在一个巨大的优势。我们的通话混入了各种各样的事情，诸如我们各个孩子的年龄、我们在印度住过的平房房号和其他个人事务。我们说的很多话都不用廓尔喀语，他很清楚聪明的日本人可以听懂廓尔喀语。我们用这种方式协调好了第二天早晨的攻击行动。日本人唯一掌握的信息看来是我们区分中国人和日本人的暗号。我们曾经因为把日本人当成中国人而引起了麻烦，因此有必要不把中国人当成日本人。识别身份的信号必须既简单又容易看到，于是我告诉中国人，他们一看见印度人、廓尔喀人或者英国人时，就把他们的帽子放在步枪枪口上，并将其举过头顶。这个约定用密码发出，但敌人也许拦截并破解了密码，也许看见中国人发出这个信号立即领会了意思，于是照样模仿，第二天晚上日军有时竟然也使用这个暗号。

这个计划大体上是，英缅第 1 师向北面突围，同时中国军队南下品河，扫清浅滩渡口的日军路障，并且抄到试图阻挡英缅第 1 师的日本人背后。我依然有些怀疑我的朋友——那位中国军队的团长——是否会发起这次进攻，是否会像他应该做的那样向前推进，或者是否有什么顾虑而像昨天一样延迟进攻。我向孙立人提到这一点，他马上说："我们去看看吧。"我们出发去第 113 团团部。到了那里，据我所见，上校已经让所属各营做好了进攻准备。那位上校知道我为何而来，于是有什么东西在他的小眼睛里闪动着，他说："我们现在去一个营看看。"我们跟他走。

在那个进展顺利的营部，营长通过孙立人告诉我各连的部署。我感到我们的盟军在认真执行任务，于是表达了满意之情，并准备回去。但我也不是能那么容易走掉的。那位上校眨动着更加意味深长的眼睛，说道："我们现在去一个连看看。"

进攻即将开始之际，我不确定哪一个连队是我想要去的地方，但现在这对我是一个"面子"问题。所以，尽管我很不喜欢，我还是继续沿着一条很浅的干涸河床，躲躲闪闪地向一个连指挥所走去。我们在那里待了不久，进攻就开始了，这些中国军人毫不犹豫。我认为他们中的很多人肯定有在战火下行动的经验，因为他们很熟练地利用地形。中国人突破掩体时，日军枪炮齐发，但他们的射击像往常一样又高又差。那位上校向我转过身来。这是一个尴尬的时刻，我以为他要说："我们现在去一个排看看！"但他没说，而是看着我咧嘴笑了。只有一个优秀而老练的军人，在周围子弹横飞的时候才能那样咧着嘴朝你笑。

我们看到中国人攻到了品河并且扫清了北岸，但没能夺取日军强力据守的浅滩渡口路障。即使使用坦克，由于受到松软河床上沙子的阻碍，也无法驱赶防守的敌军。孙立人匆忙地准备着另一次进攻，当时由于他与各部队的通信联络极差，且各个部队交错混杂，我认为他不能像他希望的那样很快重新开始攻击。

与此同时，英缅第 1 师已经切实投入到油田之战中。那是一场残酷的战斗。那天的气温达华氏 114 度。战场是干燥而难看的黑页岩构成的油田，到处散布着被破坏的井架，火焰从油罐里呼啸着喷出，到处都是四分五裂的机械设备和燃烧的建筑。这一切之上笼罩着巨大的烟幕，而且那里一滴水都没有。

早晨6时半，英缅第1师发动了进攻，在炮兵掩护下，取得了进展，但大炮的炮弹变得越来越少。这时，一些缅甸部队动摇起来。尽管这条支线公路已经被肃清了，而且大量运输车辆几乎已经到达了品河，但被日军拒止在南岸。这个师的英国和印度部队顽强作战，越过了一道又一道山脊，而日军死守着每一道山脊。一支皇家恩尼基斯林燧发枪团第1营的分遣队拼死穿过重重敌阵到达品河，他们热情地向在那里的部队欢呼，以为他们是中国人。但那些人是日本人，他们诱伏了爱尔兰人。坦克对这道路障进行了最后的进攻，但敌人有若干门反坦克炮，而且这些坦克纷纷陷入松软的沙子中不能移动，变成了敌人的固定目标。这场进攻，像中国军队从另一边发动的进攻一样，逐渐陷于停滞。

据报告，更多日军正从东面而来，且据报，江上也有敌军。形势变得很严峻。下午4时半，斯科特通过无线电报告，他的士兵由于缺水、持续的行军和作战已经精疲力竭。他认为，他能够坚持到当天晚上。如果等到第二天早晨，他的士兵依然没有水，他们就会变得非常虚弱，只有很少的力量甚至没有任何力量重新发起进攻。他请求允许破坏大炮和运输车辆，于夜里拼死突围。斯科特是最后一个描绘一幅极度黑暗画面的人。我知道他的士兵几乎到了强弩之末，而且处于一种绝望的状态。我忍不住想，但愿他不是只有我一个这么亲近的朋友。我想到了他的妻子和孩子们，还有很多其他人的妻子，在英国、印度和缅甸，她们的心会在几英里之外的那片沉沉黑云之下。现在回忆起那一幕是多么愚蠢啊！最好将其赶出我的脑海。

我想了一会儿，戴着话机坐在车厢里，无线电操作员蹲在我旁边，焦急地看着我的脸。这时我告诉斯科特，他必须坚持下去。我已经命令中国军队第二天早晨利用所有能用的坦克和炮兵再次发动攻击。如果英缅第1师那时发动进攻，我们应该能够突围出去，从而挽救我们宝贵的大炮和运输车辆。我也担心，如果我们的士兵在黑暗中分散出来，而中国人和日本人混在一起，我们的士兵无法分辨，那么损失将极为惨重。我知道斯科特做得到，他说："好吧，我们会坚持下去。我们会在明天早晨竭尽全力。但是，看在上帝的份上，比尔，让那些中国人发动攻击。"

我走出车厢，感到心中充满了一种男人才会有的绝望。一些人正站成半个圆圈等待着我，其中有两三个是我手下的参谋，一两个来自装甲旅的军官，还有孙立人和几个中国军队的联络官。他们站在那里，默默地看着我。所有的指挥官都明白那种表情。当事情进展不利的时候，当最具信心的参谋人员和最顽强的士兵想要坚持下去的时候，他们会转向其上级寻求支持，指挥官们都看到过自己参谋人员和士兵的这种眼光。而有时候他不知道要说什么。他感到非常孤独。

"好了，先生们，"我说道，但愿摆出一种充满信心且乐观的表情，"本来咱们的情况可能会更糟的！"

那群人中有一个人以一种阴沉的声音，只用一个词儿回问道："怎么说？"

我真恨不得灭了他才高兴，但我不得不克制住自己的脾气。

"哦，"我咧嘴笑着说道，"有可能会下雨！"

两个小时后，雨下得很大。当我爬到一辆卡车下面避雨时，想到了那个家伙，但愿我当时就灭了他。

一整夜，我们就坐在品河边由一圈坦克围成的车阵中。我们能听见、看见日本人炮弹的爆炸和闪光，能看见迫击炮弹接连打击着斯科特残余的士兵们。他的大炮没有还击。现在他的大炮每门炮只有大约 20 发炮弹，这些炮弹要留待明晨使用。时间在流逝，日军屡次发起了步兵进攻，他们试图借着黑暗和炮击的掩护攻入我军阵地。这些进攻一轮接着一轮，但都被击退了，但肯定是某个缅甸部队惊慌失措了，放弃了他们的阵地，因而给英国和印度部队增加了额外的压力。

我们在黎明前受到了一次沉重的打击，这样迎来了新的一天。按照计划，中国人将越过品河进攻渡口以南约 1 英里处的推岗（Twingon）。本来我希望战斗在天亮以后立即打响，但中国人却没能按时做好准备。经过大量交涉后，他们答应最早在 12 时半发起进攻。这时我面对着这样的问题：要么告诉斯科特停止原本在 7 时开始的进攻；要么让他按既定计划实施。我决定让进攻如期进行，而不是让他的士兵和运输车辆处于日军大炮、迫击炮和空袭的打击之下，挤在一起，又没有饮水。

7 时，英缅第 1 师重新发起攻击，但取得了一些进展后，一支得到增援的日本守军却阻挡了他们。与此同时，在品河北岸，我们一边还在催促中国人加快他们的准备工作，一边设法拼凑一支小规模英军部队发动进攻。那天上午，实际上一个坦克连和西约克郡团的一些士兵越过了品河。如果不是因为战斗中那么常见且令人发怒的不幸事故，这个小小的胜利本来有可能得到扩大的。一个远在队后的军官得到一个报告，说有一支强大的敌军正在推进，企图切断在圭久附近集结的我军退路。他不知道未来的战事，更不知道威胁他的那支部队并不是日军而是中国军队，于是他命令坦克以及协同的步兵后撤，以应对其实是想象出来的新危险。

英缅第 1 师再一次被阻止在一个狭小的防区内，且受到敌人猛烈的炮击。炎热难当，依然没有一点饮水，部队精疲力竭，而且他们已经遭受了沉重伤亡，伤员当然还和他们在一起，没有撤出。在这个阶段，那些缅甸营，尽管军官们做出了种种努力，但还是瓦解了。英缅第 1 旅报告说他们的许多部队不再可靠，甚至英印第 13 旅也说他们的一些部队动摇了。这一点几乎毫不奇怪，他们受到的考验实在太严重了。

中国人的进攻，原来答应 12 时半进行，后被拖延到 14 时。快到 14 时的时候，进攻时间又被推迟到 16 时。我们要求其无论如何 15 时开始进攻。这些拖延当然令人发狂，但那时我还没有了解到时间对于普通中国人并没有多少意义。实际上，由于他们缺少通信设备，缺乏疏散伤员的手段，缺乏补充弹药，以及他们训练有素的下级军官不足。所以毫不奇怪，他们整顿、重组和重新开始发动攻击要花费时间。这个问题不在于孙立人，他是全力以赴并且愿意进攻的，但他有那么多下属，他们承诺了却并不采取行动，而且孙立人下达的命令在传达过程中发生了许多拖延和错误。他们遇到的一个真正问题是水。在补充足够的水之前，他们无法实施进攻，然而他们又没有储水的工具，只能用竹扁担挑着几个铁皮汽油桶运水。我们还有为数不多的运水汽车，我令其中一辆开到靠近他们的前线，并且命令这辆水车连续不断地前后运水。这辆水车第一次去了就再没有回来。最后，那个英国司机步行着走了回来。他以军人的方式添油加醋地说道，在抽空了水罐车后，那些中国人不顾他的抗议，也抽空了冷却器里的水。而当他离开寻求帮助时，他们还试图抽空汽油箱！孙立人处理了这次意外事件，我们要回了那辆运水车，让其定期送水。即使这样，当我在中国军队的一个前线指挥所时，一个身材高大而肥胖的中国军官还是喋喋不休地向我抗议说，他的士兵没有水就不可能发动进攻。他对此情绪十分感激动。我注意到在他动情地描述士兵所受痛苦的整个过程里，他的皮带上却挂着一个大大的水壶，甚至在他比手画脚地说得最来劲的时候，那个水壶撞击着他那宽大的臀部。我默默地走到他面前，拿起那个水壶，摇了摇，里面的水满到了瓶塞之处。他滔滔不绝的话语停顿了一小会儿，那些旁观者出现了片刻的寂静，然后所有人都哈哈大笑起来——包括那位胖军官。他再没有任何耽搁，同意在 15 时发动进攻，这次他们做到了。

十分不幸，在此之前，我们与斯科特的通信联系中止了，他最后的绝望突围没能与中国军队的攻击形成协同。他的坦克连已经找到并清理出一条崎岖的道路，向东通向品河，我们希望这条路可以通行车辆。斯科特本人组织了撤退纵队，大炮在前，伤员在救护车上，卡车跟在其后，再后面跟着炮击中幸存下来的车辆。斯科特以坦克为前锋，步兵纵队开始走上这条狭窄而崎岖不平的小路，穿过低矮的丘陵。但是，小路变成了沙子路，走在前面的救护车被沙子陷住了，纵队停了下来。斯科特下令将尽可能多的伤员装上坦克，并放弃车辆，步行杀出血路渡过品河。他的士兵执行了命令，有些以个人为单位，有些以小组为单位前进，他们在河的另一边遇到了中国人。当看见品河里的水时，那些和他们一起突围出来的骡子都发狂了，士兵们脸朝下跃入水中。那些面容憔悴、两眼发红的英国、印度和缅甸士兵，摇摇晃晃地走上河岸，那是一幅惨烈的景象，但我看见的每个士兵依然携带着他的步枪。那个师的两个旅到达仁安羌的兵力不超过一个旅，其中牺牲和负伤的人占了20%，损失了大部分大炮、迫击炮和车辆。所有这些损失，无论是人员还是装备，都是无法补充的。经历这场战败之后，在休整之前和尽可能好地改编好之前，这个师没有任何作战价值。那天夜里，我们在圭久附近地区收容了该师的残部。

中国人发动进攻时，表现极为出色。对于得到坦克和炮兵支援，他们甚为激动，展开真正的猛攻。他们拿下了推岗，解救了大约200名我军战俘和伤员。第二天，4月20日，新38师再次发动进攻，运用坦克渗透到仁安羌城内，击退了日本人的一次反攻。战斗十分激烈，中国人作战英勇、予敌重创，这一点有我们的军官作证。孙立人估计日军将在21日黎明发动一场真正激烈的进攻。我同他讨论了这个情况，并且同意他应该撤出城内，回到品河河畔。他的师已经旗开得胜，我不想在仁安羌这个空城进行逐房逐屋的巷战消耗之后再撤离。尽管我从美国人那儿听到一些中国人不愿意战斗的故事，我也曾记得与英属香港团的中国人一同服役的有位军官对他们的评价，我认为中国士兵是勇敢和坚韧的。我坦承，对于中国士兵在获得适当坦克和火炮支持下的表现，以及展示出来的积极进攻精神，我深感震惊。我从未想能遇到像孙立人将军此等才能的中国将领。

当我与共克时艰的参谋长及骨干军官戴维斯讨论这个问题时，我们认为自己看到了一个回击日军第33师团的机会。说实话，我们的英缅第

1 师无论在建制还是装备上，都已经不是一个真正的师，现在已无法作战，我们派其到未成为战场的波芭山（Mount Popa）进行休整。一周或两周后，我们可以希望该师能以一个旅的兵力重返战场。如果我们能够得到还在东敦枝的英印第 17 师，加上中国的新 38 师和我们能够集结的其他部队，我们就可以尝试进行一场反击。戴维斯和我总是搭建纸牌屋，又看着其倒下来，而我们却再如此重复。所以，我们重新请求英缅军让英印第 17 师从东敦枝加入我们。与此同时，新 38 师一如既往和英军第 7 装甲旅掩护着奄奄一息的英缅第 1 师。

当英缅第 1 师最后突围时，我们的一些重伤员有必要被留在那些救护车里。一个年轻的炮兵军官自愿回去一探究竟。他趁天黑出发了。那些救护车依然停在那条小道上，但车里的每个士兵的喉咙却被人割断了，或者被人用刺刀刺死了。

作战不利的不只是我们，仁安羌战役正进行时，日军进攻了在掸邦的中国第 6 军，战局令人担忧。事实上，现在已经进入缅甸战役的最后阶段。当中国第 5 军被逐出同古向北退向彬马那时，第 6 军正占领了曼德勒—仰光铁路和锡当河之间的一些小山。这个区域蛮荒而又崎岖，东西向的同古—茂奇（Mawchi）公路和南北向茂奇—包拉克（Bawlake）—垒固公路经过此处。中国暂 55 师从垒固沿茂奇公路纵深展开，而第 6 军的另一个师，第 49 师还在更远的北边，第 93 师则远在景栋。4 月初，日军第 56 师团大约一个加强旅团兵力的分遣支队开始向茂奇推进。英国人指挥的克伦军刚刚组建且训练不足，但仍试图延迟日军的进攻，他们和中国军队被日军击溃。茂奇有世界上最有价值的钨锰矿，都落入了日本人之手。中国人撤退到包拉克—凯马漂（Kemapyu）地区的一些坚固阵地。中国暂 55 师师长请求增援，第 93 师和第 49 师的一个团接到命令前往垒固。但一个团却留在了垒固西北 10 英里处的孟派（Mong pai）。由于后勤补给状况不好，没有恰当地使用拨给他们的运输车辆，以及遇到了中国军队调动经常会发生的困难，这些增援行动推迟了，中国暂55师前线部队再次撤退。中国军队虽然阻止了日军的一次正面进攻，但4月16日日军又发动了一场侧翼包围行动，双方都遭受了沉重的伤亡后，暂55师被迫进一步撤退到包拉克。第二天，敌军切断了包拉克西面的公路，这样就孤立了暂55师的大部分部队。18日一整天，中国人苦战力图杀出一条撤退的通路，但告失败。突然间，所有同暂55师的电话和无线电联络都终止了，该师已被击溃了。18日早晨，日军的装甲车出现在垒固以南只有9英里的地方，第6军匆忙撤出垒固，只留下部分有组织的后卫部队。日本人沿一些小路迅速突进，切断了第6军后面的达西—雷列姆（Loilem）—景栋主要公路，第6军溃散，连桥梁道路都没有摧毁就慌忙撤退了。4月20日，第6军的残部在和榜（Hopong）以东12英里及垒固以北80英里处的阵地停了下来。

4月19日，亚历山大将军、史迪威和我开会决定下一步行动时，我们认为这可能是中国第6军的实际情况。我们在此基础上制订了计划，正受日军进攻的中国第6军处于极佳防御位置，即使不得不后撤一些，也要不惜一切代价阻挡日军的进攻。在第5军的战线上，日本人占领同古后，又发动进攻，并于4月5日夺取了同古以北15英里的耶达谢（Yedashe），中国人已经缓慢地退回到彬马那。杜将军希望在彬马那发动另一场“长沙会战”。正是出于这个原因，他无视史迪威的命令，没有派一个师去接防东敦枝，但日本人的空中侦察和间谍已经发现了他的陷阱，敌人不会上当。杜将军在这个地区还有3个师，敌人没有任何迹象要在这里发动进攻。中国人的第66军的新28师在曼德勒，而新29师这个时候还在入缅途中。这样史迪威就能够指挥3个军的整整7个师或8个师，又或者只是他一厢情愿的想法，而第九个师即新38师正在我的指挥之下。

官兵之间已经讨论了很多关于弃守缅甸北部并集结部队撤到印度和中国的想法，以挽救在缅甸的军队。作为一种预案，以防万一也许会决定这样做，3 月底，英缅军司令部已经制订了计划大纲。建议方案是：

中国第 6 军和第 66 军

萨尔温江以东部队直接撤回中国，萨尔温江以西部队经昔卜（Hsipaw）和腊戌撤回中国。

中国第 5 军

经由腊戌撤回中国。

英国部队

1. 英军第 7 装甲旅和英印第 17 师的一个加强旅撤到腊戌，随中国第 5 军一同撤至中国。

2. 英印第 17 师（欠一个加强旅）经由曼德勒—瑞保—杰沙（katha）—胡康河谷撤到印度。

3. 英缅第 1 师经由葛礼瓦（Kalewa）—德穆（Tamu）撤到印度。

这个计划的目的是：第一，保护从缅甸到中国和印度的退路；第二，让一支英国军队和中国人一同撤退，以确保盟军保持积极性。

我个人根本不喜欢这个计划。首先，我不喜欢让任何英国部队进入中国。他们在遭受饥荒的地区实际上不可能得到后勤补给，他们将以令人震惊的状态抵达中国，也没有人为我军宣传，而英国人和印度人将对前途感到极其沮丧。我极力主张，如果我的军必须从缅甸撤出，则必须全部经葛礼瓦进入印度，而且这也有利于保卫印度。我还要求中国的新 38 师应该和我们一起经此路撤至印度，中国的其他部队则经由腊戌退回中国。

即使现在我依然认为有机会扭转对日军的形势，并且可以避免放弃缅甸。我带着一个由我和戴维斯制定的建议参加会议，即利用日军第 33 师团在仁安羌暴露的位置，发起进攻并将其摧毁。为此，我希望能短时间地再借调一个中国师，如果有可能的话，借调两个中国的师，加入我的新38师。我打算用这些师从北面和东面攻击仁安羌。同时，英印第17师最后从东敦枝撤出，经马圭，从南面攻击敌军后方。以重新组建的英缅第1师据守各个“撤退点”。我感到有一个很好的机会，如果快速行动，就可以粉碎日军第33师团。如果我们做到了这一点，我计算从那时起，各个发动攻击的师要花一周时间到达仁安羌。我们所处的局面将是越过锡当河，到达面对中国第5军和第6军的日军侧翼和背后。我知道这样有一些雄心勃勃，但还是存在机会。史迪威和我都认识到，这是我们的最后机会。我发现他像通常那样，准备支持一个进攻性的行动，准备走很远的路来帮助我。他自然也急于做任何事情以阻止我的英缅第1军进一步向北撤退，因为这样将暴露中国第5军的侧翼，使其遭到伊洛瓦底江一带日军部队的攻击。他答应给我中国第5军的第200师，我要求该师尽可能快地到达皎勃东。我还希望他从曼德勒再派一个师跟过来，但是我无法确信这一点。亚历山大将军请求上帝保佑这个中国师能够顺利转隶，但他依然拒绝批准从东敦枝撤退英印第17师，因为他觉得那么做会暴露中国人的侧翼。这当然致使我们的计划压缩，但我认为主要问题在于让中国军队到皎勃东去。那时我们能够预见英印第17师的情况。我回到位于圭久的司令部，我比前段时间更为高兴，与戴维斯一起着手准备我们的杰作——英缅第1军的第5号命令，我们将要找令人敬畏的日军第33师团算账。唉，这个命令永远没有发出！

中国军队前线的战事达到了高潮。到4月21日，他们的第6军实际上已经瓦解了。日军以机械化步兵、坦克和装甲车组成相对小股的支队，快速运动，不断地包抄、切断企图在狭窄战线上据守主要公路的中国军队。那天，日军到达了和榜；第二天，即22日，他们将中国人驱逐出了阵地，中国军队经和榜以东向通往中国公路上的雷列姆撤退。雷列姆遭到来自空中的轰炸和来自地面的焚烧，这时中国人试图再次据守雷列姆以西大约 8 英里处的公路。日军又实施了一次包抄，占领了雷列姆，而中国军长甘将军[①]和 300 名士兵在雷列姆公路上成了一群溃兵，这是他剩下的所有士兵。中国的第 93 师已从景栋前进到距雷列姆不足 20 英里的地方，这时得知日本人已经占领了雷列姆，于是掉头撤退了。甘将军率残部撤退到景栋，与第 49 师、第 93 师余部及暂 55 师残部会合。第 6 军残部与这些兵力会合后，在甘将军的率领下退入中国。景栋那时被日本人控制下的泰国军队占领了，这条向北通往腊戍的公路，向敌人敞开了。

我们英缅第 1 军完全不知道发生的这些灾难，反而很高兴史迪威迅速兑现了他的许诺，将中国第 5 军的第 200 师派给我们。尽管要找到运输工具困难重重，该师还是到达了密铁拉，其先遣团开始乘着卡车前往皎勃东。从表面来看，我认为第 200 师几乎和新 38 师一样优秀。20 日傍晚，在花了一些时间看中国士兵下车后，我回到我们的司令部。晚饭后，我和戴维斯正在司令部为那个著名的第 5 号命令收尾，这时一个参谋进来问道："你们知道吗，皎勃东的那些中国人正打点行装，又要往回走了？"他们真干得出来！

史迪威最终收到了关于中国第 6 军崩溃的近乎精确的情报，他已召回第 200 师，进行一次绝望的尝试，以挽救形势。英缅第 1 军从未收到史迪威的相关电文，但鉴于他的临时参谋机构以及中国军队的通信状况，这也不足为奇。日军将第 6 军驱逐出雷列姆时，还占领了雷列姆以西且位于雷列姆—达西主要公路上的东枝。日军若进一步攻占达西，将到达仍在彬马那附近的第 5 军背后，从而可能导致第 5 军重蹈第 6 军同样的命运。史迪威集结了第 200 师和新 22 师的一个团，亲自率领收复东枝，4 月 23 日发起进攻，24 日成功重夺东枝。由于中国军队不情愿执行史迪威的命令，给他造成了极大障碍，于是，拿出了为数巨大的现金奖励，才保障了攻击

① 甘将军，即中国远征军第 1 路第 6 军军长甘丽初。——译者注

东枝的动力。第200师继续向东推进，于25日将敌军逐出和榜，歼敌大约500人，并占领了雷列姆。这是一个巨大的成就，只有依靠史迪威的指挥和这支前线部队才可能做到。此战堪称勇敢豪迈，但这只能是最后的努力，中国军队的崩溃已经不可救药。第6军已经荡然无存，第5军大部也陷入零散的混战，在一个广阔的地区对付一些小股日军。史迪威既没有参谋人员也没有无线电通信工具，只能指挥局部性小规模战斗，之后他的司令部极为迫切地需要他，于是他不得不回去。史迪威走后，反击行动也就逐渐停止了，中国军队向北沿着雷列姆—腊戍公路撤退。

中国第66军军部和新28师（欠一个团）以及新29师之一部负责防守腊戍地区。他们于4月26日至29日之间到达腊戍，稍微向南探了一下，与日军的一支部队遭遇，于是又撤回腊戍。与此同时，当日军掉头进攻时，第5军的运输车辆和装甲车也遇上了灾难，该军正经腊戍撤回中国。这些车辆本来是第66军军长张将军[①]的无价之宝，他正试图阻止敌军的突进。然而由于中国军队的指挥官十分缺少合作精神又彼此猜忌，更由于没有更高层指挥官的控制，他只能是一无所获。在腊戍的大量物资储备和军火弹药被摧毁，然而仍然留下很多并落入了敌人之手。4月29日，敌人攻击腊戍，经过一场所谓恶战之后，占领了腊戍。日军投入战斗的兵力有30辆轻型坦克、一些装甲车、12门大炮和只有卡车运载的两个大队步兵。张将军只带着3000士兵从腊戍撤退，打了两三场后卫战，突围撤回中国。日军继续进攻八莫（Bhamo），扑向瑞丽江（Shweli）大桥，这座大桥由当地一个缅甸营松散守卫，在大桥还没有来得及被摧毁之前，日军就毫无妨碍地横扫而过。日军于5月4日进入八莫城，5月8日占领了密支那。

在史迪威指挥下曾攻占过东枝的第200师和新22师的那个团到达了

① 张将军，即张轸。——译者注

曼德勒—腊戍公路上的昔卜，他们发现腊戍已被日军占领了，遂返回了眉苗。他们随后北撤到达抹谷（Mogok），并在抹谷发现了新28师留下了一个团，该师余部则前往了腊戍。这支联合部队随后撤向中国。留在缅甸的唯一中国部队是第5军残部和我的新38师。

当我们4月19日举行会议时，日军对第5军的压力已经增加了，第二天中国人被迫撤出彬马那。第96师后退了大约12英里，但很快又失去了阵地，该师的一个团被日军分割、包围、击溃。除了被史迪威带去东枝的一个团，新22师正据守着标贝（Pyawbwe），4月25日该师也遭到日军的侧翼包抄，被迫于当天夜里撤退。新22师的机械化运输部队已经溃散至腊戍，这加剧了第66军的混乱状态，该军也试图到达腊戍地区。这时，第96师和新22师已经不再是作战部队，他们无序地经达西撤往曼德勒。这几个师，特别是新22师，曾经打得很好，但日本人的包抄战略使其损失惨重。

4月前三周发生的战事，使得有必要调整英缅军的计划。4月23日，一个修正过的命令发给了史迪威和我，在中国军队失守密铁拉后执行。按照这项命令，英印第17师和英缅第1师残部应该坚守钦敦江两岸以保护葛礼瓦，英军第7装甲旅和中国新38师应该据守穆河（Mu River）到伊洛瓦底江一线，中国第5军的新22师、新28师、第96师应于曼德勒以南地区，防守密埃河（Myitnge River）的各个渡口。曼德勒—仰光铁路以东的所有中国部队前往腊戍整编。英缅军的企图仍然是，如果撤出缅甸变得必要，一些英国军队，包括英军第7装甲旅，将随同中国人退入中国。我所处的职位不用全面评估此举的政治影响，但我比以往任何时候都确信，让处于当前状态下的一支英军部队进入中国，将是一个严重的军事和政治错误。

4月25日，亚历山大将军和我在曼德勒以南25英里处的皎施（Kyaukse）见了刚刚攻克东枝回来的史迪威。第6军的完全消失和另两个中国军的迅速瓦解导致形势异常严峻。我们不再有任何机会发动反击战，日本人打算牢牢控制住腊戍，以致我军无望据守缅北。随着中国人的迅速消失，从现实出发，我们现在应该决定将我们的部队尽可能多地且尽可能完整地撤出缅甸。基于此，英缅军司令官命令从曼德勒以北总撤退，而且由于中国人在这样的撤退中无法自卫，还命令我的军延伸到中国人的左翼，在中国人沿密铁拉—曼德勒公路和铁路向北撤的过程中，作为中国第5军撤退的后卫。全军立即开始撤退。的确，到目前为止，中国军队陷入全面混乱状态。

如果我们要制止日本人跟在中国人后面于曼德勒渡过伊洛瓦底江，就必须抓紧一切时间。英军第7装甲旅奉命立即全速赶往密铁拉。再次回到英缅第1军司令部，戴维斯和我取消了我们心爱且还未诞生的第5号命令，代之发出以下命令：

1. 中国新38师保护皎勃东。

2. 英缅第1师（欠尚在伊洛瓦底江以西的英缅第2旅）完成整编，准备向东沙（Taungtha）运动。

3. 英印第17师撤出东敦枝，迅速向默莱（Mahlaing）—密铁拉—扎耶特康（Zayetkon）地区运动，并与英军第7装甲旅掩护中国第5军撤退。

4月25日黄昏，英军第7装甲旅的坦克在密铁拉以东插到中国人和正在追击的日本人之间。他们突袭了敌人的一支装甲和机械化部队，攻击他们，予敌重创，并击溃了敌军。我们军的防线相当长，现在色漂（Seikpyu，伊洛瓦底江西岸）—稍埠—皎勃东—扎耶特康—密铁拉一线。英印第17师已经撤出了东敦枝和纳茂，在密铁拉—扎耶特康地区构筑了坚固的阵地，支援英军第7装甲旅攻击沿主公路和铁路两侧前进的日军部队。这片区域仍分散着很多溃散的中国小股部队，他们正在向皎施后撤。我军部队和敌人在密铁拉周边发生了一些小规模战斗。一个典型的例子是，我们的一个由坦克和步兵组成的分遣队遇到了一支向北进击的日军小规模机械化部队，于是发生交战。日军逃往并分散在平原上的众多村子里。我们的步兵准备发动攻击，但被一架敌机的机枪扫射迟滞了。敌机消失后，我军重新开始进攻，攻下了村子。在肉搏战中，他们消灭了 150 个日本兵，俘获 12 辆卡车和一门大炮。我们损失了两辆坦克，牺牲了 10 名士兵，还有一些人受伤。

因为中国人都已经离开密铁拉地区，我命令考恩退回文敦（Wundwin），他应该据守文敦到 27 日 16 时，然后通过皎施撤退。他的英印第 63 旅在文敦周围，那天白天几乎一整天都遭到持续轰炸，同时我们的坦克抵抗企图沿主公路北上的强大日军步兵和炮兵部队。日军出动了众多轻型坦克，一旦与我军坦克交火，就匆忙撤至火炮后面寻求掩护。英印第 63 旅坚守文敦至 4 月 26 日至 27 日午夜，然后通过英印第 48 旅在皎施防区撤退，并在曼德勒以南占领了阵地，保护密埃河畔的公路和铁路桥。英印第 17 师和英军第 7 装甲旅紧急执行了艰难的后卫任务，对此，我极为欣慰。

整个这段时间里，关于中国第 5 军部队，难以得到可靠的情报。显然，第 96 师和新 22 师已经溃散，以无人领导的队伍尽全力撤退。所有较高层的指挥机构都已消失，而且无论是中国人还是美国人的指挥部，都无法可靠判断中国部队的位置，以及溃兵何时渡过密埃河。偶尔会有一个中国军官会短暂出现在英缅第 1 军司令部或者英印第 17 师的司令部里，带来一些请求，通常是请求提供运输车辆，或者询问有关他自己部队的消息。有一次，我们在夜间派了少量火车到文敦以北的一个车站，一位中国上校竟然要求我们部队设置警戒哨，并关闭火车站。如果不这么做，他担心最先到达的中国军队会惊慌失措，争抢火车，把车开走，而把其他人留在后面。应他的要求，一个英印第 17 师的小分遣队被派回去，及时地占领了那个车站和周围的一些显要位置。史迪威将军的一些参谋试图整顿撤退秩序，但徒然无功，他们到达车站，看见我们的部队在那儿，马上得出结论，而且无疑得到了中国人的确认，这是英国最后面的后卫部队。这些疲惫不堪的美国人得知还有很多中国人还在南面，于是报告说，在北撤时，英国人比中国人跑得快。史迪威闻听此言极为不满，以十分冲动的语言致电指责我没有履行后卫职责。我敢说我的神经几乎绷得和他一样紧了，我们俩都心情不好，这种对我部队的不公正指责令我十分狂怒，我的部队此刻正在比他的中国部队更远的南方英勇作战。我很严厉地驳斥了这种指控。这是唯一一次我和史迪威闹翻了，但几天以后他致电于我，撤回那个指控，我认为他的表示近乎道歉。

4 月 28 日，在腊戍即将陷落之际，几乎没有什么能制止日军向八莫甚至密支那的猛攻。我收到了亚历山大将军的命令，最后撤退至印度。基于我军只能暂时防守曼德勒—伊洛瓦底江防线，详细计划如下：

1. 两个旅沿钦敦江两岸撤退，尽可能在南方迟滞敌军。

2. 将一支强有力的分遣队留在密沙河谷（Myittha Valley）。密沙河在钦敦江以西 30 英里，大致与钦敦江平行。

3. 英缅第 1 军的其余部分经由耶乌（Ye-u）向葛礼瓦撤退，留下一支分遣队掩护这条路，所有的政府官员、平民和不能通过其他路线疏散的难民则经瑞琴（Shwegyin）的道路撤出缅甸。

4. 中国的新 38 师以及其他潜在的中国军队随英缅第 1 军撤退。

我已极力强调中国新 38 师应该随英缅第 1 军一起退入印度，孙立人很乐意接受这个决定。我也很高兴看到亚历山大将军现在打算让新 38 师随我一起撤出缅甸。据我判断，中国军队的其余部分，已经全力动身返回中国。

在进行一场激烈后卫战的同时，我们的后方还横亘着世界最大河流之一的伊洛瓦底江，且只有一座桥可供通行，这次撤退并不容易。英缅军曾经命令我们军通过萨梅贡（Sameikkon）和曼德勒以西的一些渡口渡江。我对这些渡口有些心存疑虑，因为我们已经有经验，在日军飞机空袭和日军挺进的威胁之下，要管理那些平民水手干活有多么困难。我和我的工兵主任斯威夫特（Swift）进行了紧急侦察。正如所料，第一个渡口根本什么都没有，第二个渡口有些驳船搁浅在离岸边几码的地方，第三个渡口有一条小船，一次只能摆渡一两辆车子。我不怀疑英缅军司令部已经做了一些准备工作，但部署后勤部队越来越困难。我们面临着要撤退三个师的任务，而且日军就紧跟在后。我们又没有空中掩护，靠这几个渡口过江看来前景渺茫。但是，斯威夫特和英缅第 1 师的工兵主任可不是那么容易打败的。伊洛瓦底江船运公司的河船在曼德勒被击沉。斯威夫特赶到那儿，抢下来一些船，并将其带到下游的这些渡口来。那些驳船也被拉着离开江岸，渡场附近的情况得到了改进，有了可用的渡口。我们将英缅军的渡运安排称为“毯子”后勤体系，这种叫法源于那个老故事：“我们对他说，‘跳吧，我们铺好了毯子’，于是，他就跳，而那里却什么毯子都没有！”很幸运，我们在“跳”之前先看了看。

4 月 28 日，英缅第 1 军发出了命令：

1. 英缅第 1 师由萨梅贡渡口渡过伊洛瓦底江向蒙育瓦（Monywa）撤退。英印第 13 旅应渡至钦敦江西岸，以保护蒙育瓦不受来自南面和西南的进攻。

2. 英缅第 1 旅乘船从蒙育瓦撤至葛礼瓦。

3. 英缅第 2 旅（现在伊洛瓦底江西岸）经由包克（Pauk）和提林（Tilin）撤至密沙河谷，在此路线拒止敌人，最终与葛礼瓦以西的英缅第1师其余部队取得联系。

4. 英印第17师（欠英印第63旅）过江据守伊洛瓦底江北岸敏务（Myinmu）到阿拉加帕（Allagappa）一线。

5. 英印第17师英印第63旅保护通往蒙育瓦的公路。

6. 中国新38师和英军第7装甲旅据守实皆（Sagaing）到恩刀（Ondaw）的伊洛瓦底江江段。

阿瓦大桥本来被分配给中国第5军越过伊洛瓦底江之用，但我从英缅军司令部获得批准，英军第7装甲旅也经此桥通过。在我看来，如果英印第17师要掩护最后一个中国人过桥，那么他们也可以在破坏那座大桥之前过桥。英印第17师因此奉命据守皎施，直到第5军全部到达密埃河以北。然后，他们随英军第7装甲旅一起过江并摧毁阿瓦大桥。

由于看到英缅第1师和中国新38师已经顺利踏上了去往伊洛瓦底江的道路，而且没有太多迹象表明日军紧跟于后，但来自空中的袭扰非常频繁，我于27日出发去视察比较危险的英印第17师侧翼。在从西至东的皎施二级公路上，我们遇见了越来越多的缅甸匪帮袭击印度难民、中国落伍士兵的事。有一次，印度部队正试图修复一条通信线路，也受到他们的攻击。我们很幸运遇上了英印第17师的一个机动部队，及时地给予那些匪帮以应有的惩罚，他们要为最近的暴行负责。我们同时解救了两名印度兵，其中一个受到严重的肢体毁伤。这里对于独行的车辆、通信或电话巡线员来说绝不安全。

在皎施，我们发现英印第48旅驻扎在一个坚固的防御工事里。这座小城镇曾遭到猛烈的轰炸和火灾，很多居民和他们的牛陈尸街上。小镇周围的一片稻田，提供了良好的射距，但河岸上有一些香蕉园和茂密的丛林，那条河流经小镇南部和西部郊区。英印第48旅的卡梅伦旅长下辖4个兵力薄弱的廓尔喀营、12门大炮、一排两磅反坦克炮部队和一些工兵，总共有大约 1800 名士兵。他并没有足够的兵力占领城东散布着宝塔的长长山脊，但按照山地战术，他已沿着山脊布置了警戒哨。我们在那里时，最后的一批中国人和伤了脚的散兵正在通过。卡梅伦用卡车载运步兵以及让少数坦克进入侧翼和南面，增援英印第 63 旅，并在夜间伏击可能尾击的日军。我认为英印第 48 旅会出色完成任务，结果确实如此。

那天夜里，英印第 63 旅带着坦克突围出来，且继续向前移动，占领了敏建（Myinyan）渡口。29 日早晨，侧翼的侦察队与武装缅甸人发生了一些小冲突，并且解救了更多的印度难民，但此前一些难民已经遭到一些暴行。在主公路南下约 10 英里处，敌我两军坦克发生了一场短时间的小规模战斗，敌人的一辆坦克被摧毁，而我们的坦克遭到来自空中的轰炸。由于大量的日军增援部队到达，我军部队缓慢地退回了皎施。22 时，在明亮的月光下，日军对我们横跨公路的各个阵地发动了猛烈的进攻。直到那些呐喊着进攻的日军距离只有 150 码时，廓尔喀士兵才开火。敌军进攻由强到弱逐渐停止了，留下了众多死尸。午夜，一支日本人的机械化运输队和一些牛车几乎撞进我们的防守工事，他们遭到大炮和迫击炮的猛烈轰击。半个小时后日本人发动了另一次进攻，他们遭到近距离火力的打击，其进攻被我军粉碎了。第二天早上 5 时 15 分，天仍然漆黑一片，日本人的第三次进攻在混乱中被击退了。4 月 30 日黎明，一些坦克和廓尔喀士兵冲出阵地，歼灭了阵地前废墟村庄里的敌人。村里许多日本人被击毙，我们俘获了几门迫击炮和若干轻型自动武器。廓尔喀士兵包围了 38 名敌军，他们为此特别高兴。那些日本人躲避在那条公路下的一个涵洞里。这些敌人属于第 18 师团，以前我们没有遇到过的日军部队。英印第 48 旅官兵们总的印象是，与他们的老对手日军第 33 师团相比，这些新来的敌军，无论勇气还是战斗技能，都要差得多。日军整个白天都向我们的阵地猛烈炮击，但不是很有效，但旅部除外，其似乎已经被精确定位了。4 月 30 日这一天，整个日军第 18 师团正在展开新的进攻，开始使用惯用的侧翼包抄战术。因此，这个旅奉命在夜间经英印第 63 旅阵地撤退。15 时半我军又击退了日军的另一次进攻，17 时我军遭到敌机的俯冲轰炸，但没有任何伤亡。18 时，在一个营和一些坦克的掩护下，我军撤出了阵地。英印第 48 旅趁黑在阵地以北几英里处登车，直接通过阿瓦大桥奔赴敏务。这次皎施的战斗确实是后卫作战的一个辉煌战例。此战不仅使走在最后的中国人能够没有受到骚扰地跨过阿瓦大桥，给了我们所有人一个喘息的空间，而且我们以极小的代价给敌人造成了重大伤亡。

27 日夜晚，我回到了实皆的英缅第 1 军司令部。曼德勒曾经到处是补给站、仓库储存的物资和各类营地，现在几乎都遭废弃了。后勤部队和部门的一些官兵还在，然而看得出来这里曾经有过一场全面而并不值得称道的大撤退。我们发现这条防线后面的士气越来越低落。从此之后，各个作战部队都知道了自己的目标就是要完整无损地撤到印度去。他们最终安全了，实际上士气和战斗力都在恢复，但这条交通线上的大量无组织的非战斗部队的情况则迅速恶化。在撤退过程中，走在英缅第 1 军前面的是一帮毫无纪律且一心只想逃命的乌合之众。他们不再属于有组织的部队，失去了后勤补给，抛弃了自己的长官，结成团伙，抢夺劫掠，打家劫舍，经常杀害撤退路上的不幸村民。他们几乎都是印度人，很少是属于我们英缅军的作战部队。他们绝大多数只是名义上的士兵，但他们的怯懦和行径给后面的真正的印度士兵带来耻辱。所以毫不奇怪，撤退时我们发现一些村庄被烧毁弃遗了，那些没有隐藏起来的居民都胆战心惊、怀有敌意。

我们也不可能保卫曼德勒城里所有无人值守的仓库。但是，在储存我们坦克所用特殊辛烷的油库，我们还是安排了一支小规模守卫队伍。我们正越来越为坦克燃料供应担忧，发现的油库是个天赐的礼物，但当第二天坦克纷纷前来加油时，他们却什么也没有找到，只有一些扭曲和发黑的汽油桶。原来一位自称是英缅军高级参谋的人，曾来到这里，命令烧毁这座仓库，于是在守卫部队的帮助下，仓库成了这个样子。在越来越混乱的状态之下，这种错误几乎不可避免，但造成的损失却极其严重。

中国第 5 军的官兵在曼德勒集中收拢，打算坐火车北撤。同时，我急于要抢救出一些更重要的物资，诸如步枪、布伦式轻机枪、弹药、医疗物资储备和靴子，没有这些东西我们就无法继续作战。为此目的，两三列小火车在一些勇敢的英国和英缅混血铁路官员的指导下正在装车，这些人树立了恪尽职守的光辉榜样。所属我的中国新 38 师在一天下午到达，告诉我某位中国将军发现了那些火车，并于那天夜里带着他的部队要夺取那些火车向北撤退。我当时不知所措，左右为难。我既没有足够的部队守卫那些火车，以阻挡这些人的出现，也不愿意和我们的盟军打仗。我向铁路上的朋友们发出警告，要求他们发动机车，开到 10 英里外的铁路线上。中国人准时到达了，他们自己蜂拥而上，那些车厢被装满了。那位将军命令那些火车开走。这时有人告诉他，那儿没有机车头，因为按照我的命令，那些火车头都被开走了。我的中国朋友无计可施，只好叫走了他的士兵，另想办法偷一列火车。最终他成功地找到了火车而撤走了，但那不是我的火车。后来，我经常在印度见到他。我们从来没有提到那些火车，但我注意到他以一种愈加尊敬的态度对待我。

我英缅第 1 军，除了依然在南岸据守通往阿瓦大桥各条道路的英印第 63 旅，现在都已安全渡过了伊洛瓦底江。我曾有段时间担忧我们的坦克。我发现一队坦克停在阿瓦大桥南边，一些军官正开会商量。一辆“斯图亚特”式坦克大约重 13 吨，根据一项提醒，铁道两侧支架上的跨桥公路最大承载力是 6 吨。我问是谁建造了这座大桥？有人让我看一本小册子，上面有一个著名的英国工程公司的名字。我的经验是任何由英国工程师建造的永久性大桥都几乎有百分之一百的安全系数，于是我命令坦克一辆接一辆地过桥。我承认，当我看到第一辆坦克小心翼翼地开上大桥，观察公路是否会在坦克的重压下塌陷时十分紧张，但一切都十分顺利。当年的英国工程师们真是太棒了！最后中方司令长官承认他的所有士兵都撤过了阿瓦大桥，于是英印第63旅过桥撤退。4月30日23时59分，那座大桥发出轰然一声巨响，被炸掉了，桥梁的中心部分齐刷刷地落入江中，这是一个令人难过的场面，也标志着我们失去了缅甸。

第五章 撤 退

整个英缅第 1 军已经借道阿瓦大桥和一些破烂不堪的渡口渡过了伊洛瓦底江，所遇到的麻烦比我原来预料的要少得多。一直跟到皎施的强悍之敌，没有再次向西穷追英缅第 1 师，本来可能会有一场危险的恶战，但我军只遭遇了敌机袭扰。到 4 月 28 日黄昏，中国新 38 师、英军第 7 装甲旅和英印第 17 师大部已到达伊洛瓦底江北岸和实皆至阿拉加帕一线阵地。英缅第 1 师也已过了这条江，正打算向蒙育瓦前进。我迅速视察了伊洛瓦底江沿线，然后回到现位于实皆附近一所修道院里的司令部。渡江进行得如此顺利，我感觉松了一口气，并因英印第 17 师和新 38 师的情况而感到安心。

但是，依然有很多事情让我心生焦虑。显然是由于中国军队的状态，而且日本人在伊洛瓦底江以东向北推进得如此迅速，我们在曼德勒以西的阵地无法据守很久。除了这个战术原因，我们长途撤退的下一阶段必须尽快开始，以避开季风雨季。我们的撤退线路将经耶乌到其西北 20 英里的卡杜马[①]（Kaduma），然后从那里钻进丛林走 120 英里，直到到达瑞琴的钦

① 卡杜马，又译作“格杜马”“德马道”。——编者注

敦江。这段路线只是没有桥梁的牛车土道，且经常有一些急转弯、陡峭的山坡和狭窄的路堑。有时，长达 30 英里完全没有水。我们还要通过几条宽广的软沙河床，现在都难以使车辆通行，当下雨之际，就变成无法渡过的河流。到达瑞琴时，道路就到头了，然后乘船向上游航行 6 英里到达葛礼瓦。然后是漫长小路上的跋涉，通过疟疾流行的加包（kabaw）山谷，穿过莽莽密林而到德穆，那里我们希望可以到达从阿萨姆省英帕尔过来的无路面公路。无论如何，这都将是一场艰巨的行军。如果季风雨季在我们完成行军之前就到来的话，那将变成不可能完成的任务。专业人士一致认为，季风雨季将会在 5 月 20 日左右正式到来，但也很有可能此前就会有滂沱大雨。

据我对这条道路的所知情况来看，我很怀疑，即使没有大雨，我们的那些大而笨重的车辆是否可以通过这条路。为了确认是否可以通行并且找到需要改善的路段，我命令组成一支侦察队，由工兵率领由一种大型车辆组成的队伍，包括大型车辆、坦克、高射炮、卡车等，先行出发以验证其可行性。英缅军司令部现在正尽其所能地改善这条道路的状况，且在需要的地方储备各种给养和水。同时，我们得知，英印军总司令部从道路的另一端正做着同样的工作。时间很短暂，但道路漫长而艰苦。

我正坐在实皆的司令部外面思考着这些事情，一辆民用小汽车开了过来，车上下来六七个身着晨礼服、细条纹裤子、头戴灰色遮阳帽的缅甸绅士。这群人身上有一种显而易见的权贵气质。他们要求见我。他们是这个广袤殖民地有权势缅甸官员的代表，正在曼德勒对面伊洛瓦底江河湾处的实皆山区里避难。他们递交了刚刚做出的决议，字迹清晰，其由很多人参加的公开会议提议、支持和通过。这份文件声称，缅甸官员们得到英缅总督阁下的保证，实皆山区不发生任何军事活动，那里是缅甸人民特别敬畏的地方。由于信任这一点，他们及家人已经搬到实皆山区。现在令他们惊愕的是，中国军队已经进入了实皆山区，并且正准备防御敌军，甚至架起了大炮。因此他们要求我，作为负责的英国指挥官，应该命令中国人撤出去，并且按总督阁下所承诺的做出保证，实皆山区不发生军事行动。

我为这些人深深地感到难过。他们是缅甸政府的高级官员、专员、秘书、法官以及诸如此类的人员，他们身边的世界已经天翻地覆，但他们依然死抱着做决议、投票以及我们以往教给他们的其他民主程序不放。他们带给我那些可怜的小材料，似乎那是万能的法宝。于是我告诉他们，就我而言，并不希望在那里发生军事行动，我还真诚地补充说，此刻，我也不希望别的地方发生军事行动，但是日本的将军同样也与这个问题有关系，并且他不可能那么客客气气地同意在那里休战。他们十分礼貌地离开了，但有些迷惑不解。那些令人难忘的请愿多少被一位绅士玷污了，他走了又折回来，询问是否能预支给他 6 个月的薪水？我没有责怪他，在他能够再次从英国政府拿到薪水之前，他要等很长时间。

现在中国仅存的建制部队就是我们的新 38 师了，该师的状态比刚加入时更好。还有新 22 师，该师虽受到严重打击，但依然尚未溃散。我认为新 38 师乐意与我们一起行动，他们在补给品、军需弹药、炮兵和坦克支援以及交通运输方面得到了与我们其他两个师一样的关照。在绝大多数部队看来，这并不算慷慨，但对中国军队而言却是一种奢侈。我们已经与孙立人建立了真正的情谊，也和他指挥的这支勇敢、乐观而毫不抱怨的淘气鬼部队建立了真正的情谊。我们得知，他们仍将作为我们军的一部分，与我们一起从缅甸撤到印度。因此，当史迪威要求他们回归建制，作为中国残部全力北撤的后卫时，亚历山大将军也同意了，我们感到比较失望。孙立人本来很愿意和我们一起到印度，但他对此毫无办法。他向我保证，直到我们做好了准备，他的师才会走。我们尽可能协调行动，同时也临时抽调英军第 7 装甲旅作为中国军队的后卫，但该旅奉命稍后重归我军建制。

4 月 30 日，英印第 17 师依然占领着实皆到阿拉加帕的伊洛瓦底江江岸阵地，但我的司令部已经通过蒙育瓦后撤，现在设在蒙育瓦以北几英里处，由一片树林围绕着的一座小佛寺里。蒙育瓦只驻扎着一支薄弱的格洛斯特郡团第 1 营的小部队，另有英国皇家海军陆战队的河流巡逻队以及工兵一部。当我们经过蒙育瓦时，那里还相当和平宁静，地方政权还在运作。英缅第 1 师师部在蒙育瓦以南 4 英里处宿营，而其两个旅——英缅第 1 旅和英印第 13 旅——则在以南约 20 英里处的实皆—蒙育瓦主要公路沿线缓慢后撤。这两个旅自 28 日渡过伊洛瓦底江后，由于精疲力竭和缺少运输工具，已经拖延了 24 小时。我曾打算让其中一个旅撤抵蒙育瓦后立即渡至西岸，接防英缅第 2 旅，而英缅第 2 旅则奉命于 4 月 28 日至 29 日夜间开始向遥远的密沙河谷长途行军。虽然知道英缅第 1 师将在至少 24 小时后才到达蒙育瓦，但我却很愚蠢地没有制止英缅第 2 旅的开拔，导致西岸通往蒙育瓦的道路从 28 日至 29 日夜间起没有任何我军守卫。我的唯一理由是，当时得知密沙河谷有敌对缅甸人聚集，特别是如果有一些日军和他们在一起，他们就能够相当容易地切断我们由葛礼瓦以西撤往印度的道路。我们薄弱的兵力难以应对各方面日益增加的威胁。由于没有意识到日军可能乘船而上的速度，我决定在一个错误的方向上迎击敌人。由于我的错误，我们付出了沉重的代价。

吃完相当简陋的晚餐后，戴维斯、一两个其他人和我于暮色里坐在树下。我们刚刚接待过来视察的英缅军司令部的一位参谋，我对他的态度相当差。事实上我告诉了他我对“毯子式”后勤体系的看法。我的做法相当不公平，因为亚历山大将军的后勤部长戈达德，在极为困难的条件下已经做出了令人惊讶的工作，在任何情况下，我前面的这位替罪羊都没有任何责任。但脾气爆发了，且那天发生了一两件让我烦躁的事，更是火上浇油！就这样，我真的好好发泄了一番，讲述了长期以来后勤管理让我军遭受的苦难。我历数每一项故意和过失的罪行，我说：“你可以将这些转告给英缅军司令部！”我滔滔不绝地正说到兴头上，这时一抬头，看见昏暗中站着两三个面色苍白，且我并不认识的军官。

“那么，你们有什么事？”我问道，依然是一副坏脾气。

他们中的一位迈步向前。

“日本人已经占领了蒙育瓦，”他说，“如果您听一听，就会听到他们的迫击炮声！”

一阵死一样的寂静降临在我们这些人头上。随后，确实足够清楚地从远处传来柔和的却绝不会搞错的“轰隆”“轰隆”“轰隆”声！这是日本人的迫击炮发出的声音。这阵沉寂被“太妃糖”戴维斯打破了。

“你可以把这件事也告诉给英缅军司令部！”他说。

形势十分严重。我们知道，除蒙育瓦的小规模守军，附近仅有的部队是蒙育瓦正南的英缅第 1 师师部了。斯科特的师部只有缅甸步枪团的一个排，我们的防卫力量比他们也强不到哪里去，必须采取一些措施。我们用无线电通知了英缅第 1 师，马上派出了一支军官侦察队去了解情况，并把所有能够得到的部队集合在一起。这支临时拼凑的部队包括缅甸边防部队的一支特遣支队、苏格兰步兵团约一个连的兵力和缅甸骑警一部，共约 300 人。令人敬畏的苏格兰步兵团托马斯中校（Lieut. Colonel Thomas）现在逐渐习惯了处理这种紧急情况，在他指挥下，该部奉命沿公路南下将日军阻挡在尽可能往南的地区。我命令英缅第 1 师，在蒙育瓦以南 15 英里处的羌乌（Chaungu）集结其两个旅，即英缅第 1 旅和英印第 13 旅。与此同时，我命令英印第 17 师在黑夜掩护下，派英印第 63 旅乘火车赶到羌乌与英缅第 1 师会合。斯科特应该以此三个旅在次日早晨向前攻击，收复蒙育瓦。我还命令英印第 17 师尽可能快地派回一个旅据守耶乌。我们将知道的情况如实报告给英缅军司令部，紧急请求至少调回一些我们留下掩护中国人的坦克。亚历山大将军立刻派给我两个坦克连，一个连被派往耶乌，另一个被派往羌乌。我随后命令英缅第 1 军司令部收拾行装准备撤退。

采取完这些措施后，我们除了等待，别无他法。这是一个难以定夺的事，如果日本人真的占领了蒙育瓦，他们究竟会由蒙育瓦转而向南还是向北？如果向南，对英缅第1师师部来说，可能就让人乐不起来了；如果向北，就是冲着我们来的。我们让司令部数量不足的运输车辆列队准备上路。士兵们正在车辆旁边睡觉，还有我们的缅甸警卫排，被一些英国书记官叫醒，出去站岗放哨。我们对这个警卫排的可靠性没有很大的信心，因为这个排的士兵开小差而使我们历经困苦。我们的怀疑后来得到了证实，几天后的夜里，整排的人都不见了。我躺在一块硬木板上试图睡一会儿，这是我军司令部所驻佛寺会餐室里主持的床。听着远处偶然的炸弹爆炸声和机关枪微弱的射击声，我很不乐观。如果日军的兵力与进攻蒙育瓦的兵力相当，我军则面临巨大的风险，日军将几乎割裂我全军。我们的时间安排已经出现了严重错误。我严厉地谴责自己，因为是我让西岸的英缅第2旅继续行军的。

虽然我们以为日军已经占领了蒙育瓦，但实际上并没有。最初的警报来自那天傍晚7时以后，当时机关枪和迫击炮的火力突然从西岸向蒙育瓦沿河前线开火。炮火持续了一整夜，在炮火掩护下，一支敌军过了河，在英缅第1师司令部和蒙育瓦之间建立了一道路障。更多的日军跟了上来。5月1日清晨5时，一支包括很多武装缅甸人的庞大敌军兵力攻击了英缅第1师师部。在师长斯科特率领下，英国和印度书记官、参谋人员，以及印度工兵一部，进行了一场英勇战斗，然后向羌乌退却。几名军官和士兵牺牲或负伤。英缅第1师司令部的所有武器和绝大多数设备都丢失了，但他们成功地带走了密码和秘密文件。他们以其作战精神与坚韧，在数个小时之内，再次恢复了师部的各项职能。

当天早晨，有几只大型日本海军汽艇沿江而上，从西岸运来六七百人的部队。我们驻蒙育瓦的小规模守军用每一件武器开火。在敌船渡江过程中，他们遭受了巨大的伤亡，同时也给敌人造成巨大伤亡，但日本人的炮兵和迫击炮的猛烈反击摧毁了我们沿江为数很少的阵地。敌人登岸，且得到增援，进而占领了蒙育瓦。

5 月 1 日上午，英印第 63 旅乘火车到达了，在距离蒙育瓦 8 英里处下了火车，且马上向前推进。他们在英缅第 1 师师部先前所在地附近被日军阻挡住了，那儿的一个村庄里，敌人有巨大的兵力。下午三四时，一个坦克连和英印第 13 旅在蒙育瓦城外加入英印第 63 旅的战斗中，而英缅第 1 旅到达了羌乌。英缅第 1 师组织全部三个旅于第二天早晨发动了进攻。

与此同时，英缅第 1 军司令部收到报告，证实了蒙育瓦的失陷、英缅第 1 师师部的惨败以及日本海军船只沿江而上的情况。几乎一上午，我们都与英缅第 1 师中断了通信，不知道各旅已经到达的情况。因此，我决定采取预防措施，将英缅第 1 军司令部的绝大部分人派往耶乌。他们离开后，缅甸骑警快马赶来，遇到了我们。他们带来了这样的消息，说托马斯的部队已经被几千名日本人打垮。这消息引起了我们的一阵激动。然而，我们通过军官侦察队和通信员与托马斯保持着联系，因此并没有过于担心。但集合了大约 20 个骑警，并告诉他们我对他们的想法。我留心看着他们，但因有事离开了一会，我刚一回来，就发现他们不见了。我想，他们变成了另一帮走在我们前面的土匪。

5 月 1 日，亚历山大将军和史迪威两人都在耶乌，我的后卫司令部和英印第 17 师师部正前往耶乌。鉴于蒙育瓦失陷的严重性，英缅军司令官命令开始从曼德勒—伊洛瓦底江防线撤退。他还将英军第 7 装甲旅余部从中国人那里调了回来，重归英缅第 1 军建制。于是，英印第 17 师（欠在羌乌的一个旅）奉命前往耶乌。史迪威建议中国新 38 师和第 5 军残部撤退到杰沙，并可能从杰沙撤往印度。我想，这是亚历山大将军和史迪威最后一次会面。那天傍晚，除了一个战术小队，我将司令部余部派至耶乌。

5 月 2 日，英缅第 1 师以两旅主攻、一旅支援的阵势开始收复蒙育瓦。但这些都是理论上的旅，实际上现在都严重减员，全师作战人数都不超过一个正规加强旅。当我们的部队杀开一条血路，进入蒙育瓦时，日军的抵抗十分顽强。火车站附近发生了一场特别惨烈的战斗，车站曾经三次易手。到 15 时，我们成功攻入蒙育瓦。多亏英缅第 1 旅在补充了两个印度营后，猛烈进攻，作战出色。在我们迫击炮火的压制之下，日军试图以海军汽艇沿江而上的企图遭到粉碎。正当一切进行得十分顺利时，英印第 13 旅收到了一条据称来自英军第 7 装甲旅的消息，命令其撤退到蒙育瓦以北的阿龙（Alon）。英印第 13 旅将这个命令报告给英缅第 1 师，该师经过一番怀疑后，接受了其真实性，于是命令全师撤出战斗。后来发现这个命令最初来自于英军第 7 装甲旅的一个军官，而他说是从英缅军司令官那里得到的这个命令。英缅第 1 师的通信最为薄弱，他们的通信很大程度上依赖于英军第 7 装甲旅，以这样的方式得来的信息被视为真实的信息。这一情况直到很晚才被发现，那时我们都认为这是日本人散布的假信息，日本人可能使用了摧毁英缅第 1 师部时所缴获的密码。当即将重新夺回蒙育瓦时，撤退令人失望，但影响并不真的很大。所有运输车辆都已经绕过蒙育瓦到达阿龙。在后卫部队和英军第 7 装甲旅的掩护下，这个师的其余人员于 5 月 3 日在阿龙集中，随后在敌人的尾随下向耶乌撤退。那天夜里敌人遭到我们后卫部队的猛烈打击。来自伊洛瓦底江的英印第 17 师两个旅于 5 月 3 日到达耶乌，这时整个军都集中在这个地区。

这时我们已经习惯了严峻的形势，但我不得不赞许我的参谋们在每一个新危机扑向我们时所持有的那种冷静。我们现在就面临一个危机。日军出现在钦敦江，显然其正做出巨大努力，以便切断我军撤往印度的道路。如果日军抢先占领了我们撤退之路的河渡瑞琴，或者葛礼瓦或吉灵庙（Kalemyo），他们就会切断我们通往印度的唯一道路，我们将处于一种令人绝望的形势。对我们来说首先占领这些地方至关重要。5 月 2 日至 3 日夜间和接下来的白天，我命令英印第 17 师第 16 旅乘卡车尽快沿瑞琴公路前进，以坚守这三个城镇。该旅及时到达了，并在瑞琴和吉灵庙各部署了一个营，在葛礼瓦部署了两个营。

我司令部和耶乌外的英印第 17 师余部相距两三英里。5 月 3 日至 4 日夜里，一些日军穿过掩护部队的防线渗透进来，以手榴弹和轻机枪火力攻击了英印第 17 师师部。一支敌军袭扰小部队也制造混乱，并在我们英缅第 1 军司令部周围扔手榴弹，而这时我们已经没有了警卫排，但也坚守至半夜。这个过程更因为意外事件而令人生气，一个受惊的英军中士突然冲到我们中间，摇摇晃晃地走到我的炮兵司令韦尔什曼面前，气喘吁吁地说："炮兵遭殃了。他们都阵亡了，大炮都没了。"他随后昏了过去，优雅而沉重地倒在韦尔什曼准将的怀里。炮兵当然完好无损。那位中士筋疲力尽地睡着了。有人扔了一个手榴弹或者炮仗，他被那砰的一响惊醒了，受了惊吓，但依然困得迷迷糊糊的。士兵们的神经变得越来越脆弱。我对自己这时候说的话毫不感到奇怪，我说："如果什么人给我带来一些好消息，我会忍不住热泪奔流！"我从来没有实现过这个诺言。

新 38 师的孙立人来耶乌看我。他依然很愿意加入我们，经葛礼瓦撤至印度。我也很高兴拥有他这个部下，但我不能给他任何鼓励，因为我们都身负各自的命令。他那时很担心，在他完成北面的部署之前，我们还不能离开耶乌。他这种担心是对的。我同意尽最大可能掩护他的侧翼，并送他到亚历山大将军那里去。亚历山大随后命令我据守耶乌，直到孙立人的后卫部队到达瑞保以北。我很愿意执行这个命令，除了想要帮助孙立人，我认为，在孙立人离开之前，清空耶乌与瑞保的可能性极小，耶乌和瑞保还有很多难民，包括欧洲妇女和孩子，还有超过 2000 名伤员。孙立人的处境极为困难，但表现很好。

我们尽可能将宝贵的车辆留给难民和伤员，但我依然担心伤员将会面临一段艰苦的旅程。所剩救护车很少，我们被迫把伤员装到卡车和我们征用的民用巴士里。这些减震效果不好的车辆行驶在颠簸的路上，简直是一场噩梦。我担心很多人活不下来。

英缅第 1 师及一个坦克团据守耶乌以南的弧形后卫阵地。英印第 17 师向丛林道路入口卡杜马以及卡杜马与瑞琴中途点且称为“红杜松子酒”[①]（Pink Gin）的宾盖（Pyingaing）撤退，并建立支撑阵地。5 月 5 日黄昏，中国人撤出了瑞保，我们从耶乌撤退。由于发现有一些被遗弃的伤员，我们的撤退被推迟到最后一分钟。幸亏有英印第 17 师的医疗主任麦卡尔维（MacAlevey），由于他的精力、勇气和智谋，他们才及时被撤出来。

我们在耶乌等待时，预先派出一些工兵部队去改善那条道路，并组织了英军第 7 装甲旅的一部分运输车辆来回运送部队。我们还设立了一些加水站、补给站和病员疏散站，临时组织了一套交通控制体系。很多要过的水路渡口因为有松软的沙子而十分难行，我们将集中起来的全部劳工都用来铺设木排小道，以越过这些软沙水道。幸亏这项工作做完了，否则这次困难的行军，将会麻烦得多。英缅第 1 军司令部搬往“红杜松子酒”。为了减少在瑞琴过河时的拥挤，这一点已经引起了麻烦，我派没有任何车辆的英缅第 1 旅，往西北前行，在葛礼瓦以北的班达（Pantha）渡过钦敦江，前往德穆。经一场艰苦的行军，英缅第 1 师于 5 月 16 日到达。如果当初冒着渡江拥挤的危险，派英缅第 1 旅帮助防守瑞琴，我将做得更好。一支由一些突击队员所组成的部队和一支由两个连的廓尔喀士兵临时所组成的部队被同时派往西南方，在一条支流汇入钦敦江的河口，防止沿水路而上的日军进攻内陆，以切断我军的退路。

我们现在有三个主要的担心。第一，日军可能会截断我们的退路，在我们与印度之间插入一支强大的部队。第二，我们的食物供应可能出现短缺。我们在沿交通线撤至曼德勒之前，在途中基地或补给站可以相对容

① 宾盖（Pyingaing）被称为“红杜松子酒”（Pink Gin）的原因是这两者的英文发音相似。——编者注

易地获得食物。现在我们无法这样获得食物了，在没有补给的情况下撤退，因此不得不长距离运输物资，试图沿着这条路线建立起一些补给点。我们竭尽全力而为，但依然担心这些物资储备可能不够用。按照谨慎计算，口粮配给将进一步减少。第三，季风雨季。这是最大的危险。如果在季风雨季到来时，我们还要挣扎几百英里路才能到达安全地区，那条道路就会变成最折磨人的泥潭，车辆就会被困住，所有的行动实际上都会变得毫无可能。一旦不能行动，我们立即会陷入忍饥挨饿的危险。甚至一两场大雨就可能带来悲惨的后果。希望我们既能逃过日本人的追击，又能逃过给养的短缺，还能够逃过季风雨季，但我们逃过所有这三项磨难的机会微乎其微。实际上，日本人最先缠上了我们。

一开始，这次撤退相对顺利。英印第 17 师第 63 旅由卡车输送。英缅第 1 师安全地渡过了钦敦江，该师英印第 13 旅 5 月 9 日过江后向德穆进军。英缅第 1 师除了遭受了沉重的伤亡，还损失了绝大多数缅甸官兵，以致严重减员。英军第 7 装甲旅第一梯队到达瑞琴，大批士兵和一些车辆渡江，同时沿着道路为坦克寻找掩护，等待船只到达时渡江。在“红杜松子酒”，英印第 17 师的后卫部队、英印第 48 旅和英军第 7 装甲旅余部，于 30 个小时行军 40 英里。为了避开我们的三个敌人，日本人、饥饿和季风雨季，迅速渡过钦敦江至关重要。

但要，加快速度殊非易事。瑞琴是个巨大的瓶颈。瑞琴原有 6 艘渡河的汽船，每一艘可以紧巴巴地装下五六百人，但只能装下一辆卡车或两三门大炮和两辆吉普车。从一个快要散架的临时码头装船速度很慢，原来的码头由于钦敦江水位突然升高而突然被淹没了，必须予以重建。没有直接渡江的航线。汽船离开瑞琴后必须逆流而上 6 英里到葛礼瓦，卸载后再回来，一个来回要几个小时。钦敦江两岸连一条牛车道都没有，从瑞琴到葛礼瓦，除步行的人或者骡子，所有人或物都不得不通过河运前往。装船的困难还由于数百辆被难民丢弃的汽车而大大增加。这些没人理会的障碍物，塞满了通向码头的大大小小的空间和道路。大量印度难民都希望渡河，情况乱上加乱。

通往码头的最后150码道路在一个所谓“盆地”里。这是一个马蹄形的开阔空间，大约1000码宽，绝大部分是开阔的，但有几小块树林，其三边被200多英尺高的陡峭断崖包围着，内侧几乎是陡然直立的，而外面的斜坡却没有那么陡峭，斜坡则有茂密的树林。从那道断崖边上看下去，整个“盆地”展现在人们脚下。如果向下看，人们会觉得这个“盆地”可能是一个死亡陷阱，而现在“盆地”里实际上挤满了士兵、难民、各种牲畜、机动车辆、大炮和坦克。显然，如果我们要把所有这些都运送到葛礼瓦，就要一连几天从不间断地使用所有6艘汽船。英缅第1军司令部的军需参谋帕特森－奈特和几个来自英缅军司令部的军官留下来帮助戈达德，戈达德正为了装船一天24小时地英勇工作。尽管他们努力了，事情仍然进展得极为缓慢。每门炮都不得不由人工搬上甲板，甲板上的立柱、栏杆和各种设备似乎是为装载困难而专门设计和安装的。我们还必须格外小心地处理运货汽车和卡车，稍有失误一辆车挤碰了舷梯或者掉到了河里，就意味着要延误几个小时。我已命令只装载四轮车辆。如果只能救出部分运输车辆，我们最好救出那些最有用的车辆，看来情况就是如此。装运士兵当然容易，因为除了武器，没有什么装备可担心的。所有的士兵渡河之前都不得不砍一些树木做燃料，当那些木头被每个登船的士兵搬上船时，就好像他是为自己的旅行买船票一样，每人都往引擎的燃料堆上扔一根木料。

正在自己组织撤退的英缅军司令部已经任命埃金准将（Brigadier Ekin）为瑞琴地区指挥官，率领小规模参谋团队，组织后勤部队以及走在我们前面的难民，这是最有帮助的，我们不用从各师抽调出一个旅部来实施组织工作，且能提供极为需要且持续不断的控制指挥。“盆地”的防卫并不容易，因为其被一片茂密的丛林围绕着，并向外侧延伸，直到崖顶。我们已经派出廓尔喀突击队警戒最可能从钦敦江而来的道路。此外，为了阻止日本海军船只的航道，已在瑞琴以南 2 英里处建立了一条连接两岸的浮栅，并部署了一个营和一支小型海军陆战船队以保护钦敦江两岸。“盆地”沿悬崖的近距离防卫则交给了另一个印度营和一些分遣队。这些部队兵力不足，防卫薄弱，但在“盆地”里等待登船的部队，成了预备队。我们依靠外围防御屏障提供足够的警告，使这些人有时间进入阵地。空袭对这样一个地方是巨大的危险，为了防备空袭，我们集中了能找到的所有高射炮，其数量在别的战场都会被人认为是少得可怜。

当 5 月 7 日和 5 月 9 日，当日军发动几次猛烈的空袭时——这肯定是他们的理想目标——所有人，包括参谋、工兵、海军陆战队员，伊洛瓦底江航运公司的职员都全力以赴地工作着，并且取得了巨大进展。伤亡并不像我们预料的那么惨重，因为我们的部队现在没有等待命令，就自动挖好了防空壕，但很多车辆还是被摧毁或毁坏了。那道浮栅被炸断了两次，但夜间又被修好了。极为幸运的是没有一艘汽船被敌机击中，但轰炸却不是盲目的，事实证明这种轰炸对很多印度平民水手造成了巨大影响，他们大量逃亡。那些留下来的水手也拒绝将汽船开到葛礼瓦下游去。我们派卫兵在汽船上监督他们干活，但不可能阻止那些印度水手弃船逃跑。由于勇敢的英国驻船军官和一些坚定的印度下属，这些汽船才有可能被开到瑞琴的码头。但是，船只的数量和往返的速度都惊人地下降了。

5 月 8 日黄昏，考恩及其英印第 48 旅及坦克团组成的后卫部队，为了避免进入“盆地”造成堵塞，在瑞琴东北 2 英里处的道路上停了下来。5 月 9 日，他十分英明地派出第 7 廓尔喀团的一个营前去增援据守那道悬崖的部队。该营天黑以后到达，并在“盆地”里宿营。

我的司令部设在葛礼瓦郊外的丛林里，我非常担忧日机空袭造成的延误。我很担心日本人或者季风雨季会在我们完成渡河前来临。召见过负责江上运输的军官后，我确信他已经做到了在葛礼瓦所能做的一切，于是

5月10日凌晨，我趁黑乘汽艇去视察瑞琴，看看能做些什么。我和我的副官大约5时半到达瑞琴码头，当时天刚刚麻麻亮。一艘汽船停在岸边，但装船的工作暂时中断了，工兵们正在修理被一辆卡车撞坏了的码头。副官跟在我身后，我跨过汽船甲板走向码头。我的脚刚刚踏上码头，一连串红色曳光弹在我们上空升起，在我右侧悬崖的南边，步枪、机关枪、迫击炮和大炮很快爆发了激烈的射击声。这是我经历过的最让人不快的欢迎仪式。显然日军正开始发动大规模攻击，而且距离已经很近了。我不知道外围防线发生了什么情况，他们肯定要么被敌人包围，要么被敌人击溃了。

我现在只剩下自己一个人了。我的副官显然认为，无论发生了什么情况，我都需要吃早饭，而且他最好能找到盒子装食物。我也没有要人陪同，从码头走到小道上，经过了一些停着的坦克，转身直朝埃金的旅部走去。战事还不少，但悬崖太高，离现场距离太远，也不太危险。然而，从声音判断，上面正在激战。我发现自己正穿过一个更开阔的空间，第7廓尔喀团所属营的士兵蹲伏在垃圾堆和树木后面，这个营在前一天夜里就到达了。我打算跑去隐蔽，敌军迫击炮齐射的炮弹落在我身后，更加剧了我想寻找掩蔽物的意愿。但只是由于想到一个长官在士兵面前，为了自己的安全东跑西窜，军长的形象会受到破坏，才把想要隐蔽起来的念头控制住了。这样，虽然有些不情愿，但我还是继续向前走。这时，一个树丛后隐蔽着一个人，但不足以遮挡他那高大的身躯。他站了起来，他是我的老朋友，第7廓尔喀所属营的印度上尉。他龇牙咧嘴地大笑着，脸上的皱纹几乎掩埋了他闪动的杏核眼。他站在那儿，看着我，笑得直打晃。我冷冷地问他笑什么，他回答说，看见将军老爷自己一个人在那儿晃荡，不知如何是好，挺有意思！我敢起誓，他说得不错，我确实不知如何是好！

不同种族的人面对这样的形势反应多么不同，这是一件有趣儿的事情。一个英国兵通常会喊我去隐蔽，并会在他的身边给我挤出一块地方。普通的印度兵常常会焦急地看着，什么也不说，除非我被击中了，这时他会跳出来，冒着生命危险，将我隐蔽起来。一个锡克士兵的行动最为勇敢，会一跃而出，用他自己的身体掩护我，而不会当旁观者。只有廓尔喀人才会站起来发笑。

站在那儿被一个比我勇敢的人嘲笑毫无用处，所以我又走了一些路来到旅部，找到了埃金，形势令人担忧，但还没有达到恐慌的地步。形势很清楚，不知怎么回事，一支配备迫击炮和步兵炮的大股日军通过了我军的外围防线，现在正攻击距离码头最近的悬崖南部的印度营。我军似乎挡住了这次攻击，但只是暂时。

当然，战事发生时，我们并不知道实际情况是这样的，前一天下午，大约 700 名日军，携带着大炮和骡子，在瑞琴以南 8 英里处，乘日本海军船只登陆。那艘登陆艇立即返回，当天傍晚和夜间带来了更多的日军。与此同时，一支人数更多的日军已经到达瑞琴以南 6 英里处的西岸。东岸的日军向内陆移动，以避开防守那道浮栅的我军那个营，结果撞上了廓尔喀突击队，而廓尔喀突击队的唯一无线电报话机无法与瑞琴的旅部取得联系。由于某种原因，这支突击队的指挥官没有进攻这支日军部队，而试图撤退，保证所部处在敌人和“盆地”之间。黑暗中，廓尔喀人失去了彼此之间的联系，变成了小股部队，尽全力后撤。为了避免被俘，突击队长试图游过钦敦江，结果溺亡。所部一些士兵和日本人混在一起到达了码头附近，还有另外一些人单独回来，但很多士兵失踪了，并没有人发出警报。

我在埃金的旅部时，日军发起了第二次攻击，这次攻击更为猛烈，东面尤甚。日军取得一些进展后，被我军击退，但日军现在用迫击炮猛烈地轰击“盆地”。他们的迫击炮相当于我们的 3 英寸迫击炮，这是他们最有效的武器，他们操控这种迫击炮大胆而技术娴熟，战斗中我们的大部分伤亡都是这种迫击炮造成的。幸亏日军迫击炮的炮弹不像我们的那样具有威力而且致命，否则伤亡将会更为严重，但对于挤在狭小空间里的部队而言，十分令人不快且相当煎熬。第二次攻击后，或者更可能就在攻击过程中，一些日军渗透过我们相距较远的岗哨之间，并且推进到悬崖的边上，控制了“盆地”的东侧。那些廓尔喀人和我的老朋友印度上尉在最前线奋战，发动了一场英勇的反击，打到那道悬崖之上。那儿接着是一场混战，廓尔喀人和坚守自己阵地的印度人，在环绕“盆地”边缘的陡峭丛林里与大量敌军发生了激战。形势得以恢复，但敌人的狙击手持续不断地向前袭扰，这成为一桩麻烦事。有一阵儿，日本人把一门大队配属的野战炮、步兵炮推到那道悬崖边上，直接向我军平射。一个印度轻型高射炮连的“博福斯”式（Bofors）高射炮与其交战，一场决斗随之发生。这场决斗很快就结束了，“博福斯”式高射炮几次直接命中日军的步兵炮，将其消灭了，日军炮兵也灰飞烟灭了。日本飞机经常飞临我军上空，但没有试图发动实际的攻击，可能是因为在空中不可能于这种近战中分清英国人和日本人。

在廓尔喀人反击战后，我回到码头附近，试图通过坦克的通信设备与考恩及英印第 48 旅取得联系。我无法找到考恩本人，但了解到他已经在向“盆地”移动。一艘汽船停在码头旁边，船长是伊洛瓦底江船运公司的一名领导人员，他以坚定的毅力和勇气掌控着那条船，但是他的水手们士气不高。英军第 7 装甲旅的 25 磅大炮正在装船，这些大炮被运到江边时还在开火，直到最后一刻。伤员们正像一条细流缓缓流到小路上，被运到船上，同时一些后勤部队排队通过跳板上船。装船有条不紊地进行，尽管在最高的压力下，那里却没有任何惊慌失措的迹象。甚至有一群大约 100 人的印度难民，畏缩地躲在河岸旁边，按照我们告诉他们的去做，一言不发地蜷缩在那里，样子很可怜。在我讲话的坦克旁边，一个可怜的女人躺在附近的公路边，因为处于感染天花的最后阶段而行将就木。她的小儿子，一个只有 4 岁的瘦小男孩，正可怜地试图用一个英军士兵给他的罐头盒喂给她一些牛奶。我们一名在码头上照料伤员的医生，找时间给那个小家伙注射了疫苗，但对他的母亲却无计可施。她死了。我们找到一个印度家庭，送给他们一条毛毯并且允许他们登上汽船，条件是让他们带上那个小男孩。我希望他一切顺利，并且不要将天花传给他的新家庭。最后一分钟，汽船已经被装满了，准备出发了，我才让其余难民匆忙登船。他们危险地紧抓着栏杆，塞满了船上的每一个缝隙。随着敌人压力的不断增加，不可能再让船只停靠这个码头了。日军又发动了更为猛烈的攻击，并突破进入“盆地”，并且朝着“盆地”内的道路前进。每一个能动的士兵都被派了出去，以阻止日军这场致命的突击。我的军需参谋帕特森－奈特，曾在瑞琴待了几天，监督装船，由于精致的发型，他是一个惹人注意的人物，但现在他的头发有些脏了，他穿着马裤，挎着一支冲锋枪，卷进了这场激战。大约一小时后他回来了，冲锋枪换成了一支步枪，一边解释道：“那些小黄鬼子现在离咱们更远了！”

埃金已经把指挥权移交给考恩，后者已经杀出了一条路，进入了“盆地”，撤退途中，他的副官在其旁边受伤。多亏他的到达，军长不用再待在这里了，如我能督促上游的船只再次回来，我将是有用的。于是我乘汽艇去见他们，三位极为勇敢的船长，两位是伊洛瓦底江船运公司的平民，我想，他们的名字是缪里（Murie）和哈钦森（Hutchinson），另一个是缅甸海军志愿预备队的海军少校潘门（Lieut. Commander Penman），他们轮流带着自己的船来到码头上游几百码的地方靠岸，在那里的一片悬崖下面，以保护船只不受迫击炮火的攻击。在那里，他们让伤员和后勤部队上船，这是最后一趟航行。此后，再也没有一个水手愿意到下游来，无论他们的船长怎么劝诱也无济于事。除了可以翻越最崎岖、最陡峭道路的骡子和士兵，这是将瑞琴其他人和物运出来的最后一次机会。

一股有力的日军仍占据着可俯瞰“盆地”的小山，大约 14 时，第 7 廓尔喀团所属营为了驱逐敌军，冒险出击，但宣告失败。所有的装船工作都已停止，考恩根据我的授权，做出了唯一可能的决定：在更多日军到达并切断其退路之前撤出来。同时他派出后卫部队以掩护东岸的道路，命令大炮尽量消耗现有的弹药，所有非必要人员开始沿道路出发。那天晚上大约8时，当据守悬崖的廓尔喀人和印度人撤退后，所有炮火集中轰击那处悬崖。这是到目前为止我们在缅甸发射的最猛烈炮火。第一次，炮手毫不吝惜他们的弹药，在20分钟里打完了所有炮弹。在众炮齐射的掩护下，最后的部队通过后卫部队，离开被火光和爆炸照亮的“盆地”，大炮、坦克和车辆都被摧毁了。这宣告他们结束了到目前为止付出的全部努力，这令人伤心，但在这个阶段，失去这些东西比冒险毁掉整个部队要好得多。我们已经救回了大约三分之一的大炮，以及绝大部分最好的机械化运输车辆、四轮驱动卡车，但失去坦克是严重的打击。确实，这些坦克已都磨损了，在任何情况下都过时了，但是甚至在印度其空缺都难以补充，它们在我们的心目中具有一种感情上的地位，这是我们对坦克及其乘员们的亏欠，就像我们抛弃了一些信任我们的老朋友。

我军东岸部队沿着小路向葛礼瓦对面的盖镇（Kaing）前进，这对精疲力竭而又背负沉重的士兵来说实在是异常艰难。道路很狭窄，许多地方十分险峻，到处都崎岖不平。但是，日军没有跟上来，他们的损失十分沉重，在那个浓烟滚滚的“盆地”中正忙于努力抢救可以抢救的东西。虽然我们那时并不知道，我们已经打完了这个战役的最后一仗。英印第48旅和一些其他部队由葛礼瓦到达钦敦江上游的锡唐（Sittaung），并由锡唐翻越山地到达德穆。与此同时，运送他们的那些汽船被凿沉，以避免被日军俘获。英缅第1军的其余部队行军90英里，由葛礼瓦穿过加包山谷，这里因致命的疟疾而以死亡山谷闻名，随后到达德穆，这是一次可怕的行军！

英缅第1军主力经历起起落落之后，已经撤退到伊洛瓦底江西岸的英缅第2旅，折向西北沿着密沙河谷，坚定而稳步前进。该旅和大群缅甸武装匪徒有过几次小遭遇战，但没有日军尾随。该旅用在当地常用的牛车当作运输车辆，补充了他们本已短缺的运输车辆，运送伤病员。因此，当交通线部队的一个军官在英缅第1军之前撤退，并且摧毁了宽阔的曼尼普尔河（Manipur）上的唯一一座桥梁，而英缅第2旅还在河南面，该旅的感受如何可以想见。该旅不得不放弃牛车，十分困难地摆渡过河，在葛礼瓦以西的吉灵庙与我主力会合，全旅人员筋疲力尽、饥肠辘辘而又怒火冲天。

即使是这时，也并非没有更令人担忧的事。我们最大的危险是，日本人会乘海军船只来到钦敦江上游，可能在葛礼瓦以南登陆，然后横穿过这片区域，切断葛礼瓦和吉灵庙之间的道路。确实，有一天我们收到了显然十分可靠的详细消息，最坏的情况发生了。一支有力日军部队已经在吉灵庙以北我军司令部和吉灵庙以东几英里处的后卫部队之间建立了一道路障。后卫部队被日军切断了。我们剩下的吉普车已经为数不多，我坐着其中一辆马上返回吉灵庙，英缅第1师的两个营在那里宿营。当我环视那些面容憔悴、衣衫不整的士兵时，我的心沉了下去，他们在经过一天的行军后精疲力竭地躺在那个落难的地方。我想："不能再叫他们起来了。他们已彻底累垮了！"然而，在同样疲倦已极的军官的号召下，他们挣扎着爬起，重新握紧武器，组成可怜而又单薄的队伍，面对危险，顽强地走向新的战斗。

感谢上帝，没有任何战斗。还没有走远，我先前派出去侦察的军官回来了，他告诉我们那个警报是假的。那里没有任何日本人，也没有路障，是我们的一个参谋从远处看见我们的部队正修建一道横穿公路的交通管制栅栏，同时听见日军战斗机机枪扫射附近的声音，于是疲倦的他便将其想象成了敌人的路障。部队被叫回去了，嘀嘀咕咕地咒骂那些毫无理由折腾他们的将军，回去继续被打断的休息。我派人去叫那个要为这次假警报负责的军官，并且告诉他我对他的看法。我谈话的方式恐怕表明，我紧张的神经比他也强不了多少。

第二天我们重新开始行军。穿过丛林的道路似乎没有止境。我们只有50辆卡车，用这些车辆向前一次次运送部队。但是，当然，距离漫长，他们已经靠自己的双脚，走了那么多英里令人疲倦的路程。在很多情况下，只能靠走，他们的靴子也磨破了。我们穿着破衣烂衫，军官和士兵都只有身上的一身穿戴。满脸胡须的人司空见惯，因为刮脸的东西越来越少。我撤退时曾试图蓄起胡子，那时候蓄须变得很时髦，但我的胡子显然完全是白色的，这可能影响了部队的形象，以为我们有一位看上去活像圣诞老人的军长，于是我又用一把老旧的剃须刀刮了脸。

在英缅军这样费力而充满危险地走在回印度的路上时，中国第5军残部在孙立人新38师掩护下，由瑞保向北撤退。第5军军部及新22师、第96师残部，历经千难万险，终于蹒跚地走出了胡康河谷。他们在这次可怕的撤退中的行为，也许是可以理解的，但他们不太被当地居民或同行的逃亡者待见。他们扣押火车，驱逐我们的伤员、难民、妇女和儿童，在撤退的路上拿走所有给养，并且抢劫沿路村民。他们根本不知道必要的法律而且很少有同情心。直到5月1日，史迪威将军和他的司令部中的美国成员还留在瑞保。这时，很显然，任何试图控制住第5军的进一步努力都已毫无用处。史迪威到达瑞保以北100英里处铁路线上的文多（Wuntho），以期到达密支那并乘飞机飞离缅甸。在文多，史迪威了解到他无法于日本人之前赶到机场，于是被迫向西行进，坐汽车到那条公路延伸的最远处，然后步行，率领驮畜运输队到达钦敦江畔的霍马林（Homalin）一带，然后翻越山区到达英帕尔。这是一段令人极度疲劳的行军，他们一行人能够幸存下来完全是由于这位老将军本人的严厉与勇气，他胆量过人、刚强坚毅。他们一行人于5月15日到达阿萨姆。

与此同时，新38师依然完整，在没有任何上级指挥的情况下行动，跟着第5军到达文多以北50英里处、密支那铁路线上的纳巴（Naba）。由于得知无法先于日本人到达密支那，孙立人掉头向南再次回到文多，而此时文多已被日军占领，于是发生了一场遭遇战。孙立人以他的第113团为后卫部队，随后翻越群山到达钦敦江畔的庞宾（Paungbyin）。5月14日，孙立人遭遇沿江而上企图切断英缅第1军后路的日军。孙立人击退了日军的攻击，渡过钦敦江，于5月24日到达英帕尔。不幸的是，他的第113团被敌人切断并几乎被歼灭。然而，孙立人的撤退是一个大胆而巧妙的行动，他是唯一一位把自己的部队带出来的中国指挥官，虽然忍饥挨饿，衣衫褴褛，这个不假，但他的部队依然是一支可以作战的建制部队。

我们已经经受了一两场滂沱大雨，其预示着季风雨季将会给我们带来什么。5月12日，季风雨季狂怒地发作起来。那天，我们的后卫部队正离开葛礼瓦，而我们军主力正艰难而缓慢地走进群山。自此以后，这场撤退成了真正的痛苦。像牛拉犁一样，士兵们吃力地走上一道道斜坡。走在小道上，湿滑的泥泞深达几英寸，他们的衣服因被雨水、汗水浸透而贴在皮肤上，发烧、营养不良以及气温降低时的寒颤让人感觉极为不适，部队一小时又一小时、一天又一天地向前走着。他们唯一的休息是在夜晚，躺在湿淋淋的土地上，置身于滴着雨水的大树下，甚至没有毯子遮身。这场几乎毁灭了我们的季风雨无情地抽打着我们的身体，却给我们带来了好运——阻止了日军的死命追击。当乌云四合，低低地笼罩在山上时，就连日军的空袭也变得稀少了。

在德穆以南的行军中，我们初次得到了来自印度的帮助。一个印度机械化运输连遇到了我们，但机械化运输连的新兵司机被来自缅甸的那些逃命者讲的故事吓坏了，再加上这残缺不全的道路上的种种危险，他们很多人不愿意再朝南行驶。当命令他们朝南开时，他们就开着卡车到丛林里藏起来。通过在每一位司机身边安排一个来自英军第7装甲旅的士兵，我们解决了这个难题，士兵们督促司机到命令他该去的地方，这是这支伟大部队的最后任务。这个机械化运输连对转运伤病员，有时甚至是整个部队的前进，具有不可估量的价值。

在这场长达900英里的撤退的最后一天，我站在这条路旁的斜坡上，看着后卫部队行军进入印度。他们所有人，包括英国人、印度人和廓尔喀人，都骨瘦如柴、衣衫褴褛，犹如一群稻草人。然而，当他们在幸存的军官们身后，以小得可怜的群体，脚步沉重地行走时，他们依然扛着武器，保持着队形，可以认出他们是一些战斗部队。他们可能看起来像是稻草人，但也依然像是军人。

第六章 余波

英缅第 1 军的官兵到达英帕尔时，体力和精神都接近极限。他们曾忍受了伤亡、艰苦、饥饿和病痛，最重要的是，撤退导致的令人心碎的失败感，很少有一支军队在经历过这些后还能作为军队凝聚在一起。正如我已经证明过的那样，他们即使在最后，依然准备着，只要一声令下，便转身再次投入战斗。他们已经振作起来了，因为想到一旦越过边界进入印度，不仅会有别的部队夹在他们与敌人之间，他们如此之长的紧张状态就会得到缓解，而且等待着他们的将是欢迎和休息。

然而，他们发现并非如此，在这条受敌威胁的边境线上，印度能够提供的唯一的部队是新近组建且毫无作战经验的一个步兵旅，但承诺所属师余部将会陆续抵达。他们并没有在掩护部队的保护之下得到休息，却被苛刻地告知应该自己负责掩护。他们并没有期望被人当作英雄对待，但期望仍被视为军人。即使打了败仗，他们也不应该感到羞辱。然而，某些指挥官及其参谋却认为，撤印的英缅军只是在受到欺凌和讥讽的情况之下，被迫展现出军人精神。除了缺少战友情感，这还是一种极坏的心理状态。而这些人对待从敦刻尔克撤退部队的做法则要明智得多，该撤退部队面对重大困境而表现出来的刚毅精神得到了慷慨的认可，他们在撤退和失败中表现出的勇气受到赞扬，似乎他们赢得了一场大胜，而不是遭受了一场彻底的失败。我的士兵至少以同样的勇气忍受了更长时间的苦难，他们理应得到同样的欢迎。然而，他们得到的却是一些指挥官和部队表现出的强烈的厌恶。如果不是由于斯科特和考恩两位师长付出的努力，以及英印第 23 师师长萨弗里少将（Major-General Savory）从印度派部队接应，后果将更为惨重。萨弗里是个坚毅而富有战争经验的成功领导者，这一点在中东得到过证明，他懂得怎么带兵。虽然他本人与其新成立的师面临着众多问题，但他一直准备帮助不太幸运的英缅第 1 军部队，他从军人角度理解，认为欠英缅第 1 军的太多。

萨弗里很快意识到，英缅第 1 军的战斗部队纪律严明地从缅甸撤出来，每一个士兵都只带出了自己的武器，与在他们之前撤出来的临时部队、后方机构、非战斗人员、平民、逃兵、没有军官率领的溃兵、难民和乌合之众截然不同。而其他人却不这样认为，我的士兵因那些走在前面的人犯下的罪过而处境艰难，没有什么能使这些疲倦而愤怒的战士更为难堪的了，但他们知道自己完成了职责。

如果说进入印度受到欢迎的程度达不到我们的期望，那么给我们的安慰就更微乎其微。当这些面容憔悴的士兵穿过季风雨如注的雨幕，疲倦不堪地进入英帕尔时，他们得到的命令却是到陡峭山坡的丛林地区里去露营。看来他们似乎根本没有做任何接待准备工作。除了身上湿淋淋、千疮百孔、肮脏不堪的衣服，我们到达时一无所有，没有毯子，没有防雨布，也没有帐篷设备。没有任何人或事等待着他们。除了一棵棵大树，那片湿淋淋而阴沉沉的山坡，没有任何可以遮身的东西，很少或者根本没有任何衣物或者毯子，没有足够的饮水和医疗安排。“太妃糖”戴维斯不知疲倦地忙碌着，千方百计缓解我们部队遭受的痛苦，他苦笑着说：“印度的口号看来是，‘英缅军不是被全歼了吗’。”

官兵虽然尖酸刻薄，质疑这种待遇，但太激烈地批评印度方面没准备好接待我们的物资，这也是不公平的。英帕尔距离最脆弱交通线另一端的加尔各答 1000 英里，而且这条交通线的运力已达到了极限。印度本身就缺乏所有东西，也不可能在临时通知的情况下跨越那么遥远的距离，运输一个一无所有的军所需的物资。过错在于缺少预见性，几个月前，准备工作就应该开始了。然而在这里，正像在所有地方一样，经常发生各种变化，以及更高指挥层关于缅甸战役的责任划分，也阻碍了阿萨姆顺利长远地发展为一个军事基地。后勤和医疗人员，做出了超人的努力以应对这场悲剧，但他们却连所需资源的十分之一都没有。如果我们从缅甸撤出来时是装备完整的军，以我们的运输车辆、帐篷装备、医疗物资作为补充，我们还可以想办法，但我们什么都没有。我们实际上一无所有，即便如此，正像他人指责我们的那样，这都是我们自己的错误。但是，疲惫的官兵们本来会因所期望的接待而受到鼓舞，但实际却大为不同，可想而知此种接待会产生什么样的效果。很多人失去了与正在袭击他们的疟疾、痢疾和极度疲惫做更长期斗争的意志。我估计从缅甸撤出来的战士有 80% 患了病，很多人死掉了。

显然，在运输系统允许的情况之下，整个英缅军都应该尽快被送去休养或者送到印度的各个医院去。不幸的是，印度援军到达的速度十分缓慢，而日军还可能进攻英帕尔，这迫使英印第 17 师和英缅第 1 师的一些部队滞留下来。实际上，虽然当时没有人敢拿这件事打赌，但季风雨季有效地制止了日本人进一步尾追上来，两军都安顿下来，一连几个月彼此互无接触。

英印第 17 师虽然严重减员，但依然还具有一个师的战斗力。而英缅第 1 师在撤退将近结束时，分阶段地遣送其绝大多数缅甸士兵回家了，每个士兵都发给一支步枪、50 发子弹和 3 个月的军饷，让他们回到自己的村里，等待我们归来，并且准备参加我们将在缅甸成立的打击日军的组织。这些士兵，主要是克钦族人、钦族人、克伦人和其他山民，几乎没有例外都这么做了，正是他们构成了抵抗运动的骨干，而随着日军占领期的持续，这种抵抗运动的力量不断增长。由于这些缅甸士兵的损失，加上英缅第 1 师英国和印度部队遭受的伤亡，使其不可能继续作为一个师而存在。该师师部及其残余部队的大部分逐渐回到印度，并被合并入英印第 39 师，被改编为一支训练部队。

英缅第 1 军一度曾拥有 150 门各类火炮，其中 74 门到达了钦敦江畔，但只有 28 门越过印缅边境。这个军到达英帕尔的全部机械化运输车辆是 50 辆卡车和 30 辆吉普车。我们大约 1.3 万人战死、负伤和失踪，当然，不包括因病撤离的官兵。而日本人的损失只有我们的三分之一，4600 人战死或受伤。我保留了一份所有人员、大炮、坦克和车辆的损失记录。我希望有一天日本人会偿还这笔账，如果可能，还要加上一些利息。

5 月 20 日，我将所有部队移交给英印第 4 军，英缅第 1 军从此不复存在。在英帕尔，我再也无事可做。我向斯科特和考恩，以及尽可能多的部队道别。我有一种可怕的感觉，我正在抛弃他们。当我向官兵们道别时，他们向我展示出的友谊和忠诚只能使事情变得更糟。如果曾领导部队走向胜利，当他们向你欢呼时，你才会有力拔山河且心绪激昂的感觉，而我却领导他们战败、撤退且走向灾难，所以当他们欢呼时，我感受到的却是无限的感动和屈辱。

英缅第 1 军司令部比我提前几天离开英帕尔前往印度内地。我们已经上交了所有运输车辆，包括我自己的吉普车，我们在路边发现一辆遗弃的难民民用车，我忠诚的苏格兰步兵团的卫兵设法发动了汽车，于是，我乘此车辆前往曼尼普尔公路的铁路终端。凭借运气和一路的修理，在我们到了科希马（Kohima）后，这辆车老掉牙的引擎终于彻底报废了。我们顺着山坡向下滑行到距离铁路只有几英里的地方，在一段上坡处终于停了下来。我们搭乘一辆过路的卡车终于屈辱地结束了这段行程。随后我们不得不用一天时间等火车，因为那段铁路曾遭到轰炸，绝大多数铁路员工都不见了。最后一些军事铁路运输军官乘一列火车到达了，但火车不得不停在这个小型枢纽以外的地点。工兵部队的一位上校、一位少校和两位高级铁路官员在一间通信房里开会，激烈地讨论应该拉动哪个操纵杆才能使火车进站。最后他们做出了事关命运的决定。我们在旁观，那位上校紧握住那个操纵杆，用十分专业的动作将其猛然一抬。没有信号亮起，没有一点改变。电线已被人切断了，所以，我们从没有搞清楚那是不是正确的操纵杆。

在到加尔各答的漫长而拥挤的旅途上，我几乎坐着睡了一路，然后继续前往比哈尔省（Bihar）的兰契（Ranchi），英缅第 1 军司令部已先于我到达。我发现军司令部的人员已经令人悲伤地减员了。疟疾使军司令部遭受了重创，从“太妃糖”戴维斯开始，然后传染遍了司令部的所有成员。这是一种特别致命的脑性疟疾，可击倒一个人，让他的体温火箭式地飙升到神智昏迷说胡话的程度，并且经常在三四天后就要了他的命。值得注意的是年龄较大的人，45 岁及以上的人，比起那些年轻人，似乎较少受到这种疾病和衰竭症的折磨。事实上我的参谋中仅有逃过住院的人大概就是那些久经风霜的老兵们。我们自称这是因为我们是比较强壮的一代，但我认为，这实际上是由于我们更为注意一些，我们更愿意服从医嘱。

我有了一个为期几天的机会，坐下来思考过去忙碌的几个月里究竟发生了什么，而且为什么会发生。一个突出而且无可置疑的事实是，我们遭受了一场彻底的失败。我们盟军技输一筹，在战场上被击败了，将才也败于敌手。一如既往，找到失败的借口是容易的，但借口对下一战来说毫无用处，我们需要的是分析原因并找到补救之法。

我们的失败固然存在一些基本原因。首要且高于一切的原因，是准备不足。在战争发生之前几个星期，都没有任何行政和军事当局高层预料到日军的入侵。他们都积极地埋头于别的领域，缅甸的防务问题被看成是一个相对较小的责任，且相互推诿，所以没有人在一个足够长的时期考虑为此事做一个计划。由此产生的两大错误是，缅甸与印度在军事上的分离，以及作战与后勤职责的分离。除非在人数和物资上对敌人拥有非常巨大的优势，否则如果一支军队的战役计划是建立在错误的组织之上，就不可能指望获得成功。另一个致命的疏忽，产生于同样的原因，在迫在眉睫的时候，我们都没有认真地作出努力将印度和缅甸用公路联系起来，所以，当仰光失陷时，在缅盟军实际上完全被孤立。

准备不足的最显著例子是，保卫缅甸的兵力薄弱且不适应缅甸战场。先天不足、匆忙编成且毫无作战经验的两个师，其中一个师还是按沙漠战进行训练和装备，而另一个师的大部分是由无作战经验且不太可靠的缅甸部队组成，在缅甸这样大小和地形的区域，不足以应对日军，导致悲惨的结局。中国军队的到达，改变了兵力对比，盟军占了优势。尽管他们缺少一支现代军队的几乎所有必备要素，但如果能在仰光失陷前到达前线，他们也可能会改变战争的结果。在中国军队现有运输和补给资源的情况下，能否在前线完成集结，尚存疑问。遗憾在于未进行过尝试。即便如此，中国军队拒绝服从史迪威的命令，可能也是导致失败的原因。

空中力量完全不足及其在战役中全部消失，对英缅军而言，这是最为严重的劣势。然而，假如我们有足够训练有素、装备精良的师，我不认为这种严重的不足会导致致命的后果，我们依然能够打败日本人。即使有一支优势空军，以现有的部队仍然不能打败日本人，但会给我们以巨大的帮助，以缓解英缅军面临的巨大压力。然而，我们不得不在地面上以士兵对士兵的方式战胜敌人。

无论我们的兵力如何，在缅甸，我们本来拥有对日本人的一个巨大优势，我们应该在一个友好的区域作战。这里的居民本来不仅应该站在我们一边，而且应该组织起来并加以训练，以帮助我们作战。但他们并非如此。说缅甸人不喜欢英国人的统治因而对我们怀有敌意很容易，但我认为实际上并非如此。只有极少数人会怀有顽固而强烈的敌意。我估计肯定不超过5%，比起很多欧洲国家通敌者的数字，这个数字对我们要有利得多。这些人主要是各城镇中具有强烈民族主义感情的青年以及20年代旧反叛势力的余孽。自然而然，像缅甸这样的地方，一直存在臭名昭著的土匪，一旦我们打了败仗并且开始撤退，便有大量恶人成为土匪，乘机抢劫。绝大部分缅甸人是积极忠诚的，他们要我们保留其祖居之地。同时很多山地部族甚至在日军占领时期依然对英国保持着忠诚，并为此付出了巨大的代价。事实上对广大农民而言，日本人的入侵令人费解，是一次突如其来的灾难，他们唯一的兴趣是，如果可能的话，不要搅和其中，并且避开双方的士兵。

在 1941 年 12 月之前，就连军方都认为日本人入侵的可能性很小，所以文官政府没有采取任何全面措施教育平民和准备战争也就不足为奇了。直到战争迫在眉睫，文官政府才很不情愿地制订撤退计划，开展难民控制工作，建立情报组织，实行铁路的军事化管理，实施本土防御所需的一切计划。不只是缅甸，其他国家也通常会因一种担心而感到纠结，那就是如果把一些令人不快的形势和事情告诉民众，可能会引起其绝望和惊恐。因此，没有人准备面对战争，但英国人的一系列失败却令其惊慌失措。

缅甸作战部队与其文官政府经受同等的影响。他们匆忙地征召没有作战经验的新兵实施扩军，编成政府武装部队，诸如缅甸边防部队和缅甸宪兵部队，但都没有进行全面战争的装备以及相应的训练。他们在家庭中的地位实际上削弱了缅甸军人、警察以及更低级政府人员的可靠性。当我们撤退时，他们的家被留在了双方战线之间的危险地带，且家中没有男丁，或者他们的家处于日军占领区残忍和野蛮的统治之下。毫不奇怪，很多缅甸士兵会擅离部队而去保护他们的家人。在缅甸服务的印度人很多，处境往往更差，因为他们的家庭不仅遭受着缅甸家庭同样的危险，而且有过之而无不及，面对缅甸人的强烈敌意，却没有英国人的保护，缅甸人太想抓住机会以泄仇恨。如果印度人、英印混血、英缅混血政府雇员的家庭能够在战役开始时撤到印度去，可能会令当地人感到失望，但会极大地增加缅甸军方和行政方面人员的可靠性。

尽管我们存在这些不利之处，如果我们有可靠的小规模部队，而且其得到适当的训练，即使不能打败日本人，结果也会好得多。对我们的英国或者印度官兵而言，丛林是一个陌生而可怕的地方，在丛林中转移或作战是一场噩梦。我们将丛林归类于“不可穿越的”地方，因为对我们的机械化运输车辆、庞大的后勤补给系统和缺乏作战经验的士兵而言，丛林就是如此。对我们来说，丛林只是部队移动和观察的一道障碍；而对日本人，丛林是受欢迎的地方，能帮助他们隐蔽行动和实施突袭。日本人参战的部队受过丛林战的特别训练，装备也适合在丛林和河流众多的地方作战，而我们却投入了按照在开阔沙漠作战而训练和装备的部队，而且这种训练和装备也远未完成。日本人因其先见之明和周到的准备而得到了丰厚的回报，我们则由于这两方面的缺乏而付出了沉重的代价。

仔细考虑之后，对我而言，整个灾难性战役中最令人忧虑的方面是敌我将才之间的差异。日军将领信心十足，大胆到蛮勇的地步，积极进攻，一天也没有失去主动性。确实，他们对于自己意欲采取的战争样式拥有完美的手段，而且毫不犹豫且十分精准地予以运用。他们的目标，清楚而明确，就是摧毁我们的军事力量，而我们的目标是一种相当模糊的守土思想。这就导致了我军一开始就散布于广大地区，且继续犯下这个错误，并且更糟糕的是，这导致防御作战的心理。

亚历山大将军所拥有的资源不足以执行其接受的任务。他来到缅甸而接到的命令是据守仰光。大概是显而易见的原因，如果仰光陷落了，整个缅甸失守几乎不可避免。当亚历山大到达仰光时，他发现战役的决定性战斗，锡当河大桥战斗已经失败，这注定了仰光的命运。中国军队的出现燃起了可能收复仰光的一丝希望，但同古失守和中国军队的状态很快扑灭了这丝希望。这时，最高当局应当向我们明确，我们在缅甸的目的究竟是什么。我们是要不顾一切尝试毁灭日本军队并恢复所有失地，还是应该在某条战线上血战到底，以便至少确保缅甸一部？或者我们的任务是缓慢地撤退，保持军队完整，同时准备保卫印度？如果上述其中一个目标可以成为我们高于一切的总目标，不仅对这次战役的主要战术，而且对部队士气，都会产生显著的效果。然而，我们没有收到这样的指导意见。我作为军长，处在相对较低的位置之上，每小时都忙于应付波动变化的作战事务，我无法知道压在当地更高指挥官身上的那些压力是什么，但一个令人痛苦的显著事实是，缺少上级的明确而现实的指导意见，对我们这些一线指挥官来说，就无法清晰地制订我们明确的目标。无论谁要负责，无疑，由于缺乏明确的目标，我们从根上被削弱了。

在战术上，敌人完全超过了我们。日本人能做而且确实做了很多我们做不到的事。他们获得全部成功的主要战术方法之一是“勾拳战术”。他们的标准行动是，在前线与我军交战的同时，派出一支机动力量，主要是步兵，对我军侧翼实施大迂回，穿过丛林进入我们的交通线。而我们所有补给物资、弹药和输送援军都必须经过这一条单一交通线，于是日军便构筑一道“路障”，有时候投入一个大队的兵力，有时候运用一个联队。我们的纵深预备队极少，所有部队都在前线，因此，当这种情况发生时，我们不得不从前线调动一些部队去清除这些路障。此时，敌人就在我们虚弱的正面前线增加进攻压力，直到我们的战线垮掉为止。日本人反复使用这些战术，他们越来越频繁地使用这种方法，鲜有失败，而我们的部队和指挥官则开始产生路障心理，通常会发展成一种自卑情结。

这种包抄侧翼的战术，当然并没有什么新意，这只是最古老的计谋之一，有很多应对之道。最好的解决方法是在日本人之前，也实施侧翼包抄，但是由于我们完全依赖于汽车运输，并且我们的部队不适应丛林，无法以任何兵力成功地实行这种勾拳战术。我们只能通过训练部队和提供装备以应对。另一种对策是，当敌军侧翼部队还在遥远的丛林时，对敌人正面前线实施尽可能最强有力的攻击，这样敌人的力量就被分散了。然而，由于日军坚韧地防守且我们缺少炮兵，在我们的正面攻击取得很大进展前，日军就可能实施了侧翼打击。如果我们可以纵深部署兵力，就可能在敌人接近公路时阻止这种勾拳战术，但我们从来没有足够的部队如此部署。无论如何，如果我们有足够的部队，就可能进行更强大的进攻。最后，至少部分解决方法可以是空中补给。不管怎么说，这将暂时使我们脱离对公路的依赖，但这需要飞机，而我们差不多没有飞机。以我们1942年对部队的装备和训练，对日本人的路障战术没有令人满意的解决之法。

最令人愤怒的事情是，我们猜想到敌人几乎肯定在实施侧翼包围，但根本无法得到关于敌人到来的预警。与我们普遍认为的情况有所不同，实施侧翼包抄的敌军部队穿越丛林的速度并不是很快，他们稳步前进但速度缓慢，几乎是悠闲而从容不迫的。他们并不会很早动身，正午炎热之时则停下来，并且在整夜休息之前让自己有充足的时间生火做饭。他们很少采取预防措施，经常以紧密的纵队行动，根本没有保护性的部队。关于进入我军防区的预警，他们在很大程度上依赖于缅甸告密者，而他们的行军路线则依赖于当地向导。由于没有空中侦察且缺少当地居民的合作，我们感到极为需要轻装机动侦察部队，能够深入丛林，驻扎在那里，并且送回情报。我们试图组建一些这样的部队，但并没有取得多大的成功。我们在缅甸的整个情报系统极端无效，这可能是我们的最大不足。

至于两个军长，无论史迪威还是我，都没有什么可吹嘘的。他的困难比我更大一些，他以顽强的勇气面对困难，令人称赞不已，但他所属的中国军队，还是不如日本人。他不断寻找主动反击的机会，但他拥有的手段却无法与他的精神相比。他既无法使其命令得以执行，也不能让他不足的参谋人员和通信系统保持与自己的部队的联系。当看见队伍在他眼皮底下瓦解时，史迪威凭个人的领导才能和以身作则，把中国军队团结在一起。这方面没有人能够做得比他还多，然而一旦中国军队开始腐烂，任务则不可能完成。

至于我自己，也没有什么可以自豪的。我的将才并不高。唯一可以证明将才的是胜利，我努力过，但一无所成。我反复尝试实施进攻，以重获战役的主动权，但每一次，在我试图构筑最高楼时，都看到纸牌屋倒塌了。日军只要可以不受打扰地执行其大胆的计划，就可以强大无比，而我没有意识到如果他们的计划被意外打乱，其会陷入怎样的混乱。我本来可以放下其他行动，全力攻击日军，以打乱他们的计划。无论如何，在我试图发起任何进攻前，都应集结全军兵力。因此，我可能面临灾难性的风险，但更可能会成功。当迟疑于两种行动方案之间时，一位将军应该选择其中更大胆的方案。我现在责备自己，当初并没有那样做。

在准备、实施、战略、战术上，我们都表现极差且受到了惩罚，打了败仗。战败是苦涩的。普通士兵感到苦涩，而他们的将军则是尝到了 3 倍的苦涩。士兵可以用这样的想法安慰自己，无论结果如何，他已经尽心尽力且坚定不移地完成了他的职责，但指挥官如果没有赢得胜利，就没有完成他的职责，因为赢得胜利是他的职责。对此，将军没有别人可以比较。他会在脑海里把战役的各种事件仔细想一遍。他会想道：“在这里，我做错了。在这里，在应该大胆的时候我却退缩了。在那里，我本应该等待着以聚集力量，而不应该零敲碎打。在这样一个时刻，在机会出现在我面前时，我却没有抓住机会。”他会记住那些被他派去参加一场失败的进攻而没能回来的士兵。他会回忆起那些信任他的士兵双眼的目光。“我辜负了他们，”他会自言自语道，“并且辜负了我的祖国！”他会看清自己是谁，他是一位打了败仗的将军。夜深人静时，他会转向自己的内心世界，质疑自己的领导能力和勇士精神的基础究竟何在。

随后他必须停止！因为如果还要重返战场指挥作战，他就必须甩掉这些遗憾，并且将其踩在脚下，因为这些遗憾会动摇他的意志和自信。他必须击败攻击自己的敌人，摒弃因失败而产生的怀疑。忘掉这些遗憾，记住从失败中学到的教训，这比胜利的经验更为有用。

第二部

厉兵秣马

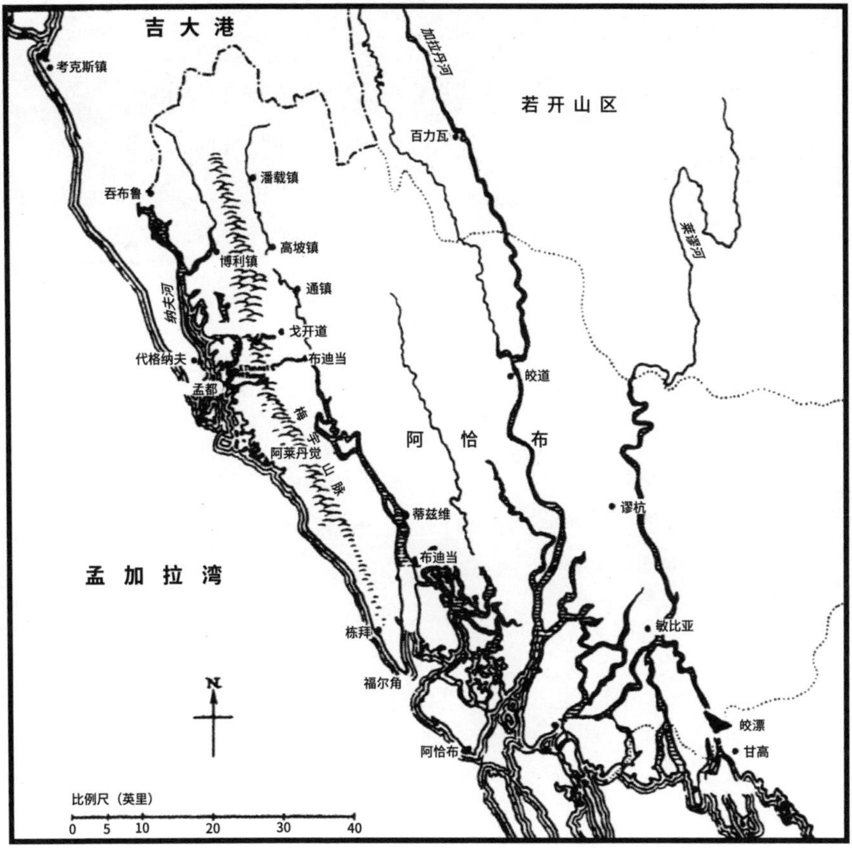
吉大港
考克斯镇
加拉丹河
若开山区
百力瓦
潘载镇
吞布鲁
高坡镇
莱谬河
博利镇
通镇
纳夫河
戈开道
代格纳夫
布迪当
皎道
孟都
梅宇山脉
阿莱丹觉
阿恰布
蒂兹维
谬杭
布迪当
孟加拉湾
敏比亚
栋拜
福尔角
N
皎漂
阿恰布
甘高
比例尺（英里）
0
5
10
20
30
40

地图4　若开北部

第七章 三个“V”

除了对过去战役不太令人愉快的沉思，我在兰契时，很少有事情能占用我好多天时间，拜访医院却是例外。拜访医院像我的反思一样令人沮丧压抑。没有人预料到从缅甸归来的部队患病比例竟会如此之高，这令人毛骨悚然。医院的准备十分不足。这种不足表现在医院数量、病床、医护人员、设备和最起码的生活设施上。为了补充为数不多的现有医院，正在修建临时医院，并且紧急编成医疗部队，从全印度各个地方征召医疗人员。我们征用了学校和其他大型建筑，医疗人员仅仅比蜂拥而来的病人领先一步到达医院，有的医疗人员稍后才到达。经常可以看到，拼命的医疗人员忙乱地组织人从车上卸载医疗设备，清理打扫以往住户留下的肮脏不堪的房间，而病人们却躺在走廊和树荫下等着住院。我看到好几个我的参谋和几百个我的官兵悲哀地躺在肮脏和不适的地方，他们生病或者负伤了，有些已经奄奄一息。印度东部的医院用了几个月才达到令人舒适的标准。直到 1942 年夏天这些医院才能够完全发挥作用，这归功于那里的指挥官和女看护的超人努力，归功于医院里的英国和印度工作人员的献身精神和辛勤工作。许多欧洲平民联合起来帮助我们。那些欧洲妇女在病房、厨房和办公室里工作，她们向康复期的病人开放自己的家，她们用同情心与干劲弥补了人员的不足。她们的男人，几乎都已经人过中年，在整日工作结束之后，离开办公室、茶园、工厂或煤矿，到食堂和军人休息中心帮忙。我曾在一些英文报纸上读到过对在印度的英国平民社区所谓冷漠的辛辣批评。我只对印度东部具有发言权，根据我的观察，在这里的英国居民，无论是官员还是平民，对部队的直接服务，与对大英帝国其他地方的任何社区所做的贡献一样多。值得我们记住的是，在印度的英国居民社区是唯一要求对自己实行征兵制度的社区，而印度没有其他征兵制度。

那时，对我来说没有多少事情可做，尽管体重减轻了一两英石，但还是非常健康，我还申请并得到了一次为期两周的休假。正要动身去西姆拉（Simla）和我的家人团聚时，我接到了前赴加尔各答的命令，接管新组建的英印第 15 军，该军的军徽是三个“V”，代表 15 和胜利，我将此作为本章的标题。我和布罗德（Broad）将军一起前往加尔各答，他是东部军[①]司令官，英印第 15 军是其一部分。我在匆忙接管这支部队后，肩负起了一系列新任务和新问题。

1942 年 6 月的形势令人心忧，在短时间内很可能就会变得严峻。东部军司令部驻比哈尔省的兰契，东部军隶属于新德里的英印军总司令部，负责整个印度东部的内卫外防，当然包括缅甸的战事。东部军所辖兵力十分不足，而且防区甚广。驻兰契附近的东部军预备队是英军第 70 师和英印第 50 装甲旅。为了保卫战略铁路的安全以及支持各类省级行政机构，众多小规模驻军分散到广大地区，彼此之间距离遥远。东部军所辖两个军前出部署，防守印缅边境线，以防日军的进攻，并守备孟加拉—奥里萨（Bengal-Orissa）海岸线。英印第 4 军司令部驻阿萨姆省的英帕尔，大致沿着边境线北部面对敌人部署。该军包括新到达的英印第 23 师和从缅甸撤出来的原英印第 17 师余部，英印第 17 师尚未重新装备，热病肆虐，兵

① 东部军为集团军级编制部队。——译者注

力不足，但他们还可以战斗，堪称奇迹。

在英印第 4 军防区以南，印缅边境两侧都是茂密的丛林山区，在驻若开的英印第 15 军余部到达之前，这里存在将近 100 英里的大缺口。尽管几乎无人防守，但此刻并不像表面看来那么危险，因为季风雨正全力肆虐，此时，日本人也几乎不能以相当兵力越过这个地区。然而，这是一个不安定的因素，当季风雨季结束时，这就会变成一个真正的危险。

为防守缅甸南部边境线，英印第 15 军只有劳埃德少将（Major-General Lloyd）的英印第 14 师，劳埃德在中东曾任一个作战旅旅长且战绩卓著。英印第 14 师是一个完整的师，其机动性建立在畜力运输和机械化运输混合的基础上。该师还没有经过战争考验，但其接受的丛林战训练令人期待。该师主要集结在梅格纳河（Meghna River）以东的库米拉（Comilla）附近，另有一些分遣队驻吉大港，并构建了星云状前线哨所警戒日军。我的另一个师英印第 26 师，几乎都驻扎在加尔各答附近，其任务是内卫安全以及防卫孟加拉和奥里萨的海岸。当时该师根本不是一个机动的或者适于作战的师，各类运输车辆极为缺乏，且无论怎么发挥想象力，该师也无法成为一支训练有素的部队。这个军除这两个师，只有很少一些别的作战单位，比如加尔各答守备部队，其完全被捆死在一个大城市的单一内部安全职责上。我唯一的装甲部队是印度地方部队的装甲汽车团。

两个步兵师，只有一个师可以作战，不足以应对日益增加的日军，不足以控制一个面积相当于欧洲大国且人口高达数百万的不安定地区，不足以在没有海军部队保护的情况之下防御日军入侵 700 英里海岸线。支援的空中力量，在缅甸大撤退灾难后有所恢复，但规模依然太小并且装备太差，无法满足各种需要。即使会有援军，也不会很多，且需要时间，只能用行动驱散悲观的想法。

在蒸气腾腾的暑热中，我开始和我的参谋长确定我们的三项任务。

第一，缅甸南部防线，目前尚未出现迫在眉睫的情况。日军似乎像我们一样，并不准备在季风雨季发动进攻，我们有理由获得喘息的机会，在此期间我们能够增强英印第14师的力量，以便在雨季后进行有限的攻势。我的第二项任务是印度内部安全，无论如何，形势不是十分令人放心。目前为止印度最大的政党国大党正迅速地培植反盟军的情绪，不只是鼓动全体印度人制止战争的努力，其间谍还在进行一场反对征兵的运动，且试图教唆印度兵改变他们的忠诚。该党的许多领袖似乎存在幼稚的想法，以为如果允许日本军队进入印度，日军会马上安排他们建立政府并会优雅地撤退，将印度留给印度人，或者不如说留给国大党。半个中国的命运还不能证明日本的企图吗？穆斯林联盟是印度一个仅次于国大党的重要政治团体，其更为现实，并没有对英国人采取积极敌视的态度，但相当委婉地拒绝和我们在防务上进行合作。所有这一切的直接结果并不严重，征兵和印度部队的忠诚不受影响。然而，印度东部民众正处在不安定之中，他们受到无中生有谣言的煽动和毫无廉耻的宣传的影响，可能在任何时候爆发暴力活动。如果日军入侵，极端主义的少数派将会利用不可避免的恐慌，妨碍和扰乱盟军防御作战，以资敌军。孟加拉的非国大党政府，是一个印度政客的联盟，日军一有入侵的迹象，他们就会垮台。在孟加拉不久后遭受的那场大饥荒中，暴露了该政府的道德水平和管理水平的薄弱低下。由于我们通往缅甸前线的所有交通线，有数百英里通过孟加拉和比哈尔，情况仍然令人忧心，而且担忧还在增加，但并不是十分紧迫。

根据当时的形势，在我看来最严重的危险，也是我们最少准备应付的危险，就是来自海上的入侵。日本人可能会派一支作战舰队进入孟加拉湾。如果日军知道东非以东我们没有任何规模的海军力量，而且东非的海军也无力挑战他们，日军的海上入侵就不可避免。我们的空中力量很难对付以缅甸机场为陆地基地的敌机集结，特别是当敌人再增加一支海上航母力量时。季风雨使得在开阔的海滩登陆太过于危险，但海岸是锯齿形的，相当大的船只可以在一些地方航行到内陆地区，然后卸下军队。日本人已在中国展示了一种令人不安的能力，他们有时候能够在我们的一些专家声称不可能的地方登陆。任何情况下，一旦季风雨减弱了，而我们还未处于迎击日军的状态，那么日军就获得了进行一次大规模尝试的有利条件。

日本人最可能的入侵路线是，在胡格利（Hoogly）河河口登陆，直接进攻加尔各答，或者经孙德尔本斯（Sunderbans），此举如果成功就会切断我们驻阿萨姆部队的补给，从后面威胁加尔各答。孙德尔本斯是地形复杂的河流三角洲，恒河和雅鲁藏布江在此交汇入海，沿海宽达 200 英里，这是一个进行两栖渗透的好地方。英印第 26 师既没有足够的部队据守各条主要水道，也没有足够的公路和水上交通工具以形成一支有用的机动打击力量。我们这里的情报系统极端薄弱。我们依赖于平民的海岸观察哨，他们即使愿意提供情况，但仍然极为缺乏辨识各种舰船和飞机的训练。这个地区的绝大部分地方没有电话，各种报告用不规范的英语匆匆写成，经过小船或者通信员送到最近的民用电报局，由电报局职员转发到加尔各答，最终送到我的司令部。难怪情报的拖延和残缺司空见惯。忍无可忍的是，当一个满头大汗的送信者带着据称有关敌船的报告到达电报局时，人家却只是告诉他因为是星期天，又没有额外加钱，所以这个报告无法发出。由于我们通信设备短缺且缺乏受过培训的人员，令人惊讶的不是发生了这些事，而是我们的观察组织竟然起作用了。随着观察力量的增长，我们越来越依赖英国皇家空军的预警工作，那种大规模舰船集群正在接近却没有报告的情况正在稳定地减少。但日本人到来的危险，观察到的或没有观察到的，依然存在着。

孙德尔本斯的问题有两种解决方法：一支占压倒优势的空中力量；或者一支由河流船只组成的小型舰队。前者在现阶段，谈都不要谈，所以我们只能退而求其次。我们转向了海军。我们的要求逐渐降级。我们最初要求一支轻型海军舰队，但很遗憾无法办到。那么一些海岸摩托艇怎么样？得到的是同样的回答。好吧，我们会提供这些船只，但能否给我们抽调一些海军官兵来管理船只？嗨，一个也没有。最后，我想到了大撤退时那些英勇的海军特遣队，我请求调一些英国皇家海军陆战队员，但也是一个都抽不出来。所以我们下定决心建立自己的海军。

我们根据以下三项基本职能组织了海军队伍：

1. 侦察——快速的轻型摩托艇。

2. 作战——小型汽船，我们尽可能装备重型武装和提供保护。

3. 支援——若干大型汽船，足以运载一个加强旅进行登陆，并且构筑路障和河流障碍。

即使我们得到了河船，但真正适合执行相应任务的船只却为数极少。绝大多数河船是老式的且磨损严重，建造时的质量也不好。首先会发生什么，这通常看起来好像一件碰运气的事，硬纸板厚的锅炉先爆炸，或者基座上松动了，撞出两侧脆弱的船舷。现有英印军内陆水路运输部队一直在各条河流运输给养，在其基础上我们组建了一支超过 100 条船的舰队。

我们征召了内陆水路运输部队的平民水手来管理舰队，这个过程只是部分把他们变成了守纪律的军人。我们的军官都是一些志愿者、商人、海员、游艇爱好者和各种各样的海事工程人员。这些人，加上原来就在内陆水上运输部队的骨干人员，组成了航海船员。为了管理武器装备和通信设备，我们倒退回到中世纪式的应急办法，在船上征募士兵。我们给小型舰队找到了一个理想的指挥官——费瑟斯通豪中校（Lieut. Colonel Featherstonhaugh），他是个合格的军人，曾在船桅前做过水手，拿到了大副证书，并且曾作为飞行员开过飞机。他曾经在挪威领导过突击队员，是一个负责这种海上军事组织的恰当人选。必须承认，有时候一些古怪的人会被舰队吸引而来。我们战舰的主要武器是两磅反坦克炮，我们的防空武器则依赖于布伦式机枪。坞修对于一个这么破旧的舰队是一个大问题，由内陆水路运输部队的维修连承担，我们在各个河流港口部署了维修连。他们的工作非常出色，但缺少很多基本的机器设备。因此，我们的重大修理工作不得不依赖于加尔各答的民用公司。

尽管存在这些困难，1942 年 7 月，我们以这支小型舰队和英国皇家空军进行了一场宏大的联合演习。我们的舰队穿过蜿蜒的河道开到海上，那是一个令人印象深刻的景象，特别是舰队冒出的滚滚浓烟。这次演习的结果使我们感到，与英国皇家空军的战斗机联合，我们的舰队使我们有理由希望自己不仅能够发现敌军，而且可以严重迟滞敌军的进攻，甚至拒敌于海上。这支舰队士兵的精神就是那位年轻的指挥官的精神，他发出了这样的信号：“据报，有一艘大型日本潜艇出现在梅格纳河河口。我正前往海上迎击。”他的重型武器是一门两磅反坦克炮，其速度在安全阀门拧下时，达到 8 节。他摇摇晃晃的河船从未真正被开到海上冒险，尤其是季风雨季期间。而日本人的潜艇在海面上的速度是 18 节，并且有 4 英寸的火炮。但他却要去找日本潜艇！后来这支小型舰队的官兵在若开多次表现出高度的勇气和主动精神。当日军在这里的海岸大规模登陆时，我们已有更多正规部队可以使用了。尽管如此，我们为小型舰队感到自豪，不管怎么说，这支舰队是我们自己创建的，没有人给予过多的帮助。

为了准备对付日本人的入侵，除了组建我们的小型舰队，还有大量工作要做。我们必须修筑和维护相当原始的岸防炮台，以保卫胡格利河，在装备长期短缺的情况下尽可能做好准备。在与中央行政当局和各省政府的合作和联络方面，我们也要做大量的工作。首要的是，我们必须加快部队的训练，特别是英印第 26 师，须提高其机动性。由于对敌人入侵的担心，我们从睡梦中一次次醒来，度过了许多白天和焦虑的夜晚。我们现在知道日本人从来没有认真考虑过从海上入侵印度，但当时这种可能性却不断萦绕在我们头上。其他英国指挥官也投入精力和资源准备应对永远不会发生的日军入侵，这是我们更富成效的事业所急需的，然而谁知道关于这些战备的传言是否夸张，在多大程度上使敌人犹豫？毋庸置疑，这些准备工作及其彰显的决心，的确极大地提高了我们的士气。这是一条简单的原则，形势越坏，越应该完全积极地使用更多部队。

第一步是将我的司令部搬出加尔各答，迁到胡格利河上游几英里处的巴拉克普尔（Barrackpore）郊区，我们驻扎在政府的一栋房子里，这是韦尔斯利勋爵（Lord Wellesley）的乡间别墅。此地有着乔治时代的宽敞房子，公园里有许多小屋和平房，这是个好地方，虽然从加尔各答出来的一路上要穿过一些最肮脏的贫民窟，其景象和气味之难闻令我难受。的确，加尔各答周围的可怕之处是某些市民外露的财富与就在他们家门口的污秽、不幸之间的强烈反差，那种不幸远远不仅是贫穷。

我的司令部先前是老省督的府邸和阿萨姆地区司令部。自克莱武（Clive）时代起就在加尔各答要塞发挥过各种作用。看着大量的文献、书籍和报纸被人搬走时，我充分相信这一点。当看着一些参谋人员时，我也意识到这里确实是一个静态的司令部。对那些多年来循规蹈矩工作的人，很难要求他们改变自己的工作节拍和其价值观。有些人能够做到这一点，这时他们的经验以及责任感是无比宝贵的。而有些人无法做到，这时唯一的事情是要找到一个让他们依然能发挥作用的适当位置，一个机动、活跃、战斗着的司令部不是他们适合待的地方。虽然我并没有优点，但我很幸运再一次得到一位参谋长，陆军准将托尼·斯科特（Brigadier Tony Scott）。他具有良好的判断力、充沛的精力以及十足的干劲，非常适合在一个沉闷臃肿的军司令部里充当鼓动家，从组织上和精神上驱动其运行。

我们和孟加拉与缅甸空军司令部共同使用巴拉克普尔的政府建筑。空军司令官负责整个缅甸和印度东部地区，而我只负责孟加拉、比哈尔、奥里萨和若开前线。按理说，他应该与负责和他一样地区的东部军在一起，而不是和英印第 15 军在一起。然而，这种安排非常适合我们，我们马上开始建立起亲密友好的合作关系，这成为后来一系列作战的一个显著特点。我们到达后不久，空军少将比尔·威廉斯（Vice-Marshal Bill Williams）被任命为空军司令官。对其所在空军部队而言，他是一个令人鼓舞的指挥官；对我们来说，他是一个通情达理的无私同事。他认为成功的空军行动可以让每一个日本士兵都挨饿。我不完全同意他的观点，但是毫无疑问，比尔·威廉斯正是那个奠定了日后获得制空权基础的人。在这个基础上，我们才有了其他的一切。

虽然我们已经把司令部搬出了加尔各答，但这个城市依然留给我们四个方面的问题。我们必须：

1. 确保其和平稳定。
2. 保护其免受来自陆地、海上和空中的攻击。
3. 将其建成缅甸战争的主要基地。
4. 清理整顿，使其成为英国、美国和印度部队一个适当的休假中心。

那时，这个令人厌烦的城市十分平静。但是，除了印度教徒和伊斯兰教徒之间无尽的教派冲突，国大党的各种活动几乎肯定会导致各种骚乱。所有这些意味着需要不断保持警惕，牵制住原本应投入战争的部队。除了少数高射炮和岸防炮，对抗海上和空中进攻的唯一防卫力量只有英国皇家空军，他们的战斗机使用加尔各答的操场或者公园里的大道作为跑道。如果日军入侵，加尔各答将成为敌人的首要目标。我们的计划是使用英印第 26 师和那个小型舰队阻挡日本人的进攻，直到来自兰契的东部军预备队和能够集结起来的其他部队，赶来进行决定性的战斗。估计将会产生 300 万的难民潮，这使得部队的调动将变得十分复杂，各种计划不得不考虑应对难民潮。

曾经有一次，日本海军力量入侵孟加拉湾，当时我们损失了大量商船。警报经常拉响，通常是在夜里，我们经历过一些令人焦虑的时刻。其时我们的防御力量如此薄弱，如果有必要，则必须制订有关加尔各答众多设施的全盘计划。如果完整落入敌手，这些设施对他们将是无价之宝。

将加尔各答建设成为一个基地是英印军总司令部的职责，但作为当地驻军，很多实际工作落在了我们身上。首要的工作是保持各个码头运转。事情并不是那么容易的，因为当时最小的日军空袭都会使得很多码头工人蜂拥逃回自己的村子。几乎同样紧迫的是需要扩大印度东部工业资源并将其转型，使其服务于战争目的。从当时大英帝国内最大、最现代化的钢铁企业塔塔，到孟加拉最小的车间，工业生产的嗡嗡声正提高到了最高点。正是“小店主”、商业界依靠他们的精力、效率，首先是依靠他们的平静，在那些炎热而焦虑的月份里，把印度东部变成了一个巨大的基地和车间，不仅仅是缅甸战场的基地，而且是东南亚和中东战场的盟军基地。他们应该得到来自他们的国家和印度的善待。如果说他们获得了收益，那也是他们挣得的。

现代英国或美国军人都是城里人，特别是在丛林待了一段时间之后，他们渴望在曾经熟悉的城市娱乐消遣。印度东部只有加尔各答能够提供这些东西。加尔各答有与欧洲大城市一样的电影院、饭店和俱乐部，但也提供声誉不太好的消遣，从令人可疑的舞厅到疾病盛行的肮脏小屋之类的下流场所。问题在于，如果可以大量提供有益健康的娱乐场所，士兵们就不会被吸引到这些黑暗的小胡同里。这方面我们没有得到英国本土的任何帮助，我们只能依靠自己的聪明才智，依靠行政当局给予我们的帮助。考虑到他们的有限资源，应该说这种帮助是很巨大的。他们创建了我们第一批剧院，当国家娱乐服务协会的明星们还像天空中的群星一样遥远而冷淡时，这里的剧院却为我们演出。他们也经营度假酒店，赛马场里的度假酒店是一家典范，有晚餐酒吧、俱乐部、讲座会、舞会等。

进行这些活动的同时，我们还引导开展了一场轰轰烈烈的运动，清理整顿最为恶劣的鼠疫区。当时，美国陆军航空部队以及后勤部队越来越多的人来到加尔各答，英国和美国的宪兵与加尔各答警察密切合作。英美联合宪兵巡逻队的工作十分有效，但也不是没有幽默诙谐的场面。在一次英美士兵卷入的打斗事件中，一支英美联合宪兵巡逻队介入了这场乱战，并且按照国籍把各自的士兵分开。然而，一个美国大兵表现得特别好斗。一位高大魁梧的美国宪兵抽出警棍，摘掉了那个士兵的帽子，并且在他的光头上重击了一下。那个士兵失去意识，倒在地上，那个宪兵小心翼翼地给他戴上帽子："怎么回事？"一个心怀敬佩的英国同事问道："你为什么摘掉他的帽子？如果你让他戴着帽子打他就不会有事了！""说什么呢，"美国宪兵回答道，"那顶帽子是山姆大叔的财产。难道你们英国皇家陆军不尊重自己政府的财产吗？"

有一段时间，性病和擅离职守的人数在加尔各答居高不下，但随着我们加快强化纪律，陆军与这个城市里的所有正派人士密切合作，改善了状况。不久后，加尔各答就变成了一个令人满意的休假中心。

在更适合鸭子而不是人的条件之下，对驻孟加拉各部队及其参谋人员的训练在高压下推进。我们组成了许多机动纵队并且加以训练，他们有些是在接受船上训练，各项战术计划得到贯彻执行。很多印度作战部队是新成立的，有几个来自没有军事服役传统的部族，因此不能提供他们自己的士官或印度军官。对很多英国部队来说，这就是他们对印度的最初体验，对迷人的东方而言，比起被流放到发霉的孟加拉城镇和被人扔到湿淋淋的稻田，这里有更好的开始。他们都顺从地接受了这一切，我希望自己能够更容易和他们相处，但他们必须接受训练。我也担心，一些指挥官和参谋人员由于各种原因无法达到标准，会被调走。他们对这些也都能够坦然接受。

当然，与此同时我忙于当时在若开的作战行动，正在实施进攻准备，若开战事我将放在下一章叙述。然而，7月，接任布罗德成为东部军司令官的欧文中将（Lieut. General Irwin）告诉我，他希望自己直接指挥未来的若开攻势，基于这个原因以及一些其他原因，他的司令部和我的司令部暂时交换位置。他将直接指挥英印第14师和英印第26师，而我应该在兰契组建并训练新的英印第15军。将一个军司令部排除在若开指挥链之外是否明智，我持怀疑态度，但对东部军司令部来说，巴拉克普尔当然是一个更好的地点。可以将陆军和空军司令部放在一起，而且此地是一个更好的通信中心。

在我们搬家的日期到来之前，孟加拉和比哈尔爆发了一场内乱，其严重程度相当于一场有组织的叛乱。克里普斯使团（Cripps Mission）宣告失败，甘地宣布全印度开展公民不服从运动，将英国人驱赶出去。任何时候，没有一个政府能无视这样一个挑战，更何况在战时状态，敌人还在家门口。甘地和国大党的领袖被逮捕并投入监狱，但他们的下层领袖却在斗争，传达甘地的命令“不胜利毋宁死”，采用他们了解的唯一方式——煽动暴力。广泛性的骚乱爆发了。在加尔各答，学生们以及时刻准备利用治安部队被削弱或忙于他事的机会作乱的大量流氓拥上街头，严重的骚乱开始了。像加尔各答的任何骚乱一样，其首要特征是焚烧有轨电车。对我们来说，更为令人恼怒的是攻击政府的机动运输车辆，试图在公路上拉铁丝杀害那些骑两轮摩托车的通信员，并且切断电报和电话电缆。最初看来，我们在这个城市里有了真正严重的麻烦，但那些骚乱者很快意识到，部队在如雨的砖头袭击下并不准备当束手无策的傻瓜，而是进行回击。而且部队很快便开始了行动，骚乱者改变了主意。因为实际上部队没有任何伤亡，骚乱者的伤亡确实也极少，所以加尔各答的骚乱慢慢消失了。

乡间的骚乱则严重多了。在这里，特别是在比哈尔，他们采取的形式是协同一致攻击战略铁路交通线。人数经常达几百人之众的大群匪徒，都配备原始但有效的武器，有些还有轻武器，攻击全地区的所有火车站。他们摧毁了通信设施，焚毁和劫掠了车站建筑，挖开了很长距离的铁轨，许多欧洲乘客被从火车上拖出来，并且被砍成碎片。通往缅甸前线的补给一度被切断了几天，像比哈尔省的首府巴特那（Patma），以及加雅（Gaya）这样的大城市被孤立，加尔各答的情况略好一些。各方均请求部队恢复秩序和重开交通线。很多地区的警察被围困在警察局，大量地区行政机关失去了对形势的控制。

当时迫切需要重开主要铁路线，这样我们就能按照需要调动部队，对付骚乱，并且恢复对缅甸前线的补给。东部军明智地接手了英印第15军在比哈尔大多数地区的防务责任，英军第70师进入比哈尔省最恶劣的地区，很快恢复了局势。但整个孟加拉和奥里萨仍由我们英印第15军负责，因此我们必须牢记叛乱者与日军协调行动的可能性，同时日本人可能企图进入印度，或者至少会孤注一掷向叛乱者空投补给。并没有明确迹象表明国大党和日本人之间存在联系，但国大党领袖的公开言论以及他们系统性地破坏战略交通的行动使人认为其存在联系。无论如何，这足以令我们犹豫不决，不敢将英印第26师全部分散成一些分遣队去恢复秩序。所以当我们整顿这个地区的治安时，还要用一只眼睛提防着日本人可能的进攻。在结束整顿工作前，作为不得已的权宜之计，需要更多的部队。首先，我们将补充营的士兵全部临时编成部队。然后用康复营的士兵替换从事静态防御职责的士兵。当我的最后一个可用的营被派到恒河以北，去重开通向阿萨姆的铁路时，该营意外地被人从前后两头切断了，我不得已组建了最后和唯一的预备队，即由加尔各答和巴拉克普尔医院的那些性病患者编成的部队。一两次徒步行军，以及担任警卫职责，对他们有很好的效果。

经过了令人忧虑的两三个星期之后，孟加拉的形势变得好起来了，但是比哈尔的形势远远不令人乐观。日本人没有任何举动，因为事实是直到很久以后他们都很少听到或根本没有听到骚乱的消息。若真是这样就会令我大大地松一口气，但是当时，我却很担心。我们过高地估计了日本人情报机构的效率。到 8 月末，我们与东部军司令部交换了驻地，我们顺利搬到兰契。

兰契高原是我们训练所需的理想场所。这里的气候比起潮湿闷热的孟加拉要好得多，疟疾也要少得多，没有加尔各答华而不实的消遣活动。这里有许多大片的丛林、开阔的地带、大大小小的河流和溪水。在这里，作为新成立的英印第 15 军的第一阶段，我们接管了英军第 70 师、英印第 50 装甲旅，以及一些军直属部队。英军第 70 师依然遍布比哈尔省对付叛乱。这场叛乱虽然仍在个别地方闪动着火苗，但正逐渐得到控制。比哈尔省的各级政府机构发生了严重的动摇。一些地区的官员坚定处理了最危急的形势，而其他人则完全听任辖区失去控制。我们如此依赖的警察给我的印象是，他们被严重地忽视了。甚至他们的制服都不尽人意了，我给了他们数百套咔叽布短裤。一个警察的衬衫从裤裆处露了出来，这让他无法维护法律的威严。除了这些，许多印度警察是特别不快乐的群体。他们受命去镇压一些人，将其关进监狱，敏锐而正确地怀疑这些人明天会成为自己政府的领导人，完全掌控他们和他们家人的命运。他们完全没有想错。令人惊讶的是，警察并没有参与叛乱，也没有为我们制造麻烦，他们大多数人仍保持着忠诚。

叛乱逐渐减弱为零星地攻击一些孤立的车站并试图制造火车出轨事件。我们找到了一个防止这些暴行的办法，强制各个村子组织村民负责守卫住所沿线的铁路。如果附近有驻军，而且只要有成绩，则立即予以奖励，村民就会愿意负责守卫铁路。英国士兵一如既往是最佳的和平缔造者。尽管发生了一两件严重的意外事件，少数英军士兵被人杀害，但他们令人钦佩地克制住自己的脾气，并很快和平民相处得很好。行政机关缓慢地得以重建，但在一些地方依然相当不稳定，英军第 70 师再次集结起来进行训练。

与此同时，我们的军司令部已经着手自己的训练。作为作战司令部，既没有机动性也没有效率，而我们必须使其既有机动性又有效率。我认为，在训练司令部的机动性时我得到了最大的乐趣。首先我们必须使组成司令部的那些个人，参谋官、通信员、厨师、书记员、食堂服务员和仆人具有机动性。体力训练那天就开始了，随着时间的推移，行军的长度和难度都在增加，在英军第70师优秀教官的指导下进行各种轻快的小训练。一开始，反对者主要来自印度书记员，他们愤愤不平而又精力旺盛。我们尊敬的印度先生断言：

> 1. 在多年光荣服役的过程中，他们从来没有被人叫去参加像列队行进这样不体面的活动。
>
> 2. 训练教官都是一些习惯说粗话的粗人。
>
> 3. 这些打仗似的步行操练和随之而来的疲劳使他们无法完成他们的书记员职责。
>
> 4. 如果被迫继续进行这种剧烈的操练，他们身体内的所有器官都会停止发挥作用，同时列举了不知羞耻的细节，而他们无疑会死掉。
>
> 5. 他们的靴子要磨穿了。

第三天早晨，长途行军前，司令部一个部门的所有印度书记员都一边病恹恹地列队行走着，一边抱怨着身上几种模糊而又让人无力的疼痛，他们显得十分难受。我告诉医生无论他们有没有事都照顾好他们。我拜托他两三个小时后看看他们是否真的感到不舒服。我不知道他进行的治疗多么让人难受，但第二天列队行走时，他们面色苍白、摇摇晃晃。我问他们感觉如何，并问他们是否愿意再去看医生时，他们最热切地向我保证绝不需要进一步的医疗照顾。

缅甸大撤退给我留下了深刻的印象，丛林战中没有任何非战斗人员，所以在体力强化训练的同时，我们开始对每个人进行武器训练。军长及以下整个司令部人员都通过了步枪、手枪、布伦式机枪、刺刀、迫击炮和手榴弹的课程考核。我布伦式机枪的考核成绩不太好，但其他武器考核都通过了。当我命令我的廓尔喀传令兵巴比尔（Bajbir）列队参加步枪教程时，他抗议道：

“什么，让我学步枪？”

“是的，让你学。”

“让我学？去一个射击场朝纸靶子射击？”

“是的，去射击场打靶。”

“可是我已经打死过 5 个日本兵！”

他和我们其他人完全一样地列队训练。他是一名杰出的射手，已经尽可能以所有姿势、在所有距离、使用所有武器射击均达标。他后来成了一名教官，这才使他平静下来。

一个月后，再没有人试图避开队列训练，每个人都自豪于强健的体魄和军人的技能。由于多年的舒适生活和案头工作，有些人的努力可能有些勉强，但他们是勇敢的人。正如一位英国士官对一位印度先生说：“差劲的是那双脚，那颗心可棒着呢！”这些人的体能训练效果是显而易见的，他们看上去不仅更加干净、更加整齐、更加健康，而且行动敏捷，举止自信。我们开始对司令部有了一种好感。

在实现个人的机动性之后，还要使司令部作为整体而具有机动性。达到这个目标的第一步是限制分派给每个部门用以运送行李、帐篷、办公和食堂设备的汽车数目，使其达到基本的最小数目。那些要求增加配额的请求，虽然令人揪心，但仍遭严词拒绝。下一步是命令把所有的东西都装进“压容担”，这些牛皮面箱子，安上铁环和链子就可以挂在驼鞍的两边。

这就确保了不仅没有要运载的过多设备，而且军司令部的所有行李都能够不用再打包，而可以立即装上卡车、小船、飞机，甚至骡马运输队。我知道，我们很可能会用上所有这些运输工具，并且可能很快由一种工具转换成另一种工具。我们必须认识到每个司令部的文件积累问题。我们要求各个部门每半个月都要分类文件，并且销毁不必需的一切文件。我的命令是“有怀疑的时候，烧掉”，并须严格执行。我们经常组织机动拉练，直到彻底掌握训练的技能为止。在丛林里，我们能够在两个小时以内，立即整理并发展一个适当伪装且有效运作的司令部。我将司令部的大部分永久设立在帐篷里，而且我们经常搬到丛林里，一次为期几天。最后，就连托尼·斯科特也不得不承认我们的司令部具有了机动性。如果说我们做到了这一点，那很大程度上要感谢他。

使我们具有机动性，这至关重要，也是我们实现有效作战的必经之路。我们的绝大多数下级参谋军官只受过部分训练。我们职员的效率遗憾地低于标准，我们的食堂工作人员离我们的期望相差甚远，我们的通信员需要予以大量关注。我们为参谋人员和书记员开办了培训课程。我们将在印度的官兵妻子接到兰契，在医院里，在小卖部，在需要的任何工作岗位上，她们马上开始工作，包括速记和打字。

我们军司令部的作战效率有赖于两个神经中枢——作战室和情报室。在作战室，最高负责人为二级作战参谋官。一个作战参谋和一个情报参谋总是一天 24 小时值班。作战室还有一个后勤参谋和一个英国皇家空军代表在场或者随叫随到。所有来往电报都直接送到作战室，每件复本贴在相应的板子上，其他复本则送到各参谋部门以采取行动。除了真正的机密或者不是全局性的问题，一份最终的抄件会送到情报室。允许进入作战室的人，当然限定于主要的几个参谋和各部门的负责人，他们能够在任何时候使自己完全熟悉最新的情况并根据电报和标记的地图了解其他部门的行动情况。另一方面，情报室向所有军官开放。情报室分成两个科，一个科处理本军以及邻近防区的军事行动，另一个科则关注更远的前线和总体战争形势。在保持最低级的军官熟悉战事方面，情报室起了巨大的作用。我很久以前就断定，虽然情报室有泄露信息的风险，但能提高军官对战场局势的认识，增加其敏锐性和才智。虽然破解情报没有什么很新颖的办法，但是我们必须凭借经验。在训练和对抗演习中彻底检验运行体系，我们确信这是有用的。我不知道是否有司令部曾经经历过比我们更艰苦或更紧张的训练，但我确信没有人曾这么全身心且有效地投入到这种训练中。三个月内，我们变成了一个机动灵活、高效率的作战司令部，与离开加尔各答时那样没有变化、相当古板的司令部已经截然不同了。

因为乔治·塞姆斯少将（Major-General George Symes）统帅下的英军第 70 师集结在兰契周围，所以我可以很好地了解这个师。该师是我见过的最优秀的英国部队之一，具有在中东地区培养出来的杰出苦战精神。该师在缅甸从未作为一个师参加作战，这是一个悲剧。我发现兰契还有大撤退时英缅第 1 师所属的许多印度部队，他们现在组成了英印第 39 师。然而，不久后，这个师被从英印第 15 军调走，改编成了一个训练师。我们还有一个特殊训练旅，其用来检验根据 1942 年的经验所新组建的部队和新的战术。还有一个配备小马的印度步兵营和另一个配备吉普车的印度步兵营，目的是解决丛林战的机动性问题。最终这个旅放弃了其实验性的任务，而加入了一个正规师。英印第 50 装甲旅，装备了瓦伦丁式坦克，是军直属装甲部队，我很喜欢该旅。有这样 4 支部队，外加一个日益具有活力的军司令部，我们开始严格的训练。

训练以我拟定的一个短篇备忘录为基础，我列出了自己认为关于 1942 年战役的战术教训。主要内容是：

> 1. 通过丛林中的生活、行动和训练，单个士兵必须懂得，丛林既不是不可穿越的，也不是不友好的。他一旦学会在丛林

中行动和生活，他就能利用丛林隐藏自己，掩护自己的行动并实施突袭。

2. 巡逻侦察是丛林战的“总钥匙”。不仅是各个步兵营，所有部队都必须学会在丛林里大胆、广泛、巧妙并且主动地进行巡逻侦察。

3. 所有部队都必须习惯有日军部队跟在自己后面。当这种情况发生时，不要关注自己“被包围了”，而要关注日本人。

4. 在防御战中，不要试图据守漫长而又连续的战线。必须保护通路，当敌人经我们阵地之间的空隙进行渗透时，应马上派出全面侦察过地形的驻地机动预备队予以应对。

5. 应该少用正面进攻，绝不要在狭窄的前线发动正面进攻。应该先对敌进行勾拳式打击并且从侧翼和后方进行攻击，同时在正面保持对敌人的压力。

6. 除了沼泽，其他地形都可以使用坦克。在封闭地形中，必须以步兵随同行动，保护坦克，并为坦克实施侦察。应以最大数量的坦克实施行动和部署。只要有可能，就要避免小部队的添油战术。“你使用的越多，你失去的就越少”。

7. 丛林战中没有任何非战斗人员，每支部队及其下属部队，包括医疗队，在任何时候都要负责自己的全方位保卫工作，包括巡逻侦察。

8. 如果我们允许日本人掌握主动权，他们就会难以对付。当我们掌握主动权时，他们就陷入混乱中，这时就容易消灭他们。借助于离开公路的机动性、突袭和进攻行动，我们必然会重新获得和保持主动权。

这些就是我从以往的失败中学到的教训，而且我认为这场战争将来所有的阶段，都没有根本性改变这些原则。然而，当我将这些教训分享给英印第 15 军时，有一个很大的疏漏。我没有提到空中补给。我是故意的。我们绝大多数人很久以前就认识到空中运输能够解决最严重的问题，但我们还是没有一架运输机。我过去的经验是——现在依然是——对部队谈论一些新的且他们想要得到的装备，而这些装备别人可能有但你却无法给他们，那只会是有害的，只会令他们感到沮丧。所以，在我们至少得到一些运输机之前，我根本不提空中运输。

部队住在帐篷或者竹制小屋里，屋顶遮盖着一些树叶，这对于我们来说十分熟悉。这种住所相当凉爽透气，天气干燥时足够令人愉快，但天气潮湿时根本不防雨水。兰契高原的土著部族是一个体格强壮且十分友好的种族。他们的男人为我们筑路，而他们的年轻妇女承担了我们军营绝大多数的工作。第一次视察一座正在建设中的军营时，我惊讶地发现，在部队中工作的正是这群乐观的年轻姑娘，她们绝大多数人腰部以上不穿戴任何东西。对于展示这种黑黝黝的肤色却不无吸引力的女性魅力，我不仅只是一点忧虑。对于那些姑娘和士兵，据说实际上没有任何麻烦。后来成立了一个比哈尔团，我在缅甸视察该团时，其表现良好，我称赞了那些士兵的仪容。他们中的一个笑着回答道："啊，将军，您应该看看我们的女人！"我告诉他我看过了，并且十分钦佩她们。一个友好、快乐而自由的民族，他们应该保持这样。

在训练中，我们的邻居是老朋友中国人。孙立人经受过严峻考验的新 38 师和廖耀湘的中国新 22 师残部，大撤退后已经集结于距兰契大约 40 英里蓝姆迦[①]（Ramgarh）。尽管他们处于严重减员状态，但史迪威一如既往地毫不屈服，计划以这两个师为核心，组建由几个师组成的、装备精良的精锐中国部队，使其重新进入缅北并开辟一条通往中国的道路。只有

① 蓝姆迦，又译为"拉姆格尔"。——编者注

史迪威相信这有可能实现并值得付出那么多财力和物力。中国人没办法热情地进行合作，成千上万中国人待在自己辖区，印度政府有正当理由对其前景感到巨大忧虑。除了少数重大的例外情况，美国人对任何人都没有太大的信心，包括中国人和英国人甚至史迪威。

史迪威乃卓越之人。他迫使蒋介石提供士兵，他劝说印度接受一支庞大的中国军队，并且劝说英国为此付钱，提供住宿，供应粮食和服装。美国的“空运指挥部”经阿萨姆和中国之间的巨大山脉“驼峰”，从昆明将1.3万名中国人空运到雅鲁藏布江峡谷的机场，然后乘火车到达蓝姆迦。这是这个战区第一次借助空军实施大规模部队调动，这是一次杰出的成就。“驼峰航线”的年轻美国飞行员应当被他们的同胞和盟军怀着钦佩和感激永远铭记。

两个中国师得以整编。良好的食物、医疗服务和定期的军饷支付造就了奇迹。我从来没有看见士兵状况恢复得像那些中国军人那么迅速。在精选出来的美国教官指导下，开始成批进行强化训练。这是最为有效的。对于他们由步兵转变成炮兵的快速进步，我感到印象深刻，而且他们在令人吃惊的短时间里被训练成可用的炮兵连。毫无疑问他们是聪明的学生，但主要荣誉要归于他们的老师斯利尼上校（Colonel Sliney），他是任何军队所能养出的最优秀炮兵教官之一。史迪威无处不在，他督促、领导、驱策着官兵。

我多次看到孙立人和廖耀湘，还有我在缅甸见过的中国团长和营长。除了看着他们的士兵被美国专家训练，庞大的教育训练体系留给这些高级指挥官去做的事情很少，但他们很担心丢面子。我想，孙立人特别有感于这一点，但当我劝告他尽量处理好这件事以便获得以后的好处时，他非常明智地同意了我的意见。如果说中国朋友进步的速度使我们惊讶，这种情况对美国人则产生了更大的影响，这种影响甚至扩展到他们驻德里的司令部。最后，他们开始接受了史迪威的一些信念，相信中国人通过训练、装备和指挥，可以参加对日作战。

几周之后，另一个师，即英印第 7 师加入了英印第 15 军。在他们新师长弗兰克 · 梅瑟维少将（Major-General Frank Messervy）富有想象力的领导之下，该师没有经受过战争考验，但其具有一种新鲜感和热情。梅瑟维曾是英印第 5 师的参谋长，那时我是英印第 5 师里的一个旅长。后来他因率领东非瞪羚部队勇猛追猎意大利人，而声誉大振。他在中东地区的师级指挥官位置上经历过成功，也遭遇过失败，他是一位有进攻精神的领导者，以往的经验和在艰苦环境中所遭受的磨难使他更加坚定，我欢迎他的加入。

不久后，英印第 5 师从中东来到印度。自从 1940 年 8 月以来该师就漂洋过海，像任何师一样久经各种战阵。该师具有一种自力更生精神，这只能源自于真正的战斗。这很大程度上要归功于其师长布里格斯少将（Major-General Briggs），像所有状况好的师和状况差的师一样，一个师反映出其指挥官的个性。在战争中，他在营长的位置上脱颖而出。他的营总是以某种不同寻常的方式出现在需要的地方，总是做了需要其做的事情，并且准备继续去做其应该做的事情。这样布里格斯晋升为旅长。他的旅正如他的营那样不断地取得成功。后来这个旅面临了最艰难的问题，遭遇了最困难的形势，并且再次走了出来。像其指挥官一样，这支部队的士兵依然泰然自若，依然像以往一样冷静而有效率。这样，当别人靠边站的时候，布里格斯晋升为师长。我知道很少有指挥官在上升的阶梯上，做出这么多的直接而关键性的决定，我知道没有人会犯下这么少的错误。

当我们在兰契驻留接近结束时，另一个新成立的印度师，即英印第 20 师加入了我的英印第 15 军。该师师长是道格拉斯 · 格雷西（Douglas Gracey），他是个廓尔喀人。我认识他已经很多年了，1941 年，在叙利亚他作为旅长曾经和我的英印第 10 师并肩与法国人作战。他精力充沛，富于思想，在自己的印度人和廓尔喀人部队之间掌握得很不错。

我有这三位师长，确实非常幸运。梅瑟维、布里格斯和格雷西后来都和我一起在缅甸并肩作战。梅瑟维成为一位鼓舞人心的军长。布里格斯在战后的困难时期，则成了最为成功的驻缅军总司令。而格雷西在出色地指挥了他那个师后，以杰出的表现完成了印度支那[①]地区最困难的军事政治使命。

在我驻留兰契期间，曾两次视察若开，一次是我自己去的，一次是和我的司令部大多数人一起去的，之后我将会讲到。尽管如此，兰契的训练工作仍然在继续并且取得了进展。兰契有步兵战术学校、炮兵训练中心、与英国皇家空军的协同训练课程、与坦克在丛林中的演习、划船技术与渡河训练班，还有十多项其他训练活动，这些课程都在蓬勃开展。我们的训练变得更加雄心勃勃，直到我们在恶劣条件下和宽广区域里进行了各师之间的对抗训练为止。各部队在丛林中连续生活几周，熟悉丛林的方方面面。我们希望已经驱除了那种致命的思想，即认为日本人具有某些我们没有的东西。

从一个师到另一个师，看到他们的热情、坚韧和丛林技术、运动速度，我开始感到，若到用武之际，我们不会辜负英印第 15 军三个“V”的军徽，这象征着英印第 15 军和胜利。

① 印度支那：今越南、老挝、柬埔寨。——编者注

第八章　第一次若开战役

1942 年 4 月，当我们相当匆促地从阿恰布岛撤退时，骚动和内战扩展到整个若开。最初，当地居民袭击了不幸的印度难民，成千上万印度难民试图通过海岸路径逃离缅甸。随之而来的是，当地两大族群若开人和毛姆人（Maughs），为了土地和权力而进行了激烈的斗争，结果两败俱伤。毛姆人失败，许多人被驱赶过了纳夫河（Naf River），到当时还被我们占领的领土上避难，并在那儿造成另一场难民问题。获胜的若开人内部斗争盛行，直到日本人推进到布迪当（Buthidaung），才恢复了某种不稳定的和平。

这就是我接管英印第 15 军时的形势，这个军负责若开前线。我们有关日军移动和企图的情报十分匮乏。首要之事是改善这种局面，为此，我们在若开组建了“V”部队。“V”部队在缅甸中部前线已经存在，并且正缓慢地扩展，覆盖我们和英印第 4 军之间的缺口。“V”部队原来是一个情报组织，很大程度上是根据先前“勃固山脉情报队”令人遗憾的历史而建立的。精挑细选一些英国军官，最好了解当地的情况，然后把其派遣到最前线地区。这些英国军官招募一小群当地居民，建立起一个谍报人员网络，其在日军敌后开展活动，带回或者发回情报。日本人的情报军官已经建立起很多同样的间谍系统，这种收集情报的活动发展成两个敌对组织之间的决斗。我认为我们的情报军官比起他们的对手更加聪明和更富于进取心，一段时间后，天平就发生了倾斜。双方的间谍都没有受过侦察训练，并且都没有任何军事知识，但他们确实开始获得某种情报，而且他们的水平逐渐有所改进。不可避免的是，很多间谍为敌人和我们双方工作，但从总体而言，这成了我们的优势，比起日军方面，间谍更愿意向我们的军官提供情报。后来，在所有战线，“V”部队成为情报网络十分重要和很有价值的部分。再后来，“V”部队的活动扩展到了小规模袭击，经常成功与日军的巡逻队和分遣队交战。1942 年 7 月，我们试图在我方地区向若开人发放武器以支持他们，但因为时机不成熟，从而放弃了。

我发现，只有从行政当局借调来的武装警察守住了我们在考克斯镇（Cox’Bazaar）和代格纳夫（Teknaf）建立的最前线前哨。但他们合理地认为军队更适合承担这个任务。实际上，对于这个任务而言，因为警察了解当地情况且存在人脉，所以比士兵更为适合，但显然，我们至少也要派英印第 14 师前出侦察巡逻，哪怕只是为了鼓舞警察的信心。劳埃德的大部队还在吉大港以北，而且还不太情愿向南延伸这么远。然而，英印军总司令部和东部军都考虑季风雨季结束后在若开发动一场小规模攻势，更不必说英印第 15 军。无论我们采取攻势还是继续保持守势，主力部队行动前的预先侦察显然都至关重要。因此，我逼迫劳埃德进行巡逻侦察活动。

在视察劳埃德师后发现，该师正在成为水平渐进的作战部队。我很理解劳埃德希望尽可能久地进行集中训练的愿望，但正如我指出的，只要敌人保持不动，他们就可以训练，而不用真正南下。劳埃德同意，并着手准备南进。我对劳埃德很有信心，并确信他会得到沃伦上校（Colonel Warren）领导下的参谋人员的有力支持。我曾在参谋学院教过沃伦，对他十分了解。沃伦从容的外表下隐藏着平静和坚定，他天生具有十分宝贵的冷静，这种冷静对他及其指挥官非常有好处。

吉大港是整条海岸线上的唯一港口，其对于任何进攻，都非常重要。但我对吉大港的初次视察表明，情况颇不令人放心。日本人已经轰炸过该港一两次，情况不很严重，但其守卫部队由一些只受过部分训练的非正规印度部队组成，没有经受过战争最轻微的洗礼，很显然这让人有一种不安的感觉。吉大港广大的地域无法仅仅依靠静态防御据守，因此就更有理由让英印第 14 师前进。

临近 7 月末，英印军总司令部对若开发动攻势的决心变得坚定了。这次进攻最合适的目标是将敌人驱逐出梅宇半岛（Mayu Peninsula），并占领阿恰布岛。胜利前景光明。就我们所知，日军在缅甸只有 4 个师团，虽然据信会有更多的师团即将到来。这 4 个师团其中一个在遥远的东北防备云南的中国部队，两个师团在阿萨姆前线和缅甸中部，还有一个师团，即第 55 师团[①]，在缅甸西部，而这个师团只有一个联队和一些师团直属部队在若开。第 55 师团的其余部队正守卫漫长的海岸线并分布在缅甸南部。向阿恰布岛的进攻一开始，遇到的日军应该超过 4 个大队和一些师团直属部队。因此，无论如何，交战之初，劳埃德会有相当大的优势。

正如战争总是发生的那样，兵力多少之外还有一些其他因素。战场是其中一个最重要的因素。梅宇半岛大约有 90 英里长，北端宽约 20 英里，从此处逐渐变尖，直至距离阿恰布岛很近的地方。梅宇半岛的中心是梅宇山脉，其有一列锋利的山脊，海拔高达一两千英尺，几乎是陡峭的山脉，而且丛林茂密。较缓的斜坡，交织着一些不连续的悬崖，在一侧延伸大约 1000 码通向大海，另一侧则向梅宇河延伸。梅宇山脉两侧狭窄的平原存在纵横交错的无数河流，特别是西侧，低潮的时候是具有危险泥岸的滩涂。在经常性的退涨潮时间间隔下，这样一个地形是理想的防御阵地，

---

① 当时在若开的并不是第 55 师团，而是第 33 师团的第 213 联队，即宫胁支队。第 55 师团在若开战事爆发之后，才增援若开。——译者注

严重妨碍了攻击部队的部署。

在东部军决定直接指挥这次攻势之前，我们认为，若发起进攻，应该是由我们英印第 15 军负责。当然，我们已经开始考虑制订一个计划。因为缺少资源而不可能实施大规模两栖登陆，进攻阿恰布岛还有三种途径：

1. 有条不紊地沿半岛直接南下。

2. 沿海岸实施一系列三级跳式的小规模两栖作战行动，迂回攻击日军连续性阵地的后方。

3. 实施远距离渗透远征，即现在温盖特旅正训练的作战方式。从东面侧翼行军，可进抵阿恰布的背后。

我们认为，直接向前进攻，即使兵力占有优势，也会行动迟缓且代价巨大，而且我们知道日本人防守顽强，进攻可能被敌所阻。两栖迂回攻击在最好的情况下也是软弱无力的，且由于日军的空袭，我们的小型舰队只能在夜晚活动，所以迂回攻击的劣势非常明显。我们很喜欢远距离奔袭的战术，但该战术本身并不是很有效。在我们的行动被叫停之前，最终方案是三者的结合：英印第 14 师沿梅宇半岛主攻；从执行内卫安全任务的部队中抽调两个营与小型舰队一起受训，以作为迂回部队；温盖特旅同时攻击阿恰布或以外地区。

东部军马上放弃了使用温盖特旅的想法。韦维尔将军正确地决定将这个旅用在北方，与一支从云南出发的中国攻击部队协同作战。东部军严重怀疑我们珍贵的小型舰队的价值，哪怕是可以用来进行一场小型的登陆行动。这是可以理解。我承认小型舰队看上去有点华而不实，但我认为可以找到没有敌人的地方实施夜间登陆。如果我们愿意冒险的话，英国皇家空军可能会有机会驱逐日军飞机。但是，东部军最终选择正统的地面推进似乎存在合理的理由，这样做可以依赖于数量上占优的兵力。

这次进攻是我们在这个战场上采取的第一次攻势，只是为了完成占领阿恰布这个非常有限的目标。这次进攻最重要的影响不是因占领阿恰布而微小改善战术形势，而是士气方面的影响，即任何成功的攻势对于全世界的舆论以及对于我们的盟军的影响，且最重要的是，对我们自己部队的影响。有些地方的士气不太高，我们极其需要某种胜利。夸耀进军缅甸是一个错误，即使我们取得一些有限的胜利——这不会实现期望之事，但如果我们失败了，只会更沮丧。如果可以的话，最好让一场胜利自证：胜利拥有压倒其他一切声音的效果。胜利从来都是不确定的，如果没有取得胜利，预先的敲锣打鼓还是越少越好。

我们是 8 月份搬到兰契的，虽然对若开发动攻势已不是我的责任，但看着战事的进展，还是日益担忧。天气、调集补给物资和装备方面的种种困难，还有一些其他原因，延迟了进攻。直到 12 月中旬，英印第 14 师才开始正式向阿恰布岛行军 90 英里。这次攻势沿梅宇山脉两侧——海岸线和梅宇河两岸——推进，在更东边的加拉丹河谷（Kaladan Valley）也有一支侧翼部队。我军没有占领山脉的中心山脊，认为那里丛林太过于稠密而无法通过。因此，在绝大多数情况下，这次攻势可有效地分为两路。

战役一开始，一切都进行得很顺利。在遇到日军轻微抵抗之后，布迪当以及纳夫河河口的孟都（Maungdaw）小港被我军占领。连接两地的是一条从西到东的公路，经两条废弃的铁路隧道横穿梅宇山脉，这是梅宇半岛唯一的横向公路。1942 年底，梅宇山脉右侧海岸平原上的劳埃德所部已接近栋拜（Donbaik），此地距离这个半岛的顶端有 10 英里；而右翼部队接近了梅宇河谷中的拉代当（Rathedaung），其距离福尔角（Foul Point）大约 15 英里。一艘侦察船到达了福尔角，该地与阿恰布岛相隔一条狭窄的海峡，据侦察报告称，未发现敌人。

在我们前进的过程中发生了一次不幸的停顿，一直到 1 月 6 日。这让日军有时间调动增援部队，并在栋拜和拉代当掘壕据守。我们的左翼部队攻击了拉代当，大胆地进攻敌军，却被击退了；右翼部队越过稻田对栋拜的正面攻击也悲惨地失败了。据守栋拜的日军只不过是一个大队的兵力，敌人以其他部队充当预备队，然而巧妙而隐蔽地构筑了阵地，防线位于梅宇山脉和大海之间的有限区域，而我军无法驱逐他们。我们第一次碰上了日军的“地堡”，从这时起我们开始对其十分熟悉。这是一种以重木构筑的小型据点，上面覆盖着四五英尺厚的泥土，在丛林里伪装精良，如果没有长时间的寻找，即使在50码的距离处也无法发现。这些地堡的守军5人至20人不等，大多配备有中型或轻型机枪。野战炮的轰炸无法穿透这些地堡，甚至中型炮弹直接攻击也难以将其击穿。这些地堡坐落在土地里并相互支援，所以当攻击部队到达一个地堡时，必定会遭到两个地堡的攻击。

英军在若开遭受挫折的传言和某些报告传遍了整个东部军。被战鼓激发起来的远大希望先于攻势而沉寂下去，有人开始摇头质疑。印度派来的增援部队带来了重新进攻的动力，最后一共增加了4个新的印度旅和1个英国旅。英印第14师现在有9个旅。我想，该师是参加行动中规模最大的一个师。为了解决地堡障碍，英印第15军受命派一个瓦伦丁式坦克排到若开。坦克旅的旅长反对派出如此之小的坦克部队，我支持他的观点，因为这样的部署有违于我在中东和缅甸的所有经验：“你使用的越多，你失去的就越少。”我认为，可以部署一个坦克团，即使在狭窄的进攻战线，也可以呈纵深部署。我们的意见被驳回，因为可以部署的坦克不超过一个排，且更多数量的坦克会因越过众多河流而延误战机，这是更令人无法接受的。我们很不情愿地派出了一个坦克排，但其行动极为隐秘。这个坦克排和这些英勇的官兵是这个插曲中唯一值得敬佩的。

对栋拜的第三次攻击开始，但这一小批坦克几乎立即就被消灭了，进攻再次失败。短暂停顿后，我军以同样的正面进攻模式，用新的部队发起了第四次进攻，这次进攻开始于 2 月 18 日，然而现在没了坦克，只能靠纯粹的勇敢，旁遮普部队进攻到敌军地堡前，但在最终付出沉重的伤亡代价之后被敌人打退回来。日本人的战术是，当我们的部队到达其阵地时，敌军就以可能得到的最猛烈的火炮、迫击炮和机枪火力集中攻击我军，而不考虑这些火力可能会给他们自己人造成的损失。实际上，由于日本守军绝大多数在地堡里，所以他们的伤亡很少，而我们的部队却完全暴露于开阔地带，在枪林弹雨之下，没有任何保护。

3 月的第二周，我被东部军司令官欧文将军召到加尔各答，他希望我到若开看望劳埃德。我问他现在有那么多个旅在那儿作战，他是否有意派我的司令部和我一起去接管指挥任务。他回答说他既不想要我接管任何作战指挥，也不认为这个时候那里有必要存在一个军司令部。但是，他可能会决定稍后派我们到那里去。我现在要做的一切就是四处巡视一下，进入战场，并且向他汇报。

我于 3 月 10 日到达位于孟都附近的劳埃德师部，并和几个前线旅一起待了几天。我的第一印象是这支下辖 9 个旅的部队，有一个庞大而且管理起来困难重重的地区交通线，对一个师部来说太大了，即使扩大了师部的规模，也不足以指挥和管理。我的第二印象是，许多部队的士气确实十分低落。每天夜晚都有大量因惊慌失措导致的开火事件，有一次，开火事件在这个部队的两个相邻的部分之间发展成为一次全面的战斗，至少弹药消耗上如此。劳埃德的参谋长沃伦，第二天早晨幽默地说："至少我们打赢了那一仗！"劳埃德奉命再尝试一次，突破栋拜的敌人阵地。为此，给他调来了英军第 2 师的第 6 旅，其下辖 4 个营兵力。这次攻击计划，在我看来很像之前的攻击，采取直接的正面进攻。劳埃德向我保证没有别的方法，他没有任何舰船沿海岸南下实施迂回攻击，他的侦察巡逻队再三报告，侧翼部队无法通过梅宇山脉及其茂密的丛林。他对新来的英国旅充满信心，由于火炮和飞机改善了掩护的火力，而且他已经更多地了解了日军的防守，他这次会成功。我告诉他，我认为他正在犯我们大多数人在 1942 年犯过的错误，即认定任何丛林都不可通过，其实值得用一个旅或者至少一个旅的一部分做一次巨大的努力，沿着梅宇山脉的山脊采取行动。他回答说，他已经反复考虑了这个问题，并且已经断定这是不可行的，他的几位旅长也都这么认为。看着梅宇山脉的茂密丛林以及几乎垂直的斜坡，我很难对此提出疑问。无论如何，我对劳埃德没有作战行动的指挥权，而且正如他指出的，计划执行得已相当深入，如果还要留出时间进攻阿恰布，那么就不能改变计划，推迟进攻日期。我错误地听任其处于这样的状态就飞回了加尔各答，并且向东部军司令官进行了报告。而他也已经研究了这个问题，并且听取了下级指挥官们的意见，不得不相信通过梅宇山脉山脊而实施侧翼行动的计划是不可能实现的。他虽然没有这么说，但我判断他对在栋拜发动另一次进攻根本毫无热情，这么做只是受到了来自德里的压力。离我前往西姆拉休假 10 天还有一些时间，我的妻子和女儿住在那里，但我确信他们不会需要我了，于是就离开了。

我在德里短暂停留，参加了英印军总司令部的一个空地协调学习，对栋拜的最后进攻于 3 月 18 日开始了。英军第 6 旅做出孤注一掷的努力，试图突破日军强力据守的阵地。这次又是直接在开阔地上发起进攻，踏过前几次攻击留下的尸体，他们已经到达那些地堡中间甚至到达一些地堡的上部，但仍然无法实现突破。像以前那些旁遮普士兵一样，他们被日本人无情的密集火力阻挡住了，付出血的代价后败退回来。这是一次伟大的努力，也是最后一次努力。栋拜依然坚不可摧，我军放弃了攻占它的所有希望。

现在，我们停止进攻，而日本人转入了进攻。一支强大的敌军部队从缅甸中部行军而来，突然扑向加拉丹的我军侧翼部队，并将我军击溃。另一支日军分遣队在棚桥大佐率领下，突入梅宇河谷，攻击拉代当英印第 55 旅后背。后来我们对棚桥大佐相当熟悉。经过激烈战斗，英印第 55

旅突围而出，其受到巨大震撼，沿梅宇河向上游撤退。劳埃德进行了一次反击，但东部军司令官因得知发生惨败，而匆忙赶到前线，解除了劳埃德的职务，亲自指挥英印第 14 师，并重新部署了前线部队，以阻挡日军的进一步进攻。短时间内，前线似乎得以稳定，东部军司令官将指挥权转交给前来接替劳埃德的洛马克斯少将（Major-General Lomax），遂返回加尔各答。

4 月 5 日早晨 4 时在加雅，我被火车车厢房门上砰砰的敲门声吵醒，当时我和妻子正在车中，正从西姆拉回兰契。一个铁路官员告诉我，有紧急电话找我，这辆火车将停下来等我。我穿着睡衣摇摇晃晃地走过一些躺着的人，这些人夜晚总是充斥在印度每个火车站站台，最后到达车站站长办公室。在站长办公室，我接到了托尼·斯科特从兰契打来的电话。他挺夸张地声称："丘鹬正在飞翔！""丘鹬"是军司令部迁往若开的暗号。我必须直接坐这趟火车赶往加尔各答，我妻子将在铁路交会处下车，然后被接到兰契。斯科特将在当天早晨和军司令部一起出发前往吉大港。

黎明时分，在一个阴沉的车站月台上，我和妻子道别，留下她一个人相当孤立无助，希望有人会来接她到兰契。以往的 20 年里，我们有过太多这样的分别，但我认为她会理解，这一次是我们最匆忙最悲伤的一次分别。这天上午晚些时候，我到达了加尔各答，与欧文将军谈了几个小时，听他谈了目前所知的形势，并接受他的命令。若开的各种事态显然又出现了问题，但严重程度并不清楚。我必须在吉大港尽快建立起军司令部，在欧文通知我之前，我尚未被赋予作战控制权。甚至到我承担作战指挥责任时，我也没有后勤控制权，后勤仍归集团军司令部负责，集团军司令部在各种事务上直接和师打交道。因此，我几乎要把我所有后勤人员留在兰契。我不喜欢这种把作战和后勤控制分开的做法，特别是当一个军司令部能够承担作战疲惫之师的后勤责任，但东部军司令官坚持如此。若开的形势变得更加复杂化，这时加尔各答的英印第 26 师司令部正与英印

第14师司令部换防，后者及其几个旅撤回印度。那天夜里，我和劳埃德这位被解职的英印第14师师长一起吃晚饭，并听到了他这边的故事。他完全没有怨言，接受了这场不幸的遭遇，正是基于这种心态，我认为他是成功的。此后，他死于中东，这是一个巨大的损失，因为尽管在若开失败了，但是无论如何他都不用承担全部责任。如果他活着，在将星闪耀的英印军众多师长之中，他会重获其地位。

第二天一大早，我就飞往吉大港，因为日军飞机猖獗，在吉大港，我得到一架战斗机的护航，其在师部附近的一座前线机场着陆。我以前从来没有见过新任师长洛马克斯，但我马上对他冷静的头脑留下了深刻印象。他有很多理由可以表现得紧张。目前看到的形势极为糟糕。洛马克斯刚刚到达就开始研究从欧文将军那里继承下来的军事部署，正在了解所属各位旅长的姓名，并见到一群完全陌生的参谋人员，正在这时，日军的攻击又开始了。日军并不很大规模的兵力，以最英勇和迅捷的行动，已经于夜里渡过了梅宇河，扑向掩护梅宇山脉东侧的英印第47旅侧翼，并全线击溃了该旅。这个旅瓦解了，实际上失去了全部装备，一群群饥肠辘辘的溃兵，挣扎着翻过一座座山逃了出来。就我们在洛马克斯的司令部了解的情况，这个旅已经不复存在——确实不存在了——我军左翼即使还没有崩溃，也正在坍塌。日本人没有停顿，全面乘胜扩大战果。他们直接翻越梅宇山脉，沿着或者修建了单人通行的道路穿过丛林，通过以前我们认为根本无法通过的那些险峻斜坡。5日夜晚，当我和劳埃德还在孟加拉俱乐部吃饭时，日本人的步兵及其驮运的火炮从山脚来到了梅宇山脉以西的海岸带。他们从背后攻击了正从栋拜后撤的英军第6旅。日军从黑暗中咆哮着冲出来，攻击了英军第6旅，绝大多数参谋人员被杀，旅长卡文迪什（Cavendish）被俘，不久后就被自己的卫兵所杀，或者说被我们自己的炮火误杀。英军第6旅各个部队发现他们之间、后面和周围到处都是日军。这很能说明英国军人的顽强和勇气，在这样的条件下，由于暂时失去了上级的指挥，许多营、连、班联合起来，用刺刀肃清周围之敌，并且开始撤退，成功抵挡了敌军。

正如第二天早晨洛马克斯和我所看到的，形势十分严峻，几近滑稽。由于梅宇山脉东侧的左翼已经丢失，而海岸沿线的右翼，看上去好像一块那不勒斯冰砖[①]。就我们当前所见，首先最南端是一些英国炮兵，然后是一小群日本人，再是缺少了旅部的半个英军第6旅，再下去是更多的日本人，最后是英军第6旅残部。

就我自己来说，我处于怪异的形势之中，这是我面临的新形势，而我并不喜欢。我从未在战场上感觉如此不愉快。出现了问题，严重的问题，我们应该努力应对，以避免更坏的情况。然而我还是没有任何作战控制权，即使有，我手中也没有任何能够用来影响事态发展的部队，洛马克斯已经指挥一切了。尽管如此，我毫不犹豫地承担了前线的战术指挥责任，正像欧文将军对劳埃德所做的，也像我有时会做的，但面临首要之事的是洛马克斯。我并不了解他，我和他在一起只有几个小时，那是考验人的几个小时。在一场新式战争中，从来没有一位师长刚接管一支陌生的部队，就面对一个更为令人绝望的形势。我钦佩他处理问题的方式。无论他走到哪里，他都以其镇定、决断和显而易见的能力鼓舞人们的信心。这是他的真正行为方式吗？这会延续下去吗？我打赌他就是这样的人，他会保持这种作风。事实上，一方面，我并不自鸣得意地认为，我能比他更好地应对这种紧迫的形势；另一方面，我确实知道，在洛马克斯背后的军司令部，有一百种应变方法。

洛马克斯默默而不动声色地重新部署了他的几个后方旅，掩护性命攸关的孟都—布迪当公路，并改编了已经溃散的一些部队。在改编溃散部队方面，我尽可能予以帮助。毫无疑问，这次惨败已经悲剧性地削弱了大

① 那不勒斯冰砖，一种美国产的用巧克力、草莓、香草精做的多层花色冰砖。——译者注

量英国部队和印度部队的士气。英军第 6 旅尽管遭受了沉重的打击，但是个例外。他们尽管不喜欢这种打击，但依然坚定可靠。

洛马克斯面临的最大困难是，新到的英印第 26 师参谋人员未经战阵而且也不熟悉所属各旅大部，他们取代了历经战阵但高效运转的英印第 14 师师部。他们发现，快速移动的战斗与加尔各答静止不变的生活相比，截然不同且太过于痛苦。我们的战线快速收缩，因此有必要将师部后撤，而且后撤途中显然发生了一些混乱，如果师部发现自己连移动都很困难，那么就不可能使其他部队高效行动。由于和我意见一致，洛马克斯整顿了若干师部参谋，我从军司令部临时借调几名军官予以补充。几天后，我们设法为这个师配备了一级参谋官或者说参谋长科特里尔 – 希尔上校（Colonel Cotterill–Hill）。他和洛马克斯成了特殊的搭档，从到达英印第 26 师司令部的那天起，就开始并肩作战。与此同时，洛马克斯也把自己从改组师部的紧张中解脱出来，将其精力全部用在战场的指挥之中。

我和洛马克斯一起待了几天，我希望他没有觉得我的存在是一个障碍。我确认了最初对他的领导能力的看法，在整个战争过程中，我确实也没有改变我的看法。当前线的战事差不多处于掌控之下时，我回到了军司令部。

吉大港是一个令人忧郁的地方。这里还没有遭到严重的打击，但轻微的轰炸导致大部分居民逃出城外。留下来的人都是最贫穷的人，他们很快将面临饥荒的威胁。当日本人似乎就要入侵孟加拉时，之前是吉大港主要工业的铁路工厂被拆除了，甚至房顶都被移走了。破坏码头的行为已及时停止，这里成了比较活跃的地方。在负责此事的海军军官哈莱特（Hallet）充满活力的推动下，再加上一些忠诚的平民，码头开始显示出巨大的活力。和平时期，吉大港肯定曾经是孟加拉大城市中最有吸引力的地方，现在这里怠慢、停滞和不安的总体气氛令人压抑。

斯科特已在一所大学的一部建立起军司令部，即使没有后勤那部分，残缺的军司令部也准备开始正常运作。几天后的 4 月 14 日，东部军移交了作战控制权。我们在吉大港找到了空军准将格雷（Air Commodore Gray）的英国皇家空军第 224 飞行大队，我们军与他及其所属各飞行中队再次开始了亲密友好的合作，持续到了战争结束。在若开的陆军已经欠了第 224 飞行大队很大的人情，空军付出了持续的努力掩护最近的撤退。他们的成就近乎奇迹。如果没有这种掩护，部队将不止一次地无法摆脱困难。

我继续每隔几天视察一次洛马克斯的部队，这样能够很好地掌握战事的发展。他至少临时在梅宇山脉两侧稳定住了战线，并最后使部队进入了梅宇山脉山脊沿线的阵地。显然，日本人不会因满足于他们这么容易取得的战果而停下来。日军对英军第 6 旅进行了一两次试探性进攻，现在海岸带和山脚构筑阵地，但无意发动一次真正的进攻。尽管他们成功地打败了英国军队，但他们也许过分尊重对方。该旅后面纵深部署了第二个旅，使洛马克斯适当确保了该旅的侧翼。所有的迹象都表明，日军将进攻梅宇山脉东侧。我确信，日军将强势进攻以通过横向的孟都—布迪当公路。如果日军成功，我们肯定就不得不放弃布迪当，因为其后勤补给将成为不可能，而且我们坚守孟都将变得十分危险。

洛马克斯没有坐以待毙，在获得我的完全批准后，他制订了一个具有陷阱性质的反击计划。日军的攻击部队将被引诱进一个“箱子”。当日军完全进入这个“箱子”时，“箱盖”就会在其背后砰的一声关上。在梅宇山脉山脊的两个营是箱子的一个边；梅宇河沿线的另外两个营则是另一边。这个箱子的底部，即其北端，还有两个营据守孟都—布迪当公路以南的山区。箱盖是一个旅（欠一个营）的机动攻击部队，部署在梅宇河这条箱边的后方，准备将箱子关上。所有这一切听起来很好，像几何图案，十分简单，但让疲倦的部队——他们中很多人已严重动摇——去具体实施，在杂乱的丛林山地和溪流边守卫阵地，情况就不那么井井有条，也远不简单了。我非常担忧结果。只要能够洗涮过去 4 个月的失败和挫折，我们也就相当释然了。虽然部队可以在精神和体力上都适应这种战斗，但时间在战争中是一种无法失而复得的东西。我毫不怀疑日本人会走进这个陷阱。他们的确进去了。正如所料，他们的攻击开始了，而且是按照计划，还是我们的计划。日军感到侧翼的抵抗较为顽强，遂将重心转移至中心，并且拥进了这个箱子。到目前为止，情况很顺利。现在是猛烈关上盖子的时候了。当洛马克斯正要发出命令时，箱子的箱底儿却掉了，这超出了我们的计划。横向公路以南的两个营没有守住阵地。起初是一个营，然后是另一个营，先后放弃了。日本人实现了突破，夺取了可俯瞰孟都—布迪当公路东半部的 551 高地。在随后的混战中，我们不仅没能重新夺取 551 高地，而且被迫后退，日本人进入公路的两侧。这意味着我们再也无法在布迪当驻守一支部队，因为这条公路是其唯一的进出路径。更为严重的是，我们失去了梅宇山脉东面的绝大多数汽车运输力量。没有其他路线可以撤出这些汽车，当部队通过林间小径翻山从布迪当撤出来时，日军破坏了车辆。这情景太像 1942 年又重来了一遍，这次加倍的苦涩是，我们是被兵力比我们少的敌军打败了。

面对被打翻的牛奶，哭泣毫无用处。在战争中，部队不得不为错误付出代价，而在若开，同样的错误一犯再犯，直到部队失去了信心。我对一两个表现不佳的部队极为恼怒，对他们说了一些很难听的话，但是把事情细想一遍，我不确定是否应将全部过错怪责于他们。无论如何，现在需要的不是互相指责、秋后算账和政治迫害，而是某种清醒而迅速的反思。

我们能否守住隧道地区和这条横向公路的西部？我们能够守住孟都吗？如果不能，我们应当回到哪里？博利镇（Bawli Bazaar），考克斯镇，还是吉大港？坦白地说，这支部队过去几周参加作战且奋力突围出来，其中许多部队无法赖以坚守任何阵地了。我已经要求英军第 70 师从兰契赶来，以便能够将这支疲惫不堪的部队送回印度，然而英军第 70 师一点点地到达，已经到达的还不到一个旅。该师完全到达孟都要花一两个月时间，同时到来的船只则要遭日军的交叉火力射击。坚守孟都实际上是个面子问题，现在孟都也没有其他价值，只会导致我军被包围，引起一场灾难。我催促放弃孟都。东部军司令官自然很不情愿，但我相当肯定，无论其会在德里产生什么影响，我们都必须撤出孟都。东部军司令官最终同意了。如果日军向我们推进，我们稳固前线的唯一希望，就是坚守这片稻米之乡。我们的士兵没有经过丛林战训练，他们对丛林的畏惧胜过对敌人的畏惧。我们必须自己选择地区作战和运用战术。第一个满足条件的地方是考克斯镇一带，我们计划在通往吉大港的主要交通线两侧部署一个由三四个旅组成的师。我们将据守博利镇，作为前哨阵地。这又重蹈了防守策略的一套，十分令人难堪，但在此时，并没有任何别的选择。

我经常在洛马克斯和我的司令部之间飞来飞去。有一次，在寻找一个前线旅时，我经历了一次糟糕的飞行，我们降落在一个已经被放弃了的简易飞机场上，幸运的是日本人还没有占领这里。形势并无改善，在我们搞清楚这是什么地方时，我的“莱桑德”式飞机的驾驶员就关掉了飞机引擎，并且随后无法重新启动它！在他再次启动引擎之前，我已大汗淋漓，却不仅仅是因为炎热。

洛马克斯以杰出的才能和很小的损失与日本人脱离了接触。5 月 11 日，我们撤出了孟都，后撤到新的阵地。大雨袭来，敌人几乎像我们一样疲倦，在布迪当、隧道和孟都停下了脚步，没有追击我们到博利镇。

我们回到了当初出发的地方，第一次大事声张的攻势令人悲伤地结束了。我们实际阵亡、负伤和失踪的人并不很多，大约 2500 人，虽然给敌人造成的损失没有这么多，但他们也遭受了损失。疟疾让我们付出了沉重代价，远远超出了我们的战场伤亡数字。我们还失去了大量装备。无论人员伤亡还是失地都不如士气的丧失更具破坏性。很多在若开作战的英国和印度部队都发生了动摇并且感到沮丧，力图掩饰这个事实毫无用处。与往常一样，数量远超出前线部队的后方地区部队，士气甚至受到了更大的打击。显然，季风雨季期间，我们的主要任务必须是重建士气。在这个危急时期，有两个男人——几乎完全相反的两个人——前来帮助我们，一个是间接的帮助，另一个是直接的帮助。第一个是奥德·温盖特准将，第二个是爵士乔治·吉法德将军（General Sir George Gliffard）。

我初次见到温盖特是在东非，那时我们都在打意大利人。他和他的阿比西尼亚游击队员在一起，那些日子里我们不礼貌地叫他们“墙头草”或者土匪，而我则在更正统的印度步兵旅。早在1941年和1942年，我就和他热烈讨论过几次有关游击战争的组织和实践。他的很多想法我都十分同意，但我怀疑那些基于他的阿比西尼亚经验的方法，在一个并不是十分积极友好的地方，对付一个更为顽强的敌人，是否会取得同样的成功。温盖特是一个强壮、好激动、喜怒无常的人，但他的内心充满激情。他能使别人燃烧起来。当他十分激烈地鼓吹自己的一些计划时，或者当你在他的争论中看到一些明显的瑕疵，你就能感受到他的热情。你可能对他的自负感到愤怒，或者对他为一个平淡无奇的信念进行的无意义的辩护感到生气，但你无法无动于衷。由于他那阴沉的愤怒和他的坚持，你会被刺激得进行思考、抗议或者行动。

这时，他刚刚从进入缅甸的第一次破袭行动中归来。

温盖特旅通过钦敦江沿岸英印第4军的几个前哨，以完全靠空中补给的众多纵队，向东推进了200英里，进入日本人占领的缅甸。他们炸毁了敌军的桥梁，切断了补给日军北方前线的曼德勒—密支那铁路，并试图穿过伊洛瓦底江切断曼德勒—腊戍铁路线。由于极度疲乏，空中补给困难，以及日军的反击，纵队无法完成这一目标。那些纵队分散成一些小股部队以获得英印第4军的保护。全旅约三分之一、大约1000人未能回来。作为一次军事行动，这次袭击是一次代价巨大的失败。相对于受到的损失和投入的资源，其带来的实际回报很少。他们给日本人的交通造成的破坏，几天后就修复了，给敌人带来的伤亡几乎可以忽略不计，也没有给日军的部署和计划造成任何直接的影响。日军放弃在胡康河谷的攻势，并不是由于这次突袭，而是原本参加胡康河谷攻势的第 55 师团被迫于 1942 年底抽调至若开，以应对英军的威胁。如果只学到了空中补给和丛林战，那所付出的学费太过于高昂了。

很难评价需要温盖特及其所部以如此十足的勇气和耐力执行的任务。在军事史上，这次作战行动实际上证明了在对付勇敢坚毅的对手时，用老式骑兵突袭敌人交通线是有效的，但必须与其他地方进行的主要战术攻击协同进行。原来，温盖特的突袭计划是，与从昆明进攻的中国军队协同一致。后来，显然中国人不会实际行动，但韦维尔将军还是派温盖特的部队单独行动。这是一个大胆的决定，正如事后证明的，这是正确的，但不是从军事上而是从心理学的立场上而言，其无法仅仅根据物质结果来判断。同时，温盖特的突袭虽然像若开攻势一样失败了，但具有显著的特点。毋庸置疑的是，这次袭击远远地渗透到日军防线后面，并且温盖特的部队回来了，宣告英军在丛林战中战胜了日军。盟国新闻界拿到了这个故事，经过巧妙处理，到处都在传扬我们在日本人擅长的游戏中打败了日本人。这不仅转移了人们对若开战败的注意力，而且其本身对我们国内的人民，对我们的盟军都很重要，尤其是对我们缅甸前线的部队很重要。无论事实是怎样的，在缅甸部队看来，这是潮流转变的第一道波澜。仅仅由于这个理由，尽管温盖特的士兵经历了一切艰苦的历程和牺牲，但他的袭击是值得的。我们尽其所能运用一切手段将其宣传价值利用到了最大程度。

5 月 21 日，我听说吉法德将军取代欧文将军成为东部军司令官。除了 10 天前他短暂访问我司令部，过去我没有见过他。这个月底他把我叫到加尔各答，全面讨论了若开战局。这位新任东部军司令官对我产生了巨大的影响。他是一个身材高大、相貌堂堂的男人，五十七八岁，显然他使自己的精神和身体都保持第一流的状态。他的外表和讲话都没有任何夸张的成分。他厌恶戏剧化的东西，是一位很少见的将军，的确在任何位置上都是个勇士，是我所认识的真正不图虚名的人。他给人的第一印象是彬彬有礼，深思熟虑。这是一个持续的印象，因为这是思考其他诸多事情的基础。

吉法德将军远远不止具有良好的趣味、良好的风度和大公无私，他了解战争的各种基本原则：士兵们在作战前必须得到训练，在行军前必须饱餐，在精疲力竭前必须换防。他了解前线指挥官不用为后方的责任而分心，组织编制和后勤的正确适当性比看似能够获得成功的捷径更有价值。如果选择信任下属并给予其任务，他就知道如何不加干扰地让他们放手去做，还知道如果他们需要他的支持，他就在他们身后。我回到加尔各答的过程并不顺利，天气迫使我的飞机返航两次。同时我感觉新任东部军司令官是个可以全身心共事的人。

几天之后，吉法德将军和我一起视察了若开。他视察了前线部队、我的司令部和后方地区，会见了官兵并与其谈了话。他非常善于和个人谈话。作为一个演说人，他的讲话既不雄辩也不生动，但他有两样东西给士兵们留下了深刻印象——他了解下属而且他极端真诚。他表现出来的这种品质就是正直。正像其他许多品质一样，我们需要我们的东部军司令官具有这种品质。新任集团军司令官没有从屋顶喊叫，或者组织新闻发布会，但人们对他的信任在一点点增加，士气开始恢复。他指挥下的官兵像我一样，让他建立的士气和组织基础向前发展，部队的精神开始复活。后来，我们继承了他的精神，经常获得称赞，这其实本应该属于他。

在若开前线整顿几周后，我们将疲倦不堪的部队撤出去，建立起后勤补给，做了许多必要的事情，给待在潮湿战壕和漏雨透风棚屋里的部队创造尽可能多的舒适环境。洛马克斯和他的英印第 26 师被留下据守前线，军司令部回到兰契。吉法德将军命令我统帅已驻兰契的几个师以及他随后将派给我的师，使部队可以在季风雨季之后立即开始真正的攻势。

我和他讨论了未来在若开的攻势，他将这个任务交给英印第 15 军。为此，我将统辖英印第 5 师和英印第 7 师，而英印第 20 师将归英帕尔的英印第 4 军节制，英军第 70 师仍作为东部军预备队。英印第 26 师被英印第 5 师或英印第 7 师换防之后，将留在若开，作为这一前线的预备队。原有的孙德尔本斯小舰队现在很大程度上转为承担运输职责，虽然我们希望其得到登陆艇和海军部队实施小规模登陆作战，但现在还没有实现。因此，我们的作战方式又重复了陆地直接进攻，只辅以两栖佯攻。我急于避免原来在狭窄的前线上的进攻模式，因此，要求把增加的部队派往左翼的加拉丹河谷，那里一向是若开的危险地点。这里的进攻将独立于主攻，而且将必须完全由空中提供补给。吉法德将军于是决定将第 81 西非师（欠一个旅）配属给我，并且从我们日益增长的资源中抽调足够的空中运输力量补给该师。

这是第一次向一个正规师提供完全空中后勤补给。吉法德将军的参谋和我的参谋共同建立了空中补给所需的机构。我们很快意识到，如果要将空中补给这个巨大“新武器”的作用发挥到最大，我们就必须以我们有限的飞机资源，为其提供一个简单而灵活的控制和作战组织，使其适应没有精心准备的任何正规部队。我们从起点探讨了这个问题，即空中运输比起公路、铁路或船只运输没有什么不同寻常，仅仅是一种输送物资和士兵的方法。确实只有一种方式可以检验一个人是否热爱航空，但并非是看你会不会驾驶飞机，而是看你是否将其视为一种运输工具。如果你同意，你就热爱航空。如果你将其视为其他的东西，比如一件武器、一种运动器材，或者一堆花招，那么即使你成为空军中将，也谈不上热爱航空。

第 81 西非师正在孟买附近的丛林中受训，我飞过去和他们一起待了几天。他们的纪律和机敏令人印象深刻，很显然他们在丛林中比起我以往见过的任何其他部队都更加得心应手。他们的作战部队既没有牲畜也没有车辆，运输都依靠人力。为了明白这意味着什么，我经常发现新部队会让我很有启发。我让他们进行一次正规的队列行进。抽调了战时编制的一个营和一个炮连接受检阅，每个士兵都各就各位。我马上被两件事情震惊了，第一，需要一群没有武装的脚夫来搬运给养、弹药、行装和较重的武器；第二，部队里有大量的白人，一个营有五六十个。我习惯于印度野战营通常只有七八个欧洲人，这使我震惊，是一种慷慨的配置。我从来没有改变这种观点，以后的经历更坚定了这种看法。我知道要将很多经验丰富的沿海居民归为异类。我经常被人告知，但也并不是太多，随着非洲部队的迅速扩充，需要更多的英国军官和士官。但是，在非洲部队中有这么多的英国官兵，还是存在诸多缺陷。唯一的方法是，不管非洲部队愿不愿意，都向其选派军官和士官，但也不总是可以选派合适的人。那些和当地人一起服役的欧洲人，其战斗力和品格高于平均水平，他们必须接受更大的责任，而且他们和当地人一起服役应该是因为他们想要那样做，且他们喜欢当地人。如果一支部队中有这么多英国人，那还会扼杀非洲人的主动精神。所有指挥官，甚至下到副排长，都是英国人；至少在训练期间，非洲士官的身边总是有一个白人，听取白人的命令。如果顺其自然这么做的话，当英国人在战斗中发生伤亡，或者由于某些其他原因，非洲人只剩下自己一个人，他就不知怎么办了。之前我指挥过的唯一非洲部队是苏丹防卫军，在我看来，甚至在其扩军之后，已经找到了一个较好的解决方法，他们的英国军官非常少，但都是精挑细选的，加上也许性情不定的苏丹军官和士官，其训练出了完全的主动精神。

随着季风雨季快要结束，我们各个师悄悄离开了兰契。英印第 5 师和英印第 7 师进入若开，从英印第 26 师手里接防了前线，英印第 26 师则成为驻吉大港的军预备队。当 10 月初，英印第 15 军在博利镇以南几英里的丛林里设立司令部的时候，第 81 西非师正在集结，准备前赴加拉丹。10 月 6 日我离开兰契，一天后，我和东部军司令官一起飞往我的新司令部，接管了若开前线的指挥权。我们已经制订了攻势计划，此刻所要做的就是例行的最后审议。

当我被召到加尔各答，代理吉法德将军履行英印军东部军司令部司令之职时，几乎没有时间乘飞机、汽艇和吉普车前往前线视察。英国陆军中将菲利普·克里斯蒂森爵士（Lieut. General Sir Philip Christison）接替了我军长的位置。我很早就认识他，在坎伯雷参谋学院时我们同为教官，我带着很多遗憾离开，离开我的参谋，他们为我提供了良好的服务，从始至终我都对他们怀有深深的感情，更甚者，我还没有机会亲自使用自己锻造的武器，就离开了部队。

我于 1943 年 10 月 15 日飞往加尔各答，甚至没有带一个副官。奈吉尔·布鲁斯（Nigel Bruce）曾经担任这个吃力不讨好的职务，但他刚到若开就摔断了腿，我很想念他。我的飞行员是空军准将格雷，他坚持要向我表示敬意，亲自进行这一次出人预料的快速飞行，于是我到达加尔各答的时间大大提前了。没有人到杜姆杜姆机场接我，我以前在那儿从来没有这么幸运，于是我孤立无助地四处寻找汽车。最后，我强迫一位表示抗议的印度司机载我走，他说他正在等一位准将。在机场外面大约 1 英里，我遇到了东部军司令部的准将史蒂夫·欧文（Brigadier Steve Irwin）参谋长，他准点来接我。于是换了汽车前往目的地。我希望另一位准将等待的时间不要太久。

我们乘车驶往巴拉克普尔时，我看见一辆汽车的引擎盖上飘扬着一面集团军司令官黑红相间的旗帜。我真不知道自己这是往哪儿去。

第九章 基石

我发现自己作为一个集团军司令官回到巴拉克普尔时，那种感觉很奇怪。在同样的房间里，在同样的办公桌前，几个月前我作为军长离开。这里的变化不大，但是房间里的参谋和书记员变得更多了，周围都是新小屋，还有更多的通信员在窗户底下忙碌地来来去去。然而，战争进程却发生了巨大的变化。

我指挥的还是原来的英印东部军，因而此时我是在奥金莱克将军（General Auchinleck）指挥之下，他最近接替韦维尔将军出任了英印军总司令。然而，1943 年 8 月，英国和美国政府组织了一个盟军东南亚司令部统辖缅甸、锡兰、马来亚、荷属东印度群岛、泰国和印度支那的所有部队。蒙巴顿元帅出任最高统帅，下辖三位总司令，分别负责海军、陆军和空军。乔治·吉法德爵士将军将成为第 11 集团军群的总司令，而我作为新成立的第 14 集团军司令官，将在他麾下效力。未来两个月的这次改组将盟军东南亚司令部与英印军分开。这必然将导致我的司令部被分为新成立的第 14 集团军和恢复的英印军东部军司令部，而这为我带来了一个直接的好处，即免除了我对比哈尔、奥里萨和孟加拉大部的防务责任，这是极为沉重的负担。

战争之中盛行的做法是，当指挥官晋升时，从原部队带走参谋骨干，但我不信崇这种体制。这些流动的队伍，围绕着特定的将军组成，引起了大量的不满和混乱。不仅是下级司令部被掠走了最优秀的军官，在更高一级的司令部里，大量很有效率且极具价值的军官为了给新来的人腾地方而遭抛弃。我不能确定这种做法对将军自己是否具有好处。所以，像往常一样，我到达东部军时没有带来一个人，而是接管了原来的整个参谋班子。

还是那句话，我虽然没有什么值得赞扬的地方，但十分幸运。我很快发现新任命的准将史蒂夫·欧文参谋长是一位杰出的参谋军官，他有着第一流的头脑，知道坚持最为重要的东西，以及抓住任何计划和组织的基本要领。他身处危机时依然十分平静，具有一种归纳概括各种人与事而不带水分的敏锐智慧，这使我感到耳目一新。现在必须转任另一个司令部，但是我也有机会任命自己挑选的军官了。这些人中主要是“阿尔夫”·斯内林（“Alf” Snelling），18 个月前，我曾与他在哈巴尼亚湖畔（Lake Habbaniyeh）的沙尘暴中道别。他现在来到我身边成为我的负责后方勤务的少将。我知道缅甸战役将首先是一个后勤补给和运输问题，我下定决心要让一个可能的最佳人选为我负责这个问题。我想我做到了。

刚一上任，我就发现面临三个令人忧心的重大问题，即后勤补给、健康和士气问题。

后勤线问题，当然很大程度上是一个交通运输问题。第 14 集团军部署在 700 英里长的一条战线上，从赫兹堡（Fort Hertz）那边的中国边境线到孟加拉湾。沿着印缅边界一条平缓的曲线，通过丛林覆盖的宽广地带和险峻的山区，没有铁路，没有公路，几乎连山道都没有，季风雨季里的一年中有 6 个月都在下雨。人烟稀少，只有荒野部落，而且疾病流行，许多地方地图上没有标注。绝大部分地区只有欧洲人在干旱季涉足。可以公正地说，这里是世界上最恶劣的地区，滋生着世界上最可怕的疾病，一年中至少有一半时间笼罩在世界上最恶劣的天气之下。从缅甸到印度，只有小型驮队可以通过极少数干旱山道，但也非常困难，以致不存在适当的贸易路线。长期以来，人们均认为大部队不可能在这些崇山峻岭中得到补给、进行调动和作战，以至于以往印度的东部边境线没有采取过认真的防御措施，也没有为了贸易或战争目的建立过任何有效的交通线。于是，公路、铁路和可通航河流，突然在山峦屏障的两侧中止了，彼此相距200英里之遥。

从印度这一边，可以到达作战地区，但是道路十分曲折，而且只能通过铁路和河流，还是没有公路。从加尔各答有一条宽轨铁路通到巴尔博蒂布尔（Parbatipur），全长235英里，其中一半路程是单行线。在巴尔博蒂布尔，一群群的苦力卸下货物，繁忙地将货物转运到摇晃的米轨火车上，如果一切顺利，火车会在那里等着。然后列车蜿蜒通过雅鲁藏布江峡谷，直到距离加尔各答450英里的潘杜（Pandu）渡口。然后，客车车厢和货车车厢分开，叮叮当当被装上驳船。渡河的过程十分缓慢，在河对岸，这种繁杂的过程又要重复一遍。最终火车重新编组排列，发出单调的哐当哐当声开往迪马普尔（Dimapur），那里是前往中部战线的终点站，距离加尔各答600多英里。如果要前往北部前线，还要继续旅程，而且走得更慢，到达距离加尔各答800多英里的利多。

这条铁路线当初是为阿萨姆省的茶园服务，和平时期其运输能力也只有每天600吨左右。到第14集团军成立时，运力已经提高到2800吨，但即使如此也无法满足驻英帕尔英国军队和驻利多中国军队的后勤补给，而且美军机场对华空运的需求也在不断增加。增加运力的计划已经制订完成，但显然印度无法培养更多的铁路员工，而调集英国的铁路员工则根本不可能。美国陆军派出了6个营的铁路部队，大约4700名训练有素的铁路员工，从而解决了这个问题。1944年初，美国陆军铁路部队接管了铁路线的运营，到10月份，他们把运输能力提高到了每天4400吨，1946年1月1日提高到每天7300吨。这可能要归结于美国铁路人员的大规模增加，正常情况下，每段铁路一般由两个英国或印度军官管理，而美国人能够安排 27 人，而且都是专业的铁路兵，因为有更强有力的火车头从美国和加拿大运来了，而且执行这一任务的驱动力和能量增加了。这样翻了近 3 倍的运输能力是一种巨大的进步，如果没有这种进步，则数量庞大而且不断增加的对华空运则无法进行。但是这是一种期望。在 1943 年夏天，我们却只有 2800 吨的运力，除了正常补给量，这几乎不能满足迪马普尔和利多的基地、美军飞机场的建设、利多公路的修筑、对华空运，以及增援部队的调动。在我们收复仰光之前，这条铁路一直是我们的主要运输线，而且，至少到下一年，一直是一个严重的限制因素，这的确是一个噩梦。记得有一次我说过："好吧，如果铁路被洪水冲掉了，被炸毁了，被山体滑坡埋掉了，因翻车事故而关闭了，就再也没有噩梦了。"但是，确实发生过。我们曾经遇上一场地震，毁坏了 100 多英里铁路上的铁轨和引桥。

通过河流几乎也能到达北部前线。从加尔各答出发，蜿蜒通过孙德尔本斯，到达雅鲁藏布江的主流，沿江可达迪布鲁格尔（Dibrugarh），水路长达 1136 英里。到阿萨姆中部前线，河的源头是高哈蒂（Gauhati），靠近潘杜，但这条线路的运力受到高哈蒂和迪马普尔之间的窄轨铁路的瓶颈限制已经超载。到达若开的南部前线，则经由一条由宽轨铁路、河上汽船和窄轨铁路组合成的曲折运输线，直抵吉大港以南 30 英里的多哈扎里（Dohazari）铁路终点站。

为了连接铁路终点站与战线，1943 年秋天开始修建全天候的主干公路，即从利多到中国前线，从迪马普尔到中部前线，从吉大港以南的多哈扎里到若开。其中最重要的公路是服务于主要前线的公路，这条公路攀越迪马普尔与英帕尔之间的群山，然后下降到缅甸边境线。这条公路确实是一项卓越的工程成就，无论质量还是耐久性都超过了缅甸前线的任何其他公路。这条公路穿越丛林，爬过道道山坡，越过条条激流，相当壮观。

千万辆卡车日夜不停地经过这条公路的无数弯道，低速爬上这条公路的无尽陡坡，然后于英帕尔由这个主动脉岔向通往 180 英里以外的钦山（Chin Hills）迪登（Tiddim）的危险道路，这条公路曲曲折折地爬上道道悬崖，蜿蜒穿行过深深的峡谷，然后又飞翔在云雾之中。比起修建这条公路，抵抗洪水、地层塌陷和季风雨季的大滑坡，从而保持畅通，几乎是一件更加伟大的功绩。若开的公路也存在一些困难之处，虽然不需要翻越大山，但遇到了无数的“川流”——这是从大海流往内陆的潮汐河流。这条公路经过的地方，并不产出筑路所用的石头，而要把所需的成千上万吨石头运来是根本不可能的。我的工兵可以满足对石料的需求。他们使用千百万块砖修路。每 20 英里左右有一座大砖窑，从远处看就好像一条双烟囱的巨大军舰。我们从印度引进有技术的造砖工人，用铁路、船只和卡车运来所需的煤炭来烧制我们的砖块。砖铺的公路雨天很容易陷进泥土里，但是，经常会用新砖重铺。这条公路成了一座象征聪明才智与坚定决心的纪念碑。

这三条公路是用镐头、铁锹和竹筐筑成的公路，由于极为缺少机械设备，几乎全用人力建成。修建这些公路的工人们通常在最为恶劣的气候条件下工作，只有最起码的住宿条件，而且敌人经常出现在攻击范围之内。所有这数万名劳工都是印度人，很多人来自印度茶叶协会，这个协会组织、管理和控制了大约 4 万名工人。如果没有该协会的这种贡献，我们根本无法建成这些对缅甸战役和对华补给至关重要的公路和机场。

此时，在美国工兵的全力指导之下，利多公路的修建也得以往前推进，意图与经过密支那的原滇缅公路连接起来。利多公路的标准甚至比英帕尔公路更为雄心勃勃。为了这条公路的建设，美国人有大量可用的筑路机械，这使我们垂涎不已，而且他们知道如何使用。在印度劳工和美国机械的帮助下，并得到中国几个师兵力掩护，利多公路于 1943 年冬天，开始向南修建。

运力不足的铁路、短缺的汽车、极少且靠天运行的公路，更不要说敌人的活动了，使得人员的调动和物资的供应经常令人担忧。然而，我们迫在眉睫的忧虑不仅是运力不足，而是实际供给不足，特别是某些必需品。我们需供给给养的人数远远超过了50万人，当然，主要是印度人，其中只有一小部分是作战官兵，而大部分是劳工、后勤人员、技术人员和非战斗部队。在一个每条公路、每座机场和每个兵营都必须从原始丛林或稻田里开辟出来的地方，这种情况当然不可避免。我们是一支混编部队，由于第14集团军有大约30种不同的给养配给标准，斯内林要解决的问题很不简单。印度人之中，根据宗教和来源地不同，给养配给也不尽相同。特别是印度茶叶协会的劳工，他们的给养按照服务合同特别约定。所有这些配给标准都是合乎情理的，但问题在于："这些人，特别是前线地区，能得到各自的标准配给吗？"正如我所怀疑的那样，答案是否定的。

肉是士兵赖以作战的主要配给品之一。英国士兵没有肉就不能打仗。甚至印度士兵，他们在自己的村庄里出于经济原因经常几乎是素食主义者，而作为一个士兵，如果他们要达到体力和智力强健就需要每周两次固定的肉食配给，而肉食是我们最大的困难之一。在阿萨姆前线，由于完全缺少冷藏设施和保温车，英帕尔的英国军队每周收到的鲜肉只能达到应发量的一半，而在英帕尔以外更前线的部队——他们几乎全部是战斗部队——则什么也得不到。作为代替品，他们收到罐头牛肉。这本是很好的食品，但在炎热的天气里，当牛肉呈半融化状从罐头盒里流出来时，却变得极为乏味，毫无吸引力。这里没有其他战场可以得到的牛肉罐头替代品库存，没有罐装或者脱水的肉，没有肉和蔬菜组合口粮等。更糟糕的是，除了十分罕见的罐头鲱鱼或者咸肉，根本没有"早餐肉"。当地根本买不到牲畜，没有山羊或绵羊，仅有的牛则需要用来拉犁。要宰杀耕牛只能短时间缓解肉食危机，却会导致另外的人群陷入饥饿。结果是，在阿萨姆前线的普通英国士兵一个月又一个月地没有尝到新鲜的肉食。在若开运输活山羊的困难不是那么不可解决，而且在若开还有一些当地屠宰的牛，英国官兵的日子比较好过，一周可以配发一两次新鲜肉食。至于其他人，比如他们的北方同事，就不得不满足于罐头牛肉了。

印度士兵的食物差得多。如果靠近各个铁路终点站或在若开，他们一周能得到两次肉食，但前线部队官兵则什么也得不到。印度兵，无论印度教徒还是穆斯林，都不吃罐头肉，因此当无法得到新鲜肉时，他们日常根本没有肉食。能够得到官方授权的代替品，即加发的牛奶和印度酥油，问题并不严重，但情况并非如此。在阿萨姆，所有的印度酥油储备只能发放 13 天，而其他补给的到来则无法确定，而且显然无法加发额外的配给品。牛奶的情况大同小异。我们的罐装牛奶储备量很少。造成这种情况的原因很有趣。在英国本土，为了防备牛奶储备被敌人的轰炸毁坏，政府明智地将罐装奶储存在许多地方，而罐头盒则装在纸箱里从美国运来。当收到印度需要大量牛奶的要求时，英国的牛奶并不是特别短缺，食品控制部门很明智地决定利用这个机会移交储备物资。这样牛奶被海运到印度。而那些纸箱已经由于长期储存和倒手而变得脆弱不堪，牛奶在绕过好望角的热带航行期间很快腐烂，罐头盒也生锈了，纸箱变成了纸浆，不可能再用纸箱装运罐装奶了，其穿越印度的漫长铁路线，而印度的铁路总是伴着无休止的喷放蒸气和列车调度。当火车车厢到达最后的铁路终点站，并被打开时，运载的货物经常变成一堆破旧的、锈迹斑斑的罐子和破裂的纸板箱。心情不好的军需官如果能挽救一半处于还能食用状态的货物，那他就很幸运了，但即使如此，他也没有机会发放肉食替代品了。

与肉食一样，蔬菜也是一个几乎无法解决的问题。孟加拉和阿萨姆的西隆周围地区能生产大量新鲜蔬菜，但在大卡车或者铁路闷罐车一个多星期的运输过程中，炎热通常导致蔬菜大量腐烂，以致一到目的地就不得不很快将其扔掉。寒冷的天气里情况当然好一些。驻若开部队再次得到较好的待遇，因为那里更接近补给品的来源地。在这么多伙食中完全缺少新鲜蔬菜，这严重影响了官兵的健康。代替品应该有罐装蔬菜、罐装水果、干果，或者脱水蔬菜，但前进补给仓库里实际上没有这些东西。诸如稻米和阿塔（印度的全麦面粉）之类的基本日用品储备都成为令人担忧的问题。在迪马普尔主要前线，我们的仓库本来应该为部队储存6.5万吨物资，还不计算预期增加数量，而实际的储备，我发现只有 4.7 万吨，缺额高达 27%。这就够差劲的了。因储备的不平衡状态以及某些必需品的完全缺乏，导致了更恶劣的情况。补给情况相当严重，以致威胁到发起任何攻势的可能性。

虽然吉法德将军已经在德里建立起他的第 11 集团军群司令部，但他还没有时间或者他还没有让其参谋人员从印度接管后勤工作。因此，我抓住奥金莱克将军视察我司令部的机会，向他陈述了后勤补给情况的种种危险。他只是最近才来印度任职，问题的严重性对他来说是个新问题。他让我参加在德里召开的一个会议，他及其后勤补给军官都参加了会议。这个会议在 1943 年 11 月 3 日举行。斯内林和我一起参会，像往常一样提供了所有的事实和有关数字。

情况表明，印度和平时期的财政控制体系很大程度上依然在后勤供应采购上发挥着作用。例如，从印度承包商那里订购大量脱水蔬菜时，根据和平时期的规定，就要取消对英国提出的罐装蔬菜需求。脱水蔬菜的发放量是罐装蔬菜发放量的四分之一，所以在印度每订购 100 吨脱水蔬菜，就要取消在英国订购的 400 吨罐装蔬菜。在印度订购和承诺交付的数量，都毫无乐观希望，所以当脱水蔬菜没能出现时，我们就根本没有任何蔬菜可吃了。而且，按照规定，在部队实际组建或到达之前，不能就正在组建或正在前往印度的部队预先订购物资。然而，我们的所有烦恼并不完全是由于为和平时期设计的财政管理制度，诸如稻米和面粉这些主食的惊人短缺是由于粮食部没能如约运送而造成的。这种情况变得严重，很大程度是因为一些地方政府不能提供他们的配额。

无论什么原因，很明显，后勤供应的形势十分危急。同样明显的是，应该采取积极措施以避免灾难性后果。幸运的是，奥金莱克将军正是一位实干家。印度的行政与军事当局被迅速注入了大量强心剂。甚至在 1944 年初，奥金莱克推动的结果就开始显现出来。虽然不时还有一些暂时波动，但我们的口粮配给和后勤储备逐渐得到越来越大改善。对我们来说，当奥金莱克接管印度时，好日子就开始了，因为印度是我们的主要基地，是我们的征兵区域，也是我们的训练地。第 14 集团军从诞生到最终胜利，很大程度上要归功于他的无私支持和持之以恒的理解。没有他及英印军为我们所做的一切，我们无法生存，更谈不上克敌制胜。

很不幸，我们所短缺的，不仅仅限于各种补给物资。例如，在军火弹药方面，我们手中的存货远远达不到丛林战所需的适当水平，也比任何别的战场的标准配备少得多。主要短缺的物资是：

步枪	26%
“斯特恩”式轻机枪和“汤姆”式冲锋枪	75%
2 英寸和 3 英寸迫击炮	25%
25 磅反坦克炮	42%
5.5 英寸反坦克炮	86%

总的说来，我们需要的弹药都在印度内地，而其距离所需弹药的前线远达 1000 多英里，将弹药送至前线是一件缓慢而费力的事。当发现有些人习惯以印度的军火订单离开德里为基础推算弹药需求量，而不考虑军火到达第 14 集团军尚需几个月时间，这也令人恼怒。我们不仅缺乏弹药，而且缺乏发射弹药的枪炮。我们拥有的最基本的装备远远不足，特别是各种车辆、无线电台、救护车和医药物资。事实上，我们所有的东西都短缺。

斯内林承担了一项十分艰巨的任务，我已经和他进行过充分的讨论，并且挑选出了关键的工作人员。我放手让他自由发挥。很快，在斯内林的积极领导下，出现了各种情况改善的迹象。与此同时，我对补给方面仍存忧虑。我亲自走访，发现整个集团军都在努力克服困难，而且印度对我们的理解和帮助也越来越多。

我的第二个大问题是士兵的健康。1943 年，每一个士兵因负伤而减员，就会有 120 个士兵因疾病而减员。每年仅疟疾得病率一项就高达整个集团军兵力的 84%，而前线部队患病比例更高。疟疾之后是痢疾高发，接踵而来的是皮肤病和越来越多的螨虫或丛林斑疹，后者是一种特别致命的疾病。此时，因患病而离开部队的比率达到了每天千分之十二。经过简单的计算就可以表明，如果连续几个月维持这种患病率，我的集团军就没有了。的确，我的眼皮子底下正发生着这种事情。

我与斯内林和高级医疗军官进行了紧急磋商，我重新审议了各项资源。一开始，我就发现，由于某些原因，第 14 集团军的医疗队编制数量达不到驻非洲和欧洲的其他英国军队的水平，而且实际的医疗力量更是严重低于编制。我们缺少医疗部队、医生、护士和医疗器械。我们的各个医院已经比当初设计的病人收容量扩大了 25%。我们现在有 2.1 万张医院病床，并且都占满了。为了照料这些重病或者负伤的士兵，我们一共有 414 位女护士，一个护士差不多要一天 24 小时照顾 50 张病床的病人，或者实际上一个护士日夜照顾 100 张病床的病人。

我们要求从国内派来更多的护士，得到的回答是其他前线抽调不出一名多余的护士，无论如何，我集团军大部分由印度部队组成，可以由印度提供护士。有人可能还会告诉我们印度应该为空军提供飞机。印度不制造飞机，也不培养护士。印度军事护理队英勇地与偏见和各种不利条件进行斗争，其还处于婴儿期，只能很缓慢地成长。尽管我们付出了全部努力，奥金莱克将军从处于危险点的印度医院抽调力量全力帮助我们，显然，我们医疗力量的任何增长都将是极端缓慢的。

我知道盟国必须首先击败德国人。我甚至准备接受这样的事实，第14集团军是所有英国军队中的灰姑娘，只能得到她非洲和欧洲富有姐姐不用的东西。如果我们在人员、坦克、枪炮和休整方面排在最后一位，我也不会发太多的牢骚，但在医疗救助方面还是排在最后一位。我会抗议，永不停止地抗议。我认为，那是不公平的，也是不明智的。

然而，正如我们很久以前就发现的，等待别人来帮助我们，是毫无用处的。试图增加我们医院的病床数量也是毫无用处的，预防比治疗更好。我们不得不防止士兵生病，或者，如果他们生病了，不要让他们久病不愈。我们在四个主要方面阻止这种问题的发生：

1. 实际应用最新的医学研究成果。
2. 在前线地区治疗疾病而不是将病员撤离到印度。
3. 空运撤出重伤员。
4. 提高士气。

过去的几年，我们在预防热带疾病方面已经取得了巨大的进步，新的最高统帅采取的最初步骤之一，就是将一些最优秀的研究人员调到东南亚地区。他们和那些有实际经验的医疗军官一起密切工作，同时将新的技术、药品和治疗方法介绍给后者。虽然我们落后很长时间了，但逐渐可以得到新的治疗方法。虽然磺胺类复合药品、盘尼西林、麦帕克林和DDT出现的时间晚于预期，但其及时地挽救了无数生命。没有研究工作及其种种成果，我们的集团军可能就不复存在了。

但是，前线治疗取得了看得见的成果。到目前为止，若一个人罹患了疟疾，则必须将其后运，这时他的疾病还处在高峰期，经过几百英里公路、铁路和水路前往印度的医院，他会感到极为不适。在到达医院之前他可能已经反复感染了几次，同时疾病的最初发作可能已经结束，因此他被登记为一个旧病复发的病人。任何情况下，他通过拥挤的交通返回前线，通常至少需要 5 个月的时间。经常，这么长时间足以使他在印度转属其他部队，并且永远不会返回前线了。为了避免这种情况，我们组建了疟疾前线治疗部队。这些部队实际上驻扎在战线后方几英里的野战医院，在一些帐篷里，或者更经常的是在一些茅顶竹舍里。一个士兵在感染了疟疾以后的 24 个小时之内到达这些治疗部队，待上 3 个星期左右就被治好了。在几个星期而不是几个月时间以内，他就可以回到部队，交通线上火车的负担减轻了，也避免了因可怕的长途旅行而带来的不适。疟疾前线治疗部队有另一个好处，当士气不高时，一些士兵愿意感染疟疾，而不采取预防措施以避开疟疾，因为发作一次疟疾就可以离开缅甸前线，而且只需付出很小的代价。如果疟疾只能让他们离开前线五六英里并且能让他们很快回来，疟疾就没有那么大的吸引力了。

对于伤员治疗，我们逐渐增加了前线外科医疗队的规模。手术几乎就在战斗中进行，特别是精英外科医生，包括我们医学院的某些顶尖教授，在士兵受伤几个小时以内就可以完成一台大手术。他们的工作非常出色，但我们应该记住，在外科医生挽救的生命的同时，内科医生默默地采取预防措施，更是挽救了成百上千的人。我们也派出护士，在我们需要她们的时候，她们比以往更深入战区。有一些疾病，比如恙虫病，我们那时没有被证明有效的治疗方法，患此病的病人幸存下来的机会更多依赖于护士而不是医生。这些护士乐观地克服了额外的风险和困难，挽救了很多生命。

从长远来看，对于伤员和病员而言，空运后送的意义完全不同。只有那些在担架或救护车上经历了崎岖道路颠簸的无尽痛苦，以及在浑身断裂的震动和高温之中经历数日沉闷的铁路旅行的人，才能体会飞机多么快捷、平稳和凉爽。1943 年 11 月，除了维持补给若开的第 81 西非师，我们用于各种运输目的的飞机只有约每月 120 架次，但飞行架次正在迅速增长，随之而来的是，我们空中疏散技术的提高。后来，我们在距离战场一两英里的丛林或稻田里开辟出简易机场，使用“飞蛾”式（Moth）、“奥斯特”式（Auster）轻型飞机，或者L5式飞机紧急撤出伤员。一架小飞机可以载运一个躺着或两个坐着的病人，空运至后方10英里或40英里处的补给区，然后将伤员转到返回来的空达科他飞机上，直接转送后方综合医院。关于综合医院应该设置在何处的问题，我记得曾有一些激烈的争论。总体而言，这是二选一的问题，即选设库米拉那样炎热而潮湿的平原，还是选设在像西隆那样的凉爽的山区。我赞成设在平原，因为在平原我们几乎可以在医院旁边修建一个简易机场，而设在山间就意味着经历漫长而又疲惫的公路输送。如果设在平原，我们的伤员几乎可以直接从战场送到医院，然后将康复期的病人再通过公路由平原输送到山区。比较正统的人士中有些摇头反对的人，但实践证明我的意见是正确的。1944年至1945年间，一所这样的医院直接收治了1.1万名直接从前线下来的英军伤员，他们身上还穿着肮脏的血淋淋的战地衣衫。在这所医院里，全部死亡人数共23名。空中疏散为第14集团军挽救的生命比其他方式都多。

没有良好的纪律，即使有优秀的医生也无济于事。在对抗疾病的战场之上，有一半是团级军官在作战，而非医生。团级军官每天看着病人服下阿的平，监督官兵不准穿短衣裤，并在日落前穿着衬衣且袖子不能卷起来，要求官兵在小伤化脓发炎前治疗，而不能在发炎后治疗，强制官兵清洗身体。初次引入阿的平时，官兵服药后会呈黄疸病的黄色。引入每一种新的治疗方法通常都会在部队里引发传言，他们说这种药物会使人虚弱无力，所以经常不咽下那些小药片。单人医疗检验几乎可以证明是否服药，但也有一些例外，难以作为军事法庭的证据。因此，我突击检查全军，检查每个士兵。如果全面检查的结果合格率低于95%，我就会将部队指挥官撤职。我只撤职了3个人，其他人都明白了我的意图。

我们所有人，指挥官、医生、团级军官、参谋人员和士官，团结起来驱逐病魔，成果缓慢地但以日益增加的速度出现了。挂在我办公室墙上的图表，表明了各个医院和疟疾治疗部队的入院人数曲线逐渐走低。到1945年，整个第14集团军每天的患病率是千分之一。但1943年底，情况则相差很远。

我的第三个严重担忧与健康和战斗力各个方面都存在密切的关系，那就是士气。毫无疑问，在史无前例的大惨败之后，我们又在若开遭遇了灾难性失败，导致英印军大部的士气处于危险的低谷。随着若开绝大多数士气动摇部队已经撤退，而仍在前线的作战部队的士气还是比较好，自以为中部战线的英印第4军和南部战线的英印第15军，士气足够坚定。而在后方地区、交通线区域、补充营、前线后方广大区域的后勤部队聚集区，士气则确实较低。经过这些过滤器，奔赴前线的所有部队、新兵和个人都扩散着低迷气氛，许多人感染了意志消沉的病毒。1943年夏天，交通线区域发生的新兵逃亡事件也越来越多，情况令人沮丧。而后方的印度，各种谣言不断流传，把日本人描绘成丛林中超级可怕的人，喋喋不休地宣扬他们的残暴、他们装备和训练的优势，以及我们官兵遭受的苦痛、什么物资都短缺、我们领导所犯的各种错误，以及要想打败敌人根本毫无希望。甚至来自英国的新兵也宣扬着这些故事。这是一种内部的坏疽病，很容易扩散开来。士气高昂或者低落，以及与之相关的胜利的希望，仍是尚在摇摆的问题。

在温盖特突袭之后，我们有一些多少有些虚假的宣传，但吉法德将军的影响力更加稳固。我们面临的困难是，战败的记录、缺乏基本设施、丛林生活的不舒适、最糟糕的孤独感，以及长期远离家人的思乡病。特别是英国军人，他们感到得不到自己人民的认可，有时他们的存在被人遗忘，从而心怀不乐。官兵说他们是一支“被人遗忘的军队”，很久以后报纸记者们才知道了这个说法。这是一支不被理解的军队。毕竟，英国人民的家门口有足够危险和令人兴奋的事件，而缅甸则在遥远的地方。在总体战略中，缅甸的地位并不清楚，而且缅甸发生的事情看来也不是决定性的。更为令人不安的消息来自非洲。无故抱怨也无济于事，因为第14集团军没有出现在国内报纸的头条，到目前为止，我们还没有做出任何事情可以让自己登上报纸头条。当我们赢得了一两场胜利时再发牢骚，效果就完全不同了。这种被人忽视的感觉，在优先次序清单上垫底的感觉，深深地烙在我们心里。这支军队有深深的苦涩感，而最大的苦涩是为我们自己感到惋惜。

当我上任时，我静静坐下来解决士气问题。我得出某些结论，其不是基于任何我以往学过的理论，而是基于一些经历和大量的思考。正是基于这些结论，我有意识地着手增强集团军的战斗精神。

士气是一种精神状态，是一种不可捉摸的力量，可以激发全员官兵为了实现某种成就而献出自己最后一点力量，而不考虑自己的付出。士气使士兵感觉他们是比自己更伟大的某物的一部分。如果有那种感觉且能够持续下去——士气的核心就是持续力——那么他们就具有了士气的基础要素。这些基础是精神、理性和物质，这是按重要性所排列的顺序。第一位是精神，因为只有具备精神基础才能够经受真正的紧张。第二位是理性，因为人们会由于理性和感情而发生动摇。物质在重要性上排最后一位，但放在最后是由于，通常物质条件最不济的时候，反而士气最高。

我坐在办公室里思考，将士气的上述基础列成以下表格：

精神

1. 必须有一个伟大而崇高的目标。

2. 目标的实现一定是至关重要的。

3. 必须以积极而主动的手段实现目标。

4. 人必须感觉到他是什么人，而且他做的事情直接关乎目标的实现。

理性

1. 他必须坚信目标可以实现，并非遥不可及。

2. 他也必须认识到，他所属且渴望实现目标的这个组织是一个有效率的组织。

3. 他必须对领导者有信心，并且知道无论号召他去经历什么样的危险和艰难，他的生命都不会被轻易抛弃。

物质

1. 他必须感觉到，他一般会得到指挥官和军队的公平对待。

2. 在人力所及范围内，他会得到最好的武器和装备执行任务。

3. 尽可能向他提供良好的生活和工作条件。

整理我的这些原则是一回事，而发展和应用这些原则，使其得到整个集团军的认可则是另一回事。

无论如何，我们的精神基础是坚定的基础。我所称的“精神”这个词，并不具有严格的宗教意义，而是指对一项事业的信仰。宗教往往且仍然是道德的最伟大的基础之一，特别是军队士气的基础。圣人和军人有很多共同之处。我们第 14 集团军有穆斯林、锡克人、廓尔喀人，以及好战的印度教徒，他们各自的宗教能够在士兵中激发起一种蔑视死神的光芒。基督教是持久勇气的最重要来源，是士气的组成部分中最珍贵的源泉。正如我们所知，宗教并不是高昂士气的重要因素。曾经与纳粹伞兵部队、日军自杀特攻队或者俄国的政委打过仗的人，都会意识到这一点，但是作为一种精神基础的事业信仰则是高昂士气的重要因素。

我们拥有事业信仰，而且我们优于敌人的是，我们的事业信仰是建立在真实而非虚幻的精神价值观之上。我们军队为正义事业而战。我们不垂涎任何人的国家，我们不希望把任何形式的政府强加在任何民族的头上。我们为生活中那些正派、体面和自由的东西而战，为了能够按照我们自己的方式生活的权利而战，为别人能够按照他们的方式生活而战，为按照我们选择的信仰崇拜的上帝而战，为了在身体和心灵上的自由，并且为了我们孩子们的自由而战。我们战斗只是因为邪恶的力量已经侵蚀了这些东西。在第 14 集团军，无论任何宗教和种族的士兵，他必须感觉到这一点，感觉到他拥有一个崇高的事业，如果他不保卫这个事业，那么对他和他的孩子来说生命就毫无价值。仅仅有崇高事业尚且不够，必须积极而主动行动，而不是被动消极地抵抗某种东西。所以，我们的目标变成不是保卫印度，阻止日本人的进攻，甚至不是为了占领缅甸，而是为了摧毁日本人的军队，将其作为一种邪恶势力加以粉碎。

战士在面对敌人时能够认识到，无论他是英勇或是怯懦，他所做的事情都关乎战友并且直接影响着战斗的结果。对于工作在遥远的后方公路上的人、在仓库里检查物资的文书、机械插线接通电话的司令部电话员，从事低级工作的清洁工，在补充营里默默发放鞋带的军需官，这些人和成千上万其他人来说，要让他们认识到这一点，则更为困难。然而，这个集团军 50 万人中的每一个人，以及后来的更多的人，必须认识到其工作是整体的一部分，认识到其工作的意义，并且为出色的工作而感到骄傲和满足。

现在这些事情正是士气的基础，因为是纯粹的感觉和情感，是最难成功完成的，特别是对这支军队的英国官兵来说。问题在于如何逐步培养或者恢复英籍官兵对第 14 集团军各族官兵的信心。我感觉到只有一种方法能够做到，通过直接接触这些士兵，并不是依靠书面训词和无线电广播讲话，而是通过各部队和指挥官之间的非正式的谈话和接触。这不是新创意，我的军长和师长及以下军官已经在做这件事了。正是用这种方法，在 1942 年大撤退最艰苦的日子里，我们把部队团结在一起。那时我们作为一支军队维持下来，只是因为士兵们看见并且了解了他们的指挥官。我现在所做的一切就是鼓励我的指挥官增加这些活动，团结他们，共同处理解决这个问题，关键是在行动中，将原则变成实践，而不仅仅是停留在言辞上。

正如大多数事情一样，其都是以语言开始的。我们——我的指挥官和我——与各部队、集结的军官、各总部、小群士兵、那些我们四处走动时偶然遇到的个别战士交谈。而且，我们都带着同样的目的，谈同样的内容。每当我离开司令部，整个战役大约三分之一的时间都在外面，在最初几个月里除了没有做出任何许诺，我更像一个议会候选人而不像一个将军。一位最成功的英国指挥官有一次告诉我，可以成功地向军官要求更多的东西，但是不是直接针对普通士兵。他低估了他的国人，而且忘记了历史。对于参加过十字军东征，历经克伦威尔、皮特和丘吉尔时代的英格兰而言，他的言论并不正确。那也不适用于我的集团军，也不适用于英国、印度、廓尔喀或者非洲的士兵。我坚持亲自与所有的作战部队，或者至少是与所有作战部队的军官和士官谈话。我发表讲话的讲台通常就在我的吉普车的引擎盖上，士兵围绕在这周围。我经常一天进行三四次这样的简短讲话。我知道了不同种族官兵的各种反应，也许在英印第 15 军我就了解了。甚至英国官兵的反应也有所不同。一个伦敦营的士兵会在笑话讲完之前就知道了笑点，而北方郡部队的官兵就不会那么容易发笑，但是他们一旦大笑起来，那吼叫声让人感觉真好。所有的反应很快表明了他们因自己来自英国的某地或某团而有的自豪感。这种地方自豪感还可以包含更多东西，这是一件好事。所有的英国人都羞于谈论有关精神的事情。最为显著的是英格兰人，威尔士人和爱尔兰人对这种话题较少有压抑感，而苏格兰人，他们受浪漫历史的更多熏陶而最没有顾忌。然而，印度的各族官兵则完全不同，比起英国士兵，他们对这些更抽象的领域会有公开的反馈。他们对领导个人不仅有更深的感情，而且比起我们而言，他们的军事传统、爱国精神，以及宗教更是日常生活的一部分。他们的反应是直接的，并且经常是很强烈的。保佑廓尔喀人，他们是所有听众中最无动于衷的人。他们往往专心致志地站着或坐着，一本正经地毫不改变其表情，直到他们因一个相当粗俗的笑话爆发出亚洲最迷人的大笑为止。对非洲人，我由于语言的短板而处于很不利的地位，说起话来没有深刻的知识，我应该说，鉴于他们更缺乏教养，其反应很大程度上像印度人。

语言是一种障碍。英印军现在有很多新兵，他们没有时间学习乌尔都语，有些部队，例如马德拉斯（Madras）部队，几乎没有人说印度斯坦语。无论我如何想方设法避免，但在很多场合，只有印度士兵天生的良好风度才能阻止他们嘲笑我的一些失态行为。我记得，有一天我对一个廓尔喀营发表讲话，驱车大约 1 英里后，还要对一个印度营讲话。我的谈话内容，实际上都是一样的。当我结束时，我自认为对印度人发表了一段特别动人的乌尔都语长篇大论，我转向我的副官，并且带着某种自豪说道："我讲得很好吧？""非常好，先生，"他相当不满地回答道，"但是我想您知道了，在您说了头两句之后，您又完全说回到廓尔喀语上去了！"

我也懂得，一个人不需要成为高超演说家。只需要做到两件事：第一，要知道你正在谈论什么；第二，也是最重要的，相信自己。我发现，如果一个人说的大部分内容是人们感兴趣的实质性事情，食物、军饷、休假、啤酒、邮件，以及战役的进展，那么他就可以用崇高的话语结束，即谈谈精神方面，而我总是这么做的。

为了使不太伟大或在不太明显重要的岗位上的人相信他们是集团军的重要一部分，我的指挥官和我经常视察这些部队，以表明我们对他们的关注，并且告诉他们，我们和这个集团军的其他人是多么依赖于他们。在一支军队里，以及在任何大型组织里，大部分人只有在需要为错误负责时才会被想起。如果不是接不通电话，谁会想到电话接线员？如果不是译电员译错了电文，谁会想到密码译电员？如果不是将文件送错，谁会想到偌大司令部里的传令兵？如果不是做出了特别令人恶心的饭菜，谁会想到食堂里的大师傅？然而这些人很重要。而将这种观念灌输给印度下属也是很难的。他们通常都来自较低的种姓，基本属于文盲，常常被他们的较高种姓的城里或乡下同胞看不起。对他们，我发现用一只钟表进行比喻取得了巨大的成功。“一只钟表就像一支军队，”我总是告诉他们，“有一根主要的发条，那就是集团军司令官，他使这只钟表走起来，然后还有一些别的发条，驱动着那些齿轮转起来，那些就是他的将军。那些齿轮就是官兵。其中一些是很重要的大齿轮，他们是参谋长和上校大人们。其他有一些是小齿轮，看起来根本不重要，这就像你们。然而，停下一个小齿轮并且看看这只钟表的其余部分会发生什么情况！小齿轮是重要的。”

我们利用这种方法激发每一个士兵的人类欲望，使他感觉到自己和他的工作的重要性，然后我们集团军上下出现了最引人注目的事情，后勤人员、劳工和非战斗部队的士气与战斗部队不相上下了。他们感觉自己分享到了第 14 集团军的胜利，他们为第 14 集团军的胜利和荣誉做出了与其他人一样的贡献。我们还有另一种方法，即无论他是什么军衔，都让每一个人感觉他是这场战争的一部分，那就是保证他实际参与所发生的事情。这对参谋人员和类似的人来说，当然是很容易的，他们可以参加日会与周会，这时候各处室能够解释其正在干什么以及希望干什么。在这些会议上，他们不仅作为团队讨论各种事情，而且同样重要的是，他们实际看到他们自己是团队的一员。对于士兵，由他们的军官开展谈话，并且带他们访问会议所在部队设立的情报中心。

正是用这些方法我们建立了各种精神基础，但是还不够，如果没有其他基础，也就是理性基础和物质基础，精神基础还是会瓦解。我们首先说服怀疑者，我们在战役中歼灭日军的目标是切实可行的。我们是被自己编造出来的超人故事吓坏了。那些打仗败的士兵在为他们自己辩解时不得不断言他们的对手是某种不同寻常的人，敌人具有准备上、装备上和地形上的所有优势，而他们自己则承受着各方面都缺乏的痛苦。他们的逃跑越是狼狈，也就越需要夸大敌人所具有的不对等优势。这样，很多还没有等到与入侵者交手就仓皇逃出缅甸的人，或者那些在1943年待在后方地区的人，往往都会传播日本人具有超强能力的耸人听闻的故事。而我们当中那些真正曾经和日本人打过仗的人，相信如果一兵对一卒，我们的士兵就可以在日本人的丛林游戏中打败他们，相信在智力和才能方面，我们能够超过和战胜他们。

我们现在也有非常振奋人心的消息，其作为提振士气的手段，提供了非常大的帮助，我大加予以利用。在1942年8月和9月里，澳大利亚部队在新几内亚的米尔恩湾（Milne Bay），首次在陆战中确定无疑地击败了日军。澳大利亚人和我们的情况相当类似，如果他们可以击败日军，那么我们也能够做到。我们当中的一些人可能忘记了，在所有盟军部队中，澳大利亚士兵最先打破了日军不可战胜的神话，我们那些在缅甸的人有理由记住这一点。

但是，只靠谈话和教育并不能令人信服，还必须予以实践证明。这就是我的前任们曾经在若开所做的尝试，但是他们太过于雄心勃勃了。以我们现在的训练、组织和信心的状态，不应该尝试取得一场大规模战役的胜利。我们首先让全军有这样的感觉，我们是猎捕日本人的人，而不是他们在猎捕我们。

因此，所有的指挥官都把注意力转向巡逻侦察。在丛林战中，这是胜利的基础。这不仅能够使自己看到自己擅长的方面，并且能使自己的对手陷于盲目，而且通过巡逻侦察，士兵能够学会在自己作战的环境中充满信心地行动。每一支前线部队，不仅仅是步兵，选择最优秀的士兵，组成侦察队，培养和训练他们，然后派他们出去执行任务。正如所料，我们的官兵展现更优秀的聪明才智。这些侦察队带着胜利的故事回到他们的团，他们讲到日本人怎样走进了他们的伏击点，他们如何看到敌人日复一日地在同一个地方设置观察哨，然后突袭了敌军，以及他们怎样跟踪日军的侦察队并且在他们睡觉的时候俘虏他们。我们官兵带回来一支日本人的步枪、一个日本军官的肩章、一个钢盔。有时候他们甚至带回来更加有说服力的展品，例如几个廓尔喀士兵出现在他们的将军面前，骄傲地打开一只大篮子，从里面拿出三个沾满血污的日军人头，并且放在他的桌子上。他们随后很有礼貌地提出用新抓来的鱼作为他们的晚饭，而那些鱼和日军人头装在同一个篮子里。嗡嗡的议论声传遍了每一支部队。“你们听说来了史密斯中尉的巡逻队吗？嘿，他们可没轻饶那些日本人……”“我们冲向他们的时候他们正在做饭呢，哈维尔达·布珀辛格用刺刀挑杀三个日本鬼子……”“步枪手金格比尔带着他的弯刀悄悄走到日本鬼子身后，手起刀落，那个黄球般的脑袋蹦跶了三下才停止滚动！”故事讲得很详细，什么也没有遗漏，下一次侦察肯定还会有比赛。经验丰富的长官会带着新人前去巡逻侦察，他们回来的时候则将带回更多胜利的故事。即使他们回来时没有多少可报告的，他们悄悄接近猎物而不被发现也是磨炼猎手耐心的一种方法。这种小规模的巡逻侦察行动，百分之九十是成功的。到 11 月底，我们的前线部队在获得个人的优势感觉上已经取得了很大的进步，并且获得了战士心中首要的要素，那种要接近自己敌人的欲望。

英印第 17 师和英印第 23 师两个师很大程度上已经恢复了士气。我接手整个缅甸前线指挥权以前的 1943 年季风雨季期间，这两个师据守阿萨姆前线。我所做的就是将其推广为适用于全集团军的方法，并且在所有部队继续执行。

我们已经树立了单兵优于敌人的信心，我们现在必须将单兵信心变为各个部队的集体信心。我们精心策划了一系列小规模攻势，在天气允许的情况下，攻击敌军的前线部队，以获得集体信心。这些行动被精心加以规划，予以出色的领导，正如我一向谨慎行事，以巨大的优势兵力进行攻击。我们用一个旅进攻日军一个中队据守的阵地，并配备全面的炮兵和飞机支援，以一个营的部队进攻日军一个小队据守的阵地。有一次我正在审阅一个当地指挥官呈送的此类战斗计划，这时一个来访的高级参谋说道：

"这不是用一个汽锤砸一个核桃吗?""不错,"我回答说,"如果你凑巧有一个汽锤在手边,而且你不在乎那个核桃会剩下什么,那就是一个打碎它的好办法。"此外,在这个阶段,我们不能冒甚至是很小的失败风险。我们确实很少失败,通过成功侦察巡逻行动建立起来的单兵优势正在激发各个部队优于日军部队的心理。我们这时正准备进行更大规模的作战行动。我们已经建立起我们的士气的理性基础,每一个人都知道我们能够打败日本人,我们的目标是能够实现的。

下一个基础是,士兵应该感觉到他们属于一个战力强悍的组织,第14集团军运行良好,可以实现某种战绩,将随着这些小小胜利从而达到自己的目标。同时,官兵可以感受到,吉法德将军的后方机构和斯内林的后勤机构整编正在逐渐发生显著的改善,以及交通线全体官兵取得了几乎令人难以相信的成就。给养确实得到了改善,虽然依然远远低于应该达到的水平,邮件开始更加有规律地到达,甚至出现了可以享受福利服务的迹象。

一项创新是一份战区报纸《盟军东南亚司令部报》的出版。一天,我得知该报的一位编辑正在我们集团军防区考察,我问是否可以见一面。一个看上去身材健壮的少尉被人领进我的办公室,有人介绍说他是弗兰克·欧文(Frank Owen)。我对军中报纸有着强烈的看法,于是与这个年轻人谈了10分钟,我向他解释了如何办报纸,以及编辑的职责是什么。他很有礼貌地听着,他说他会尽力而为,遂敬礼离开了。直到他走了以后,我才了解到他是舰队街最年轻和最杰出的编辑之一,并且在战争一开始就很有个性地投笔从戎。蒙巴顿海军上将元帅非常明智地赋予了他完全的编辑自由,《盟军东南亚司令部报》在他的领导之下成为我所见过的最优秀的战时报纸。这份报纸和欧文本人对我们士气的提振做出了极大的贡献。

修整营和补充营的士气最为低落。在交通沿线上的这些补充营里,到各个前线的所有补充部队经常要耽搁几个星期才会接到命令或者有可用的交通工具。几乎没有例外，我发现这些士兵情绪低落得无法用言辞形容。正在腐烂的帐篷或者年久失修的茅顶竹舍，地面还是泥土，蚊虫肆虐，缺少所有的便利设施，这些就是普通的住处，训练和娱乐消遣都似乎处于无组织状态，所有部队的士兵都拥挤在一起。这就无怪乎士兵精神颓唐、纪律松懈，失败主义谣言四处蔓延。更为糟糕的是，除了极少数例外情况，那些指挥官和参谋人员全是部队不需要的军官和士官，或者他们宁愿待在后方而不愿到前线去。我们必须立即结束这种令人失望的状态。第一步是要选择一个精力充沛、经验丰富、有组织能力的军官全权负责此事。印度骑兵部队的格拉迪奇上校（Colonel Gradige）就是我要找的这个人。下一步是选择一些真正的军官指挥和管理这些军营。作战部队的委任军官自然不愿去那里，但是当解释了我们的需要，在某些情况下施加了一点压力之后，还是有人去了。吉法德将军是第一个理解这种需要的人，他从依然匮乏的装备和资源中给了我们每一种可能的帮助。每个补充营都指定给了相应的前线师。由指定师提供军官和教官，相应悬挂该师师旗和佩戴该师徽章。我们鼓励各师师长视察其所辖的补充营，从一个士兵到达的时刻起，他就会感觉到他属于一个可以为之自豪的作战部队。训练落地，纪律严明，几个月内，虽然食宿和便利设施的规模依然大大低于我所希望的水平，但第 14 集团军的补充营地已成为清洁、乐观与积极的一部分。尽管格拉迪奇统帅的兵力平均多达 5 万人，但是我甚至无法授予他代理准将的军衔。很少有哪位上校为了第 14 集团军的胜利付出如此多的努力。

除了补充营，奥金莱克和吉法德将军已经建立了两个训练师，即英印第 14 师和英印第 34 师，他们从第 14 集团军抽调战斗经验丰富的军官和士官出任指挥官和教官。在训练师，完成基本训练的新兵会进行实际的丛林战训练。经过几个月，训练师的新兵成为补充营的补充兵，其素质发生了完全的变化，不仅是军事技能，还有士气。

一如既往，基本上是通过领导人员的素质来判断士兵们的战斗力。

军长和师长得到士兵的完全信任，他们有能力，有经验，而且最为重要的是，部队了解他们。我们的旅长和各部队的指挥官都是精挑细选的，全是积极而坚强的职业军人。我们确保他们是这样的人。在战役期间，我经常受到压力，要求我直接任命英国本土或印度没有战争经验的人为营长、旅长，甚至是师长。我总是反对这么做。我常常任命他们为副旅长或者副营长，经过一段时间的考验和指导再说，但对于那些他们要指挥的人，或者对于从丛林战摸爬滚打出来的军官来说，无论没有战争经验的人平时或者训练履历为何，这都是不公平的。让他们自己去赢得声望。绝大多数人做到了，但是有些没有做到。这要首先筛选出来。

建立与英印军总司令部相分离的盟军东南亚司令部表明了形势向好，这是新的驱动力，新的源泉。当新任最高统帅蒙巴顿海军上将出现时，我们看到了这些希望。他年轻、乐观、眉目如画，到处传扬着他的英勇。蒙巴顿对英国士兵说话时，具有令人无法抗拒的坦诚和魅力，对印度士兵，他平等地发出呼吁。集团军的士气已经十分高涨，他是最后的主音。

我第一次见到蒙巴顿是在我司令部附近的巴拉克普尔砖地机场。他迟到了大约一小时左右，我坐在小汽车里和一位美国空军将军聊天。日本飞机上的单独的红色圆标志和我们英国皇家空军飞机上的红白蓝同心圆及中心为红色的标志，曾经产生过某种混乱。因此，缅甸战场的英国皇家空军重新粉刷了他们的标志，取消了他们的红色中心，而且我们发出命令，飞机上只要有红色就是敌机，可以对其进行射击。蒙巴顿的大型运输机着陆的时候，我注意到的第一件事情，就是机翼和机身上那些圆圈上惹人注意的红色中心。很幸运没有人喜欢扣动扳机，他顺利而安全地着陆了。

蒙巴顿的视察时间十分短暂。他来到了我们的司令部，会见了英国皇家空军和美国陆军航空部队的指挥官和参谋人员，以及我的参谋长，并向我们发表了简短讲话，简述了他的计划。他要做的事情似乎很多，我们也是。从他的这次讲话以及我们相处几分钟里的谈话里，我感到要取消缅北攻势了。现在将从南方实施登陆。这看来显然是明智的。以前经常讨论到这一点，但在我们得到必要的海军掩护力量和登陆船只之前，这也是希望渺茫。当我问他未来是否会有海军和登陆艇时，“我们正得到大量舰船，”他告诉我们，“印度和锡兰的各个港口会装不下这些舰船的！”我们看着他乘他的飞机起飞前往德里，那些红色的圆在印度内陆是无关紧要的事。我们回去面对我们的工作，一切都由于他的来访而变得更好，大家充满了信心，缅甸前线终于要搬上优先考虑的名单了。我们开始感觉到，我们是一场高效演出的一部分，或即将成为这一部分，而且这种感受在传递开来。

在传播这种感受的过程中，一个最有效因素是，相信组织的高效性来源于纪律意识。实际上，纪律意味着，每一个人当事情超出他的权力或能力范围时，知道向谁寻求进一步的指示。如果这就是一种正确的纪律意识，他就有信心得到明智而有效的指示。我们必须采取各种措施，以增强士兵对其长官的信心。例如，仅仅高效还不够，这个组织还必须看上去是高效的。如果你走进一个团的队列时，风纪卫兵敏捷而机警，你遇到的人都表现很好，敬礼干净利落，你肯定会产生高效的印象。你是对的，这个部队十有八九是高效的。如果你走进一个司令部，发现文书们邋邋遢遢，地板没有扫过，还有肮脏的茶杯和打过苍蝇的报纸，污迹斑斑地被放在办公桌上，那么该司令部可能是有效率的，但是没有一个来访者会这么认为。

整个集团军的纪律水平正在提高，特别是一些新成立且纪律曾经不佳的部队，现在被全体指挥官严厉整顿。我们试图使纪律为士兵所理解，但我们是一支老式军队，坚持了纪律的外在符号。在第 14 集团军，我们期望士兵向军官敬礼，而军官回礼，彼此互相信任、尊重。我鼓励所有军官坚持在任何可能的时候——也很少有不可能的地方——都要有良好的仪容并且讲究卫生。检查路上遇到的士兵有没有恰当地敬礼或者军容不整，这需要勇气，特别是对一个年轻的军官来说。但是，他每次这样做，都会增加他的道德勇气，而且无论如何，那位士兵可能会说，他尊敬纠正其行为的这位军官。对于严格的强制敬礼，我只规定了一个例外。我曾想将加尔各答变成一个不用敬礼的地方。那个城市里挤满了正在休假的军官和士兵，他们没有便服，走在加尔各答主要大街乔林基街上。一个人要么每走5步就敬礼一次，要么经常检查不敬礼的士兵，所有人都很疲倦。我向上级提出了这个建议，但并未被接受。

随着击败日本人的信心不断增长，盟军东南亚司令部的建立给了我们希望，而且纪律性也得到了迅速改善，这奠定了士气的理性基础。剩下的就是物质基础了，我们正得到奥金莱克英印军的越来越多的支持，交通运输的稳步改善，以及所有后方部队的士气正在提高。用其他英军部队的标准来衡量，我的部队的物质条件虽然还很差，但也正在改善之中。

然而，我知道，无论最高统帅从英国本土得到了什么承诺，物资到达我的部队至少需要6个月时间。我们还会有很长的时间依然处于一种令人绝望的短缺状态。在更为灰暗的时刻——曾经有过很多这样的时刻——我甚至怀疑我们是否曾经爬上了优先照顾的名单。如果不想因希望被延迟而伤害士兵们的心，那只有一件事情可做，向他们承认各种短缺——那已经非常明显了，但要给他们这样的印象：

1. 必须首先打败欧洲的德国人。德国人的装备规模要比日本人大得多。因此出于公平和常识，与他们作战的军队面临的困难也比我们大得多，应该首先要求得到新装备。

2. 在这个限度以内，每一个负责的指挥官都会以最大的努力去争取得到我们需要的东西。

3. 如果我们无法得到希望给予我们的每一样东西，我们应该自己创造条件，或者什么也不做。

4. 我们会缺少很多东西，但除非拥有执行任务所需的最低标准装备，否则我们不会要求部队做任何事情。

无论士兵是何种族，有什么样的反应，各级指挥官都要将这些事情坦率地告诉所属士兵。根据我的经验，与其要求士兵以不充足或过时的装备去作战从而导致士气降低，还不如让负责任的指挥官维持现状。如果士兵们知道他们的上级和下级都全力以赴地为他们争取他们所需的东西，他们就会创造奇迹，正像我的士兵们所做的那样，面对贫乏的资源，他们不是坐下来悲叹而是做得更好。

我并不是说第 14 集团军的士兵喜欢困难，但他们在以决心和才智克服这些困难的过程中逐渐获得了巨大的自豪感。自始至终，他们只有两种装备从来不缺：那就是他们的头脑和勇气。他们践行了我赠予他们的非官方座右铭："人肯自助，天必助之。"我告诉他们，任何人都能够做容易的工作，而克服我们面临的物资短缺和各种困难则需要真正的勇士，坚强的小伙子就是为了艰苦的工作而存在的！我们没有享受特殊待遇的精英，唯一有特殊待遇的是前线部队。当然，他们经常遇到物资短缺是因为运输的种种困难，但是如果我们有物资，就会想尽一切方法把东西送给他们，他们比那些身居后方的人更有优先权。士气高涨最为令人信服的证据之一就是那些后方的官兵和部队接受了这一点，并且牺牲自己的需要以确保前方的优先权。我就有些夸张地沉浸于此。当任何前线部队的给养被削减一半时——而且整个战役过程中他们经常如此，我也总是削减司令部的一半给养。这样做很少有什么实际效果，但作为一种姿态还是相当有价值的，这提醒那些有着健康胃口的年轻参谋人员，使得前线部队尽可能快地恢复完全的配给，这是一个紧迫任务。

公平的分配也意味着，在种族和种姓之间没有任何区别对待。印度人、非洲人和廓尔喀人的愿望和需要必须和英国战友的一样，得到同等热切的照顾。这并不总是很容易做到的，因为我们的很多参谋军官，直接来自英国国内，他们怀有世界上最美好的意愿，却不知其他人想要什么。也有一些人认为印度人或者非洲人需要的全部东西就是，有一片树丛可以在下面躺着，有一捧米饭可以吃。印度士兵的需要不像英国人的需要那么多或者那么复杂，但他们的士气会由于这些需要得不到满足而受到同样严重的影响。

另一方面，我们没有任何偏爱。战役进行时，我经常被问及："哪个师是你的精锐师？"我总是回答说："我的所有师都是精锐师！"某种意义上而言，这么回答是没有错的，说不定在什么时候，第 14 集团军的每个师都能立下卓越的战功，在特定的时期里的任何一个师可能都是佼佼者。每个师的士兵都相信他们的师是全集团军中最精锐的师，他们应该是对的，但是无论多么优秀，公开宣扬比其他部队更优秀，则是不明智的做法。同样的事情适用于各部队，这一点特别重要。我们并肩作战的部队有从过去传承番号的各个营，有尚待形成光荣传统的新编营，有从尚武民族来的人，也有来自至今仍无军事传统地方的人，他们都得到了同样的对待，并且都依据战绩来受评价。有时候对于战绩的认识与先前并不相同。

我们尽力保证，不因种族、种姓或阶层而带有偏见地评价个人的功绩。这一点并不总是像听起来或者应该的那么容易，但是我认为，必须根据功绩进行人员的晋升，无论他是英国人还是印度人，是正规委任的军官还是应急委任的军官。在一个有成千上万人组成的集团军里必然会发生很多不公平的事情，主要多亏了指挥部队的军官们，我相信第 14 集团军的绝大多数人会说，作为个人，总体上享受了相当公平的对待。不管怎么说，我们都尽力予以公平对待。

通过上述措施以及其他方法，我们将我关于士气基础的大致要点，包括精神、理性和物质基础转变成了我们士兵的战斗精神和对自己及其指挥官的信心，这给我们的盟友留下了深刻的印象，并让我们的敌人感到惊讶。

第三部

试炼武器

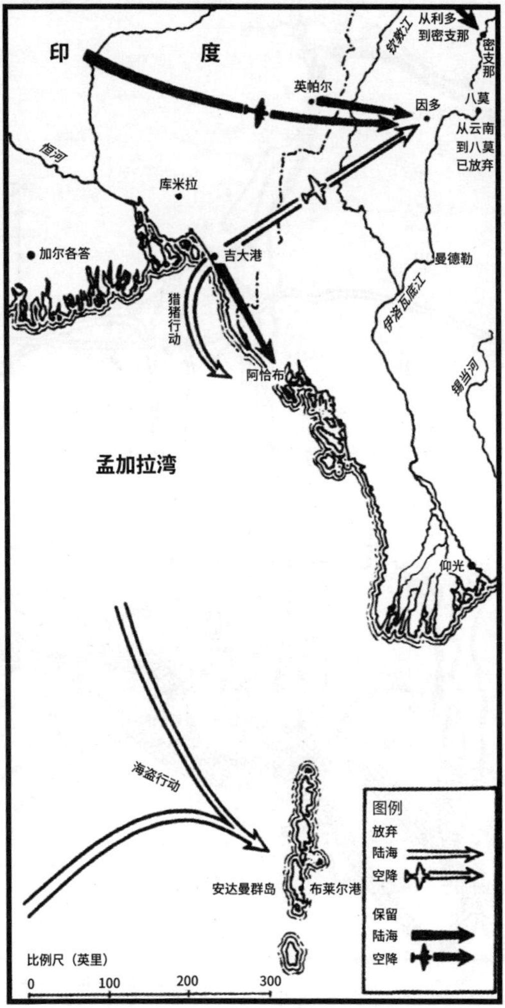

地图 5　1944 年的东南亚作战行动计划

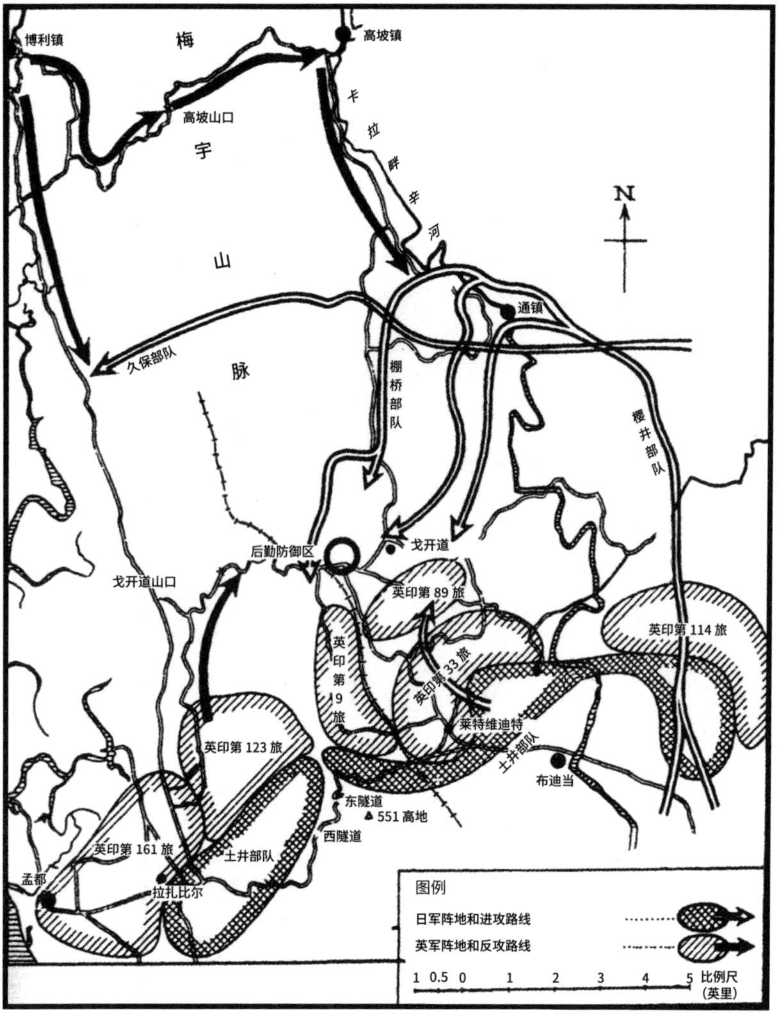
博利镇
梅
高坡镇
高坡山口
宇
卡拉畔辛河
山
N
通镇
久保部队
脉
棚桥部队
樱井部队
后勤防御区
戈开道
戈开道山口
英印第89旅
英印第114旅
英印第9旅
英印第33旅
莱特维迪特
土井部队
布迪当
英印第123旅
东隧道
551高地
西隧道
英印第161旅
土井部队
孟都
拉扎比尔
图例
日军阵地和进攻路线
英军阵地和反攻路线
1 0.5 0 1 2 3 4 5 比例尺
(英里)

地图6　戈开道战役

第十章 最佳计划

补给、健康和士气三大内部问题已经开始解决，下一步我便把注意力转向了我司令部的位置问题。就一个地方而言，我极不喜欢巴拉克普尔，此地那些肮脏的贫民窟令我感到压抑。我们现在工作的地方是业已褪色的辉煌楼宇，那里以前曾发生过兵变，也让我感到压抑。加尔各答的各种娱乐设施就在我们的门口，不利于我们或我们的工作，更为糟糕的是，这里距离作战地区太远。前往前线的唯一可行方法是空中旅行，可以缩短时间却无法缩短距离。乘飞机从巴拉克普尔到英帕尔大约 400 英里，而战斗发生地还在距离英帕尔 100 英里至 150 英里以外，而北面的中国战线还要更远。这就好像我在伦敦指挥 700 英里以外意大利阿尔卑斯山脉的战线，只不过印度没有像欧洲那样的公路和铁路，电话和无线电联络也是比较初级的。从各个角度而言，显然都有必要将我司令部前移，如果可能的话，最好设置在更中心的位置。

选择是有限的。集团军司令部需要大量的办公用房，最好是大楼，有良好的通信条件，并且也同样适合空军部队办公的地方。我下定决心，无论我们到哪儿去，我的司令部和与我一起工作的空军司令部都应该在一起。实际上，空军已经正在争取搬到库米拉去，那是一个稍大一些的城镇，在加尔各答以东大约 200 英里的地方。在孟加拉，库米拉的铁路和公路交通较好，能够发展成一个航空中心。作为一个地区的首府，库米拉有很多大型政府建筑，至少比巴拉克普尔更卫生。所以我们决定到库米拉去。工兵和通信兵立刻开始工作，接收集团军和空军司令部的准备工作现在热火朝天地紧张进行。

10 月底，我和空军司令比尔·威廉斯一起，最后一次视察了我们的办公地点。本来我喜欢在城外几英里的一个略高的地方建立新的集团军司令部，但那样花的时间太长，所以我们把那块高地留作医院和无线电发射站，而我们进了城。这是一个孟加拉城镇，由于刚刚过去的季风雨季，建筑的外墙上长了霉菌，污迹斑斑，总是令人十分压抑，但库米拉全城都有一种忧郁的附属品，其最引人注目的特点是那些为英国文官和警官竖立的纪念碑——他们通常都是被孟加拉恐怖分子所杀害的。我的办公室窗户常常可以看到此类遗迹。

我的下一个任务是到前线四处走走。先不去若开。我已经很熟悉若开及其战局了。阿萨姆的主要前线，自从 1942 年 6 月以来我就没有去过，所以首先到那里去。自从大撤退以来，已经发生了很多事情，作战方式方面的变化不如后勤方面发展那么大。我发现负责阿萨姆战线的杰弗里·斯库恩斯中将（Lieut. General Geoffry Scoones）对他的军散布在 200 英里的宽度上有些担心。然而，我认为，如果当地的日军形势保持不变，如果我们仍欲发动攻势，且最为重要的是，如果可以实现大规模两栖登陆作战，那么我们就无须过分担忧英印第 4 军的分散部署。

在阿萨姆前线时，我被叫到盟军东南亚司令部参加一个关于未来全面攻势的会议。从丛林中的竹棚、露营地和英印第 4 军磨破的绿色作战服，到新德里装饰讲究的城内，到处是大家熟悉和不熟悉的各种盟军制服，拥挤着各色男女，这是一种突然的变化。新德里——这座世界上最漂亮和最浪漫的首府——像以往一样宽敞而又人群拥挤。除去战时扩大的文官政府，还有 3 个庞大的军事司令部拥挤于此，即英印军总司令部、盟军东南亚司令部和第 11 集团军群司令部。我能够理解蒙巴顿海军上将想要把他的司令部搬到某个不太拥挤、在他指挥下的地方。

会议令人印象深刻。会议在红色沙石建造的内阁秘书处大楼里举行，15 年前我作为一个低级参谋官曾在这里工作。举行会议的房间很大，与会者坐得满满的。我以往从来没有看到这么多人参加一个计划性会议，但随后我提醒自己是以往从来没有见过这个层次召开的计划性会议。一张长桌子的两侧都是大窗户，桌子前端坐着最高统帅蒙巴顿海军上将，依次往下两边坐着他的各位总司令和主要参谋官员，长桌的另一头是急匆匆走来走去的两国的秘书和 6 名负责做记录的人员。房间的其余地方，一行行椅子上坐满了许多美军将领、中国海军上将、英国空军中将，以及荷兰人、印度人和在我看来很多各种不同军衔的军官。

到会的人中，给我最深印象的是惠勒将军（General Wheeler），他是美军的后方勤务部队司令，显然是一个很有能力的人，更为重要的是有经验常识。还有我的总司令吉法德将军，他最不擅长这种会议争论，但保持了军人一如既往的务实态度。我惊讶地发现这个会议经常纠结于诸如装备、部队调动之类的小事情，以及许许多多本来可以交给参谋处理的事情。很多次要问题被提了出来，大家进行了激烈的讨论。有时候我们似乎更多的是在考虑我们的行动对白厅和华盛顿的影响而不是对东京的影响。事实上我还没有习惯在欧洲和非洲已经盛行的大参谋班子，我也没有理解一个大型司令部所面临的初期困难。

这是我第一次参加盟军东南亚司令部的会议，我发现有点儿令人困惑。此后两年里我参加了很多这样的会议，随着蒙巴顿海军上将逐渐熟悉最高统帅这一职务，会议变得更加务实和有效率，这个过程令人感兴趣，因为蒙巴顿必须知道如何履职。和平时期，没有什么英国人曾得到这么多机会掌管一个最高司令部，更没有英国人出任过最高统帅。蒙巴顿海军上将的经历说明了一个事实，他为履任战术司令部接受了更好的训练，他是一名海军军官，指挥过一支驱逐舰舰队，以及后来指挥需要快速思考和迅速决策的航空母舰编队，直接指挥参加任务的官兵。他出任联合作战部长的时期，深刻了解到其他两大兵种的组织和运作，这对他有巨大的价值，但联合作战的战术计划比其他任何作战设计更关注和重视细节，与此相反，最高统帅的考虑更广泛和长远。作为英国参谋长委员会联合作战司令部的一名成员，他在更广泛的层次接触战争，在此期间，他完成了出任最高统帅的学徒期。

蒙巴顿相对年轻，他比我小 10 岁，比史迪威小 20 岁。对我们绝大多数人而言，这具有某种激励效果，当然对于我们的部队也是如此。有些人可能曾作为海军服过役，那里的军阶意识更为明显，他们发现很难忘记当蒙巴顿还是一名海军中校时，他们已是海军上将，但在陆军，对于这种事，我们更宽容。我们太习惯于奇特的代理和临时军衔。当成为集团军司令官时，我的实际军衔还是上校，但我认为这并没有造成太多的困扰。从一开始就没有人不喜欢这位最高统帅，甚至包括史迪威，他曾经有一次用一个很形象化的语言向我承认了这一点。蒙巴顿头脑敏捷，记忆力出众且精力旺盛，这使他能够在其出任首长的庞大组织里理清头绪。他变得越来越关注重要事务，并且向前看得更远。在各个方面来看，他成为一名真正的最高统帅。

我发现盟军东南亚司令部是可以漫步的迷人之地，到处都是有趣的人，特别是富有说服力的年轻人，他们感兴趣于兜售胜利的捷径，而且其拥有优先通行权。我称呼他们为“骗子”，但分成两种：一种是熟悉战争的人，但仅限于大量非战斗的参谋人员，他们有时间和机会形成自己的理论；另一种是坚韧和乐观的人，如果是夜间登陆海滩，奉命炸毁一个哨所，他们可能是第一流的人，但他们的经验仅限于使用“汤姆”式冲锋枪。我很喜欢和他们聊天，而他们也很愿意施惠于我。他们中很少有人有什么真正新的东西可说，即使少数人有可说的，但也忽视了一种新的思想，除了突破常规组织，还应该具有某种值得发扬的价值。

新的司令部很快步入正轨，但在德里却出现一个令人不安的事情，即在盟军东南亚司令部和英印军总司令部之间，产生严重摩擦的危险正在日益增加。很多新来的参谋不了解英印军总司令部及其优势与局限，有时候却显示出无知的傲慢自大。而英印军总司令部原来的人积累了失去作战指挥权的愤恨，并对对于他们以往努力的批评十分敏感。只是由于指挥官们令人钦佩的理性才避免了分裂成两派的灾难性后果，即亲蒙巴顿派和亲奥金莱克派。他们坚定地反对任何鼓励这种对立的行为，尽管存在着许多真正的困难，但是他们的合作仍是全面而无私的。假如不是如此，东南亚取得胜利的过程将会被拖延得更为长久。

计划工作自始至终在高压下进行，两大阵营最高统帅和英印军总司令都有各自的计划机构。这相当像一场网球比赛。一个计划机构向另一个计划机构抛出一套计划，后者修改了这个计划后再越过网子将其送回去。这样来回进行了相当长一段时间，直到盟军东南亚最高统帅的计划机构或者英印军总司令的计划机构用胜利的一击最终结束这个回合，将这个不幸的计划直接打出球场。在这些过程中，最高统帅很快就意识到了这一点，不久后他就组织了一个真正的工作机制，借此简单有效的权宜方法，将英印军总司令的计划人员和他自己的计划人员组成联合机构，由他的高级计划参谋出任联合机构的主席。

美英联合参谋本部的第一个命令是要求盟军东南亚司令部执行两项任务。第一项任务，应尽可能紧密地吸引太平洋战场的日军兵力，美军正在太平洋战场发动攻势。第二项任务，通过发展空中航线，以及通过修建一条穿过缅北地区并与旧有的滇缅公路连接起来的路，扩大我们同中国的联系。充分利用我们日益增强的海上和空中优势夺取一些地区，此举将削弱敌人的强有力反应。为此，丘吉尔先生强烈敦促在苏门答腊实施两栖登陆作战，计划人员的首要任务已经考虑了这个计划。然而，由于可用的资源有限，这个作战行动注定无法进行。苏门答腊登陆作战计划被报告给了英国参谋长委员会，他们答复称，战争的这个阶段没有更多的力量可以派往缅甸。这时候没有别的选择，只有放弃苏门答腊作战计划。

计划团队毫不气馁，开始寻找不太雄心勃勃的两栖作战计划。安达曼群岛显然是第二个选择，也是现有兵力范围内的最佳目标。夺取安达曼群岛，结合缅甸的作战行动，则有望完成上级的命令。到 11 月底，这些计划被具体化为一系列 1944 年实施的相关攻势：

1. 由第 33 军通过一场两栖作战行动夺取安达曼群岛。

2. 作为准备对阿恰布实施两栖攻击的战役，由英印第 15 军占领若开的梅宇半岛。

3. 由英印第 4 军在中部战线进攻，渡过钦敦江，目的是牵制涉及以下第四项作战的日军主力。

4. 由史迪威将军统率的中国军队从利多进攻密支那，以掩护建设一条通往中国的公路。

5. 为了帮助史迪威的进攻行动，由温盖特的特种部队对史迪威正面的日军敌后进行一场远距离的渗透作战行动。

6. 由印度伞兵旅和一个印度师空降作战以夺取因多地区的铁路，首先帮助史迪威的进攻行动，其次协同第七项作战合作。

7. 由中国驻滇远征军进攻腊戍—八莫地区。

除了安达曼群岛的进攻作战，这个计划是整个缅甸前线的全面攻势。这些计划中的作战行动都是在陆上兵力的限度之内，并且在战略上实现了良好的整合。然而，很显然，因其包括一个主要的和一个次要的两栖作战行动，并且至少包括两个大规模的空降或空中补给战役——更不要说其他空中运输行动——整个计划依赖于能否得到大量海军登陆船只和大量空军运输部队。盟军东南亚司令部的每个人都充满信心，认为未来的作战部队，要么已经在战区，要么确定会配属给战区。我非常开心，白厅和华盛顿现在真正将我们放到他们的地图上了。

我们面临的第一个困难是缅甸作战指挥权的更替，最初的计划是，由史迪威指挥利多的进攻以及中国驻滇远征军进入缅甸后的作战行动。此时的1943年11月，史迪威只是指挥了一个很小的军，但希望会有更多中国师加入利多的部队，当中国驻滇远征军众多杂牌部队到来时，史迪威指挥的兵力大约相当于一个集团军。缅甸的其他作战行动——在若开，在中部战线，还有在日军后方的两个空运登陆行动——都将由第14集团军负责指挥。史迪威和我各自作为一个集团军司令官，在第11集团军群总司令吉法德将军的指挥之下行动，这样，他就有两个兵力均衡的集团军。这将是合乎逻辑且军事正确的组织机构。然而，史迪威却坚决地反对这一点。若这个老头儿反对的事情，那就是个麻烦。然而，这老头儿也不是没有其幽默的一面。观察史迪威，当受到沉重的压力时，他总是善于借助他的众多美国和中国军官盟友的支持，从某一反对意见转变到另一反对意见，这堪称是攻防战的一课。

最后为了解决指挥问题，由最高统帅召开了一次会议，但不是一次像平常那样的大规模会议，这相当明智。除了最高统帅及其英美参谋长，吉法德将军、史迪威和我出席了会议。蒙巴顿海军上将首先发言，他十分礼貌地提出，因为他的集团军群已经有一个主官总司令，而且因为他的司令部不是为了直接指挥下属部队而设置的，史迪威应该处于吉法德将军的指挥之下。史迪威马上指出，作为在缅中国军队的总司令，他必须服从蒋委员长的命令，即在缅中国部队必须处在蒋委员长的直接指挥之下，且只服从最高统帅的总体指挥。围绕这个论题进行了一场简短的争论后，史迪威的角色转换为了中缅印战区的美军司令。他说，吉法德不是一位盟军将领，而只是一位英国的总司令，作为一位美国将领，美国总统没有授权他将他或他的部队置于一位纯粹的英国司令官之下。对这个问题的争论又占用了大量时间。然后这位令人敬畏的老头儿又改变了自己的头衔，以另一种角色出现。他作为盟军东南亚司令部的最高副统帅，无论如何都高于集团军群司令官，因此，不能也不适于被置于吉法德将军之下！蒙巴顿海军上将越是显示出无限的耐心，向他晓之以理，这个老头儿越是顽固和任性。真正的麻烦在于，吉法德和史迪威从一开始接触都埋下了个人反感的情绪。两个人都有吸引对方的基本性格，又都是如此不同的两个极端，彼此在风度、教养、见解、处事方法上都截然不同，而且既不能也不愿意向对方隐藏自己的观点。

这次会议的氛围变得激烈起来。史迪威乖戾的顽固性格，露出了他最不好的一面。我当然一言不发，因为我是唯一在那里接受决定的人。吉法德将军也一言不发，尽管心中愤怒，但像往常一样，他举止得体。看着这一幕，那些美国军官处于一种特别尴尬的地位，虽然他们是蒙巴顿海军上将的参谋人员，但他们清楚地意识到史迪威是一位美国高级将领，而且美国人尊重资历，完全同我们的海军一样。若当面站起来支持乔·史迪威，那他就是一位勇敢的美国人。蒙巴顿海军上将正变得越来越失去耐心，这也可以理解。根据美国参谋长联席会议和英国参谋长委员会共同授予的一项权力，蒙巴顿如果认为合适，则有权撤掉其司令部里的任何盟军军官。因此，如果他想用的话，还有最后一张牌。情况看来，这个僵局似乎不会有任何解决办法了，只能由最高统帅直接向最高副统帅下达命令。

突然间，史迪威展现了一个出人预料的姿态——我曾多次见过——震惊了在场的每一个人，他说："在攻占加迈（Kamaing）之前，我准备接受斯利姆将军的作战指挥！"我们大大地松了一口气，迅速抓住这个突如其来的解决方法，走出这个困境。实际上这造成了一种甚至更不合乎情理的局面。据此，我取得了缅甸前线整个陆上作战行动的指挥权，但我只为我的第 14 集团军向我的集团军群司令官负责，而对史迪威所部，理论上，我只对最高统帅负责，我要绕过我的集团军群总司令。蒙巴顿海军上将相当冒失地询问史迪威和我打算怎么实行这种荒谬的军事安排。我们不约而同地要求一起讨论这个问题。这次会议结束了，史迪威和我直接去了他在德里的司令部，他在这里的职务是中缅印战区美军总司令。他在某些事情上下定了决心，就会毫不妥协。幸运的是，他和我在同一些事情上下定了决心，即争取更多的中国师加入利多部队，强势向密支那推进，并且利用温盖特的特种部队协助这一推进。在大撤退中，当我们与孙立人的中国新 38 师有共同作战的经验后，我总是和史迪威在这个问题上有一致的看法，只要给予公平的机会，且在数量上又占优势，他的中国人就能打败日本人，而且他是亲眼看见他们做到的人。我们在战术上达成了一致意见，很明智地避免了战略上的讨论。他告诉我，他打算怎样发动攻势，以及他的目标是什么。我向他保证，在实施这些计划时，他不会受到我诸多命令和指挥的烦扰，温盖特的兵力也将用来帮助他，而我在阿萨姆前线的作战行动将会牵制日军主力。我们握了握手，他回他的司令部，我回我的司令部。

实际上，令人惊讶的是，这种不合逻辑的指挥体系运行得非常好。我与史迪威打交道的方法是建立在大撤退中我对他的了解的基础之上，向他下达最少的书面命令，但是，无论什么时候，只要我需要什么都会坐飞机飞过去和他单独讨论问题。史迪威在没有别人在场的时候，可以平静地谈论事情，是一个比有听众时的“酸醋乔”更令人喜欢的人。单独相处时，我从来没有发现他不讲道理或者故意为难人。我想，我告诉他要做什么事情，他只有两三次不同意，而他每次都照办了，我不能说他是心甘情愿的，但确实很有风度。

有人告诉我，这个指挥组织，特别是史迪威处于我的作战控制之下这个事实，不应该弄得尽人皆知。无论这是为史迪威保全在中国盟友方面的脸面，还是为了避免因这种不合情理的安排必定会引起的恼怒，我不知道，可能二者都有。在任何情况下，这都对我没有什么影响，我始终小心翼翼地观察着情况。11 月底，蒋委员长同意史迪威及其中国军队处于我的指挥之下，但明确了一点，这只是对我个人的一个让步。因为他从来没有见过我，我忍不住想，假若史迪威有别的看法，他可能会同样容易地说服蒋委员长接受吉法德将军。

这些会议后，我从德里飞往第 14 集团军司令部现所在地库米拉。要感谢史蒂夫 · 欧文和“阿尔夫”· 斯内林，我发现各等军官和机构都安顿下来并且运行顺畅，同时在我的通信部长鲍恩准将（Brigadier Bowen）的指挥下，通信部队已经完成了一些奇迹。很多人不知道一个集团军司令部的通信部门必须处理的通信量有多么大，比一个大城镇的通信量还要多，迅速接受和传递这样规模的通信量是一个巨大的成就。我从来没有遇见过任何人能像鲍恩那样将一条线路延伸得那么远。说来很奇怪，我们初次见面是在多年前，那时他作为中尉加入了我的廓尔喀连。他在无线电方面的知识和兴趣驱使他转到了皇家通信兵团，我于 1942 年在缅甸发现他当时是英缅军的通信部长。当第 14 集团军组建时，我抓住机会把他调到了同样的位置上。

我们集团军司令部的组织机构和我的英印第 15 军基本上相同。我从来没有采用“参谋长制度”，根据德国和美国的先例，某些英国部队也引入了参谋长制度。根据此种制度，参谋长不仅是所有参谋工作的协调人，还是司令官面对其他主要参谋人员和各部首长的发言人，向他们解释司令官的各种意图和计划。我倾向于采用英国部队原来的做法，由司令官亲自直接面对主要参谋官员。司令部是司令官个性的反映，因而其事务是一种极具个人性的事务。因此，适应一位司令官的制度，可能并不适应另一位司令官。实际上，无论制度的理论基础是什么，司令官个人很容易改变组织内的工作重点，营造一个反映其个性的司令部。这不是说一种制度比另一种制度好得多，而是一个明智的司令官选择的一种制度，能将其意志以最好的方式贯彻到部队的每一个部分。真正的危险是将军们可能盲目地模仿那些杰出的、成功的司令官的个人行为及其组织，而他们在性格、精神和心理表现上都并不与其相同。模仿从来不会成为杰作。

在第 14 集团军，我的准将参谋长协调司令部的复杂工作，而我的高级参谋官实际上是负责后方勤务的少将。作为在缅甸作战的一个集团军，这是合乎逻辑的，因为后勤的可能性和不可能性都会成为显著的问题，比战略和战术方案更为重要。任何情况下，我们正在开始建立起来的庞大的供应、运输、医药和补充机构规模远远高于一位少将所统辖的范围。

我据以计划所有作战行动的原则是：

1. 最终意图必须是发起攻势。
2. 作为作战计划基础的主要思想必须是简单的。
3. 这个思想必须通观全局，其他的一切必须为其让路。
4. 这个计划之中必须有一个出人预料的因素。

我制订这样一个计划的方法是，自己首先研究各种可能性，然后非正式地和我的准将参谋长、少将后勤部长以及空军的对应人员讨论这些可能性。在这些讨论中，我们会形成潜在行动方案的纲要，至少两种方案纲要，更通常的是 3 种或 4 种。这些方案将由准将参谋长交给我们的计划团队，计划人员是特别筛选的且相对比较年轻的低级军官，不仅包括一般参谋和后勤参谋，还有空军参谋。他们进行初步研究，给出可行性意见以及各种方案的优劣势。他们完全可以提出自己的新建议，或者将最初方案进行整合。这些计划人员对这些建议的讨论结果将被整理成简短文件呈送给我，很大程度上是以表格的方式，我根据其决定这个计划要遵循的主要特点。在这个阶段，我会挑选出情报军官扮演日军指挥官——这是一项重要的任命，我通常跟他们在司令部里，讨论敌人对于这个计划可能做出的反应是什么。我当然每天就我们所知道的或者能够猜测到的日本人的情况，在研究他们的各种行动、意图和部署。但是，我倾向于等待，直到我选择好我的计划，然后再考虑敌人对它的反应，因为我倾向于敌人顺应我，而不是我顺应敌人。我认为考虑日本人的这些可能的反击行动，从来没有引起一个计划的重大改变，但是这种考虑的确影响了诸如预备队位置及其任务的确定。在此之后，我常常会和空军指挥官谈论这件事情，他常常已经通过他在计划人员队伍中的代表，熟悉了他们的工作。因为我们的计划很少不依赖于空中支援和空中运输，在这个阶段我们之间必须在总体上达成一致意见。这一点做到了——感谢英美两国空军指挥官的慷慨与无私，很幸运我能和他们一起工作，事情总是得以办成——下一步是我的主要参谋人员的一个会议。在这个会议上，除了少将后勤官和准将参谋，出席的还有我的炮兵主任，工兵、通信、医务、军械和皇家电机机械工兵等负责军官。我向他们拿出我的计划，应对或者克服他们可能有的任何特殊困难，并且派他们去见自己的部属，举行他们自己的会议，解决要推动的五花八门的事情。与此同时参谋长和空军的高级参谋官着手处理陆地和空中的共同点，很多东西都依赖于此。还有更多的事情要由准将参谋来做，他必须给各军以及参加作战的其他指挥官编制作战命令或指令。他们将实施这些作战行动。他与后勤参谋以及各军种一起编制命令或指令。我想曾经有数十条作战命令以我的名义颁发出去，但是在整个战争过程中，实际上我没有亲自写过一条。我身边总是有比我写得更好的人。然而，在命令方面，我亲自拟定意图草稿。它通常是所有段落中最短的部分，但是它又总是最重要的，因为它指明了，或者它应该指明这位指挥官想要达到什么目标。意图是至高无上意志的表达，命令中的一切内容以及集团军指挥官与士兵的每项行动必须受意图主导，因此意图应该由指挥官亲自来撰写。

下一步就是我亲自把作战命令下达给要执行这些命令的下级指挥官。

原则上，在战场上最好直接到他们那里去，这强于把他们召回来；在他们的司令部把命令交给他们，强于在自己的司令部把命令交给他们。无论你指挥的是一个营还是一个集团军群，这一点都适用。

1943年11月，大约有三分之一的作战飞机是美国人的，剩下的三分之二是英国的，但是美国人的比例——特别是运输机——正在增加。在整个战役过程中，整个英国飞行中队的数量超过美国人的飞行中队，但是在运输机方面美国飞机迅速增加，直到他们占了大多数。在最初，整个美军空中力量处于史迪威的直接指挥之下，而不是在皮尔斯（Peirse）之下，也就是说不在英国空军总司令的指挥之下。但是，蒙巴顿海军上将很明智，他违背史迪威的愿望，强行整合了两支空中力量，并使得皮尔斯成为盟军空军总司令。作为他的副司令官，美国少将斯特拉特迈耶（Major-General Stratemeyer）被任命为所谓东部空军司令部的指挥官，东部空军司令部负责在缅甸前线的所有盟国空军建制单位的作战行动，换句话说，这实际上是这个战场上的所有空中力量。他指挥所有的空中行动，同时我掌控着缅甸前线所有的地面部队的作战。这样，他与我在地面上的行动协同一致。

东部空军司令部的组织如下：

1. 第3战术航空队。
2. 战略航空队。
3. 部队运输机司令部。
4. 照相侦察部队。

空军中将鲍德温（Air Marshal Baldwin）指挥第3战术航空队，它依次细分为：

1. 美国北部区域航空部队，其任务是支持史迪威的中国人和保护越过“驼峰”到中国的空中运输航线。

2. 英国皇家空军第 221 大队与它在英帕尔的司令部，负责支援在主要的中部战线上的英印第 4 军。

3. 英国皇家空军第 224 大队与其在吉大港的司令部，支持在若开前线的英印第 15 军。

斯特拉特迈耶的司令部建立在巴拉克普尔附近的一个巨大的黄麻厂里，与此同时鲍德温的第 3 战术航空队司令部和我的司令部在库米拉。美英联合部队运输机司令部司令奥尔德准将（Brigadier-General Old）也把他的司令部建立在那儿。事实上，第 14 集团军司令部、第 3 战术航空队司令部和美英联合部队运输机司令部，很大程度上是作为一个联合司令部在工作。我们共享情报资源，我们的计划人员在一起工作，并且也许最有效率的是，这三个司令官和它们的主要参谋军官都生活在同一个食堂里。我们甚至达到了这样的地步，当美国人染上了呷茶的习惯时，英国人学会了做速溶咖啡。虽然斯特拉特迈耶偶然和我发出一些联合指令，但是随着鲍德温、奥尔德、我和我们的参谋之间交往的亲密，第 14 集团军直接提到东部空军司令部的情况变得比较少了。我也发现通过鲍德温向戴维森少将（Brigadier-General Davidson）的战略航空队提出各种要求不那么麻烦了，实际上他变成了我在空军那一边的人。第 14 集团军对第 3 战术航空队、美英联合部队运输机司令部、战略航空队和他们的指挥官欠着一笔特殊的债务。我们逐渐有了一种十分亲密的兄弟情谊，彼此相互依赖、相互信任，对于对方取得的巨大胜利就好像我们自己的胜利一样，感到极大的自豪和骄傲。在缅甸前线克服的种种困难和获得的无数成功都是一种联合起来所获得的成就。

司令部的生活作息规律。我 6 时半起床，7 时审阅夜晚期间收到的各种重要消息，7时半到8时，和空军指挥官以及我们的主要参谋官一起吃早餐。8时半，众所周知就像“晨祷”一样，我要参加空军和陆军情报会议——梳理和讨论过去24小时发生的各种事件，再由英美陆军和空军官向众多听众汇报情况。然后，我和我的准将参谋以及少将后勤官处理一些紧急事务，并且看看要由集团军指挥官决定的五花八门的公务。我们大家在午饭时再次见面，通常边吃边谈不离本行。大约3时我离开我的办公室，读一个小时的小说，喝下午茶，和我的一位参谋在凉爽中散一会儿步；7时半吃完饭，在食堂的一个酒吧里聊天直到9时半，最后到我的作战室看看最新的报告，到10时上床。如果在这时和6时半之间，有什么人为了任何真正的危机打搅我，我忠诚的廓尔喀传令兵巴比尔就会冒险叫醒我。我看过太多同事在战场巨大的指挥压力下垮掉的情况，他们没有意识到，我如果要继续下去，就必须享有充分的悠闲时光，并在其中思考，还要有不被打断的睡眠。将军们常常会很好地记住这一点，即使是在战争中，“一个博学之人的智慧在于得到悠闲的机会”。那些整个白天外加半个晚上忙个不停的将军们时时大惊小怪，布置排的位置，书写行军日程表，这累垮的不仅是他们的下级还有他们自己。如果没有这些忙乱，当真正的紧急情况到来时，那些保留下来的精力就能够使他们一连几天工作（如果必要的话），很少休息和睡觉。

当一系列事件开始威胁着要打乱我从德里带回来的一些（继而是绝大多数）计划时，我很快回到司令部。1943年11月底在开罗的联合参谋长会议上批准了原来为1944年制定的7个进攻的作战行动。然而，仅仅一周之后，在德黑兰，斯大林元帅承诺，如果英美首先全力打败德国人，其就加入对日战争。罗斯福和丘吉尔接受了这个条件，作为集中力量对抗主要敌人的战略的一部分，东南亚一半多的两栖作战资源受命被调回欧洲。这一点使得我们不可能对安达曼群岛实施海上攻击，因而盟军计划用保留下来的力量从若开的日本人背后登陆作战。蒋委员长已经调动他的云南部队进入缅甸，条件是盟军要在东南亚进行一场对抗日本人的两栖作战。当通知他盟军已经放弃进攻安达曼群岛深思熟虑的计划，但是将进行一场较小的登陆作战时，他拒绝承认这是在完成在开罗达成的协议，并且撤销了下达的让云南部队向前推进的命令，造成了空降一个印度师到因多地区，以与预期从云南进发的中国人合作的计划变得毫无用处，而且这的确很可能是灾难性的。作战行动也迫不得已被取消了。尽管这样，为若开登陆所做的各项计划和准备工作仍然向前推进，我和各位指挥官及参谋人员举行了几次会议，细化这次作战行动。在12月底，英国参谋长委员会通知最高统帅蒙巴顿，因为蒋委员长不接受若开登陆行动是作为攻击安达曼群岛的一个替代行动，在东南亚的两栖作战行动将被取消，而所有登陆船只将返回英国或者地中海地区。于是情况就是这样了。

我们的作战计划一份接一份地被取消了，每一份都有生动形象的代号名，计划人员恪尽职守，有时候很狂躁地调整计划以适应缩减了的资源。作战计划被取消不是他们的错误，也不是最高统帅的错误，他们需要接受这个现实，即突然而武断削减原先坚定承诺过要给的部队。我们的作战行动因此逐渐减少了。他们豁达而平心静气地承受了失望和所有白白付出的努力，这正说明了最高统帅的坚韧和这支部队的精神。甚至处在令人焦虑不安的工作漩涡里的那些可怜的计划员仍然能够自嘲，他们当中有一位居然找出时间把这些混乱的计划、种种的变更、代替方案和那些作战计划的代号凑成了诗歌样儿的文字：

计划接二连三推出台。
司令们去了，今儿又来，
电报声滴滴答答连成排，
您倒是为了熄火还是扇火来？

所有这一切的实际结果是，原来计划的1944年在东南亚的作战行动从7个减少为4个：

> 1. 英印第15军在若开地面上推进。
>
> 2. 史迪威的中国军队向密支那推进。
>
> 3. 温盖特的特种部队进行一场长距离的渗透作战行动，以帮助史迪威。
>
> 4. 英印第4军在阿萨姆主战线上向钦敦江推进。

这一正确的战略，即在缅甸南部登陆的战略，因此就这样不得已被放弃了，我们退而采取这种四叉戟式的入侵行动。当我反复思考未来的战役，我坚定了我的信念：尽管如此，从北面重新进入和克复缅甸应该是可能的，但是我们的最新计划有一些令人不安的特点。我们知道，日军兵力正稳步加强。因为在北部前线，更多的中国师到来加入行动，在南部的若开前线，交通线越来越短、越来越便利，所以我们能够指望集中对敌优势兵力。然而，在阿萨姆，在中部战线，在那里必须打响决定性的战斗，即使最乐观的计算，也会使我们心生疑窦，因为由于这条危险的交通线，我们可以移动和维持的兵力甚至只能与日本人能够集中起来对付我们的兵力相当。很显然，在现阶段虽然我们的部队在训练和士气上已经有了很大改善，但是我还不想以同等的条件与日军进行第一场大的师与师之间的正面决战。我想要在这场斗争开始的决定点上拥有优势兵力，在一场胜利之后提振第14集团军的精神，我不应该太担心不利的可能性。

我绞尽脑汁并且威逼我的后勤参谋，让其想方设法再为中部战线输送一个师，但是没有奏效。以我们当时的运输力量，加上大量的非战斗人员需要去修建为推进行动所需的公路和飞机场，所以要再挤出来一个作战建制单位就要冒极大的后方勤务风险。这虽是一个风险但我认为自己本应该坚持冒这个险，但是却没有那样做。如果战役按照原来的计划进行，我们就会由于没冒险而遭受磨难。后来我对冒后勤风险与否有了较好的判断力。

当然，有一个很有诱惑力的替代方法，通过它，我们可以扭转劣势。如果我们能在突入缅甸之前严重削弱日军，那么整个战局会改变。能够做到这一点的唯一方法就是，在早期阶段，引诱敌人在十分有利于我们的条件下进入一场主要战斗，这样我们就能粉碎敌人的三四个师团。怎么做到这一点的想法经常困扰着我，但是我的将才还不足以想出一种方法来发起这样一场战斗。因此，我专心致志，确保我们的进攻行动如计划的那样是成功的。

我的三个指挥官——史迪威、斯库恩斯和克里斯蒂森——已经和我讨论过他们的计划，并且都精力充沛、信心百倍。只有支援史迪威的温盖特的作战行动计划还有待最后敲定。温盖特与我在德里和别的地方已经最终讨论了他用兵应该遵守的一些原则，以及他部队的训练和部署的原则、他运用这些原则的计划。总体上说，温盖特和我比绝大多数人预期的要更为意见一致，也许是因为我们以前就彼此认识，或者也许我们在一些主要问题上各自以自己的方式得出了同样的结论，诸如空中补给的能力、从北面夺取缅甸的可能性、我们对日本人的兵力和弱点的估计等。当然，我们在很多事情上是不同的。对于一个如此狂热地追求自己的目标，而没有别的考虑也不考虑别人的人，我们不可能完全一样。

他的部队，由于一些欺敌原因被称为英印第3师，在其中有英国人、廓尔喀人、缅甸人和非洲人，但是没有一个印度人。这支部队在印度完成训练，现在被置于我的指挥之下。我把温盖特叫到库米拉来，谈清楚关于未来作战行动的几件事情，因为在这些事情上可能会有一些误解，同时给他下达一些命令。

正如此战区的其他部队的部署，由于可用的作战资源时而充足时而紧缺，致使温盖特部队的部署方案要反复修改和变更。然而，他比别人更为幸运，资源充足的时候多于资源紧缺的时候，其资源也急剧增加。这得益于他在白厅和华盛顿的出色宣传以及权势人物的支持。首先，他接管了英军第 70 师全师，这个师曾是我驻兰契英印第 15 军的一部分。这事发生在第 14 集团军与英印军分开之后，当时这个师未转隶第 14 集团军，已经不在我的指挥之下。因此，他们也就没有就此改编事项咨询我的意见，如果征求我的意见，我会尽可能强烈地反对这件事。我坚信，在对日作战中，像英军第 70 师这样一个久经沙场、战历丰富，装备精良的英军师，比多于其两倍兵力的特种部队更为有效。不仅如此，英军第 70 师是唯一受过丛林战训练的英军部队。拆散该师是一个错误。加上该师，温盖特的部队有超过两个师的步兵和一个复杂的参谋及后勤机构。此外，温盖特还下辖了独一无二而且配备豪华的自有空中力量。蒙巴顿元帅被温盖特的燃烧的热情所感染，曾经转而说服美国陆军航空部队司令阿诺德将军（General Arnold）向英印第 3 师配属一支美国航空部队，即第一空中突击队，其不仅配备了提供近距离支援的战斗机和轻型轰炸机，还有运输机、滑翔机和轻型飞机，用于内部交通和撤退伤员之用，还有必要的维修保养组织。飞行员经过精心挑选，由科克伦上校（Colonel Cochrane）和阿里森上校（Colonel Alison）组建和指挥突击队，他们俩都是杰出的王牌飞行员，虽然飞行与指挥并不是一回事，但都是第一流的组织者和领导人。温盖特所部面临的第一个难题正是这支航空部队。美国和英国的空军参谋们强烈地提出了这个问题，为了支持次要的作战行动，而长期牵制使用我们驻缅甸很大部分的空中力量，这是相当不划算的。当时我原则上同意此种意见，私有的空中力量无异于私有的军队，这完全是一种浪费，然而，我也强烈认为，这支空中突击队必须配属给温盖特部队。我的这种想法已然相当慷慨，这支空中突击队已经全心全意将自己视为温盖特部队的一部分，如果现在将其调走，除了会激起所有人的热烈争论，而且会使士兵们感到绝望和不安，而这些士兵正要进行一场最危险和最艰巨的冒险行动。

下一个难题则与温盖特自己有关。我认为他没有向任何人吐露过自己的意图和雄心，既没有对自己的参谋人员说过，也没有与上级指挥官交流过，从我们的讨论中，我明显感到，温盖特的想法已经发生了很大的变化。他最初的想法是，以规模相对较小的轻装纵队渗透到敌后，袭扰敌人的交通线和后方设施，与此同时我军主力部队则在其他地方实施决定性的打击。从这一观点出发，随着他越来越意识到存在空军补给的可能性，逐渐认为主力部队应该成为渗透部队，而辅助部队应保留下来，驻扎在也许称之为防御圈的地方，保持相对不动的状态。首先，这就必须大量增加用于渗透的部队；其次，也需要装备更为重型的武器装备，因为要用于据守各个着陆基地，抗击敌军的猛烈攻击，而且要对敌人的防守阵地发动强有力的反击。像往常一样，我发现温盖特在谈论战略或大战术的时候相当兴奋，但是当问题涉及实际对日作战事务时，他却很奇怪地变得非常天真幼稚。他从来没有与日军的实战经历，甚至连一场战斗都没有。日本人与他在东非交战过的意大利人可不同，威胁日军的后方并不能将其吓退，首先应连续猛击日军，然后经过激战方能歼灭他们。温盖特所部官兵受过激战、进攻和防御的训练，并按此装备。以主力部队渗透作战的战略思想，既不是新的，也不是错误的，我自己就在 1945 年的曼德勒—密铁拉战役中运用了此种战略思想。然而，温盖特试图以现有部队及空军资源实施，则是不恰当的。在制订东南亚战区作战计划的某个阶段，当时我们曾打算将一个标准的印度师空运到因多地区，中国驻滇远征军将在那里发起中央核心攻势，我们当时正在讨论这个想法；但是就是在那个时候，此项作战行动也被放弃了，温盖特还是在渴求着得到一支大规模部队。我没有责怪他，所有指挥官也都没有责怪他。

他对我提出的第一个要求，就是让我把洛马克斯的英印第 26 师给他，这个师原来是为空降因多而训练的。我拒绝了他。他拥有的部队，超过了我们空军能够运输和补给的能力。这个师是我整个集团军的唯一一支预备队，温盖特明年使用该师的可能性甚微，在此情况下将其拆散，简直就是疯狂之举。除此以外，我知道一旦出现了我所期望的决战机会，就绝对会需要这个师。

然而，温盖特像所有优秀的指挥官一样，是最具决心且最坚持不懈之人，他已经下定决心要扩大他的指挥权。当他发现向上陈情无用之后，就转而采取更坚决的行为。温盖特的空想式胜利，曾得到丘吉尔首相的认可，这使其有权直接致电丘吉尔首相，陈述意见和建议，而不管蒙巴顿海军上将或者其他上级指挥官是否赞同此等意见和建议。我已得知温盖特具有这种极其特殊的权力，所以当温盖特开始说，他个人忠诚于我，但他对于一位直接上级的忠诚高于对我的忠诚，我便知道怎么回事了。我问他，那位直接上级是谁。他回答说："英国首相和美国总统。"他继续说道，若他认为无论哪个上级妨碍其作战行动，即有责任直接向他们报告。他认为，现在就是可以直接向他们报告的时候，对此他表示最大的遗憾，无论对我将产生什么样的后果，他必须要向首相报告。我将桌子上的一本电文本推向他，并且告诉他，去写电文。他没有拿本子，而是离开了我的房间。他是否致电丘吉尔首相，我不得而知，也没有询问。然而，这是我最后一次听到他要求得到英印第 26 师。

次日，温盖特又回来找我，我们继续研究他的作战行动。最初计划的指导方针是，第一次远征分为两波次进行。温盖特的 3 个旅进入缅甸，经过长途丛林行军，越过钦敦江，渗透日军防线，到达指定作战区域。在 2 个或 3 个月以后，由 3 个旅组成的下一个进攻波次将徒步进入缅甸，换防第一个进攻波次部队。然而，当第一空中突击队的运输机可以使用时，温盖特希望空运一个旅到中国保山，并且引导其渡过怒江，从东面进入缅甸。其余部队将按照既定计划越过钦敦江。但是，在这个时候，我却从英印第 4 军得到报告，敌军严密警戒着钦敦江沿线的所有渡口，按照斯库恩斯的看法，要让各旅渡江而不遭拦击，是根本不可能的，我也同意这个意见。各纵队应该在没有严重袭扰的情况下进抵指定作战区域，这点至关重要，于是我们放弃了这个计划，然后开始评估直接空运的可能性。这样做的优势在于，可以减少行军疲劳，并获得更多时间进行有效的作战。我们已经承诺为若开的第 81 西非师和其他作战行动提供空中补给，然而，即使我们使用第一空中突击队的滑翔机运送部队而不是运送重型装备，我们发现依然缺少最低限度的空运能力。然而，若在高峰时期，我们可以抽调部队运输机司令部的宝贵飞机增援，我们估计在 3 月可以空运 2 个旅，尔后再空运 2 个旅。空运部队至保山的想法，虽然表面看上去挺吸引人，但是因此被放弃了。我们决定每一个攻击波都应该空运 2 个旅，另外一个旅则徒步行军。温盖特当然知道我们不再考虑把英印第 26 师空运到因多的计划，而且我也相当清楚地阐明，除了再给他一个廓尔喀营以及一些炮兵，我不会配属给他更多的飞机和部队了。

温盖特对于部队空运效率很不满意，我也是如此。而且，若不停止已经开始的作战行动，则不可能增加部队空运效率，而我肯定不会停止正在进行的作战行动，要从对华“驼峰航线”抽调飞机，这是连最高统帅都无权做的事情，所以我也必须坚持上述方针。温盖特孤注一掷，企图改变我的既定计划，他声称无法接受我已经草拟的命令。于是，我给了他一份没有签名的命令草案，告诉他把这份命令拿走，当夜就枕着它睡觉，第二天上午 10 时再来，那时候我还会将签好字的命令原封不动地给他。我告诉他，我从来没有遇到过一个拒绝服从命令的下属军官，但是如果有人不予遵办，我知道该怎么办。吉法德将军此时恰好视察我司令部，我请吉法德在第二天温盖特来我办公室的时候过来。我完全预料到了会有麻烦，然而，温盖特刚一在我书桌对面的椅子上坐下，我就把签好字的命令递给他，带着一丝轻微嘲弄的微笑，他接受了命令，而且没有任何意见。

我们在英帕尔的英印第 4 军司令部旁边设立了温盖特的司令部。他现在正在酝酿他的“据点”战术，根据这种战术，他的纵队将据守一些简易飞机场，以作基地。这就要求不断增加防守装备、炮兵、高射炮、地雷、机关枪、沙袋和其他东西的规模。我们一起探讨了他防守其中一处据点的方案，我发现他对日军的实际进攻情况一无所知。我告诉他，可以采用斯库恩斯在英印第 4 军实施的“流动模式”防御思想，即每支守军配备一支卫星式机动纵队，打击敌军攻击部队的后方。斯库恩斯对于这种战术成为温盖特的新防御战术甚感高兴。与此同时，特种部队的第一波攻击部队，即我们通常所谓的英印第 3 师，将进入前线作战区域，从那里被空运或徒步进入缅甸。

于是，我们暂时结束了对于狂热计划的讨论，但是在战争中，这个计划不只是这些事。我已经彻底认识到，我军的情报工作自 1942 年以来得到了改进，然而，与其他战区相比，情报仍然远远不够完整和精确。我们从来没有弥补在收集情报方法以及情报机构组织上的不足，我们本来应该在战争爆发时就做好这些工作。我们知道日军的一些企图，但是很少知道他们预备队的部署，实际上对于一个最重要的因素也是一无所知，然而这却是一个将领必须考虑的因素，那就是敌方指挥官的性格特点。我的对手是缅甸方面军司令官河边正三（Kawabe），他指挥着侵缅的一切日本陆军及航空部队，而我得到关于他的一切情报却不足以勾勒出其如何思考的图景。在这个时候，我根据已经知道的他指挥过的作战情况，只能预测他像我以往遇到过的绝大多数日本指挥官一样，在进攻行动的战术计划方面，他大胆鲁莽，对于自己部队的优势有着完全的信心，准备投入其最后的预备队而不愿意放弃作战计划。在很多年以前，当我在参谋学院从事研究工作时，探究了日俄战争，一直萦绕心头的一件事就是，在此战之中，俄国人从来没有赢得过一场战斗。一方面，在每一次战斗中，在俄国人还有相当规模兵力仍作为预备队且尚未投入战斗之际，他们却都接受了失败。另一方面，日本人准备投入每一个士兵，并且不止一次以他们最后的预备队拨动了胜利的天平。我们正在与之作战的日本将领都是吸取那场战争的教训而成长起来的，我遇到的所有日军将领都使我确信，他们将一如既往如此而为，且毫不犹豫。这也是他们的一个巨大力量源泉，但是我们可以恰当地利用这点，加上他们过分自信，这可能成为日军的一个致命弱点。

然而，我确实设法找到一张据称是河边正三的照片。照片显示的是西方漫画中的典型日本人形象：子弹式的脑袋，戴着厚实的眼镜，突出的牙齿一览无余。除了这些引人注目的特点，他留着大胡子，延伸到脸颊。我将这张照片钉在我办公室的墙上，正对着我的书桌。当我需要高兴一下的时候我就看着他，宽慰自己无论我们当中哪一个是更精明的将军，我毕竟都更好看一些。

在 12 月底，我视察了史迪威的北部战区及其在利多的基地。我发现这个老头儿心态很好，他完全有理由如此。在以其天生的充沛精力克服了中国人最初迟滞不前的问题之后，他的攻势进展顺利。我见到了许多美国和中国老朋友，我对于他们取得的战果十分满意，同时对于史迪威坚定的个人领导力和推动力十分赞赏，我带着这样的心情愉快地离开了。

这时，其他战线的战事进行得也相当顺利，我将注意力转向了若开，期望在这里展开战役的首场真正激战。

第十一章 取胜之道

由于若开海岸实施两栖作战行动的必要资源被抽调走了，这场前景更为广阔的作战行动化为了泡影。我们只能执行最初的作战计划，作战规模也最为适中，即发起有限攻势，沿梅宇半岛南下首先确保孟都小港，然后是从孟都出发，经梅宇山脉中央山脊而至卡拉畔辛（Kalapanzin River）河谷布迪当的公路。实现上述目标之后，我军即可利用纳夫河和孟都港，通过海路大规模补给在若开的我军前线部队。同时，这条公路可以成为我们重要的横向交通线，用于支援梅宇山脉以东的部队。据此，我们可以在梅宇山脉两侧坚定地站住脚，将处于发起强大攻势的位置，可以直指阿恰布及其更远的目标。

我们谨慎制订计划，避免犯下 1943 年若开战役的致命错误，即在狭窄的前线实施进攻，而且无视敌军的侧翼包围反击。我军意图是以两个师向前推进，不仅沿梅宇山脉两侧进击，同时沿梅宇山脊前进，第 81 西非师沿加拉丹河谷而下，进军至东侧，以保卫侧翼，而且我希望该师可以威胁日军及其东西交通线。

1943 年 11 月期间，英印第 15 军为下一步推进而完成了集结。英印第 26 师在整个季风雨季期间一直据守着前线，现在也撤了回来，抵达吉大港，作为集团军预备队。梅瑟维的英印第 7 师接防了原英印第 26 师之防区，布里格斯的英印第 5 师随后跟进，这两个师都是来自兰契。由伍尔纳少将（Major-General Woolner）指挥的第 81 西非师，现在首次进抵本战区。该师集结在其林加（Chiringa）附近，大约在吉大港以南 50 英里处，并奉命进入加拉丹河谷。在一个月以内，该师修建了“非洲之路”，这是一条吉普车道路，通过最险峻的区域，在达列密（Daletme）到达加拉丹河河口，长达 75 英里。第 81 西非师的首要任务是沿河岸修筑飞机跑道。该师擅长清理丛林，十分迅速地完成了此项任务，尔后，该师发起进攻，这是完全依靠空中供给的第一支正规建制部队。1944 年 1 月 20 日，该师遭遇日军，在此首仗之中，其摧毁了一处敌军岗哨。然后，遇到了敌军小规模部队的顽强抵抗，稳步沿加拉丹河谷南进，目标直指百力瓦（Paletwa）和皎道（Kyauktaw）。在这些遭遇战中，第 81 西非师展现了强大的进攻力。

鉴于地形，无法向第 81 西非师配属坦克，然而，我认定此次的主攻需要足够的装甲支援。这时，以往所有陈词老调又出现了，认为只有少量坦克才能驶抵若开战场，或者认为若开根本不适用坦克作战，我向英印装甲部队的“阿特”·珀斯上校（Colonel “Atte” Persse ）布置了一项任务。我命令他，无论发生什么情况，他必须监督一个完整的李－格兰特中型坦克团，即来自兰契的第 25 龙骑兵团，完成必要的维修保养，准备于 11 月之内随先遣步兵一起出发。得我之允，他可以以我的名义，向任何他认为必要的人，发出任何他认为必要的命令，在完成此项任务之后，再向我报告。我很了解珀斯及其素质，他曾经担任过我的骑兵团长。珀斯因深具主动、执着和创新精神而享有盛誉，而且必须承认，他使自己成了一个所有人都讨厌的人，得到了他想要得到的一切东西。尽管缺乏登陆船只，许多桥梁不能承受一辆坦克通过，还有众多潮汐水道、沼泽、流沙、丛林以及日军飞机的袭扰，然而坦克都按时到达了目的地。

坦克并不是我们唯一忧虑之事。我军计划的各个方面都极度需要空中补给。第 81 西非师、温盖特所部和众多其他部队均需要大规模空投，这与陆地补给有所不同。为此我们会需要大量的降落伞。第 81 西非师刚一参战，我就收到了不利的消息，从印度发运过来的降落伞数量远远低于我们期望的数量，我们的需求确实出现了严重短缺。而从英国本土获得补给，几乎毫无希望。在物资分配的优先权方面，我们处于清单的底部，降落伞以及其他物资都是这种情况。形势严峻。我们计划的基础是存在大量用于空投的降落伞储备，若没有，即使不会遭受灾难性的后果，我们的进度至少会急剧落后，且需要修改计划。我在比较凉爽的傍晚外出走了走，努力想想办法。

第二天早晨，我召集了斯内林及其负责空中补给的一两名参谋，说明了面临的形势。如果我们得不到合适的丝制或者其他特殊布料降落伞，就必须用能够得到的材料制作降落伞。我相信，可以用纸或者黄麻纤维来制造可供使用的补给降落伞。在加尔各答有许多大型造纸厂，而全世界的黄麻也都生长在孟加拉，绝大多数黄麻纤维都在此生产。我遂派一些军官前往加尔各答了解各种可能性。虽然我依然相信纸制降落伞，但却不可行，因为各个造纸厂无法及时生产出所需的纸张类型。在黄麻纤维方面，我们则比较幸运。我委派的军官拜访了一些在加尔各答的英国黄麻纤维厂负责人，告知了我们的困难，请求他们提供帮助。为了节约时间，我委派的军官提醒他们说，是我直接派他去的，而我需要的是我的唯一授权。我希望支付报酬，但是何时支付以及如何支付，我无法予以保证。这些加尔各答商人的回答是："不用担心这件事儿！既然第 14 集团军需要降落伞，那就一定会得到降落伞！"

我们的确得到了降落伞。在 10 天之内，我们试验了各式各样所谓的"黄麻降落伞"。有些降落伞落下来的时候，会发出令人讨厌的砰声；其他类型的降落伞则失败率很高。通过试验，我们制成了布料，开发出了最有效率的降落伞型式。在一个月之内，我们制成了降落伞，其有效性和可靠性达到了最精密降落伞的 85%。这种降落伞完全用黄麻纤维制成，甚至伞绳也是，而且设计最为简单，其省掉了正规降落伞顶部的通风口，因为黄麻纤维布的组织恰恰具有通风性质，当空气通过时，能保持“黄麻降落伞”张开，并且可以保持稳定。虽然没有一个大通气口，但是具有无数个小孔。若用“黄麻降落伞”空投一个士兵或一个特别珍贵或脆弱的物体，比如一台无线电收发报机，则风险极大，但是如果用来空投一般的补给品，其作用还是十分令人称道。此外其还具有一个优点。一个“黄麻降落伞”的成本刚刚超过 1 英镑，而一个标准降落伞的成本则超过 20 英镑。由于我们使用了几十万个“黄麻降落伞”，从而为英国的纳税人节约了几百万英镑，而且比这更重要的是，我们的作战行动得以进行。然而，我的回报却是受到了上级的严厉指责，因为我没有从正常渠道获得补给！我对此的回答是，在需要的时候，我从未找到比加尔各答黄麻厂商更为适当的渠道。

我的情报参谋在 11 月份预测日军在若开的部队总数超过一个师团。其两个联队（相当于我军的旅）前出阿恰布岛，还有一个联队在阿恰布岛上或其周围，此外该师团还派出了一支分遣队，包括骑兵联队，在加拉丹河谷迎击第 81 西非师。关于敌军兵力及位置，此项预测后来证实相当准确；敌军的实际兵力是完整的第 55 师团以及另外配属的两个大队。稍后我们还发现，在第 55 师团后面，另一个师团，即第 54 师团，正在向若开进军，我们认为这个第 54 师团的司令部此刻正在卑谬。因此，为了迎战最多两个日军师团，我们正在集中 3 个师（欠一个旅），还有一个师驻附近，以作预备队。然而，如果实施进攻，我们就要获得兵力上的优势，除此之外，如果可以避免，我就不想在日军的地盘上，进行一对一作战。我希望若开战役首战而胜，从而树立胜利的传统，因此不想在初期阶段过多地冒险。后来，我们常常用 2 倍或 3 倍的兵力进攻日军师团，然而此时尚不能做到这一点。在这个时期，我的全部计划就是确保在决定性要点上获得数量和兵力上的优势。

在季风雨季期间，侦察巡逻队经常出击，刺探日军防线情况，根据其侦察结果，我们得知敌军只是派出若干前出分哨，同时，敌军主要阵地在孟都—布迪当公路正北。空中侦察几乎没有结果，在绿树林之下，敌人掩蔽良好。

10月底，克里斯蒂森的英印第15军先遣师，即梅瑟维的英印第7师，接防了沿梅宇山脉两侧部署且与敌军保持密切接触的英印第26师。11月份，布里格斯的英印第5师到达，接防了梅宇山脉、梅宇山脚以及狭窄的海岸平原，构成了战线的西半部。这让克里斯蒂森能够将英印第7师集中在梅宇山脉东侧和卡拉畔辛河两岸。战线东半部的补给依靠着辛勤的骡马和脚夫队越过高坡山口（Goppe Pass）维持，后来通过卡拉畔辛河的船只补给。然而我军工兵采用了另一种运输方式，即建立一条绳索通道，这以前在印度西北的开伯尔山口（Khyber Pass）使用过，将载物运送到山口之顶。这种古老绳索通道的每一个连接点都在咯吱咯吱作响，人们英勇往前输送补给，挽救了形势，这是我们的第14集团军工兵灵活应变的另一座古老丰碑。

1943年11月的最后一个夜晚，克里斯蒂森开始发起进攻。梅宇山脉东侧的英印第7师攻入日军各分哨阵地，突入了莱特维迪特（Letwedet）地区。12月20日，英印第5师开始攻击拉扎比尔（Razabil）正面的孟都平原。经过一些迅速的小规模遭遇战之后，击溃了敌军的抵抗，这两个师继续前进。当他们接近孟都—布迪当公路时，勇敢的侦察巡逻队获得了敌军布防情况。

在孟都和布迪当之间中途左右，有一段16英里长的碎石公路，横向通过两条隧道，翻越海拔高达1000英尺的梅宇山脉，这两条隧道连接孟都与卡拉畔辛产稻区的轻型铁路遗迹。后来这条铁道被卖掉，一个河运公司拆走铁轨，他们更愿意在河上做生意，而不愿意从一条山谷翻越到另一条山谷。公路遵循原有铁路线修筑而成，在以南将近 200 英里处连接洞鸽—卑谬公路之前，这是唯一一条可通行轮式汽车的横向交通线。险峻丛林中的日军阵地覆盖公路全线，但在 3 个地方通过精心安排以及兵力部署使阵地达到了要塞的规模。首先是两条隧道，然后是梅宇山脉两侧的两个大支撑工事，一处在东侧的莱特维迪特，一处在西侧的拉扎比尔，这两处工事向前延伸，拱卫道路。所有这三处阵地均部署了最大的兵力。日军还向山体中深入挖掘，配备生活设施、仓库以及距离地面以下二三十英尺的坑道。日军构筑了无数个互相支援的机枪射击阵地，与地下工事相通。当然，此时我们完全不知道日军工事的构筑程度以及防御的坚固程度，但是这些日军阵地显然是我军难以砸碎的硬核桃。

克里斯蒂森的计划制订得相当详细，即有条不紊地进攻敌军主阵地，彻底扫荡其前面的一切敌军，夺取两翼的支撑工事，接着孤立和削弱隧道要塞的守备兵力。英印第 5 师预定夺取拉扎比尔，同时英印第 7 师迂回到莱特维迪特，预定夺取布迪当，然后从后面攻击东面的要塞。与此同时，第 81 西非师将向加拉丹河南进，攻占皎道并继续切断甘绍（Kanzauk）—蒂兹维（Htizwe）公路，这是敌人在加拉丹和卡拉畔辛河谷之间的主要交通线。

若要进攻莱特维迪特，现在则需要向英印第 7 师运送车辆、大炮和坦克。在孟都—布迪当公路以北大约有 5 英里处，这里有一条步行小道翻越梅宇山脉，穿过荒野并且曲曲折折越过戈开道山口（Ngakyedauk Pass）。有人曾经声称，在任何情况下，这条小道都不可能改造成公路，但是这里必须构筑一条公路，情况如此恶劣，这个山口是修筑一条公路的唯一希望。幸运的是，这条小道在我们手里。梅瑟维初到此地就试图寻找比高坡山口更好的一条道路，用以调动部队以及提供维持补给，他曾经命令属下，一个旅长罗伯茨（Roberts），如果可能的话，寻找另一条路线。

罗伯茨观察地形极为敏锐，他断定戈开道山口是唯一的选择。他马上采取措施加强我军守守备部队山口的兵力，不久之后，日本人也意识到了这里的重要性，于是发动了攻击，罗伯茨所在旅的一支旁遮普部队早已严阵以待，经过整夜奋战，击退了日军。如果不是罗伯茨旅长的建议，戈开道山口的战事可能就会迥然不同。南面，在其他部队将敌军围困在自己阵地的时候，英印第 7 师的师属工兵队已经开始往前筑路了。除了两三台推土机，他们只有师属工兵队的野战器材，但是在令人难以相信的短时间内，就在日本人的鼻子底下，首先建成了一条吉普车简易车道，然后在圣诞节前，建成了一条真正的碎石公路，而且可以通行坦克和中型火炮。越过这个被英国军人命名为“顶呱呱”的山口，英印第 7 师进攻莱特维迪特所需要的车辆、储备和装备源源不断地被运往前线。现在我们有了一条横向公路直接连接梅宇山脉东侧的英印第 7 师，以及山脊和海边的英印第 5 师。

我军对拉扎比尔的攻击开始了。日军阵地构筑在一系列低矮但是陡峭的小山之上，这些小山丘围绕在一座人称乌龟山的马蹄形山周围。在 1943 年的最后一天，开始炮火准备，但是为了清除这些外围阵地花了一周的时间，这是战斗艰苦而激烈的一周。然后我们的部队绕过了乌龟山夺取了孟都。第二天，我去看看那个村子还留下什么，发现了横七竖八的烧毁的房梁、布满弹洞的镀锌铁皮、炸烂的码头设备，所有长得过于茂盛的青草和野草之下，都埋设着大量地雷和诡雷。这里到处都种着丝瓜，并且蔓延遍地，结出的干丝瓜瓤子足够我们洗澡搓背用上个好几年。那些“码头”从来就没什么可以吹嘘的，看上去也无法复原了。但是，当部队驱逐了在纳夫河河口的日军工兵之后，英印第 5 师的师属工兵队，与英印第 7 师的战友们一样，有了一个没有水雷的“港口”，构筑好了两个汽艇泊位，准备迎接船舶卸货。虽然那个河口依然在敌人的远程火炮射程之下，但是一些小型海岸汽船还是在黑暗中进港了。孙德尔本斯舰队的许多熟悉面孔出现了，令人回忆起愉快的往事，英印第 15 军的补给品放在摇摇欲坠的码头上，咯吱作响，孟都再次变得生气勃勃。

随着孟都安全落入我军囊中，布里格斯的英印第5师开始对付留下的拉扎比尔要塞，即乌龟山。这是我们第一次攻击日军精心构筑及严密布防的阵地，而且日本人企图负隅顽抗，我们预计此战将相当艰难。在我军炮兵烟幕弹的引导之下，战略空军先实施了猛烈轰炸，然后英国皇家空军的“复仇”式（Vengeances）飞机进行了俯冲轰炸，拉开了攻击的序幕。在这种沉重打击之后，日军显然动弹不得，随后，中型和野战炮火上场炮击，将其积聚的炮弹倾泻在烟雾腾腾、火焰燃烧的突出山坡。然后大炮射击突然停止，“李－格兰特”式坦克咆哮向前，步兵们枪上安装刺刀，呐喊着印度语的战斗口号，紧跟着坦克冲锋上前。悲观者（Dismal Jimmies）曾经预言：（一）坦克永远不会抵达战线；（二）坦克永远无法爬山；（三）即使坦克可以爬山，树木会迟滞其速度，日本人的反坦克炮就会将其当作固定靶子，予以消灭。这些预言统统失败了。坦克，许多坦克，应验了这句话“你使用的越多，你失去的就越少”，冲上山坡，在地面上碾压构筑的反坦克炮阵地。一切都进展顺利，但是当步兵超越这些铁甲进行最后攻击时，坦克炮却不得不停止开火，因为担心会伤害到我们自己的士兵。在这片刻的停顿中，日本人的机枪手和手榴弹兵们重新控制了他们的战壕和老鼠洞。枪林弹雨扫向了各条通路，炸弹像倾泻的瀑布在我们的步兵当中爆炸。

最初3天的攻击，导致乌龟山片木不存，我们也付出了惨重的伤亡代价，但是这些进攻没有使那些日本人动摇，他们在乌龟山上挖掘了深深的山洞，许多阵地设置得十分狡猾，掩蔽得堪称绝妙，而且其机关枪形成天然的火力支援网。这是第一次世界大战时的老问题，在掩护火力不停止，以让敌军仍然不敢露头之际，怎样使步兵冲到敌人面前。这个问题在若开得到了解决，并且被整个第14集团军上下所效仿，那就是借助坦克火力。首先，使用地面高爆炸弹肃清丛林，然后使用延时高爆炸弹，粉碎因此暴露出来的地堡表面，最后当步兵冲到敌阵近前时，实施穿甲射击。如果有第一流的坦克炮手和镇定自若的步兵，可以让射击的尖啸声掠过他们的头顶，使穿甲弹击中其前方或旁边几英尺的目标，由于没有爆炸，因此最后的几码是安全的。我们就拥有这样的坦克炮手和步兵——而且他们彼此充满信任，甚至当他们是不同种族的人时也是如此，而这正是我们所需要的。我军逐渐地、一点儿接一点儿地啃掉了乌龟山，但核心阵地仍有一些绝望抵抗的日本人，他们凭着一点儿勇气，狂热地或并不狂热地，还在顽强抵抗。

在这个阶段，克里斯蒂森将拳头砸向梅宇山脉的另一侧。在这里的卡拉畔辛河谷，英印第 7 师已经大步推进，其一个营，即国王直属苏格兰边境团的一个营，已经勇敢夺取了一座小丘，可俯瞰那两条隧道和布迪当之间的一条主要公路。日军猛烈的反攻，以及隧道区域 155 毫米口径炮的平射火力都没有将国王直属苏格兰边境团的一个营及接防的廓尔喀部队驱逐出阵地。我军夺取布迪当的时机已经到来，这是进攻莱特维迪特堡垒的准备步骤。英印第 5 师的一个旅步行翻越戈开道山口去接防英印第 7 师右翼旅，这样使梅瑟维腾出了一支打击力量。在其后方隆隆开过来一个中型炮团和第 25 龙骑兵团的坦克，留在拉扎比尔作为预备队，这使得敌人相信我军的装甲部队还在梅宇山脉的西侧。在戈开道山口公路进入加拉丹河谷的地方，我们为卡拉畔辛的我军部队建立了一个补给区，有给养仓库、军火弹药堆积场、车辆停车场和主要的急救站——著名的“后勤防御区”。

在英印第 15 军这样有条不紊地连续猛击下，日军一如既往并不满足于采取防守态势。克里斯蒂森和我相当肯定，而且几乎确定无疑的是，在日军失去隧道要塞之前，敌人迟早将会发动一场反击。现在已经过了一段时间，各种迹象变得明朗起来，日军的反攻不仅仅只是缓解若开压力的局部战事，而是更具雄心且战线更为广泛的作战，从某种程度上而言，日军欲在缅甸前线发起总攻。

影响这个战场全面战略的另一个因素正在出现。当分配给我们的在东南亚作战的资源被抽调至欧洲而减少之际，形势却越来越明朗，日军正在大规模增兵缅甸。在 1943 年的整个季风雨季期间，日军的兵力已经达到 4 个师团，当然还有数量庞大的军直属部队和兵站部队。我们先前已知，这时日军的第五个师团，即来自爪哇的第 54 师团，已经开始向若开进军。而且，据我们现在所知，日军第六个师团，即第 31 师团已经从马来亚到达缅甸。在 11 月份，我们得到情报，日军的第七个师团，据信是第 15 师团，正在从泰国经萨尔温江的达高渡口开赴缅甸。此外，种种迹象表明，日军其他部队正从太平洋战场抽调来缅。到 1944 年 1 月底，我的情报参谋列出了日军的部队情况，而且相当之准确，这后来得到了事实的证明。

缅甸方面军司令部（河边正三中将），驻仰光。

第 54 师团——开赴若开途中。
第 55 师团——驻若开，并在加拉丹河谷分驻一部。
第 15 师团——正在从泰国进入缅甸。
第 5 飞行师团——仰光和其他机场。

英印第 15 军司令部（牟田口廉也中将），驻眉苗。

第 56 师团——驻龙陵，面对中国驻滇远征军。
第 18 师团——驻密支那，面对利多的中国驻印军。
第 31 师团——驻文多，面对在阿萨姆的英印第 4 军。
第 33 师团——驻葛礼瓦，面对在阿萨姆的英印第 4 军。

从整体战略的观点看来，日军此种增兵，是有利于我们的，这样自然而然实现了美英联合参谋本部关于牵制日军部队的命令，至少是阻止了这些日军师团增援太平洋战场。然而，在缅指挥官看来，这种情况似乎表明，我并不是唯一发动进攻的人。我的对手，指挥在缅一切陆空部队的河边中将，不可能让他的实际上已经翻了一倍的军队实施纯粹的防御作战。除非日军企图大举进攻，否则他们不可能像这样大规模增援。其他迹象也很快出现了，并表明，若日军进攻，将不仅局限于英印第 15 军的前线，而且也会涉及中部战线的英印第 4 军。

在若开，各种迹象层出不穷。缴获的敌军文件表明，日本人组织印度民众及印度战俘成立且由博斯（Bose）傀儡政府领导的印度国民军开赴接近梅宇山脉东侧的前线附近。这一点极具重要性，因为其表明日军企图进攻印度，将利用印度国民军叛徒在印度煽动民众叛乱。我们也得知，日军组建了一个新的军司令部，即第 28 军司令部，由樱井省三中将（Lieut. General Sakurai Seizo）任司令官，节制若开的作战行动。这些情报绝大多数都是由我们的作战巡逻侦察队收集来的，他们展现出突袭日军小规模指挥部的巨大作战能力。由第 81 西非师侦察团在敌人阵线后面发动的袭击特别成功。这支部队摸索出了高超的小规模两栖突击作战战术。该侦察团在 1 月份发动的一次海岸袭击行动，确定了日军第 55 师团一直失踪的一个联队位置。我们原以为还在太平洋战场的这个联队的出现是证明敌军在缅企图的另一个证据。

大约在 1 月中旬，我飞赴若开，在一个新建的前进机场着陆。因为事先报告出现了敌军飞机，所以我有 4 架“飓风”式战斗机护航，这 4 架飞机围绕着我的飞机向机库滑行。突然其中一架飞机开火打中了其前面的一架“飓风”式战斗机。飞行员阵亡，飞机坠毁。那个开火击落了自己最好的一个朋友的飞行员无法解释此事，他只是看见了另一架飞机，而且忘记了他拥有的是一门机关炮而不是一架摄影机，于是就按了扳机。对于我们的年轻飞行员在如此紧张的情况下，没有出现更多这样悲剧性的意外事件，我倒是感到困惑。

我用了几天时间巡视了若开前线，观察了两个师的作战行动，视察了“后勤防御区”，并和克里斯蒂森及其指挥官们讨论了未来战局。很显然，敌军在若开的反攻行动不会拖延很久，同时也很难判断日军会投入多大的兵力，但我们俩一致认为，日军将对英印第7师左翼采取侧翼包围。克里斯蒂森将重心从梅宇山脉西侧转移到东侧。增援英印第7师相当契合我们对于敌军企图及其后续行动的判断。在这同时，克里斯蒂森提醒“V”部队的哨所要特别警惕和屏护左翼，在这一侧增强巡逻，以便获得任何敌方活动的警示。克里斯蒂森和我一致认为，如果英印第15军的任何部队被敌军切断，他们必须予以坚守。我承诺，当必要时，他们会得到空中供给，而且我会派出反攻部队接防，他们可以与反攻部队利用先机实施协同攻击。

我离开梅宇山脉东侧的梅瑟维司令部，在回英印第15军的简易飞机场的路上，驱车穿过戈开道山口。在结束我的这次视察时，日本人的战斗机开始编队飞临我军上空，一次多达100架。以此挑战我们的空中力量，显然是敌人反攻行动的序幕。看到我们的兄弟们如何应战，这是激动人心的事。我们的“喷火”式（Spitfires）战斗机在数量上占劣势，却勇猛地穿插进日军的“零”式战斗机群，并且开始以最有力的行动将日机击落。在清朗的高空中，旋风式的近距离激战如火如荼，但是我们的“飓风”式侦察机保持着沉着的巡查。一支印度空军侦察中队的行为给我留下了深刻的印象。他们成对地飞翔着，这些印度飞行员坐着他们过时的“飓风”式侦察机起飞迎战，一次又一次面对着占压倒优势的敌军战斗机。当这一中队的最后一次巡航遇上了一大群日军的“零”式战斗机，他们被击落了，消息传来，我恰好在这个中队视察。那个锡克飞行中队长是我的一个老朋友，他马上亲身起飞，进行下一次巡逻，并且完成了这次任务。根据传言，他的带兵方法较为特殊。据说，如果他手下的年轻军官在飞机着陆时动作差劲，他就会把他们带到一个竹舍后面揍一顿。无论他如何行事，他的做法很有效。他们是一支快乐、高效并且十分勇敢的飞行中队。

在吉大港，我提醒洛马克斯和他的英印第 26 师，我可能需要他们，而且是紧急需要。然后，我返回库米拉的司令部，去会见吉法德将军，他在前往若开视察途中到访。我发现吉法德完全同意我对形势的判断以及正在采取的措施。他还说，如果我把英印第 26 师南调的话，他会命令英军第 36 师从加尔各答开赴吉大港，以接防英印第 26 师的位置。这让我十分高兴。他继续去视察克里斯蒂森所部，而我与后勤军官斯内林、运兵司令部司令奥尔德以及第 3 战术航空队的鲍德温讨论英印第 15 军的空中补给方案，这是必要的。这个陆空联合机构一直在为第 81 西非师提供补给，现已经做出调整，以满足可能的新要求。斯内林平静地提醒说，在库米拉和阿加塔拉（Agartala）简易飞机场的空中补给部队和机构，全力以赴预装空投包，准备投入 24 小时工作。这些空运补给部队得到了印度先锋团的增援，后者接管了绝大多数非技术性的工作，机场则承担了运输工作，并请英国补充营提供人员监督打包工作，同时我们号召志愿人员搭机充任“编外队员”飞行，他们的任务就是把货物推出飞机。完成一个师的空运补给需要数日，空投所需的一切物资，从药片到各种弹药，从罐头牛肉到军靴，陈放于机场上进行打包，以备空投。我们都尽可能做好准备。

然而，当日军发起攻势时，我却只能惭愧地承认日军攻击的突然性。2 月 1 日，英军第 36 师师长弗兰克·费斯廷（Frank Festing），略早于他的师到达了我的司令部。2 月 2 日，吉法德将军视察若开回来，并于次日前往德里。在戈开道山口，他遭到日本“零”式战斗机的射击，侥幸逃脱。2 月 4 日早晨，我感到不太舒服，为了治疗痢疾，我已经是连续 9 天每天注射依米丁。我前往距离库米拉几英里处的一个补充营，观看“救生圈”火焰喷射器，这时一个骑摩托车的通信员带着一份急电轰鸣疾驰而来。据此电所言，日本人突然出击，直袭英印第 7 师后方五六英里处的通镇（Taung Bazaar）。电文中说，形势不太明朗，但可以确定的是敌军规模甚巨。

我想，比起一连串的依米丁注射副作用，更令人绝望的事情就是收到这样一封电文。我原以为会得到日军行动的足够警报，但是这封电文却意味着他们已经从右翼绕过了英印第 7 师，而未被我军发觉，而且日军到达了距离戈开道山口和“后勤防御区”的两三英里之内，但我知道他们做好了应对突袭的准备。我们在敌军行动预警方面的所有预防措施都没有发挥作用，对此，我深感愤怒和失望，但是努力掩饰内心焦虑，表面若无其事，于是迅速赶回司令部，给克里斯蒂森打去电话。他告诉我自己知道的情况也很少，但是梅瑟维的预备旅在通镇以南的某个地方陷入了苦战。实际上，日军突破了我军防线，形势十分严重。这可不是令人高兴的消息。我打电话给吉大港的洛马克斯，提醒他准备随时开拔前线。与此同时，我的主要参谋官已经集合起来，我通报了这个消息，提醒说，事情并不像他们接到的最初报告那样坏，或者那样好。

2 月 5 日，我命令洛马克斯所部开赴博利镇，归克里斯蒂森节制，吉法德将军也于当日飞抵我司令部。此时我是不太欢迎有些司令官前来，但是吉法德将军例外，他有可贵的领导才能，那就是不随意干涉别人，使人感到他的存在，但安静、有益且能理解。2 月 6 日一早，我便飞往吉大港，看到洛马克斯刚刚前往克里斯蒂森所部，还看到英印第 26 师的最后一批人出发，他们战技娴熟而又斗志昂扬。然后，我见到了英军第 36 师的费斯廷，指挥吉大港兵站区的旅长，还有英国皇家空军第 224 大队长及英国空军准将格雷。一切进展顺利，有条不紊，英军第 36 师接替英印第 26 师成为集团军预备队。第二天，我与鲍德温以及运兵司令部的奥尔德举行了一个会议，并与克里斯蒂森进行了电话商议，然后我命令斯内林为英印第 7 师提供空中补给。据我所知，得益于第 14 集团军、第 3 战术航空队和运兵司令部的共同准备，空中补给的转换相当简单，只需下令“行动！”

有一次，我曾企图干涉斯内林的空投安排。我说："每四五架飞机中装载一箱朗姆酒是不是一个好主意？卸货的时候，这些家伙肯定会翻箱倒柜找酒。""阿尔夫"·斯内林以专家的目光审视我这个门外汉，神情之中略带怜悯，"长官，"他说道，"我已经下达了命令，每一架飞机上都要装一箱朗姆酒！"

然而，事情不可能这么简单。为了避开敌军战斗机，第一批"达科他"式运输机不得不返航。奥尔德立即坐上飞行员的座位，亲率第二批飞行编队，领导了对英印第 7 师的空投。第 3 战术航空队的"喷火"式战斗机和"飓风"式战斗机腾空而起，日军的"零"式战斗机或从空中坠落，或落荒而逃。空中补给英印第 15 军仍在继续，只要需要，就会毫不犹豫提供补给。斯内林本人及其属下后勤参谋，轮值随飞机实施空投补给。在一次起飞时发生了不幸的坠机事件，毁损了 3 架"达科他"式飞机，牺牲了几位英国军人，他们都是"编外队员"，但是这只是引发一轮志愿者踊跃参加的新热潮。美国和英国飞行员，一个白天飞行三四个架次，日军战斗机仍然偶尔会越过我们的防空网，为了避开日军战斗机，我们绝大部分时间都是在天黑后空投，因此，更多的是，一个晚上飞行三四个架次。集团军的各个后勤补给部队日夜不断地打包所需要的任何空投物资，将其输送到机场，装上飞机。地勤人员或在阳光下，或者借着探照灯或者汽车的灯光，围着"达科他"式飞机昼夜不停地工作，只抽时间在机场小憩一下。

8 日，我飞往克里斯蒂森的司令部，渗透进来的日军小部队已经多次袭扰他的司令部。经我批准，克里斯蒂森将其司令部后撤了两三英里，撤到河对面的博利镇，这里更加易守难攻。他将面临一场艰苦卓绝的战斗，如果克里斯蒂森及其参谋人员半夜站岗放哨，这对战局于事无补。我太了解这意味着什么了。

现在，形势完全清楚了。日军习惯将命令和确定的行动路线付诸行动，得益于此，我们几乎勾勒出了日军的全盘计划。正如我们的期望，日军的计划，在战术上大胆而鲁莽，而且根据以往切断我军交通线所取得的效果而制订。日军打算歼灭我英印第 15 军并且占领吉大港，这似乎是日军入侵印度的第一阶段。

得到增援的日军第 55 师团，加上在其指挥下的印度国民军各部，被分成了三个部分。第一部分，或称主攻部队，由棚桥真作大佐指挥，在 1943 年我军灾难性惨败的若开战役中，他是最为顽强的敌军指挥官。棚桥所部以其第 112 联队为基干，大约有 7000 人的兵力，其任务是从我军英印第 7 师左翼和第 81 西非师右翼之间秘密穿过丛林，从东面夺取通镇，然后折南而进，摧毁“后勤防御区”，切断戈开道山口，以此孤立英印第 7 师。第二支规模稍小的部队是久保大佐指挥的一个大队，比棚桥部队迂回的范围要更加宽广，在高坡镇封锁南来的道路，然后折西而进，越过梅宇山脉，切断博利镇正南通往孟都的主干公路。这将孤立我们的英印第 5 师。侧翼包围的作战行动由樱井德太郎少将（Major-General Sakurai Tohutaro）直接指挥，他是第 55 师团步兵团长，此樱井并非日军第 28 军司令官樱井省三中将。第三支日军部，被称为土井部队，由第 55 师团余部和其他部队组成，预定从南面牵制性进攻我英印第 5 师和英印第 7 师。日军第 55 师团师团长花谷正中将负责指挥整个若开攻势。

日军的基本的想法是，若切断分割英军的各个师，他们就会像以往那样，丢弃一切给养，打通交通线突围。在英印第 7 师意图抢占戈开道山口，以图安全通过时，日军将予以歼灭。然后，所有日军随后将会转而进攻悲惨的英印第 5 师，当该师力图越过纳夫河突围时，予以歼灭。樱井德太郎将乘胜进攻下一个目标吉大港。在印度国民军的煽动之下，吉大港民众将会叛乱，日军即可长驱直入孟加拉。此时，敌军提出了经常听到的“向德里进军”口号。

日军的此次作战行动有着严格的时间计划表，日军须在 10 日内完成歼灭全部英军队伍的任务。日军的后勤安排是，按时间计划表缴获我军的补给和机械运输车辆，然后利用缴获的物资维持攻势。日军满怀成功之信心，因此除了相当数量的火炮，还有不装备火炮的炮兵部队随行，以接管我们的火炮。若缴获我军的运输车辆，日军计划都不予销毁，所有车辆都必须完好无损地用于进军德里。日本人的无线电广播电台显然得到了这个计划的副本，其宣称，日军严格根据时间计划表，在前 10 天的战斗中，歼灭我军部队。

一开始，樱井德太郎的侧翼包围作战行动相当顺利。在当地向导的指引下，棚桥部队兵力庞大，却成功地避开我军岗哨和巡逻队，在 2 月 4 日凌晨突入通镇，打散了驻扎在那里的少量后勤部队。樱井德太郎的给养纵队紧跟其后，但没有这么幸运了。在其试图通过我军防区时，被英印第 7 师捕捉到了，于是我军消灭了其护送队，俘获了大量的弹药、很多大米和一支完整的卫生队，因此日军本就相当捉襟见肘的补给安排，现在就愈加危险。这个日军给养纵队的脚夫是若开当地的穆斯林和毛姆人。所有脚夫都扔下了担子，若开人逃进了丛林，但是其中 200 多名毛姆人，若企图逃跑，就会被本地若开人割喉，于是宁愿被俘。我军俘虏的日军战俘食用自己携带的给养，建造和维持了一座简易机场，在此战役期间，美军 L5 飞机从这个机场撤走了 200 多名重伤员。这些日军战俘也负责收集我们各旅的绝大部分空投物资。

日军攻占通镇之后，棚桥马不停蹄转向了英印第 7 师的后方，但在这里，日军遭遇了其宏伟计划中的第二个挫折。几日之前，英印第 5 师第 9 旅奉命越过山口换防英印第 7 师，使英印第 7 师可腾手进攻布迪当和莱特维迪特，英印第 7 师的一个旅（第 89 旅）和第 25 龙骑兵团转而作为预备队。梅瑟维立刻投入这个旅和坦克部队，向北反攻樱井德太郎的部队。在此次反攻中，特别是我军坦克出现在梅宇山脉东侧，敌军始料未及，严重震惊了欢欣鼓舞的日本人，但没能阻挡日军前进的步伐。他们绕过英军的侧翼，于2月6日艰难通过齐胸高的晨雾，袭击了梅瑟维的师部。随后，在师部的伪装帐篷和战壕中，以及经过师部的丛林道路沿线，发生了一场激战。师部的文书、勤务兵、通信兵、参谋军官呐喊着参加一次次冲锋，但是日军迫击炮猛烈轰击，致使其无法坚守，梅瑟维下令让整个师部杀出血路，突围至“后勤防御区”。在销毁了装备、密码本和文件以后，他们分成几个小队突围，其中一队由梅瑟维将军本人率领。虽然伤亡惨重，但是大部分人到达了“后勤防御区”，梅瑟维的师部严重减员，但仍在工作，傍晚时分，他再次控制了他的师。敌军向“后勤防御区”蜂拥而来，为了增强防卫力量，梅瑟维命令外廓阵地的两个步兵营回防内侧防线，将其作为反攻部队。根据应对此种战局之下的预案，英印第7师各旅及英印第5师第9旅各自构筑全圆形防御工事，击退正面土井部队和后方棚桥部队的进攻。2月7日，英印第7师的侦察巡逻队从东面向戈开道山口运动，但遭到日军伏击，不得不回防原阵地。2月8日，从西面出发的英印第5师侦察巡逻队发现日军在公路上构筑了一道坚固的路障，当天，土井部队和樱井德太郎部队业已联手。英印第7师被包围了。

与此同时，久保部队北攻高坡镇，留下了一支分遣队，封锁南来的公路，主力直接向西横穿梅宇山脉。这里没有道路，梅宇山脊几乎是高达1000英尺的陡峭悬崖。像蚂蚁似的日军，拖拽着迫击炮，扛着机枪爬上悬崖，再从另一侧下山，突然出现在博利镇—孟都主干公路上，对于某些每日从事非战斗任务的后勤部队而言，这股日军的出现使其大吃一惊。我军于是炸毁了许多桥梁，焚烧了军营，我英印第15军司令部也受到袭扰，英印第5师如英印第7师一样，在48个小时内，被切断了所有公路通道。樱井德太郎可以尽情庆祝自己的出奇制胜，“东京玫瑰”在无线电上用充满诱惑的柔情之音宣布，缅甸战事完全结束了。

实际上，若开战事才刚刚开始。我已命令洛马克斯的英印第26师归克里斯蒂森节制，其先遣旅越过了高坡山口进入卡拉畔辛河谷，收复了通镇，开始向樱井德太郎的后方进攻。当天，费斯廷的英军第 36 师接防了英印第 26 师在博利镇的防务，英印第 26 师余部紧跟而来。布里格斯率英印第 5 师，虽然他的 3 个旅只剩下 2 个旅，其防线兵力变得薄弱，而且土井部队进行了威慑性攻击，英印第 5 师仍然进击戈开道山口，向英印第 7 师靠近。与此同时，英印第 5 师紧急组编的部队和军预备队分别从两侧进攻久保部队在博利镇以南建立的公路据点。

日军知道他们必须在今后几天里击灭英印第 7 师，他们将不惜一切代价实现这个目标。当日军援军到达后全部参加“后勤防御区”的进攻战，或者攻击我军守备旅。到处都是肉搏战，无比惨烈。“后勤防御区”是我们的一个薄弱点。从周边山脉的各个方向上，可以短距离瞰制“后勤管理区”，这个区域堆满了汽油和弹药，还有上百头骡马和几十辆停放的卡车，以及后勤部队和印度劳工，在日军炮雨攻击和迫击炮轰击之下，对于所有生命而言，这简直是一场噩梦。然而，我军守住了薄弱的防线，没有一个士兵愿意屈服，无论是英国人，还是印度人，还是廓尔喀人。他们或是战斗，或是战死坚守之地。他们战死的方式是日军的污点，永远显示着败坏的日军荣誉。在没有月光的黑夜中，几百个呐喊着的日本兵冲进了“后勤防御区”，袭击了主绷带所，那里挤满了伤病员，外科医生们还在做手术。躺在担架上的那些无助士兵惨遭日军无情的杀戮，医生被列队射杀，日军命令印度勤务兵背回日军伤兵，然后屠杀了他们。我军在第二天早晨的反击战中报复了日军，但是发现医院已成了一座屠宰场，仅存的少数幸存者是一些滚进丛林装死的伤兵。

日军的此种暴行只是进一步坚定了我军士兵钢铁般的决心，尤其是“后勤防御区”里一个中型炮连所积聚的战斗精神。一个飞行员报告说，他看见，在敌军必死进攻时，此部炮连的 5 英寸大炮在向 400 码的距离开火。他认为他们的形势很绝望。我军致电此部炮连，询问其需要什么。他们的回答是：“太好了，给我们空投一百把刺刀！”刺刀空投下来了，而且用上了。

梅瑟维现命令所属各旅派出强有力的攻击部队袭扰和切断一些道路，以防敌军骡马队和脚夫运输队利用这些道路补给日军部队。日本人正在遭遇重大挫折，其制订的时间表过于乐观。时间表规定的 10 天几乎要过去了，日军既没有缴获我们的大炮，也没有缴获我们的给养。日军期望英军部队会慌乱撤退，但是丝毫没有此种迹象。相反，越来越多的日军部队正在被我军包围。樱井极力增加军队、运送给养和弹药，但是他的押送队在丛林中遭到我军伏击，他的船只在试图沿河而上时遭到我军空中攻击，我军还以突击队发起袭击，并以小型舰船在樱井德太郎后方海岸沿线威慑攻击，阻止了本来可以增援的敌军部队。第 81 西非师沿加拉丹河谷南进，现在威胁到日军所占的皎道，其正在接近且可能危及日军的右后翼，越来越威胁到日军在若开的全面战局。尽管如此，花谷正以勇气可嘉的决心，在 2 月第三个星期之前仍拒绝派出任何援军帮助他陷入窘境而且兵力处于劣势的加拉丹部队，此时主要战役的结局已成定局。与此同时，樱井德太郎所部伤亡惨重，也无补充。其消耗严重的大队还正在挨饿。花谷正在此时应该意识到日军的这次攻击已经失败了，只能撤退，才能挽救残部。但花谷正并没有如此而为，而以日本人一贯之愚勇，继续以日渐失序的部队实施进攻。

费斯廷指挥下的英军第 36 师现在开始行动。该师只有两个旅，其中一个旅开始在梅宇山脉西侧沿主公路南进，同时在梅宇山脉东侧的英印第 26 师从通镇向南推进。按照计划，我军将在英印第 5 师和英印第 7 师之间捕捉和歼灭樱井德太郎的部队，英印第 26 师和英军第 36 师逐步将战事推向高潮。

我往返于本司令部和克里斯蒂森的司令部之间，偶尔视察部队。看到自从 1943 年以来战斗面貌发生的改变，我深感欣慰。现在每个人都重振了信心和进攻精神。当然，还是存在令人忧虑的时刻，我们的空中补给问题就是如此。事实证明，对满足我们日益增长的需求而言，现有的美国和英国运输机依然太少。在若开战场，不仅英印第7师全部，英印第5师的一部，以及英印第26师的绝大部都需要依靠空中补给，而且第81西非师也是如此。这些难以应对的全部问题，我们还可以想方设法解决，但还需要满足另一个庞大的需求。空运温盖特部队的时间正在日益迫近，除非推迟温盖特的全部作战行动，或者予以放弃，否则必须把飞机首先转用在温盖特部队的训练和协同演练中，而且尔后还要用于维持温盖部队的补给。蒙巴顿海军上将经美英联合参谋本部的同意，从“驼峰航线”抽调一些飞机，以解决这个问题。“驼峰航线”为期3周抽调了25架C-46“突击队员”式飞机（C-46 Commando），这样就可以将“达科他”式运输机派给温盖特部队，以满足其高峰要求。

在战役初期，日本航空部队力图从我军手里夺取制空权。若开上空爆发了缅甸有史以来规模最大的空战，我军取得了决定性胜利。英国皇家空军的“喷火”式战斗机击落了日军代号为“东条”（Tojo）[①]的飞机和“零”式战斗机，我敌战损比率是一比十，致使敌机只能偶尔零星袭击我军运输机，而且一打就跑。实际上，对于我们的空中补给线而言，地面防空火力比空中袭击更加危险。幸运的是，日军高射炮兵战技不精，而且现在的空投绝大多数是在夜晚进行，敌军防空火力虽然有时候很激烈，但是很奇怪总是不奏效。我军的空中补给稳步进行。

我观察了斯内林所部人员的工作，他们满足战斗部队的各项要求，对于其地面组织在空中补给中的范围和灵活机动性，我感到十分惊讶。给养、弹药、邮件、坦克汽油、牲畜饲物，以及其他物资，所有标准的物资很大程度上依据定期计划进行补给，但是一些紧急的不可预见需求也得到

---

① 即“二”式单座战斗机，日本陆军在第二次世界大战中使用的战斗机，正式编号：Ki-44，盟军代号“东条”。——译者注

了满足，完全具备一个第一流百货商店邮购部的迅速和准确。血浆、医生用的器械设备和特种药品、大炮和坦克的零件、非常规尺寸的靴子、盟军东南亚司令部的每日报纸、打字机色带、被炮火毁坏且需要补充的炊具、短袜，甚至因遗失而需要补充的眼镜，对于后勤补充部队和飞行员们来说，所有这一切都不会因太不寻常而无法找到，太琐碎或太易碎而无法打包或运输。举个例子，当梅瑟维的司令部栖身在“后勤防御区”时，送来的缺少物资清单都是这样一些日用物品，诸如替换的衣服、床单、刮胡刀、肥皂、牙刷，以及诸如此类的其他东西。所有这些东西都在 48 小时里补充，如果不是由于第一次空投不幸落入日本人手中的话，本可以更早一些得到补充。有一样东西，就连斯内林也无法补充。梅瑟维红色帽围的将军帽遗失了，没法弄到另一顶同样尺码的将军帽。然而，在两个星期之后，我军甚至找回了这顶遗失的军帽。当时一队日本兵遭到我军伏击，正企图逃跑，我军发现一名日本兵正戴着梅瑟维将军的那顶帽子！此帽物归原主，所幸那位临时保管军帽的日本兵没有将其挪作他用。当我祝贺斯内林出色的组织工作时，他却告诉我，若开之战只是更大战事的预演。他说得何其正确！

到了 2 月中旬，日军已经成了强弩之末。一周之后，花谷正接受了失败的事实，并且试图撤出陷入混乱的部队，但为时已晚。樱井德太郎派出了自杀特攻队，直至战死为止，在其掩护之下，樱井部队分散成小规模部队遁入丛林。但是，我英印第 7 师已经转入反攻，英印第 5 师正在越过戈开道山口穷追猛击，这个山口已在 2 月 24 日完全打通，而英印第 26 师和英军第 36 师在梅宇山脊的两侧从北部横扫而下。锤子和铁砧笔直相遇了，在此两者之间的日军分崩离析。久保部队在梅宇山脉的悬崖和山洞之中被消灭至最后一人，这场充满悲鸣和令人落泪的恶战持续了几天，双方都毫不留情。樱井以 7000 士兵渗透到我军的战线以内，记录的遗尸共 5000 多具，还有很多日军死于丛林而未被发现；数百人在安全撤抵目的地之前便死于精疲力竭；很少人幸存下来。日军此次欲经若开向德里进军的企图被我军彻底粉碎了！

3月5日，我英印第15军恢复了被日军反攻打断的总攻，展现出了该军的作战精神和凝聚力。敌人得到了强大的增援，誓死抵抗。由于我英印第15军的空中补给急剧削减，我军的推进也慢下来了。空中补给减少的原因，一方面是借调的飞机被返还给了“驼峰航线”，另一方面是抽调一部分飞机给了温盖特部队，而且各个飞行中队在取得了辉煌战绩之后，随后若重返阿萨姆前线，显然还要接受重大的考验，需要他们付出漫长而高强度的努力，在此之前，我军至少需要短暂的休整，因此鲍德温和我越来越感到忧虑。公路和水路运输取代了空运，继续我军的攻势。日军在通往布迪当的道路上构筑了掩护工事，经过一系列精心准备的攻击之后，我军于3月11日攻占了布迪当，这里已经成为一个满目疮痍近乎废墟的村庄。在这些进攻战中，克里斯蒂森使用了真正的重型火炮轰击，在其中的一次进攻战中，他的军属炮兵在10分钟内向一个长达500码的目标倾泻了7000发炮弹。幸运的是，我军现在的若开交通运输线能够承受住这种弹药运输压力。在攻占布迪当之后，我军开始进攻坚固的莱特维迪特要塞，经过激烈的战斗，逐步取得了胜利。

为阻止我军的此次进攻，日军孤注一掷。3月25日，日军派出一支大约400人组成的自杀部队渗透入“后勤防御区”的附近。日军这次垂死挣扎丝毫未影响我军之作战，预备队迅速解决了这股日军，并予敌重创。到3月底，整个布迪当—莱特维迪特地区都落入我军手中，虽然还有一些日本落伍士兵还幸存着，躲避在大片的老虎草和灌木丛覆盖的小山丘之中，直到随后季风雨季致使其全部覆灭。

与此同时，梅宇山脉西侧，布里格斯的英印第5师已经再次开始攻击日军仍然据守的拉扎比尔要塞。沃伦的旅切入拉扎比尔和隧道地区之间。在猛烈炮轰之下，日军阵地面目全非，日军的最后守兵深深地蜷缩在山脚下，被我军刺毙。这时轮到英军第36师攻击据守着孟都—布迪当公路的敌军据点，也就是那两个隧道要塞。该师乘胜利之锐气，运用高超战技，以成全功。日军每一步都在抵抗和反攻。我们知道，日本援军正在涌进来，想要重新补充兵力枯竭的第55师团，并增强其后面第54师团的力量，然而这并不能阻挡费斯廷所部前进的步伐。

3月27日，南威尔士边防团第6营在坦克的支援下攻击了西隧道的日本守军。在混战中，一辆坦克的炮弹直接射入隧道口。储存在里面的弹药爆炸了，引发了一系列震耳欲聋的爆炸。在混乱中，威尔士部队向敌军发起冲锋，攻占了西隧道。在4月1日，另一个营，即格洛斯特郡团第10营，攻击了东隧道的日军阵地，虽首战告败，但是以真正的英国西郡（West Country）人的顽强精神，于4月4日再兴进攻。这次日军未能坚守阵地，先行逃窜。我军于4月6日占领了东隧道。

肃清隧道地区并且打通公路而使其为我所用的最后一步，就是夺取被称为551高地的制高点，该高地俯瞰着此公路的一条支线。在整个4月期间，我军一直在攻击，英印第26师分别进行了3次攻击。在5月3日的第四次攻击中，我军占领了551高地，这是整个隧道战斗中最艰苦的战斗。洛马克斯及其所部英印第26师攻占了此地，我深感高兴，因为在1943年，这里正是箱子战术的底部，但那时却漏了底，致使我军坚守孟都—布迪当公路的计划功亏一篑。这是第一次我们在曾经战败过的地方打赢一场战斗；后来，我们反复重演了这种战绩，这总是给我一种特殊的满足感。复仇是甜蜜的。英印第15军现在已经完成了我赋予的全部任务。

我军只有在加拉丹河谷的作战计划未获全胜。第81西非师在加拉丹河谷快速进击，击溃敌军的抵抗，直取皎道，然后继续奔袭阿宝科瓦（Apaukwa），于3月初攻占上述两地。敌人意识到其师团正在面临相当巨大的威胁，于是集结了大约4个大队，组编成一个支队应对我军进攻，该支队由第54师团的一位联队长木庭知时大佐指挥，他实施了一场非常英勇的反击战，正是凭此被擢升为陆军少将。第 81 西非师，在进击时兵力相当分散，遭到日军成功突袭，事实证明，该师在防御上不像猛烈进攻时那样稳固。该师因此而陷入了混乱，于是又退回到皎道的西北面。这个师重整旗鼓，集结在加拉丹村区域，同时其辎重车辆沿河北撤。随后其依靠牲畜和脚夫运输进入卡拉畔辛河谷，进抵在主战场侧翼的通镇附近，这时一支分遣队缓慢撤退到加拉丹河畔，掩护辎重队。木庭知时的部队追上了这支分遣队，猛烈攻击，最终将其从加拉丹河谷驱逐至森谷（Sangu）。

在若开的战斗结束之前，敌军企图在阿萨姆的主要前线发起攻势，这一形势已然明显。我的两个预备师，英印第 26 师和英军第 36 师，都已经上阵杀敌了，我应该集中一支新的集团军预备队，此事势在必行。为此，我开始将英印第 5 师撤到吉大港地区休整。该师防区由英印第 25 师接防，这个师是吉法德将军从印度抽调给我的，由戴维斯指挥，在 1942 年时此人曾任我的参谋长。这就使我可以提前告知克里斯蒂森，准备让英印第 7 师紧跟着英印第 5 师进入集团军预备队。我的意图是，在需要的时候，这两个预备师一部空运，一部经铁路，从吉大港输送到英帕尔。

随着季风雨季的接近，日军在主战前线酝酿攻势，因此不可避免要尽可能多地减少各种需求，特别是若开地区的空中补给需求。基于此，且为了避免疾病丛生，吉法德将军已经同意了我的建议，英印第 15 军应该从布迪当撤回前进的部队，布迪当是不利于健康、地势低下，且难于据守的地方。因此，在 5 月，克里斯蒂森将部队撤至可以由最小规模部队据守的一条战线，避开了一些最不利于健康的地区，而且不再需要空中补给。我军坚守着布迪当西侧高地上的通镇、隧道地区、孟都以及纳夫河流经的河口。

从参战部队的规模而言，若开战役算不上一场大战役，然而此战却是英军的一次历史性胜利。若开战役是缅甸战役的转折点。这是英国军队第一次遭遇、相持，尔后决定性击败日军的一次主攻，然后将敌驱逐出了重兵据守且可能是最为坚固的天然阵地，日军用了数月之久构筑了这些阵地，并下定决心不惜一切代价据守。英国和印度士兵以一人对一人的作战，证明了自己已经成为日本人需要对付的最精锐之师。英国皇家空军遭遇了装备最新式战斗机且具有数量优势的日本航空部队并将其驱逐出去。这是一个胜利，一个无可争辩的胜利，对参战部队和整个第 14 集团军都产生了巨大的影响。众多本应知道他们强于日军的人曾经长期鼓吹着日军可以隐身丛林的传说，现在这个传说也被粉碎了。我情不自禁感到一种特殊的骄傲，我的旧部英印第 15 军做到了。我曾经用 3 个“V”作为他们的军徽，在克里斯蒂森的领导下，他们已经至少赢得了 1 个“V”。

第十二章 北部战线

缅甸前线最偏僻的是其北部。因不通公路，欲抵缅北，须经铁路，在离开迪马普尔之后，你要穿过阿萨姆的茶园，继续那似乎漫无止境的旅程。乘车向北爬坡而行，不可避免会越来越孤独，即使看到“驼峰航线”上日益繁忙的机场，也无法排遣这种孤独感。最终将抵达阿萨姆油田的聚集处丁苏吉亚（Tinsukia），火车费力地驶入通往利多的支线。1943 年 12 月，利多似乎已经是世界的尽头。其实，这里是对华公路的起点，如果建成这条公路，即可取代 1942 年初事实上被关闭了的起始仰光的公路。

这时候很多人——而且美国人比英国人一点也不少——都怀疑利多公路是否能够修成。他们怀疑中国驻印军诸师能否驱逐日军，扫清进路。他们怀疑利多铁路能否运输和维持所需的部队、劳工，以及设备和材料。他们怀疑筑路者能否克服季风雨季的恶劣天气以及极其险峻的地形。甚至包括相信其可以建成的人在内，许多人也认为付出人力和资源修建这条公路将得不偿失。确实，这个时候，史迪威不仅坚信可以建成此条公路，而且认为此公路在对日战争中是最具潜力的胜利因素，然而这只是史迪威的一人之见。他向我详细解释过自己的愿景，即组建一支由美国人训练和装备美式武器的中国军队，首期大约 30 个师，除了中国可以就地补给的物资，均由利多公路维持补给。在他领导下的这支新型的军队，将从中国长驱直入海边，然后与美国海军一道进攻日本本土。

我同意史迪威的看法，这条公路能够建成。我相信，中国军队经过适当装备和有效领导，如果像史迪威的部队一样，具有相当大的兵力优势，即可以战胜日本人。我也毫不怀疑工程技术能力。我们在地形同等艰难的地方修建了许多公路，而使用的技术装备比美国人要少得多。我们的英国工程技术人员勘查了这条路线的前 80 英里，对此相当有信心。而且，我们在中部战线通过恶劣的交通线维持了庞大的劳工队伍。因此，史迪威和我意见完全一致，但是我对于他的两点信念持不同观点。我怀疑这条公路是否具有赢得战争无可比拟的价值，无论如何，我认为这种信念的基础是错误的。我确信，美军在太平洋战场两栖跳岛作战战略，比一支尚待组建的中国军队在陆上横穿亚洲，更能迅速取得战果。在任何情况下，如果欲使公路运输发挥真正的效率，为其补给物资的铁路就应该从仰光开始，而不是从加尔各答始发。如果让我决策，从军事的角度而言，我不会使用修建这条公路需要的庞大资源来修建一条对华新公路，而是组建尽可能最大规模的作战部队，消灭侵缅日军。一旦实现这个目标，就能打开原有的对华公路，通过原有公路运输的物资吨位要比利多公路大得多，而且在缅盟军部队可以用于其他战场。

这成了美国和英国之间关于缅甸未来战局的根本分歧点。对于美国人来说，夺回缅甸的目的仅仅是为了重新打通对华交通线，所付出的努力只限于达成这个目标。对于英国人来说，收复缅甸不仅是解放英属领地，而且夺取仰光本身就是真正有效打通对华交通线的最佳途径。双方的意见都是可以理解的，但从国家的立场而言，分歧几乎不可避免。不幸的是，这个分歧很容易被歪曲，以致某些美国人指责英国人希望借助美国人的努力而重获失去的帝国土地，而英国人则反驳说，几个中国师和大量的后勤资源，被用于实现不适当且很大程度上是政治性的美国目标，而且只牵制了一个日军师团，英国人却与日军主力作战。这些战略途径的差异没有严重影响盟军部队之间的关系，然而却导致了 1943 年及 1944 年初英美两国不能相互理解各自所作出的努力。

就目前而言，我们的主要问题在于各条战线作战部队之间的隔阂，这是比其他事务更重要的问题。英国人看不到美国人和中国人在胡康河谷的作战和坚持，美国人也仅仅看到我们在英帕尔和若开进行的殊死战斗。两国军队的实质接触将会很快弥合此种分歧。而且确实也做到了。当美国轻型飞机的飞行员开始帮助英国将成千上万的英国和印度伤员空运出战场时，当美国战地救护队被配属到我们各个师时，美国人无私奉献，两国部队培育出了一种强烈的战友情谊，这是引人注目的场面。盟军之间的争论难以避免，特别是美国也遭遇了像我们 1942 年那样的灾难，但是随着战局逆转，双方战线越来越近，两国部队将不快抛于脑后，为彼此的成功而感到快乐。

事实上，史迪威战略思想面临的真正而坚决的反对意见更多来自美国人，他们像陈纳德一样，认为所有的资源都应该用于在华建立一支强大的美国空中力量，而不是训练和装备一支强大的中国陆军。他们的理论是，在中国军队的支持之下，航空力量即可击败侵华日军。史迪威为了个人和军事上的理由，强烈地反对这种思想。他断言，当美国航空部队真正激怒日军时，日军必将进攻美军机场实施报复。那时，除非有一支训练有素的中国陆军保护机场，否则日军将摧毁机场，美国航空部队将无法参加作战。史迪威无疑是正确的，但是两个美军领导人之间的竞争及相互嫉妒导致此项论战火上浇油。他们相互敌视对盟军的事业毫无帮助，更何况两人都是热衷于公众活动的人。

然而，我不用衡量利多公路的优劣。美英联合参谋本部已经命令蒙巴顿海军上将修建这条公路，既然如此，我将尽一切可能协助，甚至在北部战线投入空中运力的一半以及大量的英国地面部队，而且我们第 14 集团军也会全力帮助史迪威，完成我们认为是相当艰难的任务。

在史迪威所部归我作战节制之前，他曾经奉蒙巴顿海军上将之命，占领到孟拱—密支那一线的缅甸北部，保护利多公路的修筑，并强化对华空运航线的安全。很显然，鉴于中国军队和日军师团之间战斗力差距，除非日军主力被牢牢牵制在其他战线上，使其无法大规模增援中国军队面对的日军第 18 师团，否则史迪威无法完成这个任务。于是，我们安排了牵制作战，此外，为了让史迪威获得压倒性优势，还决定派出温盖特的特种部队，用于切断敌军在北部战线的交通线。我们做了一切工作，说服蒋委员长命令中国军队同时从云南向腊戍进攻，但是，明智起见，不要依赖于蒋委员长会出兵。

根据上述计划，1943 年 10 月，中国驻印军孙立人的新 38 师和廖耀湘的新 22 师从蓝姆迦开拔利多。原配属给温盖特的美军三个营之一团及中国驻印军新 30 师现驻印度，将准备跟进。

史迪威还有一个装备着美国轻型坦克的中国战车部队，以及美国军官指挥且由几百个克钦兵和当地的部族人组成的非常规部队。在史迪威的左翼，是一支完全孤立且只能依靠空中补给的小规模在赫兹堡的英印守军，主要是由克钦兵和缅甸步枪团的一个营组成。这里有一座供“驼峰航线”飞机紧急降落的机场，这支分遣队的任务就是保护这座机场，同时阻止日军的渗透。最初，赫兹堡守军直接隶属于第 14 集团军，但是后来我将其移交给史迪威指挥，因为这支守军将与史迪威的主力部队协同行动。为了支持史迪威，我还给他配属了美军北部防空区航空部队。这支中美联军被复杂地称之为“北部战区司令部”（Northern Combat Area Command），或者缩写为“N. C. A. C”。在这时候，利多公路仅仅向中国方向延伸了 30 英里。

北部战区司令部面对的敌军是日军第 18 师团，这是我们的老对手，其在 1942 年于皎施曾经遭受廓尔喀人严厉的攻击。日军第 18 师团的司令部在密支那。其一个联队作为预备队，以应对云南或者北部战区司令部的战事。另外两个联队在胡康河谷尽头呈纵深部署，其有一部前出的分遣队与中国驻印军新 38 师发生交火。日军的第 56 师团正在警戒云南方面的中国军队，不可能抽出任何部队用于其他目的，所以即使第 18 师团有可能集中全部兵力迎战史迪威，后者也将在人数上占有绝对之优势。我渴望在若开战场也有此等兵力优势。北部战区前线和若开前线与敌军的首次真正交锋将要来临，而且两场战事的结局将产生巨大影响。

史迪威不仅是盟军东南亚司令部最高副统帅，而且负责中国军队的实际战线，训练中国军队，担任蒋介石的顾问，负责对华补给，依据租借法案援助盟军，并且指挥在中缅印战区的一切美军部队。当史迪威宣布亲自上阵指挥时，他不想让人认为自己应被委任为某种更低级的将领，而且觉得自己应该到最高司令部任职，他在那里至少可以适当发挥某些作用，而不是一名军长。我个人认为，他是正确的。最重要的事是，保证美式训练的中国军队不仅可以打仗，而且要取得胜利。除了史迪威，没有人可以做到这一点。确实，他是唯一有权指挥中国军队的美国人。当时，盟军东南亚司令部几个有能力的美军参谋军官里，我认为没有一个有丰富的经验指挥一个军作战。我也愿意让史迪威本人归我指挥。我知道其他美国军官都会向他请示，而不论史迪威身居何位，反正我都不想重复 1942 年建立的那种中国式指挥体系。

1943 年 10 月，中国驻印军新 38 师开始从利多进攻，遇到了日军的轻微抵抗。但到 11 月，日军的防守愈发强硬，于是中国军队又回到了他们的老套路，再次停滞不前。当时史迪威在参加开罗会议，不在战场，而他的副手博特纳（Boatner），由于无法让中国军队前进而陷入了绝望，于是致电德里，报告中国军队拒绝向前推进。这让从德里到开罗的司令部都产生一种令人压抑的氛围，许多英国人和美国人都说："我告诉过你会这样的。"当我听到这话时，深感失望，但是我用正反两面思维宽慰自己，绝大多数军队都会有点棘手，而且史迪威就在回来的路上。1943 年 12 月 21 日，史迪威回到北部战区司令部的前线。1943 年 12 月 22 日和 23 日，他视察了中国军队的阵地，给中方和美方高级军官注射了强心剂，并且以优势兵力向阻断道路的日军部队发起了攻击。12 月 24 日他看到所部的进攻，一直待到了 12 月 30 日，这时这股敌军已被全部歼灭。12 月 31 日，史迪威飞往德里开会，他现在归我作战节制，几天后重返战场，到下一个停顿点督战。在取得两三次这样的小胜之后，中国军队开始真正竖起了尾巴。这是中国军队第一次攻击和打败一个现代的敌人，这是中国史无前例之事。

此部中国军队现在胡康河谷新平洋（Shingbwiyang）坚定地站住了脚根，向其下一个目标，即孟拱河谷前头的沙都祖（Shaduzup）推进。到 12 月 27 日，利多公路已经修筑到了新平洋，新平洋距离利多 103 英里，这是在皮克准将（Brigadier–General Pick）指挥下的美国工兵及其管辖的印度人、克钦人及那加劳工队伍取得的一个辉煌的成就。为了筑达如此之远的新平洋，这条路已经越过险峻的帕特柯伊山脉（Patkoi），这是整条公路上最困难的一段。在新平洋，中国军队夺取了日军修筑的晴天公路，新公路总体上沿日军所筑公路轨迹修建，此乃极大的帮助。

1944 年 2 月 1 日，中国驻印军新 38 师经过一系列小规模作战之后，占领了蒂法加（Thipha Ga），同时，新 22 师的一个团在右翼实施大迂回运动，肃清了打洛河谷（Taro Valley）之敌，打洛河谷位于钦敦江东岸，与胡康河谷的利多公路之间隔着一片崎岖的丛林山地。这是新 22 师之首战，作战相当出色。在这些作战行动中，史迪威紧密掌握着中国军队，当他们动摇时使他们坚定，当他们犹豫时激励他们，当营级部队失去联系时，亲自寻找，史迪威是一位曾经过 1942 年大撤退艰苦历练的盟军指挥官。他的战术是正面压迫日军，同时经丛林从侧翼发动真正的攻击，然后在可能的情况下于敌军后方设立路障。以此种方式，经过一系列迂回日军侧翼和后方的作战，史迪威所部向前推进。在这个阶段，史迪威也是一个鼓吹用大锤敲胡桃的人。史迪威认为，若要消灭日军一个中队，须投入中国一个团实施攻击。

1944 年 3 月初，我去蒂法加见了史迪威，当时他正要发动一场夺取孟关（Maingkwan）的战斗，这是规模最大的进攻，孟关是胡康河谷的一个大村落和首府。除了两个中国师，史迪威现在还有一个美军远程渗透突击团。史迪威委任梅里尔准将担任该团团长，我很了解此人，也很喜欢他。此团被命名为“梅里尔劫掠者部队”。梅里尔是一个优秀而勇敢的领导者，他可以激起部下的信心，在 1942 年的一天，梅里尔开着吉普车而来，还戴着不熟悉的军帽，我庆幸当时约束住了我的廓尔喀勤务兵，没有拿“汤姆”式冲锋枪向他射击，否则，“劫掠者”部队的指挥官将会是其他人。这将会是一个遗憾。

史迪威的孟关战役计划是，新 22 师（欠一个团）继续沿公路向孟关直进，其第三个团从打洛的山地进攻日军左后翼。与此同时，新 38 师要绕过孟关实施近距离迂回，打击敌军右翼。中国战车部队则第一次参加这场大战。“梅里尔劫掠者部队”则实施大迂回，在下一个大村瓦鲁班（Walawbum）两侧切断日军正南的公路，并坚守公路据点，直到中国军队越过孟关与其会合于瓦鲁班。

史迪威在机场与我见面，他穿着那件风衣夹克，戴着战斗帽，打着绑腿，看上去比以往更像一个打野鸭子的猎人。像往常一样，他原原本本地告诉我下一步的战术行动，并且解释了他的计划。正如我所知的绝大多数指挥官一样，在战斗快结束之际，他正在掩饰一些波动。由于最近天气恶劣，下起了反季暴雨，史迪威的运气不佳。大雨导致当前的作战异常艰辛。他也依赖于中国军队之间的配合时机，他应该比我更了解这一点，个中风险极大。但是史迪威的计划是正确的，中国军队的状态良好，而且美军也开始参战。史迪威除了部署当前作战，他还拿出一张地图向我说明了他的想法，着实令我惊讶，他想要突袭密支那，其计划是，在日军集结兵力防守孟关之际，迂回行军翻越达鲁克钦山口（Daru Hkyet Pass），从西北方发起突袭，攻夺密支那。然而，他自然无法为此预定一个日期。正如史迪威所言，这取决于战事进展，以及什么时候攻占沙都祖，这是在孟关以后的下一个目标。这是我第一次听到他提出一个夺取密支那的计划，我不知道他是否和他的参谋讨论过这个计划。然而，他十分严肃地要求我不要对任何人谈及这个计划，并且讲得相当清楚，不仅包括我的参谋，也包括我的上级指挥官。他给出的理由是，如果此计划传到德里，就可能走漏风声，那将是致命的。实际上，根据经验判断，中国方面泄漏消息的可能性远远高于盟军东南亚司令部和第 11 集团军群，我认为真正的原因是，如果这个作战行动没有成功，或者失败了，他不想要任何人说他犯了一个错误。我理解他的这种想法，这是一个依赖于很多不确定因素的计划，我向他保证，不会向任何人提到这个计划。

在任何情况下，我都不会去讨论史迪威在战役中的战术行动，我完全信任他可以自行处理，而且那是他的事，而不是我的事。温盖特特种部队的空运行动定于 1944 年 3 月 5 日开始，主要目的是协助中美联军的攻势，我想要确认他完全熟悉最后的方案。

对于温盖特的部队，史迪威一直心存芥蒂。起初，蒙巴顿和温盖特一同说服了美国参谋长联席会议派美国军队到缅甸前线来，即使只有一个团，而当时史迪威却没能争取美军来缅。而且，他激情满怀地觉得，在中缅印战区的所有美国部队都应归他直接指挥，而当此部美军配属给温盖特时，他大光其火。史迪威曾经施压，要求将此部美军移交给他，并且极其坦诚地向我承认，当蒙巴顿屈从了他的要求时，他深感震惊。然而，他似乎并不特别感激这位最高统帅，并且仍然怀有一丝不满之情。史迪威也不认同温盖特的远程渗透战术，而是倾向于采用短距离迂回战术。现在史迪威公开表示怀疑温盖特作战行动的价值。我解释说，如果他是日本第 18

师团的指挥官，突然发现有 1 万人的敌军部队出现在后方，正在切断他的交通线，也会对这种情况感到不高兴的，于是他不得不承认温盖特所部的价值。终于，他的眼神透过眼镜看着我，咧嘴而笑，并且说道："温盖特若能如此而为并且待在敌军后方，如果他前来真正作战，而不是像上次那样躲躲闪闪，那就很好呀。"我告诉他，我唯一不确定的，并非温盖特所部小心翼翼地避免参加直接的作战行动，而是温盖特的据点新战术太过于大胆。我保证，无论发生什么情况，温盖特所部都会为史迪威切断日军交通线，而且在相当时间内保持日军交通线处于被切断状态。任何一位指挥官都不会提出更高的要求了。

与往常一样，每当我到访史迪威的司令部，发现设施相当简陋，有些没有必要，令我震惊。比起我自己的司令部或者其他人的司令部，史迪威的司令部并不缺少运输车辆和补给品，然而史迪威很喜欢展示那种简单的生活，他也不佩戴军衔章及其他东西，刻意用来培育一种坚毅、顽强、朴素的战将理念。甚至连上帝都知道，他为人坚毅，而且瘦长结实，不修边幅，这为人所共知。这与蒙巴顿在任何情况下都穿着精致有点相似，都是一种舞台表演，目的是展示公众形象。许多人会嘲笑那些戴着奇怪头饰，携带古怪手杖，以制服假装平民服饰，或者沉迷于各种小把戏，让其部队或其他任何人都能轻易认出来的人。如果他是真正的强人，这些事情有其价值，而对于其他人而言，若是凯旋的将领，国人也会原谅其所为。他的士兵们也会如此。感谢上帝，史迪威很有幽默感，有些人没有这种幽默感，史迪威却可以经常自嘲。

此时，我们已经打赢了若开战役，我可以告诉史迪威，这是缅甸战役中第一个真正的胜利。史迪威接过话茬说，他在未来几天也会有一场胜利。史迪威说的是孟关—瓦鲁班战役，虽然此战没有像我们当初希望的那样歼灭日军第 18 师团，但却是中国军队一个巨大的胜利，也是史迪威个人的一个巨大胜利。史迪威关于此战的战术计划十分大胆却相当正确。"梅里尔劫掠者部队”，经过侧翼迂回运动之后，按计划占领了瓦鲁班，切断了日军的主力，但是准备与其会合的中国军队却行动迟缓且过于谨慎。下午有一段时间，中国军队确实完全停了下来，一整个师享用了一顿奢侈的餐饭。与此同时，“梅里尔劫掠者部队”被迫退出瓦鲁班，美国军官说服中国人率其坦克和步兵再次前进，这存在一些困难。他们发现瓦鲁班只有少量敌人据守，于是进入这个地方，但当夜幕降临时又撤了出来。第二天早晨，另一支部队最终占领了这个村子，但是这个时候日军的第 18 师团的大部已经从这个陷阱中脱身了。

尽管中国军队的一些部队行动迟缓，但是当他们投入战斗时，却表现出色，给敌人造成了数百人的伤亡。我的老朋友新 38 师承担了主要的战斗任务，而且中国驻印军的战车部队在其第一次重要战斗中大显身手。战车队与其一个护卫营，突然遭遇了日军两个大队。日军遂掩蔽在高高的大象草丛中，等待着进行反击。这些中国部队虽然都是没有经验的部队，但是却英勇地扑向了敌人，并且击垮了他们。瓦鲁班无疑是一个胜利。史迪威不能无处不在，这致使所部错失完胜良机。如果这次他真的出现，那么唯一能够做的事就是激励所部实施真正的攻击。然而，虽然日军第 18 师团几乎全身而逃，但也遭到了沉重的打击，仓皇撤退，使胡康河谷的大部分落入我军之手。现在，我们已经在缅甸前线的两翼分别赢得了一场漂亮的胜利。

我从北部战区司令部飞回库米拉司令部待了一天，然后继续飞往拉拉加特（Lalaghat）和海拉坎迪（Hailakandi），在那里，温盖特特种部队的第一攻击波的两个旅正准备空运进入缅甸。这一攻击波中的英印第 16 旅，预定徒步行军进入缅甸，现已经上路了。1944 年 2 月 8 日，该旅从利多出发，稳步向南推进，通过空中补给，穿过极为险峻的山地和丛林地带，到达辛嘎伦坎迪（Singkaling Kamti）附近的钦敦江。英印第 16 旅在这里建造了筏子，加上第 1 空中突击队空投的橡皮舟，渡过钦敦江，然后通过无人区，继续艰巨的行军。根据史迪威的要求，该旅袭击了距离孟关以南大约 50 英里的朗金（Lonkin），但是那里实际上并没有敌军。除了遭遇一两支日军指挥的缅甸巡逻队，根本没有敌军抵抗。3 月底，英印第 16 旅通过了宽阔的印多吉湖（Lndawgyi Lake），在大约距离仰光—密支那铁路 25 英里的地方建立了名为“阿伯丁”（Aberdeen）的据点。这条铁路是正在与史迪威作战的日军第 18 师团的主要补给路线，也是在云南警戒中国军队的日军第 56 师团的主要补给线。英印第 16 旅在仅仅 6 个星期内在世界上最险峻的区域行军了大约 450 英里的距离，这是人类忍耐力方面的一个奇迹。

1944 年 3 月 5 日，也就是星期日的早晨，我乘飞机盘旋视察了海拉坎迪的着陆地点。我看到下面宽大的棕褐色的简易机场尽头，停着大群趴伏着的笨拙滑翔机，其方形翼尖几乎彼此挨在一起。机场周边停立着形态更为优美的“达科他”式运输机，准备升空起飞。官兵围着飞机忙碌着，有的紧张装载，有的收放牵引绳，有的牵着骡马，有的推送包裹，在尘土飞扬的队伍里不断移动着，整个世界就好像许多忙碌的蚂蚁围着一些被俘获的蛾子。

我的飞机着陆，在机场附近的临时司令部里见到了温盖特。一切都进行得十分顺利。预计在当天黄昏开始行动，空运集结和准备没有遇到任何严重阻碍。先前几天，我军对敌军机场和交通枢纽实施了持续空袭，牵制了敌军航空部队。与此同时，我军在曼德勒地区大张旗鼓实施空中侦察，期望敌军相信，我军将在这个地区进行空降行动。我军攻击敌军机场致使日军飞机没有出现在空中，但就我所见，伪装侦察飞行效果甚微。

一个月以前的 2 月 4 日，东部空军司令部的美国司令官斯特拉特迈耶和我向温盖特及第 1 空中突击队的美军司令官科克伦曾经发出了一项联合命令。在这项命令中，命令温盖特所部通过行军和空运进入铁路因多（Rail Indaw）地区（铁路因多区别于另一个不在曼德勒—密支那铁路线上的因多），在第 14 集团军的直接指挥之下，从铁路因多开始的作战目标如下：

> 1. 切断日军第 18 师团的交通线，袭扰其后方以及阻止其援军，协助史迪威的利多部队进攻密支那。
>
> 2. 为中国驻滇远征军渡过怒江攻入缅甸创造有利形势。
>
> 3. 对缅北敌军造成尽可能最大的伤亡和混乱。

以下列集结地为基础，温盖特所部在敌后构筑阵地：

> “阿伯丁”，铁路因多西北 27 英里。
>
> “皮卡迪利”，铁路因多东北 40 英里。
>
> “百老汇”，铁路因多东北偏东 35 英里。
>
> “乔林基”，铁路因多以东 35 英里。

上述地点都是远离公路的无人居住地。之所以选择这些地方，是因为四地都有足够宽广的平地，有可能在短时间内修建简易飞机场，而且附近就有水源。实际上，以上四地都是标注在地图上的假名，都在因多的攻击距离之内。

我军的意图是，第一攻击波的英印第 16 旅向“阿伯丁”徒步行军，英印第 77 旅分成两部分，分别空运往“皮卡迪利”（Piccadilly）和“百老汇”（Broadway），而英印第 111 旅空运至“乔林基”（Chowringhee）。其余 3 个旅，即英印第 14 旅、第 23 旅和第 3 西非旅，则作为第二攻击波部队，预计在两三个月后接防第一攻击波部队。

过了下午，海拉坎迪的氛围越来越令人兴奋与焦虑，旧日熟悉的等待之情超过了忍耐的极限，作战的陌生感及巨大规模更加剧了此种情绪。

每一个人都在平静、默默而有目的地行动，甚至那些骡马也是如此。也许除了深具耐心的牲畜，在这时候显然每个人都意识到了这到底意味着什么，这场战争中最大规模、最危险的空运行动即将开始了。

当天上午，滑翔机已经装载上各种物资、弹药、工程设备、通信器材和士兵的个人装备。下午三四点钟左右，第一攻击波部队的英印第77旅旅部、英军和廓尔喀先遣步兵和美国机场工兵一部完成登机。每架“达科他”式飞机拖带两架滑翔机。这是一个沉重的负担，据我所知，以前从来没有一架飞机可以拖带一架以上滑翔机。在此可行性方面，空军内部也存在不同的意见。负责滑翔机的科克伦坚信能够做到这一点。奥尔德的作战运输机将实施拖带，但他坚持认为此种方案不可行。英国和美国空军人员各自选边，争论相当激烈。经过几次试验之后，温盖特最终同意了科克伦的意见，然后鲍德温与我批准了一拖二的方案。看着最后的准备工作，我对此方案却深感忧虑。“达科他”式运输机滑行进入起飞位置。两条拖弋绳索已被固定好。当引擎的轰鸣声沉寂下来，每一个人都十分安静，我们等待着出发的最后时刻。我和温盖特、鲍德温以及一两个人站在跑道上，这时，我们看见一辆吉普车朝我们疾驰而来。两个美军航空人员从车里跳了下来，手里拿着一张航空照片站在了我们面前，照片刚从洗印棚拿出来，还是湿淋淋的。这是一张“皮卡迪利”着陆地的照片，在两个小时前刚刚拍摄的。照片显示了整个水平的空间被大树桩阻塞了，这是当晚滑翔机预定的着陆地。甚至连一架滑翔机都不可能安全着陆。为了避免引起日本人的怀疑，在空运行动之前几天，没有一架飞机侦察过那个着陆地，所以这张照片使我们深感震惊。我们惊愕地相互对视。

温盖特显然为此感到愈发紧张，但是还是十分平静控制着自己的情绪。也许是出于本能，他变得非常激动，直接反应是断然向我宣称，整个计划已经被泄露了，可能是中国人泄露的，继续执行将面临危险。我问道，“百老汇”和“乔林基”，即计划中的其他着陆地，是否也同时拍了照片。我得知，那两个地方也拍了照片，照片显示那两处还是空空如也，没有设置障碍。

温盖特的情绪现在相当激动，为了避免在第三人在场的情况下与之讨论，我把他拉到了一旁。我说我认为中国人并没有泄露他的计划，据我所知，中国人确实不知道实际的着陆地点，或者，他们根本不知道这个作战行动；但是他坚持有人泄露了计划，必须取消空运行动。我指出，这三个着陆地点之中，只有一个被人设置了障碍，而且那个地点在 1943 年被使用过，而且一架“达科他”式飞机停在那里的照片曾经出现在一本美国杂志上。我们都知道日军对于空投着陆一向神经过敏，并且正在缅北和缅中的很多可能的着陆地点设置障碍。对于一个像“皮卡迪利”众所周知我们曾用过的着陆点，日军更可能设置障碍。他回答说，即使“百老汇”和“乔林基”没有设置实体障碍，但极大的可能是，日军部队正隐藏在周围的丛林里，准备在我们的滑翔机着陆时予以消灭。他带着冲动的情绪说，那将是一场“谋杀”。我告诉他，我怀疑这些地方是否有伏击。假如日本人知道这个计划，他们就会在所有这三个着陆地点设伏和设置障碍。温盖特现在比较平静了，情绪也稍有控制。在思考了一小会儿之后，他说道，还是面临巨大的风险。我表示同意。他停顿了一下，然后直视着我。“这个责任由你负。”他说道。

我知道这回事。这不是第一次感受到突然落下来的决策压力，几乎是一种物理上的沉重压力。那些滑翔机如果今晚起飞，那就必须在一个小时之内行动。没有时间可以拖延或者讨论。我的决策不仅要考虑一场灾难发生的可能性，其对于整个缅甸战役和缅甸战场以外都将产生深远影响，而且关系到这些优秀士兵的生命，他们正在周围那些飞机里紧张地等待着。在那一时刻，如果温盖特或者任何其他人能够分担我的决策责任，我愿意做一笔大交易。但是，这是指挥官自己必须承担的责任。

如果在官兵士气达到最高点时取消空运行动，或甚至延迟行动，我知道这将产生的后果：我们永远无法再将士气恢复到同等水平。而整个战役计划，也将会被抛弃。我曾经承诺史迪威，我们将切断与其面对之敌的交通线，而且他正等待着我们的行动。我也必须考虑到，“钦迪特”的一个旅已经行军进入这个地区，我们不能抛弃它。而且，我很担心，如果我们继续让飞机聚集在各个机场，日本人就会发现，这将导致灾难性的后果。我知道此时日军将在阿萨姆前线发动一场大规模攻势，而且我意图以温盖特的作战行动搅乱和阻碍日军攻势。重要的是，某种程度上，我不相信日本人知道了我们的计划，我也不相信“皮卡迪利”的障碍物表明他们知道了计划。但是这是一场冒险，一场重大的冒险，但不一定是一场灾难。“继续行动。”我说道①。

温盖特接受了我的决定，我想他松了一口气。现在，他已经从最初的震惊中恢复过来了，已经意识到一个着陆地点的障碍物并不代表他所想象的那样。我们走回到那群军官那里，并且和鲍德温取得了一致意见，我宣布空运行动将继续进行，但还补充说，不再向“皮卡迪利”空运，温盖特作为战术指挥官，由其来决定如何应变。他清楚而平静地说，继续作战行动，但命令原派往“皮卡迪利”的部队转赴“乔林基”。尽管这完全是温盖特的事情，而不是我的事，但是我很怀疑他这么做是否明智。“乔林基”在伊洛瓦底江东岸，而要切断的铁路和公路则在伊洛瓦底江的西岸。因此，在发生作战之前，此部必须渡过伊洛瓦底江，我询问，这是否能像温盖特想象得那么迅速和那么容易。我问英印第 77 旅旅长卡尔弗特，发现他强烈地反对空投到“乔林基”。科克伦也反对转赴“乔林基”，并且有

---

① 温盖特在这次事件之后不久写了一份记录，但我在他死后才看到，温盖特颠倒了他和我所扮演的角色。在这份记录中，温盖特声称，他曾经用这些理由力主继续实施空运行动，而我接受了他的意见，表示同意。我对温盖特第一反应的回忆却非如此，我在此事发生后不久所记下的笔记也非这样。无论如何，这对结果没有太大影响，不管是温盖特说服了我，还是我说服了温盖特，下令继续作战的责任在于我，其一切后果也不用温盖特承担，而必须是由我承担。——原书注

很充足的理由，“乔林基”地形与“皮卡迪利”和“百老汇”完全不一样，几乎没有时间向飞行员重新说明。第3战术航空队司令官鲍德温全面负责空军方面的行动，强调“皮卡迪利”的空勤人员无法转赴“乔林基”，于是否决了转赴“乔林基”的决定。温盖特感受到了反对意见的力量，同意按原计划进行，但是原派“皮卡迪利”部队改派“百老汇”。

科克伦集合了原计划飞往“皮卡迪利”的“达科他”式运输机和滑翔机的飞行员——现在他们的目的地改变了——重新通报了任务的情况。我很好奇科克伦如何宣布改变任务的消息，一开始就遇到问题，稍有担心其士气受到影响，于是我跟过去听一听。科克伦跳到一辆吉普车的车头前罩上。“弟兄们，我要说，”他宣布道，“我们得去一个更好的地方了！”

第一架“达科他”式飞机拖弋着两架滑翔机，刚刚过了6时就咆哮着冲出跑道，只比原计划的时间略晚了几分钟。此时，其他飞机显然都每隔半分钟起飞。起初，滑翔机升空，在运输机后面稳住位置之前，一两架飞机发生了剧烈的抖动，略高于拖弋运输机之上。我不止一次担心，会有一架“达科他”式飞机在滑翔机升空之前拉断拖弋的绳索，但是所有的飞机都安全地起飞了，开始长距离爬升到可以越过山地的高度。在渐渐黯淡下来的天空中，满满都是飞机组成的奇异三角形编队，慢慢越飞越高，飞向远方。最后连引擎的嗡嗡声都逐渐消失了，我们于是回去等待。

这种等待令人焦心。61架滑翔机已经出发了。原准备飞往“百老汇”和“皮卡迪利”共计80架滑翔机，但是我们一致认为，在黑夜中，一个简易机场最多只能安全着陆60架，所以其余的滑翔机都留而不发。我坐在跑道尽头的指挥控制帐篷里，所有的电文和报告都汇集到这里。一张简陋的桌子上面摆着一部野战电话，旁边坐着温盖特的参谋长塔洛克（Tulloch），结果证明，面对危机，他行为机敏、处事可靠和镇定冷静，还有罗马（Rome），他也是一名令人钦佩的参谋军官。明月当空，尽管我们有几盏防风灯和一盏电灯，但是外面几乎比帐篷里还略显明亮。平静了一段时间，然后据报发现距离几英里以外的空中传来了红色火光。这意味着发生拖弋事故，如果这么快就遇到了挫折，此乃不祥之兆。我到外面巡视了一圈，看到远处的空中高悬着一片相当明亮的红光。我回到指挥帐篷里，听到了更多滑翔机在越过我军防线之前就掉了下来或者拖弋返航的传闻。情况不太好。然后又陷入了另一阵漫长的等待。我们看着自己的手表。先遣飞机现在应该拖弋着滑翔机飞到了“百老汇”的上空。我们应该随时会收到首份无线电报。然而，电文仍然没有发来。温盖特走进走出，跟谁都不说话，他那苍白面容上的眼睛正在无声地燃烧。塔洛克平静地坐在电话机前面。另一座机场通过电话传来了一份混乱的报告，一名拖航飞行员看见“百老汇”跑道似乎有火光。这是怀疑变得最强烈，担心也变得最多的时候。然后，凌晨 4 时刚过，卡尔弗特从“百老汇”发来了第一份电文，他以直白的语言，简单而不完整，但非常清楚地传递了其遇到的灾难，即“黄豆香肠”。这是军队给养中最令人厌恶的物资，被选用作为行动失败的代号，具有严肃的幽默感。如此而言，日军已经在“百老汇”设伏了！温盖特是对的，而我是错的。他意味深长地狠狠看了我一眼，然后走开了。我无言以对。

尔后，我们陆续收到更多残缺不全且难以破译的电文，但是逐渐使情况清晰起来了。有滑翔机坠毁了，官兵阵亡，有些人受了伤，奄奄一息，躺在那里，被人拖到跑道边上，但没有发现任何敌军。那里根本没有敌军埋伏。当我意识到这次行动与每次进攻一样，应当相信提交第一份报告的人极其紧张，实际情况并没有像他说的那样好，也没有那么坏。由于坠毁的飞机导致“百老汇”相当堵塞，我们必须召回最后一批飞行编队。黎明之后，我离开了指挥帐篷，此时，形势仍然不甚明了，但是我充满了信心，只要在随后的 12 个小时里日本人没有搞清楚他们的位置，“钦迪特”突击队将构建跑道，准备在夜间接收增援。

我们派出去的 61 架滑翔机之中，只有 35 架到达了“百老汇”。那些认为一架“达科他”式飞机不能牵引两架滑翔机的空军人员之意见乃是正确的。在实战中，离起飞地很近的地方就是山地，陡然爬升致使拖航尼龙绳承受的拉力过大，很多滑翔机脱离了运输机。这也造成牵引运输机的引擎过热，燃料消耗意外增加，导致悲惨的结局。许多滑翔机和少数运输机被迫着陆，有些降落在我军控制区，而有 9 架迫降日军占领区。在英帕尔附近，一架坠毁的滑翔机上的“钦迪特”突击队员与前去营救的我军部队发生了一场小战斗，突击队以为自己身处敌后，决心死战到底。然而，有一部分滑翔机碰巧降落在一个日军的师团司令部附近，还有一部分滑翔机降落在一个日军的联队本部旁边，其都远离“百老汇”。着陆的失误却致使敌军弄不清我军的意图，并在日军所有部队发布了滑翔机和伞兵攻击的全面警报。

在很久以后，我们才得知，在“皮卡迪利”设置障碍的并非日本人，而是缅甸的伐木者，他们只是在从事日常工作，将柚木拖出树林，在空场上晾干。而“百老汇”起火的报告则是由一名吓坏了的滑翔机驾驶员因神经紧张而发出来的。

即使连一个敌人也没有，但那天夜间在“百老汇”的行动也足以算得上悲惨、可怕之事。一两架先遣滑翔机盘旋降落进丛林中一处视野不清的空地，猛撞到地面上。地面控制指挥设备及其操作人员所在的滑翔机尚未到达，所以在能够临时建立、临时控制指挥系统之前，不可能控制着陆时间。有一些滑翔机摔得粉碎，还有一些偏离了跑道冲进了丛林，还有一些滑翔机因草丛之下暗藏不平的地面而翻滚毁损。共有 23 名士兵牺牲，许多人受伤，但是 400 多人外加一些物资，以及旅长卡尔弗特，都安然无恙地着陆了。绝大多数工程设备尚未到达，然而，一小队美国工兵，在所有不承担巡逻任务士兵的帮助下，开始用他们能够搜集到的工具投入工作，他们拖走滑翔机残骸、清理地面、构筑阵地。官兵们都不遗余力，傍晚时分，修成了一条仅能起降一架“达科他”式飞机的跑道。

第二天夜晚，我军继续实施空运行动。55架“达科他”式飞机在“百老汇”着陆，第一批飞机也到达了“乔林基”，那里也没有任何敌人的踪迹。到3月11日，卡尔弗特的英印第77旅全部和伦泰恩（Lentaigne）的英印第111旅半部到达了“百老汇”。伦泰恩的旅部、另外半个旅以及“大刀部队”（Dahforce）安全到达了“乔林基”，这支“大刀部队”是一支由英国军官率领并招募本地部族人员组建而成的队伍。在3月5日到10日之间，有100架滑翔机和将近600架次“达科他”式飞机空运了9000人的部队和1100头驮畜。此外，弗格森（Fergusson）的英印第16旅经过长途跋涉已经到达了“阿伯丁”，正如温盖特所言，现在他已经有大约1.2万人的部队深入了“敌人的肠子里”。

初期作战行动显然取得了胜利，而且产生了较大的影响，引起了公众普遍的轰动。我倾向于闭口不言，让日本人自己去发现，但是这个想法很快就被否决了。尔后，因是否应该提到温盖特的名字而掀起了一场激烈的争论。但最后还是决定不提，至于原因为何，我完全不清楚。但对于温盖特来说，这就是一场没有丹麦王子的《哈姆雷特》，他为此暴怒。他表示抗议，提出了大量的理由，如果可能的话，所有的部队都想自己的名字出现在报纸上，而提到他的“钦迪特”突击队，只说是“第14集团军的部队”，这将使他们什么也得不到，而且错失了提振所部士气的机会。我同意他的意见，我认为，如果提到温盖特的名字，日本人更可能仅仅将此次远征视为1943年规模甚小且劳而无功袭击作战的重演，从而不会太急于集中强大的兵力来应对。我们希望的是，在我们做好完全部署之前，不受到任何干扰。此种事情总会激起荒唐的争论，在此之后，温盖特的名字还是被宣布了。

日军的反应出乎意料地缓慢。日军确实一直警惕我军的空降进攻，但并没有关注我们选定的那些相当难以进入的地点。日军对英帕尔的攻势正处于发起阶段，正如我们所料，日军所有部队或集结在东部边境上，或正在向其运动。我们的大量飞机夜复一夜地从空中飞过，肯定已经在某种程度上显示了我们部队的规模，但是河边正三及其各军司令官们决定，绝不从英帕尔战役主战场抽调大规模部队来迎战，而且不得改变此决定。他们用了一些时间集结和组织了一些临时兵站部队和其他零星部队来对付我军的“钦迪特”突击队。日军反击我军此次空降的唯一作战行动，乃是在3月10日对“乔林基”实施的一次空袭行动，这发生在伦泰恩行军出发两三个小时之后，只留下了几架废弃的滑翔机。3天以后，30架敌人的战斗机攻击了正在紧张备战的“百老汇”。日军飞行员却遭遇了我军的突然反击。到这个时候，不仅有一个轻型高射炮排已经到位，而且还有英国皇家空军第221大队的一个“喷火”式战斗机小队驻扎于此，在敌后首次建立了一个作战机场。在我军高射火炮和“喷火”式战斗机的攻击之下，日军损失了一半兵力。

敌军在地面的反应迟缓，给我军部队提供了先发制人的机会。卡尔弗特的英印第77旅向西进军，3月16日，在曼德勒—密支那铁路上的毛卢（Mawlu）附近攻击了一支敌军小规模守备部队，此地距百老汇大约50英里。英印第77旅歼灭了这支日军部队，建立了一座简易飞机场和一个据点，由于这里的树上很快就挂满了空投的降落伞，于是将此地命名为“白城”（White City）。由此而言，在空运行动开始11天之后，特种部队的第一项任务已经完成了，即与史迪威作战日军的主要公路和铁路交通线都被切断了。敌军再不可能无视这一事实。日军第53师团此时零星抵达了缅甸，以河野中将为师团长的师团司令部、其所属一个联队为基干，组建成“武田部队”，兵力不超过6000人，以应对我军的空降进攻行动。日军这支部队是临时组建的，缺少凝聚力、辎重车辆、支援武器、通信和后勤人员，此乃以往临时拼凑部队的典型问题。河野身患重病，不久以后就去世了，武田中将继任师团长。“武田部队”的第一个重大行动是力图夺取“白城”并且歼灭英印第77旅。日军夜以继日发起了一系列猛烈攻击，然而，经过最血腥的肉搏战，我军击退了各路日军。英军部队和廓尔喀部队（我当年的第 6 廓尔喀团在此战赢得了两个维多利亚十字勋章）证明自己是比敌人更强的士兵。“武田部队”在遭受了沉重打击之后，从“白城”惨败而退，他们从来没有能够占领此地。

我军一个纵队从“乔林基”向东往中缅边境出击，然后折北进击密支那，切断了重要的八莫—密支那公路。伦泰恩的英印第 111 旅集结在“乔林基”和“百老汇”着陆的各部，顺利前进至铁路因多以西。然而这些作战行动并没有达到我的预期效果，即严重袭扰日军与其阿萨姆前线的交通线。对英帕尔战役全局而言，其作战行动的主要作用，就是将前往前线进攻英帕尔的日军第 15 师团两个步兵大队和一个炮兵大队迟滞了两个月。

日军正在全力实施英帕尔攻势，此战主宰了整个缅甸战役的全局。这显然是决定性的因素，也使我必须面对温盖特战线上的两个问题。第一个问题，即是否空运投入第二攻击波部队。英帕尔战役导致我军空中运输资源面临沉重的压力。如果我们还要空运更多温盖特所属旅，则只能削减规模，这样做甚至会致使主战前线面临一些风险。我收到的所有报告都表明，英印第 16 旅在经过长途跋涉之后，只能再进行一次作战行动，需要提前换防。而温盖特也在强烈要求增加其据点的守军部队。在权衡利弊之后，尽管在英帕尔和科希马附近的战术形势正在恶化，但我还是决定实施空运，在不严重影响增兵阿萨姆前线的情况下，以最大规模空运温盖特的英印第 14 旅及其西非旅。3 月 22 日，我军开始向“阿伯丁”实施空运。布罗德的英印第 14 师在 4 月 4 日开始空运，4 月 12 日，西非旅分别增援正守备各个据点的各个营。

第二个问题更为严重，即是否改变温盖特所部的主要任务，从协助史迪威转为协助英印第 4 军作战，因为现在英帕尔附近压力甚大。以特种部队直接在战术上配合主战场作战，这种改变具有显著优势。此外，将得到温盖特间接协助的史迪威所部，面对日军第18师团，具有绝对的优势兵力，并不急需援助。然而，我还是决定坚持最初计划，特种部队向北进击，而非增援西线。在这一点上，我认为自己的决策是错误的。英帕尔是决定性战场，只有在英帕尔才可以给予日本陆军重创，我应该集中所有能够得到的兵力实现这个目标。我担心自己犯了很多日本人曾经犯过的错误，坚持了一个本来应该改变的计划。

在我做出这些决定后不久，特种部队就发生了悲剧。温盖特乘着一架“米切尔”式（Mitchell）轰炸机从英帕尔飞往拉拉盖特的新司令部，在夜幕中，他的飞机撞毁在英帕尔以西的群山之中。温盖特及随行人员都当场牺牲。这次失事原因无法确定。在山脊背面找到了飞机残骸，由于飞机不可能飞入山中。最可能的解释是，飞机突然飞进了极端的空气湍流，这是该地常见的气候现象。在夜间，难以避开，一旦陷入那种空气湍流，飞机的飞行就会失去控制，甚至机翼都可能被撕扯下来。

我在库米拉时，收到了温盖特失踪的电文。几个小时之后，没有收到任何消息，我们心头布满了阴云。在温盖特最伟大的尝试刚刚拉开序幕时，我们不能缺少他。突然失去温盖特是一次打击，甚至对于最与他不和的人也是如此，我不是与他最不和的人，他的牺牲造成了巨大的影响。每一个曾经和温盖特有过接触的人，都与他有过争论。太经常与他接触就会发生冲突，遇到如此有个性之人，几乎所有人要么被深深吸引，要么受其排斥。对于绝大多数人而言，他既是先知又是冒险家。几乎没有人可以公平评价他，而他也不在乎别人的看法。我曾经把他比作鼓吹十字军东征的隐修士彼得。我确信，彼得炽烈劝说过的许多骑士和王公贵族并不十分喜欢他，但是他们却照样参加十字军东征。我认为，麻烦在于，温盖特自视为先知，而且这总是导致近乎狂热的个人英雄主义，以及由此产生的全部过失。然而，如果他不这样做的话，他的领导权就不会如此充满活力，他的个人吸引力也不会如此引人注目。

毫无疑问，我们蒙受了严重的损失。无论对于其他部队还是自己部队而言，没有温盖特的鼓舞，特种部队都不一样了。温盖特曾经创建和激励了特种部队，为其辩护，并赋予了其信心。特种部队是他的生动想象力和无穷精力的产物，没有其他别的源泉。现在特种部队成了一个孤儿，我面临的一个紧迫问题就是选择继任者。在这种情况之下，不需要过多考虑资历问题。接任温盖特的位置并不是一个容易的任务。温盖特的继任者必须是一个被特种部队官兵了解的人，必须是一个曾经和他们同甘共苦的人，必须是一个其战斗才能和勇气都为他们所信任的人。我选择了伦泰恩准将。他不仅完全符合这些要求，而且我知道他是温盖特所部旅长中，素质最全面且最有作战经验的一人。这也是温盖特的奇怪个性反射出来的侧光，在温盖特牺牲以后，有 3 名军官分别告诉我，温盖特都曾经告诉过他们，伦泰恩是自己所想的继任人。我毫不怀疑他们说的都是事实。

在伦泰恩领导之下，特种部队并未懈怠行动。铁路因多是日军的一个补给中心，散布着弹药补充站和物资补充站。铁路因多还有一个缅甸北部最好的机场，温盖特一直意图夺取之。在布罗德英印第 14 旅一部的支援下，弗格森的英印第 16 旅从“阿伯丁”出发，意欲出其不意地夺取因多。虽然日本人的守备部队并不多，但其构筑了坚固工事，而特种部队没有炮兵，且都是轻型装备，无法将日军驱逐。弗格森被迫放弃了进攻，率军回撤。英印第 16 旅由于长途行军和此次最终流产的进攻，现在已经极端疲乏，我们只能尽快将其撤运出来。他们乘坐运送给养和援军到“阿伯丁”的空飞机撤回。即使没有英印第 16 旅，伦泰恩也有 3 个机动的旅，除了驻守“据点”的大规模部队，所部分成众多纵队实施作战。特种部队已经有效切断了与日军第 18 师团相连的交通线。日军铁路交通线完全被封锁了，只有在微乎其微的情况下，敌军的公路运输车辆才能偶尔勉强溜过去。日军此时依然极力克制从关键的阿萨姆前线抽调任何部队，只能纠集更多的零星部队来增强“武田部队”，包括新抵缅甸的第 2 师团一个联队一部。伦泰恩所属各纵队从铁路两侧席卷因多的北部地区，与搜索他们的日军分遣队打了许多小规模的遭遇战。5 月，日军集中兵力进攻“白城”，威胁越来越大。“钦迪特”突击部队悄悄撤出，在若干地点再次袭击了这条铁路，然后，经过长达 80 英里的山地行军之后，于 5 月初在和平（Hopin）以北建立了另一个据点“黑池”（Blackpool）。

在温盖特所部之旅被空运进入战场，并在因多周围实施作战之际，在其北侧的史迪威敦促着所部中国军队南进。史迪威以其美军“劫掠者”部队采用短距离迂回战术攻击日军后方，日军正是采用此种战术在 1942 年对付他们的，3 月 19 日这天是史迪威的 61 岁生日，经过“坚布山”（Jambu Bum）的一场恶战之后，他们突入了孟拱河谷，通向以此命名的一个城镇。

对于取得的进展，这位老战士深感高兴，他有理由高兴。中国军队在其巧妙敦促之下，作战英勇出色，而且经蒙巴顿海军上将向蒋委员长请求，史迪威已经成功从中国又抽调了两个师。现在中国第 50 师正在飞往阿萨姆北部，紧随其后的是第 14 师。5 月初，史迪威所部多达 5 个中国师和美军特遣部队。如果日军主力能够被牵制在其他战线上，已经受到一定程度猛击的第 18 师团，又被伦泰恩切断交通线，其能够抵挡这支具有压倒性优势部队的机会就微乎其微。密支那不再是一个遥远的梦想，而是一个可以攻占的目标。

这时候，正当史迪威感觉到胜券在握之际，他也认为，若任何一个地方战败，胜利的果实就会从手中溜走。当他想到将会发生什么，或者认为他想到了时，我能够理解史迪威的辛酸和某种严厉，“酸醋乔”的外号也是名不虚传。

1944 年 3 月第二个星期，日军开始大规模进攻我英印第 4 军前线。日军以不祥的进攻速度包围科希马，切断与英帕尔的联系。对于史迪威来说，这威胁着他在雅鲁藏布江河谷且经迪马普尔的唯一交通线，在他这样职位的任何指挥官都不能忽视此地面临的巨大危险，正如史迪威恰如其分所描述的，它“孤悬在北方一根树杈上”。如果日军拼尽力量突破科希马，并且冲入英帕尔平原，史迪威所能做的一切就是艰苦跋涉越过群山，撤入中国。史迪威深知这一点，他从远离实际战场的情报来源，收到了英帕尔周围形势紧急的报告，于是向我建议，他应该停止向前推进，此刻所部已经到达了沙都祖，顺利到达孟拱河谷，并建议撤回新 38 中国师，这样我就能用这个师帮助恢复他的交通线。

4 月 3 日早晨，我飞往乔尔哈特（Jorhat）面会史迪威。驻乔尔哈特的庞大美国航空队特遣队，弥漫着一种阴郁的气氛，以及某种焦虑之情。当地面承受威胁的时候，我有几次在自己和其他部队的飞行员中也感受到了这种氛围。我能够感同身受。作为一名士兵，他们面临空中攻击与我面临地面攻击一样，都不会害怕。那是必须习惯的事情。他们似乎得知大股日军可能随时会出现在机场旁边，而知道我拒绝了派部队来保卫美国人飞机场的请求，我所拥有的任何资源都尽可能地被用于迎战在科希马的日本人了，所以我这位“英国佬将军”不太得他们的欢喜。

摄影记者像往常一样蜂拥而至，紧盯着每一位美国将领的行动，这次他们想要给我拍张照片，为了不扫他们的兴，我说可以拍一张我与一名美国列兵握手的照片。我笑着提醒他们说，根据我看到美军航空部队的情况，找个列兵还是有一点困难的，确实不太容易，但军官和中士却很多。于是，我们下意识地走向正在临时营房和最近道路巡逻的一群哨兵们。确实，他们都是中士，离我们最近的是一个两条杠的人，而绝不是一名列兵。我们回到食堂时，精神好了很多，经过这种毫无意义的作秀之后，建立起了友好的姿态，此时，刚好见到了飞抵这里的史迪威。

史迪威看上去很疲倦，更显苍老，他向我友好致意，我感觉他还带着一丝理解之情。几分钟后，他引领我走到外面单独相谈，再次重申其抽调新 38 师的建议。他解释说，现在的局势意味着要停止前进，可能还要后撤，而且在季风雨季来临之前肯定无法攻占密支那。他显然感到十分失望，但是没有任何批评和指责。我感觉，除了自己身陷的麻烦，他还真诚地伸出援手，以解我的困境。我最不愿意看到的是，此时此刻耽搁他的进攻，这时日军的全部攻击部队势必投入针对我英印第4军的战役，而我的援军正开始抵达，我军部队的作战相当卓越。由于史迪威在兵力人数上占据了绝对的优势，以及日军第18师团后方的伦泰恩特种部队所创造的战果，我确认这是史迪威的一个巨大机会。因此，我告诉史迪威，留下新38师和现在正在抵达的其他中国师，尽全力坚定地向密支那前进。史迪威问我是否可以保证他的交通线不被日本人切断。我说不能保证日本人的分遣队不会避开我军防线而渗入雅鲁藏布江河谷，但是我保证，他的交通线中断不会超过10天。我说，我军正在科希马和英帕尔周围进行一场真正艰苦卓绝的战役，而且也是缅甸战役的决定性之战，我对最终的结果充满信心。他予以认同，并表示这正是他想听到的话。

由于我军不能抽出部队保护美军机场，为了能给美军机场方面以安全感，史迪威从新到的中国师里派一个团到汀江（Dinjan），若攻下密支那，即可空运部署。我问史迪威是否还有夺取密支那的计划，何时可成。他回答说，他有攻占密支那的计划，如果一切进行顺利，而且雨水不多的话，希望在5月20日左右进抵密支那。他再次要求我不要将其计划以及实施时间告诉给任何人。我承诺不会告诉任何人。毕竟所有的人都知道了他奉命夺取密支那，无论他保守这个秘密的动机是什么，我还是准备满足他。午饭过后，蒙巴顿海军上将、伦泰恩、斯托普福德（Stopford）和其他人也都到达了，最高统帅召开了一个会议，他批准了我给予史迪威的命令。

与此同时，孤悬史迪威所部之左翼的缅甸步枪团和英国人指挥的克钦兵组成的小股部队，已经从赫兹堡南进，攻占了孙布拉蚌（Sumpr–abum），这是他们小规模秘密战争中取得的第一个重大胜利。中国军队主力正在向加迈猛烈进攻，如果史迪威要在季风雨季到来之前夺取密支那，他的进攻就不应再拖延了。他高度秘密地组织了攻击部队。这包括美军“劫掠者”部队的3个营，每个营配属中国军队两个营，组成3个混编旅。4月28日，梅里尔踏上了冒险远征之路，这次确实是危险的。梅里尔必须率领所部行军将近100英里，越过最荒野的区域，并翻越一座高达6000英尺的大山，为了让骡马通过，还需要在山坡开辟山道。最后，梅里尔必须对兵力不详的敌军实施攻击。

这支攻击部队刚开始行动，天就下雨了，这使得他们的行军困难增加了几倍，也使史迪威因焦虑而备受折磨。幸运的是，这不是季风雨季，而仅仅是前兆性暴雨，过后天气又晴朗起来了。5月14日，梅里尔报告说，距离目标还有48个小时路程；5月15日，还有24个小时路程，并提醒将后续中国部队空运过来。

5月17日，梅里尔的部队击溃日军轻微抵抗，进攻了在密支那的机场。梅里尔的突袭获了成功，日军将其全部大约800人撤入密支那城中。当天下午，增援的一个中国团开始空运抵达密支那，尔后，另一团也迅速运抵。徒步行军抵达密支那的美军“劫掠者”部队及中国军队已经精疲力竭了，正如弗格森的“钦迪特”突击队经历类似行军之后的状态，而且他们还认为密支那守敌兵力甚强，将固守机场。实际上，密支那的日本守军规模甚小，只有第18师团第114联队本部、两个兵力薄弱的大队、航空场站守备部队一部，以及约300名后勤人员。此外，驻密支那第18师团野战医院还有几百名伤病员，根据日军惯例，其中许多伤病员将立即参加战斗。

5月19日，中国军队新到达的几个团开始进攻密支那城。这是他们入缅的第一仗，不仅指挥无方，而且自下飞机以来没有太多时间弄清形势。在取得了一些进展之后，他们就停滞不前了。在混乱之中，两支中国部队发生误射，随之陷入慌乱之中，导致无序撤退，放弃进攻。面对中美联军对密支那的攻击，日军迅速反应，调集邻近的一切部队增援密支那。到 5 月底，密支那城中的日军是第 18 师团和第 56 师团各部，还有医院伤病员、兵站和后勤部队，共约 3500 人。第 114 联队的丸山大佐（Colonel Maruyama）负责指挥日本守军，6 月 2 日，日军第 56 师团的水上少将（Major-General Mizukami）抵达密支那，接任丸山担负守备之责。日军两位军官都展现了杰出的勇气和决心，同时，日军各类守备部队都以狂热与决死的精神进行战斗。

不幸的是，梅里尔在到达密支那之后不久就病倒了，而派去接替他的军官既没有经验又不能适应战地实际指挥的那种紧张。实际上，此时史迪威除了他自己已无将可用，他没有一个可以指挥或推动一项作战的人可以依赖，而且，他又不能分身两地。

援军源源不断抵达最早攻占的密支那机场以及附近迅速修建的其他机场，最后 3 万多中国军队集结于此。他们的攻击依然缺少力度，进展甚微。在绝望之中，史迪威撤换了指挥官，并且空运皮克的美军战斗工兵替换因疾病而减员的“劫掠者”部队，但是绝大多数工兵没有接受过步兵的基本训练，让他们与日军作战完全是不顾后果的举措。密支那战役以辉煌开场，现在却变成了混乱不堪、令人沮丧，而且指挥错误的围城战。

在史迪威猛攻密支那之际，伦泰恩的主力部队正苦战坚守“黑池”，这个据点建立在和平附近日军公路和铁路交通线之上。与此同时，由英印第 111 旅一部和克钦人“大刀部队”组成的“莫里斯部队”，则向八莫公路北进。和平在史迪威下一个目标加迈以南只有 40 英里的地方，“莫里斯部队”可以预期在一周左右后靠近密支那。当特种部队从南向北行进，而中国军队从北向南压迫时，伦泰恩所部与史迪威所部之间密切的日常战术合作显然成为紧迫之事。因此，5 月 17 日，我命令特种部队由史迪威直接指挥。史迪威现在有 1 个美军旅、5 个中国师、3 个机动“钦迪特”突击旅及其据点守备部队。此部规模之大，实力高于一个军，并接近于一个集团军。史迪威面对的日军是深受重创但依然不屈服的日军第 18 师团，以及从云南前线抽调的第 56 师团零星部队，以及“武田部队”。

但是沉寂两年之久的云南前线，现在也恢复了强烈的活力。蒋委员长终于服从于盟军的强烈要求，于 4 月的下半月命令实施期望已久的怒江攻势。5 月 10 日至 11 日夜，4 万人的中国部队在北至思茅（Hpimaw）南至滚弄（Kunlong）之间的 3 个主要地点渡过怒江，这是一条长达 200 英里的前线。在滚弄的第四次渡江失败了。几天以后，在卫立煌指挥下的 12 个中国师，总兵力达到大约 7.2 万人，登上了怒江西岸。而在高山隘口守备阻挡中国远征军前进的日军，只是拥有大约 1.2 万人兵力的日军第 56 师团。这里的地形是防御的理想之地，日军在兵力数量上远逊于中国远征军，而且没有空中支援，但是作战灵活，顽强抵抗。中国远征军向缅戛渡（Mengta）以北的山区猛进之际，在腊勐（Lameng）和平嘎（Pingka）一带爆发了第一场真正的对决，据守的日军步兵大队和炮兵部队均被中国远征军歼灭。在南面的滚弄，日军仍继续据守着怒江渡口，但在怒江前线的其他地方，日军在 5 月和 6 月初缓慢撤至从畹町至腾冲的主要公路。当中国远征军经山道攻入，遭受强大压力的日军第 56 师团逐渐撤退，收缩到龙陵（Lungling），而在腾冲留守一个联队本部、一个大队和一些分遣队，以掩护集结行动。然而，中国远征军从北面出人意料地包围了腾冲。日军守备部队以狂热的英勇精神进行抵抗，9 月 21 日，中国远征军以压倒性攻势占领了腾冲，日军守备部队全部战死。

与此同时，日军第 56 师团主力在龙陵周围遭受了中国军队 6 个师的攻势，这是日军在云南前线最绝望的战斗。中国军队的后勤供应组织初步成型，漫长的交通线面临巨大的困难，季风雨季潮湿又寒冷，但中国士兵却缺乏御寒装备。尽管我的兵力捉襟见肘，蒙巴顿海军上将还是英明地从中部战线抽调了转移一个中队的美国“达科他”式飞机给中国军队。虽然第 10 航空队和第 14 航空队为中国军队提供了帮助，但也只够为卫立煌所部小部分部队提供空中补给。

龙陵会战从6月底到8月底。日军指挥官松山祐三中将（Lieut. General Matsuyama）以卓越的才能指挥了这场保卫战。他自始至终全力抵抗中国军队的每一次包围企图，同时保持南至畹町的道路畅通。5月份发生的一件事，让松山祐三好运临头。一架中国运输机在云海中错把腾冲当成了一个友军的机场，于是在那里着陆了。在那架飞机上有3名中国的参谋军官，他们不仅携带着参加此次攻势所有部队的详情，而且还有中国部队的新密码。在此之后，松山祐三成为缅甸战场敌我双方中唯一了解敌人进攻行动和企图的指挥官。他很好地利用了这一点。日本人紧急增援，然后以日军第2师团大部和第49师团的一个联队在8月份进行了一次激烈的反击战，导致中国军队在绝大多数地方停止了进攻，并且使其后续的进攻减弱成了缓慢的爬行。中国军队损失惨重，这不仅是因为疾病流行和缺衣少食，也是因为他们缺乏训练、装备落后和指挥不当，在这些方面其远逊于史迪威所部，这导致他们无法与日本人相匹敌。他们的损失也没有得到中国方面的补充。卫立煌重任在肩。他唯一真正的优势是兵力人数、美国战斗机和中型轰炸机的空中支援，但是飞机在这些荒山野岭当中失去了很多价值。

然而，这块压在日本人右翼的大石头，虽然缓慢移动着，但也成为缅甸北部日军战线的一大威胁。确实，在5月底左右，日军在缅北的总体形势迅速变得岌岌可危了。第18师团开始分崩离析。史迪威的主力正在迫近加迈。除了进攻密支那的大规模中国军队，赫兹堡分遣队正在从孙布拉蚌迫近，而“莫里斯部队”也从伊洛瓦底江以东进击密支那。虽然似乎不能立即攻陷密支那，但这只是时间问题了。

伦泰恩特种部队的一个旅坚守和平附近的“黑池”据点，连续3个星期经受日军的不断攻击，在关键时刻切断了敌军的主要交通线。日军集结“武田部队”之绝大部，包括第53师团的一个联队，进攻“黑池”的

"钦迪特"突击队，并用野战炮和中型火炮轰击突击队。最为恶劣的情况是，日军在空降地一带构筑了高射炮阵地。在日军直接火力威胁之下，英国和美国的"达科他"飞行员虽然不能着陆，仍然继续空投物资，但是给养补给时断时续，伤员也无法撤出。这时，天气变得恶劣起来，随着日本人的靠近，天空中的乌云也在聚拢。空中补给和空中支援都停止了。5月25日，"钦迪特"突击队带着伤员，从"黑池"突围而出，向西北的印多吉湖艰难撤退，伦泰恩的其他部队也正在向此地周围集结。雨水已经造成机场无法使用，伤病员数量也越来越多，战友们费力将其带离了战场，然而撤出来的希望似乎还是相当渺茫。英国皇家空军将希望寄托在了2架四引擎水上侦察飞机上，这是从印度洋的潜艇搜寻任务中抽调出来的，从科伦坡（Colombo）飞到缅甸腹地这片长15英里宽5英里的水域[①]。这两架飞机在最恶劣的季风雨季中，空运了将近600名伤员。

6月的最初几周里，史迪威所部中国军队继续向孟拱河谷推进。在作战中，中国军队的信心越来越强，也越来越勇敢，歼灭了企图在沙都祖和拉班（Laban）阻挡他们的日军。6月16日，中国驻印军新22师拿下了加迈。6月20日，伦泰恩所部的卡尔弗特英印第77旅先于从北面南进的中国驻印军新38师席卷了孟拱。此时，英帕尔附近的大会战形势也发生了逆转，日军失利。敌军司令官河边正三纠集一切可能的援军，派往英帕尔前线掩护部队撤退。他在缅甸的两条战线都在崩溃，已无法力挽狂澜。现在，河边正三的兵力只够在缅北实施一场阻击战。

蒙巴顿海军上将与蒋委员长的谈判一直在进行中，议题是卫立煌的中国驻滇远征军越过中缅边境之后，应归盟军东南亚司令部指挥。如果涉及中国人，关于中国军队的指挥权问题就相当难以理解，这似乎无法避免。起初在这些偏远的山区之中，中缅尚未定界。英军地图标注的边界在

---

① 这里指印多吉湖。——编者注

某一地，中方地图上的边界却在其以西几英里处。无论中缅边界线位于何处，有时同一支中国部队可能会同时出现在边界线两侧，这是一个复杂而无望解决的问题。蒋介石委员长一直牢牢掌控着中国驻滇远征军，据史迪威对我所言，他是通过一个美国顾问团来实行作战控制的，而这种指挥权相当模糊。无论史迪威是否具有指挥权，他所辖的部队现在达到了大约7个师，根据先前协定，史迪威攻占加迈之后，他就不归我指挥了。仅从逻辑上而言，他是一名集团军司令官，与我的地位同等，也与我一样，归第11集团军群节制，但史迪威再次拒绝自己归吉法德将军指挥。他坚持由蒙巴顿海军上将直接指挥，但是，盟军东南亚司令没有一个直接接洽指挥一个集团军的机构。

当我面会史迪威时，讨论了从我指挥之下转隶出去的问题。他眨动着那有些雾蒙蒙的眼睛，说道："好啊，将军，我一直是您的一个好下属。我服从了您的所有命令！"这倒是实情，但我回答说："是的，你这个老鬼，因为我下达的命令无不是你所期望得到的命令！"

密支那久拖不决的包围战，让史迪威感到极度失望，在此期间，他真正不辜负"醋酸乔"之名号。史迪威对于不幸的美军指挥官极其刻薄，指责他们作战不力，指责他们在战报里一次又一次杀死同一批日军。他对"钦迪特"突击队也同样毫不客气，指责他们不服从命令，无谓地放弃了在和平附近的据点，致使强大的日军援军进入了加迈—密支那地区。史迪威要求投入英国伞兵部队，以恢复原来的态势。然而，现有的一支小规模伞兵部队已在英帕尔参加最激烈的战斗，此时根本无法抽调出来，毫无疑问，他对自己战线形势的描述太过于危言耸听了。伦泰恩回应史迪威对他的指责，并抱怨说，史迪威提出的要求不可能做到，他不断给他的所有纵队同时下达许多任务，使得其部队任何一部都不可能有必要的时间进行整编和撤退伤员，而不整编和撤退伤员，他们就不能有效作战。这两位指挥官之间的关系变得很紧张，最后，在5月底，史迪威要求蒙巴顿海军上将撤出特种部队。因此，6月初，尽管我已经不再指挥史迪威的战线，但我还是前往北部战区司令部，协调史迪威和伦泰恩之间的关系，试图弥合裂痕。

我发现了史迪威的尖酸刻薄以及伦泰恩的义愤填膺，这显然是双方在长期高压之下产生的相互不理解。存在的一个或众多问题是，史迪威当时正在气头之上，他不见伦泰恩，不能与伦泰恩真正讨论问题。这里有太多的特洛伊围城式氛围，指挥官们都在各自帐篷里徒生闷气。然而，在史迪威冲我发了几次脾气之后，他冷静了下来，解释了指责“钦迪特”突击队的理由。而我已经见过了伦泰恩，倾听了他的说法。从表面上看，史迪威的命令是正确的，而“钦迪特”突击队显然也没有全部执行史迪威的命令。但是同样明显的问题是，“钦迪特”突击队以当时极度精疲力竭的状态，而且又蒙受了巨大伤亡，加之滂沱大雨致使行动十分困难，除非给予休整的机会，否则他们完全没有能力执行史迪威的命令。史迪威对此的回答是：“他的‘劫掠者’部队却依然在有效作战。”我强调，不要贬低“钦迪特”突击队所做出的努力，伦泰恩所部官兵在敌后承受实际压力的时间比梅里尔所部要长得多，而且伦泰恩的伤亡情况也比患病情况严重得多。关于史迪威对江东岸“莫里斯部队”的指责，我告诉他，我认为要几百人完成西岸3万人都没有做到的事情，有些太过于苛求。最后，他眼睛越过眼镜看着我，说道：“您希望我怎么办？”我说：“去见见伦泰恩，跟他讨论讨论，让他的纵队有机会撤出伤员，并进行休整，在攻占密支那之前，其部队将留在战场。”他同意了，尔后，我返回司令部。

我曾希望，史迪威所部会在6月中旬攻占密支那，然而，显然在6月底尚远远无法夺取密支那。在这个时候，形势越来越明显，特种部队余部不适于继续在季风雨季参加作战行动。此时，蒙巴顿海军上将亲自面会了史迪威，安排伦泰恩所部在战地时间最长的两个旅接受医疗检查，所有不合适作战的官兵马上乘飞机离开战场，剩余的人进行短期作战后，再行撤离战区。当时正在阿萨姆西隆重新装备的英军第36师抵达缅甸，开始接受史迪威的指挥，最后一批特种部队也将开始撤出。

实际上，那时把整个“钦迪特”突击队撤出来才是更明智的选择，他们已经完成了任务。所以，“劫掠者”部队也应该撤出，稍晚一些时候，“劫掠者”部队也全部撤出了。“钦迪特”突击队和“劫掠者”部队都承受巨大的压力，两支部队得到的承诺都是艰苦的任务是短期的，而实际上两支部队所担负的任务都超出其可以承受的范围。

8月3日下午，经过两个半月的包围战之后，史迪威所部攻陷了密支那。在几天前，日军指挥官水上源藏命令残部突围。他随后自杀。原来的指挥官丸山再次接掌指挥权，在他的领导下，日军企图趁着夜色乘小筏沿河逃跑。绝大多数日军遭到截击而战死，但是丸山和大约200人却得以逃脱。

史迪威所部攻占密支那，虽然拖延太多，但是却标志着史迪威的战役第一阶段取得了完胜。这也是夺取敌占领土的最大一次作战。在盟军作战的整个期间，中国人、英国人和美国人，已经在陆地和空中确立了对于日军的巨大优势，即使没有中国驻滇远征军也能实现这个目标。只有日军主力被牵制在重要的英帕尔战场上，而且日军纠集的所有援军都填进这个大熔炉，盟军才取得了此种优势。日本人具有阵地和交通线优势，甚至还有拼死一战的勇气以及高超的防御战术，但也无法阻挡这样一种数量上的优势。然而，一切尘埃落定之际，这次缅北攻势的主要功劳应归于利多的中国诸师以及史迪威。

第四部

扭转战局

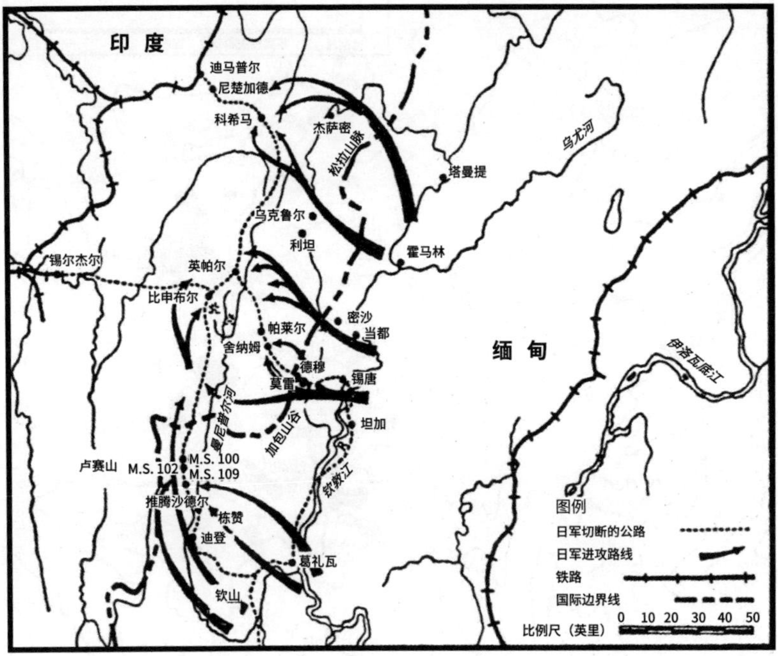

地图 7　日军进攻路线，缅甸，1944

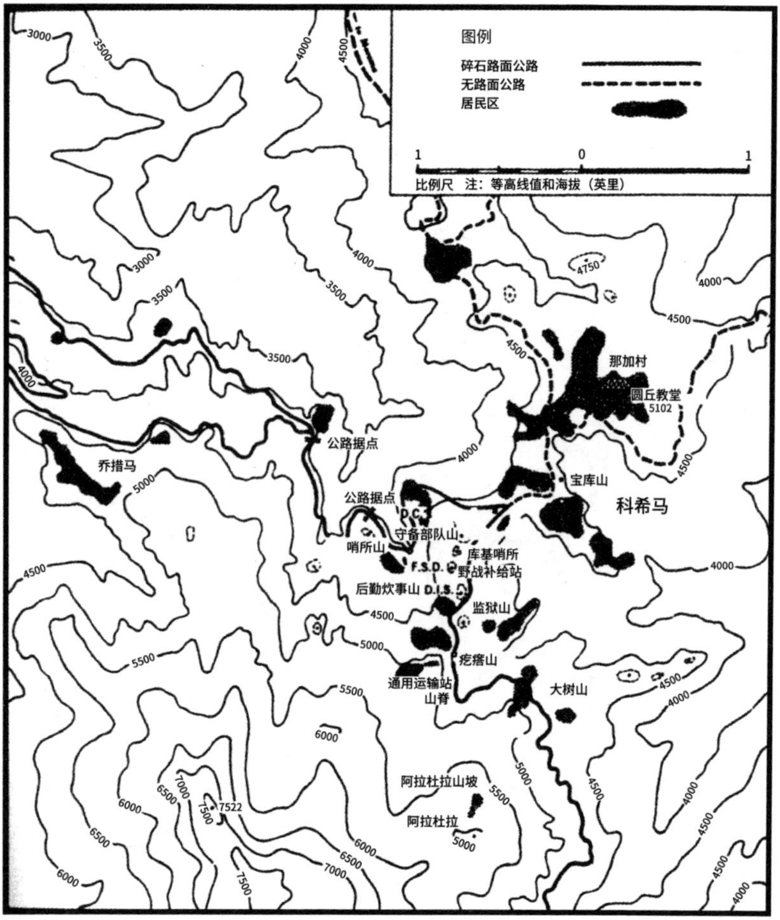
图例
碎石路面公路
无路面公路
居民区
1
0
1
比例尺 注：等高线值和海拔（英里）
那加村
圆丘教堂
5102
公路据点
乔措马
公路据点
宝库山
科希马
守备部队山
哨所山
库基哨所
野战补给站
F.S.D.
后勤炊事山 D.I.S.
监狱山
疙瘩山
通用运输站
山脊
大树山
阿拉杜拉山坡
阿拉杜拉
7522

地图 8 科希马

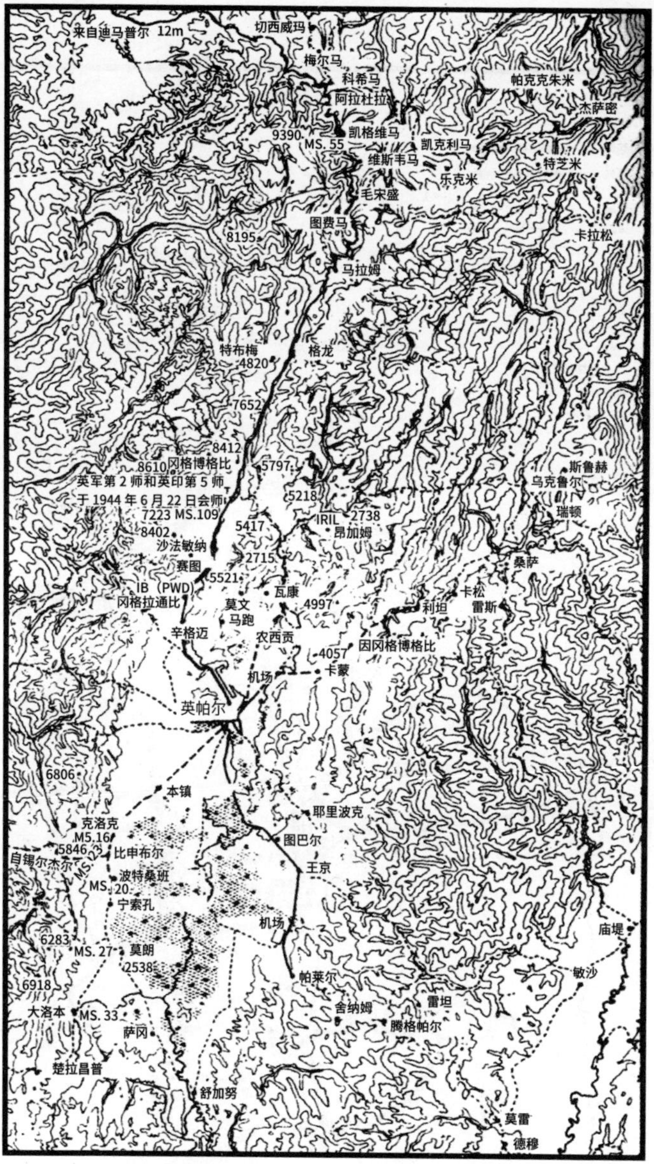

比例尺（英里） 5 0 5 10 15 20

相邻等高线高度为 1000 英尺

地图 9 英帕尔地区

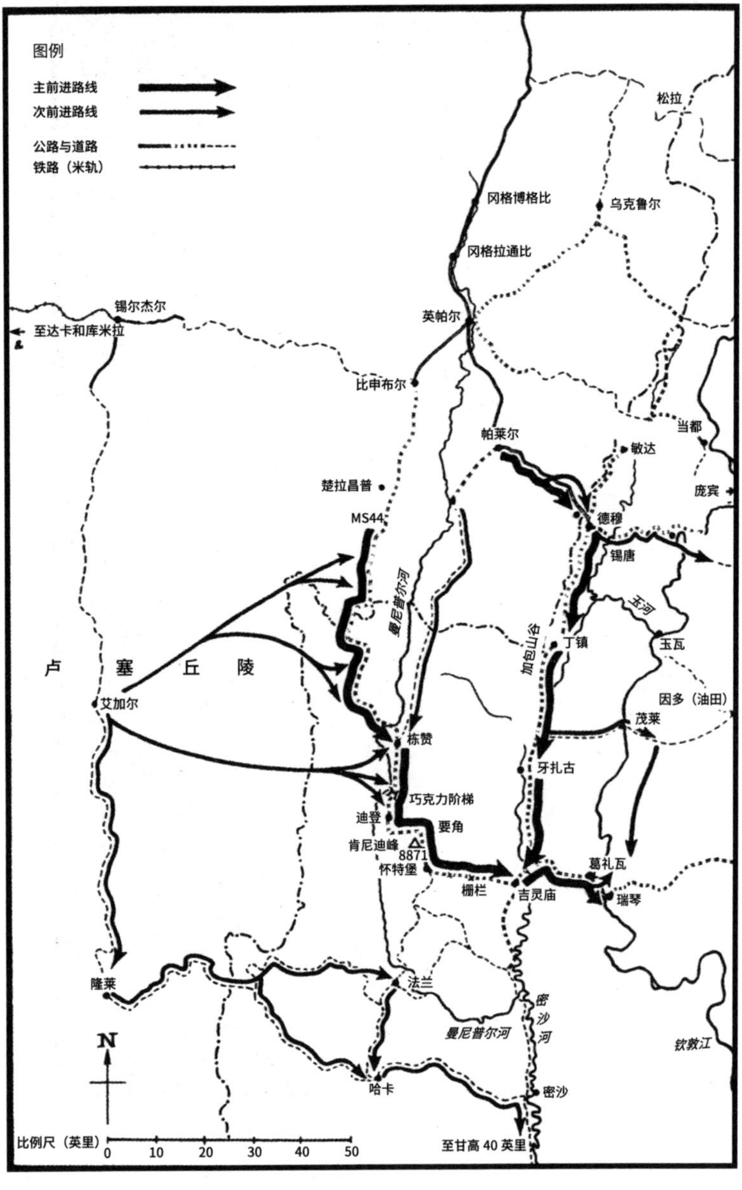
图例
主前进路线
次前进路线
公路与道路
铁路（米轨）
松拉
冈格博格比
乌克鲁尔
冈格拉通比
锡尔杰尔
至达卡和库米拉
英帕尔
比申布尔
帕莱尔
当都
敏达
楚拉昌普
庞宾
MS44
德穆
锡唐
曼尼普尔河
玉河
加包山谷
丁镇
玉瓦
卢　塞　丘　陵
因多（油田）
艾加尔
茂莱
栋赞
牙扎古
巧克力阶梯
迪登
要角
肯尼迪峰
8871
葛礼瓦
怀特堡
栅栏
吉灵庙
瑞琴
隆莱
法兰
密沙河
曼尼普尔河
钦敦江
N
哈卡
密沙
比例尺（英里）
0
10
20
30
40
50
至甘高 40 英里

地图 10　进军钦敦江

第十三章 运筹帷幄

1944年初，阿萨姆中部战线上发生了大事件，即3月至6月英帕尔和科希马附近发生的残酷而激烈的战役，这是东南亚战场两场决定性战役中的第一个战役。日军的最高指挥官寺内寿一（Tarauchi），及缅甸方面军司令官河边正三，都认为它是决定性的，而我们也这样认为。

在太平洋上，日军每天的战舰损失正开始对其产生严重的影响。除非他们能够取得一些影响深远的战略性胜利，否则分散在庞大占领区内的日本陆军会面临被缓慢绞杀的命运。日本人的小眼睛满怀希望地注视着缅甸。这是一个他们能够发动一场进攻的地方，而这场进攻可能会带给他们所希望的一切。如果取得了成功，摧毁英国在缅甸的军事力量将是日军的最低成果。被完全孤立的中国将被迫单独媾和。认为反叛英国的时机已经成熟的印度将成为其手中的闪耀战利品。日本认为在阿萨姆的胜利产生的影响不只是占领这些偏僻的丛林地带，这是正确的。确实像他们在鼓舞部队时所宣称的那样，这将改变世界大战的整个进程。他们这样想是有道理的。缅甸在一段时间里，不再仅仅是世界大战中的一个次要问题，而是要占据舞台的中心了。

因为知道这一点，于是河边正三用尽全力以图在阿萨姆实现一场大突破。对于他来说，在若开的战役是次要的，他主要目的是消耗我们的预备队，以防止其被用于重要的中部战线。在北方前线，他下决心使用最少的必要部队来延缓中国人从利多和云南的推进。缅北是他可以放弃的地方，因为如果他在中部战线获胜，那么北方就会自动落入他的手中。

对于我们来说也是如此，这是我们的巨大机会。由于无法得到登陆艇和船只，我们将不得不从北面陆地再次进入缅甸。事实上，我们正在计划这么做。然而，这个国家的地形地貌对于我们极为不利，我们翻越群山而能维持的部队相当有限，任何这样一场进攻肯定都是一场冒险，除非我们能够首先大大消耗日本人的军事力量。在进入缅甸之前我需要一场战斗，而且我像河边正三一样渴望使其成为一场决定性的战斗。

在 1944 年初，斯库恩斯中将指挥着在阿萨姆前线的英印第 4 军。他是一位头脑清晰、善于分析、见广识多、很有思想的军人。我的参谋人员有时候抱怨说，他经常认真考虑所有因素和作战方案，并发表冗长的意见。我总是指出，这些意见可以在事后重读，而且人们会惊异地发现这些见解十分精确。比起一位政治家的演说更能够经受重读的考验，一位将军的意见能够经受这种考验并不罕见，但是这样的远见是将才的真正基础，而且这是不太常见的天赋。斯库恩斯能够在危机中保持镇定，对于他要指挥的战争来说，这是一种无比宝贵的品质。

根据这个战区当前的全盘计划，他被赋予了准备挺进缅甸的任务。他的英印第 4 军的 3 个印度师几个月以来逐渐向前推进，以控制从我们 1942 年狼狈撤退的加包山谷到钦山这片广阔的山地。钦山大约在英帕尔以南 150 英里。在这片辽阔的弧形山地的保护之下，一些公路正在修建之中，补给品正在集中，一场越过钦敦江的有限进攻的准备工作正在进行。根据进攻的思想，我们设计了英印第 4 军防区的布局及其各作战部队的部署。

英帕尔平原长宽分别约为 40 英里和 20 英里，是印度和缅甸间的雄伟群山间的唯一一块巨大平原，与雅鲁藏布江河谷和缅甸中部平原距离相等，若欲在印度和缅甸之间的任何方向实施大规模军事行动，这里都是一个天然的中途兵站和补给站。在1942年的大撤退以后，我们曾经徒然地在英帕尔平原寻求休息和庇护，从那时以来，英帕尔平原的面貌已经发生了巨大的变化。原来迎接我们的那些滴着水的树木、湿透了的地面、被炸弹破坏的建筑物和泥泞小路，现在已经变为了整齐的竹棚军营、简陋的医院、补给品仓库、军火库、工兵场站和宽阔的柏油路。五花八门的军营分散在这块600平方英里的平原上，但是绝大多数聚集在英帕尔和以南25英里的帕莱尔（Palel）的村子周围。根据功能用途，这些后勤设施都自然地建设在最合适和最便利的地方，但只考虑了防空目的而分散布局，却没有想到如何抵御来自陆地的攻击。因此，这些设施都散布在很大的地区，并且不可避免地受到近距离平射射程内高地的“俯瞰”。这些军营沿着向北通向印度、向南通向缅甸的公路分布，有大约六七万印度的非战斗人员，其绝大多数是劳工。在英帕尔以北130英里处迪马普尔的铁路终端基地也不规则，这是在丛林里开拓出来的，有着类似的布局和运作方式。只要我们的意图是保持我军进攻而日军防御，英帕尔和迪马普尔就适合被组织起来。若日军进攻而我军防御，这些分布广泛的基地会变成一个可怕的令人难堪的陷阱。

我们在这个中部前线的形势有另一个严重的战术弱点。我们的唯一交通线是从迪马普尔的铁路终端翻山至科希马，并延伸至英帕尔的那条公路，这是由我们出色的工兵修建的。现在这条公路分岔了，我们辛苦地延伸着这两个分岔线，一个分岔线向南延伸到曼尼普尔河谷，另一条延伸到加包山谷。所有这些公路都尽可能延伸至北方和南方，与日军前线平行，而且与日军前线距离不是很远。因此，无论我们采取进攻或者保持防御，其都是暴露给敌军的典型军事弱点，而敌人特别善于予以充分利用，且在这方面经验丰富。

英印第4军的3个师部署在两条防线之上，一条防线是在那两条公路的南端：英印第17师是那次大撤退的老兵，他们作为右翼，驻钦山中的迪登附近；英印第20师是我在兰契组训的师，其作为左翼，驻帕莱尔—德穆地区。在这二者之间是80多英里的丛林群山。尽管是荒野之地，但这道裂缝当然仍是危险之地，而英印第4军也就有大约250英里的土地需要警戒和守卫。因此，斯库恩斯没有试图据守一条连绵不断的防线，而是明智地决定保持一个师——这次是英印第23师——作为一支打击力量集中在英帕尔一带。在前线与储存区之间，诸师的物资补给都很顺畅，这使得斯库恩斯在训练和士气上都能取得极好的成果。在英印第4军里，还有英印第254坦克旅，其只有两个团，其中一个团是一支英军部队，装备有“李-格兰特”式（Lee-Grant）坦克，另一个团是一个印度团，装备的是“斯图亚特”式坦克。这两种坦克的类型都已经过时了，但“李-格兰特”式坦克如果使用得好，还能够和日军的中型坦克旗鼓相当。然而，“斯图亚特”式坦克——是一种轻型坦克，在战术上局限于在稻田和丛林里——尚不足以抗衡敌人的中型坦克。但是这个“灰姑娘”依然在所有优先装备目录的最末尾。

1943年的印度洋季风雨季期间和以后，在一系列巡逻队冲突和小型作战行动中，我们稳固地扩大了在德穆地区我军控制的领土。我们的巡逻队重新进入加包山谷，并且进抵和越过了钦敦江。在我们贫乏的挖掘设备资源允许的情况下，一条条公路在尽快向前推进，为最终的进攻而开展的侦察活动也正在进行。在这里一切都进行得十分顺利。

在迪登英印第17师的前线上发生了比较激烈的遭遇战。1942年我们从缅甸撤退时，在当地的山区中留下了一支由钦人征召兵和英国军官组成的小部队。在这里他们占据着大英帝国的一块孤立的前哨基地，12月，英印第17师的一些分遣队再次进抵迪登。这整片乡间是一个混沌世界，遍地的丛林、刀锋般的山脊、高达8000多英尺的山峰，许多险峻河谷相隔，从印度那一侧过来只有一条险峻的来自英帕尔的山间公路，而且是各部队自己修建的。自从 1943 年 5 月以来，在 160 英里险峻公路尽头的英印第 17 师，已经和老对手日军第 33 师团打了一场规模虽小却激烈的私人战争。日军像从前一样与我们旗鼓相当，轮流相互伏击、袭击、进攻和反击。对于参战的小部队而言，双方的伤亡很惨重而战果甚微。到 1944 年 2 月，日本人获得的战果无疑要略多一些。他们不仅制止了英印第 17 师向其目标钦敦江的葛礼瓦推进，而且迫使我们的部队向迪登以南后退了大约 10 英里。1944 年 1 月，日本人正在准备他们的最后一次进攻，企图改变战争形势，因此，我们在他们选择的进行决定性攻击的前线上部署，以相距很远的两个师在塔穆和迪登向前推进，而第三个师在后面很远的英帕尔。

我们知道日军的攻势即将到来，因为在整个 1 月和 2 月里，除了有新的日军建制部队全面增援缅甸战场，而且英印第 4 军前线的各种迹象也在增加。我没有可以利用的有关敌人意图的情报资源，而在其他战场上，那些更幸运的指挥官却能够借助此类情报。我们几乎完全依赖于战斗巡逻队的情报搜集工作，以往开展的这种形式的活动形成的优势，现在获得了很高的回报。尽管事实上我们的巡逻队发现越过钦敦江变得更为困难，但是他们还是确定了新到达的日军第 15 师团就沿着这条江部署。

在英印第 4 军的前线沿线，敌人的活动和兵力都在显著增加。几乎每天都可以从巡逻遭遇战中被击毙的日本人身上缴获各种文件、日记、态势图、甚至作战命令。我们很幸运，在一两次对敌军小司令部的大胆偷袭中缴获了许多文件。我们费力地将所有这些线索与集团军司令部、军司令部的零碎情报拼凑起来，开始弄清了有关敌军意图的大致情况。尽管我们拥有空中优势，但地形和日本人在夜间行动的习惯限制了我们空中侦察的价值。然而，我们确实从空中侦察中获得了 3 个非常重要的消息。我们的飞行员报告说，敌人正在大力建设从缅甸中部通往钦敦江的公路。随后他们看到在钦敦江的东岸各地正在集中大量的木材，并且在霍马林对面的乌尤河下游地区，即英帕尔正东，隐藏着许多伪装的汽艇和筏子。同样重要的是，在乌尤河以南和钦敦江上的当都（Thaungdut）附近，日军集中了几大群牛，每群数量有数百头之多。我们知道日本人已经抓了所有属于当地居民的牛群，很显然这些牛群作为敌人大部队的给养，正被驱赶到这条河边。我们“V”部队的特工们也带回来大量关于敌人运输方面的情报，既有机械化运输，也有畜力的运输，甚至还有大象运输的情况。

斯库恩斯和情报参谋整合了所有这些情况，在这段时间我也经常去看望斯库恩斯，他和我一致认为，牟田口廉也中将的日军第15军即将发动针对他的攻势，开始将有3个日军师团，即第15师团、第31师团和第33师团，印度国民军的一个师、一个战车联队和其他部队。可能还有另一个师团作为预备队，但尚未识别番号。日本人的目标显然是，首先占领英帕尔，其次，突破到雅鲁藏布江河谷，这样就能切断北部前线，并且中断对华空中补给。我们认为他们将遵循以往的战术，企图孤立我们的前线部队，然后再各个击破并消灭我军。我们预期日军将企图用一个增援的师团，包抄到横跨迪登—英帕尔公路的英印第17师和德穆—帕莱尔公路上的英印第20师这两个师的背后。与此同时，其他相当于两个师团的日军纵队，将在霍马林和当都附近渡过钦敦江，经乌克鲁尔（Ukhrul）前往英帕尔。据我们估计，日军的一个联队（3个大队）将前往科希马以切断主要的英帕尔—迪马普尔公路并且威胁迪马普尔基地。我们估计这次攻势将在3月15日左右开始。这就是我们预见到的，坦白地说，事实证明我们的预见十分准确。问题是我们应该怎么应对？显然，我们不能依靠英印第4军现有的部署，这完全是按照我们发动攻势的方案来部署的。两个前出的师引诱敌人来各个击破。我们不能像当初我们在若开所做的那样，告诉他们即使被切断了也要坚守阵地，我们会通过空中向他们提供补给。若开战役的另一半取胜之道，就在于换防部队，但如果有换防部队的话，规模还不够大。我们的第三个师，只能去帮助一个前出的师，而且在这样做的时候，会使英帕尔完全敞开着留给敌人。还有三个粗略的可能方案：

1. 预计敌军将渡过钦敦江发起攻势，我军先发制人。

2. 在迪登地区拖住日军第 33 师团，用一切可以使用的力量在钦敦江一线与两岸敌军作战，希望在敌人渡江时消灭敌军。

3. 在英帕尔平原集结英印第 4 军，在我们自己选定的地点上与敌决战。

第一个可能方案是阻止敌军并先发制人，其具有勇猛大胆的吸引力。的确，并不需要前来视察的上级军官来催促我"投入两个师渡过钦敦江"。我担心的是当他们离开我的司令部时，会认为我很可悲地缺少进攻的精神，我对于那些谈论"投入"一些师的将军从来没有很大的信心。"投入"是一个给外行准备的词，而不是专家们用的词。除此之外，我注意到从越远后方来的将军，越是热衷于让我"投入"那些师渡过钦敦江。如果我接受他们的建议，敌人就能够依靠很好的交通线，很容易地集中一支大大超过我们在钦敦江以东可以维持兵力的部队。我们将和数量上占优势的敌人作战，同时冒着巨大的危险渡过背后的一条大江，而交通线要延伸穿过可以想象出的最恶劣的 120 英里的地区。同样，就一个较小的地域而言，我们如果决定在钦敦江西岸和迪登作战，就还是存在这种困难，背后还是险峻的交通线。在这种条件下，我们无论多么成功，都不可能取得一个决定性的结果——而我想要得到的是决定性的成功。

在战役的这个阶段，面对一个像日本人这样坚强的对手，而且他们的士气仍然像以往那样高昂，若要取得一个决定性的成功，就必须集中一支在人数上和装备上都占优势的兵力。我因此决定采取第三个方案——在英帕尔平原上集结英印第 4 军，在那里打一场重大的战役来消灭日本人的第 15 军。在日本人身后有一条良好的交通线而我背后只有一条很差劲的交通线的情况下，我不愿对日作战。这次，我要扭转这种形势。我全部考量中的一个重要因素是，敌人如果要避免被消灭，就必须在印度洋季风雨季到来之前赢得战役。如果日军不能在那时占领英帕尔地区，其将处于不可能获得补给的形势之中。另一个因素，当然是我们的空中优势让我们可以使用空中补给。应该记住这一点，无论如何，在印度洋季风雨季期间，空中优势和空中补给将依赖于拥有全天候的飞机场。我们只拥有两个全天候飞机场分别是在英帕尔和帕莱尔，而在钦敦江东岸，我们却一个也没有，而且我们也无法及时修建这类机场。

我意识到从士气的观点看来，一次撤退对于一场决定性的战斗来说不是一个最好的开始。指挥官和部队也都不喜欢这样。英印第 17 师和英印第 20 师这时都坚信，而且有很好的理由坚信，他们不仅能据守阵地，而且能击退敌军。放弃这么多的英国领土会在全世界使我们的朋友感到沮丧而使我们的敌人狂喜。这将使我们的基地印度弥漫着惊慌和失望的情绪。然而这涉及的不是几百平方英里的丛林山脉，而是消灭敌人兵力的一个机会。如果做到了这一点，领土就很容易失而复得。我也确信，如果指挥官向他们的士兵解释了这个计划，他们就会理解其可靠性，士气就不会受损。

在战争中，获得和保持主动权，使敌人迎合你的行动，按照你的节奏起舞，这是最为重要的。当你在前进时，通常可以做到这一点；如果你在撤退，则显然不容易做得到。然而那也是可能的。有三种原因要撤退：保存自身，使所部不遭受被歼灭的命运；其他地方的压力使你接受损失一个地方的领土，以便能够把部队转移到更为生死攸关的战线；还有最后一点，把敌人拖进一种十分不利的形势，以致主动权必然转移到你手里。正是为了这第三种原因，我现在甘心情愿地决定进行一场撤退。这次撤退与 1942 年的那场被迫撤退截然相反，1942 年撤退的目标仅仅是要保存部队使之保留一支完整的兵力，而 1944 年撤退的目标是，经过仔细的考量必然使我们重获主动权。然而，曾经有那么多争先恐后的逃跑被人描述成“有计划的撤退”，我毫不奇怪地发现很难使很多人，特别是那些高层的文官相信这是可能的，即打一场防御性的战斗，甚至是进行撤退，然而却保持着主动权。

斯库恩斯和我讨论了这些可能的方案，我们俩都各自得出了同样的结论——要在英帕尔打一仗。他要打的是一场规模很大的战斗，与他在战斗基本理念上达成一致意见，这很重要。吉法德将军也赞成我的分析，当我知道他的决断会帮助到我时，这对我来说是一个极大的满足。我们知道将成为决定性战斗的这个计划，最初在英帕尔平原上呈现为一种防御的态势。这需要把分散的后勤部队和一些司令部集中起来，撤到要塞防御区，这些防御区都是圆形防御圈，并且在弹药和补给品上完全能够自给自足，可以支持很长的时期。英帕尔和帕莱尔的那两个全天候的飞机场，对于保卫空中支援中队和空中补给中队至关重要，其变成了防卫计划中的支撑点或者“据点”。这些要塞防御区和守备据点由后勤部队自己负责，所以战斗部队和建制部队将可以被自由调动以发起攻势。我们开始着手这些准备工作并且使其在整个 2 月以一种日益增加的速度进行，在英帕尔平原上的几乎每一个部队都动了起来，其挖掘了大量强固的防御工事，布设了铁丝网，埋设了鹿砦。非战斗部队、民工队伍开始被疏散，与此同时留下的后勤部队为了成为作战人员保卫他们自己的阵地而进行的训练正在紧张地进行之中。

这个计划的一个最重要的部分就是为阿萨姆准备增援部队。在本集团军内部我建议从若开抽出英印第 5 师，通过空中和铁路将其从吉大港调动到迪马普尔和英帕尔。吉法德将军已经安排从印度派一个师来换防，当换防师到达时，我计划将英印第 7 师跟随在英印第 5 师之后从若开抽出。我也要求另一个师从印度乘火车到迪马普尔去，但是关于这一点，我和第

11 集团军群的后勤参谋之间出现了意见分歧，他们凭着周密的数学判断，声称已经负担过重的阿萨姆铁路将无法完成日益紧张的运输任务，并且无法维持如此庞大的一支增援部队。吉法德将军做出妥协，派给我由两个营组成的印度伞兵旅，如果形势变得紧急，则着手安排调动英军第 2 师。

英印第 4 军为英印第 17 师规定的战术计划是快速将其从迪登调回英帕尔平原，留下一个旅在英帕尔以南大约 40 英里的地方阻截日本人的前进。这个师的剩余部队将作为军预备队。当所有这些在这条交通线上的“软”部队撤退到英帕尔，然后缓慢地退回且不惜一切代价据守舍纳姆（Shenam）时，英印第 20 师要从它在加包山谷的前进阵地撤退，集结在莫雷（Moreh）地区。英印第 23 师在乌克鲁尔地区留下一个旅，然后和英印第 17 师、印度伞兵旅（当到达之后）以及英印第 254 坦克旅一起构成军攻势预备队。因此，我们将允许日本人推进到英帕尔平原的边缘，并且当日军攻击我们构筑好的阵地时，我们的机动打击力量会予以反击，歼灭敌军。我们的打击力量将包括强大的炮兵、装甲部队和飞机。

我确有把握，斯库恩斯和我苦心制订出来的这个计划是一个正确的计划。唯一有待决定的事情是什么时候付诸实施。所有军事计划的核心就是时间。一个辉煌的计划强烈地受到时间的限制，付诸行动太早或者太迟，其结果最好的是一个蹩脚的结果，最坏则是一场灾难。什么时候并由谁来发出英印第 17 师和英印第 20 师撤退到英帕尔的命令呢？正是在这里我犯了一个错误。我在心里确信日军对英帕尔的一场大规模的进攻即将到来，而且我判断它将大约在 3 月 15 日开始。另一方面，不可能完全确定日军的进攻在那时可能会到来，或者肯定会到来。如果我们撤退到英帕尔而日军并不进攻，则我们不仅看上去很愚蠢，而且将放弃很多领土，会不必要地损害我们为进攻所做的准备工作，而且对于中国人在北方的推进毫无帮助。这对于士气也不会有任何帮助而只会产生恶劣的影响。因此我决定，必须做好实施计划的所有准备工作，当战地指挥官斯库恩斯确信日军的大规模攻势迫在眉睫之时，由他下令向英帕尔撤退。本来我应该做的是根据我自己的判断采取行动，并且给出3月初的一个明确的日期，在这个日期撤退应该开始，还有另一个日期即在一些天之后，到那天那两个师应该到达他们的新阵地。把责任放在当地指挥官肩上，既不公平也不明智。关于真正进攻何时到来的问题，我处在更好的位置上进行判断，因为我拥有全部情报，加之还有来自其他资源的情报。当地的指挥官在对于敌人兵力毫不知情的情况下，不情愿被迫撤退，所有那些会折磨我的犹豫将会加倍地折磨他们。这样我们面临着一场真正的风险，而我却没有意识到，即这次撤退开始得太迟了。计划实施得不太顺利，可能导致一系列突围作战，还波及了预备队，并打乱整个战役计划。

我心情愉悦而丝毫不知道已经犯下了重大错误及其可能带来的后果，继续准备去迎接这场意料之内的猛烈攻击。我满怀信心认为我们的计划是正确的，有人支持我，因为我知道吉法德将军正准备从印度派来增援部队。这些加上我计划从若开调过来的部队，使我得到兵力上的优势，从而保证不仅击退那些入侵的日本师团，而且还可以消灭他们。从情况看来，我似乎将要把敌人玩弄于股掌之间，并且拥有了一直以来希望的机会，使我们在重新进入缅甸之前就打残日军。正是在这种自鸣得意的心情中，我等待着这场战斗。我本应该记住那些战斗——至少是我参加过的战斗——完全按照计划进行的情况相当罕见。

第十四章 战事爆发

日本和英国指挥官谋划的英帕尔—科希马战役持续时间长，而且战况激烈，叙述这个故事不是一件容易的事。双方反复鏖战于这片绵延不绝的荒野之地，某一天双方争夺的要点是地图上一座没有名字的小山，而第二天，却变成了100英里以外的一座悲惨的无名村庄。一个个纵队，一个个师、一个个旅，行军和反向行军，交锋于血色之中，继而又混乱地分离，交织成一种难以解开的混乱模式。然而，这整个战斗能够分成四个相当清楚的阶段：

1. 集结阶段——双方都竭尽全力集结部队投入战斗。

2. 消耗战阶段——在一周接一周的短兵相接的肉搏战之后，双方都力求消磨掉对方的力量并且粉碎其意志。

3. 反攻战阶段——因为逐渐而日益增加的势头，轮到英军进行攻击。

4. 追击战阶段——日军崩溃，喊叫着在战场上受到追逐。

1944年3月初，英帕尔—科希马战役爆发。这时迪登附近的英印第17师士气如虹。依然指挥着这个师的考恩及其所部，完全没有因曾经遭受过的挫折而意志消沉，反而正在渴望着复仇。考恩已经从以往的经验中受益，再也不试图沿着钦山像刀锋一样的山脊小路发动进攻来夺取日军的阵地了。考恩的廓尔喀部队与日军经过你来我往且持续不断的巡逻战、伏击战和偷袭战，英印第17师现在已经占了上风。考恩很熟练地使用灵活的运动战，这使他能够开始系统地孤立和逐渐蚕食敌人的阵地。他已经夺回了一些最重要的失地，当其局部战争的形势突然全面变化，所有失地似乎将持续不断地落入他的手中。

1944年3月6日，日本人开始发起攻势。在那天，敌军第33师团第214联队的部队开始对我们守卫迪登以北20英里栋赞（Tonzang）附近的曼尼普尔河大桥的分遣队发动了一系列攻击。考恩派了一个营去增援我们的人。进攻变得十分强势，显然日军第214联队全部（相当于我们的一个旅）都扑向了我们在栋赞的阵地。我们的防守十分坚固，但还是处于被敌人突破的危险之中。因此，考恩于13日派去了英印第63旅，以确保他后方这个性命攸关的阵地。

与此同时，在3月8日，日军的另一个纵队，第215联队从东到西渡过了曼尼普尔河，其就在我们迪登附近阵地以南几英里处，并且沿着山路向北前进。我们得到了日军动向的报告，但是难于判断其兵力情况，而且既没有巡逻队也没有空中侦察能够在茂密的丛林中与日军保持接触。13日传来了模糊的消息。在迪登以北约60英里处第109里程碑的工兵指挥官报告说，有一支日军部队就在他的营地以西几英里的山地之中。在他们那个营地里，除了有一些印度工兵以外，只有一些毫无战斗力的后勤部队，还有大约5000名没有武装的劳工，他们是在去英帕尔的路上暂时在那里停留。英印贾特团（Jat）机枪营一部是战场范围内可以联系到的唯一战斗部队，他们被急调到这个营地，但是这个营地十分分散，地势低矮，是最难于防守的。这些相当令人震惊的事件被报告给了斯库恩斯，在 13 日 20 时 40 分他打电话给考恩，命令他将他的师撤退到英帕尔平原。在 22 时，考恩发出紧急命令，让他的师第二天撤退。

3 月 14 日下午，一个很长的纵队开始蜿蜒翻越群山。整个师，包括师部，都是步行，运输工具被用来撤退仓库、弹药、给养和伤员，这投入了 2500 辆车，3500 头牲畜。除此之外，还有众多病员。第一天他们走了 20 英里，炸掉了队伍后面的桥梁，并且在留下的营地里埋设了许多地雷，设置了许多致命陷阱。根据正确的战术意识，日本人小心翼翼地跟着这个纵队的踪迹，集中兵力走捷径，插到其前面并且设立了路障。

他们在两个地方动手。第一个地点在栋赞附近，日军第 214 联队绕过我们正在激战中的分遣队，在栋赞以北 2 英里的推腾沙德尔（Tuitum Saddle）横跨公路建立了阵地。第二个地点在不幸的第 109 号里程碑营地。当日军的第 215 联队靠近时，在那里的小股守备部队很快就发现陷入了困境之中，因为其受到大量的非战斗人员的拖累。3 月 14 日，通往英帕尔的公路被切断了。英印第 17 师迅速有效地解决了栋赞以北的第一个路障。16 日，在强大的炮兵支援下，廓尔喀士兵在推腾沙德尔用刺刀和弯刀突破了日本人的防线，十分惊人地以很少的伤亡将敌人驱逐出了推腾沙德尔。日本人本应更明智地以更多的兵力据守这个地方，但是他们也存在困难。现在这条公路打通了，但是只通到第 109 号里程碑。

受到危险威胁的并非只有迪登公路一个地方。到 1944 年 3 月初，日军的第 15 师团和第 31 师团被部署在钦敦江东岸沿线，南起坦加（Tanga）北至塔曼提（Tamanthi），除了一些巡逻队，这些师团并没有渡过钦敦江，直到 3 月 14 日，一支小规模分遣队攻击了我们“V”部队的一个观察岗哨，并且被我军击退了，那里在霍马林以西 12 英里。然而，在 3 月 15 日至 16 日夜里，这两个日军师团开始正式进攻。第 15 师团，据信被赋予占领英帕尔的任务，在当都附近以三路纵队过江，奉命“像一个火球一样翻越群山前进”。该师团将沿着主轴线庙堤（Myothit）—桑萨（Sangshak）—利坦（Litan）推进，并且从那里绕到英帕尔以北。第15师团的任务是首先孤立这个城市，然后攻占它。第15师团的各个纵队轻装快进。3月18日，在庙堤附近，其中一路纵队正在压迫我军位于庙堤的英印第20师的侧翼，其他纵队正在接近乌克鲁尔，在此地东南大约10英里以及距英帕尔50英里的地方发生了交战。

与此同时，日军的第31师团，从霍马林到以北40英里的战线上以8路纵队渡过了钦敦江。这些纵队在第15师团的右翼开始西进，好像一只张开手的一根根探索的手指。在这样的地形里，要发现日军的兵力和意图是很困难的，但是斯库恩斯设法十分精确地预测了敌军的兵力和意图。随着战事的发展，情况似乎是，一路主力纵队，第58联队将夺取乌克鲁尔，然后向科希马推进，同时，另一路纵队，第60联队转向西面扑向英帕尔。其他纵队是要切断英帕尔北面的主要的科希马公路，还有更多的日军纵队则是穿过松拉山（Somra Hills），涌向科希马东南的杰萨密（Jessami）。当这只“手掌”合拢时，这些纵队将集中，然后就像日军指挥官描述的那样，他们将“一举攻下科希马，在这条前线彻底歼灭英国佬”。他们胸中满怀着这种自信和对敌人的蔑视，冲锋向前。

在英帕尔，我对我们的指挥官和部队的坚定性留下了深刻的印象。斯库恩斯在战术上控制着整个阿萨姆前线上的战斗，已经面临着一个困难和重大的决定。战争的云雾已经降临。关于日军各纵队的各种报告和谣言像倾盆大雨一样落到他的头上，那些日军纵队似乎在丛林中飞进飞出，时而在这里，时而在那里，很少是确定的，没有什么是肯定的。然而，有两件事情却很清楚：第一，英印第17师被敌人切断了；第二，一个来自东面的强大威胁正在发展之中。时间短促。这位英印第4军的指挥官不得不当场下定决心，究竟要拿出他的预备队即英印第23师，去迎击敌人在英帕尔的猛进还是把该师的大部派往迪登去帮助英印第17师脱身。他镇静地权衡了这两种方案面临的风险。他正确地决定坚持我们对这一仗所做的计划，并且随着战争进程的发展，如果成功，就更快地在英帕尔平原上集结他的英印第 4 军。他因此派出了英印第 23 师的一个旅，然后是第二个旅，沿公路南下救援英印第 17 师。

这些决定的成功与失败程度能够从日本人从东突击英帕尔的历史中看出来。3 月 19 日，敌军第 31 师团之一部如大浪涌向守备乌克鲁尔的印度伞兵旅和英印第 23 师的一个营。在进行了两天绝望的战斗之后，这个旅在敌人的推进下被迫后退，乌克鲁尔落入敌手。这三个营的力量现在已经大为减弱，在以南 9 英里的桑萨，他们再次站住脚跟。从 21 日到 25 日，他们在那里抵抗着日军疯狂的夜间进攻，这一进攻得到日军炮兵的近距离支援，同时白天狙击手和炮击继续造成伤亡。和日本人一起到来的基夫（Jiffs①）(我们这样称呼印度国民军的成员），日本人不把他们用在直接的攻击作战之中，而是徒劳地试图用他们来搅乱和瓦解我们的印度部队。3 月 26 日上午，敌人发动了一场持续了整个白天的攻击。在双方的肉搏战中，敌我的损失都很沉重。主要的阵地守住了，但是很不幸，两个珍贵的供水点之一丢失了。在这整个战斗过程中，英国皇家空军都保持着最近距离的支援；而现在，尽管有来自地面的敌人的炮火，但是他们仍试图运水过去，然而我们的部队据守的地区十分有限，失去绝大多数的空投。在几乎没有饮水的情况下，我军不可能据守更长的时间，3 月 26 日天黑以后，左翼的旅奉命突围前往英帕尔。10 天的拖延和沉重的伤亡，这支小部队和支援他们的英国皇家空军在战争的这个危急阶段，给敌人造成这种损失，其价值是不可估量的。

在乌克鲁尔和桑萨周围正激战之际，乌克鲁尔西南约 10 英里处公路上的利坦也在进行同等激烈的战斗。在这里，一些来自印度伞兵旅的小股

---

① Jiff 是 Japanese Indian Fifth Colum 的缩略语 JIFC 的音变词，即日印第五纵队。——译者注

分遣队，在英印第 5 师新着陆一个营的紧急增援之下，坚守那条公路的据点，拒止日军的前进。我们的阵地在 3 月 24 日至 25 日夜晚受到敌人优势兵力的攻击，这个营尽管进行了几次反击，但遭受了沉重的打击，失去了几个前出阵地。第二天，日军试图在后方切断通往英帕尔的公路。但是现在，在时间的这个间隙里，从若开飞来的英印第 5 师的部队正在到来投入作战，实际上直接走出飞机就奔赴战场。英印第 123 旅沿公路前进，从利坦出发清理了 6 英里的公路。利坦的分遣队 28 日撤退，而英印第 5 师的第 9 旅前来增援。日军从乌克鲁尔指向英帕尔的推进现在遇到了强有力的抵抗，大体被制止住了，经过一周的交战和伏击战，被挡住了。

英印军避开了直接打击，但日军从乌克鲁尔向科希马—英帕尔公路的突击攻破了英印军防线，于 3 月 30 日敌人炸掉了英帕尔以北 30 英里的一座桥梁，并且建立起一些强有力的路障。除了通向西面的锡尔杰尔（Silchar）小道，英帕尔在陆地上被切断了。

当这一切正在进行时，英印第 23 师（欠一个旅）——留作保卫英帕尔的部队——已经沿迪登公路向英印第 17 师作战前进。指挥英印第 23 师的乌弗里 · 罗伯茨少将（Major-General Ouvry Roberts）在完成这样一个任务上是个优秀的勇士。多年前，当我在参谋学院教他时，他就已经表明他很可能不仅会成长为一名一流的参谋军官，而且会成长为一名成功的指挥官。1941 年在伊拉克，他曾经在英印第 10 师担任我的参谋长。在那里，他完成了我一向认为拥有他当时军衔的军官，在战争中尽其所能独立完成的工作。伊拉克军队当时包围了英国皇家空军在哈巴尼亚湖的基地，尽管飞行学校的只有老式飞机的飞行员表现勇敢，亚述人部队和空勤人员也非常勇敢，但是基地似乎就要陷落了。就在围困最危急的时刻，我们把罗伯茨空运进去。借助他的精力、对于作战行动的指挥，以及他所激发起来的信心，他把一场有些让人不知所措的保卫战转变成一场成功的进攻战。假如那时哈巴尼亚湖陷落了，其结果对于整个中东来说都将是灾难性的。现在他已经转而发挥那些素质来指挥一个师。

罗伯茨的英印第 37 旅先头部队，配属了一些轻型坦克快速前进，在迪登公路第 100 号里程碑处，驱逐走了正在包围我们的一支小股分遣队日军部队。在我们的部队能够继续推进解救在第 109 号里程碑处的营地之前，敌人渗透穿过丛林，已经在罗伯茨部队的背后建立了一系列的路障。因而他们被迫掉转头来清理这条通向英帕尔的公路，与此同时，英印第 23 师的第二个旅南下作战和他们会合。迪登公路上的形势现在暂时好像是若开海岸上的形势——我们的部队与日本人的部队互相交错形成了那不勒斯冰砖般的形状——但比起 1943 年，我们的士兵在训练和士气两方面都更适应于处理这样一种混乱而令人烦恼的战事。

然而，由于救援推迟，第 109 号里程碑处的形势变得十分危急。日军的压力和炮击在增强，在这样一个有限的地区里，挤满了非战斗人员，有效的防守变得不可能完成。3 月 16 日至 17 日夜晚，这些非战斗人员巧妙地通过一些丛林小道穿过敌人的阵地突围出来，与英印第 23 师会合。剩下的小股战斗部队又坚守了两天，然后他们也突围逃脱出来。日军蜂拥进入营地，发现仓库中有很多东西，还有一些被抛弃的车辆。他们马上开始建立起强有力的防御，以阻断英印第 17 师从南面接近的通道。

考恩得知第 109 号里程碑处的营地已经陷落，正确地预见到那条公路会被日军重兵据守。他因此派出一些步兵分遣队沿着公路两边的高高山脊前进，同时他的主力部队沿公路突进。右翼纵队经过一系列艰苦的小型战斗从各个山峰清理了敌人，然后，3 月 21 日和 22 日，在英国皇家空军的战斗轰炸机的密切支援下，英印第 48 旅经过激烈的战斗，突破了敌人在营地以南 1 英里处死守的跨公路阵地。撤退的日军遇到了我们西翼分遣队，日军又被重击了一次。为了彻底击败日军，英国皇家空军对日军撤退休整的地区进行了有效轰炸。经过又一场残酷的战斗之后，我们于 25 日收复了营地。营地里的很多物资和绝大多数失去的车辆失而复得，英印第

17师将其完整无损地带出来。

当英印第17师的先头部队正在有效地对付日军的第215联队时，增援的日军第214联队在逐渐强势的炮火和战车的支援下，在推藤沙德尔对该师后卫部队猛烈夜袭，但被击退。日军倾巢出动的最后一次攻击发生在24日，当时击毁了敌人的几辆战车，日军的攻击在付出沉重的损失后被击退了。26日，日军在第109号里程碑处设立的路障被清除掉了，后卫部队从推藤沙德尔撤退渡过曼尼普尔河并炸掉了那座桥梁，这时英印第17师重新开始行军。但仍然可以在公路附近遇到小股日军，但是很容易将其击溃。在3月20日，英印第17师与英印第23师的两支侦察队在第102号里程碑会师。依然需要一些小的战斗来清理向北的公路，但是日军最为顽强的抵抗已经被粉碎，此刻他们无法再努力来拦截英印第17师的行动了。留下英印第23师的两个旅控制住敌人，英印第17师于4月5日到达英帕尔。

英印第17师撤退的最后几个阶段曾经靠空投来维持供给。日军的航空部队只做出了一次重大的努力来攻击这支很长的撤退纵队，但是没有造成严重的影响。敌人在这个危急时刻在空中的无所作为是英印第17师对英国皇家空军第221大队欠下的一个人情。假如没有我们的战斗机保持持续的空中掩护和根据地面呼叫给予快速的支援，假如我们的战斗机不能出动，撤退就会变成一次严峻得多的、旷日持久的行动，就会给英帕尔周围的主要战斗带来一系列严重的后果。

在迪登公路上的这次作战行动，其本身就是一个巨大的成功。英印第17师现在在英帕尔平原上，其所有运输工具乃至伤员都毫发无损。该师及为其提供空中支援的空军已经给日本人造成超过以往的损失，抓住激战中的每一次机会予敌重创，当我在英帕尔城外视察这个师的时候，我亲眼所见，其士气相当高。英印第23师同样分享了这些成功，并且带着些微淘气的自豪，这是因为该师曾经不得不挽救可敬的英印第17师。然而，从这场战役的全局来看，事实是英印第17师的撤退被拖延了，还有在危急时刻，若还需要抽调斯库恩斯的大量预备队去救援，就会有一些悲剧性的后果。

英印第4军的另一个前出师，格雷西的英印第20师，在加包山谷前端的德穆地区展开作战行动，该师向英帕尔平原的撤退是激动人心的，但是根本没有像英印第17师那样遇到如此困难的形势。到3月初，英印第20师的一些巡逻队已经很好地渗透到加包山谷并且渡过了钦敦江。英印第23师的一个旅曾经被临时派到锡唐以北几英里处的钦敦江两岸，在那里实施作战，分散日军的注意力，掩护正在进行的“钦迪特”突击队空运行动。

日军在加包山谷以南集结了一支部队，在山本少将指挥之下，以第33师团的3个步兵大队为基干，后来，在这个加包山谷北面又增加了两个大队。围绕日军主力，他们组成了庞大的辅助部队，即缅甸叛军和印度国民军。这个有些混杂的部队配属了手头所有的大部队中型火炮，以及一个战车联队的绝大部分，还有大量机械化运输车辆。他们这样做的理由是锡唐—帕莱尔—英帕尔公路不仅是最笔直的，而且是将重型装备运进英帕尔平原的最容易路径。

3月12日，日军开始以两路纵队向加包山谷推进，这支由缅甸叛军和印度国民军组成且容易混淆的保护屏障——对于我们的士兵来说，把缅甸叛军、印度国民军与当地居民、我们的士兵区分开来最为困难。然而，我们的巡逻队经常渗入这道屏障，并且给日本人造成伤亡。在17日，经过3天的激战，我军暂时阻挡住了敌人的前进，英印第20师南面的前出部队奉命缓慢地撤退至德穆，当后面的敌军“减弱的”攻势继续时，据守随后的阵地。在中型战车的支援下，日军发动了几次小的攻击和一次重大的攻击。所有这些攻击都被击退了，我们按照自己的步调继续撤退。自始至终，那些日本人都显示出一如既往的狂热勇气，有一次试图用爆破杆和磁性地雷破坏我们的大炮。这群日军被引诱到一个已撤走火炮的掩体周围伏击，遭到了我军的消灭。3 个日本人都负了伤，包括一名军官，他们是仅有的幸存者。他们是英印第 20 师的第一批战俘，对于我们的情报工作有很大的价值。

3 月 16 日，当都以北几英里处渡过钦敦江的一些日军部队，开始威胁这个师的侧翼。随着压力的增加，该师奉命发出了退回防守德穆以北 2 英里的莫雷地区的命令。在 20 日，发生了一场由少量坦克对战车的战斗，即第 3 龙骑兵近卫团一个坦克排对阵日军的一些中型和轻型战车。敌人的装甲部队被击退，付出了击毁 4 辆战车和俘获 1 辆战车的代价，那些战车能被带回来，这对于龙骑兵近卫团的坦克兵来说是一个极大的奖赏。在 3 月 22 日天黑以后，日军猛烈地攻击了我们在莫雷的阵地，但是被击退了，他们丧失了更多的战车。

日军主力从东侧进攻英帕尔，形势恶化。英印第 23 师各旅已前去救援英印第 17 师，斯库恩斯不得不再寻找一支预备队，以接替英印第 23 师。为了达此目的，他只能把现在受到沉重压力的英印第 20 师抽调出来作为预备队，不得不命令格雷西从莫雷撤出，回到舍纳姆和腾格帕尔（Tengoupal），腾格帕尔距离帕莱尔大约 9 英里。4 月 2 日，英印第 32 旅因此撤退进入军预备队，只留下两个旅守卫帕莱尔以及据守进入英帕尔平原的东南部道路。

在日军的进攻开始一周以内，英印第 17 师依然在作战突围，在科希马地区形势显然变得甚至比在英帕尔更加危险。不仅敌人的几路纵队以比我预料的更快的速度接近科希马，而且他们明显有更强的兵力。形势的确很快变得很明显，日军第 31 师团如果不是全部的话也是大部正在向科希马和迪马普尔突进。我曾经确信敌人能够开进并维持在这个地区的最大兵力将是一个联队，相当于英国军队的一个旅。在这一点上，我严重低估了日本人在大规模、远距离渗透上的能力，以及他们准备好接受供应困境的能力。这种错误估计是我在英帕尔战役中犯下的第二个巨大的错误。

这是一个可能让我们付出高昂代价的错误。我们对如此大规模的进攻没有准备。我们在科希马只有一支相当薄弱的守备部队，更严重的是，在迪马普尔根本连一支守备部队都没有，其正面临致命的威胁。失去科希马我们还能承受，但是失去迪马普尔这个我们唯一的基地和铁路终端将使我们瘫痪到几乎致命的程度。这将导致我们远无希望以解英帕尔之困，还将使雅鲁藏布江河谷及其一连串飞机场落入敌手，并且切断史迪威在利多的中国军队，停止全部对华补给。当我深思着这一系列我造成的灾难时，心沉下去了。然而，我一向相信将军们的座右铭是“决不遗憾”，决不为洒掉的牛奶哭泣。现在最重要的需要是增派援军，不只是补充在英帕尔缺失的预备队，还要全力确保守住迪马普尔。为了达到这一目的，我使尽了浑身解数。

我指挥之下可以作为援军的部队是英印第 5 师和第 3 特战旅，前者为我集团军的部队，后者是英国皇家海军陆战队的部队。这两支部队都在若开。调动英印第 5 师的计划已经被制订，即通过铁路和飞机将其运抵阿萨姆。因为时间紧迫，我命令马上开始空运。在这里，我发现了一个严重的困难。对于速度的需要已经增加了而且是迫不及待，但是运兵司令部只有 8 个“达科他”式飞机中队，即 4 个英国中队、4 个美国中队。对于他们已经承担的任务来说，这些中队无论如何都无法按照我现在要求的速度空运这个师。

在这个时候，我们在“驼峰航线”上使用了大量的运输机，从印度向中国运输物资。如果我们在英帕尔—科希马战役中失败，“驼峰航线”就会关闭。很明显，如果不转调一些对华空运力量给第 14 集团军，以满足其重要需求，那将是疯狂的事情。不幸的是，即使是最高统帅本人也没有权力这样做，只有远在华盛顿的美国参谋长联席会议才可以批准。然而，鲍德温和我在 3 月 13 日抓住一个与蒙巴顿海军上将会面的机会，在抽调飞机的问题上进行了施压。他马上看到了这种紧迫性，并且承担起自己的责任，命令 30 架“达科他”式飞机或者相当运力的其他飞机，加入运兵司令部，我感激蒙巴顿的这个决定，这对战斗结果发挥了重大作用。

3 月 17 日，开始空运英印第 5 师。到 20 日，该师的第一个旅即英印第 123 旅，已经在英帕尔着陆。在 24 日，师部运抵，到 27 日师直属部队和第二个旅即英印第 9 旅，也已经抵达战场。他们的运输工具只有骡子和吉普车，但是官兵新近在若开取得一系列大胜，处于绝佳的状态。第三个旅即英印第 161 旅，我把其转派到曼尼普尔。我通常不喜欢分开一个师，但是日军对于科希马施加的压力迫使援军快速到达。我曾经在若开提醒克里斯蒂森要把英印第 7 师调到吉大港，准备将其全速调往阿萨姆。后来的 4 月初，我命令第 3 特战旅乘火车前往锡尔杰尔去守卫比申布尔（Bishenpur）—锡尔杰尔道路，这是通往英帕尔平原的西面入口，并且从此处可以威胁任何英帕尔周围的日军侧翼。

我请求吉法德将军让我指挥温盖特还有在印度的第 23 远程渗透旅。他一如既往是一个紧急时刻的力量之塔，同意用铁路把该旅运送到乔尔哈特。在那儿我就能将其用作一支机动力量，以保护通往利多的铁路。如果必要的话，用该旅来对付对于迪马普尔的侧翼攻击。吉法德也按照原先的安排，从印度派新的英印第 25 师来换防原驻若开的英印第 5 师。通过一次大规模的海上运输完成了这次换防，这并没有增加处于极端压力之下的孟加拉和阿萨姆铁路系统的运量，或者增加了空运的问题。我还请求吉法德将军派第 33 军司令部及其在印度的预备队英军第 2 师增援我部。他马上同意了。他和奥金莱克在我提出要求以前已经开始准备这次调动。还有一些巨大的焦虑，如果得到了这些大量的援军，我们是否能够维持这些部队，特别是在激烈的战斗中，这将会极大地增加各类物资和补充品的需求。这就是风险，但是我表示愿意承受这个风险，并且我相信能够克服困难。我的经验一向是这样，像英国工兵一样，英国的后勤参谋会永远达到这种安全的极限，永远有相当的余粮在手。我们继续通过空运、公路和铁路以一周数千人的速度从阿萨姆撤退非战斗人员，这样在没有增加英帕尔的口粮配给的情况下，我们仍可以用战斗人员换防非战斗人员。我的军需部长斯内林勇敢地支持着我。他声称，我们能够维持额外的建制部队，但如果英帕尔公路被敌人切断了的话——正如他有些悲伤地承认的——我们就会很难做到了。在 3 月 18 日，吉法德将军命令将英军第 2 师调拨给第 14 集团军。该师原来的目的地应该是若开，换防英印第 7 师，但是应我的要求，这个任务改变了，他们被转调到迪马普尔，因为那里的形势正变得更加具有威胁性。我派第 14 集团军的调度参谋与印度的同僚制定调动细节。23 日，英印第 33 军军长斯托普福德中将到司令部向我报到。

甚至当这些调动开始时，我的忧虑感依然几乎没有减轻。这些调动需要时间，而时间这么短暂。这是一场日本人的突进和我们援军的到达之间的赛跑。当我挣扎着努力纠正我的错误并且通过铁路和空运加速这些援军的到来时，我知道所有这一切依赖于当这些部队遭遇这场攻击的最初攻势时他们的坚定性。如果我们能够坚持到援军到达，则一切顺利；如果不是这样，我们不久后就面临一场灾难。这场战役的结果对我而言十分幸运，我像之前的其他将军一样，虽然犯了错误，但是足智多谋的下级指挥官和勇敢的部队挽回了结果，也挽救了我。

新编成的阿萨姆团一个营和当地武装警察部队阿萨姆步枪团的分遣队向东推进了大约 30 英里，保护通往科希马的几条道路。敌人进攻的主要压力落在了这个营的身上，这是在该营的第一场战斗。在家乡作战，他们完成了一场伟大的抵抗，顽强地从一个阵地据守到另一个阵地，对抗着占压倒优势的敌人。尽管遭受了沉重的伤亡，所属各连分散作战，但是他们绝没有失去凝聚力。阿萨姆团迟滞日军第 31 师团的价值是无法估量的。

在这道屏障后面，我军全力将科希马山脊打造成通往迪马普尔的巨大路障。非战斗人员和医院的病员已经撤退，科希马守军指挥官理查兹上校（Colonel Richards）精力充沛而又无比坚定，在他领导下，他们向康复营里的约 500 名士兵们发放了武器，其被编为战斗部队，被派到防线之上。可以从后勤部队抽调出来的每一个人都参加了战斗。守军挖了更多的战壕，准备了一些救急包扎站，防御阵地有人值守。但是，大约 1000 人的守备部队是一个很混杂的部队，他们作为掩护部队被迫缓慢地后撤，面对 1.5 万名穷凶极恶且正在逼近的日军，前景十分黯淡。

我已经飞到了迪马普尔，由于英帕尔处于被敌人切断的严重危险之中，而且那里的战斗绝不可能按照计划进行，我意识到，在战术上科希马战役已成为一场独立的战斗，不能期望斯库恩斯能够恰当控制形势。兰金少将（Major-General Ranking）指挥着迪马普尔基地和阿萨姆的后方地区，一般被称为第 202 兵站区队，我命令他负责指挥在科希马—迪马普尔—乔尔哈特战场的全部作战行动，直到第 33 军到达为止。对于兰金而言，他从承担和平地区的后勤职责，突然转而指挥一场令人忧虑、紧张且敌军具有优势兵力的凶狠战斗。他将直面敌军的优势兵力。在科希马前面，兰金拥有那个阿萨姆营；在科希马，除了那些康复营的伤病员，他还拥有我们盟军的一个未经战阵的营——尼泊尔军队以及缅甸步枪团的两个独立连。他手中的唯一的战斗部队是缅甸步枪团的一个营。所有部队也不足以应战一个满员的日军师团。我十分赞赏兰金及其下级指挥官面对危险的那种态度。在迪马普尔，我曾经问过指挥那个基地的陆军准将，他的配给量是多少。“4.5 万吨，接近够用。”他回答说。“靠这么多给养你能够集结多少个士兵？”我问道。他苦苦地笑着说：“我可以集结 500 名会开枪的人！”但是，像科希马那样，迪马普尔守军也在把一个不规则的基地打造成防御阵地。我走了一圈，视察地堡和步枪散兵坑，都是那些非战斗人员和劳工在仓库管理员和书记官的指导下挖成的，当我看着那些心甘情愿而不知疲倦的守备队士兵的面孔时，我只能希望自己表现出比自己感觉到的更多的信心。

在3月的最后几天里，英印第5师的第161旅从若开被空运到了战场。没有比援军抵达更受欢迎的事情了。各种报告表明，日军第31师团全部离科希马只有10英里到20英里，而我们不能指望掩护部队能够严重迟滞日军的进攻，更不用说拒止日军了。即使阿萨姆营全身而撤，是否能够守住科希马也存在不确定性。紧迫的问题是，是否放弃科希马而集中兵力据守重要的迪马普尔，还是在英印第161旅到达时以其增援科希马，并且在山脊上拒止敌军，直到英军第2师前来救援。

我和兰金讨论了这个形势。科希马山脊对于迪马普尔是极具优越性的防御阵地，可以保护迪马普尔。如果我们没有足够的部队来据守科希马，那肯定也没有足够的部队据守迪马普尔，只要我们守住了科希马这道山脊，我们就有一些机会集结抵达的援军，而不会受到敌军的袭扰。因此，我们决定坚守科希马山脊，为此派英印第161旅前进迎击并拒止日军，至少是将日军阻止在科希马或科希马以南。

后来，在迪马普尔的一间办公室里，我举行了一个指挥官会议，毫不奇怪，我看见一些忧虑的面孔。我布置了三项任务：

1. 准备迪马普尔的防御，在受到攻击时予以据守。

2. 增援科希马，死守之。

3. 做好快速接待援军的准备，大量正在途中的援军将集结于此。

正像一向在这种场合出现的情况一样，一旦每个人都被给予了明确的任务，他们就能够全身心地投入其中，人们的精神便振奋起来了，我甚至感到情况好了一些。我领着沃伦走到外面，他现在指挥着英印第161旅，我和他在小路上走来走去，我告诉他对形势的更全面的看法，特别是对于时间这个因素的认识，我丝毫没有打算降低他的这个任务的危险性。

我告诉他，我估计敌人会在 4 月 3 日到达科希马，即使我们坚守住了科希马，敌军也可能绕过我们的守备队而在 10 日攻击迪马普尔。到那时，我不能指望比英军第 2 师的一个旅更多的部队在那个时候到达，或者在 20 日以前整个师抵达。根据上述时间线，实际上运输服务已经大大地改进了。坚定而平静、说话慢吞吞的沃伦，听着我讲话，问了一些问题，默默无声地走掉去干他的工作。我希望对他有一个好的影响，正如他对我产生了良好影响一样。

3 月 29 日，在我和沃伦谈话以后，他就带着他的那个旅前往科希马，他的干劲就是如此，第二天他的一个营就和敌人在科希马以南 20 英里外交战了，同时，这个旅的其余部队被用于掩护阿萨姆营的撤退。与此同时，我离开了迪马普尔，并向兰金下达了书面命令，强调他的主要任务就是保卫迪马普尔基地的安全。在这时有报告和传言说日军已经到达攻击迪马普尔的距离之内，如果要完成这个任务，兰金认为需要部队来守卫基地。他因此不顾沃伦的强烈愤怒，命令英印第 161 旅回到迪马普尔东南 8 英里的尼楚加德山口（Nichugard Pass），在 3 月 31 日黄昏进入阵地。我认为，兰金采取这个行动可以理解为是受了我强调他完成的首要任务——防守迪马普尔——的影响。那些报告被事实证明是不真实的，那个旅的撤退是一个不幸的错误。假如该旅留在科希马以南，沃伦几乎肯定可以将日军向科希马的进军推迟至少几天。那样的话，就会使后来的战斗大不相同。

日军对科希马的压力正在增加。由于英印第 161 旅的撤退，当敌人侧翼攻击和包围我军掩护部队时，这些部队陷入了极端的困难之中。阿萨姆营还在顽强地战斗，损失惨重，并且被分割成了两半。其中的一半，大约 200 人，杀出血路进入科希马，与守备部队会合；其余的部分兜着圈子避开日军，虽然还保持着良好的秩序却精疲力竭，到达了在英印第 161 旅背后的迪马普尔主要公路。

我曾在一些战斗的开始阶段度过了一些不安的时刻，但是很少有比科希马战役更令人忧虑的时刻。所有日本指挥官肯定会留下一支分遣队佯攻科希马，而以其师团的其余部队猛攻迪马普尔。他几乎毫不费力就能够攻下迪马普尔。幸运的是，日军第 31 师团的指挥官佐藤少将绝对是我所遇到的日本将军中最没有冒险精神的一个。他当初接受的命令是拿下科希马，然后就死守那里。他的那个弹丸脑袋只装满一个念头——拿下科希马，根本没有想到能够不用攻占科希马就可以给我们带来更大的伤害。他原可以只留下一支小部队牵制科希马，而择小路向沃伦在尼楚加德的旅以东行进，那样的话，在 4 月 5 日他就能用其师团的大部攻击那条铁路。但是，他没有任何想象力，所以当他的部队到来以后，他让这些部队接二连三地攻击科希马这个小镇。我曾经说过，我犯下了低估敌人向科希马渗透能力的错误，但由于我军英勇，从而避免造成最为严重的后果，但是这需要敌军战地指挥官的愚蠢才能将此变成现实。不幸的是，在那时我并不知道错误会得到弥补，否则，我就会省去很多焦虑了。后来，当这一点变得显而易见时，我曾经发现一些狂热的英国皇家空军军官，正在计划对佐藤的司令部进行一次空中打击。当我建议他们应该放弃这个计划时，他们都十分惊讶，因为我把他们想要打击的那个牺牲品看成是对我最有帮助的将军之一！但是沉溺于这样一场乐事的时候还没有到来。

3 月 23 日，英印第 33 军的司令官蒙塔古·斯托普福德中将，带着他的一些参谋人员到达了我在库米拉的司令部。我了解他，并且对于他作为一个指挥官很有信心，但是他的军司令部以前没有实际打过仗，进行的训练确实也很少。他们必须适应新环境并且在作战中获得经验，这并不是一件容易的事。他们很快成功地克服了初期困难，这体现了他们的能力以及指挥官的水平。

我最初考虑将锡尔杰尔看作英印第 33 军司令部的驻地。锡尔杰尔在中心位置，在进军英帕尔交通状况方面都具有一些优势。但是，迪马普尔面临了出人意料的严重威胁，不可避免地要将大量援军和军司令部都调入这个地区。我也做出决定：在这个阶段科希马必须优先于英帕尔。斯托普福德本人极力主张这一点，而我同意他的意见。我向斯托普福德下达以下任务：

1. 阻止日军进入雅鲁藏布江河谷或者苏玛河谷（Surma Valley），或者越过卢赛山（Lushai Hill）。

2. 保持迪马普尔—科希马—英帕尔公路的畅通。

3. 增援英印第4军，与之协同作战以歼灭钦敦江以西的一切敌军。

作为对英印第33军全部作战行动的总命令，这些任务在整个战斗的过程中始终没有改变。我赋予了斯托普鲁德战术自由权，他可以选择完成这些任务的方法，因此，我信任他可以完成上述任务。

4月3日，斯托普福德到达阿萨姆铁路上的乔尔哈特，其距离迪马普尔的东北方约65英里，并且在那里建立了他的司令部。第二天，他从兰金手里接过了作战行动的控制权。自从斯托普福德最初接受原来给他的命令以来，在这10天之内科希马的形势已经有所发展，但是并不是朝向有利于我们的方向发展，于是我决定他的直接任务变成：

1. 在可行的情况下，保护其所属之军尽可能向前线集结。

2. 确保迪马普尔基地。

3. 增援和据守科希马。

4. 在尽可能不危及前三项任务的情况之下，保护阿萨姆铁路和在雅鲁藏布江河谷的对华航线机场。

英印第33军计划要达到的目的是：

1. 该军到达迪马普尔东北时，集结之。这避免了该军直接卷入敌军对迪马普尔基地的攻击中，且其将处于实施反攻的有利地位。这也自然地保护了通往利多的铁路线。

2. 在英军第2师的第一个旅抵达时，使其前进至迪马普尔东南8英里的尼楚加德山口，并坚守之，这样就能保护这个基地免受日军的直接进攻。

3. 立即派英印第5师的第161旅增援科希马。

4. 第23旅（“钦迪特”突击队）预期在4月12日左右到达，以其攻击科希马以南和以东的地区，实现双重目标：既制止日军渗透铁路线，又切断敌人通往钦敦江的交通线。

5. 在第3特战旅抵达之前，以另一个尼泊尔营来保护比申布尔—锡尔杰尔道路的西端。

6. 继续以新编成的卢赛旅来阻止敌人推进到卢赛山。

时不我待，4月4日傍晚，斯托普福德就命令英印第161旅再次增援科希马。该旅第二天就离开尼楚加德，其先头部队皇家西肯特郡团第4营，在同一天的晚些时候和科希马的守备部队会合，刚好在日军的首次夜间攻击已经攻占了我军的一些阵地之后。这个旅的其余部队，得到科希马镇里十分拥挤的警告，就停顿下来，挖战壕过夜。6日早晨稍早时候，拉其普特人（Rajput）的一个连进入了科希马，其一个排带出来200名能够走路的伤员和非战斗人员。然而，在那个上午日军完成了对科希马的合围，而英印第161旅未能守住科希马山脊。不久之后背后的道路也被一支强大的日军分遣队切断了，日军在那个旅和迪马普尔之间建立起一道路障。科希马的形势是这样：约3000名守备部队士兵被优势的敌军紧紧包围，英印第 161 旅在北面 5 英里处被敌军切断了，一支分遣队据守着迪马普尔东南的尼楚加德隘路，而这个基地本身处于一种无法抵抗重大进攻的状态。这显然是一种令人不快的形势，但是那里并不缺少更有希望的迹象。

在 3 月底，英军第 2 师正分散在印度南部进行训练。由于英印军总司令部和吉法德将军司令部的调度参谋的努力，该师的调动如此迅速，在 4 月 2 日其先头部队正在到达迪马普尔，有两个旅和师部正在空运途中，还有一个旅乘火车到达。奥金莱克将军以适当的方式增派了一个坦克团和稍后的英印第 268 摩托化旅。

当我在迪马普尔、英帕尔和我在库米拉的司令部之间穿梭飞行时，我开始看到了光明。我们开始的日子比较艰苦，但是各地的部队面对各种事件泰然自若、无比坚定、充满战斗精神。我们没有失去任何重要的东西。

第十五章

消耗战

在阿萨姆前线，4 月的第一周曾是焦虑的一周。由于我的错误，战斗开始得并不顺利，任何时候危机都可能变成灾难，而且依然有这种可能性。我们到处都陷入战术性困难之中。日军正在重重地压迫英帕尔平原的边缘，他们还在威胁迪马普尔基地，同时科希马的守备部队处于可怕的危险之中，而且日军切断了科希马—英帕尔公路，这当然不是我计划的一部分。然而，他们为了获得的东西付了巨大的伤亡代价，尤其是时间代价，这都远远超过了日军计划上的预计。现在我们的空军部队，不知疲倦且表现勇敢，主宰着天空。在他们的羽翼之下，我们的援军正在更加流畅而迅速地被空运到作战地区，这超出了我的期望。当我看着态势图上代表一个个师的小旗——其紧紧围绕着英帕尔和科希马——我舒了一口气。随着 4 月第二周的过去，所有的紧张和担心使我感觉正在重复原来的战斗模式。

在视察各个建制部队的过程中，我试图传达这种感觉，我发现指挥官和各部队都有这种感觉。到 4 月初，这时英印第 5 师（欠一个被派往迪马普尔的旅）已经到达了，在英帕尔的斯库恩斯就拥有了 4 个师的最精锐部队，在他的坚定领导下，我对局势将会转向信心百倍。我更为焦虑地注视着态势图上的科希马。斯托普福德需要投入全部精力且秉承乐观主义精神，方可挽回科希马的颓势。不仅是科希马的守军处于令人绝望的状态，而且日军第 31 师团仍有可能避开科希马直奔迪马普尔。因此，我决定，在援军、给养和弹药方面，科希马战役应该有超过英帕尔战役的优先权，只要是英印第 33 军要求的任何资源，即使克扣斯库恩斯的，也必须满足斯托普福德的需要。幸运的是佐藤只是继续正面进攻科希马，最初是在白天，后来由于我军的守备部队给他们造成的损失，还由于我们的飞机在白天进行的快速报复行动，日军付出的代价也太高了，所以改为夜袭。整个白天以及夜袭的间隙，敌人的火炮、迫击炮和机关枪，无情地向守备部队山（Garrison Hill）的我军阵地射击。英军和日军的战壕彼此之间只有数码之遥，每一次移动都会带来一阵射击，休息变得根本不可能。比起敌人，极度的疲乏是更大的威胁，可能吞噬掉我们的士兵。然后，最致命的打击到来了。在 4 月 5 日至 6 日夜里，日军占领了供水点，干渴使得形势更是雪上加霜。英国皇家空军不顾来自地面上的炮火，扫过树顶飞行，空投下一些装满饮水的汽车内胎。幸运的是，在我们的防线之内发现了一眼小小的泉水，即使有眼泉水，加上空军的补充，饮水的配给量还是降到每人一天不足一品脱，伤员的饮水略多一些。我们占领的地区受到挤压，逐渐地从原来的大约 1000 码见方，变成一个 500 码乘以 500 码的狭小地块。敌人向这块封闭的空间雨点般地倾泻着无情的炮击，我们守备部队的战士面容憔悴、干渴难耐，但是他们毫不屈服，击退了敌人一次次的进攻。

而援军近在咫尺。到 4 月 11 日，英军第 2 师师部及其两个旅已经到达迪马普尔，第三个师紧随其后，第二天“钦迪特”第 23 旅到达乔尔哈特。这样我们就在数量上达到了和日军大致持平的水平，而且现在正在奉命从若开赶来的英印第 7 师如果能够进入战场，我们就能在这方面占有优势。

这一点立刻就能做到，斯托普福德派遣英军第 2 师的先头部队第 5

旅踏上公路，向据守科希马不远处的英印第 161 旅进发。英军第 5 旅击灭了敌军的第一个路障，但在 6 英里以外的第二个路障上，敌军击退了没有支援的步兵攻击。第二天师属的炮兵和一些坦克到达了。第二次进攻突破了敌军路障，但是日军进行了反击。然而，英军第 5 旅击退了日军，继续前进。在接下来的短短几天里，经过激烈的战斗，英军第 5 旅攻破了这条公路上的日军路障，在 4 月 15 日，英军第 5 旅和英印第 161 旅终于顺利会师。英军第 2 师的下一个旅，第 6 旅这时上来，接替了英印第 161 旅向前进解救科希马的任务。在 18 日，在坦克、火炮和空中支援的情况下，英军第 6 旅横跨主干道，沿右侧山脊发动了攻击。由于敌军实施激烈的就地反击，进展有时候很慢，但是沃伦的官兵最终突破了敌人的阵地，与陷入困境但仍坚持在硝烟滚滚的山顶的守备部队会师。一个旁遮普营首先进入了山顶阵地，并且马上从那些精疲力竭的守卫者手中接防了部分阵地。科希马获救了。

天黑以后，我军冒着枪林弹雨运出了伤员，将其抬到救护车上，这些救护车已经爬到离山顶很近且能够被找到的安全地带。第二天，4 月 19 日，英印第 161 旅继续进攻，但是没能拿下库基哨所（Kuki Piquet），然而，还是取得了一些进展。在整个白天，公路还保持畅通，依靠这条公路，科希马重新得到了补给，因此很多守备部队的战士吃到了他们自从围困开始以来的第一顿饱饭。在 20 日，英军第 2 师的第 6 旅在炮兵掩护下移动进入山顶阵地，换防了原来的守备部队余部。在那天早晨 6 时，英勇作战的理查兹上校移交了指挥权，集结了官兵。3 个小时后，他们行军走出山顶阵地，到达山下曾经是医院的地方，发现一些卡车在等待着，要带他们离开这个尘土飞扬、充满喧闹和散发着死亡恶臭的地方，他们曾经在其中生活了 11 天。

他们曾经忍受了很多痛苦折磨。由于受到占有巨大人数优势的敌人的无情攻击，他们被迫进入一个日渐缩小的防御圈，遭受的伤亡十分惨重。在那里伤员没有被疏散和撤离，躺在救护站里依然再三再四地受到打击。这些具有献身精神的官兵受到的考验还不只是干渴。有的围城战比科希马时间更长，但是很少有此种强度的，没有任何守军应该比科希马守备队得到更高的荣誉。

虽然曾经被切断在守备部队山上的小部队现在已经得到了解救，但是科希马山脊大部分还保留在敌人的手里。日本人拥有这个城镇的中心地区，据守着一块十分强固的阵地，大约有 7000 码长，横跨在英帕尔—迪马普尔主要公路上。陡峭且树林茂密的连绵山脊形成了天然防御屏障，被日本人天才地改进成互相支援的野战工事和掩体，这是英军从未见过的坚固阵地。其侧翼延伸到高耸而难攻的地方，无法进入而易受保护。在穿过密林通向主要公路和铁路的道路上，敌军的分遣队也建立了阵地，一直存在敌军渗透和进击我军后方的威胁。这经常使我感到奇怪，为什么佐藤不尝试大胆的突击。这可能是典型的日本人的做法，即使在这个阶段，他如果打算在科希马冒险的话，也有足够的部队进攻科希马。

我们自己的增援正在迅速进行。英军第 2 师实际上已经完成集结——该师的有关运输也已经完成，其卡车都已经首尾相接地停在一起，把双向行车的主要公路变成一条单向行车的小道。日军 12 架代号为“奥斯卡”（Oscar）的战斗机[①]攻击了拥挤在村子里的这支无用运输队，由此我督促英印第 33 军把其撤出这个地区。幸运的是英国皇家空军保持着空中优势，我们没有付出沉重的代价，而那种情况本来就是难以避免的。在撤走多余的运输队之后，这个师像在缅甸的其他部队一样，发现并没有行动得更快和更自由。英印第 7 师的先头旅（第 33 旅）也已经通过空运，从若开战地到达，而“钦迪特”第 23 旅已经从铁路分成几路纵队向东南方向进发。这些纵队中的一支在 4 月 16 日成功予敌一次重创。在 22 日，该纵队攻击

① 即“一”式战斗机，是日本陆军的一种战斗机，正式编号：Ki-43。——译者注

了一个被敌人坚守的村子，但被击退了。在随后的几天里，该纵队配合得到的准确指挥的空中打击，再次进行攻击，这次攻占了村子。

斯托普福德指挥着英印第33军，司令部设立在乔尔哈特，正确地催促英军第2师前进，但是那里的地形和战场类型对于英国军队来说都是崭新的，同时不可避免，这个师零零碎碎地到达，这使得师长格罗弗（Grover）的任务变得十分困难。

他的计划是，让英军第2师的一个旅，在大量火炮的支援下，猛烈压制科希马中心的日军，同时其余两个旅两侧各一个，实施包抄运动，以便夺取日军前线背后的高地。英印第161旅部署在中间作为总预备队，而英印第7师的第33旅被部署在后面保护迪马普尔。"钦迪特"第23旅各纵队则继续向东南方的杰萨密攻击，以便切断日军从钦敦江而来的补给线。当两个侧翼的旅已经达到各自目标时，他们便在中央发起主攻。

从4月21日开始，左翼旅（英军第5旅）的先头营就走林间小道穿过河谷到达主要公路的东面，并且攀登2000英尺到达一条沿着山脊并从科希马向北延伸的小道。在这里发现了日军准备用于防御的阵地，但没有日军据守。在随后的几天里，先头营在溜滑的山坡上受到大雨阻碍，而且完全依靠牲畜和挑夫运输，这种情况对于英国部队来说十分陌生，这时候该旅余部与他们会合了。在29日，日军已经占领了早前准备好的阵地，该旅进行攻击，但告失败。英军第5旅被日军拦住了，远远不能完成其最终目标。

与此同时，另一个侧翼的旅（英军第4旅）已经爬上了朝向敌人左翼的陡峭山脊，遇到很少的抵抗，但是由于大雨以及行军和补给困难，该旅没有像预期的那样取得迅速的进展。

中央的那个旅（英军第6旅），在4月22日至23日夜里猛烈攻击了陷入混乱的守备部队山。经过激烈的肉搏战，日本人被击退了，但是在随后的两天里，我们的战士很大程度上就像原来的守备部队一样，受到了持续的压制和炮击。在 22 日，英军试图以步兵和坦克来解除日军的压制，但告失败，因为坦克无法通过险峻的地形。随后，在 27 日夜间，英军开始发起一次更为强大的攻击，这是一系列的攻击和反击中的第一战，目标是副督的宅邸。这里曾经是一座快乐花园里的一栋迷人住宅，但是现在成了一堆瓦砾，只在废墟中矗立着一根烟囱，在天空的衬托下投下黑漆漆、扭曲的轮廓。通过这次攻击，在决死的战斗之后，英军不仅成功地到达了那栋住宅的所在地，守住了它，而且拿下了那座花园里的那道悬崖，在悬崖上可以眺望科希马的一些十字路口，并且使其不再落入敌手，这是一个很有价值的战术成功。在29日至30日夜间，日本人做出了最后一次努力，进行了一次竭尽全力的反击，试图重新占有这个地方，但是在付出沉重的损失之后遭到了失败。双方各据守着花园的一部分，阵地之间有一个网球场，成为一个无人区，在这块打网球的地方他们来回地投掷着手榴弹。

因为两个侧翼的旅都无法取得希望的进展，而中央的那个旅在科希马受到敌人的重压，所以这个师改变了作战计划。该师放弃了更宽的迂回运动，决定对日军的阵地进行一场更集中的进攻，这样所有这三个旅就能以紧密的战术协同行动，并且轮流获得师属和军属火炮的全面支持。

这种挫折令人失望，但是英军第 2 师现在十分完整，而且英印第 7 师正顺利到来，并且后面还跟着英印第 268 摩托化旅。在这里，我很快就要拥有对日军的二比一的优势，这正是我在科希马和英帕尔的目标，但是我下决心在现阶段，不督促斯托普福德以超过他认为明智的步调前进。他是最后一位行动缓慢的指挥官，而他的英军第 2 师——他的进攻先锋——作为一支部队既是勇敢的，同时也可能是没有经验的，其突进必然会伤亡惨重，除非该师的进攻事先有精心的准备并且拥有一切可能的支援。所以，我虽然继续调拨其他战线上急需的大炮弹药、汽油和空中打击力量到英印第 33 军，却没有催促他们快点行动。这个军必须赢得它的第一次战斗，英印第 4 军相比而言具有经验，可以等等。

有些人从遥远的地方相信那些大惊小怪的报告，催着我不惜一切代价进行“突破并且解救英帕尔”，这个时候不需要这种人。我并不打算屈服于这种压力，英帕尔根本没有失陷的危险。对于一个上级指挥官而言，站在这种压力和自己的下级指挥官之间，这并不是一个最容易的任务，但是有时候这是他的责任。吉法德将军很清楚地了解这种形势，他现在坚定地支持我，我又欠了他一个人情。

科希马战役是一场血战。英军第 2 师在新计划中的第一场全面进攻由于大雨而大大推迟了，直到 5 月 3 日这个部署才得以完成。这个计划给英军第 4 旅的任务是夺取通用运输站（G. P. T.）山脊，向监狱山推进，在中央与英军第 6 旅会合，到这时英军第 6 旅应该已经突破守备部队山，攻占了库基哨所和野战补给站（F. S. D.）山脊。英军第 5 旅在左面预定占领那加村并且控制宝库地区（Teasury area）。这次攻击可以得到坦克和能够使用的所有炮火的支援，并集中时间开火，以轮流支援每一个旅。

这次攻击开始于 5 月 4 日清晨。英军第 4 旅由于没有发现日军的地堡而推迟到达通用运输站山脊，但是既无法完全占领该地，也不能接近监狱山。到夜幕降临的时候，在这部分战地上，敌人的阵地和我们的阵地密不可分地交织在了一起。英军第 6 旅没有能够攻占库基哨所，虽然它的一些坦克到达了野战补给站山脊，但是步兵迫于来自敌人其他阵地的毁灭性炮火，既无法迫近也无法在那里停留。到入夜时只有这个山脊的一部分被攻取，在这里英国和日军阵地又交织在一起。英军第 5 旅进入了那加村，但是在 5 月 4 日至 5 日夜晚遭到敌军激烈的反击，遂被迫退回到这个村子的西边，他们设法在那里据守。宝库地区稳固地掌握在敌人手里。

在 5 月 5 日里，双方都打得精疲力竭。英国部队除了满足于守住原地之外再无所图，对于我们来说十分幸运的是，日本人也没有发动反击。在 6 日，所有的各个旅都试图通过局部攻击来改善自己的形势，但都是在付出巨大伤亡的代价之后才取得很小的改进。斯托普福德现在把他的军预备队，英印第7师的第33旅转交给格罗弗，后者在5月7日，用其中的一个营攻击了监狱山，前几天正是在那里，猛烈而准确的机枪火力阻碍了英军第4旅和英军第6旅。这次进攻在付出巨大的伤亡之后达到了目的，但是仍然不能从深深的地堡中驱逐出敌人，我们被迫再次放弃了监狱山。

在经过4天的苦战和付出巨大伤亡之后，这次攻击的成果却乏善可陈。这时日军的第31师团肯定丧失了主动权，他们遇到了对手极其顽强的抵抗。我们的部队再次发现要到达一个日军地堡是一回事，而要进入这个地堡是另一回事。无论是用火炮轰击还是"飓风"式战斗机和"复仇"式轰炸机，对这块有限的地区进行的精确打击都没有很大效果。最为有效的武器被证明是坦克，其能在平射距离上开火稳定射击，但是这里树木丛生，地形陡峭，潮湿的地面使得坦克把一切都碾压成了泥浆，限制了坦克的使用。显然这场战斗将会延长并且十分残酷。

在5月8日、9日、10日期间，我军的前线部队和敌人保持着交战，英印第33军准备发动新的攻击。在这个计划里，这位军长坚持说，这场新攻击的主要特点，就是要大量使用烟火以掩护攻击部队，使之不受纵向和远距离的机枪火力的伤害，事实已经证明敌人的机枪射击很有杀伤力。

这次攻击中的主要目标是监狱山和后勤炊事山，由英印第7师第33旅负责，但是因为这两座山都受到来自通用运输站山脊和野战补给站山脊的纵向射击，英军第4旅和英军第6旅预定要在英印第33旅到达目标之前攻占后两座山。这次攻击在5月10日至11日夜间开始，但是英军第2师的攻击只是取得了部分成功。当黎明到来时，在通用运输站山脊的反向斜坡上，敌人依然还有几个地堡，并且在野战补给站山脊上有一个强支撑点。英印第33旅进行的主要攻击进展比较好。一个旁遮普营在黑暗中侦察前进，发现疙瘩山无人占领，于是迅速接近并予以占领。女王团在一场苦战之后，在黎明之后不久，占领了监狱山的绝大部分，而第二个旁遮普营，虽然遭受了巨大的困难，还是肃清了后勤炊事山地区。随着渐渐天明，这两个营试图坚守战果，但是遭到了巨大的打击，不仅遭到正面火力的射击，而且有来自通用运输站山脊和野战补给站山脊上自动武器的精确纵向射击，尚未完全歼灭敌人。这两个营靠着巨大决心在泥泞和大雨中坚持下来，但是人员损失的速度很快，早晨 8 时 45 分，我军炮兵炮击了几个小时，形成了一道浓烟屏障，形势得以缓解。日军显然没有向外布置任何固定的火力防线，而且他们的机枪火力减弱，使得我们的士兵得以据守。

在 11 日里，那两个营都得到增援，天黑以后，在印度工兵的帮助下，他们清理了监狱山和后勤炊事山地区之间的地雷区，这个雷区到这时为止一直阻碍坦克参战。战斗在 12 日重新开始，这天下午，在坦克的帮助下，在监狱山和后勤炊事山地区取得了更多的进展，但是在别的地区则进展甚微。13 日黎明，面对我们的压力，两个地方幸存的日本人都后撤了，到中午我军完成了扫荡。由于看到监狱山和后勤炊事山地区的要点丧失，敌军遂从通用运输站山脊、野战补给站山脊和库基哨所撤退，这些地方都被英军第 2 师占领了。

在这场大规模作战行动进行的同时，沿着该战线的其他阵地上，我军通过局部战斗歼灭了敌军，扩大了防线。在漫长战斗的最后阶段，日本人的抵抗主要是在副督官邸。在那儿一些敌人虽然被切断了与大部队的联系，但是他们在深深的地堡里仍然继续顽强地战斗。工兵们修了一条小路，使得坦克能够爬上山脊，那些多塞特郡（Dorset）的小伙子随后在坦克支援下发动攻击。每个地堡都轮番受到 75 毫米坦克炮的轰击，在 30 码的距离上，其效果是决定性的。试图逃跑的日军遭到刺刀或者子弹的迎击，但是没人试图投降。剩下的少数地堡通过把爆破筒插入其瞭望孔而被摧毁，到 5 月 13 日下午，副督官邸及其花园和网球场——曾经具有极大的重要性——终于在付出极小伤亡代价的情况下全部落入我们的手中。

宝库山是英印第 33 旅的下一个目标。一个廓尔喀营在 14 日集结在守备部队山，准备在第二天发动一场精心计划的攻击，但是来自巡逻队的报告使旅长得出结论：绝大多数敌人正在撤出，于是他命令在天黑发动一场渗透攻击。到15日天明时，这些廓尔喀士兵实际上没有遇到任何抵抗，就占领了整个宝库山。

自从5月10日以来，短短几天所取得的战果，改变了科希马周围的整个形势。其中最显著的特征是各地日军未能实施反攻，这是其受沉重打击而日益失序的明证。随之而来的是这部分战场陷入了短暂的寂静，双方都在重新部署自己的力量，准备新的战斗。

与此同时，在英帕尔前线上的战斗十分惨烈，更为分散而冗长，一直引起我的注意。因为斯库恩斯的部队受到很大的压力，所以也有令人心焦的时刻。

就好像一个轮子间隔不均匀的辐条，6条道路汇集在英帕尔平原上，交汇的中心，就是英帕尔本身：

1. 从北方来的，是宽阔的科希马公路。
2. 同样来自北方，是沿着伊利尔河谷的步行小道。
3. 来自东北方的，是乌克鲁尔公路。
4. 来自东南方的，是德穆—帕莱尔柏油公路。
5. 来自南方的，是崎岖的迪登公路。
6. 来自西方的，是锡尔杰尔—比申布尔小路。

正是通过这些道路，日本人奋力突入英帕尔平原。英帕尔周围进行的战斗持续而激烈，并且经常是很混乱的，因为作战的双方都不讲理智只顾厮杀。日本人总是在什么地方进行突击，我军不得不予以迎击和消灭。然而作战确实都按照一个模式进行。主要的遭遇战都是在这个车轮的辐条上或者在其附近进行，因为大炮、坦克和车辆只有沿着这些辐条才能移动。日军经常横跨道路前进，阻碍这条道路，攻击我军部队，并且试图侧翼包抄或者渗透我军。而我军首先据守，然后是反击，这种斗争常常朝左右摇摆一两英里。自始至终我们的飞行员在这些战斗中都发挥着至关重要的作用，他们常常整天接二连三地出击，发动对地面的攻击，打击敌军通往缅甸的交通线。我们逐渐从这个车轮的辐条向外推进，而日军则占据这些辐条之间的小山。我们会无情地追击他们，这时他们绝望而疯狂，当他们陷入困境时，我们则消灭了他们。这种模式反复沿着每一条辐条上出现，我们从防守过渡到了进攻。

我们的伤亡在这种战斗中并不轻。一如既往，步兵遭遇了最大伤亡和忍受了最大痛苦，因为首先一场步兵的战斗就是肉搏战，士兵对士兵的战斗，没有例外。我们最沉重的损失是军官，不只是在近战十分显眼的步兵军官，还有要给予先头部队精确支持的炮兵观察军官，以及坦克军官。他们不顾安危，保持转动炮塔敞开着，或者步行移动，这样才能够指引坦克穿过丛林。

简要交代发生在这个车轮的每一根辐条上的事件，可能是描述这场战役的最清晰的方法，但是应该记住在所有辐条上的遭遇战都是同时发生的。无论是指挥员还是部队，无论何时何地，现在都没有像我这样清楚形势的人。各种迹象、信息、报告，日日夜夜，从四面八方像潮水一样涌进斯库恩斯的司令部，声称取得了成功，遭到了挫折，要求援军，要求更多的弹药，紧急要求撤出伤员，恳求空中支援。他的任务就是满足或者拒绝这些请求，决定在关键时刻应该把无比宝贵的预备队调派到哪个地方。对于他来说，要满足他的所有指挥官是不可能的。这需要一个不屈不挠、冷静而又明智的指挥官去面对这种紧张，一周又一周，没完没了。幸运的是，斯库恩斯正是一个不屈不挠、冷静而又明智的人。

战事首先发生在伊利尔河谷和乌克鲁尔公路这些辐条上。到 4 月初，英印第 5 师的先头部队已经在乌克鲁尔公路上投入了行动，他们几乎一下飞机就直奔战场，会同英印第23师剩余的那个旅，在日军攻占利坦正西地区之前，消除对英帕尔的紧迫威胁。但是，现在敌人在北面包围着英帕尔，而我们在乌克鲁尔公路上的部队，其背后受到一支日军的威胁，这支日军在4月6日攻击了农西贡（Nungshigum）。这是一座大山，从山上俯瞰英帕尔平原，可以直接观察到五六英里范围内的主要简易机场。为了争夺这座山进行的战斗，是在这个阶段围绕英帕尔平原边缘进行的上百次战斗行动中的典型战斗。

农西贡有两座山峰，一个北峰，一个南峰。日本人的攻击把我们的士兵驱离了北峰，但是我们死死固守着南峰。4月11日，在几次努力之后，敌人也夺取了南峰。在12日，我们重新夺回了南峰，但又失守。在13日，这时我军的“飓风”式轰炸机的机关炮吐着火舌，低飞到几乎冲进树梢，而坦克在绞车牵引下爬上令人难以相信的陡坡，直接对着地堡的观察孔平射开火，我们的步兵像风暴席卷了那两座山峰，并且占领了它们。日本人顽强地防卫着他们的阵地，最后几名士兵还在战斗，直到被炸弹或者刺刀消灭在其最后的巢穴里。

在这场战斗中，作战的地方十分困难，丛林茂密，近卫龙骑兵团的坦克不得不让炮塔敞开着投入行动，只有这样他们的指挥官才足以看清周围情况来帮助那些步兵。那些年轻的军官和士官坦克指挥员，毫不犹豫地冒着几乎必死的危险，唉，他们当中有很高比率的人失去了生命。

当英印第5师确保了农西贡的安全后，英印第23师接防了乌克鲁尔公路的所有责任，并且着手肃清伊利尔河谷之敌。在4月16日到5月7日之间，有一场攻占大马跑坡（Mapao Spur）日军阵地的激战。马跑坡把伊利尔河谷和英帕尔—科希马公路分开，并且在马跑坡上能观察到英帕尔平原的西北部分。我们的攻击遭到了日本人的激烈反击，只取得了部分成功。我们把一个敌人从其阵地的南部驱逐出去了，但是他依然据守着北面阵地，然而已经不再是对于英帕尔的一个严重威胁了。

英印第23师第1旅，已经肃清了乌克鲁尔公路以南各山头之敌，并且追击日军的第15师团司令部穿过丛林，再掉头向北肃清了公路到乌克鲁尔15英里距离内之敌。敌人的司令部转移了，但是这只能说其作战实力没有增加。英印第23师第37旅后来迅速移动踏上这条公路，并且与英印第1旅取得联系。这个师随后在5月的上半月里，在整个乌克鲁尔公路上压制敌军。到这个月月中，伊利尔河谷和乌克鲁尔公路上的形势可以认为是稳定下来了。

在这个巨大车轮的帕莱尔公路辐条上，在4月初英印第20师已经抽出了一个旅作为军的预备队，该师以剩下的两个旅，即英印第80旅和英印第100旅，据守着一条长达25英里的前线，这条前线从帕莱尔东南10英里的腾格帕尔穿过舍纳姆，直通到帕莱尔西南15英里的舒加努（Shuganu）。这片地方是一片纵横交错的陡峭山脊和深深的峡谷，全都覆盖着浓密的树林。格雷西的部队当然无法保持一条连续不断的防线，他们只能据守通往帕莱尔和英帕尔平原主干公路与最常用公路上最重要的高地和山口。在这些战术要点之间，该师奋力据守这片区域，以持续不断的积极侦察阻止日军实施渗透。在这一点上，他们很幸运，已经获得了对于敌人的某种优势，但是这是一条漫长而易受攻击的前线，在整个战斗的这个阶段里，其一直是一个使斯库恩斯焦躁烦恼的源泉。

在这里的日军指挥官山本少将，一直处于他的上级施加的巨大压力之下，要求他攻入英帕尔平原。山本所部大部为战车和火炮，日军司令官牟田口廉也迫切需要这些部队，希望借此减弱我军在英帕尔周围的防守力量。所以山本在舍纳姆山口发动了一次又一次的进攻，力图突破英印第20师的防线。日军得到了比平时更强有力的装甲和炮兵支援，这种进攻在整个4月里持续不断。

腾格帕尔周围发生了一些直接针对公路的最激烈战斗，山本正试图在这条公路上杀出一条路。在4月4日和11日之间，日军的进攻持续不断，并且取得了一些进展。4月11日，我们的德文郡的小伙子们大显身手，在一次反击战中夺回了失地，但是在15日和16日，狂热的敌人攻击了一个年轻的印度营，这个营接防德文郡的小伙子们，重新夺回部分阵地，并且在随后的两个夜晚继续战斗。4月19日至20日夜晚，我军击退了日军有重型战车支援的3次单独进攻，但是我们的士兵在阵地上也不多了，而且由于越发精疲力竭而需要休息。4月22日，在经过非常激烈的战斗之后，我们的部分阵地被日军占领，但是敌人也损失惨重，不能继续进攻，攻势减弱。很幸运，这条公路另一边的舍纳姆并没有受到猛烈的进攻，驻这里的旅的一部分，必须去增援舒加努，据报告有日军正在接近那里，因而其正受到威胁。

印度国民军的甘地旅在这条前线上，接近4月末，一些日军小部队，在一些化装成当地居民和我军印度兵的国民军随同下，向帕莱尔渗透。双方发生了许多次侦察遭遇战，我军进行了几次成功的伏击，但是在这样的荒山野地里，不可能拦截每一支敌人的小部队，在4月29日至30日夜晚，一支日军的小部队实际上攻击了帕莱尔兵站。没有造成什么破坏，电文报告了这次事件的结束："敌人现在正被消灭。"甘地旅在5月2日至3日夜晚对我们的阵地实施了失败的"攻击"，一支大规模印度国民军部队遭到伏击，一触即溃，与这次战斗相比，上次攻击还是算勇敢的。在这以后，大量不幸的印度国民军在这片地方无目的地游荡而没有任何凝聚力。5月份里，在我军巡逻队打击下，其伤亡甚大，很多人投降了，但是我们的印度和廓尔喀士兵有时候不太愿意让他们投降，于是我们不得不下令要给予他们更人道的待遇。甘地旅没有更多地参加作战行动，对于余部，日本人则由于厌恶他们而主要将其用作挑夫。

然而，日军的巡逻队在帕莱尔以北和以东的小山里，他们的出现可能影响帕莱尔机场的日常运行。我们不能冒这个险，于是斯库恩斯派英印第17师的第48旅在5月6日和8日之间肃清了那里的敌军。当该旅需执行其他任务时，英印第 23 师第 1 旅接防之，英印第 1 旅完成了前述肃清敌军和向乌克鲁尔公路以北追击日军第 15 师团司令部的任务。

为了配合山本企图突破主干公路的最后一次努力，日军小股部队渗透帕莱尔东北地区。在 5 月 6 日至 7 日和 7 日至 8 日夜晚，日军对于腾格帕尔前线的猛烈攻击被击退了，但是在 5 月 8 日他们突入我军的阵地。在英国皇家空军战斗轰炸机最为勇敢的支援之下，我们实施了反攻，但未能收复失地，遂部分撤退。在 5 月 9 日至 10 日夜间和 10 日至 11 日夜间，日军发动了进一步的进攻，在这一过程中，我们又失去了一些阵地。12 日进行了一场最为英勇的反击，我们又陷入了令人焦虑的形势，在这时，敌我双方都极度疲乏，无力发动进一步的进攻或反击了。英印第 20 师已经成功地经受了十分沉重的一次次攻击和持续超过两个月的压力，为了缓解其紧张，斯库恩斯用罗伯茨的英印第 23 师的满编 3 个旅接防帕莱尔前线。在这个巨大车轮的这条轮辐上，到 5 月中，我们也能够认为形势稳定下来了。

迪登公路和锡尔杰尔—比申布尔道路沿线——也就是这个大车轮的南面和西面轮辐——发生了这场消耗战中最激烈的一些战斗。当英印第 17 师沿着迪登公路撤退到达英帕尔时，斯库恩斯将罗伯茨的英印第 23 师两个旅第 37 旅和第 49 旅留了下来，抵抗正在向英帕尔推进的日军第 33 师团。英印第 37 旅很快回归师建制，而英印第 49 旅于 4 月 9 日在比申布尔以南阵地上遭到日军的攻击，即在迪登公路上的第 30 号里程碑和第 35 号里程碑处。日军的攻击被击退了，一支日军的分遣队大胆地插入我们的先头营和这个旅余部之间，也被彻底消灭了。在随之而来的这个短暂的间歇里，斯库恩斯撤出了英印第 49 旅，以使英印第 23 师完整，并且以军预备队——英印第 20 师的第 32 旅——接防该旅原防线。英印第 32 旅旅长意识到来自西面的包围危及原英印 49 旅的阵地，决定后撤到比申布尔，在那里他控制着从南面来的迪登公路和从西面来的锡尔杰尔小道。

他这么干很漂亮。日军在迪登公路上被我军击退后，转而使用其熟悉的战术，在公路以西丛林集结，目标直指比申布尔—锡尔杰尔，希望从西面突入英帕尔平原。在4月的第二周里，日军的一些巡逻队到达了这条小道，并且遭遇我们的巡逻队，然后我们的英印第32旅进入保卫比申布尔的阵地上。在4月14日至15日夜间，现在已经得到援军的日军第33师团向比申布尔发动攻击，但是再次被击退。日军在进行这次攻击时，他们成功地炸掉了锡尔杰尔小道第51号里程碑处的桥梁。这是一道300英尺的悬空桥梁，跨越了一道80英尺深的峡谷，致使道路完全中断。这次爆破是一次典型的日本人自杀作战行动。当晚黑夜，桥梁附近正发生遭遇战，3名日军避开守桥的一个工兵排，安装了炸药。一个日本兵跌进峡谷里摔死了，另外两个日本人与桥梁一起灰飞烟灭。由于未能击退我军保卫比申布尔的部队，敌军试图绕到该村西北，以一支强有力的纵队攻入平原。激烈的战斗持续了几天，当日军的一些分遣队向英帕尔搜索前进时，这整个地区充满了惊慌和出逃。

来自西方的威胁已经导致斯库恩斯撤回已在英帕尔以北作战的英印第17师，该师的任务就是保护这条通路。他也把英印第32旅留在考恩的指挥之下，现在该旅正在沉重的压力下苦战。在4月19日，英印第17师的先头部队十分及时地开始到达，并且直接投入比申布尔西北的作战行动。在这个村子的南面，敌人凭借兵力占领了那个零星分布的小村子宁索孔（Ninthoukhong）。4月23日，英印第33旅驱逐他们的第一次努力失败了，两天后英印第17师部队的第二次努力也失败了。在这些攻击中，我们遭受到了沉重的代价，损失了7辆中型坦克。我们部队的英勇已经被日本人的顽强追平了。非常激烈的战斗仍在继续，双方都付出了沉重伤亡的代价，日军推进到这片平原的行动被制止了，但是他们据守着那座村庄，并且仍然是危险的威胁。

在比申布尔以西的锡尔杰尔道路上，激战又爆发了。日军接到命令要不惜一切代价突破进来，而来自我军英印第 20 师的第 32 旅也接到同样强调的命令，要阻止他们。沿着这条道路甚至道路上进进退退地反复进行着激烈的争夺。我们的伤亡惨重得令人惊讶，特别是在那些印度部队中的英国军官当中，他们在近战中很容易就被日本人识别出来。许多军官只有 20 多岁，我们同属一支军队，我为此深感自豪。一个年轻的中校指挥着一个已经失去了四分之三军官的印度营，他自己也已经被手榴弹碎片严重击伤了腹部，当他率领士兵前进时再次被敌人击中。当问到他第二次负伤时为什么不至少后撤到野战医院，让他的伤口得到适当的包扎，他承认腹部的手榴弹伤确实十分讨厌，因为这使得行动相当困难，但是他能够坚持和士兵们一起在阵地上，因而在那里他不需要后撤。在第二次负伤时，他解释说："子弹直接穿过我的肩膀，所以没有引起我任何不便！"难怪日本人根本没有突破成功。过了一小段时间，我本想提升这位极为英勇的军官指挥一个旅，但我十分难过地得知他之后在这次战斗中牺牲了。

虽然我们的前出部队还与比申布尔隔绝，但 4 月 26 日的一次次猛烈攻击都被击退了。在道路重新打通之前，战斗在继续，由于直接的攻击已经失败，敌人又重新开始大规模的渗透活动。在 5 月的上半月里，日军的航空部队进行了一些罕见的强势出击。除了轰炸和扫射了我们的飞机场以外，大约 25 架"零"式飞机在 6 日攻击了比申布尔，并且在 5 月 10 日再次进行了攻击。在随后的一天里我们的高射炮进行了激烈的反击，于是日军飞机没有再次降临。日军曾设法进入比申布尔以南 2 英里的波特桑班（Potsangbam），这是英军士兵的"锅碗瓢盆"。波特桑班像这块平原上的许多村庄一样，高高的林岗和林带纵横交错，这妨碍了坦克的运动，却是绝佳的防守阵地。英印第 32 旅和英印第 63 旅需要通过激战，外加来自第 221 大队的战斗机和战略空军的轰炸机慷慨的空中支援，我们的战士们才能在 5 月 15 日把敌人驱逐出去。我们损失了 12 辆坦克，日本人这是第一次在这里使用他们的 10 英寸口径的迫击炮，我们缴获了一门。比申布尔周围的形势依然十分混乱。日军的第33师团因其一直险战而正在获得声誉，但是也遭受了沉重的损失。据一些投降的逃兵报告说，在4月末一个联队从当初的大约3000人兵力减少到只有800人。即使只出现了两三个逃兵，但是这个事实却是一个新的并且令人鼓舞的迹象。无论如何，我们相信，这个师团如果得到进一步的增援，就会再次有所动作。在这里，我们不可能像英帕尔前线其他区域那样断定形势稳定下来了。

在英帕尔—科希马公路上，也就是英帕尔诸多辐条中最后和最重要的辐条，3月30日，日军的第31师团就在英帕尔以北30英里处切断了这条公路。同时一些敌人转北向科希马运动，日军第15师团一支强大的分遣队从南向冈格拉通比（Kanglatongbi）进发，在那里我们有一个很大的补给站。英印第17师的英印第63旅从迪登艰难撤退之后，刚刚到达英帕尔，立即匆忙北上，以制止任何敌人的前进。这个补给站相当匆忙地撤退，在4月9日，一支作战巡逻队用装甲护卫卡车正在运走武器和弹药；随后日军占领了它，诸如军服和衣被这样大量的物资落入敌人手中。在4月11日到15日的一系列攻击中，我们的坦克多到令敌人吃惊的程度，迫使敌军退往可俯瞰冈格拉通比的一座狭窄而陡峭的山脊，日本人丧失了他们的前出阵地。敌人逐渐后撤，战斗始终都在进行，在4月23日，冈格拉通比遭到了突袭。5月7日，英印第5师接防英印第63旅，斯库恩斯正在重新集结各个旅，换防也是完成这个任务的手段，使各旅重归英印第17师的建制，以参加比申布尔周围更艰苦的战斗。

布里格斯一如既往没有浪费任何时间。他的英印第5师现在配属了英印第7师的第89旅，我把这个旅空运到英帕尔以替补其紧急开往迪马普尔的英印第161旅。他原来的计划是一个巨大的右勾拳，用来自伊利尔河谷的英印第123旅在日军背后切断主要的科希马公路，但是持续不断的大雨引发了特大的洪水，这使得这个计划耽搁了，他习惯地随机应变，放弃了这个计划。他把英印第9旅留在这条公路以东，据守当初他从伊利尔河谷发动攻击时曾经是一个难以敲碎的硬核桃的马跑坡，他用英印第 89 旅在敌人后面进行了一系列短勾拳式的打击，而英印第 123 旅沿着这条主要公路向北推进。在快速的战斗之后，那个补给站连同原来的大量物资一起，终于在 5 月 21 日被重新夺回来，这两个旅开始向北推进上了这条公路。在这个辐条上的形势尽在掌控之中。

因此，到 1944 年 5 月中旬，我最焦虑的那些情况结束了。在科希马，日本人已经确定无疑地被迫转入了守势；在英帕尔—科希马公路上，我军已经开始前进；在英帕尔周围，斯库恩斯可以感到放心了，除非敌人得到巨大的增援，否则，来自北方和东方的危险是不复存在的。日军的第 15 师团已经受到很好的压制，正在失去凝聚力。在南面和西面，令人敬畏的日军第 33 师团正在得到来自他们的第 53 师团和第 54 师团的增援，在那里敌人依然有可能做出最后努力。我们在整个战区上的制空权都没有受到实质上的挑战，多亏这一点再加上我们大胆的巡逻队，使得敌人的补给体系陷入了混乱。最重要的是，印度洋季风雨也几乎降临在我们头上。

比起其他地方，第 14 集团军发生的且为人注意的事件带来了更为令人满意的转变。在我的司令部里来访的客人显著增加。在这次战斗的开始阶段，我的绝大多数客人相当阴郁，这也许是一种可以理解的心态，因为那时印度到处充满了灾难性的传闻。现在，除了相信英帕尔在挨饿，他们趋于乐观了。他们特别担心的是，我应该“在为时太晚之前解救英帕尔”。然而无论是吉法德将军还是我，都并不像他们表现的那样，对英帕尔的抵抗能力感到焦虑，我们知道英印第 4 军很快就会发起进攻。那里的给养补给形势，虽然很紧张——某些配给量已经有所削减——但是直到大约 6 月中旬都不会变得困难，至少在此一个月后都不会变得令人绝望。我因此坚持我的日期，即打通那条公路的日期是 6 月的第三周。关于应该怎样去解救英帕尔，我不需要很多方面的建议。他们完全没有认识到实际问题。不属于我司令部的一位参谋军官，建议我应该派一个装甲纵队向前推进，护送补给卡车队，迅速沿着这条公路去补充英帕尔，“就像英国皇家海军重新补给了马耳他那样”。我回复说，那要派一支商人护航队，由一些驱逐舰护航，航行到一条两岸都有敌人据守的运河里，而且那条运河有些河段经常没有水——因为这条公路上的许多桥梁会被击毁——也就是说，我认为不应该求教于那些海军战略家，无论他们多么勇敢。

尽管如此，现在对于第 14 集团军来说时间已经到来，在阿萨姆前线上，有力的主动防御过渡到全面进攻阶段。虽然必须要在五六周以后打通这条公路，但是这次进攻的直接目标还不只是解救英帕尔——那将是附带的目标——而是消灭日军的第 15 军。对于发动这样一场进攻，没有人比我自己两个军的司令官更为渴望了。

对于斯库恩斯来说，问题是究竟是在他前线的所有部分同时发动这种进攻，还是首先在一部分，然后再在另一部分上发动进攻。他会发现很难在整个平原周围发动大规模进攻，因为不仅他的弹药很有限，而且我为了保证空中运输，极大地消减了他的汽油供应，而牲畜运输的数量无法满足大规模作战行动的需要。印度洋季风雨也已经降临在我们头上。当季风雨到来时，虽然其给敌人造成的不便比我们多，但是也同样影响到我们，在一些主要公路上使行动的效率降低了一半，并且危及我们的空中补给。我们的进攻因此只能在英印第 4 军的部分前线上展开。斯库恩斯决定并经我的完全同意，以其英印第 5 师和英印第 20 师进攻北面和东北面薄弱的日军第 15 师团，以其英印第 23 师和英印第 17 师继续消耗帕莱尔和比申布尔前线的日军。这个计划的好处是不仅在敌人最弱的连接点上攻击敌人，而且由于这个作战是沿着科希马公路进行的，有助于重新打开我们通往迪马普尔的交通线。

在英印第 4 军前线上的帕莱尔部分，从 5 月 13 日开始，以英印第 23 师换防英印第 20 师，并且继续下去，每次一个营，直到这个月底。在此期间，避免这两个师执行重大任务，但是英印第 23 师的第 1 旅继续执行由英印第 20 师开始的、肃清帕莱尔以东地区之敌的任务。在 5 月 16 日至 20 日，当日军猛烈攻击帕莱尔地区的舍纳姆山口时，英印第 23 师已经巩固了其阵地。我们的一些防线曾暂时失守，但是经过反击，这些阵地统统失而复得。从 6 月 9 日到 12 日，敌人重新发动进攻，损失惨重，没有得到任何收获。在舒加努，进攻和反击轮流进行，结果，英印第 23 师略有推进，改善了其阵地。在 5 月的上半个月，由于日军用中型火炮间歇性地轰击帕莱尔飞机场，我们曾感到巨大的不方便。第 1 旅的向前推进，肃清了帕莱尔以东大约 10 英里的山地，也就此终结了日军在此处不胜其烦的袭扰。这也最终解决了印度国民军的甘地旅，通过空投传单，加快了其投降的步伐。仍然有一些小的作战活动在这整个地区继续进行，但是很少有日军的巡逻队能越过我军前线部队的防线。然而，一支由一名军官和 7 名军士组成的敌军小部队，却在 6 月 3 日至 4 日深夜成功地到达了帕莱尔机场。作为一项告别仪式，他们用磁性地雷和爆破筒摧毁了 8 架停放在那里的飞机，并且毫发无损地逃跑了，这是一次十分成功的努力。

5 月中旬，在比申布尔防区，英印第 17 师以英印第 20 师借调的第 32 旅苦战据守锡尔杰尔，所属英印第 63 旅刚刚夺取了波特桑班。这是我们的英印第 17 师和日军的第 33 师团之间的一个典型战例，在这个时候这两个敌对的师正在策划用大胆而出人意料的打击来对付对方。

日军计划是用一系列夜间突然攻击来深深切入比申布尔防区，然后从内部使英印第 17 师陷入混乱。而考恩的计划，不是进行渗入，而是派一个旅通过一个大范围的包抄行动到达迪登公路的第 33 师团背后，进而以这个旅及其在北面的两个旅夹击歼灭之。英印第 17 师的第 48 旅已经作为军的预备队，并且从 5 月 4 日到 8 日一直在埋头肃清渗透到帕莱尔东北的一些敌人小股部队。当斯库恩斯把该旅还给了考恩，以便开始这次包抄行动时，我军因此处于有利地位。

5 月 15 日，英印第 48 旅出发，迅速前进，两天后到达了迪登—英帕尔公路的第 33 号里程碑处，并且构筑了阵地。在 5 月 17 日期间，日军匆忙集中了所有能够得到的部队，包括那些后勤部队，使用战车两次攻击了这个路障。他们没能够驱逐我们的部队，并且遭受了沉重的损失。在 19 日黄昏，日军第 15 师团进行了一次更猛烈的进攻，但仍被击退了。在这些进攻中，敌人损失了几辆战车，我军缴获了 3 辆，最后被炸掉了，据统计敌人在我们的阵地前留下了 300 具尸体，但在高高的大象草当中还有更多的尸体。按照计划，英印第 48 旅随后北进至莫朗（Moirang）。这个村子在两天的战斗后被占领，另一道路障建立起来。在现在，英印第 17 师的另外两个旅本应该以宽广的战线南进，向英印第 48 旅驱赶日军的第 33 师团。不幸的是日军已经进行了反击，而且英印第 32 旅本身没有能够取得足够的进展。因此英印第 48 旅奉命北进，顶着敌军猛烈的抵抗，一个村庄一个村庄地打出自己的通路，在 5 月 30 日进入波特桑班，与英印第 17 师重新会合。这个包抄行动已经给敌人造成了很多伤亡，而我军相对而言付出了很轻的代价，但是我军的目标却没有达到，那就是消灭日军的第 33 师团。

这次失败的原因是，在 5 月 20 日至 21 日夜晚敌人发动了对我们比申布尔阵地的渗透攻击。一支强有力的纵队切入我们的防线，试图夺取一座离英印第 17 师师部只有几百码的小山。在那座小山上，一支规模很小的印度警戒哨对日军疯狂攻击的抵抗持续了几个小时。考恩坚决拒绝转移师部，但是被迫要求英印第 20 师增援，并且也抽调本来应该与英印第 48 旅合作进行包抄行动的一些部队。斯库恩斯匆忙组织了一支小部队，力量大约有一个旅，由第 50 伞兵旅司令部指挥。由于使用了这支援军，我军开始拖住了敌人，而后敌人被包围在了那座小山脚下。经过 5 天的肉搏战，他们几乎都被歼灭了，只有很少一些逃回西面的山区之中。不久之后我巡视了这个战场，当我看到几个日军炮手在露天近距离使用武器时，被步枪击毙、被刺刀刺死的样子，我受到了震撼。就在这场战斗正在进行时，另一股敌人在黑暗中突进到英印第63旅在比申布尔的防区，并且他们在骡子行走的小道间挖壕据守。我们的部队包围了他们，在坦克的帮助下，经过几天的战斗之后，将他们统统消灭了。这一仗击毙了很多日本人，很不幸也杀死了很多骡子。我们不得不用推土机来埋葬日本人和那些骡子。

就是在这里，一些廓尔喀士兵正在从一些推土机无法到达的角落里收集日军尸体，当一个日本人被两个廓尔喀士兵抬走时，这表明他并不是我们期望的那样战死的。一个廓尔喀士兵抽出他的弯刀要结束掉这个挣扎战俘的生命，这时一个从旁边经过的英国军官阻止他说："你不能这么做，约翰尼。不要杀了他！"那个廓尔喀士兵保持握刀的姿势，表情恼火地、吃惊地看着那个军官，"但是，长官，"他反驳道，"我们不能把他活埋了！"

就在比申布尔以北，日军对我们的火炮进行了第三次也是规模很小的一次自杀式攻击。这支敌军小部队战死到最后一人。这些渗透作战中敌人表现出引人注目的勇敢和不顾一切的精神，他们往往是战斗至死。他们没有达到其目标——突破英印第17师的防线进入英帕尔平原——损失惨重，但是他们的确阻止了我们的包抄运动。在历史上很少会有这样的例子，一支部队已经被削弱、被痛击，筋疲力尽到像日军第33师团那样的地步，还能发动这样激烈的进攻，他们并没有怀着要脱身的目的，而是要实现其原来进攻的计划。

由田中少将签署的这道命令——第33师团在这道命令中寄托着难以实现的希望，值得予以引述——显示了日军指挥官的态度和残酷的方式，他们正是以此来对待自己的部队：

> 现在正当夺取英帕尔之良机。我们视死如归的步兵部队，当其渗透进敌人的主要堡垒时，期待着有把握的胜利。未来的战役是一个转折点。关系着大东亚战争的成败。汝等务必完全

理解当前之形势，视战死之事轻如鸿毛，汝等必须完成夺取英帕尔这一任务。

为此，必须做好师团玉碎之准备。我相信汝等之坚定勇气和献身精神，相信汝等将忠于职责，但若有任何懈怠，吾必严惩不贷。

在前线，就地奖罚，毫不拖延。若某人表现甚佳，应立马上报，若某人行事不当，就地军法从事。

另者，为保所部之荣光，指挥官可能不得不以其佩刀作为惩罚之器，但在战场上刀染同袍之血乃奇耻大辱。

现在新的部队将带着崭新的步枪到达，并且时间近在咫尺——箭已在弦，一触即发。

步兵部队斗志昂扬：英勇在胸，并且被一个信念，而且是唯一的信念主宰——他们肩负之责就是消灭敌人。

帝国的命运在此一战。

全体官兵英勇作战！

追求一种无望的目标有多少军事智慧，我们不管别人怎么想，但是，毫无疑问，日本军人在做出这种尝试时，展现了超乎寻常的勇气和大胆刚毅。我知道没有军队可以与之匹敌。

现在转向英印第 4 军东面和北面的各个战线，我们在这里转入攻势。在乌克鲁尔公路上以及在伊利尔河谷里，英印第 23 师一直保持压制日军，并且在其掩护下，在 5 月的下半个月，英印第 20 师从帕莱尔前线抽调而来，这条前线被英印第 80 旅和英印第 100 旅接防。英印第 20 师的第 32 旅依然和英印第 17 师在比申布尔地区。英印第 20 师的部队进入他们的新阵地，保卫卡蒙（Kameng）和农西贡，不久，他们发现日军在桑萨地区正在积蓄力量，其带有明显的企图，想要进一步攻击横跨乌克鲁尔的公路。我们观察到，从钦敦江一直到日军交通线，集结了相当多的机械化和驮畜运输车辆，其移动频繁。现在双方都开始大量抢占阵地和活跃的巡逻行动。作为英印第 4 军的进攻的一部分，6 月 3 日，英印第 20 师奉命进攻，目标是消灭伊利尔河以东的日军第 15 师团一部，并以一个旅进入乌克鲁尔。

这个师的右翼在横跨乌克鲁尔公路的攻势，马上遭到敌人第 15 师团两个增援联队的反击，战斗随着阵地易手而发生局部拉锯，但是十分激烈。的确，日军对我军的压迫一度变得十分具有威胁性，6 月 11 日，英印第 4 军两个营的预备队都给日军挪了位置。然而，在这天的黄昏，英印第 20 师成功地进行了反击，到 13 日，所有的失地都重新夺了回来。在随后的一周里，我军迫使敌军撤离到更远的地方，有明确的迹象表明日军的抵抗在乌克鲁尔公路两侧崩溃。

与此同时，英印第 20 师的另一个旅（第 80 旅）在 6 月 7 日已经从农西贡向北突进到伊利尔河谷，尽管持续的大雨、暴发的洪水激流、深深的泥泞，所有这些困难使得所有的行动变成了令人绝望的任务，但是他们还是到达了距离英帕尔以北 20 英里的一个地点。从那里，该旅袭击了敌人主要的东西横向交通线。这些袭击是最成功的，使得日军第 15 师团更加混乱。到 6 月 20 日，英印第 80 旅已经进一步向北推进，横跨在这条敌军的交通线上。日军第 15 师团损失惨重。日军的补给正在迅速萎缩，其补给路线被切断了，且现在，印度洋季风雨使得敌人使用其他道路已变得不可能。5 月末，在英印第 4 军控制的区域，进攻行动十分顺利，而且呈现一种不断增加的势头。

在通向英帕尔的另一条北面路径上，即主要的科希马公路，我们也取得了进展。在这里，英印第 5 师在 5 月 21 日重新夺取冈格拉通比之后，已经在这条公路的两边向北施压，并且以一系列在日军后方的短促勾拳打击行动作为辅助。在 6 月 3 日，英印第 4 军收到了关于加强攻势的命令，以英印第 5 师歼灭伊利尔河以西的日军第 15 师团一部，并且打开通往英帕尔以北 35 英里处格龙（Karong）的科希马公路。在这里我们必须留下英印第 5 师，让其在大雨和泥泞中为抵制依然十分顽强但正日益虚弱的日军第 5 师团做准备，并且要让其向这条公路的另一端科希马前进，那里一直发生着一些大事。

5 月中旬，在我们取得一系列成功，以及因休整而导致的短暂停顿之后，科希马战役进入第二阶段。虽然我们现在拥有了主动权，但形势却并不是特别好。我们拥有这座城镇，或者不如说拥有原来这座城镇所在的地方，因为整个地区都在泥泞和破坏的废墟之中，很像 1916 年法国的索姆河（Somme），但是在左面，日军依然据守着那加村阵地和周围的群山，同时右面的日军沿着大阿拉杜拉坡（Aradura Spur）分布。日军占据着这两侧，科希马也就在日军火炮的射程之内，当然也遏制和切断了英帕尔公路。因此，英军第 2 师的第 4 旅和第 5 旅奉命进军并攻占两侧的日军阵地。这些是艰难的任务，但是希望日军在 5 月 13 日的失败之后，他们的抵抗将会瓦解。这些希望受到了冲击。这场战斗的第二个阶段像第一个阶段一样，仍然是艰苦的。普通日本军人承受惩罚的能力和抵抗的狂热意志并没有受到损害。但是敌军更高的控制力首次出现了疲软的现象。

在为期 5 天的休整期间，各个部队有了一些短期的休息，英印第 268 旅接防了部分前线地区。双方的巡逻和小规模的攻击活动经常不断发生。5 月 19 日，英军第 5 旅最后尝试肃清那加村。在最初的成功之后，这场进攻被通常隐蔽得很巧妙的日军地堡和来自背后山坡上的迫击炮火阻挡住了。伤亡十分惨重，我军遂停止进攻。

与此同时，英印第 7 师的司令部和其第 114 旅已经从若开到达，节制已在战地的英印第 33 旅和英印第 5 师的 161 旅。在 5 月 20 日，这个师接防了科希马前线的左侧区域，包括宝库山和那加村。英印第 268 旅据守守备部队山，而英军第 2 师负责主要的科希马—英帕尔公路区域及其右侧全部区域。英军第 2 师离开那加村，由英印第 33 旅接替战斗。在 5 月 24 日和 30 日之间，一个印度营发动了两次对敌人防御中心的进攻。他们两次占领了该处，但是遭受到敌人的沉重打击，无法守住那里。我军将一些中型火炮带到距离敌军阵地 1500 码远的地方，同时一个廓尔喀营渗透到敌人后方的炮坡（Gun Spur）并掘壕据守。与此同时，一个英国营在浓雾中巧妙地渗透到那加村的制高点圆丘教堂；敌人依然据守着背面斜坡上的阵地，但是已无多少战力，没有进行反击。英印第 114 旅接防了英印第 33 旅，继续保持对敌人的巨大压力，直到 6 月 2 日，日军给了他们最好的结果，放弃了那加村，在被打烂的地堡和掩体里留下大量死尸离开了。与此同时，英印第 161 旅在村北也取得了巨大的战果。日军在科希马北半部的阵地，事实上现在属于我们了。

在南部区域，由于敌人的前哨在他们面前退却了，英军第 2 师转而进攻难以对付的阿拉杜拉山脊。5 月 26 日，尽管天下着大雨，英军第 6 旅到达了距离山脊以西半英里的一个地点。第二天英军第 4 旅和英军第 5 旅在一条沿着这条山脊北面到主要公路 48 英里里程碑处的战线建立了自己的阵地，这时英军第 6 旅继续向山顶攀登。在正午的时候，英军第 4 旅和英军第 5 旅处于来自阿拉杜拉山脊对面山坡上的猛烈火力之下，被迫撤退到原来出发的战线上。英军第 6 旅在猛烈的敌人火力下于黄昏时接近了山顶，并且在山顶的南面和西面掘壕驻守。这段推进在被雨水浸透的斜坡上爬行了 3000 英尺，这个历程和敌人的火力一样是一种严峻的考验。在这里由于敌人不顾一切地防守，且占据地势优越的隐蔽阵地，以及在溜滑而陡峭的丛林斜坡上移动极端困难，敌我双方处于一种僵持的形势。

在这种条件下，军司令官决定把原来的从阿拉杜拉山脊西坡和北坡的进攻转变为从东面进攻，由于我们占领了那加村，这种方案现在变得可行了。部队为新的进攻而做的重新部署，以及必要的巡逻和侦察活动，花费了几天的时间。这次进攻应该开始于英军第 5 旅夺取阿拉杜拉东北约 2000 码的大树山（Big Tree Hill）。进攻在接近黄昏时中止，第二天重新进行，并且得到了坦克的支持，取得了成功。整个旅随后向公路的西面推进，切断日军在高高的阿拉杜拉山脊上的补给线。这成为敌人抵抗的终结。当我们的部队前进时，日军撤了出来，于是阿拉杜拉山脊落入我手。

英军第 2 师和英印第 7 师在上个月能够取得成功，得益于曾经得到在英印第 33 军左面的第 23 远程渗透突击旅不小的帮助，该旅在极为困难而没有道路的那加地区进行了巧妙而能动的作战行动。该旅穿过丛林、越过群山，只有靠步行，或者最好只能靠驮运的牲畜才能通过崎岖小径。这个旅的各个纵队靠着空中补给，绕过敌人的侧翼，打击敌人从钦敦江延伸过来的交通线。除了敌人的抵抗，仅仅一步一打滑，带着沉重的负重，上下那些泥泞的小道，这种费力的体力消耗就是一个考验，只有吃苦耐劳、受过良好训练并且有着坚强决心的部队才能经受住这种考验。

这些纵队包围了日军主要阵地的右翼，攻占了卡拉松（Kharasom），但遇到了激烈的抵抗，这是一个日军补给道路上的节点中心，在科希马正东大约 25 英里。这些纵队的行动取得了一举三得的成功。他们在敌人的形势最棘手时，切断了日军北面的主要补给线，从敌人背后威胁他们。而日军发现很难评估突击队的兵力，同时我军得到了当地部族给予的积极支持。这些人是英勇的那加人，他们的忠诚即使在日军入侵最令人绝望时也不曾动摇。尽管日军鞭打他们，折磨他们，屠杀他们，焚烧他们的村庄，但是他们仍然拒绝以任何方式帮助日军，或者背叛我们的部队。他们对于我们的积极帮助是无价的，无论怎样赞扬都不过分。在一些具有献身精神的英国政治官员领导下，在一些最优秀的印度文官领导下，他们对这些人有完全的信心，他们给我们的纵队做向导，收集情报，伏击敌人的巡逻队，运送我们的补给品，在猛烈的火力下把我们的伤员带到后方，并且像绅士一样，拒绝所有的报偿。很多英国和印度军人把自己生命的得救归功于这些赤身裸体的猎头那加人，第 14 集团军的每一个军人在遇到他们时，无不心怀钦佩与深情。

现在很清楚，6 月初时，在科希马前线上，敌人正在崩溃并且竭尽全力撤出去。同时日军单兵依然在顽固地作战，然而其部队的凝聚力和前进方向则显然正在崩溃之中。前进并且消灭残余的日军第 31 师团的时机已经到来。最高统帅在 6 月 8 日发出命令，科希马—英帕尔公路将要不迟于 7 月中旬打通，我十分感激他不因为某些比较神经紧张的人而定一个更早的日期。我倾向于应该在 7 月中旬以前畅通地打开这条公路，但是我现在更感兴趣的是消灭日军的各个师团，而不只是“解救”英帕尔。

斯托普福德也是如此。他为英军第 2 师制订的计划是，以大量的军属炮兵和坦克为支援，作为他的主要打击力量，沿英帕尔公路推进。英印第 7 师要与英军第 2 师同步向东南推进，向这条公路的左面前进，由此保护英国师的侧翼并且切断一支试图向东突围的敌人。与此同时，第 23 远程渗透突击旅则进一步努力向乌克鲁尔推进。这将利用每一个部队的特殊优势：英军第 2 师的打击能力；英印第 7 师在远离公路，靠着驮畜运输且只有很少的炮火支援，较小的给养规模的情况下进行作战的能力；以及第 23 旅依靠空中补给的极强机动能力。我军希望英军第 2 师将迫使敌人离开这条公路，由英印第 7 师和第 23 旅亲手将他们消灭。在任何别的地形中，这都会是很容易的事情。英印第 33 军现在拥有人数、火炮和装甲方面的优势，以及绝对的制空权。但是这里的丛林、群山、单一的公路，还有压倒一切的印度洋季风雨的云雾和瓢泼大雨，使得我们进展缓慢，并且使兵力的使用十分困难。小规模的敌军后卫就能延迟我们的前进，并且使敌人的大部队逃走，但是敌人陷于大混乱之中，丢弃了很多武器装备。

6 月 6 日和 7 日，英军第 2 师在阿拉杜拉地区扫荡残敌之后，在英帕尔公路上向前推进到第 55 号里程碑。在到达目的地之前，与日军后卫部队发生了一些激战，这是皇家工兵部队和先头部队遭遇的典型困难，他们不得不清除了 3 次山崩和 5 道路障，挖出大量的地雷，并且修复了两座相当大的桥梁。很幸运，在绝大多数情况下，敌人只炸毁桥跨，却忽略了破坏那些桥墩，而我们的工兵显示出了他们的先见之明，准备好了所有这些桥梁的蓝图，所以能够预计并且顺利地携带修复桥跨所需要的装备前进。

遇到的第一次激烈抵抗发生在第60号里程碑附近的维斯韦马（Viswema）。敌军在横跨公路的大山脊上据守着一个坚固的后卫阵地，并且得到野战炮兵和机关枪交叉火力的掩护。我们的先头部队遭到拦截，并且在6月8日黄昏被迫后撤了一些。第二天发动了一场针对那道山脊的强大的侧翼攻击，但是由于稠密的丛林、浓雾和大雨，我军把一座小山错当成了另一座小山，结果攻击失去了目标。由于距离如此相近，地形如此崎岖，敌军抵抗如此坚强，这个错误直到6月11日才被发现。这场攻击重新定向，并且在14日进行。攻击十分成功，在敌军撤退时，歼灭甚多。沿着这条公路前进了大约4英里，但是随后由于敌人炸毁了一座桥梁而再次陷入停顿。这股敌人和另一股敌人的后卫使我们的前进慢下来，只推进了几英里，所以在16日黄昏，先头部队在距离毛宋盛（Mao Songsang）1英里处停下来。

毛宋盛是科希马和英帕尔之间分水岭的山峰。另一座最高的山脊在右角处横穿这条公路。所有我们的情报都表明日军想要最后尝试据守这个坚固的阵地来阻挡英印第33军进军英帕尔。日军在构筑毛宋盛阵地时，将维斯韦马作为一个掩护阵地据守了好多天。6月17日期间，坐落在毛宋盛山脊上的众多敌军阵地在夜间遭到猛烈的炮轰，同时东西两侧的侧翼包围运动也在进行。令所有人惊讶的是，敌人放弃了其阵地逃走了。我认为，这是缅甸战役中的第一次日军不战而降，在日军的心理方面，这是一个意义最为重大的变化。

英军第2师紧跟在敌人后面向前推进，在6月18日期间，实现了到那时为止的最出色的前进——大约14英里——但是随后在距离马拉姆（Maram）只有几英里的地方停住了，因为工兵们重建的一座桥梁受到了迫击炮的猛烈射击。

与此同时，英印第 7 师已经前进到这条公路东面的一条宽阔的战线上，最初没有遇到任何抵抗，只是猛烈进攻正在撤退的日军，日军丢弃了大炮、迫击炮和各类武器装备。6 月 6 日，在科希马东南约 10 英里处与日军再次交火，7 日至 8 日夜间，对在更东面几英里外的凯克利马山脊（Kekrima Ridge）上的一个日军阵地发动了一场非决定性的攻击。在不连续山地间进行过几次遭遇战之后，一支分遣队在经过几天紧张的行军之后，穿过没有道路且到处滴水的丛林，从侧翼包围了这个阵地，而将我们的前进延迟到 13 日的敌人撤退了。16 日，英印第 7 师到达了图费马（Tuphema）—卡拉松—松拉小道，并且切断了日军的主要东西补给线，同时从后面威胁着毛宋盛。17 日，他们进攻到距离毛宋盛 1 英里之内的地方。日军原来期望可以应对北面的攻击，可以据守一段相当长的时间，但毫无疑问英印第 7 师的这个行动决定了日军会放弃那个阵地。

英印第 7 师维持补给现在成了一个问题，而且该师已经完成了直接任务，集结在毛宋盛以东，通过战斗巡逻活动来防止敌人利用剩下的那些道路，并且围捕那些日军的散兵游勇。这个师的主要补给线最初是一条 12 英里长的弯弯曲曲的泥泞小道，沿着这条小道吉普车左右打滑，车轮空转，后来则是沿着一条驮运的牲畜和脚夫走的小道行进。

在这段时间里，第 23 远程渗透突击旅的各个纵队在宽阔的战线上向东推进。群山和大雨是他们的主要敌人，但是在一系列小规模、零散的遭遇战中，在滴着雨水的丛林之中，他们伏击手足无措的日军骡队，造成其伤亡，抓获战俘，并且完全使敌人的交通线陷入了前所未有的混乱。第 23 旅对于英印第 33 军的前进再次做出了切实、有效的贡献。

令我十分恼火的是，在这时我却躺在西隆的医院里待了几天，因为我受到疟疾和一些讨厌的综合征的袭击。我的这种恼火是双重的：第一，因为我不能在这个有趣的时刻视察前线；第二，因为我曾经总是宣扬得疟疾是对纪律的破坏。关于这个问题，我已经向部队发表了我觉得是很有效的讲演，而现在我觉得很难再重复这种讲话了。事实上，我过去仅在我自己的身体上证明了我论点的真实性。我禁止部队在日落后洗澡，而我曾经违反了自己的命令。那是一个十分泥泞而肮脏的黄昏，很晚了，我在露天地里洗澡，结果罪有应得地遭到蚊子一通好咬。但是，在医院时，我得到了我的美国副参谋长巴顿·里昂上校（Colonel Burton Lyons）和一个小小战术司令部的陪伴。他以其一贯令人愉快的高效率，很快就使一切变得井然有序，我也能够在病床上与正在发生的一切保持紧密的联系。

战事的确进行得十分顺利。在阿萨姆前线的所有部分，猛烈的大雨正在使作战行动慢下来，但是尽管如此，到 6 月 18 日，英印第 4 军的第 5 师，凭借沿着科希马公路的一系列攻击行动，及其两边一些短促的勾拳行动，正在缓慢接近冈格博格比。虽然斯库恩斯曾经命令这个师向格龙推进，但是我后来告诉他不要让该师越过冈格博格比。我这么做是因为有报告说有大量的日军援军到达英帕尔以南和以东。我想的是，即使在这个阶段，日军依然会进一步袭扰，我不希望英印第 5 师距离英印第 17 师太远。除此之外，英印第 33 军在南面正取得令人满意的进展。我想催促斯库恩斯沿着科希马公路，尽其所能地尽量快、尽量远地向前推进，这更为明智。我夸大了日军对英帕尔新进攻的危险，实际上这导致英印第 5 师进展缓慢，使得大量日军在英印第 5 师和英印第 33 军之间逃向了乌克鲁尔和钦敦江。这很大程度上是因为后来事实证明乌克鲁尔的防御很好。

到 6 月 18 日，我的两个军的先锋在科希马公路上相距约 40 英里，英军第 2 师正在迫近马拉姆，而英印第 5 师靠近冈格博格比。虽然敌人已经放弃了防御强得更多的毛宋盛，但是却试图据守在南方大约 8 英里处马拉姆的另一个后卫阵地来拒止英军第 2 师。我军进行了猛烈的炮火准备和空中打击，英军第 2 师迅速发动步兵进攻，但是敌人没有做到他们命令所要求的据守 10 天，我军只用几个小时就攻占了敌军后卫阵地，并歼灭敌军大部。这是敌迟滞英印第 33 军前进的最后一次认真尝试。现在很明显，日军的第 31 师团正处于分崩离析之中，敌军的更高层指挥官已经再也不能控制这场战斗。例如在格龙，我们的部队俘获了第 31 师团步兵司令部几乎全部的武器装备、作战地图和文件，并且在敌军工兵点燃准备好的炸药之前冲过了第 92 号里程碑的双跨桥。

6 月 22 日，在冈格博格比传教所与逃跑的敌军发生一场小战之后，英军第 2 师的坦克在第 109 号里程碑处与英印第 5 师的步兵先头部队会师。这个传教所是日军的一个司令部，而在两年前这里曾经是我的司令部。一个车队正等待着这个时刻，并且马上被派出了，英印第 4 军自从 3 月底以来第一次有了陆上补给运输。

英帕尔—科希马战役，缅甸战役的第一个决定性战役，虽然还没有结束，但是已经赢了。

第十六章 追击战

在第 14 集团军，我们的决心已经远不仅是为了驱逐侵略者，或者远远不仅仅是为了消灭他们。我每天都能收到日军战败的证据，涉及他们在坦克、大炮、武器装备、车辆方面的损失程度，以及敌军较高级指挥官的涣散程度。尽管敌人的援军正在源源不断地被派进缅甸，但我估计日军在缅甸 3 条战线上遭受失败之后，日军的司令官河边正三将会急需时间来重组和重整其溃败的军队。在缅甸南部实施两栖作战行动都毫无希望，我们没有得到登陆船只，即使得到了，现在回到新加坡的日本舰队掌握着印度洋的制海权，所以进行这样的尝试未免太冒险了。虽然很多人尚存诸多质疑，但我比以往更坚定地相信，如果要收复缅甸，就必须从缅北实施陆上进攻。现在第一次看来这是一个切实可行的方案。如果我们能够把敌人驱赶过钦敦江，在钦敦江东岸建立一些桥头堡，在季风雨季结束之后，将大部队推进到缅甸中部平原，我们就能够在河边正三的主力部队恢复战力之前，于曼德勒前线打击他们。现在这变成了我们所有努力的目标。

吉法德将军有同样的想法在胸，并且在 6 月的第二周里，命令我：

1. 重建迪马普尔和英帕尔之间的交通线。

2. 肃清迪马普尔—科希马—英帕尔平原—玉瓦（Yuwa）—塔曼提地区之敌。

3. 准备在玉瓦—塔曼提等约130英里沿河河流地区，乘机渡过钦敦江。

这三项任务中的第一项，第14集团军现在已经完成了；第二项，我们正打算实施；第三项，我已经开始计划但远远不只乘胜追击而已。这是第二场和最后的决定性战役。季风雨季结束之际，为打这一仗，我必须做到以下三点：

1. 补充好、训练好、装备好所需诸师，并且进入备战状态。

2. 建立一个通往钦敦江且大为改进的交通系统，一个充分的陆地和空中组织，以及提前搜集足够的给养。

3. 坚守住渡过钦敦江的桥头堡。

第14集团军司令部在第11集团军群全心全意的支持之下，马上着手前两项工作，这意味着巨大的工作量，特别是对于那些负责管理、技术和训练的军官和兵种人员。我在百忙之中挤出时间去视察最前线的各个部队，祝贺他们已经取得的成就，同时鼓励他们，虽然他们已经如此疲倦，但是还是要振奋全部精神开始新的追击。各部队都做出了热烈的响应。尽管天气和地形方面存在各式各样的困难，各部队以不屈不挠的活力在印度洋季风雨期间追击敌军。我曾经谋求这种不可能的目标，但最终得以实现。

我分派了清理敌人的任务，英印第33军负责冈格博格比—乌克鲁尔一线以北和以东，英印第4军负责以南和以西。这是基于各建制部队现有的位置决定的，但是这造成了英印第33军第7师和英印第4军第20师联队进攻乌克鲁尔的局面，这不是一个很好的界限。我很快意识到这一点，并且把英印第20师转隶给英印第33军，这样在乌克鲁尔的进攻应该由一个指挥官来协调指挥。

乌克鲁尔是日军第15师团和第31师团的集合点，也是英帕尔以东和以北所有日军分遣队和落伍兵的一个集合点。日军希望牟田口廉也的第15军在天气和地势的保护下，能够接收到大部分援军，这些援军正以每个月六七千人的速度进入缅甸。日军指挥官依然十分乐观，似乎已经决定要继续战斗，在阿萨姆保留一个据点。

到7月1日，我军包围了乌克鲁尔。英印第7师从西面和北面发动攻击，英印第20师从南面和东南面靠近，第23远程渗透突击旅再次发挥了旧有的作用，切断敌军东窜之路。两天后，在击溃了所有前进路线上的顽强抵抗之后，我们的部队正在乌克鲁尔的外围战斗。尽管日军分遣队遭受了沉重的打击，但在乌克鲁尔地区，每天仍须扫荡日军的散兵游勇和小股部队，直到7月8日我军才完全控制乌克鲁尔全部地区。在那以后，甚至有一支大规模日军部队切断了乌克鲁尔—英帕尔公路，直到14日我军才将其包围与歼灭，并缴获了所有枪炮和辎重。在小股顽敌的掩护之下，敌军第15师团和第31师团的残余部队现在正迅速撤往钦敦江。

进行这种追击在体力上的困难是十分巨大的。一段《阵中日记》以非常典型的文字记录了一个旅的行动。

> 山间小道的情况异常恶劣，非常湿滑致使我们几乎无法行走，而且泥泞深达膝盖。后勤管理方面的困难十分巨大。半个连的人抬着两个重伤员，花了10个小时才走了4英里。有一队士兵没有负重，花了7个小时才走了5英里。

在我军攻陷乌克鲁尔的那天，我把另一个师，即英印第 23 师，从英印第 4 军转调给了英印第 33 军，并且让斯托普福德负责曼尼普尔河以东的所有作战行动。他在帕莱尔—德穆轴线上进行追击，与此同时，英印第 4 军负责肃清比申布尔道路地区及其以南之敌，那里仍有敌军还在抵抗，除此之外，他们还在迪登公路上继续推进。人们的兴趣现在主要集中在这两条进入缅甸的通道上——德穆公路和迪登公路——的战斗上。

罗伯茨的英印第 23 师部署在横跨德穆主要公路长达 20 英里的战线上，面对山本的大约两个日军联队（相当于我军的一个旅）的兵力，其由来自第 33 师团和第 15 师团的部队组成，并且得到印度国民军一个情绪低落的师的支持。敌军主力在公路沿线的山地中挖壕据守。天气十分可怕，持续不断的大雨，低矮的乌云笼罩着群山山头，而且每一条小溪都水流湍急。在这样的情况下，虽然巡逻队持续不断的压力以及一些小规模突击迫使敌人从几个阵地撤退了，但是我们真正进攻的准备工作进行得很慢。为加速各项工作和强化推进的兵力，斯托普福德向英印第 23 师增援了英军第 2 师的一个旅（英军第 5 旅）和英印第 268 旅。

罗伯特的计划是用一个旅（英印第 37 旅）在中央发起猛烈攻击，用所有军属火炮和一些坦克支援，用另一个旅（英印第 1 旅）发动一场进攻，从右面涌向敌军，并且在敌后打击其公路。与此同时，第三个旅（英印第 49 旅）要在左面翻越山地实施大迂回运动，在日军阵地背后大约 10 英里处切断这条主要公路。这次在中央进行的攻击时间预定在 7 月 24 日，但是左翼的纵队，开始得更早一些，在 7 月 22 日至 23 日夜已经顺利到达敌后公路上的目标。第二天，我军发现了洛考桥（Lokchao bridge）阵地，这是一个日军战车和火炮的藏身之处，严密设防。24 日和 25 日，面对敌军的强硬抵抗，中央的攻击取得了很好的进展，而左面攻击遇到的抵抗则较少，也进展顺利。到 27 日，右翼的那个旅已经完成了大迂回运动，在洛考桥与左翼部队取得联系，敌人从洛考桥撤退了。日军在人员、枪炮和车辆上蒙受了巨大的损失，并且损失了一些战车和牵引车。

我在这天视察了英印第 23 师并且乘吉普车和步行到达了前线部队，不过有一些困难。这条公路所有路段在一次次山体滑坡中全都消失了，各个部队身上浸满了雨水，脏兮兮的，正在跨过一道道陡峭的山坡穿过深达膝盖的泥泞，挣扎向前。这是一场最艰苦的战役，但是每一个人都欢欣鼓舞。日本人溃败了，到处留下了丢弃物，他们的尸体乱糟糟地堆在泥泞里。所幸的是我军的伤亡并不严重，我们正在做出竭诚的努力，只要道路的情况允许，就会用担架或者吉普救护车把他们运回去。他们受到的痛苦来自于无止境行军途中的潮湿、寒冷和颠簸，跟我交谈的人都用各色语言向我保证他们都没有问题，唉，当时他们当中有几个人的情况很明显远不是那样。像往常一样，这种场面深深地感动了我，我拥有如此英勇的士兵。敌人也是如此。一名日本军官有一条被炸的碎得可怕的腿，腿被粗略包扎了一下，一辆吉普救护车把他带了回来。一个英国军官看见这个负伤男子双手被捆绑着，受到了震动。他叫停了那辆吉普车，命令几个押解的印度卫兵给他松绑。他们解释说，这个战俘几次从自己的腿上撕扯绷带。即使现在，他的双手被捆绑着，他仍然试图用自己的牙齿扯下绷带。这位日本军人即使在困厄之中，仍然保持着他的无上品质，他选择了死亡而不是投降。

在顽强地防卫他们横跨公路的阵地之后，幸存的日军丢弃了很多武器装备，通过许多丛林小道逃跑了，英军第 2 师的一个旅（英军第 5 旅）穿过丛林占领了德穆，没有遇到抵抗。

在缅甸战役中，进入一个城镇总是会让人感到失望，而这个城镇是地图上有其名且是战斗和牺牲的目标。伟大的城市，可能是历史名城巴黎或罗马，即使毁坏，也会迎接胜利者的热烈游行，但是在这里却没有。被解放的人民没有出来欢迎胜利者。取而代之的是，我的士兵筋疲力尽地走着，提防着陷阱和敌人的狙击手，燃烧的残垣断壁和缩皱的铁条遍布在肮脏的废墟、污秽的宝塔和佛寺之间。一些胆战心惊、衣衫褴褛的缅甸人，可能悄悄地看着他们，甚至羞涩地招招手表示欢迎，但是往最好了说，那也不是一件令人鼓舞的事情，更多的是一个耀武扬威的武士，在看着我们通过几周努力得到的战利品，轻蔑地吐口痰。

在德穆他们还有唾弃的其他理由。这个地方是一个停尸房，阴森可怕得难以形容。550具日军的尸体躺在街道上和房屋里而没有被掩埋，很多尸体成群怪异地躺在一些石佛周围，而那些石佛则温和地眺望着这些拥挤在自己脚下的牺牲品。有几十名，甚至超过100名日军，穿着肮脏得无法形容的衣服，躺在那些尸体当中，由于疾病和饥饿而行将就木。不仅在德穆城里，在许多地方都发现了敌军后勤补给正在崩溃的证据。沿着通往钦敦江的所有道路，无论是在乌克鲁尔、英帕尔、德穆，还是在迪登公路上，都会发现这种可怕的场面，使人联想到一支正在撤退军队的命运。不止一次，在一些小小的战地医院里，我们发现病人们躺在担架上，他们都死了，被子弹干净利落地射穿了头部，被同伴们杀害，因为他们无意撤退，宁愿相互结束生命也不愿沦为俘虏，无疑病人自己也情愿这样。从这些和一些别的迹象来看，情况变得越来越清楚，日军的第15军的灾难性溃败程度比我们预想的还要严重。在印度洋季风雨结束时，我们大有希望达到目标。

在夺取了德穆之后，抓紧重新部署和休整我各个建制部队的时机已经到来，对此，吉法德将军已经明智地催促我实施，我也十分赞同，如果要在几个月后进行一场重大攻势的话，我就要做好准备。这个时候，我十分担心各部队的健康状况。他们曾经承受了大量的困苦牺牲并且也表现了出来。特别是步兵，他们一如既往身浴战火，承受最大的苦难，正变得十分憔悴。在我看来他们太憔悴了，让人于心不忍。在这种状态下，我们所有人的皮肤呈现出的黄疸病的黄色，并没有由于每天服用阿的平药剂而改善。他们自己倒挺欢欣鼓舞且心情愉快，但随着战事减少，疾病会增加。

我告诉我的医生们，选几个撤出来休整的英军营、印度营和廓尔喀营，给他们进行一次大检查。检查的结果令我十分不安。士兵中很大比例的人正受到营养不良的折磨，这种病曾夺去了数千名日军的生命。这并不是由于我们的士兵没有足够的东西吃。虽然口粮定量有时候会降低，像在英帕尔那样，或者像在其他地方偶尔出现的情况那样，但是要感谢补给和辎重部队卓有成效的工作和空军的极度献身精神，使得从来没有出现过严重短缺的情况。然而，不可避免的是，日常饮食极度单调乏味，实际上没有任何新鲜肉食和蔬菜。我得知，丛林作战造成的经常性精神紧张本身对于人体的新陈代谢产生反应，所以在食品从人体中经过时，经常没有正常数量的营养从中得到吸收。很显然，如果这些建制部队的状态要得到提升，以做好参加冬季战役的准备，休整、摆脱紧张状态、更多样化的饮食和一些舒适的环境就是必不可少的。他们将必须参加这个战役，因为他们当中的绝大多数人将投入其中。

英印第 4 军司令部比起英印第 33 军曾经投入作战行动的时间更长，并且经历过一段更艰苦的时刻。令我焦虑的是，该军应该马上撤出来并且获得休息，所以 7 月 31 日英印第 4 军司令部在阿萨姆停止作战行动，英印第 33 军接管了整个中部战线。在 8 月里，英印第 4 军司令部返回印度。

吉法德将军把福克斯少将（Major-General Fowkes）统率下的第 11 东非师派给我，当我视察该师时，给我的印象甚佳。我认为，像西非师一样，其拥有太多的英国军官和士官，有人告诉我为什么这些人是必要的，理由也完全一样。我再次没有被说服，但是像以前一样，这一点没有时间做出改变，要改变最好也是一个长时间才能解决的问题。我把这个师交给斯托普福德换防英印第 23 师，后者被撤出来，并在印度复原休整。英印第 17 师也在英帕尔集中，在前往印度的途中。英军第 2 师和英印第 7 师被集中在英帕尔以北大约在科希马附近的公路上，英印第 20 师在英帕尔以南，在那里及更远的一些地方，小规模巡逻，以便围捕那些孤立而奄奄一息的日本人，这些师能够自己专心进行复原休整。第3特战旅被调回若开，计划进行一些两栖作战行动。这样使英印第33军下辖5个师、2个步兵旅和1个坦克旅，但是只有2个师和1个旅有效地从事作战活动，主要还是由于后勤补给压力。我本来想要让更多的师到印度内地去。那是真正的改变，但是在时间和有限的铁路运输能力里禁止那样做。但是，在那些留下的师中的绝大多数人得到了假期，同时，集团军和各军的参谋人员，首先是各师本身利用很有限的资源，很好地建设了生活福利设施和娱乐设施。我担心我们在欧洲和北非的部队，看到这些在我们看来还不太坏的东西时，会发出微笑，但是各部队意识到现存的各种困难，懂得我们竭尽全力为他们所做的一切。健康、军容外表和全面的好生活，在每一周里都得到改善。

在8月6日，我的53岁生日，我命令斯托普福德，他现在指挥着中部战线的所有作战行动：

1. 在以下每一条道路上以不少于一个旅的兵力追击敌人。

（1）英帕尔—迪登—吉灵庙—葛礼瓦

（2）德穆—葛礼瓦

（3）德穆—锡唐

2. 占领锡唐并且封锁敌人在钦敦江的航运。

3. 如果有机会，就夺取葛礼瓦，并且准备建立一个桥头堡。

根据上述命令，已经接防了英印第23师的第11东非师开始从德穆向钦敦江上的锡唐呈钳形推进，沿公路一路向东行军36英里，南进约100英里，进入加包山谷的吉灵庙。

这是东非师在缅甸参战之始，他们通过电报报告了几次小遭遇战的胜利。在8月16日，该师的先头旅（第25旅）渡过了洪流非常湍急的玉河（Yu River）。18日，该师经历了第一场大战，把一支日军分遣队驱逐出阵地。在这个月的其余时间里，他们推进得很缓慢，部分原因是他们经常要肃清小股日军后卫部队的抵抗，但主要是因为道路状况恶劣。在9月4日，该师占领了锡唐，却发现其成了第二个德穆。在数百名尸体之中，只有两个活人，一个日本人，一个印度国民军的印度兵。9月10日，在锡唐对面的东岸上建立了一个小型桥头堡。敌人太混乱而无法进行反击，但是当东非师巡逻队从这个桥头堡向外推进时发生了很多遭遇战并且遇到了一些敌人。

东非师主力进入了不祥的加包山谷。我曾经听人说过，在缅甸我们经常特意选择一些有流行病的地方和日军作战，因为我们对抗疟疾、恙虫病和其他丛林疾病的科学防护措施比日本人的要强得多。我当然从来没有刻意去那样做过。在我们1942年大撤退时，我们的士兵士气低落、营养不良、筋疲力尽，我们的患病率大大高于敌人。当1944年轮到他们撤退时，他们的士兵也处于那种状态，但形势却颠倒了。但是，在这个战役的绝大多数时间里，甚至在我们抵抗疟疾的行为准则已经得到改进之后，以及在我们可以得到较好的治疗方法之后，我也并不认为我们因为疾病而造成的伤亡比率比他们低。我总是相信——这一点后来由于观察了大量日军战俘的情况被我证实了——英国和印度部队比起我们的敌人更容易受到这些疾病的感染。我总是根据这样的信念而行动，我能够在所能找到的最有利于健康而不是最有流行病的地方打击日本人。我们进入加包山谷，是因为这里是实现我们目标最实际可行的路线。因此当有人告诉我这种情况时，我很感兴趣，那些东非人并非对疟疾病有免疫力，但是他们比欧洲人和印度人对这些疾病有着更强的抵抗力，当他们得了这个病时，疾病的攻击较少致命。正是因为部分希望这种情况是真的，所以我把这些东非人交给斯托普福德去完成加包山谷的推进任务。无论这种理论是否有科学支持，我认为持有这一理论的人们可以声称这一点得到了有力的证实。但是，我怀疑我们的其他部队是否也能够保持如此低的因病致命率。

1944 年 8 月 21 日，第 11 东非师的先头旅（第 26 东非旅）正在接近加包山谷的丁镇（Htinzin），第 26 东非旅位于德穆以南 30 英里处。该旅遇到了微弱的抵抗，但是缴获了大量敌人抛弃的装备，包括许多卡车，其中有几辆已经可以开动使用，在印度洋季风雨结束时，这些卡车可以用在公路上，但这只是一种虔诚的希望。如果从地图来判断，前进的速度并不快，但是在地面上却代表着一个真正的成就。在这时，这个师在锡唐轴线上需要所有空中补给，因此，加包公路必须达到吉普车的行驶标准，随着部队的推进，经常只能通过在泥泞道路上铺设原木而通行。至少必须建造两座大桥，以及无数座小桥，不过它们经常会被洪水冲走。大雨不停地下了 3 个星期，平均每天雨量为 5 英寸深。经历泥泞、雨水、蚊虫和令人后背疼痛欲裂的施工是每天的任务。

9 月 27 日我军遇到了在加包山谷的第一次激烈抵抗，当时一个敌人的强大阵地构成了公路上的路障，于是我军发动了一场攻击，消灭了众多敌人，得以恢复前进，推进到丁镇以南 45 英里的牙扎古（Yazago）。

9 月 11 日，一个营从这条公路向东推进，翻越了群山，攻占了茂莱（Mawlaik），这是钦敦江上一个很小却很有价值的渡口。敌军防守该地通路，阻挡了我军这个营，并且 3 周之后我军仍然没有取得任何进展。第 21 东非旅的其他部队随后前来，并且在 10 月 20 日从北面进攻防守茂莱的敌军阵地。这次攻击失败了，而第二天的另一次进攻比较成功，尽管有极为出色的空中打击，但是仍未完全消灭日军的抵抗，日军依然盘踞在几处垂直的悬崖顶上，这些悬崖是当地地形的一个特点。直到 11 月 10 日，在一系列规模虽小却十分激烈的争夺战之后，敌军损失惨重，茂莱才终于落入我军之手。在这次战斗的掩护下，从英印第 268 旅借调给第 11 东非师的阿萨姆团第 1 营偷偷渡过了钦敦江，而且通过活跃的巡逻活动，在茂莱对面的东岸上建立了我们的第二个桥头堡。东非师随后向南推进，沿着钦敦江西岸从茂莱奔向葛礼瓦。

与此同时，尽管遇到敌人日益增加的抵抗，我军借助英国皇家空军的诸多空中精确打击，在加包山谷里的主要推进行动，到11月2日已经到达了距离吉灵庙大约12英里的公路某处。正如根据空中拍摄的众多照片所预计，在这里，我军遇到一个十分强大的日军阵地。先头旅参加对此阵地的攻坚战，而第二个旅从该敌军阵地旁边绕过，并且在12日到达一个距离吉灵庙只有5英里的地方。从这里第二旅炮击了穿过这个城镇的道路，并且在第二天派出了巡逻队切断了吉灵庙正西方向的吉灵庙—怀特堡公路。其中一支巡逻队与正向迪登公路前进的英印第5师的一支巡逻队会师，于是这两支印度部队和非洲部队一起进入了这个城镇。

初看之下，对于并驾齐驱的两个精锐师而言，这种联合入城是戏剧化和合适的结果，但铁的事实是，当英印第5师还被日军拖在迪登公路之际，第11东非师已进抵吉灵庙，显然后者更胜一筹。然而，我不能因为行动迟缓而责怪第11东非师，因为我已经看到那些天气和大自然的障碍比敌人更多地延迟了他们的行动。他们的推进是一种巨大的成就，这种推进在一年以前几乎普遍被人们认为是不可能的。

现在，转回来看同时期英印第5师的推进，该师面临同样的困难以及更强力的抵抗。在7月里，该师向北推进到与来自科希马的英军第2师会师之后，掉头与英印第17师共同击退英帕尔以南横跨迪登公路之敌。在7月的第三周，日军在坚决抵抗之后，最后被驱逐出英帕尔平原——他们该地有一个立脚点——并且开始他们漫长的撤退了。在指挥控制方面，日军在迪登公路上的撤退比其他地方的撤退要好得多。得到增援的日军第33师团后卫部队达到10个大队、1个战车联队，还配属炮兵和工兵部队，他们只是在我军压迫之下撤退，在横跨公路的阵地上一个山脊一个山脊地逐一顽强争夺。虽然我们的部队予其重创，缴获了绝大多数战利品，但气候条件是最为严峻的，日军较少有混乱的迹象，不像别的敌军纵队撤退路上那样凌乱。日军的第 33 师团保持了其作为在缅甸最顽强师团的声誉。

到 7 月底，英印第 17 师正准备去享受辛苦挣得的休整。自从 1941 年 12 月以来，该师就在积极作战，为期 3 年零 8 个月，几乎都在与敌人直接交战。我想，这应该创下了一个纪录。

在 7 月 18 日，英印第 5 师接防了英印第 17 师，负责在迪登公路上的作战行动，到 31 日，其先头旅（英印第 9 旅）已经到达英帕尔以南 42 英里处的一个地点。很多日军的后卫阵地都坐拥巨大的地势之利，并且得到顽强的防守，但是我们的部队轮流驱逐每一股日军。取胜的方法都是按照一种模式。一旦确定了敌人阵地的方位，就从空中对其实施猛烈的机枪扫射和炸弹轰炸。就在这种炮火准备进行的同时，我军则翻越山地，实施侧翼大迂回运动，以便从背后打击敌人，且配合侧翼包围，在坦克支援下发起正面进攻。以这种方法，到 8 月 23 日，这个旅已经从英帕尔到达了的第 85 号里程碑处。平均每天推进 2 英里。如果仅仅做到这一点，即使遇到了因山体滑坡而前后都消失的公路而没有遭遇敌军抵抗，这也算不上什么成就，但是当时是有一些激烈的战斗的。日军共留下 300 多具尸体，这还不包括许多已经躺在坟墓里的，18 名战俘，11 辆战车，15 门野战炮，19门迫击炮,33挺机关枪和200多辆卡车。如果没有绝对有效的空中支援，这根本是不可能的。这个师甚至在最坏的天气里也能得到强有力的空中支援。由于这是一场印度洋季风雨季期间的战役，我们的部队不可避免地也遭受了伤亡。一些数字是很有教育性的。这个旅在 26 天里只牺牲了 9 个人，受伤 85 人，但是因病损失了 507 人。

用第 14 集团军的工程资源无法同时修复和维持迪登公路和加包山谷的道路。我已经决定支持采用加包山谷路线，它不仅是一条更为容易修复的公路，而且弯道更少，没有其他地方那样可怕的坡度，显然更适合未来干旱天气里的大型交通运输任务。然而，这个决定的结果就是放弃迪登公路作为一条交通线，这就导致在部队前进的同时，这条公路也会消失了。因为在山区修建任何着陆的简易飞机场都是不可能的，所以英印第 5 师的所有需求都完全依赖于空投了。该师也极大地依赖于英国皇家空军第 221 大队战斗轰炸机的直接火力支援。这种经常的空中补给和支援意味着，机组人员需要怎样的技能以及面临怎样的紧张情绪，只有那些曾经在丛林覆盖的群山间飞行过的飞行员们才能说得出来。然而在整个印度洋季风雨季过程中，空军少将文森特（Air Marshal Vincent）的第 221 大队战斗机，每隔一天就飞行在我们的部队上空。我认为在其他空军部队中都不会有人做出超过这种献身精神的表现，我怀疑是否有人能够做出与他们同等的贡献。

放弃迪登公路的一个结果就是无法撤退伤亡人员。他们要么必须和这个师一起前进，要么就要被丢在当地的一些村子里，这二者都意味着不幸的前景。我特别担心恙虫病的染病者，这种病如果没有得到切实的护理，结果是很悲惨的，所以我要求一些护士志愿随同该师作战。唯一的困难是从那些热心志愿参加的人中，选出少数合格者去执行这一项绝对危险和困难的任务。这些富于献身精神的女性，不仅挽救了很多生命，而且是整个师的士气鼓舞者。

这个时期，到目前为止，有一支部队都一直小心地在两翼悄悄活动，并没有实际参战。这就是卢赛旅，还曾记得，为了阻止日军渗透卢赛山，我们将一些印度营和在当地征的兵匆忙临时编成一旅。莫林丁准将（Brigadier Marindin）指挥着旅部，1942 年大撤退时，在英帕尔西南 100 多英里且无路可通的艾加尔（Aijal），莫林丁还是一名营长时，我就对他很了解了。作为一个正规步兵旅，卢赛旅一直被寄予希望。该旅在装备和辎重方面确实很少，通信系统也是临时搭建的，既没有配属工兵也没有火炮。有人告诉我，但我并没有去证实这种说法，即在这个旅参战时，装备短缺到如下程度，参谋人员之间很有礼貌地问道：“请问，我能用一下那张地图吗？”当这个旅不作战时，那张地图就权作旅长的野营桌布。有一次在我使用那张地图时，那上面有味美思酒的污迹，那是理所当然的了！但是，卢赛旅用主动精神弥补了在物质装备方面的短缺。

当日本人没有任何进攻卢赛旅的迹象时，我却认为这个旅最好去找他们。在 6 月底，我给了莫林丁一道命令，这道命令可能会使很多旅长感到有些怀疑，但是这个命令却可能使他大为高兴。这个命令是：“从迪登北面袭扰迪登—英帕尔公路上的日军，使其无法成为敌军的交通线。”我告诉他无法提供空中支援。我会尽我所能提供所需要的东西，但是不会很多。如果他陷入困境，没有人能够帮助他，因为他离得太远了。正像将军们在这种场合一向所做的那样，我祝他好运。我把这个旅置于英印第 5 师的指挥之下，这使他们很快开始了密切合作。

这个旅由 4 个印度营、卢赛兵、克钦兵和“V”部队的一些分遣队组成，分散在一个十分广阔的地区里。部队集结，组织运输，绝大多数由当地的骡马和脚夫组成，开始向迪登公路行军，这需要时间。莫林丁的计划是把这个旅在一条尽可能宽的战线上展开，每一个营负责一部分区域，并且下令每个营每天至少要在本防区的某个地方袭击公路一次。3 个营部署在公路以西沿线，即从第 44 号里程碑到迪登，但并不完全连续，每个防区之间有 10 英里到 15 英里的豁口。以其第四个营——那个营也是我的老朋友，来自兰契的比哈尔团，他们很为自己的女人们感到自豪——和当地兵，莫林丁更好地执行了我的命令。他率部攻入钦山，占领了当地的两个首府，法兰（Falam）和哈卡（Haka），那里在迪登以南 50 英里处，唤醒了当地的克钦族人，这些人在日占时期一直忠于英国人。克钦兵兴高采烈地怀着解放自己家乡的希望。他们就像当年逃离埃及的以色列子民一样带着自己的家人，而当他们一个接一个地收复自己的村庄时，便把家人放在了村子里。当这整个旅展开时，便在一条超过 100 英里的战线上积极作战，打击日军的交通线和后方地区。

到 7 月底，两个最北面的营分别经过 80 英里和 120 英里最为艰苦的行军，翻越了 5000 英尺高的大山，渡过了洪流湍急的河流，最终到达了指定位置。他们争分夺秒进入战斗。日军很快发现了这些日间或夜间进行的袭扰活动，不仅有来自空中的攻击，而且有来自秘密的伏击和突如其来的火力打击。他们不得不派重兵警戒公路。至少有五六百名日本兵被牵制在这种静态防线之中，被击毙的日军超过 200 人，很多日军受伤，许多日军车辆被摧毁，而我们部队付出的全部伤亡代价只有二三十人。

莫林丁的第三个营虽然到达指定位置略迟了一些，却形成了一个最大的口袋。这个营集中在一块 8 英里的狭小区域，在那里日本人的公路交通线穿过一条险峻的峡谷延伸至曼尼普尔河的东岸。在汹涌奔腾的激流保护之下，我们的人在西岸，可以在 150 码到 500 码的距离范围内使这条公路持续处于我军火力之下。敌军无法在峡谷内修筑另一条公路，而且除非进行一次大的作战行动，沿河架桥，并且集结大规模部队攻击卢赛旅，否则敌军会面临着两种选择：要么在交叉火力下进行运输，要么弃车绕到东侧的山脚。这个营保持这条公路日夜处于布伦特机枪和迫击炮的火力之下，造成了几百名日军的伤亡，并且摧毁了 100 多辆车。在这个地区的卡车运输停止了。

在卢赛旅上述作战行动的帮助下，英印第 5 师一个新旅（英印第 161 旅）在迪登公路上继续主攻。接防的这个旅按照自己的方式进行作战，使用空中打击、侧翼勾形打击和正面攻击，驱逐日军的后卫部队，并且在河流上搭桥，清理山体滑坡。9 月 14 日，先头部队到达曼尼普尔河西岸，那里距离英帕尔 126 英里。

英印第 5 师师长埃文斯预计敌人会在曼尼普尔河进行强有力的抵抗，现在这条河正发着洪水，成为一道最为难以逾越的障碍。所有已知情报都支持了他的判断。因此经斯托普福德同意，埃文斯派尚未参战的后卫旅（英印第 123 旅）回军，乘坐卡车经英帕尔前往舒加努，并且从那里沿曼尼普尔河东岸南下，到达阻挡英印第 5 师前进的敌人背后。这个旅有一个山炮营和一个野战工兵连，他们在 9 月的第一周在舒加努集结并且向南移动。这次行动完全轻装前进，空投补给。到 9 月 14 日，该旅行进迅速，当英印第 5 师到达曼尼普尔河时，该旅已攻占了英印第 5 师对面的东岸高地。这时敌人意识到正处于被我军切断的巨大危险之中，于是只炮击了我们的渡河地点，而放弃了沿河防线。

即使日军撤守河岸，曼尼普尔河的渡河作战也并不轻松。这条河有 100 多码宽，暴涨的洪水以每小时 10 节到 12 节的速度穿过峡谷，惊涛喷涌，撞击着河中的巨石，河面上漂满了沿路拔起的树桩，洪水奔流而下。那河流的咆哮声，从几英里之外就可以听到，就像巨大的足球场上狂热的球迷们发出的鼎沸喧声。工兵克服重重困难设立了一条索渡和修建了一座浮桥，后者只是依靠一条钢缆的渡运设施。第一艘试图过河的小船被激流打翻了。船上的所有人员全部失踪。但是，那条钢缆挺住了，第二天，9 月 16 日，这座浮桥开始运行，虽然每次渡河依然是一场危险且令人的神经备受考验的经历。在这种条件下渡河是一件很缓慢费时的事情，但是到 19 日，一座路障已经在日军后卫部队的背后建立起来。日军后卫部队的炮击，特别是 155 毫米大炮的炮击，一直令人难受。第二天，我军攻击了敌人的后卫部队。天黑后，敌人试图突破我们建立的路障，但遭到了失败，于是他们抛下了 90 具死尸和那些令人不快的 155 毫米大炮，逃进了丛林。

埃文斯因天气和疲劳原因解职，沃伦接任师长，他与已渡河的部队马不停蹄向迪登前进，与此同时，由于所经公路因泥泞和山体滑坡而崩溃，英印第 5 师余部为了渡河付出巨大的努力。尽管这里地形险峻，先头旅（英印第 123 旅）仍然呈宽广战线向前推进，以致经常遭遇小股敌军。到 10 月 1 日，我们的部队已经进入迪登东面几英里的山中，与依然保卫迪登并且据守着主要公路通道的日军发生了接触。我军推进时遇到了一系列小规模战斗，日军的第33师团依然能顽强战斗并且经常进行反击。我们的部队采取了迂回策略，甚至对难以攻克的“巧克力阶梯”阵地也采取了这种战术，敌人略作抵抗之后就放弃了这个阵地。“巧克力阶梯”是我们给迪登公路起的外号，在那里，在7英里的路程上高度上升了3000英尺，有38个急转弯式的大回转，平均坡度达到十二分之一。这条公路的表面是泥土，在上面行军的士兵、骡马和车辆很快就把泥土搅和成齐脚踝深的泥浆。山坡和公路经常在雷鸣般的山体滑坡中消失不见了，这时候每一个可用的士兵不得不转身拿起镐头和铁锹去筑成一条新的小道。曾经在“巧克力阶梯”上行军的士兵，没有一个人会忘掉这个名字或这个地方。敌人更加不顾一切地尝试了几次，企图在这条通往迪登的公路上设置路障，但是我们经常威胁他们的撤退路线，他们担心失去大炮和车辆，再加上英国皇家空军第221大队甚至在这种地方都能对敌实施精确空中打击，还有我们的部队在直接攻击中表现出的未磨灭的激情，这些都产生了效果。我军于10月17日占领了迪登。

当我军接近“生命角”（Vital Corner）和肯尼迪峰（Kennedy Peak）时，日军的抵抗变得更加顽强。海拔8800英尺的肯尼迪峰是在迪登—吉灵庙公路的最高峰，我们预料敌军会在这里强有力地阻挡进军之路。为了以计取胜，沃伦进行了两个大范围的包抄运动。一个在右面，用一个旅（英印第161旅），目标是怀特堡以南2英里处的公路交叉路口；另一路在左面，以一个营在怀特堡以东10英里处的防御栅栏地区攻入吉灵庙公路。英印第161旅达到了目标，但是左翼营被拦挡在距肯尼迪峰大约12英里处的山中。在实施上述侧翼攻击时，该师余部在坦克的协同之下，稳步沿主公路前进。该师的一个旅（英印第9旅）派出一个营以一个近距离的钩形运动绕过那座山，以便在肯尼迪峰以南切断这条公路，并在那里建立了一道路障。

日军防守“生命角”的阵地精心构筑，而且得到掩蔽炮火的支援，经过几天的战斗，以及在英国皇家空军和美国陆军航空部队的“米切尔”式轰炸机非常精确的打击之下，日军在我军的正面攻击下撤退。11月3日，敌军的抵抗被粉碎了。日军企图沿主要公路撤退，进入了英印第9旅那个营的口袋。他们经过疯狂的努力而且付出了高昂的代价之后，终于杀出一条血路逃逸而去，部队成了小股的散兵游勇，他们除了随身轻型武器丢弃了一切，遁入周围的丛林之中。我们的部队和坦克在追击溃散敌人的过程中，使敌人付出了沉重代价，日军被我们早前派去进行左翼大迂回运动的那个营阻拦住了。11月4日，我军占领了肯尼迪峰。日军的损失惨重，虽然溃散但仍然保持完整，所以当我们继续推进时，他们还可以在6日夜里组织一次反击。这是他们的最后努力。8日我军侦察队进入怀特堡，正如原来计划的那样，英印第9旅和英印第161旅胜利会师。随后，我军顶着敌军的轻微抵抗而快速推进。如前所述，在11月13日下午，英印第5师的一支侦察队和第11东非师的一个侦察队会师，并且一起进入吉灵庙废墟。

从英帕尔向吉灵庙进军的过程中，英印第5师已经完成了极为出色的战绩，并且展现出了卓越的耐力。仔细核算了敌人的伤亡数字，除了卢赛旅造成的敌军伤亡，仅仅是计算战场上所遗留的敌军尸体，就高达1316人，并且俘虏53人。同一时期该师的战斗伤亡数字是：阵亡88人、负伤293人、失踪22人。这个对比说明，这个久经沙场的印度师消灭日军的本领已经达到了很高的水平。这个师在肃清残敌之后，在吉灵庙集结，被空运到英帕尔平原进行休整。

卢赛旅一直压迫着敌军后方，令敌甚为难堪。到9月中旬，该旅延伸了作战范围，其侦察兵和土族兵向迪登—怀特堡主要公路实施作战，甚至到达了怀特堡的东面。10月份，该旅在英印第5师向前推进的过程中掩护其右翼，随后突入密沙河谷，最终目标是夺取和据守吉灵庙以南75英里处的甘高（Gangaw）。这对于这个旅是一种近乎苛求的事情，但是他们泰然自若地前进在100英里长的前线上，通过伏击战、突击战、渗透战完成了这个任务。在10月18日和19日，该旅先后占领了克钦邦的重镇法兰和哈卡，忠诚的各部族人民怀着极其喜悦的心情与之重聚，免费发放的从日军那里缴获的物资和大米更使部族人民欢喜不已。

该旅的各路纵队向东推进时，与从钦山撤退的小股敌军发生了遭遇战。11月15日，我们的部队到达吉灵庙以南45英里的密沙河，但是日军的一支分遣队依然据守着甘高，并且有一些日军的小股散兵游勇分散在沿河地区。该旅的土族兵和侦察兵向东推进，于11月底到达葛礼瓦以南20英里处的钦敦江，并且袭击了钦敦江东岸。该旅主力沿密沙河谷南进甘高。到12月中旬，正在酝酿更大的战事之际，卢赛旅已经在钦敦江东岸侦察，肃清了整个密沙河以西地区之敌，正在接近在密沙河谷里日军的最后据点甘高。

无疑，这个临时组建且轻松前进的旅展现出了进取心和冲劲，对于我军向钦敦江追击日军做出了真正的贡献。该旅依靠驮畜运输以及绝对不多的空中补给，连续作战6个月，翻越200英里的丛林山地，打击了敌人的侧翼和后方。鉴于该旅缺乏装备和各种资源，在长距离渗透作战方面树立了最卓有成效和最经济的典范。

另一个独立旅虽然没有这么辉煌的战绩，但也是贡献不少，那就是戴尔准将（Brigadier Dyer）任旅长的英印第268步兵旅。这位旅长的智谋和快乐精神使他在整个集团军中颇负盛名。原来该旅是作为协同装甲部队作战的摩托化旅而组建的，在1944年8月，其所有正规营都被撤走了，于是由1个尼泊尔营和3个新组建的印度步兵营重新组成，那时这4个营都没有经过战阵历练。该旅的任务是，9月在钦敦江西岸锡唐以北，肃清荒野丛林地区的所有日军和印度国民军的散兵游勇。在肃清这块地区的过程中，该旅发现了几个日军隐蔽的补给站和军械站，敌人本来希望像他们经常所做的那样，在再次渗透过钦敦江时，可以得到支持。在10月初，英印第 268 旅也从第 11 东非师的一个旅那里接防了锡唐地区，包括一个新建立的桥头堡。我们在东岸的侦察队更深入推进到日军为阻止我军前进而构筑的屏障之内，同时还扩大这个桥头堡。

在实施上述侧翼攻击行动的同时，第 11 东非师继续主攻，以使我军在葛礼瓦建立一个渡钦敦江的桥头堡。通往葛礼瓦的公路在吉灵庙以东 5 英里进入密沙河谷，而日军以一些兵力据守着河谷的入口。我军在敌人阵地后面构筑了一道路障，尽管受到反攻，但还是坚守住了。在精确空中打击的支持之下，东非师发起了一系列的攻击，虽遇日军顽强抵抗，但还是开辟出了一条前进之路。在 12 月 2 日，他们进入了葛礼瓦，这个城镇已经在我军的轰炸之下变成了一片废墟，被日军弃守了。

与此同时，第 11 东非师的一个旅（第 21 东非旅），从茂莱向南运动，击溃了一个试图阻挡其前进之路的日军分遣队，并且在 11 月 24 日在葛礼瓦以北大约 12 英里处乘着防水帆布制成的橡皮艇渡过了钦敦江。该旅随后击败了葛礼瓦对面的东岸敌军。

现在建立永久性桥头堡的时机已经到来。第 11 东非师师长福克斯，计划在已在东岸他的旅的帮助下，让第 25 东非旅在葛礼瓦以北渡过钦敦江，然后让他的第三个旅（第 26 东非旅）过江夺取在这个桥头堡的火炮射程以内的所有战略要点。12 月 3 日至 4 日夜晚，第 25 东非旅根据计划渡江。白天，敌人进行了抵抗，他们炮击了各个渡口，但是到夜色降临时，我军牢牢地坚守住了桥头堡。第二天夜间，第 26 东非旅随后开始渡江，并且进而沿宾盖公路推进。该旅遇到了日军死硬的抵抗。在整个建立桥头堡的过程中，英国皇家空军的战斗轰炸机提供了持续的近距离支援，在一些情况下，这导致日军甚至在我们部队开始攻击他们之前就放弃了阵地。直到 12 月 8 日，敌人才在来自我们的桥头堡和从北面进击的第 26 东非旅的压力下，放弃了抵抗，并且向瑞琴撤退。

在 12 月 10 日我军工兵修建完成了一座跨钦敦江的浮桥。它的长度是 1154 英尺，是当时世界上最长的贝雷活动便桥。印度工兵在密沙河里秘密集中架桥材料，然后让其漂浮到钦敦江，并且在 28 个小时之内架设了便桥。这是敌军空袭的明显目标，所以我们从加尔各答运来了那里不再使用的阻塞气球。两天后日军进攻了桥梁，但是所幸没有成功，我们的高射炮打下了两架敌机。在随后几天的时间里，经过小规模推进和战斗，这座桥头堡得以向前延伸，12 月 13 日，我军占领了瑞琴，并肃清了周围的地区。到 12 月中，第 11 东非师占领了葛礼瓦以东的一个坚固的桥头堡，并扩展到大约 8 乘 12 英里的区域，当初从英帕尔开始的追击行动现在开始进入下一步行动阶段。

现在结束的英帕尔—科希马战役是过去的 10 个月里在缅甸前线上持续不断进行的一系列战斗中的最后一战，也是最重大的一战。这些战斗已经取得了实质性成果，日本陆军遭受了有史以来最大的失败。5 个日军师团（第 15 师团、第 18 师团、第 31 师团、第 33 师团和第 55 师团），至少暂时而言，作为有效的作战建制部队已经被摧毁了，同时另外两个师团，一个独立旅团和很多兵站部队都遭到沉重打击。5 万日军被击毙或者死亡，他们的尸体留在若开和阿萨姆的各个地方。保守估计，约 2.5 万名日军身负重伤，其中绝大部分因战伤而死，或伤残，敌人已经永远失去了大约 7.5 万人。加上在北部战区司令部缅北作战造成日军 1.5 万人伤亡的数字，在第 14 集团军指挥下的作战行动中，给敌人造成大约 9 万人的不可恢复的损失。根据后来日本人自己的统计，他们在这些作战中的伤亡也是这个数字。此外，中国驻滇远征军造成了日军四五千人的伤亡。

这次战役最引人注目的一个特点是我们很少抓到战俘。在这些战俘中，我相信大约 600 日军被俘，不超过 150 人还有体力能够进一步抵抗，其余要么严重受伤，要么处于极度筋疲力尽状态。被枪毙的战俘比例大约是每一百个中有一个，比起在欧洲战场和非洲战场上的数字，这是很引人注目的，显示了日本人狂热的抵抗。

日军在装备上的损失也很大。敌人带进阿萨姆的几乎所有战车和绝大多数车辆都被摧毁或者俘获。我军缴获了超过 250 门大炮，此外许多装备被日军自己扔进河里或者掩埋起来。当然，如果假以时日，日军在人员和物资上的这些损失就能够得到弥补，那些师团将能重新开始战斗，但是无论如何，如果我们给予他们时间——而我并不打算那样做——他们将会再次变成具有同样的侵略性和狂妄自大的作战部队，那是另一回事。

我们自己的各种损失——正如在这种战斗中预料到的——也并不轻。仅仅是第 14 集团军就遭受了大约 4 万人的伤亡。虽然很多伤者后来会康复，重返前线参加战斗，但是在那些他们最难于取代的方面损失最沉重，即战斗部队的军官和士官。我们只放弃很少的战俘，那些受伤的战俘几乎都不可避免地遭到杀害或者留下来等死。我们没有损失一门大炮。一块比爱尔兰大两倍的缅甸地区已经得到解放。我们干得很棒。

如果你是一位将军，无论你的部队打赢了还是打输了一场大仗，你都很难回避自己的错误而去责怪别人犯错误。如果你打了败仗，你的运气有多坏，如果你打胜了，这事儿与幸运的关系有多少。我的军队已经不容置疑地赢得了这场战役，现在我带着巨大的个人满足感来回首战事，允许我在成功的温暖光辉里，享有无疑比我应得的更多的荣誉。然而英帕尔战役的计划是正确的，而且我们遵循了这个计划。我们基本上，在自己选定的地盘上迎击日本人，在我们身后有一条比日本人更优越的交通线，使我们能从若开和印度抽调部队，集结优势兵力对阵日军，消耗他们，并且在敌军筋疲力尽时，调转方向，歼灭他们。尽管我犯了一些错误，这包括英印第 17 师从迪登撤退延误，以及低估了日军突击科希马的力量，但我们做到了这一切。这些错误本来将会是灾难性的，但是由于最高指挥官和奥金莱克将军的支持，以及吉法德将军火速地从印度给我派来了援军，那种局面没有出现。他们和我军的战斗素养，在这场战役的最初日子里拯救了我。

我们已经证明了依赖于空中力量是正确的，英国和美国空军一开始就获得了制空权，他们随后提供补给和运输，并且支援我们。这场战役是空军的胜利，也是陆军的胜利。没有空军的胜利就不会有陆军的胜利，当这个胜利到来时，陆军士兵和空军飞行员的胜利是紧密联系在一起的，这是联合的胜利。陆军完全见证了战斗机和轰炸机实施空中补给和近距离支援的精确性和高效性，在陆军没有看到的远方，敌人的交通线、后勤设施和基地持续处于我们的盟军轰炸机的经常性打击之下。这种打击积累的效果是巨大的，日军的河流船只、汽车运输和铁路运输只能在夜间偷偷摸摸和战战兢兢地进行。我们的空军虽然没有阻止敌人调动建制部队，但使敌人的部队行动慢下来了，摧毁了他们的车辆，袭扰了他们的交通线。在未来，我们知道更多地依赖空中力量，才能保障安全。

我们对日军心理和将军指挥才干的估计也已经证明是正确的。正如我所料，河边正三及其幕僚们显示出过分大胆、强硬和漠视后勤方面的危险，这些给了我机会。我们已经学会了怎么消灭日本人，在任何不是沼泽地的地方如何使用坦克，以及用很少的设备和陌生的材料修建公路和飞机场。我们的部队已经表明了他们比以往更加坚定，更具有攻击力，具有更好的训练。他们现在认为不存在不可通行的地方，无论对于敌人还是对于他们自己。他们拒绝因被包围而战战兢兢、神经过敏，他们像自己的敌人一样，准备好了深入丛林作战并且进行渗透作战。在丛林战方面，我们在某种程度上已经变得比日军更强。最为重要的是，在第 14 集团军下辖的每一个英国、印度、非洲和中国师都已经在直接、激烈的战斗中遭遇过了那些精锐的日军部队，并且打败了他们。我们的部队已经在战斗中证明了自己是强于日军的人，他们看着日军逃跑。这是这场战役具有的真正决定性结果。他们已经永远粉碎了日本军队不可战胜的神话。无论是我们的士兵还是日军士兵自己，都再也不相信那种鬼话了。

在我们收复瑞琴后不久，我视察了这个城镇。我在两年半以前的大撤退中很不情愿地破坏和抛弃的坦克，已经锈迹斑斑，依然躺在河岸上群山形成的半圆形战场里。当我走到它们中间，在想象中品味着失败的苦味，我能够抬起头来。自从那时以来已经发生了很多事情。我们已经偿还了所欠的东西。现在我们要继续偿还其余的东西，那是利息。

第五部

决战

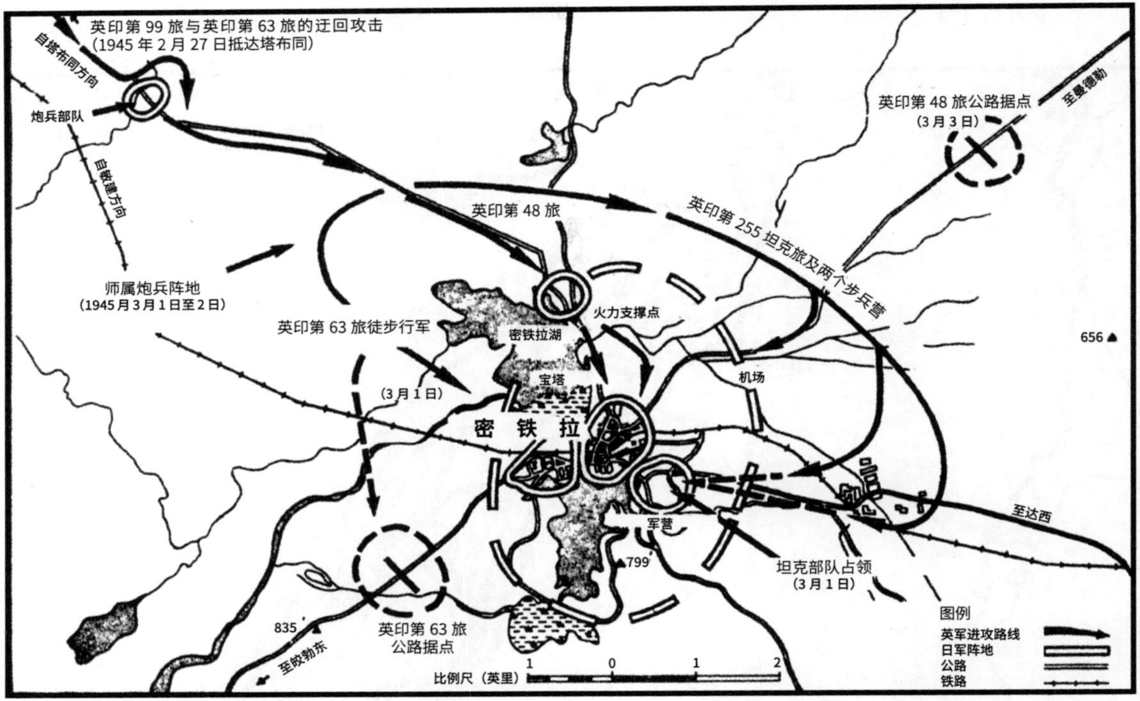

英印第 99 旅与英印第 63 旅的迂回攻击
(1945 年 2 月 27 日抵达塔布同)
自塔布同方向
炮兵部队
自敏建方向
英印第 48 旅公路据点
(3 月 3 日)
至曼德勒
英印第 48 旅
英印第 255 坦克旅及两个步兵营
师属炮兵阵地
(1945 月 3 月 1 日至 2 日)
英印第 63 旅徒步行军
(3 月 1 日)
火力支撑点
密铁拉湖
宝塔
机场
656
密 铁 拉
军营
799
坦克部队占领
(3 月 1 日)
至达西
835
至皎勃东
英印第 63 旅
公路据点
比例尺（英里）
1 0 1 2
图例
英军进攻路线
日军阵地
公路
铁路

地图 11　密铁拉战役

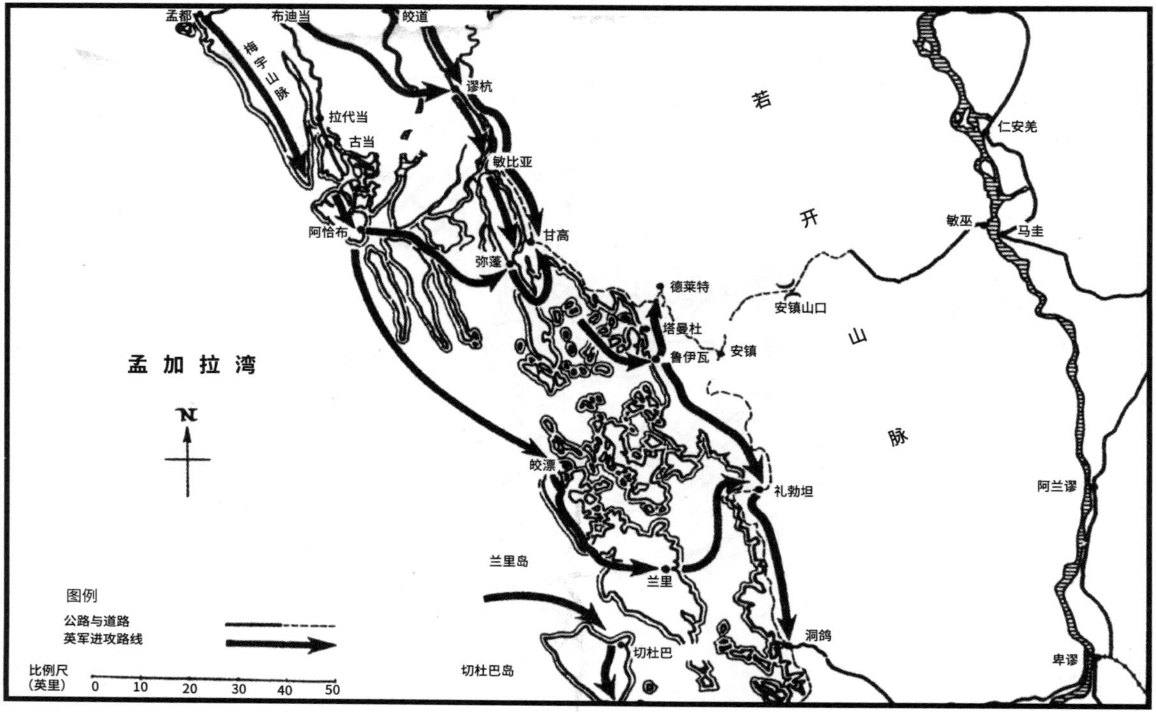
孟都
布迪当
皎道
梅宇山脉
谬杭
拉代当
古当
敏比亚
阿恰布
甘高
弥蓬
德莱特
安镇山口
塔曼杜
鲁伊瓦
安镇
若
开
山
脉
仁安羌
敏巫
马圭
孟加拉湾
N
皎漂
礼勃坦
阿兰谬
兰里岛
兰里
洞鸽
切杜巴
切杜巴岛
卑谬
图例
公路与道路
英军进攻路线
比例尺
(英里)
0
10
20
30
40
50

地图 12　若开攻势

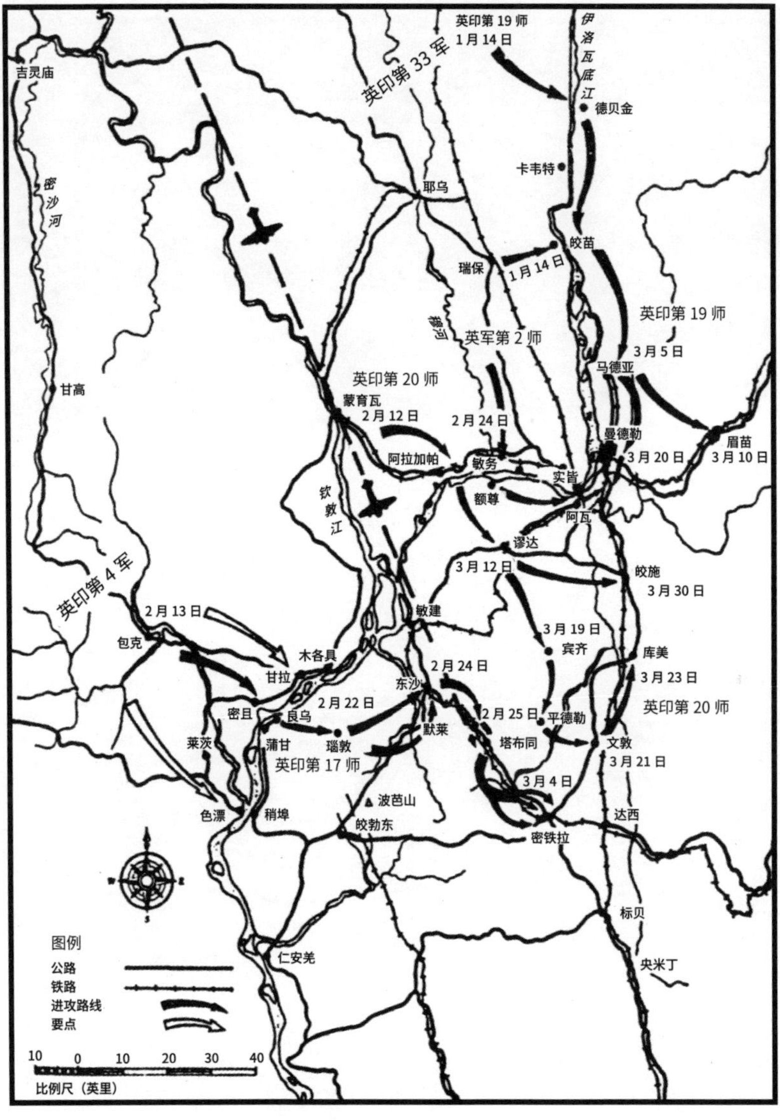

地图13　缅甸中部战役，1945

第十七章 进军伊洛瓦底江

当一场艰苦战役的第一阶段成功完成，而第二个阶段正在全面展开时，指挥官会同等关注下一阶段的作战准备与正在实际进行的作战。在向钦敦江追击残敌以及渡江期间，我便是如此。渡江建立桥头堡后必须实施的大战役计划和战备很大程度上占据着我的大脑和时间。此种情形屡见不鲜。

并非只有我一个人如此忙碌。当英帕尔战役将以决定性胜利结束的形势明朗之后，各级都将会掀起制订作战计划的热潮。7 月 2 日，我与第 3 战术航空队司令鲍德温一起去找蒙巴顿海军上将讨论未来的作战行动。盟军东南亚司令部在这个阶段正在审查各种可选方案。我提出了自己的意见，在缅甸北部地区进行一场进攻并不比据守一条防线需要更多的兵力，而且我的集团军可以准备在 11 月 1 日发起攻势。最高统帅与我们其他人一样，也决心尽可能在印度洋季风雨一结束就立即发起攻势，但是整个计划还没有最终决定。鲍德温和我返回司令部，马上开始就我们希望承担的作战制订计划。

一个月以前，在伦敦的英国参谋长委员会曾经下达了缅甸作战指导，明确提出了下一阶段战役的目标：

> 发展、扩大和保护对华空中航线，及时对华运输最大量的汽油、石油和润滑油以及物资，支持太平洋的作战行动。为实现上述目的，须尽最大努力获得对敌优势，包括空中与地面，尤其是在当前季风雨季期间，并准备利用对敌优势建立对华陆上交通线。必须以盟军东南亚司令部目前可用部队或确定得到的配属部队实施上述所有作战。

这项指导命令显然是英国和美国之间不同意见的一个折中，但是美国的意见占了上风。在我看来这太过审慎。我认为要想确保极具价值的对华交通线，最好和最迅速的方法就是将日军逐出缅甸，并且利用仰光。从日军在英帕尔战败的程度看来，现在如此而为是可行的，但是我们似乎还没有认识到这一点。我确信蒙巴顿海军上将会提出更具雄心的计划。因此，我让参谋人员制订夺取曼德勒地区的计划，但是我总是想着，攻占曼德勒后，应当立即南进仰光。的确，关于这一点，我们私下制订了第 14 集团军的一个非正式计划，我的“胖子”参谋长莱斯布里奇（Lethbridge）将其命名为“SOB 作战行动”——大海或胸像作战行动。

与此同时，我们上级盟军东南亚司令部，正在制订可选计划：

X 计划。第 14 集团军向史迪威的北部战区司令部增援更多英国师和印度师，使其成为主力攻击部队，并且确保杰沙—孟密（Mongmit）—腊戍一线，同时中国驻滇远征军南进，在腊戍会师。兵力减少的第 14 集团军则进行一次有限攻势渡过钦敦江。

Y 计划。第 14 集团军将成为主力攻击部队，并且确保曼德勒地区。北部战区司令部和中国驻滇远征军从北面发动一场进攻，并且在眉苗附近与第 14 集团军会师。

Z 计划。实施两栖和空降作战行动夺取仰光，继之北进，与我南进部队会师。

我衷心地支持Y计划。这样能够使我的集团军发挥主要作用，此外，对我而言，这是一个最具前景的计划，可使我们与日军主力在有利于我军的地形打一场战役，让我们有机会在下个季风雨季来临之前击溃之。在这个阶段我并不喜欢Z计划。这个计划在战略上最有吸引力，但是我怀疑我们是否能够及时得到发动一场两栖攻击所需要的装备和兵力，以进攻设防的仰光。我认为“SOB作战行动”至少可使我们尽快进抵仰光。

然而，不久之后，最高统帅签发了总体指导命令，分派了盟军东南亚各部的任务，我们才发现Y计划和Z计划二者都被纳入计划中。这个进攻计划的代号是“首都”。

1. 在英国皇家空军第221大队的支援下，第14集团军渡过钦敦江，占领该江与伊洛瓦底江之间的地区。并乘胜攻占曼德勒。

2. 在美国陆军航空兵第10航空队和第14航空队的支援下，与北部战区司令部和中国驻滇远征军协同进攻，推进至德贝金（Thabeikkyin）—抹谷—腊戌一线。

3. 在英国皇家空军第224大队的支援下，英印第15军在若开进行有限进攻行动，确保我们的前进阵地并且阻止敌军袭扰我军机场。

4. 当上述战事进行之际，在1945年雨季前某时，即3月左右，发动一场两栖和空降攻击行动（代号“吸血鬼”），以夺取仰光。

如果说我曾经对于我们用现有的兵力实施Z计划（“吸血鬼”）的能力心存怀疑，那么我认为同时实行Z计划和Y计划的前景更加堪忧。我觉得我们很可能在两个凳子之间摔倒，而且我们在南方和北方都不够强大。当然，如果能有新的师和空军中队从欧洲调来，那就是另一回事了。

但是，直到德国人被打败之前，那都显然是不可能的，而且认为这种情况很快就会出现的乐观主义观点正在开始消散。然而，我很高兴地想到自己不是决断这么高等级事务的人，而且到目前为止，没人建议抽调走我的任何部队。

1944 年 7 月 28 日吉法德将军来看我时，他确认了这一点。他说，以我们现在所有的兵力实施 Y 计划是可行的，而实施 Z 计划则需要一些外部资源。而是否能够得到外部资源，最早也要到 9 月份才能知道。与此同时，他指示我制订 Y 计划中第 14 集团军所承担任务的执行计划，并命令我分三个阶段实施：

> 1. 以一场地面进攻和一场空降作战行动，占领葛礼瓦—吉灵庙地区。
>
> 2. 以一场陆上和空降进攻行动，确保瑞保平原。
>
> 3. 解放缅甸，最南到木各具（Pakokku）—曼德勒一线，第 14 集团军将与北部战区司令部在眉苗一带会师。

我很高兴能够告诉吉法德，第 14 集团军的计划基本上与 Y 计划相同。不同点仅仅在于我的意图是，前线部队打到哪里，空中补给就跟到哪里，因此需要提供所需的一切补给飞机，而不是所建议的空降行动。我解释说，我认为用这种方式，不仅能更快地前进，给日军造成更沉重的损失，而且将使交通线问题简单化，减少为通行而进行的筑路工程数量。他同意我继续在这些战线上进行各项准备工作。但是不得不承认，我原来估计我集团军将会在 11 月 1 日做好准备发起大攻势，这是过于乐观了；现在最早的行动日期是 11 月 15 日。

之所以推迟的一个理由是人力问题，特别是在英国步兵当中，这正变成一个令人焦虑的问题。从英国本土空运来的援军几乎不足以保持英军部队达到编制数量。减员的结果是，在各个英印师中的英军营战斗力减弱，以致无法将其和印度部队同等使用。这导致了印度人的激烈批评，因为他们不得不承受更大的压力。这时候，也不可能抽调所属团的士兵来补充各个英军营。这严重有损团级精神——这种精神一向是英国士兵的力量所在——士气也受到了影响。情况如此严重，以致各师师长现在要求印度营取代英国营。我要求来自英国本土的增援部队加快速度，几千名英国防空高射炮兵正在守卫现在已经不可能受到日军严重攻击的后方飞机场，他们应该被调到步兵部队里去。我发现蒙巴顿海军上将已经着手做这件事了。这些高射炮手及时到来了，他们用行动证明自己是合格的步兵。即使如此，英国步兵的人数还是继续不断下降，我被迫不得不在我的各个师里用更多的印度营代替英军营。

尽管如此，以及还存在其他忧虑之事，我们当前的作战行动和攻势准备工作却进展顺利，而在 8 月这二者都暂时受到一些挫折。当时的建议是，为了确保有实施仰光两栖登陆作战的部队，并且不被牵制在缅甸北部的战斗里，第 14 集团军应该向英帕尔撤退。吉法德将军和代理最高统帅史迪威，都强力地反对这个意见，遂弃之不用。尽管我们不得不抽出一些飞机去训练在印度的伞兵团，但我没有听说要从我这里抽调走更多部队。在整个 9 月里，第 14 集团军都在推进各项战备工作，以执行吉法德将军下达的三阶段任务。

随着 1944 年秋天的逝去，冬天来临，我们在德穆以东的锡唐、更南 50 英里处的茂莱和葛礼瓦一个接一个地建立了桥头堡，第一个阶段的任务完成了。我特别高兴我做到了这一点，正像我当初计划的那样，并没有一个空降作战行动。在这个时候，我多次视察前线部队，但是视察后方各师则更多，去看看他们进行野战和渡河作战的训练情况。毋庸置疑，他们再次燃起了与敌人搏斗的热情和欲望，这是士气高涨的迹象。我越发充满信心。

日军的高级指挥中枢已中了我们的计策。我们已经在英帕尔战役中造成了日军重大伤亡，我一直认为，我们必须在进攻缅甸中部以及在日占区遇到日军主力之前，就要大败一次日军。我们的追击部队紧跟着溃散的日军的后脚跟，受到缅甸人民的欢迎，从这看来，日军失败的程度更为显著。被抛弃的枪炮和战车，陷入沼泽的车辆，散落的装备，到处都是零星地躺在小路旁、怪异地坐在汽车里的尸体，以及那些靠着大树、胡乱挤在可怜的小屋里、漂浮在每条溪流里的尸体，这些恐怖的场景发生在季风雨里的撤退中，表现了战争的极端兽性。确实，我们击溃的只是河边正三缅甸方面军的一部分，但这是他最精锐师团的残部，组织混乱，疾病横行，士兵大多饥肠辘辘，跌跌撞撞地逃过了钦敦江。他将需要时间来改组和重新装备这些溃散的建制部队。

很有意思的是，我们对于敌人在英帕尔—科希马战役中的伤亡数字的估计，正如我们在他们最后投降时发现的，十分接近日本人自己的统计数字。这些数字是：

兵力情况

部队建制	战斗前	战斗后	兵力损失
第 15 师团	20000 人	4000 人	16000 人
第 31 师团	20000 人	7000 人	13000 人
第 33 师团	25000 人	4000 人	21000 人
军直属部队和后勤部队	50000 人	35000 人	15000 人
总计	115000 人	50000 人	65000 人

我们在英帕尔—科希马战役中伤亡超过 15000 人，但是这些数字必须加上在季风雨战役和追击作战中撤离的众多病员。如果包括这些数字，我们的伤亡可能比日军的伤亡还要高，但是我们的大量伤病员康复了，而

他们的伤病员绝大多数死于撤退中的缺医少药、暴露在风雨之中以及极度的疲乏和衰竭。

我越多地思考敌我形势，就越加确定在这里存在我们的机会。我的命令是把敌人从缅甸北部绝大部分地区驱逐出去，并且占领曼德勒，但是比占领任何地区和城市更重要的是消灭日本陆军。如果二度大败日军，适当乘胜追击，就会击溃之，不仅是曼德勒，我们将收复缅甸全境。因此，这变成了我的一个目标，在尽可能早的时候迫使敌军进行另一次大战役。

对于这一点，吉法德将军完全同意。他并没有低估各种困难，特别是在后勤方面，但是他在他的权力范围之内竭尽全力为我克服了这些困难。吉法德意识到让我能够集中精力在关键的中部战线上是多么的重要，他不仅把我从若开战线上解脱出来，而且把我从到那时为止一直控制的广阔的交通线区域上解脱出来，还解决了那些不亚于前线的后顾之忧。我英印第15军旧部的离开让我十分痛苦，但是我也十分感激这种解脱。我已经交还了北部战区司令部的权力，所以现在可以自由地把全部精力投入这场未来的战役。

这场即将到来的战役面临着无数的问题，涉及给养、运输、空中支援、医疗安排、工兵、通信、增援、改编和训练等方方面面，但是有三个问题是重中之重：

1. 我们如何才能把敌人的主力吸引到对我们最有利的地方来作战？

2. 为了此战，我们可以在钦敦江以东维持的最大兵力是多少？

3. 日军有多少兵力？

我想要在我们的空中和装甲优势能够发挥到最大限度的地面上实施

此次作战，这种地方是相对比较开阔的地带。一个显而易见的地方就是瑞保平原，这是一块环形的大平原，位于伊洛瓦底江和钦敦江之间，就在曼德勒的西北面。这里是缅甸中央平原“干旱带”的一部分。这里的地势总的说来是平坦或者波状起伏的，种植着农作物以及一些小块的灌木丛，很容易通过，而且散布着许多村庄，众多牛车道和公路纵横交错。绝大多数地方是开阔的，除了雨季，总是尘土飞扬，呈现出荒漠似的景象。这里将十分适合我们作战。

我们决定在此地作战是一回事，使日军赞同我军决定则是另一回事。如果他们同意，敌人的指挥官就完全清楚地知道他接受了哪些不利条件。他们作战的地区河流环绕，所有补给物资都不得不在遭受空袭的情况下渡河运输，因而困难重重，如果他想要撤退，将遭遇极为悲惨的境地。然而，我还是相当有把握日军将会在瑞保平原打这一仗。我的判断是依据对日本人的了解，依据我以往对他们的高层指挥官心理的了解。我知道日军指挥层已经发生了变动。在 10 月份我已经得到报告，河边正三已回日本，颜面尽失并被木村兵太郎中将所取代。关于木村，我们了解得不多，除了知道他是日本人所认为的最优秀军人之一。即便如此，我期望他符合日本军人的风格，勇武有余，坚定不移，并且一旦制订了计划就不愿改变。尽管有了英帕尔的教训，但是我认为他仍然自信能够打败我，而且即使他无法打败我，他也绝不敢不经一战而失地丢土。他会看到我们身后的钦敦江，但是不会看到他自己身后的伊洛瓦底江。我相信日本人不会未经一次激战就丢失曼德勒，或将其变为前线。他可能企图拒我们于钦敦江上，或者想把我们的那些桥头堡都扔到江里去，但是他很大程度上已经失去了这样做的机会。事实上，我准备确定我的判断，即他会选择以主力在曼德勒以北打一场防御战。如果他赢得了这一战，他就会使我们陷入季风雨季中的补给困难而被迫撤退。他甚至可能希望在雨季之后向印度重新发动一次进攻。日本人在军事上永远是乐观主义者。

因此我们的问题就是把尽量多的师和装甲部队尽快调入瑞保平原，并且在那里实施一场集团军级的战役。这场战役的答案，正如战争中的所有答案那样，特别是在缅甸战争，取决于补给和运输。事实上，我们在钦敦江上建立了3个桥头堡，最大的桥头堡是在葛礼瓦，困难不在于渡过这条江，而在于一旦渡江完成之后，在对岸维持一支庞大部队的能力。我为这场战役准备了六又三分之二个师以及两个坦克旅（英军第2师、英印第5师、英印第7师、英印第17师、英印第19师、英印第20师，英印第268旅、第28东非旅，英印第254旅和英印第255坦克旅），而且我知道我还能从吉法德将军那里得到另一个或者另两个师，如果我能够使用他们的话。然而，我们的这个计划需要将风险控制在合理范围之内，我们的公路和空中运输资源，可以在跨钦敦江的战役中维持不超过四又三分之二个师以及两个坦克旅。而且即使那样，这或许也是很乐观的估计。我们将会距离铁路终点有400英里之远，其中有250英里的距离只有土路可用，除非我们在印度洋季风雨到来之前使这条公路变成全天候的公路，否则那条土路就会变成不可通行的道路。我们的空运能力极为有限，基地主要在库米拉和吉大港地区，分别在260英里和240英里之外。即使距离英帕尔周围的前进飞机场也有200英里之远，而且不通铁路。无论我们怎么样规划我们的补给维持估算，我们能得到最好的答案永远是一样的——四又三分之二个师以及两个坦克旅。

这支部队可能会遇到什么呢？敌人在缅甸的全部兵力，截至1944年12月我们所能知道的是：

10个步兵师团

1个战车联队

2个独立混成旅团

10万人的日军兵站部队

印度国民军 2 个师（每个师大约 6000 人）

缅甸国防军（7 个营）

其中几个师团尚不满员，但是日军还有一些时间向缅甸增加援军，据我们估计，增兵的速度，大约是一个月 7000 人。那些日军兵站部队，虽然不像野战师团里的部队那样能征善战，但是也可以用决死的精神打一些防御战。日军的士气已经达不到英帕尔战役之前的那种最高点，但是还是具有战至最后一人及最后一弹的水平。正如我一直所称，日军单兵仍然是历史上最令人敬畏的战斗物种。印度国民军的两个师没有多少作战价值；根据我们 1942 年的经验来判断，缅甸国防军可能是麻烦事，但是其很可能是被用来执行内卫任务。

日军总兵力相当庞大，但是预计全部日军不会都来与第 14 集团军作战。我依靠北部战区司令部和中国驻滇远征军在缅北牵制日军的两个师团，英印第 15 军在若开牵制一又三分之一个师团；而我们的欺骗计划，以发动两栖进攻为威胁，在缅南牵制另外一又三分之一个日军师团，这样留下来与第 14 集团军的日军有五又三分之一个师团、一个独立混成旅团、一个战车联队、大约三四万人的兵站部队和印度国民军的两个师。当然，对于日本人来说，永远存在着这种可能，他们会在其他地方冒险，以增加他们在曼德勒地区的兵力，但是我希望的是，如果我们其他地方保持巨大压力，这种情况就不大可能发生了。日军还有可能从泰国和印度支那地区向缅甸抽调更多的部队。但是我认为不会有任何从日本本土和海外调派援军的可能，因为美国人在太平洋上的成功以及对日军舰船的攻击使得日军无法海运。的确，我希望敌人会发现我们在缅甸给他们造成的进一步损失是难以弥补的。我们一直担心的是空运量可以达到多少。即使乐观估计，除了公路和河运可以向前线运输的物资，我们还需要每天数千吨的空运量。在经过多次讨论之后，我们就第 14 集团军未来作战所需最低空运量达成了一个确定的分配方案，在此基础上我们制订了各项计划。

尽管如此，四又三分之二个英国师和印度师，背后是钦敦江，并且在这条不安全的交通线的尽头，我不可能喜欢凭这些来攻击五又三分之一个日军的师团，而且他们是在自己选择的阵地上。在一年以前，我不会认真看待这个建议。即使是现在，给予我巨大信心来执行我计划的，不在于我们具有的空中和装甲优势，不在于我们拥有野战的更大机动性，而在于我的部队的精神，在于我信任这支部队中久经考验的指挥官们，在于他们所有人高度的作战价值和刚毅精神。

我的计划是建立在三个基础之上的：

1. 敌军指挥官要以其主力部队在曼德勒以北作战的坚定意图。

2. 我们缅甸前线其他战区有能力在这场战役期间为我们牵制大约四五个日军师团的兵力。

3. 我可以依赖且可靠的空中和公路补给运输。

第一点纯粹是我自己的一个判断，其中也许有些鲁莽轻率，但是那时我却具有很大的信心。而第二点，我认为应该是足够安全的，因为在若开的英印第 15 军会有两个印度师、两个西非师、一个东非旅和一个突击旅及一个坦克旅等，即四又三分之二个师和装甲部队，苏尔坦的北部战区司令部将有 1 个英国师、3 个（后来变成 5 个）中国师，战神部队（一支中美联合部队，相当于一个弱兵力的师）和一个中国战车旅——相当于五六个师的兵力。初看起来这些侧翼部队，一支规模几乎和我的部队一样大，另一支比我的部队还要大，似乎失去了平衡。事实是我的部队保持在补给允许的规模。如果北部战区司令部的兵力减少，并意味着可以增加第 14 集团军空运量，那将会给我很大的帮助，而且留给他们足够的兵力完成任务。然而更可能的情况是，任何多余的美军空运力量都会被调到中国去，而且正如我希望的，如果中国军队的几个师努力向伊洛瓦底江以东推进，最好是在腊戍以南，他们就会减轻我在曼德勒的很多压力。

减少在若开的英印第 15 军兵力将不会对我有帮助。英印第 15 军很大程度是靠海路维持补给的，若开与印度的铁路和公路交通与我的交通线彼此分开，现在很少使用空中运输。另一方面，当在曼德勒地区的战役获得成功之后，我们向南推进之际，英印第 15 军能够向第 14 集团军提供最大帮助，正像我前面说过的，我的空运补给基地距离我想要作战的战场有 200 英里到 250 英里。对于使用“达科他”式飞机来说，250 英里是经济的空中补给限度；超过这么远的距离之后，运送效果迅速下降，达到同等运输量所需要的飞机越来越多。我们并没有更多的飞机，所以如果第 14 集团军要乘胜扩大战果，进军曼德勒以南，唯一的答案是要把我们的空运补给基地前移得更近一些。因此，如果要支持第 14 集团军发起大规模作战行动，就必须也可以利用铁路和海路运输。若开没有铁路岔线，但若开沿海几个海岛，阿恰布、切杜巴（Cheduba）和兰里（Ramree），都在日军手中，如果迅速占领这些海岛，其就可以提供一些绝佳的机场，缅甸曼德勒以南的绝大多数地方在 250 英里的半径范围之内。我坚决强调，英印第 15 军除了要牵制住在若开的最大数量的日军建制部队，而且要在这些海岛上建立一些空运基地，以便为第 14 集团军提供补给。

正当我们在第 14 集团军司令部里努力制订我们的各项计划，各个师也在整编和重整，并且开始向他们的集结地区前进时，在我们上级的最高司令部里，变动和改组仍悬而未决。10 月中旬，史迪威被召回美国。蒋介石委员长坚持这一点，尽管华盛顿和蒙巴顿海军上将施加了压力，但蒋拒绝让步。唯一令人吃惊的事情是，公开的破裂没有更快地到来。史迪威虽然是蒋介石的参谋长，但是却从来不屑于掩饰他对这个“花生米”的轻蔑，史迪威通常在私下和公开场合都这样称呼蒋介石。这个美国人毫不信任这个中国人的军事判断力和政治正直力，并且把自己的感觉公开说出来。他认为蒋介石委员长更感兴趣的是使用美国租借法案的金钱和装备来确保自己在中国的个人地位，而不是与日军作战。史迪威过高估计了自己对蒋介石的不可或缺性以及美国政府支持他的程度，结果他甚感震惊，深受伤害。我认为，在第 14 集团军和整个英军部队里，我们同情史迪威，而不像在美国第 14 航空队那样，对于史迪威的垮台显然很高兴。在我的心目中，无论他的上级是美国人、英国人还是中国人，他对于上级都存在一种奇怪的忠诚观念，而且他和太多人发生矛盾，这些人不是他的敌人。但我还是喜欢他。我不愿意任何人指挥与我并肩作战的中国军队。在史迪威的指挥下，中国军队会向前进攻。我们带着遗憾看他走了，钦佩他是一名战士。三位将军取代史迪威的职务，分别承担了他的 6 项工作。北部战区司令部由他忠诚的副司令丹 · 苏尔坦中将（Lieut. General Dan Sultan）负责，我早已认识此人并且很喜欢他。蒙巴顿海军上将的美军副参谋长魏德迈（Wedemeyer），在中国接替史迪威出任蒋介石的顾问，但是我得到消息，那种建立一支美国人领导的中国大军去进军大海的军事思想也随着史迪威而消失了。惠勒将军出任最高副统帅，这是一项出色的任命。

然而，史迪威的离去确实带来了一项好处。在东南亚建立起一种合乎情理的地面指挥变得更容易了，在这个地区，至少应该说，不合逻辑的指挥组织到那时为止一直存在。蒙巴顿海军上将终于能够说服美英参谋本部同意任命一个盟军地面部队指挥官和设立一个英美联合司令部了。盟军东南亚陆军部队，将下辖第 14 集团军、北部战区司令部、英印第 15 军和兵站司令部。我们欢迎这一决定，但是当我们了解到吉法德将军将不会继续指挥我们时，第 14 集团军的官兵深感悲伤。他曾经看着我们通过努力成长为一个集团军，并见证了我们第一次且最为绝望的战役。第 14 集团军的很多成就都归功于他的正直、他的判断力、他的正确管理，他在我们最困难时给予支持，他激发了我们满满的信心。我们带着悲伤看着他离去。我和其他人是在他奠定的基础上取得了成就。1944 年 11 月 12 日，英国陆军中将奥利弗·利斯爵士（Lieut. General Sir Oliver Leese）接替了他，利斯爵士曾经在意大利指挥第 8 集团军。

我认识利斯将军时，他还是奎达参谋学院教官，我发现在他手下服务是件很容易的事。他的军事判断力显然十分明智。的确，在这一点上我与他发生分歧只有一次——在关于需要发动对仰光的海空作战行动的问题上——在当时，他是正确的而我是错误的。他带来的参谋班子，取代了吉法德将军司令部里我们那些老朋友，他们的鞋子里还带着沙漠的沙子，想要把第 8 集团军的一套强加在我们身上。毫无疑问，我们惹恼了他们，不只是因为我们的人对于失去吉法德将军很不痛快，而且因为我们在对第 8 集团军怀有最大钦佩之情的同时，也认为我们第 14 集团军现在也是战绩显赫了。然而，几乎所有这些新来的人都是经验丰富和很有能力的参谋军官，有些人，比如像后勤部长巴斯琴（Bastyan）就十分出色，我们的参谋们很快就开始一起工作。新司令官批准了我在他的前任指导下已经制订出来的各项计划，这些计划事实上已经付诸实行了。

在 9 月和 10 月期间，第 14 集团军的整个后方地区非常活跃。在过去两年的时间里，我们各部队一直在丛林和山地间作战，他们现在打算突入开阔的平原，即使离开道路也能够畅通无阻和自由行动。不仅要以快速、机械化和高机动性的战术取代丛林战那种费时费力的战术，而且各指挥官和部队也必须调整心理以适应变化了的条件。尤其是在装甲和火炮的使用方面。丛林战中，步兵围着一两辆坦克小心翼翼地沿着一条狭窄的丛林小路前进，现在的延伸战线上，我们有望使用强有力和快速移动的装甲部队。火炮的射程更长，炮兵阵地的变换更为频繁，而且必须准备更快地响应炮火支援请求。同样，承担支援任务的飞行员们也必须准备立即帮助步兵。在所有没有承担实际作战任务的各师中，适应这些新情况的训练也在蓬勃进行。这意味着，军长和师长要在短期而且不断行军的情况下，适应部队承担的新角色。

当吉法德将军卸除我兵站司令部和若开指挥之责时，那就意味着那些我们空中补给所依赖的机场和补给站不再属于第 14 集团军防区或者受其节制了，而之前这些机场和补给站一直都从属于第 14 集团军。因此，我将空中补给机构移交给了吉法德将军。陆军、英国皇家空军和美国陆军航空兵的联军参谋人员，在英帕尔战役中已经证明是十分成功的，其扩编为一个新的组织，包括英美战斗运输特遣队（C. C. T. F.）和有英国陆军参加的陆空联合运输局（C. A. A. T. O.）。美军陆军准将埃文斯（Brigadier-General Evans）指挥空军部队，而来自我参谋部的道森准将（Brigadier Dawson）指挥陆军部队。在最初，特别是在英印第 4 军和英印第 33 军向钦敦江各渡口前进集结的期间，这个新组织经历了艰难的磨合。尤其英印第 33 军抱怨称，常出现不合规范或不正确的运输。第 14 集团军自己控制空中补给显然要更为容易和简单，但是现在英美联合司令部直接指挥着我集团军以及其他部队，而我们不再可能自己处理空中补给了。然而，这个新组织很快进入了正轨。他们能够获得更多的通信部队，以加强我们一直最薄弱的通信问题。我们主要从海岸部队抽调了更多的前进机场维护部队，他们现在不需要实施两栖作战行动了，因此不久之后第 14 集团军的空中补给得以改善。陆空联合运输局、道森准将及其部下扩大了第 14 集团军的空中补给，后来这个机构为整个英军所认可。他们为最后的胜利做出了巨大的贡献。

我自己的集团军里也有了一些变化。此时正在印度兰契休整的英印第 17 师，开始将标准的驮畜与机械化混合运输的部队改编为新类型部队，除了一个旅，整个师完全机械化。未机械化的旅则要实现完全的空中运输。为了达到这一要求，这个旅的所有车辆都是吉普车，25 磅大炮都安上狭窄的“临时”车轴，这使这些大炮能够进出“达科他”式飞机。携带的行李、给养的规模，以及弹药量都有所削减，而依赖于快速的空中补给。顺便提一下，整编工作在这个师重新进入英帕尔的最后一刻才匆忙完成。当英印第 5 师重新占领吉灵庙之后，回到科希马和而后回到乔尔哈特休整时，该师以同样的方式进行了整编。实施上述改编，是因为我计划在进展顺利的情况下以两个师在缅甸中部发挥高度机动的作用。由于维持方面的各种困难，即使这意味着在战役的某个阶段要用一些常规师取代它们，我相信也是值得的。

另一个变化对我个人产生了密切的影响。从第 14 集团军组建以来，史蒂夫·欧文就担任我的参谋长，他为人忠诚、出类拔萃、沉着镇静、有常识，我对他极为倚重。他晋升为少将，因而离开我，成为奎塔参谋学院的院长。如果他在那里把参谋人员们培养成接近他的那种水平，具有献身精神和出色的能力，那么就没有人能比他更好地为国服务，但是我出于自私，十分难过地看到他的离去。然而，我再次十分幸运地能够让陆军准将“胖子”莱斯布里奇接任了他的职务，他是个工兵，具有工程师典型的清醒头脑与丰富的人文知识，这使他人乐于与其共事，也乐于听其指挥。还有他的幽默感，感谢老天，我的主要参谋官员都具有这种品质，他还有绝妙的叙述力和记忆力，也许比史蒂夫·欧文更加难以驾驭，但都是桀骜不驯。他马上与斯内林进行了深入的合作，包括我自己都十分依赖他。莱斯布里奇长期驻访新几内亚的澳大利亚陆军，获得了丰富经验，这使得他相当熟悉我们的战事。

10 月 1 日，我发出了渡过钦敦江的命令。在这一整个月里，第 11 东非师和英印第 5 师都在为夺取吉灵庙而战，英印第 4 军和英印第 33 军两个军正在集结渡江。我自己的司令部从库米拉移驻英帕尔，我们和空军少将文森特的英国皇家空军第 221 大队司令部在那里建立了一个联合司令部。

10 月，英印第 4 军司令部返回英帕尔，而一直坚强据守英帕尔的斯库恩斯，不久之后很快晋升出任印度某战区司令官。我获准择人取代他，根据我的紧急要求，由来自英印第 7 师的弗兰克·梅瑟维接替他，此人虽然有个性，却十分乐观、鼓舞人心、不太计较逆境，我认为他正是完成我为英印第 4 军规定任务所需要的人选。未经战阵的英印第 19 师在皮特·里斯少将（Major-General Pete Rees）的指挥下已经到达，向德穆—锡唐地区的钦敦江移动。我已经把英印第 7 师和英印第 19 师以及英印第 255 坦克旅配属给了梅瑟维的英印第 4 军；把英军第 2 师和英印第 20 师、英印第 268 旅和英印第 254 坦克旅配属给了斯托普福德的英印第 33 军。我已经命令英印第 4 军经锡唐桥头堡突入瑞保平原，在必要的时候通过空降行动，攻占在耶乌—瑞保地区的日军机场。英印第 33 军要通过当时已在我军手中的葛礼瓦桥头堡，继续向耶乌—瑞保前进。如果英印第 33 军在英印第 4 军之前到达这个地区，那么后者将乘飞机飞入已经夺取的简易机场。一旦这两个军会师，英印第 255 坦克旅将通过英印第 33 军转隶英印第 4 军。卢赛旅和新到达的第 28 东非旅将前进至钦敦江西岸的甘高，以保护英印第 33 军的右翼以及我军通向各桥头堡的主要交通线。英印第 33 军在葛礼瓦渡江之后，第 11 东非师就将撤离战场飞往印度。

我特别忧虑，如果可能的话，就要避免通过空降作战行动来夺取瑞保。我判断要进行这一作战行动要冒巨大的风险，我们大部分空运力量将被牵制，而这些空运力量对于日常的补给来说是极为需要的。因此，我告诉英国皇家空军和英印第 4 军要密切侦察从钦敦江到铁路的北部道路，以便发现是否可能在这条轴线上调动大规模的兵力。报告是有利的，根据梅瑟维的建议，我同意整个英印第 19 师利用这些小路进行推进。在这同时，我命令他，没有我的允许不要把英印第 7 师投入钦敦江以东，因为我还在想可能将部队空运进瑞保平原。

第 14 集团军的攻势开始于 1944 年 12 月 3 日，当时英印第 33 军先头部队英印第 20 师的一个旅经葛礼瓦以北 30 英里的茂莱桥头堡渡过钦敦江。当这个旅经过泥水四溅的涝渍稻田向东南行进时，第 11 东非师正在葛礼瓦为扩大桥头堡而苦战。直到 18 日，英印第 20 师的剩余部队才能够经这个桥头堡跟进。第二天，英军第 2 师由此经过桥头堡东进宾盖，即“大撤退”时的“红杜松子酒”。几乎与此同时，英印第 4 军在北面也开始了他们的前进。在 12 月 4 日，英印第 19 师从锡唐桥头堡渡河，奉命攻占锡唐以东约 60 英里处的平梨铺（Pinlebu）。

我们认为，为了迎击进攻的盟军，日军会在这个河套地区部署 4 个师团，第 53 师团在铁路因多地区，对阵沿铁路走廊南下进攻的北部战区司令部英军第 36 师，第 15 师团在因多以南某处，第 31 师团在瑞保及其以北，第 33 师团在葛礼瓦对面。后 3 个师团在英帕尔战役受到粉碎性的严重打击，但是已经做出了巨大努力来重新装备这 3 个师团，将兵力补充满员。我们的情报判断日军现在的兵力是：第 15 师团,5000 人至 6000 人；第 31 师团，1.1 万人；第 33 师团，6000 多人。我相信这个判断是正确的。除此之外，还有军直属部队和兵站部队，除了第 53 师团，在河套地区的日军总共可能有大约 2.5 万人。

与钦敦江平行，并在该江以东大约 25 英里，从北面到葛礼瓦对面，绵延着一道从 2000 英尺到 2500 英尺高的山脉，即自布唐当山脉（Zibyu Taungdan Range）。由于敌军并没有猛烈阻击我军在北面的桥头堡，我预计日军将以掩护部队在山脉的隘路中迎击我们，同时在后方继续重组各个师团，并且增援其他师团。我们估计在自布唐当会有一场激战。

英印第 19 师的进展惊人地迅速。该师的两个旅沿着北面道路前进，第三个旅几乎与其平行，但是更南一些。这两路将越过自布唐当山脉而在瑞保折向南方。这是该师第一次参战，但是这支部队的绝大多数官兵都是战前的正规军，在精力充沛的师长皮特 · 里斯的率领下，他们以最快速度猛冲前进，英国部队称里斯为“小拿破仑”，这是指他的身材以及战争中取得的战绩。他在身高上不足的每一寸，都以推进中的每一英里来补偿了。无论他从路边向所部催喊，还是他在吉普车里率领着他们前进，他都是一个鼓舞人心的指挥官。我对他的唯一批评是，最好的猎人并不是一成不变地骑马跑在猎犬的前面。

12 月 12 日，里斯的师部到达锡唐东北 45 英里处，而 16 日，他已经攻占了更东面 40 多英里的班茂（Banmauk），并且派一支侦察队推进到铁路因多，在那里与英军第 36 师会师，这样，第一次连接了一条从印度洋直到中国的战线。在同一天，他的南方纵队夺取了平梨铺。英印第 19 师现在顺利越过了自布唐当，而与此同时，日军的后卫部队打得也很漂亮，但是我军不可阻挡地击溃了敌军。

一周前，我开始怀疑自己已经误解了日军指挥官的意图。现在我意识到确实误解了。如果日军想要在瑞保平原上作战，那无疑就会以更大的决心据守这些山脉。自从本月初，我也一直得到报告，并且得到空中侦察的印证，即日军在河套地区的总体移动方向是后撤渡过伊洛瓦底江而非前进。随后，从英印第 19 师夺取的日军隘路防御阵地上看，其并不像是为长期抵抗而构筑的，而仅仅是为了迟滞我军前进。我们渡过钦敦江发起攻势的速度，以及投入的兵力及机动性，让敌军深感震惊。这使我确信，要么因为这一点，要么由于我一直误判敌军之企图，日军将不会按我所期望的那样行事，即不会在伊洛瓦底江以北进行一场大战。似乎像我的许多战役一样，这场战役也不会如我所愿那样开始。这是我发挥灵活性的时候了，过去我经常这样督促下属。

至少可以说，当初我制订计划的第一个基础，实际上已经崩溃了，这是令人不安的事。如果敌人并没有在瑞保平原等着我，第 14 集团军全部涌入河套地区并不是一个好想法。那只能导致我们越过伊洛瓦底江实施正面进攻，而日军可以自由部署其优势兵力来进行抵抗。或者，如果我们渡江，日军就在我们处于不可避免的虚弱状态之际来攻击我们。我的目标仍然是消灭日军，而我那样根本无法达到这个目的。幸运的是，英印第 4 军只有一个师已经渡过了钦敦江，所以我还有挽回的余地。但是任何重大的改变，要想有效，就必须迅速，而且无论如何都会给后勤参谋带来可怕的负担。当务之急乃是确定或者至少要重新评估，日本人现在的意图是什么。

在英帕尔战役之后，日军最高指挥中枢产生了巨大的震动。除了司令官河边正三，还有众多高级军官遭到解职。我知道木村已经取代了河边正三，但是部分是由于一厢情愿的想法，部分是由于缺少关于这个新人的情报，我曾经得出结论，木村大程度上具有与其前任同样的性格和缺点。在这一点上我想错了。木村将军是一个具有更高程度的现实主义和道德勇气的指挥官。木村出身炮兵，被认为是日本陆军最优秀的将领之一，直接从东京的帝国大本营调至缅甸。在他到达的两周之内，他已经完全修改了防卫缅甸中部的各项计划。在木村接手时，据我们所知，日军在缅甸的兵力编成了 3 个军。

1. 第 28 军，司令官樱井中将，我们对他已经很熟悉了，负责若开前线，我们后来才知道，该军还负责北至仁安羌油田的伊洛瓦底江河谷。下辖第 54 师团、第 55 师团和新组建的独立步兵第 72 旅团。

2. 第 15 军，司令官片村中将（Lieut. General Katamura, 原任第 54 师团师团长，他取代了解职的牟田口廉也），下辖第 15 师团、第 31 师团、第 33 师团，我们认为还有独立步兵第 24 旅团。该军负责中部战线，包括铁路走廊。

3. 第 33 军，司令官本多中将（Lieut. General Honda），负责据守缅甸东北前线，面对我们的北部战区司令部和中国驻滇远征军，原来下辖第 18 师团和第 56 师团，但是我们也确定了第 53 师团和第 2 师团也在这个地区。我们不确定是否这些师团全部都在这个地区。

4. 缅甸方面军预备队，我们认为第49师团在缅甸南部的勃固附近。

木村断定，根据在英帕尔战役中被击溃的3个师团现状，他不能冒险在开阔的平原上打一场战役。因此，他命令所部逐渐撤过伊洛瓦底江，只留下小规模掩护部队迟滞我军前线，同时准备所谓的“伊洛瓦底江畔战役”。他希望在这场战役中，集结他最大兵力来对抗第14集团军，当我们努力渡过伊洛瓦底江时予以痛击，然后借助于印度洋季风雨，当我们狼狈退回钦敦江时，再予以歼灭，他的这种希望不是没有理由的。作为准备工作的一部分，他极大地减少了日军第33军的兵力，抽调第2师团回到密铁拉，并且把第53师团调属日军第15军。他还把独立步兵第24旅团调往毛淡棉。第2师团和第24旅团成为他的总预备队，到目前为止总预备队只有第49师团。在需要的时候，这支预备队可以再次通过铁路和公路北调，还可以警戒英军在缅甸南部可能发动的两栖作战行动。后来，寺内寿一元帅命令把第2师团调往印度支那，在我们渡过伊洛瓦底江发起攻势时，这个师团正在转调的途中。这是一个莫名其妙的命令，寺内肯定会为此责怪自己。由于木村想在缅甸东北保持完全的守势，他可以减少日军第33军和在铁路走廊的兵力，并且一旦受到英军第36师、苏尔坦的中国部队和中国驻滇远征军的进攻压力时，可以缓慢地撤退。

当然，对于日军在计划和编制上的变化，我很长时间都不知道全部内容，但是英印第19师的前进已经带给我们一些普遍性的收获，这就是俘获了许多日军的日记、信件和命令。根据文件和来自空中的报告，我们能够把碎片拼合在一起，从而合理而正确地弄清敌人的意图是什么。我的怀疑得到印证，很明显，他们明智地决定在伊洛瓦底江东岸，而不是西岸作战。现在我的问题是，首先要渡过这条江，然后再击败他们——比起先击败他们再渡过这条江，这是一个困难得多的任务。

在制订我们原始计划以前，我和参谋人员自然而然地研究了几种可选方案。其中有一个方案是以一支相当规模的部队沿甘高河谷前进，在木各具附近占领一个伊洛瓦底江的桥头堡，然后，向东攻击，进入曼德勒以南。我一度没有采纳这个方案，因为我确信日军会留在曼德勒以北，如果要打败日军主力，我应该要求英印第 4 军剑指那里。另者，通往木各具的道路不仅漫长而且最为困难重重，但是在一番冥思苦想之后，并予以修正，我重新审视了这个方案。

新方案的意图是在曼德勒—达西—稍埠—敏建地区歼灭日军主力，我们专业的参谋人员夜以继日地工作，在创纪录的时间里制订出了详细计划。其主要内容是，以英印第 33 军以及转隶过来的英印第 19 师，强渡伊洛瓦底江，前进至曼德勒以西和以北地区，因此，这将导致木村尽最大可能集中其各师团。而与此同时，英印第 4 军秘密沿甘高河谷南进，并且突袭攻占木各具，夺取一个渡口，以装甲和空降兵力毫不停顿地猛烈攻击密铁拉。

密铁拉及其以东 12 英里的达西，是日军第 15 军和第 33 军的主要后勤中心。这个地区驻扎了日军的主要补给基地、弹药库、医院和补给站，还有五六个飞机场。从东南和西面汇集到密铁拉和达西的公路和铁路，再向北面伸展开去，就好像一只手的伸展的手指，而手腕就是密铁拉。击碎了这个手腕，就没有血液流向各个手指，那么整只手就会瘫痪，从怒江到伊洛瓦底江弧形区域的各个日军就会开始枯萎。如果我们攻占密铁拉，而同时木村深深地陷入沿着伊洛瓦底江的曼德勒一带的战斗，那么他将被迫分派很大的兵力去解决他的致命交通线问题。这将给予我的不仅是我渴望的重大战役，而且给予了机会以重复我们的铁锤和铁砧老战术：英印第 33 军是来自北面的铁锤，砸向在密铁拉的英印第 4 军，而夹在中间的是日本人。

时间紧迫。英印第 4 军渡过钦敦江的部队越多，则将部队调动至新作战轴心的困难就越多。德穆附近，在梅瑟维的帐篷外面的一张桌子上，我向这两个军的指挥官解释了我的新计划。这次会议上，我讲清楚了我的意图是在即将而来的战役之后，在季风雨季之前立即南进收复仰光。这个夺取仰光的计划，我们第 14 集团军司令部已经思虑良久，为了达到这个目的，已经进行了大量的讨论和计划工作。在我们的会议之后，12 月 19 日签发的作战指令首次向所属部队公布了这个计划。在指令中，我阐明了意图：

1. 与北部战区司令部联合，歼灭在缅甸的敌军部队。

2. 向兴实达—良礼彬（Nyaunglebin）一线前进。

3. 抓住任何机会从这条线前进并且夺取一个缅甸南部的港口。

我没有特别强调仰光，因为虽然仰光是最终和必要的目标，但是我倾向于把毛淡棉考虑作为一个更好的最初战略目标。后来有很多时间来决定我们该如何尝试。

因此，两个军的部队配属如下：

英印第 4 军

英印第 7 师和英印第 17 师

英印第 255 坦克旅（“谢尔曼”式坦克）

卢赛旅

第 28 东非旅

英印第 33 军

英军第 2 师、英印第 19 师和英印第 20 师

英印第 254 坦克旅（“李 – 格兰特”式坦克和“斯图亚特”

式坦克）

英印第268旅

改编为机械化师的英印第5师和空降部队，则作为集团军预备队。

这两个军的指挥官毫无抱怨地接受了上述变化，并且满怀决心，无论如何困难，这个新的计划一定要坚决执行并获得成功。斯托普福德在英印第33军中只是进一步修改了他的各项计划；梅瑟维在英印第4军中则完全重新制订了计划。

此战成败之关键在于，从木各具发起的攻击以及在敌军受到攻击之前，攻击兵力规模必须对敌严格保密。因此，制订了一个计划，希望会使木村相信英印第4军作为英印第33军的左翼，依然在向着瑞保平原运动，而在甘高河谷里的军事动作只是从北面的牵制性攻击，以分散日军对我们进攻曼德勒的注意力。为了达此目的，一个伪造的英印第4军司令部，使用同样的无线电频道，在真司令部出发后，假司令部还必须留在德穆代替真的司令部。英印第33军发给英印第19师的通信电文必须通过这个伪造的司令部。而真正的英印第4军要保持无线电静默直到甘高河谷的作战控制需要使用无线电时为止。即使到那时，他们也只能假装是撤退的第11东非师的师部。我们安排了一些参谋军官和作战人员之间的“不谨慎的”且清楚的对话，新闻广播漫不经心地提到有关部队的不精确消息，使用很多精密的装置用来误导单纯的日本人，同时表现出来的交通运输量也符合两个军在瑞保平原集中所需。在操作上，这个通信欺骗计划对于军长和师长来说是一个真正的令人讨厌的事，执行是一个对耐心和纪律的考验，但是这个计划获得到了极好的意外收获。敌人完全被欺骗了。

我曾经试图在战役最初阶段以空降作战的方式攻占密铁拉，但是不得不放弃了这个想法，部分原因是因为缺少伞兵部队，而主要是因为分配给第14集团军的空运力量仅仅能够满足维持补给这一项任务的需要。幸好我放弃了。12 月 10 日黎明，我在英帕尔司令部里被引擎的呼啸声吵醒，大量飞机接连起飞并且低空飞过头顶。我知道满载的飞机要在当天早上晚些时候前往英印第 33 军，但是我很惊讶这么早就开始了。我派人去弄清楚这是怎么回事。令我惊愕的是，我了解到，事先没有警告，分配给第 14 集团军维持补给的 3 个中队美国“达科他”式飞机（75 架飞机），突然接到命令飞往中国，在那里，史迪威的预言实现了，陈纳德对日本军舰的空中打击激怒了日本人，日军已经开始摧毁美军的前进机场。从外面头上经过的就是第一批飞往中国的飞机。飞机上已经为第 14 集团军装载好了的补给物资，被卸载在英帕尔简易机场上，飞机就起飞了。飞机引擎的吵闹声是最初的暗示，如果说第 14 集团军存在后勤危机的话，那么现在危机就爆发了。

因为这是一个危机。这意味着计划的第二基础，即坚定的空运分配，也消失了。这个损失将导致所有的作战行动陷入停顿。我那时正在思考着的，并且第 14 集团军的参谋人员已经在制订的英印第 4 军行动计划，受到了最大的影响。即使在困难较少的英印第 33 军中，前进所需的物资和器材补给也严重迟滞。这意味着所有后勤参谋增加了忧虑和扩大了工作量。我特别对不起第 14 集团军和英印第 4 军司令部的人。他们正全力改变全部计划，并且要调动半个集团军到密铁拉去，由于失去了 75 架飞机，不得不重新估算空运量和时间。当他们处理了这个问题后，他们的足智多谋和拒绝被任何事情打败的精神，令我心中充满了对他们的敬佩之情。

得益于盟军东南亚陆军部队和盟军东南亚司令部的巨大努力，在若开的英印第 15 军的空运数量急剧削减，通过各个渠道终于恢复了曾一度减少的空运量，但是我们的计划依然落后了，合理的估计也有 2 周到 3 周的时间。由于两个原因，后来的作战行动受到了影响：第一，这种拖延给了日军额外的时间来恢复战力，并使其对我们的行动做出反应；第二，这造成在季风雨之前留给我们较少的时间来完成任务。

即使在这次出乎预料削减我们空运量配额之前，这个新的计划也显然表明我们的全部资源压力将达到极限。后勤风险十分巨大。首先是要把英印第 4 军从德穆调动到木各具，距离 328 英里，要走一条十分崎岖的土路，这条路在雨天是不可通过的一片泥泞，而在干燥的天气里，则是几乎无法通行的尘土飞扬。若要使由两三个师和一个坦克旅组成的一个军通过这条崎岖起伏的道路，在道路的尽头储备大规模渡江所需的资源，运输突袭密铁拉所需的汽油和弹药，而且要在两个月之内做到这一切，同时不能让敌人察觉到，这要求有很高技巧和极大决心。

当开始实际行动时，在这条公路上能够运输的补给量将很少，因此，英印第 4 军的补给及其撤出伤亡人员的任务不得不依靠空运完成。这就必须建设大量的着陆简易机场，能够起降重型的 C46 型运输机，还有为战斗机使用的其他机场，前进的战斗机将为运输机提供必要的保护，因此这是一个巨大的任务。关键的因素是要有足够的空中补给。斯内林和他的参谋人员计算，如果一切按照我们的计划进行，且允许减缓运输和前进速度，削减后的空运力量将只够维持这两个军，并且为渡河和以后的战斗储备最低限度的弹药和装备。这不允许我们的飞机受到敌人的严重袭扰，也不能受到天气的干扰，正如我们知道的，这两个因素能够完全破坏我们的计划。因为空中运输是我们维持补给各前线部队的主要途径，而仅靠空运不可能是充分的，所以必须以其他可用途径进行补充。集团军的后方各部队将在尽可能最早的时刻使用公路、铁路或者河路运输的手段，各个师不得不借助自己的运输力量向前运动。

就目前的公路而言，英印第 4 军向伊洛瓦底江前进的道路需要巨大的工程资源，特别是在从甘高到包克的山地段，这迫使我们放弃了将从葛礼瓦到耶乌的公路提高为全天候标准的想法。我们已经放弃了修建从迪登到锡唐的公路计划。我们只能将公路的一条支线改造为全天候公路，即从德穆到葛礼瓦段。仅仅这一段，由于缺少筑路碎石和筑路机械，若不是我的总工程师比尔·哈斯蒂德（Bill Hasted），本来也不可能实现。他是这次战役的英雄之一，由于使用“沥青麻布油毛毡”而在筑路上进行了一场革命。这种泥土结构的公路十分平整并且夯得很紧密，很大部分上是手工完成；公路两侧挖出深深的壕沟以及常用溢洪道，路表面盖上重叠的沥青粗麻布。只要防水层没有出现坑洞，一切良好，即使在不可避免出现了一些坑洞的时候，修理也像补轮胎一样，又快又容易。当季风雨季来临之时，长达100多英里的新型路面可以每日承受1000辆汽车通过。尽管如此，当我想到这条公路所承载的重担时，还是有些不安。

随着我们的前进，希望能够接管的日军铁路将被我们自己的轰炸以及爆破严重摧毁。如果能得到一些能够使用的火车头，我们就太幸运了，虽然还可能获得一些可以修理的车辆。然而，尽管我们努力进行轰炸，日本人却一直运行着他们的铁路，如果他们能做到这一点，我们应该也能够恢复落到我们手中的铁路，不管线路有多长。因此，我们计划集中力量，使得阿龙—阿瓦和敏建—密铁拉铁路尽早投入运营。通过空运或者公路运输铁路机车不是一件容易的事，但是我们从各种来源在印度收集到五花八门的轻型引擎，后来我们把其拆卸空运进缅甸，甚至有的放在坦克运输车上完整地带进来。至于其他与机车完全不同的吉普车——转至铁路运输——也将投入使用。

由于遇到了困难，我们满怀希望地把目光转向了水上运输。我们现在掌握了钦敦江的一条支流，并且有望很快连通伊洛瓦底江。除了航行的危险，特别是在钦敦江上，要使用这些河流作为我们的交通线还有一项严重的障碍——我们没有任何船只。在当年的大撤退期间，钦敦江上的绝大多数船只都被我们自己沉到了江底，没有炸沉的也被后来的空袭毁损，剩下的船只则被日本人破坏或者转移到下游的伊洛瓦底江去了。在前进开始时的一个热天，我带着我的不爱说话的总工程师比尔·哈斯蒂德到葛礼瓦上游一些的地方，我说：“比尔，那儿是那条河，那儿有许多树。”我边说边指着岸上半英里之内的大森林说："在两个月之内我希望每天有 500 吨给养被运到这条河下游去。"他若有所思地看着那条河和那些树，然后看着我说："我们要立即解决困难，再晚就来不及了。"他引用了在第 14 集团军里人们经常说到的一句话，并且咧嘴笑着补充道："一个月完成就是奇迹了！""你很幸运，"我回答说，"给你两个月！"

但是其实幸运的人是我，我有幸有这样一位总工程师。几个星期后，当我再次视察这个地方时，沿着这条河岸，到处是一片机器轰鸣且热烈繁忙的活动景象，那里有一个巨大的造船工地。哈斯蒂德所属工兵们，得到了从印度坐飞机赶来的内河运输局建设连的工兵以及缅甸当地劳工的增援，"大象比尔"的第 14 集团军大象连队从树林里拖出来长长的木材，工兵们用其造出来几十条船只。这些船只并不精美，看起来像没有房子的诺亚方舟，但是这些船只漂浮在水面上，每一条可运载 10 吨的货物。每 3 条这样的船只，牢牢固定在一起，并且铺上甲板，就形成了一个很有用的船筏，可以运送任何东西，甚至可以运"谢尔曼"式坦克。建造出这些甲板驳船并不意味着什么了不起的成就，我们制造了几百条这样的大船，真正的问题是要提供动力来驱动船只。盟军东南亚陆军部队救了我们，他们分批空运来了舷外发动机、航海汽油发动机以及小型摩托拖轮，然后在河岸上组装在一起。将我们装甲部队借来的坦克运输车开回印度，再从迪马普尔的铁路终点站带来摩托艇，这是一段噩梦般的车程，一位愤愤不平的坦克指挥官将其描述为"滥用运输资源"。葛礼瓦的码头得到了重建，原来的位置被修复为一个巨大的河上港口。

我们的内河运输局最伟大的成就是打捞，用最不充足和最简陋的设备，在伊洛瓦底江底打捞了很多比较大的船只、日军登陆筏、重型钢铁浮筒、拖轮，甚至小船。这些打捞的沉船占了最后可用的船队中的很大比例。然而，无论如何，我感到特别自豪的是在我们的葛礼瓦造船厂为英国皇家海军所建造的那些战舰。这是两艘木制的平底状船只，有着轻型的装甲舰桥，速度可达到12节，并且安装着一门“博福斯”式高射炮，两门“厄利康”式（Oerlikon）高射炮，以及两门“布罗宁”式（Browning）轻型双管自动炮作为防空炮火。我自诩是为英国皇家海军设计军舰并建造、命名并送之下水的唯一陆军将领。其中一艘船我称之为“帕梅拉”号（Pamela），名字取自蒙巴顿海军上将的小女儿，另一艘船我命名为“乌娜”号（Una），名字来自我自己的女儿。我受到两瓶质量可疑的葡萄酒的影响，给这两艘军舰命名，这引起了几位海军大臣高贵的指责，他们感到悲伤多于愤怒，因为只有海军大臣才有权命名英国战舰。我希望他们原谅我，因为英国皇家战舰“乌娜”号和“帕梅拉”号悬挂了英国皇家海军军旗，对于我们这些军人来说，军旗的全部意义就在于返回钦敦江和伊洛瓦底江。这些小小的战舰及其海军水兵，保持着真正的纳尔逊传统，勇敢地逼近敌人。他们经常活跃于战场，并且因敌人的射击而遭受损失。在那些日子里，他们叱咤海洋，或者至少是这些江流。我们再次拥有了自己的海军，这一点很让人快乐。

除了直接的空中补给，第14集团军作战依靠的交通线，取决于5月份季风雨季的开始时间，因此是一条变化无常的交通线，运行情况如下：

1. 从迪马普尔的铁路终点出发，经过英帕尔到达德穆的全天候公路，全长206英里。

2. 然后，经晴天公路通至葛礼瓦，全长112英里，通过类似于“沥青麻布油毛毡”之类的应急手段，我们希望这条晴天公路可以改造为全天候公路。

3. 经贝雷活动便桥渡过钦敦江，通过一条晴天公路而至瑞保，再从那里经一条质量很差的全天候公路到达曼德勒和英印第33军，全长190英里。

4. 用我们自制或组装的船只，实现从葛礼瓦至敏建的河运，其服务于英印第 4 军，全长 200 英里。

5. 最后，从敏建使用部分全天候公路，但我们希望使用铁路到达密铁拉，全长 59 英里。

我们要跨过一条大河，在距离铁路终点站有五六百英里之间的一条交通线的尽头打一场大仗，即使拥有充足的时间也是十分困难的，但是季风雨季预期在 5 月初就会到来，这意味着我们必须在 5 个月或者不到 5 个月的时间之内，使这条交通线适合于承担全天候的交通运输任务。如果我们到那时候还没有做到这一点，除非能够使用缅南的一个港口，否则第 14 集团军就很难指望维持自己的生存。我们肯定会有 5 个月的繁忙时期。

当英印第 19 师从群山中出来时，该师的进攻势头增大，敌人的后卫部队被其击溃了。12 月 19 日，我们的部队席卷了文多，然后折向南方前进，23 日，已经到达文多以南 25 英里处。在 20 天里推进将近 200 英里的行动是一个令人吃惊的壮举，与其说是因为击败了多少敌军的抵抗——虽然也绝不能忽略不计的——不如说是因为行军地区地形险峻。因为这段距离的绝大多数地方没有任何道路，穿过群山的土路都是原来日本人为了入侵阿萨姆而修建的，在雨季期间绝大多数土路都已经消失不见了。只有很少筑路设备的英印第 19 师，不得不重新开辟一条小道。这个师的绝大多数人都步行，但是大炮和卡车经常不得不靠绞车吊起和人力拖上陡峭的斜坡，有一个地方，为了使这条小道绕过一道悬崖，唯一的方法是通过悬臂让这条路延伸在支撑的木材上。从一架轻型飞机往下看这个师，是一幅令人兴奋的壮阔景象。一望无际的树海遮蔽了下面的群山，穿过那些树冠间的缝隙，我能够看见在那十分粗糙的土路上正在艰苦行军的士兵行列，他们带着既定的目标，这一点能够从 500 英尺高的空中看出来。在他们后面有一群群的人，把衣服剥光到腰部，正在砍伐一棵棵大树，并且拖着那些大树，把大树搭成一座座跨过无数条溪流和沟壑的简易桥梁，缩短道路，同时一些大炮等待最后一根木材被铺放到位，以便再次前进。当一支支连队用镐头和铲子挖掘河岸以加宽道路，便于让卡车通过的时候，尘埃在微红色的云层里升腾。这些士兵开出一条路，拖曳车辆，用旺盛的精力向前推进，迎击敌人，那是一种激动人心的景象。当我从飞机上下来，来到他们匆匆准备的简易飞机跑道上，和他们谈话，和通常在队伍前面的彼得·里斯谈话的时候，我的精神总是情绪高昂。英印第 19 师为了与敌交手，已经等待了很长的时间，现在没有什么东西能够阻止他们了。

英印第 4 军下辖的英印第 268 旅，已经在锡唐以南渡过了钦敦江，现在正在沿着一些丛林道路前进，已经夺取了油田因多，翻越山地，到达了向南流入瑞保平原的穆河。该旅现在正在英印第 19 师的右面向南移动。按照新的计划，12 月 26 日，我把英印第 268 旅和英印第 19 师从英印第 4 军转隶给了英印第 33 军，英印第 33 军从此日起负责在第 14 集团军北部前线的所有作战行动。

在英印第 19 师向南横扫的同时，英印第 33 军的英印第 20 师和英军第 2 师从茂莱和葛礼瓦继续东进。在瑞琴—耶乌公路沿线，日军显然在我军到达之前就撤走了，只留下地雷和砍倒的树木作为障碍。清理这些花掉了一些时间，直到 12 月 23 日，英军第 2 师的先头部队才通过宾盖，与我们的预料相反，敌人并没有试图据守宾盖。我军在宾盖以东数英里处遇到了日军的第一次抵抗，第二天，一支日军的后卫部队据守着横跨公路的阵地。日军坚守着阵地，但是在 22 日，英印第 20 师的一个廓尔喀营，向东南运动，来到日军阵地的后面，并且在公路上设置了路障和伏击点。这个营在 5 天的时间里坚守着，在这段时间里抵挡了大部分敌军。英军第 2 师随后在 27 日到达了，在正面攻击了那道峡谷，驱赶剩下的敌军后卫部队退向廓尔喀人的刺刀。这次进攻遇到的抵抗很小，一支小规模的机械化纵队突袭卡博（Kabo）坝。这道水坝控制着瑞保平原的灌溉，若遭摧毁，必然导致广大地区最终发生饥荒。这支纵队及时到达，阻止和驱逐了日军的爆破队。很显然我们前进的速度让敌人感到惊讶，他们的唯一反应是使用战斗机进行了一些失败的袭击。1945 年 1 月 2 日，英军第 2 师的先头部队夺取了耶乌及其机场，第二天在这个城市的南北两处渡江地点日夜渡过穆河，只遇到了轻微的抵抗。然后工兵们开始修建一座桥梁以取代被日军破坏了的那条旧栈桥。1 月 5 日，英军第 2 师在有效的空中支援下已经建立了一个坚固的桥头堡。该师也在卡博附近与正在进军的英印第 19 师取得了联系。

然后接着开始了一场英军第 2 师和英印第 19 师为夺取瑞保进行的竞赛。重组后的日军第 15 师团已经放弃了阻挡我英印第 19 师的任何尝试，现全师团向伊洛瓦底江撤退。其阵地已经被日军第 31 师团的一个联队接管，1 月 2 日，该联队在甘勃卢（Kanbalu）进行了一场顽强的战斗，以掩护日军的撤退。英印第 19 师突破了敌人的防线，其先头部队经过 50 英里的艰苦行军直向瑞保，7 日到达该城。在 8 日期间该师在瑞保的城东和城南进行了几次停顿，以肃清日军守备部队。9 日英军第 2 师的部队在击溃了东北道路上微小抵抗之后，入城且没有遇到抵抗，因为敌人在那天早晨试图逃跑，被英印第 19 师的一个营在城南数英里处拦截了，并遭歼灭。

如前所述，英印第 20 师的一个旅，12 月已经在茂莱渡过了钦敦江，并且向东南移动，突袭在宾盖以东阻挡英军第 2 师的日军，然后从那里向南进击。我军完全靠着驮畜运输，走小路穿过丛林，直到在 1 月 6 日出现并且包围了掘壕坚守的敌军交通中心布德林（Budalin），布德林距离蒙育瓦以北 20 英里处。在与一支只有 100 多人的日军守备部队经过一场恶战之后，我军攻陷了布德林。日军守备部队以最大的勇气进行了战斗。只有十几个日本兵逃脱，但是我军在这场规模虽小却典型的战斗中伤亡却超过 60 人。英印第 20 师的主力跟进该旅，现在开始接近蒙育瓦。

英印第 33 军猛烈进击，肃清了瑞保平原之敌，并且沿着伊洛瓦底江部署各师。梅瑟维的英印第 4 军正长途行军，奔往木各具，以实施我们所希望的密铁拉决战。我已经把卢赛旅和第 28 东非旅转隶给了梅瑟维，卢赛旅已经在吉灵庙以南 50 多英里的密沙河谷，而第 28 东非旅最近已经成为集团军预备队。卢赛旅与日军作战很长时间了，而第 28 东非旅可能被误认为是经过紧张的季风雨季作战后现正在撤退的第 11 东非师。如果利用这两个旅来掩护英印第 4 军的推进，我希望他们能造成一种幻觉，原来的英印第 33 军的部队仍在甘高河谷里，而英印第 4 军依然远在第 14 集团军的左翼。于是，梅瑟维命令卢赛旅攻占甘高，而第 28 东非旅则紧紧跟进。在这两个旅后面，他动用我所能提供的虽不多但是所有的工程资源增援他，为预定要跟上来的英印第 7 师改进道路。到 1 月 6 日，这个师的大部，经过从德穆出发的 100 英里的长途行军之后，隐藏在吉灵庙以南 10 英里的丛林之中，其用每一个能够找到的人来改进这条公路。

英印第 4 军参谋人员的后勤才能在这期间以及整个战役期间，达到了极致。那不仅体现在当我将该军从集团军左翼调到最右翼，导致其全部计划突然改变中，也体现在整个军必须经一条蜿蜒山间且状况非常恶劣的晴天公路行军 300 英里中。实际上每次走几英里就不得不开辟道路。3 吨卡车在这种道路上通行已经十分困难了，但坦克旅的一套坦克加运输车重达 50 吨，到急转弯的地方，运输车长长的轮式底盘一侧就悬在陡坡外面，要来来回回地倒车前进，那简直成了一场噩梦。有时候道路的坡度很陡且尘土很深，使得坦克不得不拖拉自己的运输车。交通控制成了主要问题。想象一下这样的场景，如果一辆坦克运输车，装载着大型汽艇，在去木各具的路上苦苦爬上一座小山，却遇上了另一辆回来的空载的坦克运输车，正在尘土飞扬的峭壁上驶向同一条单向通车的小路。只能在交汇口才能发生这样的相遇，这只是道路控制指挥要注意的许多事情之一。交通控制指挥是否有效，能够依据没有重大堵塞的事实来判断。

失去分配给我们的空中运输机中队，正在给我们的所有兵力调动带来沉重的压力。本来能够从空中运输的许多东西现在不得不走公路了，遂产生了拥堵和时间拖延问题。英国和美国的空中力量十分出色。留给我们的运输机飞行了令人无法相信的小时数。他们认同自己属于这个集团军。他们与士兵得到了同样多的荣誉，不仅及时运输了部队，而且还运输了成千上万吨的补给物资和所需的装备。飞行员们也像我们一样意识到，未来整个战役成败都依赖于英印第 4 军行动的隐蔽性。一架日军的侦察机，紧贴着滚滚的烟尘进行侦察，也许当其看见一行坦克正在缓慢地向木各具移动时，就能意识到这意味着什么。文森特的英国皇家空军第 221 大队负责不让任何敌机飞近侦察，他绝对彻底地履行了自己的责任。整个白天，他的战斗机在这条路上空巡逻，据我所知，没有任何大胆的日军侦察机能穿透他设置的屏障而不被打下来。文森特及其麾下对我们的恩情多到永远无法报答，当胜利时，英国皇家空军第 221 大队居功甚伟，与陆军共享荣耀。我们能与空军并肩作战，深感自豪，我不由想到，有些时候，比起更高级别的空军司令部，陆军更为认可空军所取得的成就。

事实证明甘高是相当难以砸开的硬核桃。梅瑟维不想使用太多的部队来进攻这个地方，因为那样会引起日军的怀疑。轻武器装备的卢赛旅猛烈地进行了攻击，但是日军像往常一样在既设阵地里进行了顽强的抵抗。通过一场“地震”——那缅甸前线真正的重大地震——即空中轰炸，解决了这个问题。我们请求战略空军的轰炸机支援，这预示着一次最强大的空中威慑。为了见证这一幕，这个军的军长、两位空军中将和一些高级军官，怀着相当轻松的心情和我一起在 1 月 10 日乘轻型飞机飞往甘高。由一位最出色的空军军官驾驶一架长机为引导，我们低低地飞过这片极具魅力的乡村。无论是我的飞行员还是我本人都并不关心这次航行，我们只是跟着那位领导者。然而，我突然意识到已经飞行了很长时间，我看了看表，开始意识到，除非我们绕飞一圈——我们似乎并没有那么做——否则我们的下半个小时就要稳步向南飞过日占区。我开始对下面的地方产生了巨大的兴趣。确实，我们已经飞过了甘高。我疯狂地向我的同行者们做手势，我的飞行员快速提高飞机的高度并且掉头向回飞。其余的飞机就跟着我们，再次向北飞，绕了一个小圈之后，我们发现了甘高简易机场。欢迎我们的人群看着飞机稳步向南飞过，他们感到惊讶和恐慌，我遗憾地补充一句，那些更下级的军官还感到欢愉。那位空军中将的懊悔以及对他作为一名导航员的批评幸运地被这次成功的"地震"抵消了。飞行员们为每一个在那个阵地上的日军投下了几吨炸药，但是更出色的是，他们把那些炸药都投在了那块阵地上。然后装备火炮和发射火箭的战斗机在攻击的部队冲锋之前发动最后一波轰击，这给我们士兵提供了如此近距离的支援，使得敌人不敢露头，这必然是一场闷哑的抵抗。我们的空军击败了甘高之敌，卢赛旅占领了甘高，这是非常令人满意的结局。此后不久，英勇的卢赛旅集结在一起，我告别其官兵们。在经过长达一年紧张而有效的长距离渗透作战行动之后，然后他们乘飞机离开了战场，理所当然地去印度进行休整。他们的阵地被第 28 东非旅接防，该旅继续掩护紧跟其后的英印第 7 师前进和集结。

现在，在 1 月的第二个星期，第 14 集团军的各个师，正在接近从北至文多、南至木各具，伊洛瓦底江沿线 200 英里多的战线，而且英印第 19 师实际上已到达这条战线。然而，就我们所知，日军依然没有发现我们计划的变化，也没有察觉英印第 4 军的秘密行军。我们希望，他们的目光依然紧盯着曼德勒，而不是密铁拉。这个阶段是为了所有军事行动最为激动人心的一步，即获得渡过一条大江的渡口。

第十八章 跨过伊洛瓦底江

第 14 集团军现在正在靠近伊洛瓦底江，这条江是世界上的大江之一。它横穿缅甸奔腾 1300 多英里，从大海往上游 1000 英里可以通行大型汽船。从远古时代起，伊洛瓦底江就是缅甸的主要交通水道，人们世世代代沿江进行着贸易和战争。伊洛瓦底江的江水随着每年 3 月到 9 月的雨水到来而上涨，达到峰值，然后再次退去，这条江的流速与其宽度一样，随着季节而改变，可达到每小时 1.5 英里到五六英里。因此，每年一月的江水水位较低，流速也最低。

然而，伊洛瓦底江却又是最难以逾越的一道障碍。在第 14 集团军防区北部，即英印第 19 师遇到的江段，伊洛瓦底江先是流经森林然后穿过 25 英里的低山地带，这时江面变得狭窄了，只有 500 码宽。随着地势变得平缓，这条江又变宽，平均达到 2000 码，特别是在与钦敦江的交汇处，最大宽度为 4000 多码。在比较狭窄的江段，江岸陡峭；在比较宽阔的江段，则流过平缓而荒凉的乡野，水位变得很低，江水常常被一些小岛和沙岸分开或者阻碍，这些小岛和沙岸也会随着每一次洪水而改变位置。在很多地方，当江水落下去的时候，留下一段段很宽的松软沙地，车辆的车轴深陷到沙子里，从而导致无法过河。航行总是困难重重，特别是像现在这样，水位很低，只有经过缜密侦察，才能选定过河的地点。

到1月9日，英印第33军第19师的巡逻队已经进抵德贝金附近的伊洛瓦底江，并且发现了两岸均有敌人。这个势头正劲的师马上开始勇猛地肃清西岸之敌，但遇到了相当大的抵抗。在瑞保地区的英军第2师向南进击，同时英印第20师正突袭蒙育瓦。英印第4军已经开始向木各具长途行军，而卢赛旅则将攻击甘高，打通道路，同时英印第7师的先头部队在后面稳步跟进。英印第17师已经从印度回到英帕尔，正在重新装备新的机械化和空降装备；而英印第5师完成了同样的改编，最近已进驻乔尔哈特，成为集团军预备队。第14集团军进展十分顺利。

在第14集团军的左翼，北部战区司令部正在向南推进，在伊洛瓦底江东岸，分三路进攻日益弱化的敌军。苏尔坦在12月失去了他的中国第14师和中国新22师，这两个师因接到紧急救援命令而已经被空运回中国。史迪威的预言变成了现实；日军正在进攻，有一些美军的机场已经被摧毁，而更多的机场正在日军的威胁之下。苏尔坦的兵力尽管减少，但是他仍然继续三路推进。在他右面的是费斯廷的英军第36师，在与英印第19师取得联系后，于12月20日，在杰沙渡过伊洛瓦底江到达东岸，以两个纵队向南推进。右路纵队沿着江岸前进，现在到达德贝金以北大约40英里处；左路纵队，沿瑞丽江河谷与右路大致平行前进，在德贝金以东大约30英里。苏尔坦的第二路纵队中国第50师，前进得更往南一些，在英军第36师左路纵队以东约30英里处。他的第三路纵队，中国新30师和中国新38师，在12月中已经夺取了八莫，将与距离杰沙以东120英里处的畹町的中国驻滇远征军会师。

为了迎击从北到西广阔的战线上不断威胁的盟军，木村重新部署了他的兵力。通过把来自各种来源的情报拼凑在一起，我们逐渐地确定了日军各个师团的位置，事后证明其具有相当的精确性。本政多材的第33军，由第18师团和第56师团组成，第49师团的一个联队和第2师团的另一个联队临时增援了第 56 师团，该军在八莫以南对抗中国驻滇远征军，以及苏尔坦东部两路纵队的中国驻印军。片村四八的第 15 军由第 15 师团、第 53 师团、第 31 师团和第 33 师团组成，以上述顺序从北向南沿伊洛瓦底江战线部署。根据情报判断，第 53 师团的大部于 12 月期间曾经在铁路走廊一线与英军第 36 师作战，且已经撤退到曼德勒地区。根据日军的尸体判明，日军从防守中国远征军的前线抽调第 18 师团和第 56 师团一部接防第 53 师团防线。在第 14 集团军的正面，日军的第 15 师团和第 53 师团广泛展开，应对我们英印第 19 师的威胁；第 31 师团守备实皆山和伊洛瓦底江以西，同时日军第 33 师团则守备蒙育瓦和甘高河谷。日军第 54 师团和第 55 师团则驻若开和缅甸南部。我们估计敌人前线后方的某些地方是第 2 师团和第 49 师团的余部，两个战斗力较强的独立旅团和残存的印度国民军部队，我们怀疑其中有些部队就在曼德勒以西的江岸上。

敌人知道我们打算渡江，并且也意识到以自己现有兵力不可能连续而有效地据守 200 英里的沿江防线，他们也不打算那么做。相反，在我们的意图变得明朗之前，敌军明智地将其防御力量集中到我们最可能出现的渡江地点，警戒间隔地带，保留预备队的机动性和进退性，特别是火炮和坦克。日军在我们这一侧，即伊洛瓦底江东岸的实皆山和距离曼德勒以北约 60 英里处的卡韦特（Kabwet）附近留下了一些分遣队，以阻碍我们的前进，并且使其能够观察我军动向，如果有必要的话，这些地方还可以成为其渡过伊洛瓦底江的渡口。日军也组织了一些小规模自杀渗透部队来袭击我们的江岸阵地，并且妨碍我们的战备，延迟和袭扰我们。总的说来，木村迎击来自我军北面攻击的措施是适当的，在巡视之后，他可能觉得既然不可能阻止我们在一些地方过江，那就应该歼灭设法渡江的我军部队。他缺少空中支援和空中侦察，这当然是一个重大的缺陷，必然会使他极为忧虑，但是他以现有资源做出的部署，可以更为自由和大胆地使用部队。

如果木村有忧虑，我当然也有。我的最大忧虑是缺乏装备。我不认为任何现代的军队会试图以这样少的装备横渡一条大河。我们只有很少的机动船，而且船都很小很旧，经过恶劣且漫长旅途的颠簸，通常受到损坏。我们的少量军用船只和船舶物资看起来已经频繁使用几个月，甚至数年以上，而且被野蛮装卸过。我们的所有装备都严重“部分磨损”。我们特别短缺舷外发动机，应该很大程度上依赖于此，即使能够找到的一些，对于完成其任务来说也是动力不足，而且几乎都不可靠。我们试图用一些缴获的平底船来弥补装备不足，但是这些平底船非常陈旧，实际上只适于架桥。在我们获得的缅甸小木船中，有一些是很好的运货船只，但是对于经验不足的人来说，其却是极为笨拙难于驾驭的。我们绷紧了每一根神经要生产更多的两栖装备，但是在那里却并不简单。我的司令部寻找一切设备，调动技术部队，并尽全力提供帮助，但是尽管想尽一切办法，提供给军长们的装备数量仍然远远达不到我的期望，或者只能提供给军长们合理需求的一小部分。除过质量恶劣的装备，我也不能提供足够的装备，各军每次只能渡过一个师，而且即使是那个师，也要往返航行多次，那些船只和木筏不得不来回摆渡。正如我当时所说，我要求他们以“一对竹竿和一根鞋带”过河。他们像我一样完全知道这种冒险，但是无论是他们还是师长们，都没有发出不必要的抗议。他们意识到无法得到更多的器材，用独出心裁的创造、才能、组织纪律性和决心弥补了物质上的不足。我的集团军所拥有的精神武器，一如既往地是头脑、刚毅和勇气。

然而，我有一种方法可以用来帮助他们，这就是空军，我呼吁分配更多的空中力量给第 14 集团军，以实施未来的作战行动。东部空军司令部的美军司令官斯特拉特迈耶，豪爽地做了回应。在 1 月，他把美国第 12 轰炸机大队置于文森特的英国皇家空军第 221 大队的战斗序列，在这之后，他命令戴维森少将的美国第 10 航空队、战略航空队和若开的英国皇家空军第 224 大队，尽一切可能全力给予第 14 集团军所要求的支援。这就给予文森特强大的力量，在我们的参谋人员协助之下，实现了最密切的合作，在整个战役期间，他始终表现出色。

我已经把我的司令部移驻到了英帕尔。最终得以离开库米拉，我长舒了一口气。在英帕尔，不仅天气更好，而且对于一个战斗的司令部来说，整体气氛也更好。随着战事的推进，文森特和我都不想远远待在后方，他马上开始使他的英国皇家空军第221大队司令部具有机动性和适应丛林战。从这时起，我们的两个司令部比邻而居，像一个司令部那样并肩战斗和行动。看见文森特的参谋长高大的"小个儿"瓦斯（Vass）和我的参谋长矮壮的"胖子"莱斯布里奇，两人都脱光上身直到腰部，正制订错综复杂且需密切配合的日夜空中侦察、巡逻、轰炸扫射、给养投送、炸桥和轰炸计划，这是军种间和谐合作的典范。盟军空军部队的飞行距离涵盖整个缅甸，南面远至仰光，其制订的一项作战计划几乎完全是为了帮助第14集团军。敌人的战斗机中队被驱赶到远而又远地方，日军交通线一天24个小时受到袭扰，日军的活动在白天充满危险，夜晚则迟滞不前。我们的攻击行动以毁灭性的"地震"式轰炸为先导，我们的各个桥头堡保护我军不受到日军的空中攻击。我相信没有任何空中合作比这更密切、更迅速或更有效率了。第14集团军和其指挥官对此给予了无与伦比的感谢和赞赏。

我面对的主要问题是渡河的时间和地点问题，至关重要的是，英印第33军和英印第4军渡河时间与地点的关系。各师的渡江顺序与地点为何？当然，在所有的地方同时渡江是很好的，如此就会造成日军混乱并且分散与之对抗，但这绝无可能。我不仅缺乏装备，而且支援武器不足，无法每次让一个军一个以上的师渡江。总的计划是要让木村相信，主要的渡江行动将在曼德勒以北和正西方向进行，这样，当他在这个地区拼死抵抗之际，我们在密铁拉的决定性打击就会使他猝不及防。

因此，显然要在曼德勒以北进行首次渡江行动。英印第19师如果到达这里，似乎就可以与已经在东岸的英军第36师会合，从北面强势进攻曼德勒。这将吸引敌军部队迎击。因此，英印第19师奉命尽可能迅速地在曼德勒以北渡江，随后必然会暂时停顿，以让英印第 33 军的余部赶到江边并准备渡江。英印第 4 军则要走得更远，而且会遇到更多未知的危险，可能较晚到达木各具附近的江边。在英印第 4 军进一步南进之前，让英印第 33 军的另一个师在曼德勒以西渡江是否会更好？如果这样，这会进一步使日军认为，我军的主攻方向是在北面，并可能在这一地区吸引和牵制更多的日军部队。另一方面，我很担心木村会意识到我军准备在南面全力渡江。梅瑟维诸师在岸边停留或在附近集结的时间越长，被日军察觉的风险就越大。因此，我决定，一旦梅瑟维到达渡江位置，英印第 4 军就应该先渡江。这就意味着，英印第 4 军要么与英印第 33 军同时渡江，要么比英印第 33 军在曼德勒以西渡江时间略迟一些。一旦建立桥头堡，英印第 4 军就要对密铁拉实施机械化和空中打击。

一旦做出这些决定，我就让军长们自己选择合适的渡江地点以及决定先由哪一个师渡江，并根据我已分配给他们的稀少资源，自行制订最佳战术计划和方案。对于我们所有人来说，那都是一段繁忙的时间。军长和师长不仅要埋头于日常的战斗指挥，而且还要从事庞大而又复杂的工作以及渡江战备。除非曾经从事过此类作战行动的实际参谋工作，否则他们不可能意识到其中的大量细节和精确时间是成败的关键，而且余地甚微，也难以体会可能没有表现出来的压力，但这却是指挥官必须承受的。我已经再次前移了自己和英国皇家空军第 221 大队的司令部，这次把两个司令部迁移到吉灵庙—葛礼瓦公路以北的丛林里。我经常坐着飞机巡视这两个军，但是这时我的主要责任是看着集团军的运输资源顺利和稳定地把大吨位的给养、弹药和设备运到前方来，为渡江和随后即将到来的新战斗做好准备。

我真正相信这时候的英雄就是那些保持车轮飞转和机翼高翔的士兵们，印度司机两个人驾驶着一辆 3 吨的载重汽车，日夜倒班，行驶在千百英里破碎的公路上；工兵们几乎就在飞驰而过的车轮之间建立起了那些公路；那些皇家印度机电工兵们，他们日日夜夜以令人难以置信的时间将那些损坏的车辆修理得车轮飞转，重新上路；那些空军机械师们，他们打着赤膊，白天在阳光下工作，夜晚在汽车灯的照耀下干活，维修保养着我们的战鹰。这些伟大的士兵令人肃然起敬。他们证明自己是部队的荣耀——他们都是——而且也意识到自己就是这支队伍的一部分，是最重要的一部分。他们拥有战士的自豪和举止，因为他们就是战士。

即使是我与那些最优秀士兵和前线各师在一起时，有时候怀疑和担心也会涌上心头。我会反反复复地向他们提出一个问题——这是不是太过分了？其他任何战场都不会在拥有这么少得可怜的装备的情况下，执行一项任务。成功依赖于什么，幸运么？一个日军飞行员驾着他的“奥斯卡”式飞机掠过树顶，一个敌军间谍带着一台无线电台蹲伏在小道上数着坦克，或者一个战俘受到折磨直到他招供，而且木村的各个师团会移动，他的大炮炮口正在调转向我们的渡江地点。对于一个将军来说想象力是必要的，但是这必须是一种受控制的想象力。有时候，我只有凭借我的意志力才能控制它，集中精力在手边的紧迫工作上，无论那是什么。然后，我再次走入士兵们当中，我这个本该激励他们的人，不是第一次也不是最后一次从他们身上汲取到了勇气。像这样的勇士们不会失败。人肯自助，天必助之。上帝会帮助我们。

这次，我也从另一种思想中汲取了安慰。我曾经在两次大的战争中不止一次参加强渡河流，每次都发现这并没有我预想的那么苦难，付出的代价也不像预想的那么巨大。我也曾经阅读过一些军事史，尽管绞尽脑汁也无法想到一个例子能说明：一条河可以成功阻挡一支决心坚定军队的攻击。随着首次渡江行动的时间越来越近，我越是坚定相信这种念头。从历史上说，机会总是有利于我。

1945 年 1 月 9 日，当英印第 19 师首先到达伊洛瓦底江时，他们已经趁夜派一支英军侦察队在德贝金附近渡江。这支侦察队确定了东岸上一些日军阵地的位置之后，安全地回来了。到 11 日，里斯的部队已经探查了西岸上下游，并且在那天白天派遣更多的侦察队在皎苗（Kyuakmyaung）以南大约 10 英里处渡江。同时，一个营在西岸卡韦特附近意外遭遇一处掘壕坚固据守的日军阵地。经过一场轻快的小规模战斗后，我们的部队肃清了这个日军阵地的一部分，但是这显然表明，敌人企图在我们这边的河岸上保持一个桥头堡。这个阵地在该师所辖战线的河岸中间，构成了一个巨大的妨碍，里斯遂命令遏制和削弱敌人的这个阵地。在随后的几天里，英印第 19 师陆续进抵，并肃清了西岸之敌。随后，在 14 日，一个步兵连秘密在德贝金附近渡江，接着每天都有一个连过江，直到整个营渡过江。最初他们只遇到来自一些日军侦察队的轻微抵抗，但很快在南面就被日军拦住。他们在那里构筑了一个小小的桥头堡。在 14 日至 15 日夜晚，英印第 19 师主力开始在德贝金以南 20 英里处的皎苗一带渡江。在这里，日军在河岸上没有任何岗哨，而且第一个营过江后保持隐蔽直到第二天夜晚，这时另一个营与其汇合，双方侦察队发生了一些冲突。

在 16 日至 17 日夜晚，第三个营渡江。17 日，敌人才第一次意识到我军正在积极渡江，于是集结其相当分散的部队，开始猛烈攻击。日军的攻击断断续续地持续了一整天，但是日军所有的攻击都被击退了。19 日，整个英印第 64 旅进入了皎苗桥头堡，并扩大桥头堡，以应对日军日益增加的抵抗。20 日至 21 日夜间，在猛烈的炮火准备之后，日军发动了几次坚决的攻击，经肉搏战之后，付出了沉重的代价，并再次被击退了。尽管遭遇了日益激烈的抵抗和伤亡数字的不断增加，这个旅还是向外攻击敌人，在距江 3 英里的地方夺取了与伊洛瓦底江平行且高约 800 英尺的灌木丛岩石山脊和距离原渡江点 2.5 英里的一处突然从江岸突起的秃峰。这些成功致使日军无法直接观察我军桥头堡，实际上导致日军炮火无法发挥作用，从而确保了桥头堡的安全。在更北面的德贝金桥头堡已经得到了及时的增援，击退了日军的一系列猛烈反攻。

日军因我军众多佯攻和到处渡江的侦察队而陷入了混乱，一时无法很快断定哪里才是真正的渡江地点，他们甚至花了一些时间集中精力对付这些渡江活动。日军被迟滞的每个小时，对于正在挥汗抢渡的英印第 19 师来说都是无比珍贵的，他们几乎用任何能够漂浮的东西毫不停顿地把人和补给物资摆渡过江。然而，一旦日军开始集结，他们的反击就是迅速和猛烈的。正如我希望的，日军第 15 军司令官片村负责这里的沿江防线，他认为我军的这些渡江活动是企图与英军第 36 师会合，这是我英印第 4 军全部在东岸进攻曼德勒的序战，而且他依然认为英印第 4 军是在第 14 集团军的左翼。他召集第 15 师团和第 53 师团，以及从其他师团第 31 师团和第 33 师团抽派了炮兵部队。缅甸方面军司令官木村本人也相信，这是预料中的英印第 4 军的进攻，于是转调给片村一支强大且配属炮兵力量及少量残存战车的部队。这是一支很难对付的力量，其压制了英印第 19 师新过江的两个旅，但是对于我们来说很幸运，片村并没有组织一次精心准备的攻击，他犯了日本人常犯的错误，随着日军的陆续到达，只是零散地攻击。在这样狭窄的前线上，我们受到了最沉重的炮火集中射击。片村接二连三发动攻击，有些是直接的自杀式攻击，有些是渗透性攻击。日军日夜攻击，持续了 3 个星期。随着敌人的死尸越堆越高，日军的兵力因攻击而不断消耗，2 月初，首次出现了两天两夜的安静。现在坦克都已经渡江，我军准备开始突破。

我视察了各个桥头堡，看到为了坚守而进行的艰苦斗争。战斗曾经十分惨烈。我们士兵的伤亡人数很大，由于在背靠大江的受限制区域战斗，神经极其紧张。部队官兵看上去变得很消瘦，但是心情很好。我能够视察自己的老部队，第 6 廓尔喀步枪团第 1 营，我曾经在这个营度过多年快乐的时光。能够再次看到他们，并且他们的师长亲自告诉我，他们在桥头堡战斗中打得极为出色，这让我很高兴。我和那些廓尔喀军官交谈，20 多年前我初次认识他们，那时我是副官，而他们是直接来自尼泊尔山区的胖胖新兵。现在他们都是军官，在艰苦的战场上指挥着连或排，他们是聪明的军人和真正的领导者。我已经认识了担任低级尉官的英国军官，其中有些人是我的一些朋友的孩子，甚至在婴儿时就认识了，现在他们都成了老练的营连长，在他们当中有考恩将军的儿子，他是一个最为勇敢和前途远大的年轻军官。当看见他们时，我感到骄傲，并且有些意识到自己已经是 50 多岁的年龄。

他们都大声称赞支援他们的文森特所部飞行员。文森特把几个战斗机中队迁移到离江边只有几英里的一些简易机场，他们在几分钟内就能回应来自桥头堡的支援请求。当我去看望这些飞行员的时候，看到一些飞行员正在出发去进行他们一天中的第五次或者第六次出击。他们在坚守桥头堡的过程中发挥了巨大的作用。空军在发现日军的火炮位置、轰炸摧毁以及击灭日军战车方面特别有效率。

在短暂停火之后，日军重新进攻桥头堡，但是这次已经达不到原来的兵力了，也没有同等的决心了。他们只是企图阻挡而非歼灭我们。事实是，在 2 月里，我们日益迫近曼德勒附近，导致敌军无法再增援面对英印第 19 师的日军部队。在敌人变得日益虚弱的同时，我军伤亡人员的补充兵员、坦克、辎重车辆和补给物资已经被运过了江，桥头堡部队正在集中力量。现在轮到我军发动攻击了。他们一天又一天、一夜又一夜地击退敌人，在这里推进 100 码，在那里推进四分之一英里，经过激烈的局部战斗，我们把他们驱逐出德贝金及附近高地。在面积和安全上，那个桥头堡都在稳定发展。

当英印第 19 师苦战以在伊洛瓦底江上站稳脚跟的时候，格雷西率英印第 20 师，迫近了蒙育瓦。这个城镇在 1942 年的大撤退期间受到极大破坏，从那时起其还遭受过无数的空袭，所以，现在仅仅剩下了一个骨架，但依然是日军在钦敦江上的主要河流港口和后勤中心。我们知道这里重兵防守，我们不能指望日军不经一战就会放弃抵抗。他们的确不会放弃。从 1 月 14 日到 16 日，格雷西所部开始肃清其通路以及撤回蒙育瓦的敌军小部队。战斗轰炸机和火箭战斗机对日军防线的猛烈轰炸拉开了进攻的序幕。敌人的阵地特别坚固，可以与科希马的阵地相比，由日军第33师团的一个联队一部据守，日军一如既往让我们为夺取的每一个要点都付出代价。1月22日，我们击溃了最后的抵抗，守备部队残部逃走了，蒙育瓦是我们的了。

当蒙育瓦刚一安全地落入我们手中，我就把战术司令部搬到那里，这十分有利于指挥两个军。在2月8日，我的主司令部和英国皇家空军第221大队的司令部在那里和我会合，我们建立起一个完备而十分舒适的联合司令部，部分在丛林中，部分在郊外一些受到轻微损坏的房子里。日军留下了很多陷阱和诡雷，这些很令人不安，但是我主要担心的却是蛇，瓦砾堆里多得很。它们看来特别偏爱我的作战室，这个房间缺少屋顶，却有一片很好的水泥地面。我的惯例是在每天晚上睡觉前造访这个作战室，看看最新的态势图。有一次当我这样做的时候差点踩在一条金环蛇身上，这是所有小蛇中最致命的一种。从此以后，我走路时便极为细心，并且用上了手电筒，我恐怕比警卫军官批准的行动更为自由。在我看来被毒蛇咬到的危险比日本人炸弹的危险来得更直接而紧迫。我在夜间行动时，都是缓慢地移动脚步，脚上穿着一双橡胶鞋底的军鞋，我悄悄地掀起权作房门的毯子。在这个房间的另一边，在形势地图前面，点着一盏遮光灯，坐着一位值班军官和一位最近加入这个司令部的年轻同事。那位年长的军官正在用自信而权威的声音说话。他把一个手指坚定地放在地图上。“比尔大叔会在这儿打一仗。”他声称。“为什么？”那个年轻人不无理由地问道。“因为，”答案来了，“他总会在遭受过挫折的地方打一仗！”

在夺取蒙育瓦的那天，英印第20师的另一支部队继续前进，在敏务到达伊洛瓦底江。几天以后，在此附近其与正在企图撤江的日军大部队发生激战。抵抗十分顽强，敌人几乎被彻底消灭了，最后的一批幸存者，带着全部武器装备排着紧密的队形，在我们士兵的惊讶目光下，坚定地走入江中，他们都被淹死了。随后的10天里，这个师都在寻找渡江地点。该师进行了一些大胆的侦察，持续不断派侦察队过江，对南岸的日军岗哨实行恐怖暗杀。

在这期间，我视察了格雷西的部队，有一次在距离河岸不远的阿拉加帕附近，我观看了英国全国劳军演出协会一些著名演员的演出。我想应该向空军致敬，他们让我们可以在大白天，在敌军炮火射程范围内集中几百个士兵来看演出。那是一次很好的演出，我很遗憾不得不在结束之前就离开而回到简易飞机场。然而，正当我要离开的时候，有人悄声告诉我，一支日军的袭击小分队穿过了我的必经公路，所以我清楚地意识到，这些入侵者已被赶走了，我们可以继续享受表演。后来我向那些艺术家致谢，他们当中还有一位是女士。

在这时，日军指挥官木村意识到，在钦敦江—伊洛瓦底江河套地区迟滞我军的所有努力实际上都失败了。木村依然在北岸的实皆保持着一个据点，在山地间构筑了坚固的工事，以致我们付出了极大的代价才予以驱逐。日军在我们这一侧卡韦特的阻击据点位于我军英印第19师和英印第20师防区之间，现在都已经被清除了。虽然木村未能将英印第19师的桥头堡驱赶到江里，而且他肯定知道我军意图在曼德勒以西江段渡江，但木村据守伊洛瓦底江一线的决心并没有动摇，他要不惜一切代价阻止我们进入缅甸中部。

木村的部署只是为了应对英印第33军的威胁，因为他还不知道我们以英印第4军主攻密铁拉的计划。对于我军向木各具的军事行动，他认为这只是小部队的佯动。他希望以其第15师团将英印第19师遏制在桥头堡，而他的第31师团则据守实皆和南岸，向西则远至额尊（Ngazun）。对于我英印第20师即将进行的渡江行动，木村则首先以第33师团迎击，并由第4师团的一个联队配属炮兵以及战车第14联队残部之大部增援第33师团。他确实从木各具抽调部队北上。他要把他的第53师团放在中央，即谬达（Myotha）正南，作为一支机动预备队，随着渡河战事的进展，根据需要实施打击。然而，我们直到一周之后才发现这个情况，木村还从密铁拉的第 2 师团抽调一个联队增援曼德勒以西。此外，他计划将腊戌的第 18 师团撤退到曼德勒。木村勉励所部不要后退，并且宣称将取得“伊洛瓦底江畔决战”的胜利。他必须防守的江防漫长且兵力不足，木村只能修筑众多阵地来防御，但他又不能同时据守。为了欺骗我们，他把部队从一个地方调动到另一个地方，还希望当我们的作战计划日渐明朗的时候，他能够及时占领一些适当的阵地。

这时候，格雷西在寻找着渡江地点。他还有两周时间，因为在英印第 33 军防区囤聚伊洛瓦底江战役所需物资和装备也至少需要这么长的时间。这种物资保障并非易事。我给予了英印第 4 军在运输和空运方面的优先权，因为他们不仅将实施更为困难和危险的作战行动，而且我希望他们成为决定性的因素。这意味着英印第 33 军的作战行动会遇到一些限制，并在渡江前，减慢其准备工作，他们会为此而感到烦躁，但是如果要让在木各具的渡江行动不面临被发现的风险，这也是不可避免的。到目前为止，在第 14 集团军里，英印第 33 军一直是一个宠儿，他们却发现这些事情难于忍受，特别是在新的空中运输机高速运转的时候，那上面却发出一些不祥的吱嘎声，他们的烦恼为此大为增加。然而，尽管有一些小的危机，这个军的全部向前线集结，包括坦克旅，以及战役所需物资和装备的集结都按时完成了。

2 月 12 日至 13 日夜晚，在几场佯攻作战的掩护之下，英印第 20 师开始真正渡江。我军分两路渡江——一路由英印第 100 旅在敏务以西作为主力渡江，另一路则由英印第 32 旅在下游 7 英里处辅助渡江。敏务的渡江点有坚实的地面通向江面，还可以为整队提供一些掩护，但是之所以选择这个地方，主要是因为此前的侦察表明那里没有日军设立的永久性岗哨，而且也没有持续性的巡逻。根据缴获的日军地图表明，英印第 32 旅的渡江地点也恰恰是在日军第 31 师团和第 33 师团之间的界线上。从经验可知，我们攻击这样一个地点永远是一个优势，因为日本人看来很少恰当地防守其结合部。

2 月 13 日凌晨 4 时整，英印第 100 旅的先头部队——边防团——悄无声息地渡江。夜色黑暗，整个夜晚的江风强劲而冷冽，现在的事实证明，负载沉重而又动力不足的渡江船只遇到了麻烦。河面宽达 1500 码，但急流的江水之中存在部分沙洲，这成了障碍物。有几艘船只搁浅了，很难将其拖出来。幸运的是，最初并没有遇到任何抵抗行动，在第一批部队登陆对岸之后，才有一些轻型武器和迫击炮向他们盲目射击。一旦第一批部队登陆成功，这个旅余部则迅速跟进，到上午 8 时，整个旅的渡江行动结束，这是一次极为出色的组织。先前几天，为了掩护渡河地点，我军对日军炮兵实施了精准而猛烈的空中打击，但在关键时刻，敌军火炮要么在移动中，要么占领了新的阵地。一些 75 毫米的炮弹在河滩上爆炸，但效果甚微。登陆可以说是完全出乎敌人的预料，实际上没有什么抵抗。2 月 13 日黄昏，英印第 100 旅已经建立了一个小小的桥头堡。

英印第 32 旅渡江的江面更宽，因狂风、水流和沙洲而遇到了更多的困难。舷外马达一如既往不太可靠，发动起来很困难，而且噪声很大。然而，对于日军而言，我军的渡江也出乎意料，拂晓，北安普敦郡团第 1 营渡江完毕，并且挖壕据守。两个渡江点的所有摆渡在天大亮的时候都停止了，但是桥头堡在整个白天都没有受到严重的攻击。日军再次很迟缓地意识到那里是主要渡江点，并且未能及时集结部队发动攻击。直到 15 日，日军才开始真正的抵抗，他们的飞机扫射了河滩，击毁了一些船只，但是我军伤亡不大。随后，日军猛烈夜袭英印第 100 旅，他们乘船在我军后方登陆，并且使用了火焰喷射器。我军击退了这次攻击，继续前进，将桥头堡扩大为长 3 英里、纵深半英里的一片区域。

像以往一样，敌方援军分批抵达参战，但战斗渐趋激烈。2 月 15 日，尽管承受着敌军的压力，我们的桥头堡已扩大到长 6 英里和纵深 2 英里，因此，到 16 日，我们可以在白天渡江，力量迅速增强。随后，一波波日军步兵在战车支援下，主要对英印第 100 旅发动了自杀式攻击，但是我们的两个桥头堡现在连接在了一起，防守变得十分坚固。敌人的损失十分惨重；他们的 5 次攻击是在白天进行的，有几次正当他们为进攻而集结时，被我们的飞机所发现。事实证明，可以发射火箭的“飓风”式战斗机是我们最成功的反坦克武器，而他们战绩最佳的日子是 2 月 20 日，当时他们击毁了敌军 13 辆中型战车。2 月 21 日和 26 日之间，战斗最为激烈，双方的伤亡也最大。当日军的反击最终被击退的时候，他们精疲力竭地后退了，在我们的一个防御阵地上，推土机埋葬了 500 具敌人的尸体，在另一个阵地上，埋葬了超过 200 具尸体。日军第 33 师团长本多政材事后说到，在这期间用两个大队 1200 人的兵力发动了进攻，但损失了 953 人。经过激烈战斗，到 2 月 27 日，英印第 20 师的桥头堡已经扩大到长 8 英里、纵深 2.5 英里。这个战役的一些最艰难战斗就发生在这个狭窄的桥头堡里。

当英印第 33 军前线进行这些战斗的时候，英印第 4 军一直在向钦敦江以西集结并向伊洛瓦底江的木各具南进。1 月 10 日，当卢赛旅夺取甘高的时候，英印第 4 军秘密进军的先遣部队英印第 7 师，在甘高到科希马 350 英里的公路上铺展开来。18 日全师实际集结在了甘镇（Kan）地区，距离目标木各具 160 英里。军长梅瑟维和师长埃文斯完全理解他们需要速度，因为我已经给定 2 月 15 日是可以接受的最后渡江日期。他们担心，即使是人数很少的敌人后卫部队，也可能在经过山地的主要险峻道路上造成致命的拖延，所以计划呈宽阔队形前进，侧翼包围敌人据守的道路。他们在前卫部队第 28 东非旅先头前进，以掩护到这一地区的其他部队；后面保持一定的距离跟着一个旅（英印第 114 旅）和英印第 7 师师部。完全依靠驮畜运输的英印第 89 旅在左翼通过丛林小道推进，然后在包克再转上主路，那里距离木各具只有 40 英里。我们希望这将切断面对东非人的日军后卫部队，或者至少迫使他们撤退。在面向钦敦江的左翼，英印第 4 军派出卢赛侦察营和钦山营警戒行军部队的侧翼，在钦敦江西岸，一个旁遮普营承担联系英印第 33 军的任务。在英印第 7 师的右翼，法兰侦察队经山地掩护侧翼。一个旅（英印第 33 旅）将留在甘高，在有运输车辆的情况下，再稍后前进。

1 月 19 日开始前进，进展十分顺利。横跨主要道路的日军后卫部队人员很少，很显然只是奉命迟滞我军，且很大程度上依赖于各种障碍和地雷。在 3 英里长的穿山道路上，日军砍伐了几百棵大树。借助于"四轮"，也就是野战炮兵的拖炮牵引车辆和 10 头大象的帮助，师属工兵用一天的时间就清除了这道障碍。在行军的半路上，一支日军从右侧反攻法兰侦察队，迫使法兰侦察队退向行军纵队方向。我军暂时出现了一些惊慌，但是迅速派出了一个印度营，增援法兰侦察队，以阻敌军，这股敌军兵力并不多。英印第 89 旅的曲线运动并没有遇到任何抵抗，在 1 月 28 日其夺取了包克，经过一场遭遇战，占领了亘连主路 15 英里的高地。这里俯瞰着伊洛瓦底江河谷。英印第 4 军第一次从远处看到了目标。

在包克，英印第 7 师成为先遣部队。2 月 3 日，英印第 114 旅越过英印第 89 旅，攻击了木各具，根据情报所知西岸各通路都有敌军重兵守备。东非旅受命向南渡江佯攻对岸的稍埠，此地位于木各具下游 40 英里，然后，英印第 33 旅也前进到包克。这次行军原来是试探性的。我看见在包克的部队穿着丛林绿的军装，脸上由于尘土而红扑扑的，那条道路两边的丛林本身也是红扑扑的，每一片叶子都落满厚厚的尘土。但是那些到达包克的部队在那里甚至没有得到休整。每一个可调遣的士兵都被派去建设简易机场和改善公路状况，以便使坦克、重型汽车和运载着渡江所用宝贵船只的运输车前进。

在整个行军过程中，英印第 4 军司令部里每天举行计划会议，后来各师师部也开计划会，同时发出各种最为详尽的渡江命令。当然，确切的渡江地点必须等待实际侦察之后决定，但是梅瑟维已经决定在伊洛瓦底江最狭窄的良乌（Nyaungu）附近渡江。他这么想是基于以下原因，良乌是一个惹眼的地方，但是我军缺乏机动船只且船速缓慢，且需要快速在对岸立足，这迫使他选择一个航程较短的渡江地点。即使在良乌，江面也有1000码宽。欺骗敌人甚为重要。他计划，除了东非旅在稍埠佯攻，再实施两次佯攻，一处在木各具，另一处在良乌以南6英里的蒲甘（Pagan），以转移敌人对真正渡江地点的注意力。渡江很大程度上要依赖于这些欺骗行动，佯攻行动都经过了苦心策划和细致准备。我渴望能够给梅瑟维一两个营的伞兵部队，这将大大简化他的问题，但是我们一个伞兵营也没有。

根据每天沿着伊洛瓦底江的空中照相侦察，结合其他情报资源，我们对于英印第4军正在接近地区日军的部署情况有了一个十分完整的认识。敌人没有丝毫怀疑我军在这里正试图展开一个重大的渡江行动。日军部队沿江一线排开。在稍埠西北15英里至20英里的西岸莱茨（Letse）地区，为日军的第153联队。独立第72旅团的4个大队以及印度国民军第2师——不同的情报表明其兵力约有5000人至1万人——防守着从稍埠到良乌的漫长防线。在更往北的木各具是第214联队。对于大约50英里的江防，这些兵力并不多。敌人在这块地面上的兵力十分稀薄，我们如果能将他们从我军渡河地点引开，就有望在敌人可以集中足够的兵力来驱逐我们之前，在河岸纵深坚实立足。梅瑟维这一选择的一个优势在于，像英印第20师一样，他是在两支日军部队的结合部渡江。在木各具的第214联队是日军第15军的极左翼，而独立第72旅团是第28军的右翼，这二者的作战地境线实际上经过良乌。

英印第4军的三路大军向伊洛瓦底江坚定前进。英印第114旅正在接近木各具，很快就在该地以西8英里处遭遇了强有力的抵抗，敌军在甘拉（Kanhla）十字路口的高地上构筑了坚固的阵地，似乎要决一死战。我们的第一次直接攻击失败了，2月10日，在坦克的支援下，该旅发动猛烈攻击，才将日军驱逐出去，并且在开阔地里予敌重创。然后，该旅奉命清剿西岸的日军残敌，以及阻止木各具守备之敌干扰我军渡江。日军显然有力据守了木各具。英印第89旅到达蒲甘对面的西岸，趁夜派了一个印度锡克侦察队潜入对岸，他们用无线电报告，这个城镇的南端无人据守。这支侦察队继续潜伏在东岸，不断发送回周围敌人的调动情报，其极具价值。我军在蒲甘附近俘虏了三四条配备缅甸船员的当地大船，结合侦察队的报告，埃文斯决定将蒲甘的佯攻变成一次真正的辅助性渡江行动。他的计划是让一个连悄悄地乘当地船渡江，这个营余部紧接着渡江。第28东非旅也到达了目标色漂，没有遭遇严重的抵抗，开始实际实施渡江的初步行动。英印第33旅选择在良乌实施主要的渡江行动，该旅占领了密且（Myitche），并且在这个村子的掩护下，进行各项准备工作。

为了选择实际渡江地点，我军向对岸进行了最为彻底的侦察，以查明可能有多少敌军。在2月份江水再次落下去，我军发现河床已经发生了巨大的变化。新的沙洲出现了，不可能直接渡江。我军必须曲线渡江，距离在1500码至2000码之间。事实上，最终选定的渡江路线超过了2000码，这是第二次世界大战中所有战场中尝试实施的最长距离渡河行动。特别舟桥班和蛙人测量了水深，并辛苦地绘制了唯一可行的航路图。西岸地势低，有着与江面平行的一片片稻田；东岸是一列高达100英尺的崎岖山崖，被风雨侵蚀的沟壑交错其间，从山崖完全可以俯瞰东岸。我军可以看到山崖沿线的日本守军，但是随着一天天时间流逝，我们的空中照片表明，守军并没有增加。而另一方面，我们佯攻地对面出现了更多的挖掘筑壕工事。

最初的计划是，在火炮、飞机和坦克全力支援下，于白天渡江，击溃日军的抵抗，但是空运能力的不足和公路交通方面的重重困难，致使不可能按时储运所需要的弹药军火。于是我军开始研究如何完全悄悄地夜渡，但是没有月光，渡江的船只在黑暗中无法找到那些弯弯曲曲的航路，于是也放弃了这个想法。我军最后决定，第一批渡船将在黎明前悄无声息地出发，然后在全部可用火力的掩护之下，剩下的机动船只全力跟进渡江。根据估计，即使一切顺利，以现有的渡江装备，一个旅要完成渡江至少需要 7 个小时。

最终我们决定分四个阶段实施作战：

1. 实施渡江攻击行动，第一批渡江船只应该在静静无声的夜色中，从良乌上游 1.5 英里至 3 英里的西岸一些地点开始，夺取四处河滩和东岸良乌东北 1 英里处的山崖。为了这次渡江攻击行动，我们从另一个旅借调来了南兰开夏（Lancashire）郡团，因为他们富有船只作业的经验，曾经参加过在马达加斯加的登陆作战。

2. 天明时，在所有可用火力的掩护支援下，英印第 33 旅的 3 个营和一些坦克快速跟进渡江，并建立起桥头堡。

3. 从桥头堡迅速出击，攻占良乌，夺取东端渡江航程最短的渡口，并立即组织渡江，投入作战。

4. 扩大这个桥头堡以接应英印第 17 师，该师将尽可能快地取道良乌这条直接路径过江。

我在视察英印第 4 军的时候，完全批准了梅瑟维和埃文斯的计划。他们克服战备每一步所遇障碍的才能和精力，给我留下了深刻的印象，除了最为坚强的指挥官，这些障碍会使所有人为之却步。当这个最为重要的渡江时刻迫近的时候，我寄托于全盘作战计划，尽全力支持梅瑟维。

我的一个担心是要确保在英印第 17 师准备好渡江时，我军已经获得桥头堡。为了做到出其不意，我们必须毫不延迟地攻击密铁拉。我向在英帕尔仍然是师长的考恩及其高级军官推心置腹地解释，说明他们的角色。他们抓住机会研究了即将作战区域的地形，而且还根据未来的作战行动进行了沙盘演练。从英帕尔到包克的前进引起了担心，因为公路和空中运输力量严重短缺，但是该师利用自己的运输车辆每次运输一部分,2月12日，除了驻留帕莱尔的空降旅，英印第17师及时集结于包克。该师的很多火炮和工兵已经前调协助英印第7师渡江。

英印第7师选定的渡江之夜是2月13日至14日夜晚。在驱逐甘拉十字路口的敌军之前，工兵无法将他们的设备运上来，一直到11日。即使在那以后，我们也只能在夜间行动。时间短促，我们还要在完全黑暗中，拉着沉重的装备在多沙而不平的小道上前进。我们要尽可能少地发出噪声，要让夜晚的每一个繁忙行动，都瞒过对岸窥视着我们这侧河岸的日军眼睛。这不仅要付出巨大的劳动，而且是一种伟大的组织工作。然而，2月13日黎明，所有部队和装备都已经在秘密状态中，集中在每一个渡江地点上了。在这里，我们进行了最后一天的准备，等待着攻击时刻，任何有一点想象力的人必定会发现我们的企图。

在下游6英里处，英印第89旅的锡克部队也在为辅助的渡江行动做着同样的暗中准备，而在更南的一些地方，那些东非旅的士兵则正在公开地进行着一场虚假的渡江行动。

当黑暗降临，各种装备、船只和所有为实施主要渡江行动的设备，都开始下水。各个集结区都已经被划定好，各部队缓慢而无声地从他们的帐篷带中走出来。特别舟桥班对河岸进行了最后的侦察，以查明是否有被占领，他们行动时发现两名日军正在江中游泳。为了阻止他们逃跑，舟桥班士兵不得不开枪将其击毙，枪声可能会引起敌人的警觉。

夜晚伸手不见五指，刮着强劲的风，水面上漂着一段形状独特的树枝，3时45分，南兰开夏郡团第2营先头连登船，开始长途划桨渡江。他们的船只终于抵达对岸。他们尽可能少地溅起水花，跋涉到江岸，并且攀上悬崖。这时那些船只掉头回去，往返摆渡。到2月14日早晨5时，这个连已经到达崖顶，并且到目前为止没有遇到任何敌人。在那里他们自已布置了防御行动，并且等待着本营的其余战友。

在西岸，南兰开夏郡团第 2 营的其余部队按照计划向江边运动并且开始上船，这时候黎明的微光正在染亮天空。他们跟着第一批渡船留下的标记沿航路前进，事情的确进行得很顺利，但是从这个时刻起，他们开始出错了。尽管南兰开夏郡团第 2 营官兵有以往的经验，但是他们在登船的时候在黑暗中胡乱摸索，出现大量拖延和混乱的情况。由于混乱，在官兵们登船之前，根本不可能启动装在舷外的发动机，当可以开船的时候，最终有几台发动机没能发动起来。我们还发现一些船只严重漏水，这是在运输过程中就已经损坏了。这导致了更多的拖延情况。最终，指挥官意识到必须开船了，于是便命令船只准备出发，而不管他们的航路对不对。因此，本来应该最后一个出发的预备队连，当在河中迎来阳光时，却发现自己处在第一冲击波的最前面。即使在那时，如果这些船只直接驶往东岸，那么情况也会十分顺利，但是那个预备队连却决定掉头回到其他连队后面的适当位置。但是江水湍急和大风强劲，引擎无力，这个预备队也束手无策，于是他们陷入了混乱，开始向下游漂去。其他船只看见他们离去，却没有意识到发生了什么事情，于是掉头跟着他们。正在这一时刻，敌人开火了，步枪从悬崖上射击，江边上则有机关枪射击。两位连长和一位工兵军官很快被敌人射杀，伤亡人数不断增加，几艘船只，包括指挥官的船只被击沉。我方江岸上的一些大炮和等待登船的坦克现在开火了，但是由于要保密而没有暴露位置，最初他们的射击必定缓慢。在很短的时间里，我们召来的飞机到达了，在联合掩护之下，出发的船只返回我方的江岸。除了那支孤立在对岸的连队，渡江的部队都失败了，现在面临巨大的危险。

这并不是唯一的失败。由英印第 89 旅进行的辅助渡江行动一开始也遭遇到了灾难。隐藏在东岸蒲甘的那支勇敢的侦察队，在那天夜里报告说，敌人已经增援了那个城镇，现在敌军占领了整个城镇。然而，攻击连坚决乘当地船只前进。当他们接近对岸的时候，置身在敌人的火力之下，那些缅甸船工自然惊慌起来。那些笨拙的船只失去了控制，尽管锡克士兵做出种种努力，船只还是向下游漂去。最后船工在这些印度兵的催促下，重新控制了船只，并且把他们带回到出发点。乘着这些缓慢而笨拙的船只在大天白日里渡江，那将是自杀，于是在那里渡江行动停止了。

当黎明的光辉初现的时候，越过这条大江眺望古老的蒲甘，那无限的美景会令人屏住呼吸，摄人心魄。蒲甘，缅甸的昔日首都，在诺曼底人对英格兰的征服时代曾经尽显辉煌；而现在却沉寂了、破败了、被抛弃了，然而却依然高贵，并且十分美丽。它的 1200 所寺庙，呈茜草红或者幽灵白色，高高耸立，有些像奇异的金字塔或者塔状的神话城堡，其他的像尖形的螺旋宝塔，从灰绿色的巨大树丛中探出来，衬托着日出变化的粉蓝色、红色和金黄色。前面流动的是依然黑暗却又十分生动的江水。然而当英印第 89 旅的军官在清晨的冷冽中愁闷地凝视蒲甘时，如果眼前的美景消失了的话，但愿人们可以原谅他们。他们必须还要想不太快乐的事情：渡江的努力已经注定要付之东流了。这时，他们突然惊讶地发现一只小船打着一面白旗从对岸驶了过来。在那条小船里有两个印度国民军士兵，当他们登岸时，说日军已经从蒲甘撤走了，匆匆沿江北上，只留下印度国民军的部队守备该地。现在日军走了，他们的唯一愿望就是投降。很快一个排的锡克部队和一名英国军官乘着这艘唯一的船渡江。那些印度国民军的话是真的，蒲甘城的守军列队出城，脸上带着微笑放下武器。到傍晚，那个锡克营的绝大多数人已经驻扎在蒲甘城的郊外。我想，这个意外事件是印度国民军在缅甸战争中对作战双方做出的主要贡献。

回到主要的渡江行动上来，当在蒲甘的渡江行动顺利进行的时候，工兵热火朝天地修理着返回来的船只，为新的渡江行动做着准备。南兰开夏郡团在东岸的连报告说，其现在正挖壕据守，到目前为止没有受到任何攻击。因此，我军决定，做出第二次努力来增援该连。旅长认为，要重新组织南兰开夏郡团第 2 营的兵力需要花太长的时间，因此，他命令一个旁遮普营尽快渡江。第 15 旁遮普团第 14 营以镇定自若的情绪、井然有序的姿态登船，踏上这场最危险的战斗征程。上午 9 时 45 分，在我军能够提供的最猛烈的炮兵支援和空中掩护之下，他们的先锋连出发了。当船只发出突突的响声缓慢地过江时，日军几乎根本没有开火，好像实际渡江登陆点仍然没有日军，下游造成南兰开夏郡团第 2 营士兵重大伤亡的日军甚至也已经撤走了。有些船只在沙洲上搁浅了，但是士兵们仍然淌水行走或者游上岸。整个连完整无损地到达河滩，并且涌上山崖。掩护他们的火力网向前延伸，并且清除其侧翼敌军。当有船只可用的时候，这个营的其余连队也开始过江，整个下午，满载的船只实际上没有任何麻烦地持续来回摆渡。到夜色降临的时候，已经有 3 个营过了江，于是摆渡停止，因为在黑暗多变的水流中，失去船只的危险变得太大了。

为了夜守，英印第 33 旅构筑了一个规模虽小但防御良好的桥头堡，以待日军可能发起的猛烈反攻。日本人没有来，只有一些战战兢兢的日本人在阵地附近活动。我们甚至成功地派出一支侦察队，其沿着江岸到达了在蒲甘的锡克部队防地。在 15 日黎明，我们再度开始渡江，并加快了速度。一整个白天，士兵们，无数的骡马、坦克、大炮和辎重涌过江去，再次没有任何敌人来阻挡他们。到黄昏时分，南兰开夏郡团第 2 营和英印第 89 旅的绝大多数人已经进入了那个桥头堡。而那些日本人——他们现在已经集结了一些兵力——被我们驱赶到良乌附近的一些山洞里，在那里他们在某种地下墓穴中绝望地进行着抵抗。这些墓穴的入口遭到我们的炮轰，被封死了，那些守卫者被留下来，死在里面。在那个白天，印度国民军的另一个连也投降了。到 16 日，良乌村落入我们手中，现在面积有大约长 4 英里、纵深 3 英里的主桥头堡，已经和在蒲甘的锡克部队的阵地连接在一起了。我们的渡江成功结束了。

在一个岌岌可危的开场之后，这个突如其来的成功既是一种惊喜也让人松了一口气。首先，这是因为敌人指挥层的全部注意力都集中在北面英印第33军的渡河行动上，他们认为从木各具以南江岸上的所有活动都仅仅是我军的佯动。一名被俘的日军情报官后来解释说，在这个地区他们不相信除了东非师以外还有更多的我军部队，而且东非师是在西岸向仁安羌推进的。甚至当一些渡江行动出现并且产生威胁的时候，敌人还认为这些渡江并不是大规模行动，如果说有什么实际企图也是应该冲着木各具和稍埠去的。因此，他们抽调部队离开去迎击这些威胁，只留下一些很小的分遣队和印度国民军来守备良乌地区。事实上，当英印第7师实施渡江行动的时候，敌人正在从良乌匆匆赶往南面和北面，这是梅瑟维的高明“欺骗”策略带来的一个令人高兴的结果。

与日军交战的我军部队发现，这些“欺骗”策略的确将日军吸引走了。当英印第7师第114旅接近木各具的时候，日军匆匆忙忙从沿江防线上抽调援军，并且进行一场激烈的战斗。甚至日军被驱逐出木各具之后，守军残部现在依然坚信在这里将进行一场渡江行动，于是在略微靠南的江中岛屿上挖壕据守，而此时其他日军正在匆忙加强对岸阵地。在肃清木各具和西岸之敌后，我们通过“挑衅”敌军，继续将其牵制在这里，直到他们意识到良乌的渡江会带来严重的后果，他们仍然在这里浪费时间。

第28东非旅在稍埠对面的佯攻渡江行动如此令人信服，以致召来日军迅速而激烈的反攻。在这里的日军能够集结一部分兵力进行反击，因为他们认为我军会以一师之兵进攻仁安羌油田，于是已经在西岸集中了一支部队予以迎击。东非旅被敌人击退了几英里，梅瑟维不得不派出一支全副武装的援军以阻止敌军威胁自包克至良乌的道路。在几经易手之后，日军的反击被阻止在包克与良乌道路以南25英里处的莱茨，没有导致任何主要作战行动的拖延。

与此同时，英印第7师桥头堡的战事非常活跃。我军朝各个方向派出了侦察队和空中侦察机，预警一个小时内的敌军攻击。直到17日，日军才开始有所动作。日军几次空袭我军渡江地点，敌人从木各具撤退且过江的一部向南攻击英印第 33 旅良乌桥头堡的左翼，当他们力图夺取一块可以与我军回旋的区域时，遭该旅猛烈打击。2 月 19 日，英印第 89 旅在蒲甘以南的战事也是如此，日军独立第 72 旅团的部队在我东非旅撤退之后从稍埠北进而来，遭遇英印第 89 旅。由于日军终于意识到在蒲甘的渡江是我军的大规模行动，但是依然没有弄清即将发生什么，当地的敌人指挥官命令附近的所有部队集结，准备进攻蒲甘，企图将盟军的部队赶回江里，并且予以歼灭。日军开始进攻桥头堡，并发动了一系列猛烈反击。

梅瑟维原来的意图是要充分扩大这个桥头堡，在英印第 17 师集结在此之前，其就可以容下两个师，但是他和我有着同样的焦虑，即对于密铁拉的攻击不应该推迟。因此，他决定在这个桥头堡大到足以容纳英印第 17 师以前，就让该师渡江，让其在桥头堡外面集结。在 2 月 16 日和 17 日期间，英印第 17 师（欠在帕莱尔的那个旅）趁着夜色移动到渡江点附近地区，并且在 18 日和 21 日之间摆渡过江到东岸的集结地区。该师一全部过江，便派出侦察队，侦察队与日军发生了一些遭遇战，但是到目前为止，日军还不知道桥头堡现在出现了一个新的师。

我们再说一下北面的英印第 33 军。正在渡江的英印第 20 师是对曼德勒的一个直接威胁，正如我希望的那样，其已经将木村的注意力从蒲甘周围吸引走了，但是我不能隐瞒蒲甘附近的兵力太久。因此，我不断急于推进英军第 2 师渡过伊洛瓦底江，让其距离曼德勒更近一些，正是因为木村肯定已经开始意识到了密铁拉面临的威胁，这样就会使他犹豫是否从曼德勒前线分兵去打新的战斗。让英军第 2 师及时渡江并非易事，必须收集其他师使用的装备，而且许多装备已经毁坏了，在他们完成渡江后，其中很多装备并没有返回。然而斯托普福德和英军第 2 师师长尼科尔森（Nicholson），准备在 2 月 24 日渡江，这个日期十分适合我的计划。

虽然敌人一直预料到我们的英军第 2 师要进行一场渡江行动，但日军投入了很多部队来攻击英印第 20 师的桥头堡，并且防守着北岸的实皆山脉，因此，实皆以西的 15 英里江防，日军只有一个联队了，只能执行警戒和侦察任务，并派各分遣队防守最有可能渡江的地方。然而，他们却在几个地方构筑了坚固的防御阵地，显然希望一旦明确我们的进攻目标后，可以集结预备队占领这些阵地。双方都派出了大量侦察队渡河实施大量侦察，而英军第 2 师一点点地蚕食着日军的实皆防线。2 月 21 日，斯托普福德集结英军第 2 师渡江，派英印第 268 旅接防了实皆前线。经过不断攻击，该旅占领了日军阵地，日军如果撤退到南岸去，本来能够更好地使用这支部队的。

在 2 月 24 至 25 日的月光之夜，英军第 2 师开始在英印第 20 师的桥头堡以东大约 10 英里的额尊村渡江。22 时，英军第 6 旅的先头营开始横渡宽 1500 码江面，但是敌人受到了惊动，机枪和迫击炮射出了猛烈的炮火。虽然我们的伤亡并不大，但是很多攻击艇弹洞累累，有些被摧毁，有些被击沉。该营的一部到达江中的一个小岛上，于是冒着炮火在那里建立了阵地。在猛烈的炮火之下，第二个营乘船渡江，但被迫返回北岸。第三个营（欠一个连）的船只被江水冲到了不远的下游，但成功登陆对岸，建立了不太稳固的阵地。这次渡江，如果不是一次失败的话，几乎将成为一次成功的渡江。尼科尔森及其参谋人员应付自如。尽管在河滩上出现了不可避免的混乱，他们重整了分散的英军第 6 旅，增派新部队，25 日，在英印第 33 军现有所有火炮硝烟的掩护下，不顾敌人的猛烈炮火，把一个营渡过江去，岛上的那个营也完成渡江。2 月 26 日早晨，英军第 5 旅和英军第 6 旅都登上了南岸，还有一些坦克。在最初的挫折之后，能够恢复战力是领导才能和组织艺术的一种优秀表现。

在河岸进行最初抵抗之后，在这处河滩之上的敌军却奇怪地变得消极起来。不像他在其他地方做出的反应，他们很少进行反击，只是用炮击和小规模空袭来袭扰我们的渡江。事实上，木村已经放弃了在伊洛瓦底江岸重新部署的最后努力。他不知道，真正的风暴还没有来临。

第十九章 致命一击

当1945年2月的最后一周开始的时候，木村可以着手考虑缅甸的战局了，如果说不是满怀信心，至少也要心存希望。在他认为是决定性的中部战线上，他看到的景象是，我们的第14集团军的两个军已经都在钦敦江——伊洛瓦底江的环形区域里了；英印第4军在我们的左翼，在曼德勒以北45英里处建立了一个桥头堡，而英印第33军在曼德勒以西35英里处有了一个立足点。到目前为止他一直在设法压制我军这两个桥头堡，其受到了孤立，增援也应该十分缓慢。我军第三个师已经开始在更靠近曼德勒的地方进行渡江，但是对此，他也能够希望抵抗一时。他预计英军第36师会继续南进，以与我英印第4军会合，然而，相当出人意料的是，该师却突然掉头向东，攻占了瑞丽江畔的密松（Myitsun），建立了一个小桥头堡，还为此打了一场殊死的战斗。看来形势很清楚，这个师肯定履行对美国人和中国人的承诺，而向腊戍进击，眼下曼德勒战役不需要考虑这个师。

对于木村来说，他东北前线的形势无法令人心安。苏尔坦的中国驻印军诸师现在已经与畹町附近中国驻滇远征军会师了，此外，还在腊戍以北大约50英里处切断了畹町—腊戍公路。但是，日军的第56师团和其他部队已经成功突围，并且正在以良好的秩序向南撤退。依靠这些部队可以长时间迟滞盟军前进，足以让木村打这场决定性的战役。若开日军的战事也并不顺利。第 54 师团正受我英印第 15 军攻击，最近英军在鲁伊瓦（Ru-ywa）的海滩登陆，若开的日军面临被分割成两部分的危险。然而，若开并不是一条重要战线，只要有海岸和缅甸中部之间的那两条通道，安镇（An）和洞鸽在手，以在若开的英军兵力规模，日军很少能造成什么真正的破坏。长期悬在木村头上的海上攻击，并不是迫在眉睫的威胁。但是，削弱应对海上攻击的兵力是一种风险，木村必须承受这种风险。

木村还要考虑的是英军在蒲甘的横渡伊洛瓦底江行动。得益于我们的那些欺骗措施和日军空中侦察的失败，木村依然认为我们在这个地区的兵力不足一个师，而且该师大部被他的部队牵制在木各具和稍埠对面西岸。这将导致英军在蒲甘渡江的兵力不多。事实上，他认为我们在这个地区的所有作战行动都仅仅是进攻油田的佯动，目的在于转移我两个军主攻曼德勒的注意力。他觉得，至少在打响主战役之前，他在木各具和稍埠的部队能够对付这个师。

木村意识到，曼德勒是决定性的地区。他的目标是必须尽快在这里集中他能够集中的最大兵力，以迎击我第 14 集团军，现在第 14 集团军还被伊洛瓦底江分割，其在日占一侧海岸的各师被孤立了。如果他能够打败第 14 集团军，那么在腊戍和若开的失败就将是微不足道，而且是暂时的。

若要力挽狂澜，就需要一些猛烈的措施。他采取了这样的措施。举动之一是，他决定从缅甸前线的其他地区撤出大量部队，用以迎击在曼德勒地区的第 14 集团军。一切事情必须让路给伊洛瓦底江畔战役。这是一个正确而勇敢的决定。在防御北部战区司令部的日军第 33 军，他撤出了第 18 师团大部和第 49 师团的一个联队，只留下第 56 师团对阵苏尔坦的三个中国师、战神旅和众多中国驻滇远征军，同时以第 18 师团的一个联队牵制英军第 36 师。日军第 54 师团在若开两条通道上留下后卫部队后，将全速东进，在仁安羌以北集结。第 49 师团余部和第 55 师团的一个联队奉命前进到曼德勒。正在前赴泰国的第 2 师团在勃固调头，匆匆赶往缅甸中部。这些日军部队的到达，加上已经对阵第 14 集团军的四又三分之二个日军师团，这使木村拥有的兵力达到 8 个日军师团以及印度国民军一又三分之一个师。日军的一些师团遭到连续打击而兵力不满员，而印度国民军的部队没有多少战斗力，但是即便如此，以大约 9 个师团的兵力对阵跨江的约 5 个英国师，应该足够了。伊洛瓦底江岸战役仍有胜算！

鉴于为期两年半的盟军轰炸之后的交通状况，以及我军实际完全掌握制空权的情况下，日军被迫在夜间进行绝大部分行动，但木村以惊人的速度利用公路、铁路和河流进行这次大规模部队调动。当然，我在这时，并不知道这些变化，但是我很快从很多情报来源中发现了一些迹象，并且意识到我要对付的兵力比我原来估计的要多得多。

需要记住的是，我原来实施缅甸中部战役的计划是基于这三个假设：

1. 日军将在曼德勒以北的瑞保平原上作战。

2. 分配给我的空中运输力量将不会减少。

3. 并且在缅甸其他前线上的进攻和海上登陆的威胁将会阻止日军能够抽调重大的援军增援与我集团军作战的日军部队。

这三个假设中的第一条，日军已经撤过伊洛瓦底江而不复存在了；第二条，华盛顿和伦敦美英联合参谋本部已经将我大部分美军飞行中队抽调到中国，这个基础也没有了；在前两条消失之后，现在第三条也不存在了。战争就是这样。

对此，我只能做我能做的事情。我敦促尽一切可能来增加在缅甸其他战线上的压力，特别是英印第 15 军应该用最大的可用力量从洞鸽向卑谬进行攻击。我甚至愿意提供每天 60 吨的宝贵空运量来协助英印第 15

军。我也要求英军第 36 师及美军空中补给部队一同回归第 14 集团军。蒙巴顿海军上将和利斯将军对于我的这种要求都十分同情，但是这个师的回归自然要花费一些时间，而且该师的调动肯定会影响苏尔坦的作战。我能够采取的唯一积极行动就是投入我的最后一个师，目前在乔尔哈特的英印第 5 师。我一直想要这个师参加这次战斗。该师像英印第 17 师一样，正在被改编为空运和机械化运输师，以参加密铁拉进攻战以及随后的仰光进攻战，后者实际上是另一次进攻战。我本来打算，如果为补给情况所迫，必须停止，或者甚至把另一个师撤回印度，这样我就能使用英印第 5 师的特别的机动能力。现在看来，似乎我所有的 5 个师要面对多得多的日军兵力，投入英印第 5 师变得不可避免，我这样就至少可以拥有 6 个师了。

理论上而言，即使一个月时间也不可能完成这个任务，我的要求似乎是一种奇迹。我们的补给部队已经近乎疲惫不堪；我们的运输机飞行员们连续数周一直高频飞行，按照以往的所有经验，只能再飞行几天。人的忍耐能力有一个限度，他们肯定接近了这个限度。我还是必须要投入英印第 5 师。我再次面临一个问题，即我可以承受什么样的风险，因缺乏部队而致战役失败的战术风险，因投入部队但我不能提供补给而致战役溃败的后勤风险。我决定接受后勤风险，因为如果我增加投入这个师，尽管有各方面的发展情况，我感到有把握能够赢得缅甸中部的这场战役，而如果我赢了，我相信我就能够攻占仰光。而且，得益于蒙巴顿海军上将的努力，我们飞机上的缺口因从缅甸以外的英军抽调而渐渐得到弥补，这让我坚定了决心。此外，在钦敦江造船厂建造的哈斯蒂德，承诺一旦我们能够确保一个伊洛瓦底江港口，他就可以提供大规模运力，而且我们希望，随着我们的前进，也可以利用日本人的铁路。

斯内林的参谋人员和他的战斗货运特遣队非常出色。出于他们的职责，他们指出了各种危险，但是他们知道需要的是什么，而且一旦做出了决定，他们就投入工作并创造出奇迹。在整个战役过程中，我们从来没有严重担心补给和运输方面。几乎每一天都有某种危机。一些基本口粮的储备经常下降到可怕的低点，枪炮常常因弹药的短缺而陷入沉寂，河上的船只由于缺少备件而无法行动，伤员由于集中在一些情况窘急的地点而没办法将其撤退。汽油一直极端短缺。然而，我们还是克服了所有这些困难和其他成百上千种困难，以现在有限的运输工具以及驾驶、飞行、航行和维护各类运输工具而超负荷工作的士兵们，为部队提供了补给。由于他们的工作，一次次及时地将必需品送到那些最迫切地需要的人手中。几乎没有部队可以得到基本需求。如果说有，那么这支部队的军官存在可以理解的但是自私的欲望，他们可以说，“多亏我，我的士兵们日子比其他部队好”，也许他得到的东西比应得的还多，而他的战友们，或者很可能是前进在他们前面的部队，则遇到了补给短缺的问题。那是一种人性的破产，而集团军的参谋人员很快知道谁是贪婪的人，无论是个人还是部队。

除了后勤补给，投入英印第 5 师没有任何困难。在整个 1 月份，英印第5师一直在进行准备工作，在2月初，我把师长沃伦召到我的司令部，我尽可能全面地向他解释了对他的要求。沃伦已经接任了埃文斯，埃文斯在去年 9 月向吉灵庙前进过程中在季风雨季期间病倒了。我总是发现和沃伦共事令人鼓舞。他不浪费时间也不说废话，只是问一些基本的问题，而且他也不是一个自私的人。如果我告诉他，我不能给他所想要的一切，我知道，当他意识到是因为没有我要给的东西时，他就会毫无抱怨地继续前进。当他飞回自己的司令部时，我去向他告别，他已经增强了我对成功的信心。我再也没有见过他。在他的司令部和我的司令部之间的 250 英里的丛林山脉之间的什么地方，他与战友长眠在那里。他的师完全信任沃伦，正当这个师进行一系列困难而艰苦卓绝的作战行动的时候，失去他是一种沉重的打击。用别的人取代他并非易事，我很担心此事对这个师的影响。仅仅在一个月以前，我任命英印第 5 师的炮兵主任鲍勃 · 曼塞尔去指挥第 11 东非师。他是一个才能出众的年轻军官，因表现出色而被我予以晋升，他在英印第 5 师服务出色，人所共知。第 11 东非师在最近的将来不太可能投入作战，也需要时间适应新的师长。因此我让曼塞尔接替沃伦的职务，我不认为我还有更好的选择。我提升第 28 东非旅的迪莫林旅长为第 11 东非师师长，以安慰不安的东非人。他已经具有很多和东非部队打交道的经验，而且在他们中间很有人缘。我命令英印第 5 师，留下空降旅后，出发前往木各具地区。我看着这个师满怀激情地通过蒙育瓦，但是这时，激烈的密铁拉战役爆发了。

在 2 月 18 日至 21 日之间，英印第 17 师和英印第 255 坦克旅渡过伊洛瓦底江进入英印第 7 师的桥头堡，他们扩大了这个桥头堡使之成为自己的集结地区。21 日，开始进攻密铁拉，这时英印第 17 师的最后一些部队还在渡江。英印第 48 旅沿着主要道路东进，这时坦克旅留下一个团在西岸上支持木各具的战斗，余部平行地向南移动。我军很快就在横跨公路的地方遭遇了最初的抵抗，但是从侧翼赶来的坦克加入战斗，轻易就击溃了日军。在这天下午，我军到达了一个距离伊洛瓦底江 15 英里的地方，在那里公路分岔成三路：直接继续向东的一路通往韦朗（Welaung），北面的分叉通往卡米（Kamye），南面的一路通往色滕（Seiktein）。侦察表明，韦朗道路对于车辆而言最为困难，而另外两条道路可以通行。因此，第二天部队实行了分兵，英印第 63 旅取道南路向色滕进发，同时一支分遣队全速前进，攻占卡米道路沿线长达八九英里的高地。我军希望这将有利于向东沙钳形运动，也许在主力南进的情况下，这个方向的部队可以指向油田地区。当天，英印第 63 旅与一支肩负迟滞任务的日军进行了一场简短的战斗，将其歼灭，并俘获两门大炮。在 2 月 23 日，这个旅掉头向北沿主要公路向东沙前进，在距离韦朗 2 英里处遭遇了逐渐增强的日军抵抗，再次俘获大炮两门。与此同时，英印第 17 师的余部向卡米推进，遇到了轻微的抵抗，但是受到了敌军空中的攻击，导致我军一些车辆被摧毁。

整整一夜，在警戒部队的掩护下，开始在东沙以西的宽约半英里的沙河修筑路桥，以使其可供通行。一团团的灌木丛和铁丝网被推倒，到24日黎明时，一条通道已经准备就绪。这两个纵队在东沙会合。配属坦克的英印第48旅很容易就从西南方实现了突破，只遇到轻微的抵抗，但是英印第63旅从南方一路进击，则遇到了更顽强的抵抗。攻占东沙之后，英印第17师全部以及坦克呈宽广战线穿过这片土地，击溃了零星的日军部队，集结于东沙以东，通往密铁拉主公路和铁路上的某处。然而，在全师宿营过夜之前，在韦朗和密铁拉公路之间称之为“狙击手三角”的整个地区，首先必须肃清敌人的许多自杀小队。有100多个敌军狙击手从隐匿处被驱赶出来并且予以击毙。

在2月25日，英印第17师与北面而来的日军发生了遭遇战，把英印第48旅留下击溃敌军并且收集空投下来的给养，而该师和坦克继续前进15英里，攻克距离密铁拉20英里的默莱。第二天这个师的其余部队已经按时收集完宝贵的空投给养，到达默莱，同时坦克旅冲向前方10英里处的塔布同（Thabutkon）简易机场。占领这个机场之后，连夜施工，修复了撤退日军破坏的设施。第二天早晨，坦克旅被迫停止下来以等待空投的汽油和进行维修工作，但是英印第17师第99旅的空运开始，而英印第63旅，继续沿着这条公路向前推进。在距离密铁拉8.5英里处，该旅遇到了横跨公路的敌军阵地，这里的阵地甚为坚固且布有铁丝网。这是敌人最强有力和最坚定的一次尝试，企图阻挡我军。那里有相当重型的机关枪和轻型自动武器，还有强大的炮兵火力；在这个阵地前面的河道里埋设了地雷，河上的桥梁已被炸毁。英印第63旅立即从北迂回包抄运动，绕到敌人后面薄弱处，与此同时，得到补充的坦克旅到达了，同时在宽广的战线上发动了正面进攻。日军没有见过这种大规模的装甲攻击，看来完全没有能力对付集群坦克的攻击。我军很快就攻占了这个阵地。众多日军守备部队被驱赶到开阔区域，那里更易于我军杀敌。英印第63旅随后推进到距离密铁拉5英里之内的地方，宿营过夜。侦察队摸黑探查了密铁拉西面的防守情况，报告说防御十分强有力，看来非常难以对付。由于敌人正在摧毁他们的补给站和弹药库，一整夜都能听见遍地的爆炸声，考恩和他的一个师和一个坦克旅的部队已经走过 80 英里困难的道路，并沿路击溃了敌军的抵抗。我们已经到达了密铁拉面前，现在必须攻占之。

粕谷少将（Major-General Kasuya）负责密铁拉地区，作为日军的高级军官，在第一时间将所有敌军部队集结在基地内部及附近。这些部队整个有大约 1.2 万人，但是他们分散在几支分遣队里，保护着一些仓库、机场和通讯站。此外，他在密铁拉还有大约 1500 人的各类基地部队以及医院伤病员。粕谷只有几天的时间来准备密铁拉的防御，但是他意识到密铁拉的重要性，并且下定决心要坚守到最后。他以最大之精力，集结了其后勤部队，临时整编一些步兵中队，不停地挖掘防御工事，将其防区组织成防御阵地和保护区。每一个人都进入了战斗行列，包括医院中的任何能够站起来的病人，甚至包括只有一条腿且架着双拐的伤员。军械库被打开了，各种自动武器外加足够的弹药发给了几乎每一个人。粕谷从机场调来两个机场守备大队和高射炮，他知道这些机场必须弃守，这些炮用于反坦克和阵地防御。他有一点幸运。根据粕谷的重新部署计划，日军第 49 师团的一个联队的大部刚好强行军赶到密铁拉加入日军第 15 军，粕谷就将其部署于此。

根据后来被俘的人数估计，日军实际回到密铁拉的兵力达到 3200 人，以及大量的大炮。他们在房屋下和湖岸构筑工事，修建了混凝土和泥土覆盖的木制据点，分布在米袋阵地和弹药库，密铁拉的日本守军的防御相当之强大。事实上这比密支那和八莫的防御更不好对付得多，后两地的城镇更小，守军也更少，但用了如此长的时间才攻克。密铁拉在防御上还有另一个大的优势：从西面和南面来的道路都经过宽阔的湖边，实际上是堤道，很容易被炮火封锁，没有任何行动的机会。从这些湖泊出来，也有一些很深的灌溉渠和沟壕通往周围的区域，致使部队行进速度减缓，并且极大地限制装甲部队的运动。

我们现在已经到了歼灭日本陆军战役的关键阶段。木村认为我英印第33军乃第14集团军全部，遂开始进攻。其各路部队汇集曼德勒地区。现在正是我军快速夺取密铁拉的一个时机，当他反应过来的时候，必然会来应对这个致命的威胁，然后，我军从英印第33军的桥头堡发动了一场全力以赴的进攻。第14集团军的每一个师，除了英印第5师，都投入了全面的战斗。我们的汽油和弹药消耗随着作战地区的扩大和作战节奏的加快而上升，我们延长的补给线变得更加危险了。我们不可避免地再一次急需各个空中运输中队的空运补给，这场战斗的后勤方面开始看上去更像是一场赌博而不像是我喜欢的事情。敌人兵力大规模集结，我们前面的密铁拉战役，以及对于速度的需要，所有这些都在降低我们成功的概率。

当我遭受一场完全没有预料到的打击的时候，因猛烈而起伏不定的战役不可避免引起后勤和战术方面的忧虑，就变成了真正的惊慌。2月23日，英印第17师在通往密铁拉的道路上顺利前进，而英军第2师横渡伊洛瓦底江的行动也即将开始，这时蒋介石要求北部战区司令部的所有美国和中国的部队都返回中国，参加计划中的攻势作战。他还坚持要求，在出发返回中国之前，不得再向距离曼德勒东北80英里的腊戍—昔卜—皎梅（Kyaukme）一线以南前进。这样木村就可以将北部战区司令部前线的几乎全部日军部队自由转调我军前线，而当中国军队撤退之后，我还要负责新占领的滇缅公路之安全。我曾经想依靠与苏尔坦部队的合作，该部可以在我军之东侧，平行向仰光进击，现在这已毫无希望了。最糟糕的情况是，我得到消息，为中国部队空运补给的美国运输中队将执行空运中国部队返华的任务，而原来分配给我的飞机要向英军第36师和等待返华的中国部队空运补给。

对密铁拉的攻击开始之后，我才知道这些可怕的消息。这些中国军队的撤退和停止作战可恶至极，而失去那些飞机却是致命性的。利斯将军向我强烈抗议。蒙巴顿海军上将飞往重庆与蒋介石委员长争辩，但是毫无用处。他坚持这场撤退，并且劝告蒙巴顿海军上将让第 14 集团军在曼德勒刹住脚步。在接下来的关键几天里，这个灾难性的威胁落在我的头上。我即使愿意也不会放弃这场战役，然而我没有任何打算要那样做。我只能更迫切地迫使战役结束。然而我承认，在这种不确定性延续着的时候，作为一个集团军的指挥官，我难于在自己的那些参谋人员、指挥官们和部队面前表现得无忧无虑。幸运的是，我的紧张状态并没有持续太久。由于蒙巴顿海军上将的陈情，以及英国参谋长委员会的支持，美国参谋长联席会议同意将其大部分运输机中队留在缅甸直到我们攻占仰光或者 6 月 1 日，以较早的日期为准。这免除了我最紧迫的忧虑，因此尽管 3 月 11 日下令北部战区司令部的战神旅紧随中国各师撤退，但是我感到好多了。

我不想考虑这样的事实，如果到 6 月 1 日我的集团军只是接近了而没有攻占仰光，那时候季风雨季就会以全部的威力发作起来，那么美军各个空军中队的撤退就会导致我们处在一种灾难性的补给形势之中。因而那一天的到来必然是不幸的！

回到英印第 17 师和英印第 255 坦克旅，他们在准备进攻密铁拉。考恩收到的报告提醒他，密铁拉的守备部队会比最初估计的更强有力，同时外围的防御工事扩展成一个围绕密铁拉的椭圆形，面积大约是 3 英里乘以 4.5 英里，那些在西面的工事阵地前线存在两个大湖，最难以攻击。他也知道，有大量日军正在附近流窜且正在靠近密铁拉。现在急需在敌人全力赶来救援之前夺取密铁拉及其东部外廓的飞机场。因此，他决定派一些分遣队前出几英里，在一些主要外围道路设置路障，并且最大程度上使用机动力量、装甲车辆和空中支持，从北面和东面实施主攻。

考恩的行动大胆而灵活。在 2 月 28 日早晨，英印第 63 旅将基本的作战运输车辆以外的所有车辆留在后方的塔布同，在击溃了轻微的抵抗之后，行军到密铁拉西北大约 2 英里的一个地区。该旅派出前进部队，与敌军的西线防御部队近距离交火，同时在从稍埠而来的主干公路上构筑了一个强大的路障。与此同时，该旅在一个营的保护之下，在后方 2 英里处投入作战，在这里大炮能够支援从任何方向进攻密铁拉的部队。英印第 48 旅从塔布同沿公路两侧前进，进攻粕谷部的北面防线，但是敌军在密铁拉边缘的一个修道院周围构筑了其中一个最坚固的阵地，该旅被阻至夜幕降临。

英印第 255 坦克旅，随同两个步兵营及其下辖的一个 25 磅自行火炮连，绕过密铁拉的北面、东北面和东面迅速前进。经过最令人振奋的 10 英里扫荡战之后，封锁了达西和标贝的公路，这些坦克和步兵重新集合在密铁拉以东。考恩将大量的火炮和空中支援调派给该部使用，各兵种良好协作，在十分精确而猛烈的轰炸以及空中打击之后，坦克前进，步兵尾随其后，他们咆哮着进攻。这种装甲部队的猛攻遭遇到了互相支援的地堡群和堡垒化房屋组成的防御屏障，敌军用猛烈火炮、反坦克武器和机关枪的火力射击。我军步兵突入街道时，受到隐藏各处的日军狙击手的袭击。我军的攻击顺利地延伸至城区的火车站，击毙了众多敌军，并摧毁了几门大炮。敌军抵抗狂热，往往至死方休。在我们已经攻占的地区，受伤的日军和小股幸存者仍在决死抵抗。到了下午稍晚时候，形势表明在天黑之前无法完成清理战场和巩固阵地的任务。考恩出于合理的担心将废墟里的坦克部队撤出过夜，尽管有许多人表示反对，他还是将攻击部队撤退到密铁拉以外 2 英里宿营，只留下一些强有力的侦察队确保我们获得的战果。在夜间，日军重新渗透他们丢失的一些地区，整夜都在发生激烈的近距离战斗。

那天我到了英印第 33 军的曼德勒前线，该军以英印第 19 师为先锋全力进攻，令我感到焦虑的是，英印第 33 军本应适时地配合英印第 4 军的作战时间。这天傍晚在我回到蒙育瓦的司令部的时候，我研究了来自密铁拉的报告。这些报告让我感觉攻击被阻止了，我决定到那里去。我们不能成为第二个密支那。我准备第二天早晨飞过去。然而，英国皇家空军最礼貌和最坚定地告知我，他们不会带我飞往密铁拉，因为这太危险！我非常生气。他们说那些简易机场还没有完全修好，而且经常处于敌人的炮火之下，据报还有日军战斗机出没。我向他们强调已经有一整个旅在密铁拉简易机场着陆，没有武装的英国皇家空军和美国航空部队的运输机在白天的每一个小时，都使用着这些机场，如果他们受到来自地面的射击，那不是英国皇家空军的责任，因为是我的士兵应该保护他们避免受到来自地面的攻击，但是我的解释并没有用。英国皇家空军告诉我，他们很乐于载着我的任何参谋人员在任何时候飞到任何地方，但是不包括我，不包括飞往密铁拉，也不是现在。这么强调我的价值是一种谄媚，但是又令我极为恼火。我打算去找文森特说个明白，这时候很幸运，由于我十分珍视我们的友谊，我有了别的主意。

当时刚好有一位前来拜访的美国将军乘“米切尔”式轰炸机来到我的司令部。我问他是否想和我一起去看看密铁拉战役的情况。正像我希望的那样，美国人的特征就是慷慨，他建议我乘坐他的飞机。我满怀感激地接受了这个建议，并且我们在 3 月 1 日一大早就出发了，我感到很像一个逃避老师的小学生正在玩逃学的游戏。我们飞行到蒲甘对岸的英印第 4 军司令部，带上梅瑟维，继续飞向塔布同附近的一座可用的简易机场。那里相当平静，但是不远处有一些小小的爆炸声，而且在机场边缘有一些日军尸体。我们吃了第二份早餐，我第一次吃到了日本人提供的早餐，我军从占领的一座日军仓库里拿出饼干、罐头食品招待我们，但并不太好吃。我获得的更多是精神满足而不是物质营养。“胖子”考恩派了两辆吉普车来接我们，我们高兴地跳上吉普车，沿着公路直奔他在密铁拉郊外的战斗司令部。他很快将梅瑟维、我和我们的美国朋友带到了战斗之中，从嘈杂声、硝烟和飞机不断嗡嗡作响扑向目标的情况判断，这不是遭遇战。3 月 1 日这天，我们确实看到了这场战役中最艰苦的战斗。考恩的部队慢慢地攻入粕谷的防线，但敌军的防御非常坚固。英印第63旅已经从西面开始进攻密铁拉，尽管道路很狭窄，但还是攻入了密铁拉的外围。英印第48旅及配属坦克重新开始从北面进攻密铁拉的东侧，面对敌人最坚决的抵抗，仍取得了进展。英印第255坦克旅及其步兵已经夺取了一座陡峭且重兵布防的山，这座山在南湖边上陡然升起，有500多英尺高，靠近密铁拉东南角，能够俯瞰整个地区。当坦克和步兵费力攻入密铁拉时，这里的艰苦战斗仍在进行。

在这场艰难的两线作战中，考恩的行为令人印象深刻。他的主要注意力放在各个正在发动攻击的旅，他在接到来自地面和空中的关于周围地区日军运动情况报告的时候，也会经常审阅报告。每次弹药和汽油消耗达到了最高点，他就非常担心空中补给线，这条补给线依靠着这些岌岌可危的着陆场。尤其是他非常缺少睡眠，这种情况延续了好几天。然而，他一直警惕着任何区域的每一个形势变化，随时调动他的火炮和空中支援并利用其优势予以应对。他对自己的部队和敌人的形势了如指掌，对答如流。观察一个具有卓越才能、经验丰富、坚决果断的指挥官指挥一场艰苦的战斗，可以看到的不仅是战胜最高精神和身体紧张的男人，而是在最复杂和最困难的作品中倾注心血的艺术家。我认为我看到了非常优秀的师长。

我用“喇叭”和一个旅长聊天，他坐在坦克网上听我说话，作战时这通常是值得做且令人感到有趣的事，之后我离开了正在严肃指挥交响乐团的考恩。我确信指挥高层有能力掌控这场战斗，我想我应该到距离前线更近的地方，看看中低层是如何作战的。我选择了英印第48旅，因为此刻，他们似乎正在砸一个特别硬的核桃。我们乘着吉普车绕到这个城镇的北面，然后更为小心地步行向前。这一路上与各种各样的下级军官聊了聊，他们都在忙于自己那部分小的战斗，但是都雄心勃勃。其中一位军官告诉我们，可以一览战场的最佳地方是一座大塔，其耸立在附近的一个山坡顶上。我们沿着一条小路走到那里，沿路上有许多树丛可以屏拒敌军。

我们低头走过周围一道矮墙，经过一段宽阔的平台，一部印度通信兵和观察分队占领了那里。我们越过那道矮墙小心地瞭望，发现在右面是北湖的尽头，宁静而安详。在我们左面大约 1000 码以外，主要公路在两座靠得很近房子之间进入密铁拉，现在房屋破碎，被尘土、硝烟和轰炸的火焰笼罩。我知道我军即将要攻击这里，但是，前方下面的景象吸引了我们的注意。

这片湖的南岸大约有 1 英里的长度，几乎平行于密铁拉的北部边缘。在两者之间，是一条大约半英里宽的粗糙而起伏的区域，被一些沟壑和湖岸割开，那里点缀着一丛丛绿树和灌木。距离我们 300 码，沿着一些水线分散着一些突起的圆丘，而卧在一些灌木丛后面的是二三十个廓尔喀士兵，他们都很贴近地面，显然是因为周围喷射出来的枪林弹雨而处于猛烈的火力之下。在这些廓尔喀士兵左前方，那里有一个小矮树林。在其边沿，更多的廓尔喀士兵正在用布伦式机枪射击。一辆“谢尔曼”式坦克在一个灌木丛掩盖的洼地里，位于我们和那个矮树林之间，可以避开敌人的观察，但是我们却看得见。在交火间歇，我们能听见这辆坦克的引擎发出的低沉声响和隆隆声。我们的兵力部署是两个排和一辆坦克，对我们来说足够明显，但是我看不见一个敌人。

这时那辆坦克重新发动引擎，发出结结巴巴的吼声，向前挪动了几码，接连快速射击了两次，然后又小心地撤回到隐身之地。我观察了这次射击。透过我的望远镜能够看到，大约 500 码开外，有 3 个长满野草的小丘，其看起来毫无异样，但与其他六七个小丘还是略有不同。然而，当我睁大眼睛，我发现了其中一个小丘上面有一个黑洞洞的观察孔，周围弥漫着一挺打得发烫的机关枪冒出的蒙蒙硝烟，我能听到咳咳咳的射击声，比我们自己的机枪声略慢一些。经过仔细地搜索，我在其他土包上也发现了几个观察孔。这儿有 3 个典型的日军地堡，除了最猛烈的炮弹，这些地堡不受任何射击的伤害，并构成环形防御设置，还配备了自动武器——的确是十分难啃的核桃。那辆坦克又出现了，并没有改变位置，打出了两三颗榴弹，在那些地堡前面升腾起一道白色烟幕。我们下面的一个廓尔喀士兵跳起身来，挥动了下一支胳膊，他的整个一队人匍匐前进。当硝烟在一两分钟后被风吹散时，他们又卧倒掩蔽起来，但是距离那些地堡又近了 100 码。一些小的炮弹在湖边的水里爆炸了。无论这些炮弹对于那辆坦克和廓尔喀士兵意味着什么，其并没有造成伤亡，而敌人炮兵也没有再次开炮。

当我再次寻找那辆坦克的时候，其却不见了，但是这次，一道烟幕再次遮挡住那些地堡里面的视线，我想这可能来自步兵的迫击炮。那些廓尔喀人匍匐前进、躲避着、曲线前进着，越过那片高低不平的地方，直到他们当中的一些人肯定已经到达了距离敌人只有 30 码的地方。那辆坦克，躲在那道矮树林后面的什么地方，正在缓慢而有条有理地向那些地堡观察孔开火射击。喷射的尘土和碎片随着每一次打击弹跳起来。

当战斗走向最高潮的时候，我们从那座高塔围墙处离开，向一个右面更靠前的地方走去，从一道浓密的仙人掌丛后面看去，我们的视野更加清晰。那辆坦克绕过矮树林的侧翼又出现了，一边前进一边射击着。坦克逐渐绕到了那些地堡的后面，然后突然之间我们就处于坦克的火力线之中了，一些越过目标的跳弹和射击直接指向了我们。

一个集团军司令，一个军长，一位美国将军和几位相对没有那么重要的人物，完全不约而同地采取了卧倒的姿势。唯一的伤亡是一位与我们同机的不幸美国飞行员，他顺便跟我们过来要看点乐子。当弹片尖啸着飞过他的头顶时，他自己飞身扑进仙人掌丛寻求掩蔽，他的衣服已经被剥光到腰部，他看上去成了一个血淋淋的针垫。然而，他从容地接受了不幸的命运，以刚毅精神忍受着拔出刺时候的那种疼痛。

在这小小的刺激之后，那辆坦克已经又向侧翼移动过去，我们松了一口气，看到了这次行动的最后阶段。布伦式机枪和步枪的火力增强了，那辆坦克的火炮砰然射向别处。突然 3 个廓尔喀士兵同时爬起身来向前冲去。一个倒下了，但是另外两个跑过通向地堡的最后几码，并且用“汤姆”式冲锋枪向地堡的枪眼射击。在他们后面，参差不齐的战友们冲了过来；另一个突破来自那道矮树林和一柄柄闪闪发亮的刺刀。我军士兵蜂拥到那些地堡周围，片刻后所有的开火都停止了。然后，在一个小丘后面，出现了六七个穿着土黄色破衣烂衫的人，奔跑着逃命。我注意到，他们由一个相对较高的日本人带领着。廓尔喀步枪团的 20 个士兵赶了上来，枪弹齐发。呜呼哀哉，廓尔喀人的射击术！没有一个日本兵倒下；他们曲曲折折拐着弯儿继续向前跑着。但是几秒钟后，当廓尔喀人再次开火的时候，他们都倒下了，最后倒下的是那个高个儿男人。那辆坦克隆隆地开上来了，低下它的炮口，默默地结束了战斗。在 10 分钟之内，在确定没有一个活的日本人留在那些地堡里后，两个排的廓尔喀士兵和他们由印度人驾驶的坦克继续向不远处的下一个目标前进。一支后卫部队的士兵出现了，照看他们自己的伤亡人员，拉出敌人的尸体搜查文件和身份识别证件。这一切都相当高效。

即便我对这次战斗着墨过多，但在密铁拉之战中，这样的战斗有 20 多处，比我记述的这次战斗重要多了，我恳求一些宽容。这是我自成为一个集团军司令以来最接近真正战斗的一次，是我曾经看到过的技术最熟练的步兵和装甲兵的小规模战术行动。还有第三个理由。实行这个战术行动的士兵来自一个廓尔喀团，我曾经有幸担任过这个团的上校团长。

回到考恩的司令部，我们听取了有关密铁拉攻击的总进展情况。并不是所有地方的战斗都像我们观察的战斗那样顺利。敌人并没有浪费获得战备的那几天时间。每一座房子都是一个据点，每一道水渠都有其隐蔽的地堡，每一堆卵石后面都隐藏着机关枪或者反坦克炮。狙击手蹲伏在每一座废墟里。这是一场代价巨大的战斗，吉普救护车在战场和机场之间穿梭行驶，将伤员快速而顺利地撤离。进展虽说十分缓慢，但也是稳步向前的。

在整个 3 月 1 日白天和随后的夜晚里，肉搏战的惨烈程度，并不亚于曾经近距离作战为主的战斗。到傍晚时，当我们回蒙育瓦的时候，我军部队顺利进入这个城镇，但是日军的抵抗丝毫没有显示出崩溃的迹象。他们死在战斗的地方，而且当黑暗降临的时候，甚至在我们已经夺取的阵地，日军的幸存者依然从地窖和洞穴里出来重新开始战斗。

3 月 2 日的密铁拉以东，在火炮、坦克和飞机的支援下，英印第 48 旅缓慢地迫使敌人从一所房屋退向另一所房屋，直到他们被困在密铁拉南端，背靠着南湖。英印第 63 旅以两次强有力的攻击，肃清了整个密铁拉的西部，并予敌重创。3 日期间，在激烈的战斗之后，我军通过一系列的夹击攻势，最终肃清了密铁拉东部。敌军的 75 毫米榴弹炮向我们的坦克和步兵平射，但是逐渐被一门一门地干掉了，最后 50 名日军跳进了那片湖水之中，被淹死或者被击毙了。这场杀戮规模很大。仅仅在这座城镇里的一片小地区范围之内——其面积为 200 乘以 100 码——就收集到 876 具日军的尸体。密铁拉是一座屠宰场，但是到 3 日傍晚 6 时，我军占领了密铁拉。

在整个白天，城镇战斗进行时，我们的坦克和步兵一直在肃清密铁拉东部的众多敌军部队。这里遍布着很多村庄，村落交错，形成大片房屋群。在房子里，在房子之间，沿着沟渠每隔一支步枪射程的距离内，在坑坑洼洼的地上，日本兵们战斗着，他们像在城镇里一样，凶猛得可怕。但是，他们的抵抗毫无意义，被我军大举歼灭。在 3 月 4 日和 5 日期间，我军使用最近距离的空中支援扫荡和清理了城镇附近所有敌军。5 日，主要的飞机场得到确保，并且处于完全运转状态，但是有时候还是处于日军的火力之下。考恩的整个部队，这时集结在密铁拉城内和周围地区。

在 4 天之内攻占密铁拉，并且全歼其守备部队是一项卓越且战功杰出的军事业绩，正如日本人自己承认的，几乎没有一个人逃脱。这决定了日军在缅甸的命运，使木村深感震惊。他错误判断了我英印第 4 军的位置以及木各具地区的我军兵力和意图而受误导。在一开始，他完全不知道这是什么部队，居然能够如此沉重地打击其要地，但是他马上意识到，如果他不迅速夺回密铁拉，日军则将处于致命的危险之中。木村不像很多日军指挥官，他总是反应迅捷而大胆，以图改变形势。这次也是如此。他放弃集中所有资源对付我英印第 33 军的计划。从缅甸各处抽调增援曼德勒的在途部队，转向密铁拉前进。一些已经投入攻击曼德勒桥头堡的部队，甚至也被调出战斗，转而投入应对这个新危险的战斗。木村敦促所有部队加快速度，运用各种运输手段，迅速前进。

本多政材中将（Lieut. General Honda）及其第 33 军司令部承担了重新夺取密铁拉的任务，他毫无疑问面临着紧迫的形势。他所辖的部队是从缅北调来的第 18 师团（欠一个联队）、来自曼德勒的第 53 师团的一个联队，以及从木各具地区紧急调回的第 33 师团一个联队。第 49 师团（欠一个联队）经两周 280 英里的行军，从缅南的勃固赶到，同时还有军直属部队，炮兵，包括重型火炮，以及战车联队残余战车。第 2 师团的一个联队也在战役后期参战。在更早些时候，来自第 55 师团的两个大队和其他部队到达波芭山，加强在这个地区的印度国民军部队，还有第 54 师团的两个步兵大队和一个炮兵大队，从若开到达仁安羌，渡过伊洛瓦底江，增援西岸对抗我军第 28 东非旅的日军。这样本多政材完成此项任务的兵力相当于我下辖两个师的一个军兵力。他的挽回密铁拉灾难的计划是一个双重计划。他企图在良乌桥头堡的两侧切断我们通往密铁拉的交通线，在西侧，将东非旅驱赶后退大约 15 英里，直到切断公路；在东侧，北从东沙，南从波巴山地区，南北夹击良乌桥头堡，直抵密铁拉公路。当我们英印第 17 师唯一的交通线被切断后，日军强势部队将进攻密铁拉。这个计划可能看上去相当不错，但是像日军的很多计划一样，没有考虑到一些现实问题。敌人投入密铁拉战役的全部兵力，在数字上确实很可观，却是零散到达，且是从很多部队中抽调出来，来自四面八方。没有一个完整的师团参战。协调一致行动十分困难，特别是在日军运输力量的损失与日俱增，而我们实际上已经完全掌握制空权的时候更是如此。即使如此，如果我们的指挥官们和各个部队没有表现得太过于积极和富于主动性的话，本政多材的计划就还是存在一些希望的。

在这个阶段，第 14 集团军中的每一个人都意识到，速度很重要，并在最广泛的地区实施最大胆的攻势。敌人尽管处于不利地位，但是他们已经选择在伊洛瓦底江畔和缅甸中部平原与我们血战一场。这是我们最终击溃日军陆军的机会。这两个军及每一个师都必须在所到之处打击敌人的任何部队。他们尤其必须运用空军、装甲部队和机械化部队袭击日军正在行军参战的分散纵队，在他们能够联合起来之前消灭日军。我们计划中的一个重要因素就是要瓦解日军的指挥机构。在我蒙育瓦的司令部里，现在有一支高效的无线电拦截和定位部队，可以高度精确地识别和定位日军的各个指挥机构。在空中侦察和情报人员的帮助下，我们甚至能精准定位重要的指挥机构。根据这支部队的指导，我们不仅可以进行持续而猛烈的空中打击，还可以派出特遣队实施突袭。当他们移动的时候，我们跟随他们；当他们停止的时候，我们就轰炸和袭扰他们。日军的通信信号逐渐变得越来越少，被迫较长时间保持沉默，他们指挥官发出的命令越来越落后于瞬息万变的战场。

考恩的英印第 17 师从密铁拉四处出击。步兵和坦克每天都出动追踪、伏击和攻击逼近密铁拉 20 英里范围内的大大小小日军部队。这些行动十分成功，粉碎了敌人集中兵力的企图，阻止或至少推迟了日军的大规模攻击。然而，随着敌人兵力的增加，密铁拉面临的压力也在不断增加。敌人的主要目标就是夺取距离城区约 2 英里的简易机场，若现在通往桥头堡的公路被日军切断，那么我们的所有补给运输机都将在那里着陆。如果日军能够在任何时间都成功断绝我们使用这个机场，就能迫使我们完全依赖空投，那样我们的形势就会岌岌可危。机场争夺战激烈而持久，但是英印第

17 师依然继续四处出击，击毙了数百名日军，并俘获了多门火炮。

考恩没有足够的部队可以用来完善机场的防御圈，敌人在 3 月中旬，已经渗透到离机场很近的地方，以致我们的部队和他们的侦察队实际上是在跑道的无人空地上发生了夜间遭遇战。每天飞机降落前的黎明时分，我军都要肃清渗透过来的敌军部队，并且清理地雷。英印第 5 师的空降旅开始空运，3 月 17 日完成。当这个旅的最后一批部队着陆的时候，简易机场正处于敌人直接的炮火之下，大家都认可美国和英国飞行员和机组人员每个架次都表现勇敢，虽然一些飞机在着陆之后就被摧毁了，但他们顺利地完成了空运任务。在本次空运行动中，我军部队损失甚微，令人意外。只有那些曾经在这种情况下着陆的人才知道，撤空一架飞机的乘客能有多快。

在这个旅到达之后不久，日军极力抵达这个飞机场的边缘。除了轻型飞机可以在城内小机场偶尔起降，其他的飞机都停止着陆了，补给大为削减，汽油出现短缺，援军无法被调入，伤员也无法撤出。考恩发现自己在一场恶战中被切断了与外界的联系，这不是他的第一次。然而这次，他个人遇到的深深伤痛，让对于形势的忧虑雪上加霜。在这场战斗当中，他得知儿子，因在曼德勒战斗中负伤而牺牲，在英印第 19 师的桥头堡，我曾经在我当年的老团里遇到过这位出色的年轻军官。我们许多将军失去了儿子，战争中最残酷的事情是需要牺牲我们最优秀的人。

重新启用主飞机场势在必行。日军在机场北面挖壕据守，那里的地形不利于行动且地势高低不平，众多深深的沟谷交错其中，成为坦克的障碍。敌人已经增援了很多门反坦克炮，并且可以自由使用当地补给站里的地雷。当这些地雷被用完时，他们就以人雷来代替。一个日本兵在其膝盖之间夹带着 100 公斤飞机炸弹，抱住一块大石头，放好了导火索以后就缩在散兵坑里。当进攻的坦克经过这个几乎看不见的散兵坑时，他会首先扔出石头，然后是炸弹和人，他们希望与坦克一起毁灭。幸运的是这个装置并不是十分有效，死得更多的是日本兵而不是我们的坦克。尽管遭遇到最激烈的抵抗，在坦克可能提供的支援下，加上战斗轰炸机总是可以在距离我军 100 码距之内的地方空投物资，我军步兵仍然逐渐迫使敌人从机场退去。即使在我军肃清机场附近之敌的几天以后，日军的中型火炮依然可以轰击机场，直到 3 月 29 日，敌人隐藏火炮的最后一块起伏地面才被我军攻占。这场肉搏战失败之后，敌军零散残部撤退，将几乎所有的火炮都留给了我们，并且遭受了灾难性的伤亡。

当激烈的密铁拉攻防战进行得如火如荼之际，英印第 4 军的其余部队也没有闲着。我军前往密铁拉的部队通过后不久，本多政材从北面进行反击，重新占领了东沙周围的山地，并且控制了那条公路。3 月初，英印第 7 师在西岸的莱茨——那里由第 28 东非旅据守——呈一个弧形展开并在蒲甘以南渡江，经过现在纵深 10 英里的桥头堡，最终迂回绕到良乌上游 12 英里的地方。在这个桥头堡里，已经集中了考恩部队的“后卫”和补给纵队，大约一共有有 5000 多辆非装甲车辆。梅瑟维面临三项重要而紧迫的任务：

> 1. 夺取敏建。除非掌握了这个河渡，否则我们就不能使用钦敦江航运来缓解交通线的紧张情况。
>
> 2. 重新打通前往密铁拉的公路。
>
> 3. 阻止正在伊洛瓦底江两岸从南进攻的日军，防止公路被再次切断。

梅瑟维马上派出了一些纵队，由空中为其提供补给，这些纵队穿过平坦的沙地平原，直奔敏建。白天的每次行动都因为掀起的浓重沙尘雾而暴露了目标，从而不断受到配备火炮的敌军后卫抵抗。走了一路打了一路，我们的部队到达了前进道路右角一个很深的干涸峡谷，那里距离敏建

4 英里。在这儿日军顽强地挖壕据守。第一次攻击只夺得了日军据守阵地前的几条前进战壕。

在这个时候，梅瑟维的第二项任务——肃清东沙一带山地之敌，打通密铁拉公路——变得紧迫起来。因此，他以敏建为掩护，将攻击的重点转移到这个方向上来了。梅瑟维的计划是，以一支来自考恩部队的装甲纵队打开通往东沙的公路，同时，英印第 7 师把敌人驱赶出山地。夺取东沙并没有什么困难，但是直到 3 月 7 日该部队才获得山中的一个立脚点，然而日军反攻后又失去了。又经过一个星期的苦战，该部队夺取了能俯瞰这条公路的几个制高点，并且和来自密铁拉的我军部队会合。在这个关键时刻，英印第 5 师的第一个旅经公路到来，进入了桥头堡，并且完成了肃清东沙地区的任务，这时，英印第 7 师的部队又转过头来进攻敏建。

对敏建的第一次攻击失败了，但是经过激烈的战斗之后，在 18 日夜晚，我们的坦克和步兵突入了郊区。又经过 4 天的持续战斗，我们才攻占了敏建的其余部分；日军发动了自杀式反击，坚守到了最后。日军的人员和大炮损失巨大，敌军第 15 师团失去了其绝大多数残余火炮，幸存者试图逃跑，但在开阔地带被我追击部队赶上，只有少数逃脱。夺取敏建使第 14 集团军的后勤参谋们松了一口气，为之欢呼雀跃，因为很快就能将敏建作为一个可以运行的港口。码头的建设工作马上开始，几乎就在枪林弹雨之下，在令人吃惊的短时间里，来自我们的葛礼瓦造船厂的船只正在港口卸货。一个生机勃勃的开端也正在使敏建—密铁拉铁路运转起来。我军修建了桥梁，一些被俘获且破旧的火车头甚至也被拼凑起来，叮叮当当不稳定地开上了那条生锈的永久铁路。

当我们全力进攻敏建时，本多政材开始从南面进攻。在东岸，印度国民军在皎勃东地区，得到日军一部的增援，进击西北方的良乌。他们迎头碰到了反方向进击的英印第 7 师部队。这些印度国民军无意作战，于是纷纷逃跑或者投降；日军则遭击毙。与此同时，英印第 7 师的另一个旅沿伊洛瓦底江东岸南进稍埠。他们也遭遇了正在前进以迎击他们的日军，于是发生了激烈的战斗，特别是在稍埠以北六七英里的地方，在那里日军不顾一切地坚守一些牢固的阵地。英印第7师攻占了这些日军阵地，再前进了一段距离也构筑了阵地。根据情报，更多的日军在波芭山集结，梅瑟维决定暂时不进一步向南推进，就地驻留。事实证明，在伊洛瓦底江东岸，本多政材从南方发起的反攻失败了，很大程度是因为反攻的主力印度国民军毫无战斗意志。但这无伤大雅，因为在西岸，本多政材的另一半全部由日本人组成的南来之师，暂时对我军造成了一种危急态势。

在一段时间里，这些日军一直袭扰着莱茨附近的东非旅，我军遂派出一个旁遮普营予以增援。当敌军的增援部队到达以后，他们在3月20日发动了一些决定性的攻击，并且开始包围和迫使东非旅后退。我军从东岸紧急调去一个英国营，加入东非旅的部队。英国营加上旁遮普营经过近战使我军扭转了战局，并且缓慢地击退敌人。在经过几天的担心后，良乌桥头堡与密铁拉公路之危已解。

到3月的最后一周，密铁拉战役已经打赢了。我们一直将其视为一次决定性的战役，我曾经让所有的一切都服从于此战之胜，然而这只是伟大缅甸战役的一半。另一半同时在曼德勒周围开始了。

第二十章 伊洛瓦底江畔战役

在追溯这次战役的过程之前——与密铁拉战役同时开始的曼德勒周边战事——最好先回顾第 14 集团军的各个侧翼发生的战事，因为这些战斗影响了主战役及随后的战局发展。在右翼，是克里斯蒂森在若开的英印第 15 军；在左翼，是苏尔坦的北部战区司令部。这二者都积极作战。

在 1944 年底的时候，我们就开始更为乐观地认为，可以扩大在东南亚作战行动的规模，若开的形势在战略上是不能令人满意的。在这里，我们有 4 个师被兵力比我们小得多的日军牵制住了。正如吉法德将军所承认的，明智之举就是迫使敌人后退，致其无法重新发起攻势，然后留下一个师牵制他们，而抽调其他 3 个师到其他地方作战。如果我们要夺取阿恰布，确保加拉丹河河口，控制该河以东且向南远至弥蓬半岛（Myebon Peninsula）的区域，我们应该能够做到这一点。现在那些本来承诺用于东南亚的欧洲各师看来是不可能了，从若开抽调自己的那几个师的愿望日渐增强。英印第 15 军有一段时间一直在计划发动主动攻势来实现这个目的。克里斯蒂森下辖 4 个师，即英印第 25 师、英印第 26 师、第 81 西非师、第 82 西非师，以及第 3 特战旅和英印第 50 坦克旅。他得到英国皇家空军第 224 大队和一支海军特遣队的支援。他们的绝大多数登陆艇是欧洲战场用坏了而被运来缅甸的。与克里斯蒂森对阵的是日军第 28 军司令官樱井省三中将，在若开日军有第 54 师团的一个联队和第 55 师团一部，但我们那时不能确定是哪一部分。实际上，第 55 师团的绝大部分已经进入缅南。这个樱井，不是曾经指挥进攻若开而不成功的樱井德太郎，这个姓把我们搞得有些糊涂了。

1944 年 12 月 12 日，我军开始发动攻势，3 天后，第 82 西非师在 G. S. 布鲁斯少将（Major–General G. S. Bruce）指挥下，通过多次战斗克复布迪当，再次打通了从孟都到卡拉畔辛公路的最后几英里。在孟都这个小港口周围的很多河湾里已经集中了 600 多艘船只，这些船只在 5 天之内通过公路穿过梅宇山脉被运到并且投放到卡拉畔辛河里，以协助维持南进的补给。与此同时，第 81 西非师在洛夫特斯 – 托特纳姆少将（Major–General Loftus–Tottenham）指挥下，第二次沿加拉丹河谷前进，绕过 9 个月前遭遇惨败的皎道，然后向东大迂回，经茂密的山地丛林，攻击日军在谬杭（Myohuang）的交通线中心。1 月 25 日，在北面第 81 西非师与西面的第 82 西非师夹击之下，我军占领了谬杭。在激战之后，日军突围撤退了。与此同时，第 25 师在 G. 伍德少将（Major–General G. Wood）率领下，依托海上补给，在 12 月 26 日推进到梅宇半岛的福尔角，并且随后占领了阿恰布以北的古当岛（Kudaung Island），该岛与阿恰布只有一条狭窄的海峡相隔。

原来由日军三个大队组成的一个联队守备阿恰布岛，但是由于我西非师在加拉丹河谷推进之迅速出人意料，导致樱井或者日军第 54 师团长宫崎，抽调两个大队去应对那里的威胁。12 月，我们的情报部门得知其中一个大队已经出发，但是没有看到第二个大队离开。1945 年 1 月 2 日，一个炮兵军官乘着一架轻型飞机飞临这个岛上，由于看到当地居民做出友好的表示，于是大胆地在那个简易飞机场上着陆，并且单枪匹马攻占了阿恰布，在 48 小时之前，日军的最后一个大队已经撤出。我们正在准备发动大规模攻势的部队，安静地航运到阿恰布岛上。当想到成功攻占阿恰布要归功于第 81 师在加拉丹的推进时，我们十分高兴，这挽回了早前撤退的影响。

现在，在若开的日军向南总撤退。他们撤退火炮和车辆的唯一的路线是一条沿若开海岸的公路，这条公路距离海洋几英里，并在塔曼杜（Tamandu）与来自伊洛瓦底江的安镇山口新公路在塔曼杜交会，与一条来自卑谬的旧公路在洞鸽交会。克里斯蒂森的目标是在敌人撤退之前，切断沿海公路，而困住日军。我军掌握了制海权和制空权，即使登陆艇非常老旧，但也赋予了克里斯蒂森力量来实现这个目标。他计划以海上攻击夺取阿恰布以东 30 英里的弥蓬半岛，然后，在第二次两栖作战行动中，攻击再往东 8 英里的甘高。在那里，他将在撤退的日军到达以前切断公路。我军只能经狭窄的水道才能到达甘高，而这些水道受制于弥蓬半岛，所以在尝试第二次作战行动之前必须确保弥蓬半岛之安全。不仅是英印第 15 军会在这两个地方遇到顽强的抵抗，而且海军登陆也极端困难。阿恰布以南的若开海岸覆盖着红树林沼泽，并且被许多泥泞的浅河道分割成一块块的，呈不规则状态且未标记、不可预测。那里根本算不上海滩，从丛林山丘上眺望，那里只有一些很小的沙洲，通常很软，可以涉水登岸。为了寻找可能的登陆地点，并且勘测出一条通往登陆地的航路，海军需要发挥最大的勇敢精神和才能。一如既往，这些品质就是海军所具备的，一些小船队和蛙人勘测和查看了这些海滩。1945 年 1 月 12 日，一次突袭登陆，只遭遇了轻微的抵抗。在随后的几天里，英印第 25 师的一个旅跟进登陆，而日军匆忙集结兵力，全力进行了反击。日军遭到击退，我们的部队经过艰苦作战，继续前进以肃清整个半岛。

1 月 22 日，在海上和空中猛烈轰炸的掩护下，第 3 特战旅实施第二次登陆作战，进攻甘高附近，进行第二步计划。甘高的日军严阵以待，突击队员们在敌军猛烈攻击下死守一个很小的滩头，直到第二天夜晚，这时第25师的一个旅登陆了。这个旅马上投入艰苦的肉搏战，日军意识到这个威胁，集中了所有部队，攻击桥头堡。

日军的这次攻击极为猛烈和持久，并且得到十分猛烈的炮火支援，在当时，我们认为日军几乎是投入了一整个师团的兵力。实际上，他们的兵力要少得多，相当于一个旅团。我军进行了回击，并在1月29日转入反击。他们夺取了甘高村，并且在其南面建立了一道路障，最终关闭了日军的逃跑之路。两天后，得到援军的敌人发动了最激烈的反击，也是最后的反击。这场战斗发生在若开作战行动的危急时刻。战斗持续了一个白天和一个夜晚。日军以无比的决心进攻坚守阵地的我军特战旅，如果这些阵地落入日军之手，那就会危及我们那时在海岸上的所有部队。当日军的攻击终于被击退的时候，敌人在这个地区留下了300多具尸体。

与此同时，第25师的一个旅从弥蓬半岛向东北前进，与第82西非师先头旅取得了联络，向甘高前进。日军受到这些部队与已经在甘高的我军部队的夹击，在2月的上半月，向东窜入山区，留下了1000多具尸体、16门大炮、众多车辆以及大量的装备。上述一系列的作战行动，如此富于进攻性且策略娴熟，这是克里斯蒂森指挥的诸兵种协同作战的一流典范。英国皇家海军和皇家印度海军创造了航海的奇迹，掩护了所有的登陆行动，最为神奇的也许是他们保持废钢铁登陆艇发挥作用。他们的最后任务是将其资源和能力发挥至极致，在2月11日之前，为坎高的部队提供补给，此后陆军接管这项任务。英国和美国的航空兵部队，一直不知疲倦地提供着精确而持续的掩护火力。在甘高，他们投下了750吨炸弹，成功地对准了敌人的火炮，并使之陷于沉默。

在我看来，比攻占甘高战役规模更小但更具价值的是攻占兰里和切杜巴岛，因为这些岛屿将能提供海上补给机场，可为我集团军进攻仰光提供补给。兰里是一个相当大的岛，长50英里，最宽处达20英里，大到可以与一支很小却顽强的日军守备部队玩捉迷藏游戏。1月21日，英印第

26 师的一个旅进攻兰里岛北端的皎布，但是直到 6 个星期后，最后一批敌人在企图乘小船或筏子逃向大陆时，被我海军巡逻队击毙，或成了鲨鱼的美食。切杜巴是兰里南面的一个更小的岛，1 月 26 日被海军陆战队占领，没有遇到任何抵抗。

大约在这个时候，利斯将军命令克里斯蒂森：

> 1. 将阿恰布和兰里建成为第 14 集团军的空中补给基地。
> 2. 肃清若开北部和中部之敌。
> 3. 在阿恰布以南 50 多英里的洞鸽夺取一个桥头堡。
> 4. 如果可能的话，在季风雨季之前，打通洞鸽—卑谬公路。

第一项任务优先于其他三项任务。这是我全部的期望，也许是大部分期望，我将十分感激但是并不依赖通过打通洞鸽公路来为我的集团军提供另一条补给线，在季风雨季之前肯定不会实现。完成这项任务需要庞大的工程技术资源和时间，但是我的确希望一场从海岸出发、沿公路坚定推进的运动会拖住日军的兵力，否则这些日军会被用来对付我。我督促克里斯蒂森也要向安镇山口以及洞鸽公路前进。

到 1 月底，受到严重打击的日军第 54 师团被分割成两部分：一部分在安镇周围，阻挡了向东穿越山口的通道；另一部队在洞鸽，保护通往卑谬的公路。日军的第 55 师团并没有卷入这些战事，而已经东进，其主力在卑谬—兴实达地区，有一些分遣队在缅南。阻止那个师团被用来对付我的唯一希望，就是进攻洞鸽公路，这将会迫使该师团再次西进。

尽管克里斯蒂森足智多谋，但英印第 15 军的补给现在却变得越来越困难了。为了缓解困境，这个军先撤走第 81 西非师和第 50 坦克旅的大部，稍后接着撤走一些别的部队，但是这并没有使克里斯蒂森踌躇不前。他计划首先对付在安镇的敌人，然后沿着沿海公路进攻洞鸽，以歼灭日军，并且最终向卑谬推进。我赞扬他的决心并且催促他加快速度，让英印第15军的矛头猛戳日军的尾部，我同时猛击他的鼻子，没有什么会比这更令木村感到困难了。

为了实施安镇作战行动，克里斯蒂森的第一步是，在2月4日，派出第82西非师（欠一个旅），沿德莱特河（Dalet Chaung）水道，从西北靠近山口。他的第二步是，在2月16日以英印第25师的一个旅在坎高以南30英里和安镇以西12英里的鲁伊瓦附近登陆。我军一个中型炮连事先秘密在一个沿海小岛上登陆，为海军和空中支援提供补充。第二天，鲁伊瓦村被我军占领，但是在19日，敌人一如既往地发动了猛烈反击，同时猛烈地炮击我军滩头阵地。经过艰苦战斗，我军击退了这次反攻，但是有更多的旅登陆，并且准备包围在安镇山口的敌人。在3月的第一周，我军全力前进，且进展顺利，这时正像在缅甸经常发生的情况那样，因为一些超出指挥官直接控制的原因，他们不得不被叫停。

在安镇山口周围，那里是地势最为恶劣的丛林山岳，我们实施包围的部队补给问题，妨碍了他们向前推进，只能靠空投维持。在这一时刻，密铁拉—曼德勒战役正接近其最激烈的关头，而且其成功也依赖于空中补给。随着更多的部队进入缅甸中部战场，我的困难也不断增加，我要求获得更多的飞机。因此，利斯将军决定，有必要大幅减少给予英印第15军的空中补给配额，并且把飞机转调给主要前线。无疑这是一个明智的决定，但是这意味着要马上放弃安镇山口以及随后的其他作战行动。第82西非师的所有旅奉命退回到海岸一线，而英印第25师撤回到阿恰布。

尽管发生了这种不该发生且令人失望的事情，克里斯蒂森仍然英勇地努力去完成其他任务，他需要依靠现有的运力实施补给，主要是海上航线。他以其英印第26师一个旅在洞鸽以北大约35英里的莱特潘（Letpan）登陆。这个旅以及后面跟进的第22东非旅，南进沿海公路，但日军在险峻的地势上横跨公路构筑了强大的阵地，我军在距离洞鸽5英里处被日军阻止。克里斯蒂森和我同样知道，在一条狭窄的战线上正面攻击敌人阵地，不仅代价巨大而且毫无意义，而且他侧翼包抄的部队还是没有空中补给。日军在两条公路都构筑了坚固的据点阵地，因而控制着从海岸到伊洛瓦底江的两条公路，在这道防线后而，日军可以从容收容若开守军残部，使其共同对抗第 14 集团军。

事实上，可以抽调出来的敌人援军并没有当时我所担心的那么多，即使敌军可以抽调很多援军，无论如何，这都不是克里斯蒂森的责任。他已经以卓越的才能忠诚、全力以赴地帮助我；尤为重要的是，他确保了重要的机场，使得我可以南进。在阿恰布、兰里和切杜巴，他马上开始储备我集团军所需的物资，开始修建机场。我们需要的是全天候机场，最初只打算建设这种形式的机场，但是后来发现建造机场的速度较慢，5 月上半月才能建好。这导致在我军南进时，无法得到全天候机场的补给，因此，在加快全天候机场修建的同时，英印第 15 军修筑了众多晴天机场。这大大增加了工作量，但可以确保我军在 4 月底之前的补给，到那时候进入雨季，全天候机场就可以继续运输补给了。可以想象，我是怀着焦虑看着这些机场建设进展的，当我看到英印第 15 军稳定而迅速地建设这些机场的时候，焦虑变成了释然。

在第 14 集团军的另一个侧翼，即左翼，尽管苏尔坦得到命令，将所有美国和中国部队撤回中国，而且两个中国师已经走了，但他仍然继续向前推进。这时的进展速度必须更为缓慢，给了日军机会，而他们也抓住了这个机会，以良好的秩序退却，并且把部队转而用来对付第 14 集团军。因为北部战区司令部的进攻明显地慢下来，我在 2 月中旬请求利斯将军，将英军第 36 师转归由我指挥，这样，我就能将其投入曼德勒战役之中。他基于明智的理由而拒绝了，即认为失去这个积极主动的师就会进一步打乱苏尔坦的计划，并且与该师协同作战的美国航空队也会陷入困境。然而，在 2 月 27 日的一份作战命令中，利斯将军命令苏尔坦夺取皎梅—

腊戍一线，配合曼德勒战役，并且随后向南进攻雷列姆。如果能做到这一点，这也将令人欣慰。

与此同时，费斯廷正率英军第 36 师向前进击。2 月 9 日，面对日军的坚决抵抗，他在密松强行渡过 500 码宽的瑞丽江，并且在美军战斗机和轻型轰炸机最有效的掩护帮助下，坚守桥头堡，抗击了日军的所有攻击，日军甚至使用了火焰喷射器。日军反攻将近一个月之后，伤亡惨重，遂放弃努力，向南退去，寄希望于迟滞该师之前进。这个师继续肃清孟密地区之敌，夺取了抹谷及其著名的红宝石矿，并于 3 月 30 日与已经先期到达皎梅的美军战神旅会合。

在 4 月 1 日，我关于英军第 36 师归建的请求得到了批准，该师离开北部战区司令部，他们在该司令部的指挥下高效作战，与中国军队及美国军队结下了深厚的同志之谊。费斯廷及其英军第 36 师，除了完成了出色的战斗任务，还要澄清大量的无知批评，这种批评一度离间了英美关系。两国士兵并没有听信恶意的传言，而是彼此并肩与敌作战，结果赢得了彼此的相互尊重。英军第 36 师折向西南，前往眉苗重新回归第 14 集团军的时候，美国战友们为其举行了盛大的告别仪式。我命令该师的一个旅马上乘其补给飞机飞往曼德勒，其他各旅尽快地集结起来，接防英印第 19 师，因为清剿作战行动依然在曼德勒—眉苗—密沙河—阿瓦地区进行。不幸的是，英军第 36 师的美军运输机预定要在 5 月 1 日撤走，因此，在此之前该师不得不撤离战场飞往印度。我只能临时使用这个师。实际上，我仍设法保持一个旅在 5 月 10 日之前参加作战行动。

在 3 月 7 日，我的老朋友孙立人将军指挥的中国新 1 军攻占了腊戍，面对中国军队，日军有秩序地撤退了。几天后，战神旅的第一个团奉命前往中国，其余部队随后跟进。战神旅是唯一的美军部队，撤走该旅将会极大地削弱北部战区司令部的力量，但是其在机动作战行动中依靠空中力量支持，比规模大得多的中国部队要投入更多的补给力量，因此，苏尔坦明智地让该旅先撤走。3 月 16 日，我们占领昔卜。该地在铁路线上，在腊戍西南 35 英里，距离曼德勒大约 100 英里。随后中国军队在他们到达的战线上停止了战斗，同时，在他们前面的日军完整撤退，现在都脱离了战斗，只留下一些零散的分遣队警戒中国军队，而日军的主力南调，直接对阵第 14 集团军，或者进入掸邦威胁第 14 集团军的侧翼。当中国军队停止战斗的时候，大约 2500 名在美国军官指挥下的当地部族人接管了保障史迪威公路安全的责任，以防止可能出现的掠夺者。

从现在起，中国人出于各种实际目的，停止参与缅甸战争。对于我来说，这是最令人失望的，因为我曾经希望一支中国军队向雷列姆进击，这将至少会牵制一些敌人，并且帮助保护我十分容易受攻击的左翼。然而，我或其他任何人显然都对此无能为力，唯有记住我们的座右铭："人肯自助，天必助之。"并且在没有中国人参战的情况下，将战争继续进行下去。因此，在两翼难以得到协助的情况下，我继续实施主要战役。

在 1945 年 2 月的最后几天里，英印第 4 军的一个据点紧紧扼住密铁拉的脖颈，英印第 33 军的各师被部署在曼德勒西面和北面伊洛瓦底江沿线的各个桥头堡，准备进行攻击。英印第 19 师在曼德勒以北 40 英里，在经过激战之后，首先守住了桥头堡，然后予以扩大。他们正在积极备战，准备沿曼德勒的东岸一举进攻。英印第 20 师马不停蹄地作战，在曼德勒以西 40 英里处，已经坚守住了伊洛瓦底江南岸的 8 英里长的纵深区域，正在集结部队准备进攻。英军第 2 师几乎不受袭扰地驻留曼德勒以西约 25 英里处最后获得的桥头堡，而现在正整理伊洛瓦底江两岸的队伍。

大战的危机近在咫尺。木村的眼睛紧盯着曼德勒及其周围地区，他的部队向北艰难前进，以迎击我军，然而也许在几天之内，也许在几个小时之内，他可能会醒悟到危险就在他背后的密铁拉。当他醒悟到的时候，我必须全力阻止木村增援密铁拉，直到梅瑟维和英印第 4 军已经在日军后方背后牢牢地站住脚跟，可以成为一个迎击来自北方铁锤的铁砧。为此，当木村开始意识到失去密铁拉意味着什么的时候，他必然在曼德勒周围受到打击，致使其举步维艰。如果他从曼德勒分兵，只会严重危及他的伊洛瓦底江防线。然后，当我军从密铁拉向外袭扰的时候，英印第 33 军的压力必然减轻，可以全力向南发起攻势，这把铁锤向铁砧砸去。我们追求的目标不是曼德勒或者密铁拉，而是日本军队，第 14 集团军的每一个人必须牢记这一理念。

2 月 27 日，盟军东南亚陆军部队向第 14 集团军下达了一项命令：

1. 在曼德勒地区歼灭日军力量。
2. 在季风雨季到来之前夺取仰光。

由于此项命令是基于 1944 年 12 月 19 日第 14 集团军的作战命令，实现上述目标的命令已经在两个月前下发给了各军，我们的计划和部署没有必要做任何改变。各项作战行动以一种不断加快的节奏在继续进行。

里斯的英印第 19 师首先动了起来。2 月 26 日，其一个旅（英印第 64 旅）从皎苗桥头堡突破，进入向东的山脚，为第二个旅（英印第 62 旅）夺取了一个活动空间，英印第 62 旅在第二天强行突过了日军的江岸防线。这两个旅随后长驱向南，像激流一样越过一道崩溃的水坝。敌人被我军扫荡，只剩下一些零星的抵抗，后来当第三个旅（英印第 98 旅）从北面的德贝金桥头堡追赶上这个师的其余部队时，歼灭了日军残敌。到 3 月 3 日，英印第 19 师到达了坦克可以通行的区域。3 月 4 日，里斯报告说，当初在英帕尔初次受到痛击后残缺不全的日军第 15 师团，在进攻其桥头堡时再次元气大伤，现在已经瓦解，无法组织起进一步的抵抗了。他的几个旅正在进行蛙跳行动，第二天他渡过了曼德勒以北 18 英里的重马基河（Chaungmagyi），这也是曼德勒前面的最后一道天然屏障。日军已经在重马基河正南的马德亚（Madaya）一带构筑了一些坚固阵地，那里是曼德勒铁路的终点，而里斯的一支摩托化部队在敌人试图占领战壕之前就冲了进去，并且在巷战中肃清了敌人。随着接近曼德勒，日军抵抗也变得强硬起来，但是仍没有形成协同配合。到 3 月 8 日黎明，一个旅（英印第 64 旅）正在曼德勒军营以东 2 英里处作战；而另一个旅（英印第 98 旅）及其摩托化部队已经到达了曼德勒北郊。日军在曼德勒城外的抵抗已经减弱成小股敌军零星抗击，四处奔逃，而不知道在他们周围正在发生什么事情。但是，两个地方的防御依然强固并且组织良好即曼德勒山及曼德勒市区的达弗林堡（Fort Dufferin）。

曼德勒山是一块在平原上突起的巨大岩石，将近 800 英尺高，俯瞰着曼德勒东北部。其陡峭的石壁上分布着一些寺庙和宝塔，而现在则像蜂窝一样架设着许多机关枪，并且给养充足，重兵布防。3 月 9 日整个白天和夜晚，都发生了激烈的肉搏战，一个廓尔喀营像风暴一样冲上山坡，并且用炮弹和“汤姆”式冲锋枪为自己开路，冲进一些水泥建筑。第二天，一个英国营的两个连参战，战斗更为激烈。日本兵宁死不屈，最后的守军退守到地窖里，我军在桶里装上汽油，将其滚下地窖，然后用子弹射击点燃，从而全歼了守军。3 月 11 日，那座小山才完全落入我军手中。此后不久，我视察了曼德勒山，烈火留下的乌黑痕迹和屠杀后的景象和恶臭，令人触目惊心，同时远处的爆炸发出的砰砰震动声，近处机关枪发出的嗒嗒声，表明肃清这个城市的战斗还在进行之中。穿过清理战场士兵的嘈杂声和嘁嘁喳喳的说笑声，传来一阵陌生的声音——什么人的歌唱声。我循声走过去。那里是里斯将军，他的军服浸透了汗水，脏兮兮的，他那著名的红色围巾皱巴巴地围在脖子上，丛林帽得意地微微歪戴着，一只胳膊打着拍子，周围围着一群印度阿萨姆省的士兵，他正精力旺盛地领着他们在唱威尔士的教会圣歌。事实上他使用威尔士语唱而士兵们用卡其语唱，这增添了和声效果。我羡慕地旁观着。我的将军们都有性格。他们的士兵们了解他们，他们也了解士兵们。

另一个日军的要塞达弗林堡在曼德勒城里，是一个大大的长方形城堡，被围墙包围着，包括一块一又四分之一平方英里的公用场地，点缀着一些官方住宅、兵营及一些其他建筑，包括最后一位缅王锡袍的辉煌王宫，向上翘的飞檐呈朱红色，上面的雕刻十分富丽，金光闪闪。此堡外墙高达 20 英尺高，用厚厚的砌砖建成，带有雉堞，底部是宽约 70 英尺的土质地基。周围环绕着宽 200 英尺的护城河，水中栽满了莲花——一种美丽但又碍手碍脚的野草。我小时候曾经玩过堡垒玩具，达弗林堡就是放大型玩具，现在日本人就守卫着这个堡垒。对于一支匆忙间只携带有轻型装备的军队来说，这是一个难以攻下的目标。

在接下来的几天里，里斯的几个营在曼德勒逐条街道作战，但遭受了沉重的伤亡，特别是军官，受到日军狙击手的杀伤，直到 3 月 15 日，我军才完全包围了堡垒。从印度兵变的德里包围战，可以一窥达弗林堡进攻战的情况。士兵们把中型大炮带到 500 码的距离之内以便用来轰击城墙，并准备好了木筏和云梯，选好了强击队，并且准备尝试通过护城河的大管子进入堡内。3 月 16 日夜晚，在对于这个堡垒的西北角和东北角的攻击中，“敢死队”被敌人自动武器的猛烈火力击退了，我们的士兵们在最英勇地抢救出自己的伤员之后撤退了。18 日和 19 日，我们分别 4 次尝试跨过护城河，但都告失败。这样的攻击可能变得代价高昂，所以决定用飞机来轰炸城墙，使这场围城战具有更现代的色彩。13 日，我军轰炸堡内，16 日开始大规模使用 500 磅炸弹轰炸城墙，类似于 5.5 英寸炮弹，只是摧毁了城墙的外表面，后面的厚内墙并没有遭到破坏。我们不得不依赖低空水平轰炸，“米切尔”式轰炸机飞得很低，尝试把一些 2000 磅的炸弹扔到护城河的水里，弹片就弹跳到城墙上。在一连几天这样的攻击之后，形成了一道 15 英尺宽的缺口，部队可以从此爬上去，但是这种攻击将是危险和代价巨大的。因此，我反对这种做法，因为我们现在能够绕过这座堡垒，而且最终必将攻占之，新闻的价值比军事优势更为实际。我准备等待。

然而，在3月19日至20日夜，在达弗林堡内外都还有一些行动，在早晨空袭之后，一群英缅混血人挥舞着白旗和英国国旗出现在一道大门前。他们报告说，日军守备部队已经在黑暗中穿过下水道从护城河逃往曼德勒南部。很多人被我们的部队拦截，其他藏在废弃房屋里的人在接下来的几天里受到追捕，只有一小撮人逃进了开阔的地带。我军进入达弗林堡，发现了日军丢弃的大量物资和弹药，一些欧洲人和英缅混血文官囚犯，以及大量陷阱。里斯亲自在达弗林堡上空重新升起英国国旗，重访了政府官舍，其现在已成为令人悲痛的废墟。他是做这些事的最合适之人，在多年前的和平年代，他曾经在此地作为军事顾问工作过。令我们极为遗憾的是，锡袍的宫殿被烧塌了，究竟是我们的炮击和轰炸引起的大火——虽然我们曾经试图避免这一点——还是日本人为了烧毁他们储存在里面的东西而放的火，我不得而知。一两天后，我出席了一个更为正式的入城式，两个军军长和所有师长也都出席了，当时我在曼德勒上空升起了英国国旗。夺取曼德勒同样是在密铁拉和曼德勒周围其他一些地方的作战行动的战果。我的每一个师都做出了贡献，这是一个集团军的胜利。我认为向每一个人说明这个事实是十分有益的。

当曼德勒发生这些激动人心之事时，英印第19师以大胆精神和机动性取得了另一个巨大胜利。早在3月6日，其一个旅（英印第62旅）不再参加进攻曼德勒的竞赛，当时该旅位于曼德勒以北20英里，第二天拐向东南奔袭眉苗，那里是缅甸的夏都，位于曼德勒以东25英里的山中。沿着走私贩子们常走的小路行军4天，跨过了2座大山，穿过了1道深谷，这个旅突然出现在那个幽静可爱的山中车站，使那里的日军守备部队大吃一惊，那里还驻扎着大量的后勤部队。他们很幸运，那里碰巧有一列火车停在车站上，一些人乘着一列火车向北逃窜，但是绝大多数人在那些令人愉快的小屋里或者在两边开满鲜花的公路上被消灭了。敌人的一个运输队试图趁着夜色溜掉，但是遭到了伏击，我军缴获了一门大炮和四五十辆卡车，事实证明，这些卡车对于驮畜运输的这个旅来说是非常宝贵的资源。攻占眉苗就切断了公路和铁路，这是缅中日军补给站与仍在抵抗苏尔坦所部的日军之间唯一直接的高效交通线。这也可以确保我的左翼安全，现在我的左翼已经远远在中国军队的前面，这一直令我忧虑。该旅留下一个营来阻止东北方向的所有敌军行动，同时扫荡仍满怀希望前来眉苗的残敌以及车辆，余部则行军奔往曼德勒，重归师建制。自从到达伊洛瓦底江以来，经过 10 周的苦战和快速前进，英印第 19 师不仅肃清了曼德勒、眉苗和大区域的残敌，并且在其战场上消灭了共计 6000 名日军。

斯托普福德英印第 33 军的另一个师，英印第 20 师，在格雷西指挥之下。当让该师转入全面的进攻行动的时候，不需要任何催促。在那个桥头堡的持续而激烈的战斗中，日军的伤亡非常沉重，敌人的力量大大削弱了，抵抗力也衰竭了。格雷西的部队快速向东推进，攻占了一个又一个村庄，并且把自己的桥头堡向英军第 2 师的桥头堡方向扩大。3 月 2 日，这两个师沿着伊洛瓦底江相会了。从 3 日到 4 日战斗仍在继续进行，日军的炮兵特别活跃，但是他们的步兵正在失去其不屈不挠精神，那个桥头堡稳步地向东南方扩大。3 月 5 日，英印第 20 师的两个桥头堡连在了一起。从这以后，这个桥头堡的扩张变得更加迅速了，敌人显然正在崩溃。在伊洛瓦底江战线上他们已经遭受了一场决定性的失败，而在密铁拉一带又遭受了另一场失败，但是在这时候他们还没有显示出任何迹象准备放弃重新夺回密铁拉的企图。他们已经在火炮上蒙受沉重损失，他们的装甲部队很多被消灭或者俘虏了。在瞬息万变的战役之中，确定木村的计划是什么并不是一件容易的事，但是到目前为止我们能够推断，木村是想把我军遏制在从皎施向西南方延伸的战线上，并将其各个大队部署在皎施、敏建、东沙、波巴山、皎勃东和稍埠。日军第 15 军据守右面，日军第 33 军据守中央，日军第 28 军据守左面。日军的目标是挡住从北南进的我军，并企图重新夺回密铁拉，还是掩护部队重整以及向南全面撤退，我们并不知道。我希望是前者，敌人在缅中地区待的时间越长，我们歼灭他们的机会就越大。然而显而易见，敌人在受到如此之重的损失之后，不可能据守这样一条防线，仅仅是日益短缺的炮兵，就使这种想法变得不切实可行了。现在要完全使日军陷入混乱所需要做的就是，切断日军所用的道路，从陆地和空中打击他们的指挥部和交通中心，致使其指挥官掌控战局的能力越来越弱，陷于完全崩溃状态。速度是关键，阻止敌人集结和为我们在季风雨季之前进军仰光争取时间，这两方面都需要速度。勇猛大胆地进行攻击的时刻已经到来，没有人比格雷西及其所部更合适了。我从来没有看见哪个部队比他们更加斗志昂扬。

格雷西的计划是，以其两个旅（英印第 32 旅和英印第 80 旅）从北面和西北面合击皎施，同时第三个旅（英印第 100 旅）实行一个大迂回包抄行动，穿过宾齐（Pyinzi）夺取在铁路干线上且位于曼德勒以南 60 英里的文敦。这个旅是以一个装甲和摩托化部队为先锋，背负有双重目的：切断其他旅正面正在撤退的日军退路，并与从密铁拉来的英印第 4 军会合。

3 月 8 日，英印第 20 师突破进入一片多石而起伏的区域，那里散布着一些村庄、芒果林和小小的香蕉种植园。那个装甲纵队首先攻入谬达，那是一个交通结合点，距离伊洛瓦底江 15 英里。日军抵抗虽然无组织，但是在几个地方很顽强，直到 10 日，英印第 80 旅经过一场简短战斗才拿下了焦镇（Gyo）——那是一个前往谬达半路上的村子——在战斗中敌人遭受了巨大损失，失去了 7 门大炮。两天后，这个旅在战斗中穿过谬达，据报，谬达以南有大批敌军集结，该旅用了好几天时间才肃清周围地区之敌。19 日，另一个旅，英印第 100 旅，向东南突击 25 英里，夺取了宾齐，紧接着再奔袭 15 英里直向宾德勒（Pindale）。3 月 21 日，该旅在遭遇死硬的抵抗之后，到达了文敦，使日军兵站部队惊慌失措而仓皇逃跑，留下了 200 具尸体。文敦是日军第 18 师团的后勤中心，这里驻有其司令部、补给站、仓库和医院。攻占文敦瓦解了这个师团的指挥和补给系统，抵抗变得更加分散。

这个装甲部队从文敦向北突进 30 英里，铁路两侧的日军基地里充满了恐慌。该部队击毙了几百名日军，摧毁了一些轻型坦克，夺取了一些大炮和机械化运输工具，缴获了大量文件。在俘获的物资中有满满一火车的武器和弹药，一辆坦克和许多牵引车，以及整整一个满载着攻击艇和船外引擎的汽车运输队。在日军杀害自己的伤病员之前，我军攻占了一个小医院，俘虏了 53 名伤病战俘，这是俘虏人数最多的一次。3 月 29 日，该旅在皎施以南与正在攻打此地的该师其他部队取得了联系。

正当英印第 100 旅在文敦周围扫荡日军的时候，英印第 80 旅和英印第 32 旅分别向东和东南方向对皎施和密沙进击。他们在每个村子里都受到一些规模虽小却顽强的日军小部队的抵抗，但是在 3 月 13 日已经到达仰曼铁路的中点。16 日，我们的一些部队到达了曼德勒以南 20 英里处的地方。第二天，英印第 32 旅正在接近曼德勒以南 10 英里的皎施。这个城镇对于日军极为重要，因为皎施不仅是日军大部分部队的主要补给中心，而且还是一个堡垒，木村指望在其后面能够重整四散的部队，使之恢复一些秩序。此地易于防守，已经有大量从北面和西面逃跑过来的日军在那里集合，我军经过几天时间的顽强战斗，才将敌人驱逐出阵地。最后他们死死坚守着皎施，至少可以极力挽救在这里的大量储备物资。3 月 30 日，我军攻陷皎施。当我军部队到达火车站的时候，发现了一列毁坏的火车，里面装满日军想要运走的最后物资，包括医疗器材、摄影器材、缝纫机，还有令人感到奇怪的书籍和杂志。

英印第 20 师这个有着卓越指挥官的精锐师，在几周最为激烈的防御战后，仅凭一师之力实现突破，这是一个伟大的战绩。在 3 周的时间里，这个师在一个 45 英里乘以 40 英里地域和在仰曼铁路 50 英里两侧内肃清残敌。日军留下了 2000 具尸体和 50 门大炮。日军第 15 师团和第 31 师团差不多只剩下一群群逃命者，纷纷逃到东面的掸邦山里寻求庇护。英印第 20 师是第 14 集团军中唯一的从在缅甸开战以来就在受训的部队，这一点很有意思。该师得到了很好的训练，取得胜利并没有使其就此收手，而是在所有的方向上继续使用机动部队打击面对的日军部队，使他们惊慌失措，将他们歼灭。

在所有这些作战行动中，特别是在那些旨在袭扰敌人指挥机构的作战行动中，盟军的空中力量发挥了引人注目的作用。只要日军的师团或者军司令部出现，我们的无线电定位部队就可以识别出他们的呼叫信号，甚至他们电报员的个人习性，很快确定他们的位置。随后美国和英国的轻型轰炸机和地面支援飞机就会飞到他们上空，同时一个机动的装甲部队就像小猎狗追踪耗子一样，赶在尘埃落下之前跟上来。日军将领及其参谋人员在那些日子绝不快乐。

2 月 25 日，最后一个师英军第 2 师渡过了伊洛瓦底江，马上开始扩大桥头堡。虽然没有像英印第 19 师和英印第 20 师那样遇到强有力的抵抗，而且日军确实没有激烈的反击，但是在日军炮兵的支援下，村子里一些小股日军的抵抗致使该师的推进多少有些缓慢。3 月 6 日，这个师到达了伊洛瓦底江以南 5 英里处，桥头堡沿着江岸向东西两面扩张。11 日，该师东进部队攻占了小镇皎塔龙（Kyauktalon），两天后，占领了东南方 12 英里的敏西（Myinthi）。该师继续沿江岸向东推进，3 月 17 日，经过一场恶战之后，阿瓦堡的敌人被肃清。第二天，我军驱逐了一支据守着阿瓦桥南端的日军分遣队。这座大桥在 1942 年的大撤退中被我们摧毁，现在仍不可以通行，但是其北端已经被我独立英印第 268 旅占领。

就在 18 日当天，英军第 2 师的部队遇到了正在扫荡其南翼周边地区的英印第 20 师侦察队。在 3 月 20 日，尼科尔森所部占领了曼德勒以南 7 英里处的阿玛拉布拉（Amarapura），这是最大的铁路工厂，现在其大部被我军的轰炸和日军的爆破摧毁了。21 日，英印第 2 师与正在南进的英印第 19 师侦察队取得了联系。英军第 2 师进攻中所造成的日军伤亡并不大，但是大量的战利品落入了我们手中，包括很多急需的工程物资，最为宝贵的是一些可供使用的铁路机车。

尽管左翼的北部战区司令部和右翼的英印第 15 军都已停止进攻，第 14 集团军实际上单独面对缅甸的全部日军部队，但是我认为，我们现在的形势却是十分有利的。从曼德勒到稍埠的伊洛瓦底江两岸和通往仰光的主要公路和铁路一直向南远至文敦，都在我们手中。我军最终牢牢地固守着密铁拉，从敏建通向密铁拉的公路是畅通的，我们稳固地扩大了对周围区域的控制。尽管敌军各部依然在顽固地战斗，但是已经丧失了几乎所有的装甲车辆、大部分大炮和很多的运输工具。敌军到处陷入巨大且日渐扩大的混乱之中。木村现在的唯一希望，就是突围，退回南方，并且集结他能够掌握的部队以阻挡我们进攻仰光。我们最希望趁其立足未稳之际攻击他，最好季风雨季晚点到来。

第六部

胜利之路

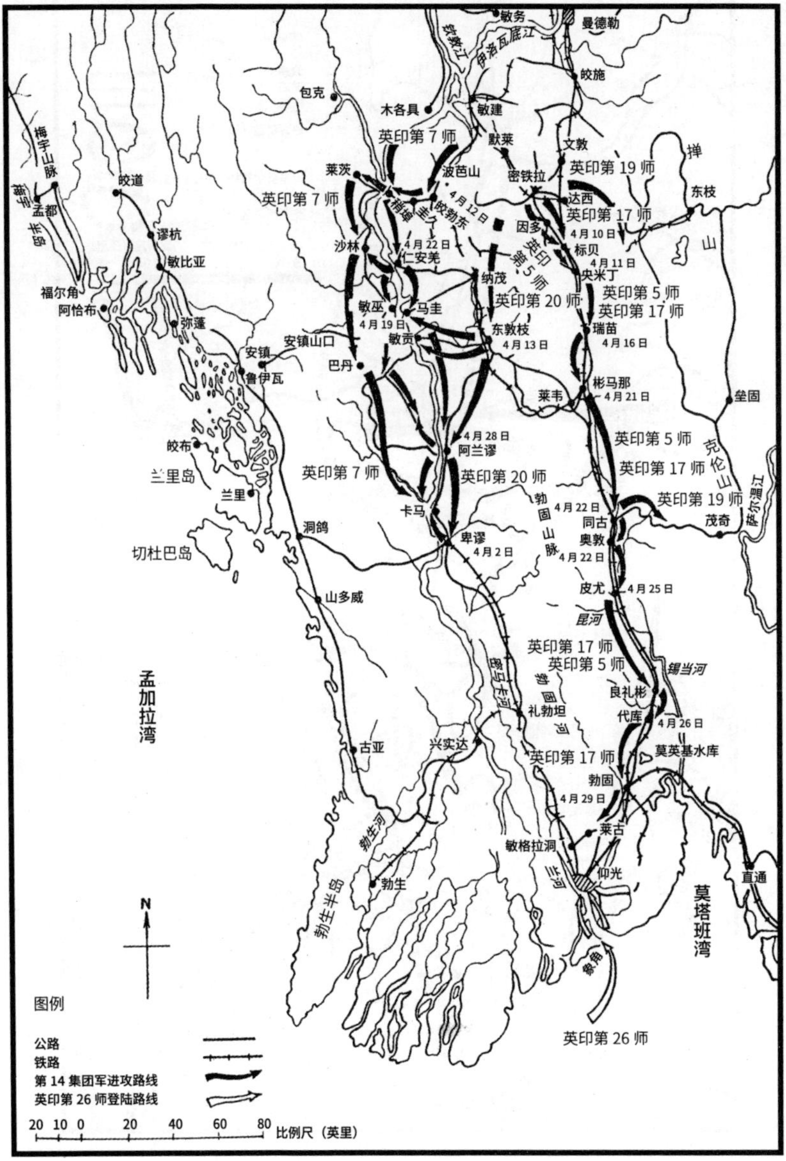

敏务
曼德勒
钦敦江
伊洛瓦底江
皎施
包克
木各具
敏建
英印第7师
默莱
文敦
莱茨
波芭山
密铁拉
英印第19师
梅宇山脉
皎道
英印第7师
达西
东枝
孟都
4月12日
英印第17师
谬杭
沙林
因多
4月10日
敏比亚
4月22日
仁安羌
标贝
4月11日
福尔角
纳茂
央米丁
英印第5师
阿恰布
英印第20师
英印第5师
英印第17师
敏巫
马圭
4月19日
弥蓬
东敦枝
4月13日
瑞苗
4月16日
安镇山口
安镇
敏贡
巴丹
鲁伊瓦
彬马那
4月21日
莱韦
垒固
4月28日
阿兰谬
英印第5师
英印第17师
克伦山
皎布
兰里岛
英印第7师
英印第20师
兰里
萨尔温江
4月22日
英印第19师
卡马
同古
茂奇
洞鸽
卑谬
勃固山脉
奥敦
4月2日
4月22日
切杜巴岛
皮尤
4月25日
山多威
昆河
英印第17师
英印第5师
锡当河
孟加拉湾
良礼彬
礼勃坦河
代库
4月26日
古亚
兴实达
莫英基水库
英印第17师
勃固
4月29日
勃生河
莱古
敏格拉洞
兰河
仰光
直通
勃生
勃生半岛
莫塔班湾
N
象角
图例
英印第26师
公路
铁路
第14集团军进攻路线
英印第26师登陆路线
20 10 0 20 40 60 80 比例尺（英里）

地图 14　进军仰光

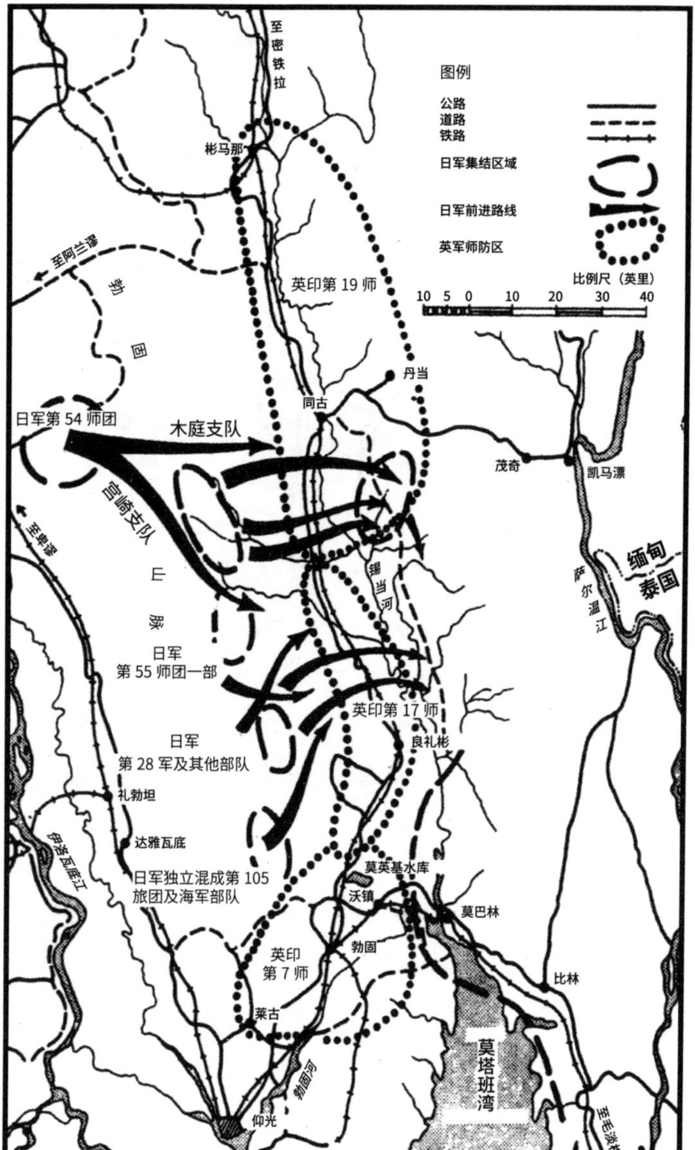
至密铁拉
图例
公路
道路
铁路
日军集结区域
日军前进路线
英军师防区
比例尺（英里）
10 5 0 10 20 30 40
彬马那
至阿兰谬
勃
固
英印第19师
丹当
同古
日军第54师团
木庭支队
宫崎支队
茂奇
凯马漂
至卑谬
山
脉
锡当河
缅甸
泰国
萨尔温江
日军
第55师团一部
英印第17师
日军
第28军及其他部队
良礼彬
礼勃坦
达雅瓦底
伊洛瓦底江
日军独立混成第105旅团及海军部队
莫英基水库
沃镇
莫巴林
勃固
英印
第7师
比林
莱古
莫塔班湾
勃固河
仰光
至毛淡棉

地图 15　日军突围

第二十一章 抢占仰光

1945 年 3 月中旬，缅甸中部战役接近尾声，然而木村依然顽固地拒绝承认失败，这是一个指挥官身上令人钦佩的特性，但是其因过度固执而使部队处于危险之中。他所属的师团，特别是片村的第 15 军下辖师团，状况不太好。他们失去的不仅是大炮、运输工具和装备，而且现在失去了内部的凝聚力。木村如果希望避免被毁灭，他就不能在从仁安羌到标贝一线以北的任何地方进行较长时间的战斗，而且我不认为他会在这条战线上长时间作战。我们可以迈出下一步的时机已经到来——进军仰光。

我军诸师尽管连续几个月全力以赴作战而无休整，却依然雄心勃勃。尽管发生了大量的近战，我们伤亡却并不过于严重，就印度部队而言，其大部分伤亡都已经得到了补充。在此战场之上，英军的补充总是落后于伤亡，由于人数也不多，所以我已经再次用印度营取代了一些英国营。我们的公路交通运输情况也引起担心。我们既没有大炮也没有车辆丢在敌人手里，但是我们的机械化运输日暮途穷，而且缺少补充。无论是作战行动或者靠公路进行的补给活动都不能有任何停顿，但是车辆进行彻底检修的时间却十分不足。尽管做出了英勇的努力来使得所有可能的车辆能够为下一个阶段服务，但我们仍应该设法保持足够在奔跑的卡车。在这个事情上，我们挽回局面的途径只能是从撤出缅甸的部队中抽调所有车辆，并配属给还留在缅甸的部队。我们只能希望前线各部队可以很大程度依赖空中补给，而且日益增加使用河流和铁路的比例。

我们的装甲部队的情况甚至使我更加忧心。我们的打击力量和速度，最重要的是依赖于我们的装甲先锋。然而，我们的“谢尔曼”式坦克、“李－格兰特”式坦克、“斯图尔特”式坦克和装甲车，都是老式的，绝大多数早在很长时间以前就应当被替换和补充了。这些坦克、装甲车用起来很费劲，仅仅凭借那些英国和印度坦克手们的技能和决心，在印度机电工兵团和英印陆军军械团官兵的支持下，才保持这些坦克和装甲车直到现在还在公路上奔驰。因为我们每天都需要装甲力量，所以难以找到机会实施急需的维修保养。我视察了坦克和装甲部队，感谢他们在过去战役中做出的杰出贡献，并且向他们表明我在下一步战役中要依赖他们。我告诉他们，当我下令进攻仰光之时，每一辆坦克都必须成为先锋，而且每一辆越过起跑线的坦克都必须通过仰光的终点线。在那以后，如果他们愿意的话，可以把那些坦克推进大海！但是他们必须拿下仰光！

这将是一场赛跑，一场严峻的赛跑，面对着两个顽强的对手——敌人和季风雨季。尽管我们已经重创日军，但是其依然人数众多且抵抗顽强；而季风雨季的阴影笼罩在我们头上，只有七八周时间了。如果我们不能在季风雨季开始之前攻占仰光，我们的着陆场就无法使用，空投面临危险，暴雨冲毁公路及部队的健康情况恶化，我们发现自己陷入令人绝望的形势之中，前景只能是灾难性的大撤退。现在是 3 月中旬，正常情况下，季风雨季会在 5 月 15 日前后降临到一些地方。在我们能够南进之前，必须结束当前的战役，肃清直到密铁拉和仁安羌以北的广大地区，重新部署我们的兵力，并且突破日军抵抗的所有防线。我们有望在 4 月的第一周完成这项任务。随后，若运气好的话，我们应该有大约 40 天的时间进抵并攻占仰光。经铁路，从密铁拉到仰光距离 320 英里；经伊洛瓦底江，从稍埠到仰光距离 370 英里。我们每天的行军速度必须达到平均 8 英里或 10 英里。在需要克服敌人的抵抗和破坏的情况下，这是相当快的速度了。我们将没有时间进行精心策划攻击，对于那些不能通过快速攻击和夺取的敌人阵地，我们将不得不绕道而行。甚至拿下了敌人阵地，我们也不会停下来进行彻底的肃清。我们也不能追击逃到道路两侧山中的日军大部队。这将会不可避免地导致大量日军留在我们身后。一旦我们收复仰光，各部队将必须转道北上，追猎日军残敌。鉴于此，我希望装甲部队不能太过于随意地遵循我的许可而将坦克推进大海。

然而，有一种可能性让我深感忧虑，日军会像其在其他城镇所做的那样，在仰光部署一支自杀式守备部队，从而让我们在仰光城外度过季风雨季。我担心在仰光周围这个最危险的补给线的尽头，会在雨季之中重复密铁拉战役，除此之外，我不用考虑其他任何事情。因此，我催促，在第 14 集团军从北面抵达进攻仰光的距离后，我们的老朋友“吸血鬼”，即应该从海上发起一场两栖和空中攻击。因为需要第 14 集团军付出巨大代价，所以过去我总是反对“吸血鬼”作战行动，但是现在，若开战场和我集团军的各个师腾出手来了，我相信有足够的部队来进行这一行动，而不会严重影响我的攻势。我意识到，实际攻击行动所用到的空中支援，是我必须付出的代价，但是我们的空中优势十分明显，所以我准备接受这个代价。海军的形势已经得到改善，我们现在拥有进行一场有限的作战行动所必需的登陆艇。原来的“吸血鬼”行动计划是在第 14 集团军还远在北方的时候夺取仰光。我希望，新的计划将是，在我突进仰光前门的时候，在其后门上给予重重一锤。因此，此战之规模较小，并且现有的资源可以承受。

“吸血鬼”计划一波三折。当该计划会影响第 14 集团军的作战时，吉法德将军和利斯将军都像我一样反对这个计划。后来，当现有各处之资源有可能实施两栖登陆作战时，利斯将军依然反对，甚至比我更有信心地认为，第 14 集团军能够在没有外援的情况下攻占仰光，他建议以现有可以实施两栖作战的部队攻占克拉地峡（Kra Isthmus）附近的普吉岛（Phuket），作为收复新加坡的一个初步行动，而不是用以协助夺取仰光。他认为，否则在夺取缅甸之后，下一步收复马来亚会严重迟滞。在 2 月 23 日，蒙巴顿海军上将同意了他的意见，决定放弃“吸血鬼”行动，而且准备克拉地峡作战行动，即“罗杰”作战行动，并且不迟于 6 月 1 日付诸实行。为此，从缅甸撤出的英印第 23 师、第 81 西非师和第 3 特战旅组建成一个新的军，第 34 军。我很高兴看到曾经在英帕尔出色地指挥英印第 23 师的罗伯茨出任军长。我一路见证了他的成长，1941 年他是我的师里的一位上校，1945 年成为了中将，对于我 10 年前在参谋学院写的那份关于他的报告，我自己感到相当得意。

尽管如此，放弃海上进攻仰光的决定，让我感到很不高兴。鉴于我们面临的所有风险，我认为采取额外的预防措施才是明智的。然而，我并没有过分担心这一决定，因为据我判断除非天气严重与我们作对，否则我们应该一如既往地保持原定计划，独立攻占仰光。我对此十分有信心，于是在 3 月 18 日下达进攻仰光的详细命令，实施 1944 年 12 月 19 日就已发给各位军长的作战命令。

事实上，我们早在去年 7 月就一直在第 14 集团军司令部里默默无声地制订着攻占仰光的各项计划，在 11 月，当我们在钦敦江建立或即将建立桥头堡的时候，我们就坐下来进行认真的规划了。“伤心”作战行动的最后版本，也就是我们第 14 集团军私下制订的到达海边的计划，设想了一个双重的进攻行动，分别通过铁路和借助伊洛瓦底江，每一路投入一个完整的军和一个坦克旅。我估计，日军没有足够的部队在两路阻挡我们，如果他们挡住了一个军，另一路就将突破过去。然而，考虑到我们的运输状况和补给飞机的短缺，很快就排除了这个计划的可能性。此时，我们有 7 个师在缅甸中部作战，但是其中的英军第 36 师必须马上离开这个战场，因为其美国空中运输力量即将被调走。如果我们将在密铁拉和仁安羌以南全力进攻，另一个师也不得不撤回印度，可能是英军第 2 师，因为其正在减员，补充补给比印度师更为困难。这样就只有 5 个师了，其中 3 个师和两个坦克旅，在迅速南进的过程中可以通过空运来维持。我军的攻击部队规模相对较小，而日军可能还集结优势的兵力，形势很清楚，我们应该主要集中在一个轴线上。问题是，哪一条轴线呢？

季风雨季的迫近使我断定，进攻的基本特点必须是快速，而这就意味着整个机械化兵力需要被用在主轴线上。这个兵力应该至少是一个军的两个师和一个坦克旅，因此，必须为一个完全机械化的部队选择比较适合的路线。我们正在离开适合机械化部队作战的缅甸中部平原，无论我们选择哪一条路都是一条单线公路，即使是在干旱季，部队离开公路也很难展开。当大雨来临的时候，轮式车辆和履带车辆离开碎石铺面的公路都不可能移动。这两条轴线的北半段都差不多，选择空间很小，在伊洛瓦底江更南段，必须渡过的水道也越来越多。日军会炸掉所有桥梁，即使我们携带众多贝利桥，也会严重拖延，这时我们承受不起拖延。经铁路则近 50 英里。最为重要的是，我们越往东驱逐日军，就会有越多的日军被切断隔离在没有公路的丛林山脉中，季风雨季里，他们尽其所能挣扎地逃出来，这将成为他们的第二次撤退，我希望，他们的灾难性后果比英帕尔撤退有过之而无不及。当然，走铁路线也存在不利之处。在这条路线上会遇到较强的敌人部队，而且我们的侧翼容易受到来自掸山（Shan Hill）和克伦山（Karen Hills）敌军的反击，那里每天都报告日军集结的兵力正在日益增加。尽管存在上述不利之处，我还是选择铁路轴线作为我的主要进攻路线。与此同时，为了尽可能在宽广的战线与敌交战，并搅乱其指挥，我将抽调可以维持的最大限度机动兵力沿伊洛瓦底江河谷进攻。如果我们被阻挡在铁路线上，我的弓弩上至少要有第二根弦。

为两条进攻路线选择参战的部队并不困难。英印第 4 军的英印第 5

师和英印第 17 师，都是新编成的机械化和空运部队，此外，这个军的大部集中在密铁拉地区，位于英印第 33 军的大致位置以南约 50 英里处。因此英印第 4 军显然应当沿着铁路轴线进攻，成为主要攻击力量。这并不意味着在伊洛瓦底江路线上的英印第 33 军无所事事。斯托普福德的几个师可以努力进攻。的确，由于遇到较少的日军抵抗，他首先到达仰光并非没有可能。在铁路轴线上，同古以南的所有部队将不得不完全依靠空中补给；而在同古以北，则尽可能依靠公路和铁路补给。对于伊洛瓦底江沿线的英印第 33 军，可以为一个师和一个坦克旅一部提供空中补给；其余的部队则不得不设法依靠公路和水运补给。

当我们一直在计划的同时，发生了一件事，一定程度上致使日军陷入了困境，因此一定程度上也有利于我们，虽然不是太大的益处。早在 1943 年，我们就听说过缅甸人昂山（Aung San），日本人曾经把他任命为少将和他们的傀儡缅甸国防军的总司令，但是他对其日本主子很失望。1944 年 11 月，我们在勃固附近空投了一个缅甸国防军的成员。我们早前在钦敦江上俘虏了他，并且通过他和别的间谍与缅甸内部的民族主义团体保持接触。共产主义的反法西斯组织很快向我们提出了寻求得到大量金钱、武器和给养的要求。随后，在 1945 年 3 月初，我们得到消息，在 3 月 16 日，日军派缅甸国防军到前线，但是昂山和他的士兵准备叛逃投向我们。在 3 月 20 日，秘密组织 136 部队的一名军官以降落伞空降，但是没有发现有关缅甸领导人意图的明确迹象。这个组织负责与缅甸国防军的所有接触。在 3 月 26 日，缅甸国民军起义了，杀死了一些日军军官，令日军深为震惊，这当然加剧了敌军的焦虑和混乱。

在这个阶段，136 部队和我们缅甸内务机构之间有着不同观点。136 部队想要在各个方面培育和支持缅甸国防军；而内务机构则有大量理由声称，特别是在缅甸解放后，缅甸国防军更多是个麻烦，而不是助益，所以反对支持缅甸国防军。我的意见是，缅甸国防军在日本人的交通线上活动，对于日军必然是一种麻烦，在黑暗的夜晚令其不安。如果他们不和我们合作，同时又反对日本人，我们最终就必须与之作战。我们只有和缅甸民族主义武装力量并肩作战，这在政治上也大有裨益。因此，我主张我们应该帮助昂山，给他们武器和补给物资，并且努力在战术上控制其所部，使其配合我们的总计划。蒙巴顿海军上将与我进行了讨论之后，也有相同的结论，并决定应支持昂山。我并不指望缅甸国防军会为这个战役做出任何重大贡献，但是我希望他们会偶尔攻击日军残敌，袭扰小股日军部队，伏击日军的车辆，他们实际上也做到了，但是我并不会因为期望他们的帮助而改变我的任何计划。

我非常清楚，将一支机械化部队限制在一条公路上突击仰光，在限定时间内击破数量占优势的敌人，这是一个最冒险且可能是非英国式的作战行动，但即使我不清楚，也会有很多人愿意来启发我。我知道冒险和失败的惩罚，但是当我检查过最后的计划，我准备接受风险和后果。无论是什么风险，我们都将获胜。我们已经踢翻了蚂蚁山，蚂蚁们正在混乱地四散奔逃。现在是痛击他们的时候。我的士兵们已经出发夺取仰光，任何与他们相处过的人和看见过他们战斗的人都不会怀疑他们将攻占仰光。整个集团军再次豪情满怀，这是能够看到和感觉到的事实。我也一样兴奋。

我在 3 月 18 日作战命令中，强调了主要意图：“不惜一切代价且尽可能在季风雨季之前夺取仰光。”我把作战行动分为三个阶段：

1. 当前的战役。
2. 扫荡残敌和重组部队的中期阶段。
3. 向南进攻。

我希望第一阶段尽快结束，歼灭木村在缅甸中部地区的部队，从而使第三个阶段成为可能。而我希望迅速结束第二或者中期阶段，梅瑟维的英印第 4 军，以英印第 5 师、英印第 17 师和英印第 255 坦克旅，痛击在标贝附近之敌，并准备南进。斯托普福德的英印第 33 军，以英军第 2 师和英印第 20 师，肃清曼德勒—眉苗—文敦—默莱—敏建地区之敌，控制这一地区的所有公路和铁路，使之为我们所用。已在伊洛瓦底江的英印第 7 师随后将换防英军第 2 师，而这个军将进入南进的位置。当英军第 2 师和英印第 20 师向西移动的时候，英印第 19 师接防和保障从曼德勒到密铁拉地区的安全。在第三阶段，英印第 4 军将沿铁路轴线进攻，并且攻占仰光。英印第 33 军将沿着伊洛瓦底江两岸进击，攻占稍埠，并且通过侧翼包抄马圭以切断仁安羌。然后，攻略仁安羌、卑谬，最终进抵仰光，如果在英印第 4 军之前到达仰光，则占领之。在第三阶段的一开始，英印第 19 师将归第 14 集团军直接指挥，用以保护左翼以及英印第 4 军的交通补给线。

到 1945 年 3 月底，木村终于接受了缅甸中部大战的失败，在此之前，他已经用尽了所有预备队。他一如既往地保持了日本人的作风，直到为时太晚才放手。尽管他的计划和军队都崩溃了，但他依然准备坚决而积极地抵抗我们向南方挺进的两路大军。

他本来希望在皎施到稍埠的防线遏制我军前进，但失败了。片村的第 15 军及其第 15 师团、第 31 师团和第 33 师团，已经瓦解，而且皎施的陷落现在已近在眼前，他在这个前线地区进行任何改编和重新装备的机会都已经消失。现在日军四散奔逃，争先恐后奔向东面的山脚，但是就在这些掸山之中，日军第 56 师团却正在从停滞不前的中国军队的前线以相当好的秩序到达这里。木村命令四分五裂的日军第 15 军在这个师团的基础上集结，然后前往同古，在那里，假以时日，他希望予以重组，并且提供自己急需的预备队。他的其他各军，包括日军第 28 军和第 33 军，虽然遭受痛击并且缺少大炮、运输工具和很多其他东西，但是还具有战斗力，特别是在打防御战时，并且具有日本军人勇猛和不屈不挠的精神。木村的想法和我的想法一样，我们都要依赖于季风雨季，他希望的事情却是我的致命之处。如果能够在仰光以北的某个地方据守到大雨来临，他就至少获得了急需的时间。为此，他分别以一个军阻挡我两路大军。

在铁路轴线上，本多政材的第 33 军及所属第 18 师团、第 49 师团、第 53 师团奉命在标贝一带阻挡我们，他们横跨通往同古的公路和铁路部署。此外，木村计划让现在尚在掸邦山的第 56 师团，不仅掩护日军第 15 军残部集结，而且威胁甚至反攻沿铁路南进的我军侧翼。

樱井及日军第 28 军的任务是阻止仁安羌以北或者沿伊洛瓦底江南进的我军部队，同时阻挡我军从若开越过各个山口的东进行动。在他指挥之下的有山本部队的 7 个步兵大队和 3 个炮兵大队，第 54 师团和第 55 师团以及印度国民军第 2 师。像将军们制订的绝大多数计划一样，木村的计划在纸面上倒是非常漂亮的，但是实行起来，就是另外一回事了。

随着 3 月的渐渐过去，我发现皎施依然在敌人的手里，我军直到 30 日才攻陷此地，我作战命令规定的第一阶段的时间超过我原先的预期。时间正在消磨下去，日军是否会坚守仰光，这种忧惧犹如幽灵一般萦绕着我。很难得到有关日军意图的情报，但是在这时候确定无疑的是，没有任何迹象表明他们会随着我们的接近而撤离仰光。我的意见是，无论要加快收复马来亚的愿望有多少紧迫，仰光都更为重要。除了对收复仰光感兴趣，我感到在缅甸的失败将会阻碍进攻马来亚。因此，我重新敦促实施“吸血鬼”行动。英国参谋长委员会无意间帮助了我，他们表示，在我军十分确定将攻占仰光之前，不应该试图攻击普吉岛。部分是因为这一点，4 月 2 日早前的决定被推翻了，蒙巴顿海军上将下达命令，以一个师及一个伞兵营对仰光实施两栖攻击，应该在不迟于 5 月 5 日以前做好准备。我很高兴做出这个决定，虽然没有能从别的任何渠道得到这些兵力，但是盟军东南亚司令部从我这里抽走两个达科他飞行中队来训练那个伞兵营。调走这两个中队的飞机立即增加了斯内林及其劳累过度参谋们的负担。他们努力克服困难，正如他们完成了我曾经提出的那些不可能的任务。

我更为担心的是，如何使现在开始的作战行动的第二个阶段快速结束。敏建—曼德勒—文敦—稍埠之间的缅甸中部一大片区域，依然存在着很多分散的但有时候还是十分强悍的日军部队，他们或者凶残抵抗，或者试图向南或者向东逃跑，绝大多数会利用夜晚。我们在为进军仰光而整编部队之际扫荡了这一区域，这里的公路和铁路对我们极为重要，这称之为“英国国旗”行动。这使得一些强有力的部队成对角线地通过这一地区，英印第 5 师的一部及其他部队从西北向东南移动，而英印第 20 师和英军第 2 师从东北向西南前进。我的几个军和各个师在快速移动的参谋作业方面受到过很好的训练，而且我让他们以这种相当复杂的前进模式，穿过各自的交通线，但要以最快速的方式通过，不太担心有混乱的问题。

我迫切想加快进展，我催促英印第 33 军开始第二阶段的“英国国旗”行动，而这时他们依然在皎施周围苦战以结束第一阶段。斯托普福德在 3 月 20 日以英印第 268 旅成功开始扫荡作战，但是直到 26 日英军第 2 师的两个旅才能加入。由于从各个方向实施扫荡，我军遭遇了多支小股敌人，这一区域大部得以肃清，而后除了英军第 5 旅，英军第 2 师的其他旅都撤出战斗，飞往印度。这时我们发现还需要处理最为严重的抵抗。日军集结在波芭山，那是一个死火山，从平原上骤然雄伟地拔地而起，几乎高达 5000 英尺。在这里，有五六百名日军——配有几门大炮包括中型火炮——顽强死守着几处山坡。在 3 月底，英军第 5 旅开始驱敌作战，但是在半个月相当谨慎的遭遇战中，虽然消灭了一些敌人并且俘获了两门大炮，但是进展甚微。为了加快进展，斯托普福德以最为有用和全能的英印第 268 旅来增援英军第 5 旅，英印第 268 旅现减少到了两个营及一个印度炮营。在崎岖不平的区域实施了一系列的轻松战斗之后，英印第 268 旅在 4 月 19 日已经迫使敌人撤出了波芭山。撤退的日军分成几股小部队，但遭我们截击，但日军大部损失不大，且顺利逃走。

在英印第33军前线上第二阶段的其余部分进行得比较顺利。4月12日，英印第7师的一个旅，在一场战斗后占领了皎勃东，这是公路的中心，3年前我曾经和中国指挥官在这里发生过争论。第二天，我军夺取了圭久，那里曾经有一些不愉快的记忆。在这两次作战行动中，敌人的伤亡都十分巨大。到17日，这个旅掉头向西，其侦察队已进入了稍埠的南部郊区。英印第7师的另一个旅，沿着伊洛瓦底江东岸作战，已经在稍埠的北端夺取了一个立脚点。在18日，这两个旅将敌人逐出了稍埠，并俘获了5门大炮、40辆卡车以及其他很多战利品。

当东岸的波岜山—皎勃东地区接连发生上述战事的时候，在伊洛瓦底江西岸，作战也非常活跃。在这里，山本部队切断英印第4军交通线的企图失败之后，兵力大为减弱，已经转为守势。其任务是在莱茨一带拖住我们的第28东非旅，以掩护日军第54师团从若开撤退。第54师团的撤退现在进行顺利，因此，敌人在西岸的力量持续稳定地增加。作为我们补给需求削减计划的一部分，第28东非旅撤回印度，在4月的第二周，东岸的英印第7师第114旅接防了第28东非旅。换防用了一些时间，因此导致东西岸的进度不一致。相比西岸同一水平线的城镇，我军通常提前几天攻占东岸上的城镇。这就导致东岸被切断退路的敌军逃跑到西岸去了，导致抵抗我军前进的敌军数量增加。这时候，在西岸卑谬以北的敌人兵力估计多达9000到1万人，我们情报表明，敌人主要集结在仁安羌西北16英里的沙林（Salin）地区，更多的敌军集结在马圭西南28英里的巴丹一带，在那里，来自安镇山口的第54师团部队正在集中。众多的小股敌军部队分散在西岸沿线，但这一区域的日军总目标是在后卫部队的掩护下南撤，直到可以重渡东岸阿兰缪，如果阿兰谬失守，则重渡至卑谬。

为了切断沙林地区以及面对英印第114旅之敌的退路，英印第7师师长埃文斯于4月24日派出英印第89旅渡江至仁安羌对面的西岸。该旅建立了一个桥头堡，并且迅速向南北扩张，只遇到了很少的抵抗。与此同时，英印第 114 旅继续南进，一路上与一些分散且相当惊慌的日军部队交战。26 日，敌人撤出沙林，向西南撤退以避开英印第 89 旅，沙林被我军占领。这两个旅取得联系，一起向南推进，在右面的英印第 114 旅，接近巴丹的时候发现敌人的抵抗变得强硬起来。在江岸上，英印第 89 旅在 29 日进入了马圭对面的敏巫（Minbu），只遇到轻微的抵抗，但是英印第 114 旅在巴丹以北 10 英里处打了一场硬仗，在战斗中日军的后卫部队进行了 3 次反击，并于 29 日在巴丹附近再次实施了坚决的反击。在这次战斗之后，由于敌人全部南撤，侦察队再也没有碰到敌军。日军全力掩护第 54 师团从若开撤退，但是他们在伊洛瓦底江以西的整个形势现在变得十分危险了，不仅因为有我们的两个旅在西岸的进攻压力，而且因为我们的英印第 20 师在东岸快速推进，迫使他们经常不得不在越来越远的南方寻求一个到东岸的过江渡口。

第 33 军的其余部队一直在伊洛瓦底江区域继续实施“英国国旗”行动，同时留下英印第 20 师肃清在皎施最后顽抗的日军。随后，该师在 3 月 30 日攻占了皎施，并且把本多政材的最后不幸的师团驱赶到山里，然后把这件事转交给英印第 19 师，并且在密铁拉以南集结。格雷西以他特有的充沛精力，投入到为第三阶段的各项准备工作之中。他从即将撤往印度的英军第 2 师那里得到了可以使用的车辆，很快将两个旅改编为机械化旅。4 月 11 日，改编完成，他全速出发，参加英印第 33 军的南进。他的任务是在马圭和阿兰谬打击日军的后方。

日军第 28 军司令官樱井奉命负责伊洛瓦底江河谷的防御，正面临着北面和东面我军的进攻。他的主要交通线是向南的公路和河流，但是他与日军第 33 军的联络交通线，在距离铁路轴线 80 英里的地方，向东拐向马圭并且经过东敦枝。东敦枝既可以成为掩护其右后侧的一个堡垒，也可以成为他的威胁。一切都取决于谁占领这个城镇。樱井缺少部队，英军占领的城镇离东敦枝最近的就是密铁拉，这二者之间的地带没有水，公路也不适于机械化运输；存在足够的时间进行预警。因此，樱井将其部队集结在一些离我军比较近的地方以及我们直接进击的防线之上；他在东敦枝主要留下了印度国民军一部及其后勤部队。在这个过程中他犯了一个致命的错误——错误估计了我们的进军速度。4 月 11 日，在距离东敦枝 60 英里范围之内没有一支英国军队；14 日，格雷西的一个机械化旅已经占领了东敦枝。这个打击十分突然，以致一连几天之内，日军指挥层都没有意识到发生了什么情况，继续派车队经过东敦枝给我们的英印第 20 师送上大礼和快乐。我军侦察队在此附近遭遇了小股的日军和较大规模的印度国民军部队，但是唯一的严重的抵抗行动是，他们试图在阿兰谬公路以南大约 10 英里处集中一支兵力来据守一个阵地。4 月 18 日，一支来自东敦枝的小规模装甲部队到达伊洛瓦底江，在马圭以南 11 英里处，击沉了 3 艘试图逃跑过江的日军船只。4 月 19 日，暂时停留在东敦枝以北 30 英里纳茂的另一个机械化旅，又从那里向前推进，遭遇轻微的抵抗之后，占领了马圭。在扫荡这个城镇的过程中，俘获了 13 门大炮和 120 名印度国民军士兵，稍后又俘虏了印度国民军的一个完整的营，其有 600 多人，都一群群地在公路边集合，等待着投降。在马圭，像在东敦枝一样，敌人的车队，包括一个完整的野战医院，持续到达，我军迅速有效地予以处置。日军从西岸炮轰马圭以示报复，但是没有采取其他行动。

在收复马圭的那天，英印第 7 师正在伊洛瓦底江的两岸从北向南推进。在东岸上，一个旅包围了仁安羌，在 22 日占领了这个城镇和油田，遇到了断断续续但有时却十分激烈的抵抗。日军因英印第 20 师攻击的速度、兵力和方向而陷入惊慌失措之中。日军保卫这个油田的整个计划破产了，就连退路都被切断了。由于我们控制着主要公路，日军被迫努力向南逃跑，要么抛弃车辆和重型武器装备而走一些小道，要么渡江向西，希望最终可以在更南面的下游再次东渡。樱井想要集结其大部的唯一机会，就是运用阴谋诡计，把我们阻挡在阿兰谬以北。他试图做到这一点，但是最多能够做到阻挡我们从东敦枝向阿兰谬前进的英印第20师部队，但也成效很小，他匆忙聚集一些零星部队，尽管他们战斗十分英勇，但是除了造成我们的某些迟误，并不能起到什么作用，而且他们也付出被全歼的代价。我军在4月28日进入阿兰谬，肃清了来自第55师团骑兵一支忠诚后卫部队的毫无希望的抵抗，他们丧失了5门大炮，几乎全部官兵都被消灭。到此时，无论如何，日军曾普遍存在的高昂士气现已不复存在了。当我军一个旅从马圭出发，在东岸向南推进，以便与在阿兰谬的那个旅会合的时候，侦察队发现一大股敌人正在一个村子里休息。我军立即实施了一场空袭。日军惊慌失措四散奔逃，后来在那个地点发现了4门被遗弃的大炮、一些无线电收发报机、掷弹筒、很多步枪和6把军官的军刀。士气当然不如以往，但是日本人的野蛮依然如故，因为我们发现6个村民的尸体被捆绑在树上，并且发现他们是被刺刀杀死的。

到5月1日，英印第33军司令部前移至马圭，英印第7师的师部也到了马圭，但其两个旅还在西岸。英印第268旅正在阿兰谬集合，正准备渡江到西岸进行作战行动，此时，英印第20师刚刚开始从阿兰谬向卑谬和仰光前进。

到3月底，英印第4军及其司令部在密铁拉，正在为向南主攻而集结部队。在密铁拉周围集合的是英印第17师，还在等待一个旅到达的英印第5师，以及英印第255坦克旅。此外，英印第19师师部及其一个旅也在密铁拉，准备在这个军一离开就接防这个地方，这时该师的其他旅也沿着曼德勒公路北进。我发现密铁拉云集了各个司令部，太过于拥挤，遂决定，在他们的一些司令部前进之后，把我的司令部前移过去。我也认为，密铁拉的集团军司令部距离日军很近，也许不会太自在。

事实上，显然还存在大规模日军部队，而且这一点变得日益明显，本多政材要努力收容其各个师团，在标贝横跨主要公路建立坚固的防线。他的第49师团将据守中央，已经在当地努力构筑工事，他的第18师团，在达西附近，准备占领右翼，而第53师团正在从西北方向而来，将防守左面。只要给予他们一些时间，日军的阵地就会变得最为难以对付，而且如果我们因此而受到严重迟滞，我们夺取仰光的机会就会变得微乎其微。另一方面，如果我击溃本多政材的部队，木村就不可能在更南的地方组织另一支部队阻击我军。本多政材在如此向北之地布防，应有利于我军，但必须迅速击溃之。

3月30日，梅瑟维的英印第4军和英印第17师及英印第255坦克旅，开始进攻。师长考恩负责这次战斗的战术指挥，他的计划是进行一次分进合击的攻击。他的英印第99旅将首先向东进攻夺取达西，然后转向南面，夺取标贝东南的高地。英印第48旅将从密铁拉直接沿主要公路进攻，这时英印第63旅向西绕过标贝，占领西南高地。实施这次包围行动的第四支部队是一支装甲和机械化步兵部队，在西面实行更宽大的包抄行动，切断标贝以南的仰光公路。各部到达预定位置之后，所有部队向敌军主防线推进，从各个方向发起进攻。

各路部队一与敌交火，就清楚获知日军被我军发起进攻的速度震惊，但日军也决心不顾一切代价阻止我军。标贝周围区域散布着很多村庄，一些大，一些小，几乎所有的村庄都被修建成了据点，相互支撑，并且靠着村子里囤积的物资自给自足。这样敌人拥有很宽的防御地域，只有作战穿过这些地域才能达到敌人的主要阵地。但日军也难以制订一个更适于日本兵进行防御或者更适于拖住我们的计划。

当英印第99旅发现在达西坚守着一支十分强劲的日军守备部队，敌人死守着达西是为了掩护进入掸山的逃跑路线，这是我们遇到的第一个不顺之处。我军直接攻击是最佳方案，但代价高昂；而采取别的攻击形式，必然会进展缓慢。与此类似，在密铁拉公路上，英印第48旅一个村庄一个村庄地很快打开前进之路，这是一个顽强的进程。我军能否在日军撤回其标贝附近阵地之前歼灭之，还是日军更高指挥层的政策是要以如此纵深进行防御，我不得而知，但是他们打起仗来都像一些困兽犹斗的野猫。如果你知道处理问题的方式，而且我们的士兵也知道，消灭敌人就并不困难，但是这需要时间。而我们没有很多时间。我脑海里思考着这个问题，在4月2日飞往密铁拉。

我发现梅瑟维与考恩和我一样，都很清楚地知道速度的重要性。考恩计划留下一支小的分遣队牵制达西，同时，英印第99旅绕过达西，再次向前推进，以恢复攻势。我们以从密铁拉调来英印第19师的一个旅来对付达西，进一步改善了形势。在艰苦的战斗之后，他们在几天后付诸实施。考恩很有信心，根据他采取的措施，横跨那条公路的前进行动将会加快速度。我亲自各处视察，明显催促各部队向敌接近，比我刚到的时候，他们离开时更感到愉悦。我与前线部队接触之后，经常会取得这样的效果。

几天以来，英印第99旅努力通过达西以南的一些村庄，直到4月7日，该旅与英印第48旅的进度一致了，英印第48旅被阻挡在因都（Yindaw）对面，那是距离标贝10英里的一个大村庄。这两个旅都是满怀决心向前推进的，一路消灭了几百名敌人，俘获了一些大炮，但是他们现在一个在北，一个在东。共同面对的这个因都，却是他们在这个战役中遇到的一个最硬的核桃。因都是日军的永久性防御工事的一部分，有一支强悍的守备部队，大约有1000人左右，并且得到了要坚守到最后的命令。因都存在巨大的天然屏障，一侧有一片湖区提供保护，而其他几侧土坡和水渠密布，道路不通畅。实际上，装甲车辆只能在公路作战。敌人最担心的是我们的坦克，他们的防御工事部署大量的反坦克炮，构筑了路障，并埋设了地雷。连续3天，因都受到来自我军地面和空中的轰炸，同时我军部队突破了一些外廓防线。随后，在8日，按照对待达西的策略，我们的两个旅受命从因都的两边绕过去，将其留给跟在英印第17师后面的英印第5师来处理。第二天，英印第99旅到达标贝正北的高地。战斗非常激烈，在公路上的英印第48旅从西北方向靠近，而英印第63旅已经扫荡了标贝周围，给日军造成了很多伤亡，登上了西南方的高坡。当各旅向前推进的时候，装甲部队一路斩关夺隘开路奔向仰光公路，9日，在标贝以南切断这条公路。我们甚至派出一支侦察队到更南方12英里处的央米丁（Yamethin）。在4月9日至10日夜晚，3辆日军中型坦克冲到足以接近我们的地方。在我们的探照灯光下，随即发生了短促的战斗，这3辆敌军坦克都被摧毁，这是这个战役中唯一一次坦克对坦克的夜间遭遇战。

4月10日，我军进攻日军阵地的核心标贝。在这里防御工事准备最为充分，由日军第49师团据守，其作战十分顽强。英印第99旅的第一次攻击，尽管十分英勇，却没有能攻占日军工事坚固的自来水厂阵地。另一次攻击花了一整个白天，以近战来肃清郊区像迷宫一样的干涸河谷和沟壕里的敌人。迫击炮和平射炮的直射炮火最终把最后的日军守备部队驱赶到开阔地里，在那里大约300名日军被我们的坦克消灭。英印第48旅在肉搏战中，肃清了敌军营地，并且通过攻击攻占了重兵防守的火车站和铁路路堤地区。在这一整天里，装甲部队呈一个宽广的战线北进，痛击日益混乱的日军，摧毁了一些大炮和许多补给站，并且击毙了众多南逃的日军。装甲部队从背后攻击最终粉碎了敌人的抵抗。到11日黎明，整个标贝都在我们的掌握之中了。幸存日军趁黑向南和向东逃跑，在天亮的时候，我军机动侦察队击毙了众多敌军。

梅瑟维和考恩指挥战斗所展现的才能和部队掌握的资源与进攻相匹配。在标贝和周围的村庄里搜集到了将近2000具敌人的尸体，在达西周围则歼灭了更多的日军。31门大炮、8辆坦克、很多车辆、大量分散在仓库里的物资储备及弹药也落入我们的手中。对于敌人来说这是一个彻底且代价高昂的失败。决死防御的日军第49师团被歼灭。日军第18师团，在达西及其以南村子里的日军第18师团遭到了无情的痛击，直到粉碎为止。我军部队在标贝以西捕捉到了日军第53师团，当该师团试图退回去据守其在日军左翼的阵地时，遭到了锤击，在其赶到环形阵地之前就被敲碎了。这个师团已经不再是一支作战部队了，而是一支逃亡队伍。由于其规模，标贝战役也是缅甸战争中最具决定性的战役之一。此次战役击溃了本多政材的军队，不仅于此，此战也决定了仰光的命运。

现在，我军可以直接而自由地全力以赴进军仰光。4 月 11 日清晨，当英印第 17 师清扫战场并扫荡残敌的陷阱时，英印第 5 师从战场上通过了。他们出发了！我站在标贝城外的公路旁，看着他们走过。只有 300 英里了，运气好的话，季风雨季之前还有 30 天时间用来攻占仰光。战事即将接近尾声，但是在昨天的战斗之后，我确信英印第 4 军会胜利完成任务。他们肯定可以，似乎也乐在其中；每一辆风尘仆仆地开过去的卡车都带有一种要实现目标的神气。曼塞尔指挥着英印第 5 师，把他的车开到一边，停下车，出来向我问候。他神清气爽，行事机敏，热情洋溢，还带着一些炫耀，使我想起在印度黎明时分去打野鸭子的情景，但是在他继续前进之前，我们谈的却是更严肃的正事儿。我旁观着车辆一辆接一辆地经过，车上装载着紧握武器的印度士兵，在他们的脸上带着他们的指挥官同样的表情，机敏而又热情洋溢。1939 年开始这场战争的时候我是这个师的一个旅长，我为他们感到骄傲。我们会顺利到达那里的！头上传来一阵低沉的轰鸣声使我抬头向上看。如果发生在 3 年前，这种嘈杂声就会使我们都俯身寻求掩护。而现在，我是唯一抬起头来的人，我看见我们的战斗机正在划过天空快速向南方飞去。我们向飞行员致敬，正是他们才使这些易受攻击的车辆快速行进成为可能，这些汽车几乎首尾相接，奔驰在一条公路上。我走回考恩的司令部，发现他非常快乐，这正是打了胜仗的一个指挥官所具有的心情。我们和梅瑟维一起，在地图上讨论了前进应走的路。

我们以前经常谈论这个问题，现在我们要看看确定的方法正不正确。现在的先遣师是英印第 5 师，其将以一个装甲和机械化步兵部队先行前进。我军计划尽快实施跳跃式前进，先攻占一个简易机场，或者夺取一个地点以做机场，空运机场工兵，紧接着空运一个旅。然后，当这个空运旅占领了空军基地以后，肃清周围地区之敌，并且保持公路的畅通，或者在必需的时候，再发动一场进攻，这个师的其余部队则第二次跳跃前进。每个师轮流前进，到达目的地后停留，再让另一个师前进，必须没有任何停止。每 50 英里至少需要一座机场，但是为了节省公路运输，机场间距离最好更短。我们前进的速度与投入作战的速度成正比例关系。事实上，在最初的一两次跳跃之后，我们以机场工兵配属坦克先于部队出发，以便尽可能早地修建机场。

英印第 5 师前面的装甲部队迅速前进 12 英里，通过了央米丁，继续前进。然而，当黑暗降临的时候，一个日军大约三四百人组成的自杀式攻击队，携带反坦克炮，从东面渗透进央米丁，并且据守在房屋之间。在第二天黎明的时候，日军控制了唯一的公路，我军在央米丁以北宿营的非装备车辆前进的道路被阻挡了。事实证明很难将这些入侵者驱逐出去，直到 14 日才把他们最后歼灭，我们的车辆才能够自由通过。对于这次拖延怒火中烧的英印第 5 师快速向前推进 30 英里直到瑞苗（Shwemyo），并且在 16 日占领了该地。过了这个村子，公路进入一个很深的峡谷，有一道大约 700 英尺高的山脊，称之为瑞苗陡壁，完全俯瞰着几英里的公路，公路成了狭窄的隘路。该师车辆要通过这道陡壁，没有别的路可走，我们总是担心那里会被日军挡住。情况一度看起来好像我们会遭此命运。

日军已经从缅甸南部匆忙调来其第 55 师团的一个新联队，现在正紧急在这个陡壁上构筑阵地。曼塞尔让先遣旅正面前进，而让第二个旅下车，实施强行军侧翼包抄，深入山区和丛林并通过之，从背后制敌。4 月 18 日，我们的士兵突然出现在还在构筑工事的日军前面，用刺刀将日军赶出了半完工的战壕。与此同时，因为日军战斗机在攻击我们装甲部队时，几辆运载汽油的卡车被敌摧毁，为了节省空运力量以运输急需的补给，特别是汽油，本来应该被空运的那个旅经由公路输送到瑞苗的着陆地。那天夜里，我们的先遣部队距离仰光 240 英里。

19 日，装甲先遣部队在公路上隆隆行驶了 20 英里，发现彬马那有敌坚守。当主力部队赶上来时，一辆辆坦克开出一条支线公路，绕过了彬马那，又行驶了 10 英里，夺取了在莱韦（Lewe）的飞机场，这是一个比彬马那更具价值的战略要地。仅仅几个小时，我军就修筑了简易机场，于是部队和物资源源不断地飞过来。

日军第 33 军司令官本多政材中将及其几个参谋正在视察彬马那，突然得报，我军部队已达市郊。对他来说，十分幸运的是他的指挥车比我们的坦克开得更快。我军留下一个机械化旅肃清彬马那之敌，另一个旅并配属英印第 255 坦克旅的坦克，扫荡前进。这个阶段的形势已经有了一种喜剧色彩。英印第 4 军正在沿着公路和铁路向南猛进，同时驱赶两侧山地里的敌军，而这些敌军颓废地追赶往同古努力行军的其他大大小小敌军部队，他们想赶在我军之前到达同古。如果东京的电台宣称“我军正在朝着仰光方向快速追击敌人”，那么这比以往更接近于真实。

所有的眼睛现在都盯着同古。日本人和英国人一样聚焦于这里，都全力要先发制人阻止对方。如果我们想要避免在逐个房屋肃清同古之敌而造成的长时间延误，就必须赶在敌人集结于同古之前占领之。还有另一个原因。同古的机场群，其中有些机场是缅甸最好的，也是战斗机可至仰光航程内最北的机场，如果要在仰光实施两栖登陆，我们就必须占领这些机场，以作为两栖登陆的空中掩护基地。仰光两栖登陆作战计划于 5 月 2 日进行，根据海军的建议，由于天气的原因，此项作战不能再晚。我开始思考，这个日期是我们最后且最为可怕的竞争对手。我们正在打败日本人，并且还没有季风雨季来临的任何迹象，但是若我们实施“吸血鬼”行动，就必须加快我们的时间表。我们有 11 天的时间进入仰光，还有超过 200 英里要走——一天 20 英里。这使我们处在了迫在眉睫的紧要关头！

木村正在努力敦促所部前进，梅瑟维和我也是如此。他已经命令在掸山中的所有部队不眠不休赶到同古。这部分日军前进于只能在晴天通行的山道上，几乎和我们的前线路线平行，不过在我们以东六七十英里外。在距离同古大约 70 英里的对面，日军的山道突然向西拐，在同古与仰光公路交汇。日军以部分整编的第 15 师团为先遣部队，使用残存的各种车辆，迅速赶往同古，看上去好像他们可以击败我军。但是，我手里还有一张牌等着他们。当他们向南方推进的时候，必然经过克伦人的地区。即使在日占的最黑暗时期，克伦族依然忠于我们，他们曾经因此蒙受磨难。在相当长的一个时期内，我们一直为这一天做着准备，组织了一支秘密武装，以英缅军老兵为基础的克伦游击队，并向克伦山区空运了一些英国军官和武器。率领克伦人起义反抗他们憎恨的日本人根本不难，问题是起义时机不能太早。但是，现在起义时机已经到来，我发出了命令“起来，克伦人！”日本人趁着夜色，沿丛林道路努力前往同古，却进入了一个又一个伏击点。他们前面的桥梁被炸毁，他们的粮草征集队遭到残杀，他们的哨兵受到秘密跟踪，他们的指挥车遭到射击。在英国军官的指示之下——他们从地面上观察每一颗炸弹的落点——空中打击造成日军伤亡惨重。一路受到袭扰的日军边战边进，速度缓慢，丧失了许多士兵和车辆，到了同古以东 50 英里处的茂奇附近。他们被路障、炸药和埋伏阻挡了几天。他们在这场夺取同古的赛跑中失败了。

英印第 5 师是英印第 4 军的先遣部队，击溃了敌军的抵抗，3 天行军 50 英里，并且在 4 月 22 日，发起最后的一击，我们的装甲部队冲进了同古城。虽然我们在前一天猛烈地轰炸过这个城镇，但是我军地面部队的到达，完全出乎日军之意料。一个正在执勤的日军宪兵发出了预警信号，但被忽视了，我们的第一辆坦克碾过了他。当我们的一辆辆坦克驶入街道的时候，日本人的噩梦来了，他们四散而溃，一心只想着逃命。日军留下了 50 具尸体，幸存的人飞快地奔入丛林，加入了向南溃散的日军队伍。本多政材已经在同古设立了军司令部，下达的命令一如既往充满乐观主义精神，即要求死守同古。但在重新控制残部之前，本多政材又得再一次急匆匆地逃跑，而且这次还抛弃了绝大多数司令部装备。我们没有预料到同古之战如此迅速获胜。现在还有 160 英里，剩余 8 天时间。英印第 4 军和英印第 15 军之间关于攻占仰光的竞赛就要接近终点了。在这个阶段，4 个人之中就有 3 个人认为英印第 4 军会赢得竞赛，最乐观的支持者倾向认为，4 月 31 日将攻占仰光。

英印第 5 师马不停蹄，扫荡日军溃兵，于次日抵达同古以南 30 多英里处的皮尤（Pyu）。尽管皮尤无人防守，但有座重要桥梁被破坏了，我军很快就修建了一座新桥梁。在路上，遭遇了印度国民军第 1 师，该师全部投降，包括其师长、150 名军官和 3000 多名士兵。他们刚好可以投入修复我军占领机场的工作中。4 月 24 日，英印第 17 师赶上来，准备按照预定计划超越英印第 5 师部队，成为先遣部队，但是英印第 5 师热血沸腾斗志昂扬，又向贝内贡（Penwegon）前进了 20 英里。在这里，当我们的第一辆装甲车爬上来的时候，日军的爆破队已经在那座桥的阵地里了，但是睡着了，再也没有醒过来。当英印第 5 师这样超过了他们的目标时，英印第 17 师感到愤怒而惊讶。我们现在距离仰光 114 英里，离 5 月 2 日还有 7 天。

我知道由于同古失守，木村肯定意识到缅甸南部的形势岌岌可危。他可能和成为逃亡者的军司令官失去了联系，他手里的预备队也不多了。24 日，我们得知木村正在将其司令部搬到毛淡棉，但是这究竟意味着要放弃仰光，还是像我一直担心的，他要在那里留下一支守备部队，我不得而知。

我认为木村不会冒着我们的海军和空中力量的交叉火力射击的危险，进行一场海上大撤退。无论他怎么做，他都必须据守勃固，因为这是可以掩护木村向东撤退的最后路线，而且我们的全部情报都证实了敌人正在集中兵力来巩固防线。当然，那时候我们并不知道，日军最高司令官，寺内寿一已经命令木村要不惜全部代价据守缅甸南部，如果可能的话，也要坚守仰光。他再次显示出处理危机的精力，召集每一个士兵和部队防守勃固。他根本不顾我军从海上登陆的可能性，他相信在任何情况下，在季风雨季如此临近的情况下，我们都不会进行这种尝试，木村将独立混成第24旅团从毛淡棉调来，并且匆匆组建了两个新的旅团，都是来自仰光的守备部队和兵站部队等杂牌部队，每一个旅团由一位少将指挥。这其中的一个旅团配属了若干高射炮中队，但将高射炮转用于反坦克炮。木村将海军岸防部队、渔民和平民都编入这些临时旅团之中。到4月28日，这三个旅团的兵力，以及一些从北面而来的残兵，都被集中在勃固，除了留下一小部分实施爆破外，在仰光或其以南地区没有任何日军了。我估计木村企图在整个季风雨季期间据守勃固，这只能让其伊洛瓦底江河谷的部队逃过萨尔温江。我们能够预料到会有激烈的抵抗。

4月25日，英印第17师成为先遣部队。在挺进20英里以后，其装甲先锋冲到了日军后卫部队之中，敌人大部分是骑马的士兵，我军以摧枯拉朽之势，击毙一部，击溃余部。26日，我军进抵代库（Daiku），代库距离仰光80英里，需要5天的路程，勃固在代库和仰光之间。第二天，在代库以南15英里处，公路穿过一条峡谷，代库东面是6英里宽的莫英基水库（Moyingyi Reservoir），西面是沼泽地，我们在代库遇到了更为顽强的抵抗。敌军在这里铺设了一个巨大的地雷场，致使我军坦克损失惨重，而且日军的工兵和步兵自杀特攻队驻守此处。到了傍晚，我军在地雷场上开辟了一条道路，日军留下了300多具尸体。遭遇战持续了一整夜，第二天早晨，即28日，在勃固以北10英里处，我们的推进再次遇到强硬的抵抗。在猛烈的空中轰炸之后，在我们的部队迫近勃固时，日军撤退了，但是直到傍晚，我们的装甲车辆才到达勃固郊区，并且发现这个城镇被日军强固地据守着。

当天早晨，我们的另一支装甲和步兵部队包抄了莫英基水库，并且切断了日军向其以东逃跑的道路，迫使他们放弃撤退车辆或者取道南撤。一个投降的印度国民军军官报告说，有 400 多名英国和美国战俘被关在不远处的一个村子里。他们正被从仰光押解往毛淡棉，当那些日军看守听说前面的道路被我们的快速挺进切断了，于是扔下战俘就逃跑了。我军马上派出侦察队去寻找这些人，并且找到了。不幸的是，此前，我们的一些飞机侦察到一队穿着咔叽布衣服的士兵——因为其与我军部队穿的绿色军服不同——于是俯冲下来，用机枪扫射他们，结果打死打伤了若干人。遇救的一些军官和士兵原来是英印第 17 师的，在 1942 年的战斗中被俘，而现在他们发现自己回到了老部队。

英印第 4 军的各个部队已经削减了口粮，因为他们为了获得汽油和弹药而放弃了食物，但是他们知道自己距离仰光只有 47 英里了，而在勃固的日军是在他们与缅甸首都之间的唯一障碍了，这激励着他们向前进攻。勃固城耸立在蜿蜒的勃固河的两岸，通往仰光的公路从勃固的主要大桥上跨过这条河；而铁路经过两座桥，两次跨过这条河，向北而去。日军狡猾地在城内挖掘了战壕，并且保护着那两座已经被他们破坏了的桥梁。考恩的计划是首先肃清勃固东岸城区之敌，由来自北面的一个旅和来自东面和东南面的装甲部队实施两路攻击。4 月 29 日上午，两路部队都发起了攻击。北路攻击突破进入城区，但是被公路桥短时间拖住。装甲部队受到日军地雷场和水渠的妨碍，而不能完全发挥作用，而步兵虽然单独向前推进，但是由于没有支援力量，所以在房屋中间无法渗透得很远，而那里日军正在拼死抵抗。

考恩并不泄气，现在开始把他的作战行动扩展到西岸。经过一系列小战，东岸通往铁路桥的道路之敌已被肃清，我军尝试渡过勃固河。但是，熊熊的大火阻挡了我军的进路，一个印度排爬过被毁坏的南桥大梁，经过最英勇的战斗而成功踏上了西岸。他们用刺刀肃清了最近的日军战壕，抵抗着日军的反击，直到他们营的更多战友纷纷通过游泳、乘木筏、爬过那座毁坏的大桥，加入他们。我们现在在西岸上已经有了一个立足点，虽然这个立足点尚存危险。就在这一切进行着的时候，我们的部队在东岸上顶着激烈的抵抗，攻占了勃固北面的几乎整个住宅区，但是到30日夜幕降临的时候，敌人依然坚守着那座完整无缺的公路桥。

4月29日，我一直待在密铁拉的司令部，收到了一些相当惊人的报告，日军向茂奇公路实施反攻，威胁同古的交通线。而且我得知，仰光的主要公路已经处于日军的炮火之下。我们只有英印第19师的一个旅来应对这次反攻，如果敌人进一步前进，形势可能就会十分令人难堪，于是我在30日飞往同古。当我乘车沿主要公路前往里斯的司令部时，我有令人信服的证据表明，而且至少我的情报报告中有一条是精确的，十分明显日军正在炮击这条公路。我发现里斯一如既往乐观而镇定，虽然此刻占据优势的敌军兵力正在距离不远的东面朝我军前进。里斯所部在横跨公路的山地间构筑阵地，而且他信心十足能够坚守。我巡视了他的一些部队，并且观察了一个炮连正在向可能集结反攻日军的地方开火。一个炮手光着上身，他那铜铸般的身体汗水淋漓，正在往一门25磅的大炮炮膛里填送炮弹。在开火的间隙里，我走进那个炮位站在他旁边。“我很对不住，”我说，“让你们靠着一半口粮干这么多事情。”他从那沾满炮灰的军帽下抬起眼睛，看着我，“您别为这担心，长官，”他咧嘴笑着说，“哪怕只给我们四分之一的口粮，只要给我们弹药，我们就能让您进入仰光！”我毫不怀疑他的说法，普天下谁人能有这样的士兵？

在茂奇公路上的日军全力执行命令，企图切断我们的交通线，但是我的炮手及其战友们的表现实在太优秀了，让他们无法实现梦想。在克伦人的帮助下，他们紧紧拖住日军的尾巴，在随后的几天里，里斯不仅阻挡住了敌人，而且将其赶向更远的山里，直到仰光公路不再处于日军的炮火之下为止。一个毫不起眼的任务，虽然在抢占仰光的竞赛之中有些失色，但是此战非常之重要，而且正像英印第 19 师的执行所有任务一样，轻松而迅速地完成了，对敌人也没有丝毫怜悯。

在同古的那个夜晚，关于勃固战斗的报告被送来了，这使得我急于要看看那里正在发生什么情况。于是，在 5 月 1 日早晨，我带着梅瑟维和两三个其他人，包括我的一个美国参谋人员罗伯特·富勒顿少校（Major Robert Fullerton），我们乘飞机出发了。当我们接近勃固的时候，我犯了一个很愚蠢且应受惩罚的错误。我告诉飞行员向南飞，因为我希望亲眼看看英印第 17 师作战区域的地形。我坐在飞行员旁边刚好看到，远处仰光方向，有一道道很高的烟柱，那可能是正在进行轰炸或者是敌人撤退的迹象，正在这时，我们遭到了高射炮火的攻击。我们被打中了几次，其中一次大炮就在富勒顿腿边爆炸了。我的飞行员具有高超的技能并且十分冷静，在云层间采取了规避动作，并且带着我们在勃固正北的一个新建前进简易机场着陆了。在那个机场旁边就有一个绷带所，而且特别万幸的是，第 14 集团军的外科顾问约翰·布鲁斯（John Bruce）恰好在此时来视察前线部队的外科医疗队。布鲁斯是第一流的英国外科医生，挽救了富勒顿的生命，但是无法挽救他的那条腿。我当时感觉并且现在依然对此感到十分内疚。我作为集团军指挥官，没有必要到那里去，即使我愚蠢地要去，我也没有理由要让梅瑟维或者其他人跟我去。

在这次不幸的视察勃固之旅后，我发现就在那天夜晚战局已经好转。我们坚守在了西岸，而在东岸，趁黑执行任务的侦察队报告说，敌军部队正变少，并且听到马达声远去的声音。在黎明时，我们的部队向前推进发动攻击，但是发现在东岸上的整个勃固都没有敌军了，只留下了一些地雷和陷阱。考恩留下空运旅扫荡西岸之敌和乡间小股的日军，开始准备进军仰光的最后阶段。如果唯一的迟滞原因只是来自于日军，他将能够在今后的两天中推进通过余下的 40 英里，比登陆部队领先几个小时到达仰光。

不幸的是，情况并非如此。

5月1日下午，巨大的不幸落到英印第4军的头上。我军攻占了勃固，并恢复前进，这时在整个地区爆发了一场猛烈的暴风雨，随之而来的是一整夜的持续暴雨。季风雨季来临了，比正常的时间提前了两周！到早晨的时候，此地的大多数地方被水淹没了，各个飞机场都停止了活动，勃固河暴涨。作为一个预防措施，整个英印第4军的口粮立即减半。

各部队在脚下打滑、泥水飞溅、趔趔趄趄的状态下前行，所有河流、溪水都在暴涨，所有的桥梁都被冲毁或淹没了。2日傍晚，当收到我军已经在仰光以南成功登陆且日军已经撤退的消息时，英印第17师在湿透的大雨中暂停下来，这时距离目标还有41英里。在那天夜里，更加猛烈的大雨冲毁了道路以及修建好的桥梁，整个旅发现被孤立在一个突然形成的岛屿上。先遣步兵浑身湿透，饥肠辘辘，但是依然充满了激情。他们蹚水而过，经常需要游泳，但是努力向前推进。他们迟滞在布满地雷的2英里道路上，而这时路边的小径经常也被雨水淹没，而且像公路上一样埋着地雷。他们依然挣扎着到达了莱古（Hlegu），这时已是5月3日了，他们得到了英印第15军占领仰光的消息。

尽管他们因比赛失利而十分失望，但是英印第17师排除了地雷，怀着坚定的决心向前推进。5月4日，好久以前就放弃所有运输车辆而徒步行军的一个营，游泳和乘着木筏，渡过了一条很宽阔而且流速很急的河川到达莱古，那里距离仰光28英里。就是在这里，在5月6日，来自仰光的英印第26师的一支小部队与英印第4军会师，见到了第7廓尔喀步枪团第1营，正是他们曾在1942年打响了缅甸战争的第一枪。

5月2日在仰光以南的登陆战进行得十分顺利。我以前总是想要它略迟一些进行，但是我与海军的建议是一致的，而且事实证明这是正确的，5月2日是天气所允许的最晚日期。这是负责所有D日准备的海军少将马丁（Rear-Admiral Martin）、陆军中将克里斯蒂森、空军少将班登伯爵（Air Vice-Marshal the Earl of Bandon）创造的一项伟大战绩。在4月27日至30日之间，攻击部队登上6支运输队的船只，从阿恰布和兰里岛出发，一开始以最慢的速度前进。一路上由第224大队的战斗机提供护航，还有一支有四艘护航航母的海军航母舰队护航。来自战略航空队的12个英美轰炸机中队配属给这次作战行动。4月30日，由一艘英国战列舰、一艘法国的战列舰、两艘护航航母、两艘英国巡洋舰、一艘荷兰巡洋舰和6艘驱逐舰组成一支海军掩护舰队，从锡兰的亭可马里出航。其任务是阻止日本海军部队的任何干涉行动，自始至终巡航在仰光以南和安达曼群岛以东，炮轰安达曼群岛诸岛屿和卡尔尼科巴（Car Nicobar）群岛。4月30日，一支驱逐舰舰队进入仰光以南海域，拦截了11艘敌军船只——当时运载着大约1000名日军从仰光逃往毛淡棉——我舰队击沉了其中9艘船只。

登陆在D-I日开始，即5月1日，我军向仰光河两岸的所有防御工事发动了猛烈的炮火攻击。几个小时后，英印第50伞兵旅的一个营空降在象角。一支大约30人的日军小队，他们要么是被留下来进行观察的，要么只是被别人遗忘的，但是他们对廓尔喀伞兵部队进行了抵抗。有一个日本伤兵幸存下来。当天早晨，一个飞行员从仰光上空飞过，看见在一个监狱的屋顶上用大个儿字母写着一句话："日本人跑了，被解放者。"这是英国皇家空军的暗语，不仅证明了消息的真实性，而且暗示我军要加快作战行动。我认为，无论如何，坚定继续按照计划行动是明智之举。5月2日一大早，天气变得更坏了，有人怀疑小小的登陆艇能否抵抗大海的波涛。然而，我军决定冒险，依靠熟练的航海驾驶技术，所有登陆艇都顺利抵达并进入了仰光河。英印第26师的一个旅，在钱伯斯少将率领之下，在仰光河两岸登陆，并开始进攻。几个小时后，倾盆大雨狂泻而下，使得所有行动都变得十分艰难。尽管如此，这个部队还是推进了几英里，到夜幕降临的时候，该旅东半部距离仰光有12英里以内。

当英印第 26 师缓慢前进之际，第 221 大队一架蚊式飞机的飞行员，低空飞过仰光，却没有看见任何敌人的踪迹，于是决定在仰光以北约 8 英里处兵营的敏格拉洞机场着陆。跑道修复得很不好，他在着陆过程中撞坏了飞机，但是并没有放弃，进入了仰光，在监狱去看望了我们的一些战俘，这使他确信日本人已经走了。在这天黄昏，他征用了一艘小船，沿仰光河航行，遇到了正在前进的英印第 26 师。第 14 集团军对这个情况感到十分高兴。如果说我们自己没有能首先到达仰光，那么仅次于我们首先到达仰光的大好事的就是来自第 221 大队的人首先到达仰光，我们为此而高兴，认为第 221 大队是第 14 集团军的一部分，他们完全是同志。由于确定日军已经逃跑，于是我们取消了进一步的轰炸，英印第 26 师也停止从海上增兵的行动。

直到 5 月 3 日黄昏，东岸上的那个旅还在艰难地通过被大水淹没的地区，出现在仰光正南的兰河（Hlaing River）上。这个旅乘船进入仰光。成千上万的民众带着解放的喜悦来欢迎我们的士兵们，他们并不打算克制和掩饰这种喜悦。我们回来了！

第二十二章 最后一战

一个缅甸人曾经告诉我，仰光的名字意思就是“战争的终结”。无论是不是这样，对于我们来说仰光肯定不是战争的终结。新的问题接踵而至。首先，缅甸的日军并没有被全歼，我们的情报人员估计在萨尔温江以西依然有六七万日军，更不要说在泰国和印度支那地区尚有大批日军，仍可以增援在缅日军。虽然完全从缅甸驱逐所有敌人可能是一项大规模的作战行动，但这已经成为我们的次要问题了。而我们马上要完成的首要任务是，制订计划、重整装备和整编部队，准备立即进攻马来亚和收复新加坡。第 14 集团军的各个师已经撤退到印度来准备此战，其他师将随后而来，而留在缅甸的那些师，一些将很快撤出战斗，准备与攻击部队一起从仰光渡海进攻马来亚。我们同时追求两个目标：肃清缅甸之敌和准备进攻马来亚。若有冲突，则以新战役优先。

在缅甸的战术形势是不同寻常的。木村的军队溃散于广大的地区，在密铁拉以南，到处遍布着大大小小且处于不同混乱程度的日军部队。我的地图显示蓝色的日军和红色的英军部队相互交错和混杂在一起，好像他们是胡乱摊在桌布上的彩色筹码。我们向仰光的两路攻击分割了敌军，好像在日军的身体上留下了两道长长的切口。东部切口是我英印第 4 军的进攻，我认为，如前所述其是历史上最长和最狭窄的进攻路线，长达 300 多英里，平均宽度不足 2 英里，公路两侧常常不过几百码。在伊洛瓦底江河谷，英印第 33 军的进攻路线与东路类似，长达 200 多英里，但是比较宽。这两个狭长的长条是真正的创口，因为其位于敌占区，长条两侧都有敌军，而且我们需要使用经过敌占区的公路，不得不维持整条公路的安全畅通。当然，不可能把部队连续部署这么长的距离；沿着公路每隔一定距离驻守部队，驻点之间则派出巡逻队，同时派出部队打击活动在道路两侧的小股日军。在闷热、潮湿多雨的季风雨季天气里，这对于部队是个费力熬人的差事。除此之外，从北到南分别形成两条长长的走廊，即同古至勃固，仁安羌至卑谬。英印第 19 师则沿着密铁拉—东枝和同古—茂奇公路两条东西走廊推进。新登陆且位于仰光及其周围的英印第 26 师，已经与英印第 4 军取得了联系，正计划和一个英印第 33 军也取得联系，这样就完成了从南到北的对日军的切割。

根据当时已知情报，我们可以判断日军正在或者试图集结成四个主要的集群：

1. 在伊洛瓦底江河谷，在伊洛瓦底江两岸是日军第 28 军，在卑缪以北，是第 54 师团、第 49 师团和第 55 师团的一部，以及独立第 72 旅团和印度国民军第 2 师的残部。在更南一些，主要在勃固山脉的第 55 师团残部及兵站部队大部。我们估计在伊洛瓦底江河谷的所有日军兵力大约是 1.5 万人，都在向东艰苦跋涉以跨过密铁拉—仰光公路，企图与锡当河以东的敌人会合。

2. 在密铁拉以东的掸山中，第 56 师团和第 15 师团，第 18 师团和第 53 师团残余的一个联队或旅团，总共大约 6000 人，正在南进。

3. 在锡当河以东，我军同古至良礼彬警戒线对面的是日军第 33 军残部，包括来自第 2 师团、第 18 师团、第 49 师团、第 53 师团、第 55 师团的混合部队，仍在更东面萨尔温江河谷里的是被击溃的第 31 师团和第 33 师团，以及大量的兵站部队。我们估计这两部敌军有大约 2.5 万人。

4. 在锡当河河口以东的莫巴林（Mokpalin）—毛淡棉地区和莫塔班湾的东海岸上，木村已经在自己周围集中了独立混成第 24 旅团、撤退的仰光守备部队、来自勃固战役的幸存者和一些兵站部队。我们认为，全部约 2.4 万人。

当然，上述主要集结区内的日军不包括众多小股部队和零散残兵，日军估计总共约有六七万人。事实上，我们后来发现大大低估了敌军兵力。所有这些敌军部队都陷入无序状态，缺少运输工具、给养和武器装备，但是如果他们能够集中到锡当河以东，就可能再次变得不好对付，显然他们正在如此行事。正如我们可能在季风雨季遇到的困难，敌军的情况只会更糟，而且，尽管在这种天气之下，我们部队陷于疲劳，加之未来的马来亚作战行动的各种需要，但是我们必须毫不给予在缅甸的敌人以任何喘息的机会。

因此，现在我的意图如下：

1. 在敌人企图到达锡当河东岸的时候，截击并且尽可能多地歼灭之。

2. 阻止日军在毛淡棉地区集结与重整。

3. 进军毛淡棉，并歼灭已集结在该区域的敌军。

为此，我下达了以下命令：

给英印第 4 军：

1. 歼灭企图从西到东翻越勃固山脉的所有敌军。

2. 攻占莫巴林。

3. 以现已转隶英印第 4 军的英印第 19 师向同古以东 20 英里的陶当（Thaudaung）进攻，以确保我们交通线的安全。

给英印第 33 军：

1. 歼灭伊洛瓦底江河谷的所有敌军。

2. 打通从卑缪到仰光的公路和铁路。

3. 攻占勃生（Bassein）。

给英印第 26 师：

1. 确保仰光及周围地区的安全。

2. 在卑缪以南，与英印第 20 师建立有效的连接。

在这时，在伊洛瓦底江东岸的日军对我军已经不构成太多困扰，在那里只有第 55 师团和印度国民军第 2 师残部，但西岸情况却不太一样。西岸日军尚有第 54 师团大部，且秩序相对良好，还有山本的 7 个大队的兵力和炮兵，我们估计总共大约一万人。在西岸，樱井显然已经把他的部队组织成两个部分：一部分在北，由山本的部队组成，用以阻挡我们的英印第 7 师；南面的部分是第 54 师团，其寻求完整地渡过伊洛瓦底江进入勃固山脉。如果东渡失败，这个师团就会在西岸日渐衰弱下去，但是如若成功，其就可能扑向我们正在沿卑缪公路向仰光推进的部队侧翼，或者，最差的情况也能穿过勃固山脉向东逃窜。

英印第 33 军为阻止西岸日军重渡东岸，而发生了两次重大战斗。第一次战斗是从 5 月 11 日到 15 日发生在阿兰谬西北约 35 英里处。在此战中，英印第 7 师的部队消灭了山本的后卫部队，而且更为重要的是，缴获了敌人 75 辆卡车的物资，于是敌军的物资迅速减少。山本部队主力于是夺路逃向伊洛瓦底江边的卡马（Kama）村，其位于卑缪上游大约 20 英里处，第 54 师团那里的东岸上构筑了一个桥头堡，山本部队遂匆忙开始渡江。第二次战斗发生在卡马，伊洛瓦底江两岸都发生了激烈的战事：在西岸，英印第 7 师的两个旅和英印第 268 旅分别从北面和东北面接近卡马；在东岸，英印第 7 师的第三个旅，以及英印第 20 师一部，在东面设置了一内一外两条警戒线，包围了日军的桥头堡。

在西岸，经过激烈战斗，我军歼灭了山本各大队残部之大部。在东岸，从 5 月 21 日到 30 日，敌第 54 师团不断大胆行动，以图突围。我们的内部警戒线设置在茂密的丛林中，虽然日军对这条警戒线上的阵地的几乎所有攻击都被击退了，但敌人还是能够从我们的岗哨之间突围过去，尽管遭受了巨大的伤亡，敌人还是在那两条警戒线之间集结起来。英印第 7 师师长埃文斯，于是把西岸部队带到东岸，以增强外层警戒线。5 月 27 至 28 日夜，日军开始进攻外层警戒线。日军攻击持续了几个夜晚。日军以狂热的勇气，重复了他们用以对付我们的内层警戒线的战术，同时攻击我军几个阵地，其他部队则企图从我军阵地之间突围而逃入山中。我军截击了许多突围的部队，并予猛击，但是第 54 师团大量官兵，分成小股部队到达了勃固山脉的丛林之中。我军统计日军留下了 1400 具尸体，还有更多的尸体躺在看不见的丛林之中，还俘虏了 74 名日军，这表明敌人的士气已经今非昔比。在这次作战行动以后，第 54 师团失去了全部运输工具和绝大多数大炮，再也不能发动猛烈的反击，只能一心一意向东逃跑了。英印第 33 军瓦解了伊洛瓦底江河谷的日军部队，数量达到了日军第 28 军的三分之二，这是英印第 33 军司令官斯托普福德及其部队创造的一个辉煌战术胜利。

除了对日作战，我们在缅甸还有需要迅速解决的其他问题。随着季风雨季增强，我们的空中和公路的补给困难也在增加。除了天气，美军运输机中队也在迅速调走，而且我们自己的英国皇家空军各中队也急需休整和维修保养，然后参加马来亚作战。因此，仅仅出于补充原因，须在尽可能早的时间重新开放仰光的港口，这甚为重要。这也很快要求为马来亚的远征而接收和装卸船只。因此，所有的工兵和劳工马上被派去修复因我军轰炸而严重毁坏的码头。这是一项艰巨的任务，不仅包括码头的修复，而且还有一个现代港口的无数设备的建造和修理——铁路侧线、仓库、发电厂、起重机塔吊和桥梁引路等。三个损坏最轻的泊位几乎马上做好了接收船只的准备，到 5 月 8 日，仰光河的扫雷完成了，几天后，更多的泊位投入运营。6 周后，我们每天有 3000 吨货物通过码头，维修保养危机也过去了。鉴于这些码头在我们接管的时候还是一片混乱，而且我们的修理资源严重不足，这是我们的工程与输送部队创造的一个辉煌成就。而且这不仅是一种辉煌的成就，甚至也是艰苦卓绝的成就，这是我们的运输官兵和部队的功勋，他们通过公路、铁路和河流维持一条持续不断的补给运输线，从 900 英里以外的迪马普尔铁路终端开始，扩展了空运补给线，直到各个码头开放为止。那些公路，几百英里的公路是没有硬化路面的，在成千上万辆卡车、坦克运输车和大炮的碾压下，尤其是在持续不断的滂沱大雨的击打之下，正在变成一段段的碎片。我们可以使用的铁路线也很短，而且极为破烂不堪，甚至几乎没有可用的机车。至于河运船只，我们还是依靠葛礼瓦造船厂的生产以及打捞的沉船。那些克服上述困难而给我们运输给养和补给物资的官兵，应该得到我们的感激和尊重。此外，这条交通线上的大部分运输都容易遭遇绝望的日军残兵，他们要么是要向东穿过这条公路，要么是埋伏在公路的两边，因此怎么赞扬这些公路护卫者的决心、才能和勇气都不过分。他们能取得如此成就，就是因为他们具有与作战部队一样高昂的士气。

我们非常突然地面临了另一个问题，这就是对于平民的关心和管理。我们几乎是在一夜之间，夺取了缅甸的绝大部分，及其 80%的居民，约 1300 万人口。我们发现，并没有任何文官政府可以接管，其已经完全消失不见了。遍地都是不安与抢劫。广大的土地上没有了农业耕种，同时随着交通的中断以及治安的崩溃，贸易活动也消失了。生活消费品的完全短缺使得日本纸币陷入疯狂的通货膨胀。全体老百姓都缺少棉布和生活必需品，特别是食物。的确，绝大部分人处于饥饿的边缘。城镇被烧毁了，很多成了废墟，城镇居民纷纷逃到丛林里去了，在那里他们危险地生活在贫困之中。日本人在他们占领期间都很少或者根本没有满足平民的基本生活需要。甚至在那些免遭炸弹和战争涉及的地方，由于日本人的冷酷无情，公共事业、自来水供应和公路的修建都恶化到了令人震惊的程度。

毫无意外，我们的归来受到缅甸人民的欢迎。只有在一些北方地区，在那里的解放部队是中国人，平民对于中国军队在 1942 年的大撤退中的行为仍然记忆犹新，所以还会有一些紧张。对于绝大多数的缅甸人来说，问题在于他们都期望我们立即把他们带回到战前那个幸福而无忧无虑生活的缅甸。这一点我们不能马上做到。

首先必须做到的是，全国恢复政府组织框架，但是由于严重短缺合格官员进驻我们迅速解放的一个一个解放行政区，使这项工作举步维艰。原来的英国文官，或在过去的几年进入其他政府，或进入武装部队。在我看来，也有很多人进入印度的英缅流亡政府。我们自己的民政人员，都配属给了我们在最后攻势之前解放的缅甸区域。随着日军的撤退，也带走了曾在日治政府服务过的众多缅甸官员，但绝大多数是不愿意跟日本人走的，而那些支持巴莫傀儡政府的人已经逃跑，逃避自己同胞和我们的惩罚。各级缅甸文官逐渐开始从隐藏的地方出来，报道履职。我们也找到了其他人并劝说其回来服务，但是所有文官在能够重新上岗之前都必须接受审查，在令人意外的短暂时间之后，我们克服了所有这些困难，建立了一个文官政府，虽然某种程度只是框架但效率日益提高，步入了正规。

欲使缅甸的经济生活再次运转起来，这是一个更加困难的事情。我们不仅缺乏军队必需品，而且在缅甸以外的世界，平民急需的必需品也极其缺乏，尤其是棉织品。即使可以从国外进口物资，在缅甸境内交通恢复以及港口重新开放——特别是仰光港——之前，这种短缺的状况无法缓解。然而，甚至在恢复军队的全额口粮配给之前，我们就将一些给养以及十分宝贵的空运物资转用于救助最贫困的地区。

除了内政管理问题，还有一个较小的缅甸政治军事问题。如何来处理缅甸国防军？这支军队最初得到日军的支持，而现在却武装反对他们。我一直认为他们会给日本人带来麻烦，但是除非他们与我军密切合作，否则未来他们可能同样会成为我们的麻烦。在我看来，唯一能够控制住他们的方法，乃是控制其总司令昂山，并且使他接受我们的命令。就我对于昂山以及缅甸极端民族主义者的了解，我认为这可能存在困难，但是值得一试。

昂山的过去经历是变幻无常的。1930 年，他毕业于仰光大学，像绝大多数亚洲学生一样，他对政治具有一种积极的，有时候相当强烈的兴趣。1939 年，他成了一个极端民族主义少数派组织的书记，并且因其活动而在监狱服刑 17 天。大约在这个时候，日本间谍联系了昂山，他们认为这个精力充沛而且有能力的年轻民族主义者可以成为实施其成熟计划的有力工具。1940 年，昂山的组织遭到查禁，他和大约 30 多名成员为了逃避追捕，前赴日本。在日本，他们在一所日本军官学校里接受了军事训练，并且被灌输了一种信念，即日本很快就会把英国驱赶出缅甸并且给缅甸人民带来自由。当日军入侵缅甸时，昂山及同伴们也一起回来了。日本人以其为核心，招募了非正规缅甸部队，并在作战区域组织了第 5 纵队。他们无疑在很多方面为其主力提供了帮助，在 1942 年的大撤退中，有一两次他们奋勇对我军作战，虽然他们的主要作战任务是伏击和杀害我军落伍官兵。

昂山的知识和勇气使他崭露头角，并急于要建立一个缅甸人的政府，但是日本人虽然想要一个傀儡政府，却不准备让他出任傀儡政府的首脑。

也许日军人已经意识到昂山不会是他们需要的柔顺且唯命是从的傀儡，而且无论如何，日本人更想任用巴莫。于是取而代之，他们任命昂山为缅甸防卫军的总司令，即后来的缅甸国防军，其建立在日本人的最严密控制之下。

不久之后，昂山就发现他想要的独立与日本人准备给予的东西没有多少关系，他已经把一个旧主子换成了一个更为无限专制的新主子。正像他的一个主要追随者曾经对我说过的："如果说英国人是吸我们的血，那么日本人就是嚼碎我们的骨头！"他对于日本人变得越来越不抱幻想，1943 年初，一位最英勇的英国军官西格林（Seagrim）一直留在克伦山，最后付出了生命的代价，我们从他那里得到消息，得知昂山的思想正在发生变化。在 1944 年 8 月 1 日，他大胆公开蔑视日本人所标榜的独立，很显然，如果日本人不马上清算他，他可能是对我们有用的。136 部队通过其间谍已经建立了通信渠道，在缅甸国防军发生兵变的时候，昂山显然已经烧毁了他的船只，到了直接与他打交道的时候了。在得到蒙巴顿海军上将的完全同意的情况下，136 部队的间谍在 4 月 21 日主动向昂山提出安全护送他到我的司令部来，而且我承诺，保证无论我们是否能够达成相互谅解，我都会让他毫发无损地回到他的人民那里去。他犹豫到 5 月 15 日，但那天有人向我报告说，昂山及其一名参谋已经在阿兰谬渡过了伊洛瓦底江，并且要求见我。我派了一架飞机，第二天载运他们到我在密铁拉的司令部。

昂山穿着一身与日军少将近乎相同的军装，并且戴着佩剑，由于没有事先通报，他的到来使我的一两个参谋大吃一惊。然而，他的行为极为彬彬有礼，我希望我们也是如此。他是一个身材短小，体格健壮，动作敏捷的中年男人，完全是一副干净利落的军人风范，脸上具有普通缅甸人的特点，看上去似乎戴着一种冷漠的面具，但是有时候会闪射出智慧和幽默的光彩。我发现他说着一口标准流利的英语，这是他在上中学和大学的时候学的，陪同他的参谋军官的英语也说得很好，有人告诉我，不知是否是真的，这名参谋军官的父亲是一位高级英国官员，娶了一位缅甸夫人。

在我们的第一次会谈中，昂山开始表现出是一个谈判的高手。他说，他是缅甸临时政府的代表，这个政府是由缅甸人民通过反法西斯人民自由同盟建立的。他和他的缅甸国防军隶属于这个临时政府，并接受其命令。他还说，他是盟军的指挥官，他准备与我合作，他要求承认其盟军地位，而不是英军的下属指挥官。我告诉他，我不知道他的反法西斯人民自由同盟代表什么。到目前为止，我和世界上的其他人所知的只有一个缅甸政府，就是英王陛下的缅甸政府，现在通过盟军东南亚最高统帅行使职能。我指出他没有资格获得其地位。我并不需要他的部队，没有他们的帮助我也正在相当顺利地消灭日军，并且能够继续下去。我会接受他的合作以及他的军队，但必须清楚理解，这并不意味着承认临时政府。他将是下级指挥官，须接受我的命令，并监督他的官兵也要服从这些命令，以及服从我任命的任何英国指挥官的命令。他对此表示失望，并且再次重复他要求得到盟军指挥官的地位。

我赞赏他的大胆，并且告诉了他这一点。“但是，”我说，“你身为一个英国的臣民，曾经与英国政府作战，除了这个事实，这个司令部里还有些人告诉我，这里有一个指控你的平民谋杀案，证据确凿，证人完备。为此有人催促我将你送到法庭受审。关于我让你和朋友回去的事，你没有任何书面的承诺，只不过是一个二手的口头承诺。你不认为你到这里来并且采取这样的态度，是一次巨大的冒险么？”

“不。”他简短地回答道。

“为什么不？”

“因为你是一个英国军官。”他回答道。我不得不承认他的理由极为有力，而且我知道他所说的意思。无论如何，他只是顺着我的话说而已。我大笑起来，并且问他，既然他对于英国人这么想，那么他为什么过去那么热衷于摆脱我们呢？他说并不是他不喜欢英国人，而是他不想要英国人或者日本人，或者任何别的外国人来统治他的国家。我告诉他我很能够理解这种态度，但是不应该由我们这些军人来讨论未来的缅甸政府。英国政府已经宣布要在英联邦范围之内给予缅甸一个自治政府，我们最好把我们的讨论限制在如何将日本人赶出缅甸，下一步才是自治政府的问题。

我们恢复了会谈的良好气氛，我要求他告诉我他的部队的兵力以及当前的部署情况。他抑或是不愿意做，抑或不能做，而我觉得这二者可能都有一些。我催促他提供情况，但是无法得到任何明确的答复。给我的印象是，他并不太确定他的部队有多少以及在哪里，或者他们到底正在干什么。我说我得到一些报告说，有很多缅甸人的武装团伙在附近游荡，并且声称是他的军队，他们比那些掠夺他的国人的土匪强不了多少。令我相当吃惊的是，他表示同意，并且说我们双方应该严厉地处理这些人，他们并不是他的部队。他继续说道，曾希望日本人会给予缅甸真正的独立。当他发现日本人并不愿意给，而是收紧了对缅甸人民的束缚的时候，由于依赖于我们的诺言，于是转而将更好的希望寄予我们。“接着说，昂山，”我说道，“你来找我们只是因为你看见我们即将获胜！”

“如果你们不获胜，你们的未来也不会很好，对不对？”他简单地回答道。

我无法质疑这一说法的真实性。我感到他又得分了，而且我喜欢他的诚实。事实上，我正开始喜欢上昂山。

我告诉他，在战后我们要恢复原来的缅甸正规军，即在英国军官的领导下，以现有的缅甸步枪团各营为基础。不可能再让另一支军队存在，他必须走人。他马上强调，他的军队可以作为部队集体并入新的军队。这显然不是一位将军对其士兵们的关心，而是一位政治家想要在战后的缅甸保持个人权势的欲望。我回答说，我认为缅甸政府最不可能接受他们以部队的形式集体并入，但是我认为为什么不能经过审查之后，以与其他应召者同等的条件，作为个人加入缅甸军队。他坚持要求以部队形式集体成为缅甸正规军的一部分，但是我断然拒绝。他随后问我，是否可以向其在战场的部队提供补给与军饷？他显然发现了这超出了他的权力，而且我知道如果我们不接受这个责任，他的士兵就会逃跑，正像很多部队已经出现的情况，以勒索人民为生，实际上成了土匪。我说，除非他们完全服从命令，否则我不会考虑向他的部队提供给养或军饷。在我们最后的谈话中，他已经开始更为现实地看待他处的地位，但是他依然不愿意做出明确保证。他说，在他接受一个下级指挥官的职位之前，他必须征求“政府”的意见，他请求再回来，建议他可以在大约一周之后再来见我。我同意了，提醒他拒绝条件的后果，鉴于他的过去，这些条件是很慷慨的，我们握了手，并且又用飞机把他送走了。

昂山给我留下了深刻的印象。他并不是一个我原来预想的野心勃勃且不择手段的游击队领袖。他当然是雄心勃勃的，想要保证自己在战后的缅甸占有主导地位，但是我判断他是一个真正的爱国者和一个明智的现实主义者——这些品质并不总是结合在一起的。他与日本人打交道的经验，使他以更真实的角度看待英国人。他准备与我们合作实现缅甸的解放和光复，而且我认为，在这完成之后可能还会继续合作。他给我的最大印象是他的诚实。他从不随便做出保证，他在做出自己的保证时十分犹豫，但是我认为如果他同意做什么事情，他会遵守自己的诺言。我可以和昂山打交道。

广大的区域里都在对日军作战，在昂山和我军部队之间发生冲突之前，我想要明确昂山的部队的角色。我向上级报告了这次会谈的结果，以及我于其可靠性的意见，因此我没有等待他的再次来访，而是在几天后发给他一些确定的条件。

如果缅甸国防军所有部队向其最近的英国指挥官报告且无条件服从其命令，我将为作战的部队提供给养和补给。我建议缅甸国防军中适格的个人可以志愿加入未来的缅甸防卫部队。昂山接受了这些条件，而且没有讨价还价，只是要求在缅甸国防军的使用以及其成员加入正规部队方面做出重大决定的时候，予以协商。5 月 30 日，我的民政副主任告诉昂山，我已经将我们的协定报告了最高统帅，并且已经生效。因此，有些令他们吃惊的是，我们的部队开始会见一些穿着日军制服的缅甸人，他们开拔进入我们的防区，他们的一些军官宣布向英军述职。即便我们有些人最初严重怀疑，但是几乎毫无例外，他们很好地服从了命令。事实证明在获取情报和消灭小股日军上，他们确实十分有用。昂山遵守了他的诺言。我总是认为，给予适当的对待，昂山必将成为一位缅甸的史末资。

在我们准备进攻马来亚之际，这些战备与缅甸的作战行动同时进行，一个因素已经引起了我们的担忧，且很快严重失控，有可能使我们的计划陷于瘫痪。这就是英国军队返回本土。我的很多英籍官兵已经持续在东方服役了 4 年到 5 年，绝大多数人经常处于缅甸前线令人心碎的条件之下，在这么长的时间里始终没有见到过自己家人。危险和不安使人紧张，他们遭受着士兵无言的分离痛苦。信件总是迟到，有时候则没有规律，遥远的距离和漫长的时间使他们心爱的人变成了陌生人。在来自本土的几个月前的旧报纸上，他们读到士兵妻子的不忠，看见英国姑娘们和意大利战俘在丰收的原野上嬉戏的照片。他们听说在别的战线上的士兵回家度假的事情。在他们自己的报纸《盟军东南亚司令部》上，登满了催促在东南亚长期服役的士兵回家的文章和信件。他们听说了抗议的情况，并且读到遥远的政治家们做出的许诺，对于这些，他们过去的经历以及常识使他们产生了怀疑。若“被遣送回国者”成为一种渴望，那是危险的事。当我问一个在自己的单人掩体里或者坐在小路边的士兵他是哪支部队时候，他不再回答我说“我是兰开夏郡燧发枪团的”，“我是前进炮兵观察队（F. O. O）的通信兵”，或者“我是这个班的布伦机枪手”，而是说“我在这里 4 年 2 个月了”，或者“我在这里 3 年 10 个月了”。他们说的是在远东服役的年数和月数，而他那双眼睛中没有流露出的问题是："还有多长时间？"我无法回答他。服役时间最长的英国军官、士官们以及列兵们，正是我们的骨干。如果我们送他们回家而没有补充，那么无论是我们的英国部队还是印度部队都无法继续有效地作战。

最高统帅以下的指挥官并没有要求这些士兵留下来；他们的补充人员则超出我们的控制范围。因为如此，如果我们尽全力加快返回本土的进程，实际上我们也是这么做的，同时尽一切可能少谈这件事，那才是更明智和更人道的。然而，当所有该说的说了，该做的做了，我们依然有一些士兵已经在远东服役了 4 年甚至 5 年，而仍然没有返乡，这超过了一个士兵应该承受的考验。英国士兵比任何其他人更习惯于较长的海外服役期，然而毫不奇怪，关于返回本土的谈论越来越多，在这些曾经那么长久地展现出锐气的士兵中，这种锐气也开始减退了。为了保持他们的荣誉，我的英籍军人们——军官和士兵们——坚持到了最后，他们从来没有逃避职责或者拖延参战，但是他们承受的巨大压力正诉说着他们的一切痛苦。

不久之前，英国战争部已决定，东方英籍官兵的持续服役时间是 4 年。在缅甸，我们有很多人服役的时间比这更长，但是却因这样那样的原因而推迟了返乡。在 1945 年，服役期从 4 年减少到 3 年 8 个月，虽然我们竭尽所能安排官兵们回家，但是由于交通运输的原因，以及因为补充骨干的人员没有来，那些早就应该返回本土的人开始积压起来了。服役期限减少到 3 年 8 个月导致部队的框架解散了，必须实施重大改编。于是，我们着手实施了很多改编和重训，几乎所有的英国部队以及众多印度部队和非洲部队不再具有作战价值。这导致原来计划的马来亚的登陆作战被迫推迟到 9 月 9 日。然后，在事先通知的情况下，6 月 7 日，战争国务大臣告诉最高统帅，第二天他要在议会宣布，在东方的服役期减少到 3 年 4 个月，涉及的士兵将被尽可能快地送回家，无须等待其补充人员到达。

这个消息是一颗"炸弹"，炸碎了我们一直以来正在制订的所有计划。受影响的人数十分庞大，在盟军东南亚司令部辖下三分之一的英国官兵，以及大部分最有经验的士官，将不得不在 10 月 1 日以前回到英国。蒙巴顿海军上将和奥金莱克、利斯将军马上致电抗议，他们强调，除非他们被授权根据作战需要逐渐地执行这个有严重后果的减期命令，否则整个马来亚作战行动就不得不被无限期地推迟。尽管如此，战争国务大臣按时做出了声明而没有规定任何附加条件，并且在整个东南亚广播这个声明。在军队中的每一个人现在都知道他应该什么时候返回英国，而且成千上万的人已经超过了应该归国的日期。战争国务大臣认为在他的声明中有根据“作战需要”而延迟返回英国的规定，但是被这样留下的士兵当然没有人会这么认为，反而会觉得我们违背了明确的承诺。让这些士兵登陆马来亚海滩，不仅不公平而且不明智。在所有高级指挥官的支持下，蒙巴顿海军上将拒绝这样做。当时唯一的替代方案是，在欧洲补充人员到来之前，无限期推迟马来亚作战，或者冒极大的风险，以大为减少且经验不足的部队进攻马来亚。在原定的 9 月份的日期进行登陆存在很多优势，而推迟必然意味着日军准备和抵抗的增加。利斯将军和我都赞成冒险，而蒙巴顿海军上将也同意了。当长期服役者撤回印度等待返回本土时，部队又一次进入紧急备战状态。一些骨干，绝大多数是军官，不得不根据作战需要的规定而被留下来，而他们冷静地接受了这个命运。另外一些人，更多地考虑他们的团和士兵而不是他们自己，志愿留下来。我们鼓足干劲，在印度和缅甸，怀着比以往更大的紧迫感进行着各项准备工作。

与此同时，盟军东南亚司令部更高的指挥机构也一直在进行重大变革，并且在几周之后完成。我已经把我的第 14 集团军司令部搬到了仰光。我现在则前赴印度计划马来亚战役，第 14 集团军结束了其与缅甸的漫长而不平凡的联系。

我已经继任利斯将军成为盟军陆军部队司令官，而克里斯蒂森暂代印度的第 14 集团军司令官一职，英国中将迈尔斯 · 邓普西爵士（Lieut.

General Sir Miles Dempsey）将正式出任此职，邓普西在欧洲曾经极为出色地指挥过第 2 集团军。没有人比邓普西更让我心甘情愿把我的第 14 集团军托付给他。同时组建了一个新的集团军，即第 12 集团军，由斯托普福德出任司令官，将负责缅甸的所有地面作战行动。斯托普福德下辖英印第 4 军，有英印第 5 师、英印第 17 师和英印第 19 师，英印第 268 旅和英印第 255 坦克旅。同时节制英印第 7 师、英印第 20 师、第 82 西非师、第 22 东非旅和昂山的缅甸国防军。在这些部队当中，英印第 5 师几乎马上要回到印度，而英印第 7 师和英印第 20 师与许多其他部队一起，离开仰光登船，参加马来亚的进攻行动。英印第 33 军司令部现在结束了最为杰出的使命，而被解散，并以英印第 33 军司令部为基础组建新的第 12 集团军司令部。

我已经有 7 年多没有回过英格兰了，赶在开始新的战役之前，趁此机会申请短期的探亲假，新的战役我想将会是漫长而艰巨的。我的假期比较快就批准了，也许是因为在一个狭窄的军事圈子之外，在英格兰的当局，我相当无名吧。我从来没有见过首相，我怀疑他可能是在同意任命我出任如此重要之职前，想要看看我长得什么样。我看到计划工作在德里顺利进行之中，于是我和妻子一同飞回国内。在那里我们度过了繁忙而又快乐的一个月。

在我度假的时候，缅甸战役的最后战役，突破战役打响了。显而易见，除非日军甘心在勃固山脉的危险、疾病和饥饿中死去，樱井的第 28 军早晚必须要从山区突围出来，越过曼德勒—仰光公路，孤注一掷，以便在锡当河以东与木村残部会合。樱井的士兵们处境恶劣，其受到我英印第 33 军猛烈打击，交通运输工具大幅减少，只剩下驮畜以及他们从村民们那里抢来的牛车。他们残存的给养匮乏到了极点，主要靠着搜刮贫穷的缅甸人勉强维生。他们的炮兵只有几门轻型小炮，根本没有任何装甲车辆。季风雨季全面肆虐，每一条河川都在暴涨，大雨无休无止，日军难得有遮风避雨之处。病员得不到足够的医疗护理，只能放任其死去。少数部队的处境除了投降别无他途。然而，当我们的飞机在这些地区号召他们投降并保证会受到良好对待的传单的时候，却没有任何反应。恰恰相反，樱井却在收容士兵，准备要突围。

我们的部队，像日军一样，被遍地的洪涝妨碍了行动，特别是在曼德勒—仰光公路和锡当河之间地势比较平缓的区域。6 月 1 日，所有美国飞机不得不从东南亚撤退，因而造成空中运输的大幅减少，若非如此，本来不会遇到如此之大的困难。与此同时，我们几个中队的飞机也离开了缅甸，准备实施马来亚作战行动。在梅瑟维不在职的期间，F. I. S. 图克中将（Lieut. General F. I. S. Tuker）临时代行英印第 4 军军长之职，下辖英印第 19 师和英印第 17 师，部署在彬马那至勃固一条细长的防线之上。这些师和“V”部队的一些侦察队进入山区之中，但是日军在太远的西面，与敌侦察队发生了众多小规模接触战。我军抓住了几个战俘，从他们身上我们逐渐摸索出敌人集中兵力的模式。樱井在勃固山脉深处按以下五个模式收容集中残兵：

1. 日军第 54 师团在最北面。
2. 独立混成第 72 旅团。
3. 日军第 28 军司令部，以及其他各类部队与兵站部队。
4. 第 55 师团，欠约一个联队。
5. 独立混成第 105 旅团。

7 月 2 日，英印第 17 师的一支远程侦察队缴获了日军第 55 师团的一份命令，从而知悉敌人计划的全部细节，证实了我们对于樱井作战意图的猜测。唯一不知道的是执行该计划的日期。樱井的计划是，以几个纵队在同古和良礼彬之间 150 英里宽的一条战线上实行突破，以越过仰光公路。

根据地形状况，樱井必经几个出口，才能从山地走到主道上，缴获的日军命令上标注了守备这些出口的部队。敌军的许多逃跑路线经过英印第 17 师防区，我们显然必须加强警戒。

为此，第 12 集团军司令官斯托普福德主要从伊洛瓦底江前线抽调了大量部队，增援图克的英印第 4 军。接防英印第 5 师的英印第 7 师得到了英印第 20 师的一个旅部和 4 个营，而英印第 17 师得到了来自英印第 19 师的一个旅部和 4 个营，以及来自英印第 20 师的 3 个营。昂山的军队，现在被人们叫作缅甸爱国部队，其 5 个营，每个营 400 多人，也加入了英印第 4 军。这些增援部队使得图克和他的师长们能够加厚其封锁线并且纵深部署部队。我军首先派出一些侦察队，从日军可能会使用的小路上向山中前进。然后构筑据点，配备炮兵和装甲车辆，当日军从山中涌出跨过公路的时候，封锁其路线。在更东面，在仰曼公路和锡当河之间的平原上，部署了部队，截击越过公路的敌军。在锡当河的西岸上，则部署了正规部队和缅甸爱国部队的几个营，在日军试图越过锡当河的时候，捕捉歼灭之。最后，136 部队和缅甸爱国部队的巡逻队也会伏击过河的任何日军幸存者。这是樱井不得不参加的一场严峻的淘汰赛。

日军第 33 军首先发起了突破战役中的主要行动，投入了其主力部队，即锡当河东岸的约六七千人以及西岸据守 3 个桥头堡的约 3000 人。敌人的目的是，反攻沃镇（Waw），即使不能切断我们从仰光北行的铁路和公路交通线，也能构成威胁，这样就会分散我们的注意力，吸引我们的部队，以使其第 28 军能够在同古和良礼彬之间实现突破。为了应对这场预料之中的攻击，英印第 7 师以一个旅向前推进，向东迎击从莫巴林到密久（Myitkyo）之间几个桥头堡，这是一条 12 英里长的战线。其余两个旅在一条 50 英里的战线上展开，向西部署，警戒从勃固山脉的几个出口。由于众多英籍官兵返回本土，印度籍官兵也有休假的人，我军各部都不满编。

在7月3日夜晚，日军开始反攻，猛烈攻击东面防区旅的3个阵地。我军都守住了这三处阵地，并且当更多的日军跨过锡当河的时候，一场异乎寻常的战斗——在更多意义上，可以称之为流动作战——开始了。整个战场都十分潮湿泥泞，在其中唯一比较坚实的地方是铁路的路基和那些不幸的村庄所在地，这些村子突出在泛滥的水面之上，好像一些岛屿，水深平均有两三英尺，在一些地方，英印第7师报告说："水太深致使廓尔喀部队无法作战。"由于日军付出了沉重伤亡的代价也没能夺取我军阵地，遂转而采取包围战术，把我们的一些阵地分隔开，并且予以猛烈炮击。在我军受日军反攻之际，英国皇家空军前来救援，给予最近距离及最猛烈的支援，但是下雨降低了能见度，即使在白天，能见度也只有100多码，经常导致无法飞行。由于我军伤亡增加，7月7日，我军前线部队奉命撤退。他们趁着夜色撤退，排成一个中空的方形队伍趟过水面。他们带着很多伤兵，在漫长的夜晚里，那些抬担架的人，走在方形队伍的中间，跌跌撞撞地在泥水中跋涉，从未放下担架休息一下。如果他们放下担架，上面的伤员就会淹死。很奇怪的是，日本人受够了这一切了，同时也撤退了，虽然后来他们试图跟上来，但是却被我军坚决地击退了。当双方同时前进到锡当河旧河道弯曲处的一个"岛屿"时，发生了不止一次无结果的战斗。这时，日军已经完全放弃了夺取沃镇的希望，于是战斗沉寂下来，这时重心转移到了更北方，敌人第28军开始了期待已久的突破。

图克十分明智，没有因日军第33军的反攻而牵制其阻击日军第28军向东突围。根据缴获的敌军命令，图克所部在每一条敌人的逃跑之路上都设置常备岗哨，"V"部队的侦察队更是向西深入山中。因此，我军足以预计敌军的突破动向，日军可能会在7月20日实施突破。实际上日军提前一天行动，约100名日军进攻了英印第17师一个排驻守的哨所。此后，勃固山脉中企图突围越过公路的日军，每天以200人至500人或600人的敌军部队实施进攻。幸运的是这些日军并不是同时到达的，因而能够予以各个击破。典型的日本人是固执且愚蠢的，他们走了同一条路线，一个人跟在另一个的身后，发生模式固定的大量遭遇战。首先，日军部队攻击了阻挡出路的我军分遣队。在歼灭我军分遣队的企图失败并损失惨重之后，敌人便把兵力分成一些更小的队伍，从我们阵地的两边通过。在我军部队的追击并遭第 221 大队空中袭扰后，日军就会躲到村子里等待天黑。我军部队切断了往东且仍高出水面的道路。然后炮兵部队就会集中炮轰日军所在的村庄，由于洪水导致日军无法构筑战壕，从而造成其损失惨重。在一两天的包围之后，损兵折将的日军分成小队，试图趁海逃跑，但只会遇到我军在锡当河西岸的部队，并受到缅甸爱国军的跟踪和伏击，还会遭到我们现在组织各村成立的武装抗日队的攻击。渡过锡当河是敌人面临的最严峻考验，但很少能够获得成功。当他们乘船渡河时，受到突袭，在他们游泳和抱着木头渡河时遭到射击，或者被湍急的水流冲走淹死。几天后，我们部队在河岸上的一个哨卡发现，从上游日军几个主要渡河地点漂下来 600 多具尸体。

最后试图突围的是日本帝国海军驻缅甸港口与海岸根据地队的第 12 警备队和第 13 警备队。他们总数达到大约 1200 人，很奇怪的是，7 月 31 日，他们选择最后和单独突围。当他们蹒跚越过公路时，损失惨重，在附近的我军所有部队都转向了他们。由于我军部队和炮火予以重创，他们的人数急剧减少，当接近锡当河时，发现他们的道路被我们的一个营阻挡住了，前有重兵，后有追兵，受到两面夹击。这片区域洪水泛滥，靠近这条河的许多小河河水暴涨。一个印度营和一个廓尔喀营几乎花了一周的时间才包围了这股日军，日军现在减少到了 400 人，因为日军后来告诉我们，只有三个人逃跑了。到 8 月 4 日，因为这些曾经进行最后拼搏的日军逃命者已经越过了锡当河，在缅甸的最后一战结束了。

由于缺少运输和通信，加之所部当时的状态，樱井发起各类有组织的渡河，确实表现出色，但也遭遇了毁灭性的损失。当时，我们难以精确估计日军的伤亡人数，但是我军部队找到了6000多具尸体，缅甸的非正规军声称发现了数百具尸体，还有更多的尸体躺在水里和深深的野草中没有被人发现。日军第28军有1.7万或1.8万人从勃固山脉出来，日军自己后来声称不到6000名饥肠辘辘、筋疲力尽、疾病缠身的日军，后来到达了锡当河东岸。此外，约有一两千患病的士兵，因为实在太虚弱而无法行军，弃死于勃固山脉之中。

这场战役有两个令人惊叹的显著特点。首先是日军投降者的规模。相对于英印第4军找到的6000具敌军尸体，他们还俘虏了740名日军，这是一个没有听说过的比率，至少是以往的10倍。同时，我们自己的伤亡人数惊人之少。对比日军承认的1.2万人阵亡或者失踪，我们只有95人阵亡和322人负伤。日军与我军的阵亡比率达到一百比一以上。实际上，这场最后的灾难性战役，不仅歼灭了敌第28军，而且沉重打击在缅日军的作战士气。

我在英国休假期间，得知盟军有意向日军投下具有毁灭性威力的原子弹。对此，盟军存在巨大的分歧，即使投下原子弹之后，日本的狂热分子是否会决死抵抗，将日本本土和其他地方推到全国性自杀的边缘。在8月6日，第一颗原子弹毁灭了广岛，在9日，第二颗原子弹落在了长崎，所以，当我的妻子和我飞回我的司令部途中，14日在罗马听说日本已经无条件投降时，我们都毫不惊讶。

两天后，我到达了东南亚盟军陆军部队司令部，其安静地坐落于锡兰的康堤（Kandy），靠近最高司令部。在那里我接任了新职位以及更大的战区。除了曾任利斯将军的参谋长且一同离开的沃尔什（Walsh），其他参谋人员都没有变化，派曼少将（Major-General Pyman）则代替了沃尔什的职位。即便没有改变，但是想起他们曾经怎么替换了吉法德将军的军官，也会有点担忧新的头头会像扫帚一样把他们扫走，而为自己喜欢的第14集团军人腾地方，一些关于哪些军官将首先被打发走的赌博正在进行。

然而，因为我只带来我的军事秘书、我的副官和我的廓尔喀传令兵巴比尔，而他不会顶替任何人，所以大家的焦虑很快平息了，虽然我确实做了一些人员削减但是却没有什么人员顶替的事情，我们都相处得很好。

如果我们相处得不好，那就是我的错误，因为我发现了一个第一流的参谋班子，他们在派曼和后勤部长巴斯琴的领导下，表现非常出色。我们很快就忙得不可开交。东南亚盟军陆军部队负责的地区突然扩大到马来亚、新加坡、泰国、印度支那、荷属东印度群岛、香港、婆罗洲和安达曼群岛。在每一个地区，我们都面临着一些特殊的和紧迫的问题。在其中的两个地区，印度支那和荷属东印度群岛，民族主义运动者受日军武装，趁日本人投降而造成权力真空之际，已经夺取了政权，并且正在抵抗法国或者荷兰政权的复辟，战斗已经开始或者似乎不可避免。在所有这些地区，完好无损的日军部队总量达到 50 万人，他们是否接受投降的情况并不确定，还有成千上万的英国人、澳大利亚人、印度人、美国人、荷兰人和法国人正在残暴野蛮的日本人战俘营里挨饿，被疾病折磨得奄奄一息。我们应该尽早进入所有日占区，这显然是最重要的，不仅要受降，而且要救助那些不幸的人们。

法国和荷兰盟友的请求、大声的救援、派兵的需求、日军继续抵抗的威胁、大屠杀的担心、经济崩溃的先兆、全民饥饿的预警，都从四面八方涌进我们的司令部，而且都有充分的理由，需要我们迅速应对每一个问题。我们应该乐于解决这些问题，但是我们缺少空中运输，以前的飞机配额已减少了一半多，而且几乎所有的船只都已经装载了马来亚进攻行动所需要的人员和物资，这妨碍和迟滞了我们想要快速把兵力派遣到各地的计划。在这些互相冲突的众多要求之中，我们的首个决定是，立即按照既定计划实施马来亚登陆作战，战争似乎还在继续。如果我们卸载和重新分配部队和物资储备，那就意味着将陷入巨大的混乱。除此之外，在这时候，日军在马来亚的司令官坂垣（Itagaki）苟延残喘，我们很可能会遇到抵抗。无论如何，将登陆视为一次作战是派出部队登陆的最快途径，而且这将和平地进行，可为其他地方的后续梯队树立典范。

与此同时，使用一切空军资源，准备将英印第 7 师从缅甸空运至泰国，将曼谷机场作为一个中转站，再将英印第 20 师的一部空运到印度支那以控制驻西贡（Saigon）的寺内寿一的最高司令部。如果无须登陆马来亚，英印第 5 师则经海路被运至新加坡，第 3 特战旅则被海运到香港。占领新加坡之后，英印第 26 师则尽快登陆爪哇和苏门答腊。所有这些作战行动都即将开始，参加马来亚作战部队的第一批船只实际上已经停泊海面了，所有的司令部里都是一片繁忙，8 月 19 日，在他们繁忙的工作之中，一个相当巨大的麻烦来临了。

美英联合参谋本部忽视了盟军东南亚司令部的最高统帅蒙巴顿海军上将，而授权太平洋最高司令麦克阿瑟将军全权负责日军投降事宜。他宣布，在自己战区完成受降仪式之后，然后再在东南亚举行正式的受降仪式。这样，虽然不方便，但总比没有命令要好，而且在他亲自接受大日本帝国投降之前，不得登陆或重新进入日占区。受降仪式定在 8 月 31 日，比东南亚部队确定的出发日期晚了 12 天，实际上是 14 天，因为受降仪式又被推迟到 9 月 2 日。

东南亚敌军正式投降的延迟，并没有阻止我们与日军全权代表在盟军占领区举行一些预备性会议。会议一开始，总是会有一些争吵，但我方迅速予以坚决压制，那些日本人才表现出适当的谦恭，并准备服从命令。但是，这种推迟可能会给我们还在日本人手里的战俘造成严重的后果。现在蒙巴顿海军上将确定日军不会抵抗了，不顾禁止登陆的命令，仍然决定空运部队至敌占区，以帮助盟军战俘。我军官兵以及盟军官兵每一天都在他们的恶臭的战俘营里死去，成千上万人都处在极度虚弱和筋疲力尽的状态。假如他推迟几天送去给养和解救人员，那么更多的人很可能就会在被解救的时刻可怜地死去了。解救部队怀着大无畏的勇气空降至日军战俘营里，但是因为无法确定日本人会对他们的到来做出什么样的反应，所以不能随身携带大量的物资，包括医药和被服。那么，必须等我们部队到达之后，才能将战俘疏散到缅甸去。由于受降安排而导致解救战俘的工作推迟了两个星期，我们的战俘也不得不在战俘营里待更长时间。

这些战俘营和关在里面的战俘状况，只有当时亲眼看到过的人才知道。除了废弃的茅屋和竹棚，那些战俘营只有四周围着的棘篱铁丝网，在那里面可能群养过一些野兽。日军和朝鲜看守，几乎没有例外，往最好了说是对受折磨之人冷酷无情，往坏了说，就是野蛮地把折磨人当成乐趣。食物的质量和数量仅仅能够让人活着，根本不顾战俘们被迫从事的艰苦劳动。看着他们在这些肮脏的战俘营里慢吞吞地走来走去，景象凄惨。战俘都十分消瘦，很多人就是行走的骷髅架，很多人身上还带着流脓的疮痍，几乎赤身裸体，身上只穿着已经穿了多年的褴褛短袖衣衫或者麻袋缠腰布。所有人中最为令人动容的是那些躺在烂草垫子上的人，他们的体力衰退的速度已等不到救援了。一个国家绝不能采取这样的政策对待战俘，无论日军多么英勇，但都毫无荣誉可言，因为他们心甘情愿使自己成为残酷对待无助者的工具。

麦克阿瑟将军在 9 月 2 日举行受降仪式，之后，我们就能自由地接管日占区。9 月 3 日，我们首批分遣队，主要是救援战俘的医疗部队，乘飞机在曼谷附近着陆，紧跟着的是英印第 7 师师部及一个旅。9 月 11 日，格雷西及其英印第 20 师的一支小分遣队中转至西贡，控制了日本陆军元帅寺内寿一的司令部。泰国的形势顺利地在掌控之中，因为摄政王及其政府在日占期间已经秘密地与我们合作了一段时间了，组织了一个抵抗运动，通过双方协议为解放之日安排了一些措施。在印度支那，当地的民族主义运动者与很快得到解放的法国人之间已经开始了战斗，格雷西面临着盟军占领区最为困难的政治军事形势，他以一种坚定、冷静和完全令人钦佩的方式处理那里的问题。

9月9日，作为一次战术性作战行动，罗伯茨的第34军在马来亚西海岸的巴生港（Port Swettenham）—波德申（Dickson）地区的海滩上登陆。我军没有遇到任何抵抗，即使我认为这次作战必定可以成功，但我们事后发现，日军计划在我们登陆的地方驻军。当地的居民——那些马来人和华人——热烈欢迎我军的到来。略晚些时候，我亲自到达马来亚，看看事情进展得如何，我见到的第一个英国军人是一个皇家通信团的巡线兵，他肩上挎着步枪，一只手被一个中国小男孩拉着，另一只手被一个中国小女孩拉着。被这些咧嘴笑着的小家伙们缠着的还有其他六七个士兵，他们都大笑着，喊叫着。当他被发现带着平民护卫巡视电话线时，略有些难堪，但是孩子们却对此欢天喜地。无论怎么样，士兵和孩子们总能快乐相处。

9月3日，英国皇家海军舰队的皇家海军陆战队已经从日军守备部队手里接防了槟榔屿（Penang），并继续前进，9月5日，英印第5师在当地人民的巨大欢呼声中抵达新加坡。随后，英印第26师途经新加坡，登陆爪哇巴达维亚（Batavia）[①]，以处理荷属东印度群岛十分复杂且不太乐观的形势。9月10日，第3特战旅收复了香港。我们随后准备开始解除占领区内50万日军部队的武装，并将其收容进战俘营。

在接到麦克阿瑟将军的命令之前，我就已向所属全部指挥官发出了命令，规定了如何处理我占领区内投降的日军。我要求所有日军的高级指挥官都要在他们自己的部队队列前，把他们的军刀递交给适当的英军指挥官。我们的日本专家反对此种受降方式，他们认为：

> 1. 日本军官的荣誉与他的武士刀紧密相关，从而不会交出武士刀，反而会继续战斗。

---

① 即雅加达。——译者注

2. 换言之，正如律师们所说的，如果他在自己的士兵面前交出了武士刀，他就再也不能指挥他们了。

3. 事实上，他不会这样当众受辱，而会选择自杀。

我回答了这些令人忧虑的问题：

1. 如果日本人想要继续战斗，我奉陪到底。

2. 如果那些军官失去了士兵们的尊敬，我也毫不在乎，无论如何，我都将离间军官与士兵。

3. 如果军官们自杀，我已经为此做好了准备，将广播告知，为任何想要自杀的日本军官给予一切方便。

我坚信，通过交刀仪式将使日本人真正认识到他们已经战败于沙场，这是一种有效的方式。所有亲眼看见将军迈步向前交出武士刀的日军士兵，将会认为这支曾经不可战胜的军队已经不再是不可战胜的了。德国人就在第一次世界大战上演了不可战胜的神话，我们不想历史重演。我是这么想的。当有人告诉我麦克阿瑟将军在其关于投降的总命令中已经决定，不必强制实施那种“过时的”交刀仪式，这使我非常沮丧。我担心自己会不顾麦克阿瑟的命令。在东南亚的所有日本军官都向与其同级的或者更高级别的英国军官缴出其武士刀。日军师团长或者军司令官在已经缴械的部队的庞大队列前面缴出其武士刀。日本陆军元帅寺内寿一的武士刀在蒙巴顿海军上将手里；木村将军的武士刀现在在我的壁炉台上，我曾经总是想着，有一天要拿到他的武士刀。

1945 年 9 月 12 日，在新加坡，我坐在最高统帅蒙巴顿海军上将的左面，各位总司令和主要参谋人员坐在一排，这时，在东南亚的陆、海、空所有日军部队向他正式无条件投降。坐在我们对面的是面无表情的日军将领们，我看着他们，他们所处的困境一点也没有打动我。对于他们，我丝毫没有军人对军人的同情，我曾经对战败投降的德国人、土耳其人、意大利人，或者法国人也是如此。我非常清楚，这些军人以及执行其命令的军人都对战俘们做了什么。他们带着残存的人性坐在那里。如果我对他们没有任何感情，那么他们看上去就似乎没有任何感情。继任寺内寿一之职的坂垣弓着腰迈步向前，然后将他的印章按在投降文书上。当他重重地按压着那张纸的时候，一种愤怒而绝望的痉挛在他脸上抽动。然后那表情消失了，他的面部又像其他人一样毫无表情。在外面，曾经在 1942 年的投降中被日本人降下来的同一面英国国旗，现在又高高飞舞在旗杆顶上。

战争结束了。

第二十三章 战后余思

将军们都只是准备最后的战争而不是准备下一场战争，因而常受到诟病，但是他们的国人和政治领袖们更是常常根本不为任何战争做准备，这是一种讽刺。为战争做准备是一件代价昂贵而又负担沉重的事情，然而其中有一部分却是代价很小的，这就是学习。无论新的战争条件可能怎样变化和多么陌生，将军、政治家和普通平民都会发现，从过去学到的很多东西能够并且适用于未来，并且在寻找中他们会发现，一些战役比其他战役更能预示现代战争的未来模式。我相信在缅甸的战役就是这些战役之一。

我们的官兵装备相对较差，在丛林里摸索前进，从他们的奋战史中汲取经验可能令人惊诧。然而，画家们的效果和风格不取决于他拥有多少管油彩、画笔的数量，或者画布的尺寸，而是取决于他怎样调和色彩和在画布上怎样掌控其画笔。回顾缅甸战役，其至少向我呈现的是，一种奇怪的统一性和完整性，我产生了众多战后的反思。我选择写下以下的思考，也许不是因为其具有最不同寻常和最引人注目的特征，而是我认为这些思考在某种程度上有助于窥见未来。

更高层次的战略方向

在缅甸战争的第一阶段——大撤退——表现糟糕，我们可能很少有什么借口，但还是存在诸多原因，而且绝大多数原因超出了战地指挥官们的控制范围。这些原因之一影响了我们的全部作战努力，并且在很大程度上致使我们的失败变成了一场灾难，即在仰光陷落之后，未能给予战场上的部队明晰的战役战略目标。因此，我们的作战计划不得不建立在守土这一个相当模糊且短期想法之上，我们甚至不能确定防守哪块区域或者是出于什么目的。

当仰光的失陷使得增援变得不可能的时候，甚至不足以在缅甸维持我军部队，而且中国各师已经开始撤退，盟军显然已经没有希望击退日军，甚至阻挡日军前进的希望也是微乎其微。在这个时候，那些在伦敦和华盛顿运筹世界战争的有关人士，被更为重要的其他战线搞得焦头烂额，往往忽视了缅甸。但是，如果能够对缅甸战局的可能性进行一次实事求是的评估，制定一项明确而清晰的战略，我们在缅甸的境遇以及作战方式将会完全不同。缅甸不是第一位的，也不是最后一位，战役开始之后，我们并没有非常明确地认识其政治和军事目标。有关这场战役各个方向的研究表明我们几乎是不可避免地走向灾难。战地指挥官若要公平地对待各战场及其部队，就必须明确地、清楚地告诉他们在所在地的目标是什么。

在一个战场上，指挥组织极其重要。在东南亚迈向最终胜利的第一步就是建立了一个最高司令部，节制在这个地区的盟军陆、海、空部队。在组建和运行这样一个司令部方面，总是困难重重，包括国家之间以及个人之间都会产生问题。由于英美对待缅甸战役的态度存在差异，与非洲、欧洲或者太平洋的类似战区相比，东南亚面临的问题则更大。个性的冲突也很激烈，并经常由于距离原因而加重，比如史迪威和蒋介石。任何一个最高司令部里永远存在或大或小的摩擦，但是在盟军部队并肩作战的战场，除了一个最高司令部，并没有其他有效的解决方法。

日本陆军

这是自从十字军东征以来，除了 18 世纪和 19 世纪初我们与印度的一些战争，英国人曾经在与亚洲或者非洲的敌人作战中，首次遇到武器和军事组织都能够与他们相匹敌的对手。像我们的先行者，曾与日本作战过的俄国一样，我们发现与这样的敌人作战，无论如何，开始都是一个令人极端不愉快和令人震惊的过程。然而，因为我们拥有当年的俄国人所没有的基本素质，所以战胜了曾经打败俄国的日本。

在这个战役的早期阶段，由于我们从未认真挑战过日本所获得过的主动权，从而使日本人获得了士气上的优势。日本人积极备战，他们理所当然且不可避免地掌握了主动权。我们在缅甸则缺少军事上的、后勤上的和政治上的准备，这就使我们的指挥官们甚至连争取主动权都十分困难。但是，我们应该付出更多努力和冒更多的危险来获得主动权。即使处于弱势的时候，正如我们在早期阶段那样，如果采取静态防御，固守防地，除非有接防者和援军，否则就是致命的。唯一的希望是至少发动局部攻势，无论面临任何危险，都应以大胆和出其不意的行动，打乱敌人的计划。当计划顺利实施的时候，日本人就像蚂蚁一样残酷无情而果敢勇猛；但是当那些计划受到干扰或者脱离计划时，他们还是像蚂蚁一样，陷入混乱，对于重新调整计划反应迟钝，并且一成不变地长期坚守既定的原始计划。日军指挥官有着难以抑制的军事乐观主义，致使其可用的后勤补给余量很少，不允许发生任何差错或者延迟，这是特别危险的。日军将领的根本错误在于缺乏道义，这与身体上的勇气完全不同。他们不准备承认他们犯了错误，不承认计划失败，不承认需要全盘改变。因为这样意味着是为天皇服役中个人的失败和丢脸。比起承认失败，即使日军将领非常清楚以现有资源无法完成任务，他们还是会将其收到的命令传达给下级。这种盲目的责任传递屡次引发了从总司令官到最低级军官一系列的灾难。战争意志确实可以取得一些战绩，同时没有意志作为保证的机动性，也无以成功，但是当两者结合时，才能获得最终的胜利。将领面临的最困难考验就是平衡意志与机动性。在这一点上，日本人失败了。他们由于坚定的意志而战果辉煌，但因缺少机动性而付出了沉重的代价。

日本陆军的战斗力并不在于其杰出的领导力，一旦日军不再战无不胜，不仅丛林战的特别天赋，而且日军单兵的作战精神都会陷入混乱。日军会一直作战和行军，至死方休。如果有 500 名日军奉命坚守一个阵地，我们就不得不在击毙 495 名日军之后才能攻占之，随后，最后的 5 个人也都会自杀而死。无论面临何种处境，正是服从性和残暴性的结合，使得日本陆军变得如此强大，这也会使任何陆军变得同样强大。这种精神会使一支欧洲军队攻无不克。

我们的军队

在缅甸，我们不仅对阵一个亚洲敌人，而且是以一支主要由亚洲人组成的军队一起与这个亚洲敌人作战的。因为这两个方面，我们当中缺乏与亚洲人打交道经验的很多人都必须转变很多观念，他们认为白人具有成为军人的内在优势。亚洲的战士至少同样英勇，通常更不畏死，较少受到思想疑虑的拖累，更少受到人道情感的烦扰，不会因其屠杀和残害而动容。由于生存背景与生活标准的不同，亚洲士兵更能毫无怨言地忍受艰苦，在生存或者舒适方面的要求比较少，当处在只能依靠自己的环境里，也会照料自己。他们十分熟悉自己的地盘，可以凭一双脚穿行。他们天生不厌恶爬山，城市里长大而且骑摩托车的白人却会。我们在缅甸的许多战斗都是发生在夜间，我在前面写了绝大部分夜战。实际上，夜战只是分散作战的一种形式，因为虽然士兵们可能相距很近，但视野不佳，而且会产生孤立的恐惧感和焦虑感。我们文明化程度越高，就越得让士兵们离开照明良好的城镇；我们在黑暗中越是笨拙、害怕，就越有更大的概率利于原始的敌人。

当作战技术自然而然地输入亚洲时，亚洲人也能像白人一样学会怎么使用武器——甚至是很复杂的武器。在另一方面，欧洲人现在能够迅速设计和生产现代武器，并且找到极其重要的熟练人员维护武器。欧洲人是教育方面的优势者，而不是在自然知识方面，因此可以培养大部分有潜质的军官。他们应该能够更好地理解为何而打仗，能够获得更高层次的训练，而且如果能适当培育也能获得更持久的士气。比较白人与亚洲人，亚洲人和欧洲人各具优势，仅仅认为因为是白人就期望他们能赢，那是愚蠢的，白人想要获胜就必须有更好的训练、更严明的纪律和更好的领导。如果他们不这样，即使有优势的武器装备，也无法战胜亚洲人在数量上和自然上的优势。我们一开始被日本敌人所蔑视，那时候钟摆疯狂地摆向另一边的尽头。我们将敌人夸大为某种令人害怕的物种，因为士兵们总是要为他们的失败寻找借口，并且用丛林的超人妖怪吓唬我们自己。这两种看法对于我们来说是灾难性的。直到我们自己学会采取一种平衡的看法，即将我们的敌人看成是一个顽强的战士，他肯定也有弱点，而且我们自己作为人能够通过训练在他自己的或者任何别的竞赛中打败他，这样我们获胜了。

像我们这样一支来自很多不同的民族的军队，后勤和补给工作十分复杂。在印度陆军部队中，我们开始编入一部分英军部队，约占三分之一到三分之二。出于各种原因，我认为在步兵旅中，最好全部是英籍士兵或全部是印度士兵。随后，单一种族的部队作战更好，后勤补给工作也大大简化，我们能够更容易地使各个师执行相适应的任务。1943年后，我的印度师是世界上最精锐的师。他们愿意到任何地方去，做任何事情，继续从事任何事情，并且依赖很少的物质条件完成任何事情。

物质条件

在战争开始的时候，在日军和英军的后勤理念之间，在日军作战所需什么和我们认为需要什么之间，存在最大的差异。日军可以用最少的后勤补给量实施最为大胆的攻势，而我们受到的训练却是与此相反。英国陆军自从经历克里米亚的可怕教训以后，倾向牺牲机会和能力而重点关注后勤补给。第一次世界大战是相对静态的战争，紧随其后，生活水平迅速提高，不可避免地增加了这种偏见。在第二次世界大战的众多战场上，武器装备的复杂性、专门化组织的发展、参谋人员的扩充，以及通信的精密化进一步增加了后勤人员占作战人员的比率，运输数量需求日益膨胀。在非洲和欧洲，自1941年以后，敌人空中力量不断下降，而我军有比较丰富的通车道路，这掩盖了在其他条件下，调遣如此笨重庞大的部队在战术上的不可能性。与我们在缅甸作战的日本航空部队，1942年掌握了完全的制空权，但从1944年开始，其对我军行动造成的危险越来越小，最后实际上几乎不构成威胁。然而，地形复杂和缺乏公路依然导致我们的地面运输受到限制，同时因飞机的短缺，也只能考虑经济性。我们发现，在更为余裕的战场上，用一天400吨的物资以维持一个师的作战，并不过分，然而我们能够在同样长的时间以120吨的物资维持我们印度师的作战行动，并且不会使其失去战斗力和士气。在一些补给按欧洲战场的建制和补给标准加入我们的部队中后，当撤除车辆后，他们惊讶地发现，没有车辆，可以走得更远更快。在公路或者道路上车辆越少，他们的行军速度就越快，并独创出了卡车联运方式，以最短的时间实现远距离行军。这种战术机动能力与车辆数目之间的关系、参谋人员规模与有效控制指挥之间的关系，在未来的战争中将会更加重要。除非进行持续观察和无情地削减规模，否则车辆和参谋人员会不断增加，直到致使行动停滞不前为止。

对于我们来说，需求是真正的创新之母。我们在装备和后勤补给方面的短缺如此之多，如果不能完全放弃攻势，那么我们就必须赤膊上阵，或者自给自足。我们知道，如果发挥主动精神，人就可以在缺乏众多资源的情况之下完成任务，具有敏捷的头脑和勤奋的双手，以贫乏的资源也能创造出惊人的成果。我们通过高产的河边造船场、建造公路和飞机场的方法、“黄麻降落伞”、几乎就在火线上的大型蔬菜农场、我们的鸭场、我们腌制的鲜鱼，以及上百种其他物资和设施，凭借在战场上的努力取得了成功，践行了座右铭：“人肯自助，天必助之。”我的士兵们使用匮乏到荒唐程度的武器装备强渡一条条敌人设防的大河，将易受攻击的交通线拉伸到令人惊奇的长度，靠着削减的口粮行军越过最令人心碎的地区，用纪律与疾病作战并且战胜它。日军第一次痛苦地向我们表明，在艰苦的地方，并不是依靠众多的人数和精良的武器，而是依靠训练和士气。我们必须在一所艰苦的学校里学会这一课，然后才能反败为胜。

新兴技术

在缅甸，我们作战所用的运输车辆、补给、装备、支援武器以及生活设施比英军其他战场要少得多。然而，在很大程度上，正是因为物质资源的缺乏，我们学会了以新的方法来取得比墨守成规更多的成果。我们不仅要想出新的战术，而且要深深地探究人类行为的各种动力，并且改变我们关于许多事物的传统看法。结果是，我认为这是正确的：比起其他英国军队的作战，我们在缅甸的作战本质上更具有现代战争的特点。确实，除了在太平洋作战的美军，我们在缅甸的作战比盟军其他部队的战争更具现代性。美军在太平洋的问题与我们的问题相反，他们是要在一场海洋战争的特殊环境之下，最有效地使用巨大的资源，而可得到的资源越来越多。他们出色地解决了这个问题，并且发展出了一种新的物质技术。我们也是在陌生的环境里，与其说是靠物质，还不如说靠着人发展了我们的战争技术。

与欧洲战场相比，我们在缅甸使用的作战兵力并不多。包括史迪威辖下的中国人，我一次指挥参战最多的战斗师数量是 18 个师。他们在一条长达 700 英里的战线上作战，分成 4 个集群，相距甚远，各集群之间没有横向的交通线，无法提供相互的战术支援。我辖下参战的各军和各师，至少可以像其他战场上各集团军和各军那样自由地作战。各级指挥官的行动必须更具自主性，他们被赋予更大的权力来制订自己的作战计划，以实现他们所理解的集团军司令官的意图。他们及时将思维的灵活性和决定的坚定性发展到相当高的程度，能够利用突然出现的情报和变化的条件快速行动，而不必报告上级。他们受到鼓励，正像斯托普福德在祝贺里斯的英印第 19 师抓住一个机会偷偷渡过伊洛瓦底江，并且同时奇袭瑞保时所说的："在裁判员没注意的时候射门得分。"采取这个行动并没有收到命令，或者预料会有命令，或者没有等待批准，然而总是在整体意图之中。这必须成为各类战争中的第二个特征。在这些战争中，战友们不会一起紧密作战，而必须要分成更小的部队。这要求在较高的指挥层也具有相应的思维灵活性、信任部下、让全军准确明白其意图的能力。

低级军官指挥的连，甚至是排，乃丛林战的基本部队，彼此看不见对方，经常失去联系。无线电被群山屏蔽，只能依靠自己行军作战，经常一次作战为期几天。正如渡伊洛瓦底江那样，他们经常以分散队形参加战斗，然后在战场集结。他们具有实施这些战术所需的素质以及成功的学习能力，这是他们可以做到这一点所依赖的东西。我们可能会再次需要他们。

纪　律

战争越发现代化，区分军队与乌合之众的基本素质就越为重要。其中，第一项素质就是纪律。我们在缅甸很快就学会了，对于胜利与生存，战斗和宿营中的严明纪律是至关重要的。对于一个人来说，在丛林战或分散的战斗中，没有什么事情比逃避更容易。如果某人不想前进，他所要做的一切就是猛然窜到灌木丛里；在撤退中，他可以溜出后卫部队，随后重新归建，并且发誓他是最后一个离开的人。一个侦察队的队长率领其士兵深入丛林 1 英里，然后藏在那里，并且带着他虚构出来的任何报告归队。唯有纪律——而不是惩罚——才能够杜绝此类情况。若要拒绝出卖战友，一个士兵就要坚守真正的纪律。一个哨兵的纪律是，全身心战胜睡魔，把自己的下巴放在刺刀尖上，因为他知道，如果打了瞌睡，就会使身后睡着的战友身处险境。唯有纪律，能够防范疾病，虽然纪律令人厌烦，但是没有纪律任何军队都会枯萎。在所有战争的某些阶段，一些军队会纪律松弛，在严明纪律之前，根本不能赢得战争；反之就能赢得战争。我们发现轻视行动的敏捷、举止警觉、个人清洁、敬礼或者移动精确性的重要性，将其视为幼稚和无知的阅兵场动作而予以忽略，这是一种巨大的错误。如果没有这些外在和正式的行为，我不相信一支军队会有不可动摇的战斗纪律。这些行为可以让士兵成为部队的骄傲，并在其与军官之间建立相互信任与尊重。我们在艰苦的学校中获得的经验是，长期而言，一支最精锐的作战部队不一定是最具宣传声望的部队，而是战斗一结束就可以恢复更为正规的纪律和风貌的部队。

空中力量

我们的战役是陆上和空中密切交织着的行动，然而在东南亚，我们一开始却存在仅凭空中力量即能实现相当战果的夸张理念。我们发现，在我们被空中力量完全压制和我们具备压倒性的空中力量时，都无法停止敌方的地面行动，只能阻碍和推迟敌方的地面行动。无论是日军航空部队还是我们的空中力量都不能阻止对方各个师的运动或者部队的补给，只能使其运动更为艰难、困难更为严重了。

空中力量的特点之一就是其机动灵活性不断增强，但即使这一点也存在一定的局限性。我们的战斗机和轰炸机各中队在从基地至目标的合理航程范围内作战，这种机动灵活性是显著的。然而，有时会遇到像我们遇到的这样战线宽广且距离遥远的战场，这时我们就不得不寻找别的机场，这时候空中力量的灵活性至少暂时消失了。我们可以在几个小时内以较少的装备修建土质着陆跑道，但修建能够作为基地的全天候飞机场需要相当多的人力，并且是一项慢得多的工作。在我们向前快速突进期间，只能以日军机场作为最前锋部队的首要目标，以解决这个问题。如果敌军全力摧毁跑道、压路机、机器设备和各种修理材料，那么我们就会陷入严重的困境。

与绝大多数盟军相比，我们缺少火炮，即使有，地形也妨碍了火炮的使用，于是越来越依靠空军提供近距离支援。在呼叫空中支援、指明打击目标以及协调地面行动和空中火力方面，我们形成了自己的方法，也采纳他人的方法。我们对于火力计划与飞行员的契合——像与炮手合作那样——充满信心。根据空军军官与前线部队的访谈，我们的战斗机常常能把炮弹和火箭打在距离我们的士兵 100 码之内，并运用佯攻使得敌人抬不起头来，直到我们的步兵发起最后的冲锋为止。这种快速而精确的合作不是一天就出现的，而是随着飞行员和士兵之间的相互信任、了解和对彼此成就的自豪而形成的。在和平年代，地面作战行动的战术空中支援往往不多，但是在战争中，其紧迫性就会增加。

我们在缅甸战争中一个最为突出的方面，就是极大地使用了空中支援。这是我们对于新型战争的贡献之一，而且我认为可以公平地说，在很大的程度上，我们发现，通过反复试验的空中补给方法后来普遍得以应用。我们首次使用空中补给来维持大规模作战部队的补给，并且将正规师远距离空运到作战前线。1944 年 3 月的第二次“钦迪特”突击队远征，当时我们把 3 万名士兵和 5000 头牲畜空投到遥远的敌后，并且维持补给数月之久，这是当时最大的空运作战行动。对于密铁拉的决定性打击和进军仰光是运用新作战技术的范例，同一个师内同时存在机械化旅和空运旅。对于我们而言，空运、铁路和公路运输都是常规的运输方式，我想，这种理念是我们的主要变革之一。自从 1928 年以来，我们已经走过了漫长的道路，那时我还是一名低级参谋军官，在一场争论中，我与其他印度军官受到了关注，即在西北前线上引入作战性空中运输和补给，我们这场争论中获胜。

虽然我们用飞机输送了很大吨位的物资和成千上万的部队，但是我们所拥有的最大数量的飞机比起在其他地方所需的最低数量，还是要少很多。从理论上很容易证明我们的行动不可能维持更长时间。然而，凭着英国和美国地面和空中官兵的才能、勇气和献身精神，加之军人的努力工作与组织能力，他们不仅做到了这一点，而且是月复一月地坚持。正像许多其他事情一样，我们学会改变既定理论，当时机适当的时候，也可以冒险突破我们的极限。

我们空降作战和部队调动的一个特点是参战的部队并不是特种部队。第 14 集团军的士兵被告知空运调动或者空中补给并不是什么神秘、奇怪或不同寻常的事情，因而，对于他们而言，无论什么种族的人，这些都是常规后勤运作。唯一的例外就是要跳伞。只要有飞机可以被用于训练，我至少会让空降成为每一个步兵的普通训练科目。我总是认为在空降中严重受伤的伞兵比例并不比机械化兵的比例更高。不幸的是，训练飞机的缺乏阻碍我们大规模地使用伞兵，但是即使是这样，我们无疑是现存的最有空军思维的军队。我们必须如此。

比起缅甸战争的其他特点，空中运输更为公众所知，这也许导致了一些广为流传的谬见。第一个谬论是，我们忽略了这样一个事实，即我们的作战模式极大程度上几乎完全依赖于空中优势。直到具备了一定程度的空中优势，至少局部获得并得以确保，我们才能实现所需的确定而常规性的空中补给、调动和战术支援。战斗机和轰炸机必须横扫天空并迫使敌军机场向战线后方迁移；空中的战斗必须首先获胜，并且从此以后必须永远首先获胜。第二个谬论是，空中补给完全是由空军安排的，所需的仅是飞机、飞行员及保养人员。在空中补给机构中，陆军和空军承担的工作一样多。与驾驶飞机同样重要的是各类仓储人员、包装人员，他们也都要准时到达准确的跑道进行货物装卸；物资要被送到正确的部队，并且在运达后，还应准确迅速地卸货、分发和交付。承担上述所有工作以及其他十多项事情都是陆军的职责，除此之外，空运还遇到了所有需要中最为困难的事，即大规模复杂的通信，至少我们发现是这样的。关于空中补给的不成熟想法引发了最具战略性的危险。即使我们被包围了，若可能得到空中补给，阵地也能够坚守几个月的时间。事实上，部队因此而被敌人包围，即使能得到补给和供应，官兵们最终也会失去信心，而且空中补给很容易遭敌拦截，天气或者一些设置在适当地点的高射炮也能很容易地阻止空中补给。空中补给只是部分解决了问题。另外一半是足够的换防部队，无论空中补给的前景有多么好，换防部队都必须在合理时间内出现，也必须让被包围的守军知道换防部队将准时抵达。

这里有另一件关于陆空联合作战行动的事情，所有在地面上的作战行动都是如此。各级陆空指挥官不仅要保持密切的联系，还应像我们一样共同工作。我们的战争是一场陆空协同的战争，因此这既是空军的胜利同样是陆军的胜利。

特种部队

英国陆军在上一场战争中产生了数量惊人的特种部队，规模各不相同，但每一支特种部队都为准备特定类型的作战而训练和装备。我们有突击队、攻击旅、两栖师、山地师、远距离渗透部队、空运部队、沙漠部队和各种特别间谍部队。这些特种部队的装备比常规部队的装备更为丰富多样，而且许多特种部队有自己的基地和后勤补给机构。众多特种部队部署在缅甸，其中一些特种部队，特别是“钦迪特”突击队成了勇气和大胆的典范。然而，我却坚定地认为，这些只为一种作战类型而训练、装备和调整思维的部队其实是一种浪费。在其人员、物质和时间方面投入的资源并没有得到等值的军事回报。

一开始，我们常常以更好的条件、激情的承诺和大量的宣传吸引常规部队最优秀的士兵组建特种部队。甚至在一些罕见的情况下，当常规部队非志愿被改编为特种部队时，事情走向了另一面。那些被认为低于所设标准或者超出任意年龄限制的士兵被挑出来，送到不太被人喜欢的部队。这些做法无疑降低了这支军队其余部分的战斗力，特别是步兵，不仅被抽调走了精锐兵，而且助长了这样的思想，即这些正规作战行动如此艰难，只能指望这些有特殊装备的精英部队。军队不能依靠一些超级战士而赢得战争，而是依靠军队中常规部队的平均战斗力水平来赢得战争。无论如何承诺缩短战争进程——但如果削弱军队的士气——那都是危险的。那些曾经使用这些特种部队的指挥官们已经发现——我们在缅甸也是如此——特种部队作战存在另一个严重的不利之处，即只能在某一限制范围内才能积极作战。然后，特种部队会要求撤出战斗进行休整，而常规部队则没有这些限制。在缅甸，特种部队与敌作战的时间只是各常规师作战时间的一小部分，我们必须记住，在战争中军人所冒的危险总是伴随时间的增加而增加的。

特种部队的热潮源自混乱的思维，即关于什么是或者不是常规的作战行动。在某种意义上而言，每种作战行动都是特殊作战，无论是攻击、防守、撤退、渗透、突袭敌后、消灭敌军分遣队、海滩攻击、横渡河流、丛林战或者山地战，或者别的作战行动，每一项都有特殊要求。然而，所有这一切都是或者曾经是熟悉的作战行动，任何常规部队都可以在某个时候，参加其中的任何一种作战行动。一个突击队员需要具备主动性、单兵训练和使用武器的技能，这是令人钦佩的。然而，只是限制在一些小规模部队里，这就并不令人钦佩了。任何受到良好训练的步兵营，都应该能够做到一支突击队能做的事情。在第 14 集团军，他们能够做到并且做到了。对特种部队的崇拜就像组建一支皇家爬树者部队一样合乎情理，也就是说如果军人戴着插有一束橡树叶子的绿色宽檐帽，就应该指望他会爬树。

我认为，一群士兵参加的任何单一的作战行动都应该被视为常规作战行动，并由常规部队执行作战任务。我要承认的唯一例外是伞兵空降行动，在能够为更大规模的人提供训练设施之前，我们必须需要特种部队。没有特种部队当然并不意味着常规部队不能参与特定作战行动以及为此进行训练，但是要避免大规模地选拔部队，也要避免为了短时间的使用而让部队长时间的等待，还要避免将他们用于与曾经付出巨大努力进行准备的作战所不同的任务。私人陆军以及相应的私人空军费用高昂，浪费无用，而且是不必要的。

然而，应当保留一种特殊部队，即以小股部队参战，通常深入敌后，执行超出常规战场范围的任务。今后越来越需要高素质且受过单兵训练的男女战士，以破坏重要设施、散布谣言、误导敌人、传递情报、击毙或者绑架一些人、鼓舞抵抗运动。他们将组成部队，但是特种部队士兵需要具备普通士兵不具备的众多素质与技能，而且他们会使用许多超出其能力的方法。每一支小股部队都要为了执行特殊的任务而大量学习和训练，并且在更高指挥层的直接控制指挥之下进行作战行动。他们很少在自己的前线内作战。他们不用占据大量人力资源，如果以富于想象力的冷酷作战，将达到一些战略性的结果。这样特种部队以陆军为基础，由从英联邦各兵种和各种族抽调具备特殊素质的男女组成，这应该成为我们现代武装部队的一个重要组成部分。

这些秘密部队的控制问题也存在缺陷。上一次战争中的盟军、间谍组织急剧扩张，直到战地指挥官认为其成为一个麻烦为止，至少我的战区是这样。麻烦之处在于每一个间谍组织都受到所隶属且距离遥远的司令部控制，这种作战的秘密性和相互怀疑，导致有时候间谍组织就在我们部队邻近活动，而我们的战地指挥官却根本不知道。各个间谍组织之间完全缺乏协调性，危险地忽视了当地的战术发展。在我们部队防线内或防线附近的所有间谍组织的活动都应由该防区指挥官下辖的高级军官协调，且得到必要的控制，才可以避免那样混乱、无效和错失战机的现象。

未　来

在缅甸，我们发展出了一种战争形式，更多地基于人的因素而不是基于丰富的装备，这种战争形式具有一些确定的特点。这些特点主要是：

1. 由空军为常规部队提供日常调动和补给成为一种普遍现象。

2. 给予下属指挥员巨大的战术自由权。

3. 在地形最为复杂的区域，以相对小规模的部队实现作战的战术独立性，但极具战略影响。

4. 运输和装备的规模减少，依靠发挥创造力和使用本地资源予以补充。

5. 高素质的单兵——具备士气、坚韧和纪律性，以及对于艰苦的耐受性——可以单独行动和自我照顾。

未来的战争可能呈现多种形式，从旨在完全毁灭很多人的无限制核战争，到限制使用战术核武器的战争，甚至到传统模式的小规模战争。无论是何种战争形式——特别是大国之间会在战争中使用核武器——有一件事是相对确定的：现代战争会摧毁各类基地、袭扰交通线和瓦解指挥控制，如果都失灵了，那就会迫使军队分散。

分散作战，无论这种分散是由于地形、缺少补给造成的，还是由敌人的武器造成的，其都存在两个主要的要求：才能卓越、决心坚定的低级指挥官和自我依赖、身体强悍、纪律严明的士兵。未来陆地作战行动的成功将依赖于能否立即获得这样的军官和士兵——准备在小而独立的部队中进行作战行动。他们必须准备应对没有常规交通线的情形，自我导向并依赖所在区域的资源生存。敌人看不见、听不见，而且预想不到他们会从四面八方向自己聚拢。当他们显露兵力时，他们与敌人如此之近，以至于无法使用原子弹与其同归于尽。这样的地面作战行动，比起过去，受到更少的严格控制而会有更多的个人色彩，将不像在我们接近钦敦江和伊洛瓦底江时的作战行动那样，也不像我们今天在马来亚丛林里围捕恐怖分子时的作战行动，看起来可能会很奇怪，却是为了应对核战争而实施最好的训练。士兵将很快学会使用新的武器和技术装备；培养大胆刚毅、主动创新、相互信任，以及性格鲜明的指挥官，则需要较长的时间。

我们当年所承受和进行过的空中打击，与现在可能进行的空袭相比，只能算是小事一桩。然而，决心坚定的部队，特别是当遇到封闭或沟谷交错的地形，他们准备孤军奋战，只能携带基本给养作战，并以小股部队行动，实现自给自足。我相信，即使在核爆炸的混乱之中，他们也可以找到自己的生存之路。在经历第一波相互毁灭的核武器战争之后，生存下来的人将进入无限制的战争中，正如我们在其他丛林中的战争那样，胜利将属于更坚强和更善于随机应变的步兵。我们的日常生活变得更容易，充满了更多的小玩意，这使得要产生那样的步兵变得更困难。我们需要花一些时间做一些在缅甸所做的事。在和平之中，我们可以做一些训练，而在战争中，我们将不再有这么多的时间。

在步入极端恐怖的现代大规模毁灭战争之前，人们可以找到更理性的方式解决国家间的争端。战争会继续存在，也会持续不断地改变。然而，战争还是发生在人之间，而不是武器之间，当武器相同，双方不会那么容易和迅速地获得优势，不花掉比平时更多的金钱也不能获得优势，但胜利将属于训练更好且士气更高的那一方。战争终究属于一门艺术，像所有艺术一样，无论它怎样千变万化，都会有一些恒久的原则。擅长用剑或者用笔的很多人，有时候是二者兼长的人，都曾经试图解释那些原则。我曾经有一次从一个身经百战的军人那里听到这些原则。我对这位军人怀有深深的和由衷的敬意。很多年前，我作为有朝一日有望成为一名军官的军校学员，钻研这些“战争的原则”，在死背那些古老战场规则的时候，军士长出现在我面前。他和蔼可亲且饶有兴趣地打量着我。“你用不着为了那些事情绞尽脑汁，小伙子，”他说道，“所有的战争原则只有这一条。在揍别人的时候，你趁他还没注意下手，能有多快就多快，能有多狠就多狠，打在他的最疼处！”作为一名新兵，我经常受到这位伟人的指责，而作为一个老兵，我常常希望得到他的表扬。我认为我的第 14 集团军保持了他的战争原则。

在本书诸章里，我已经写到很多将军和参谋人员，写到他们的问题、困难和随机应变，他们的成功和失败。然而还有一个想法，我想要总结和最终归纳一下本书主旨，即缅甸战争是一场士兵们的战争。在面对顽强敌人的每一场战斗中，战局都是悬而未决的。尽管将军们以往都是能征惯战和富于远见的，但在此时，他们必须把一切交给他的士兵，交给各级士兵及其团级军官，让他们去完成已经开始的事情。这时，战争依赖于他们，在于他们的勇气，他们的坚毅不拔，他们拒绝被残酷危险的大自然和凶猛的人类敌人所打败的意志。在缅甸的作战中，这个时刻来得更早和更为频繁：有时候，在疲倦和患病的人感到孤独的时候到来，有时候是当他们很容易就要放弃的时候。这时候只有意志、纪律和信仰能够使他们坚强起来，坚持下去。那些来自众多种族的士兵们，在第 14 集团军的战友情谊中前进。那些和他们一起翱翔蓝天并且在他们头顶上战斗的飞行员，真正的光荣战绩属于他们。他们才是使战争反败为胜的人。

译后记

斯利姆的《反败为胜》出版之后，一直是关于“二战”东南亚战场的经典之作，时间横跨 1942 年 3 月至 1945 年 9 月期间的 3 年 6 个月，作战地域涵盖缅甸与印度，交战方涉及英、日、中、美四国，还有印度国民军、缅甸独立义勇军等附属武装，地名、机构和部队纷繁复杂，特别是各国军制不尽相同，各有特点，而且隶属层级以及军制用语既存在重合，也存在显著的差异，这成了本书翻译中的一个重要问题。

一、“英印军”的译法及其组织概况

首先是英印军（British Indian Army）的军制翻译问题。

关于英印军的译名，有的著作译为“印度军”、“英印陆军”或“印度陆军”。个人认为，可译为“英属印度陆军”，简称为“英印军”。原因如下：1858 年英国政府在从东印度公司接管印度次大陆的统治权之后，到 1947 年印度次大陆诸国独立之前，现今独立的印度、巴基斯坦、孟加拉国等都在英国的殖民统治之下，统称为“英属印度”（British India 或 British Raj）。1937 年，缅甸从英属印度分立，成为独立的殖民地英属缅甸，在此之前，缅甸也属于英属印度的统治范畴。这与现在的“印度”之语具有完全不同的意义。本书所涉史事中的印度，均指历史上的“英属印度”。英属印度政府承继了东印度公司的武装，以此为基础组建了英印军。1858 年至 1894 年的英印军只是三支省军，即孟加拉省军、马德拉省军和孟买省军。1895 年至 1902 年，英印军正式作为英印政府的军队，包括从英国本国派驻的英军部队和在英属印度本地招募的本土部队。1903 年英印军总司令（Commander-in-Chief, India）基奇纳勋爵对英印军实施大规模改革，将驻英属印度的殖民地部队和英军部队整编为旅，并在旅上面设立了师级编制。

在英语语境下，从英国本国派驻的英军部队一般用“British X Division”表示（以师为例），而从英属印度的本土部队一般用“X Indian Division”（以师为例）。前者的军官和士兵都是英国人，通常译为“英军部队”，而后者的军官是英国人，士兵则为英属印度本土人员，这个问题比较难以解决，有的译为印度第 X 师或印度第 X 旅，有的译为英印第 X 师或英印第 X 旅。但实际上，在印缅战场，此种师一般都下辖三个英军营，每个旅下辖一个英军营，因此，只有营级部队才完全是由英属印度本土士兵组成的部队。从这个意义上而言，印度师或印度旅的译法并不能完全反映出下辖英军营的实际情况。

除此之外，单纯使用“印度”二字，也容易与当前的“印度”意义产生混淆，“二战”时的印度毕竟还包括现巴基斯坦和孟加拉国等国，当时所称的印度部队中也包含了这些地方的人员。而译成“英印第 X 师”或“英印第 X 旅”，不仅具有英属印度的历史概念，而且也可以反映出该部队英军部队与英属印度本土部队混编的历史事实。因此，英军部队及英属印度本土部队也可以合称为“英印军”。但是，也存在一个例外情况，即在统计英印军中各国人员的组成情况时，本书译法则采用“英国部队”、“印度部队”和“缅甸部队”（关于英缅军及缅甸部队的译法见后）的译法来区分。

英印军总司令部是英印军的高层指挥机构，英语全称“General Heaquarters, Indian”，也称为“India Command”，简称为“GHQ India”。

英印军与中东军（Middle East Command）、远东军（Far East Command）是英国在海外建立的三支军事力量。

英军及英印军军制下的Command，相当于战区或者军区，负责特定区域的作战和防务，下辖众多部队。然而，国内译者通常译为司令部，这也只是采用了Command的通常义项，而未涵盖Command的实质意义。因此，在此意义上，笔者建议译成“战区”。在二战爆发之前，英印军下辖四大战区，即北部战区、南部战区、东部战区和西部战区。战区下设了分战区（District）。1942年4月，随着缅甸战局的明朗，日军势如破竹，印缅边境的威胁增大，为适应战时体制，英印军总司令部将南部战区和东部战区改编为南部军和东部军（Army），西部战区改编为西北军（Army），增设中部战区。东部军下辖第4军（Corps）和第15军（Corps），规模相当于一个集团军（Army），而南部战区只下辖英印第19师和英印第20师及两个装甲旅，规模只相当于一个军（Corps）。[①] 与此同时，原战区所辖的分战区（District）改编为“兵站区（Line of Communication Area）”。东部军组织的一场著名败战也就是第一次若开战役。

1943年8月，盟军东南亚司令部（或称“盟军东南亚战区”，SEAC）成立，同年11月，在盟军东南亚司令部之下成立了第11集团军群（Army Group）。虽然第11集团军群隶属于蒙巴顿的盟军东南亚司令部，但其部队主要来自于英印军，除此之外，还下辖英属非洲部队，例如第81西非师，而且中国驻印军在名义上也隶属于第11集团军群。1944年11月12日，第11集团军群改编为盟军东南亚陆军部队（ALFSEA）。第11集团军群下辖的主要部队是斯利姆的第14集团军（Army）和锡兰军，以及英印军所属的第33军（Corps）。斯利姆的第

① 《英国对日战史第二卷》，第461页。——译者注

14 集团军以原东部军所属部队为基础组建，列入该集团军战斗序列的东部军各军有第 4 军、第 15 军、第 33 军和第 34 军。于是东部军一分为二，剩余机构只负责后勤事务，向英印军总司令部报告。印缅边境的作战则由第 14 集团军负责，隶属于吉法德的第 11 集团军群。

二、"英缅军"及"英缅第 1 军"的译法及其组织概况

英缅军（Burma Army）的历史则可以追溯至 1937 年 4 月，缅甸与英属印度分立，成为一个半自治的殖民地，直接隶属于英国殖民地。1937 年 4 月分立之前，驻缅甸的部队是英印军总司令部隶属的一个分战区级机构，即使在分立之后，虽然升格为缅甸战区，规模也没有扩大。首任英缅军司令官是肯尼思·麦克劳德（Kenneth McLeod），1941 年才有胡敦接任。英缅军的部队主要来自于英印军的第 20 缅甸步枪团，改编之后去掉了数字番号，称为"缅甸步枪团"（Burma Rifles），先后共成立了第 1 营至第 14 营，大多数参加了第一次缅甸战役。这个团主要由缅甸本土的缅族人、克钦人、克伦人、掸族人和钦族人组成，有的营还有少量锡克和旁遮普穆斯林。这个团与缅甸大撤退后组建的"缅甸团"（Burma Regiment）有所不同，缅甸团前期整编了部分缅甸步枪团残部，但后期几乎全部由印度人组成，因此，译为"英印缅甸团"更为妥当。

除了缅甸步枪团，英缅军还有英军部队和英属印度本土部队。第一次缅甸战役期间，英缅军所辖两个师，即英缅第 1 师和英印第 17 师。英缅第 1 师第 1 旅中有一个英军营国王直属约克郡轻步兵团第 1 营。锡当河战役后，英缅第 1 师进行了整编，英缅第 1、2 旅中各编入了一个英印军的营。除这两个旅之外，英缅第 1 师还下辖英印第 13 旅，这是英属印度本土人员组成的部队，因此，如果采用"缅甸师"或"缅甸旅"的译法也不能反映英军、英属印度和英属缅甸部队混编的实际情

况。故本书采用"英缅第1师"或英缅第X旅的译法。

英缅军原属远东军的作战节制范围，但后勤补给却由英印军总司令部负责。这种安排广受诟病，斯利姆也批评这种作战与后勤分离的做法。1941年12月12日，英缅军转隶英印军。而在第一次缅甸战役期间，又产生了另外一个问题，按层级，英缅军属于集团军编制，其直接指挥英缅第1师和英印第17师作战，英方将领普遍认为师与英缅军之间缺乏军一层级的指挥机构，特别是在锡当河惨败之后，英印军总司令韦维尔决心解决这个问题，重整英缅军，于是，任命斯利姆出任新组建的英缅第1军（Burma Corps），所辖部队即原英缅军的英缅第1师和英印第17师，新到达战场的英军第7装甲旅也编入了该军序列，因此，英缅第1军成为下辖两师一旅及所属部队的军级单位。原英缅军司令部保留，作为军以上集团军级的指挥机构。

关于英缅第1军（Burma Corps，简称"Burcorps"），原文中用了一处I Burma Corps，但后面均无I这个数字序号。中文文献中也有使用英缅第1军团或英缅第1军，或者第1缅甸军的译法，所以第1的数字番号还是存在的。因为没有相关资料，这里只能推测可能的情况，当时英缅军如果能够坚守住缅北，必将陆续向缅甸增派部队，编成英缅第2军或英缅第3军。然而缅甸沦陷太快，英缅军在1942年5月撤往英属印度，英缅第1军就成为英缅军隶属下的唯一一支军级部队，于是后面就把数字序号给省略了。英美有些学者也在著作中也明确使用了I Burma Corps的说法，例如罗纳德·卢因（Ronald Lewin）1999年版的官方自传《旗手斯利姆》（*Slim: Standardbearer*）、克里斯·贝拉米（Chris Bellamy）2011年版的《廓尔喀特种部队》（*The Gurkhas: Special Force*）以及丹尼尔·托德曼（Daniel Todman）最近2020年版的《英国的战争：一个新世界（1942—1947）》，而且美国中缅印战区官方战史《史迪威的中国使命》也有此种说法。[①] 译成英缅第 1 军的另一个原因是，Burma Army 译成“英缅军”，那么 Burma Corps 再译成“英缅军”就会混淆，据此，本书采用“英缅第 1 军”的译法。撤往印度之后，英缅第 1 军遂被解散，存在只两个多月的时间。

三、Corps（军）以及 Army 的译法及各国比较

关于 Corps，很多人选择使用“军团”的译法，那么是否准确？根据 1947 年联勤总部编写的《美军军语汉注词典》第 121 页，Corps 词条解释为：队；军；团；部（Division 为 Corps 故宜译为“军”）。笔者也赞同此种说法，可以从日、中、英、美四国的相关军制史中说明这个问题。

关于日本陆军军制中的军团，明治 18 年（1885 年），陆军省修订了《监军本部条例》，三分之一监军部长在战时出任军团长一职，下辖 2 个常备师团。明治 19 年（1886 年），陆军省修订了《战时编制概则》，2 个或 3 个师团组成一个军团，军团长为陆军大将或中将。陆军省明确使用了军团的编制。以此形成了军团、师团和旅团的战时军制。[②] 这与欧美的军（corps）、师（Division）和旅（Brigadie）军制体系相一致。根据日本的《デジタル大辞泉》“军团”词条，军团是军队编制之一，下辖两个师团，规模介于“军”与“师团”之间。显然，日本陆军历史上存在的“军团”是指“Corps”。明治时期，德国军人梅克尔出任日本陆军大学校教官，并任临时陆军制度审查委员会顾问，对日本陆

---

① Charls F. Romanus & Riley Sunderland, *China-Burma-Indian Theater: Stilwell's Mission to China*, Centre of Military History, United Sates Army, Washington, D. C. ,1987. P. 123. ——译者注

② 远藤芳信：《日露戦争前における戦時編制と陸軍動員計画思想（9）一鎮台体制の完成と出師準備管理体制の第一次的成立》，北海道教育大学纪要，人文科学・社会科学编，59（1）:103-118。——译者注

军军制的形成发挥了重要影响，他认为日本陆军中的军团（Corps）编制无存在之必要，最终导致了1886年7月日本陆军废除了军团的编制。[①] 战时在师团之上设立“军”（德语 Armee，英语 Army）。日本陆军设“军”（Army）[②] 当初是相当于欧美的集团军，但在“二战”时期，从规模上，日本陆军的军仍然相当于英美的一个军（Coprs）。例如，美国官方中缅印战区官方战史《史迪威的指挥困境》认为，日本陆军的一个方面军（Area Army）相当于美军的集团军（Army），日本陆军的一个军（Army）则相当于美军的一个军（Corps）。[③] 在此期间，日本陆军的“军（Army）”有第1—59军（其中第7—9军、第24军、第26军、第42军、第45—49军番号空缺），上海派遣军、驻蒙军、关东防卫军、东京防卫军、机甲军、航空兵团、第1—6航空军均属“军（Army）”的编制。

中国在近代历史上也存在军团的编制。但是否就是英美军制中的Corps？在北伐战争时期的1928年1月4日，蒋介石重掌军权，遂于2月9日亲临徐州整军，此后将原第一路军改编为第1集团军，并将原第1路军所辖各军划分为3个军团，第1军团辖第1军、第9军及第10军3个军。[④] 由此建立了集团军－军团－军－师－旅－团的体制。1937年抗日战争爆发后，组建了35个军团。[⑤] 军团上级单位为集团军，下级单位为军，军下设师。例如，根据1938年6月5日汤恩伯电报蒋介石其所属第31集团军的编配情况，第32军团下辖第92军和第52军，罗

---

① 日本《世界大百科事典》，“監軍”条目。——译者注

② 秦郁彦编：《日本陆海军综合事典》，东京大学出版会，第333页。——译者注

③ Charls F. Romanus & Riley Sunderland, *China-Burma-Indian Theater: Stilwell's Command Problem*, Centre of Military History, United Sates Army, Washington, D. C. , 1987. P. 42. ——译者注

④ 顾祝同：《墨三九十自述》，（台湾）国防部史政编译局印，1981年版，第74页。——译者注

⑤ 姜克夫编著：《民国军事史第三卷（上）》，重庆出版社2009年版，第23页。——译者注

启疆、李宗鉴及张刚的 3 个师编为 1 个军。① 抗战中期，为减少指挥层级，军团和旅的编制被撤销，改成了集团军 – 军 – 师 – 团的体制。然而，在国民党军的军制中，军团的译法是 Corps，而军的译法是 Army，因而是 Corps 统辖 Army。这与英美军制的序列完全相反。例如，1938 年 5 月 17 日《何应钦等激励廖磊等部努力作战粉碎敌围攻徐州企图电》的报头为："21AG 廖总司令、19C 冯军团长、68A 刘军长"，即第 21 集团军廖磊、第 19 军团冯治安、第 68 军刘汝明。② 这里的 AG 即 Army Group（集团军），C 即 Corps（军团），A 即 Army（集团军）。

在本书中，斯利姆也明确指出"一个中国的'军'（army）相当于一个欧洲的军（corps），通常由两个或者三个师组成。"美国官方战史也有相同的观点。③ 因此，抗日战争时期中国军队的军团（Corps）并不是英美军制意义上的 Corps，也就不能将英美军制的 Corps 译成军团。

英美两国陆军在师（含）以上及营（含）以下军制大致相同，也比较明确，"二战"时的军制是集团军群（Army Group）– 集团军（Army）– 军（Corps）– 师（Division），所不同的是，师以下，美国陆军师下辖团，而无旅；英国陆军作战师下辖旅，而无团。

四、英国陆军军制的沿革概况

"二战"时，英国陆军步兵的官方战斗序列组织编制是集团军群（Army Group）、集团军（Army）、军（Corps）、师（Division）、旅（Brigade）、营（Battalion）、连（Company）、排（Platoon）和班（Section）。师以下是采用三三制原则组军，三旅九营二十七连。但英国陆军步兵军制存在两个特点：一是战斗序列的编制中，没有团；二是番

---

① （台）国史馆档案，入藏登录号：002000001887A。——译者注

② 中国第二历史档案馆编，《国民政府抗战时期军事档案选辑》，重庆出版社，2016 年版。——译者注

③ Charls F. Romanus & Riley Sunderland, *China-Burma-Indian Theater: Stilwell's Command Problem*, Centre of Military History, United Sates Army, Washington, D. C. ,1987. P. 333. ——译者注

号数字标识具有显著特点。这一点给翻译带来了困难，特别是英印军营级部队番号。

那么，英军到底有没有团的编制？团没有进入战斗序列，是不是表明英军没有团？

实际上，团一直是英军的常设编制。英国的团可以追溯至皇家泽西岛民兵团。1336年，苏格兰国王大卫二世进攻泽西岛，英格兰国王爱德华三世为与其作战，遂组建了皇家泽西岛民兵团。但也有人认为，实际上这个团相当于一个军。这个团一直到20世纪末才解散。由于该团是否是一个团的编制存在争议，一般认为，英国最早的团级部队是皇家东肯特郡团，组建于1572年。

在17世纪中叶之前，团是英国陆军在战场上的主要战术单位。此后，由三个以上营组成的旅逐渐替代团成为主要战术单位，但是团的编制仍然存在。[①] 这个时期，旅与团都在战斗序列里，高级指挥官向旅长或团长下达作战命令。

现代英军的团级部队体系始于1868年至1874年的卡尔迪维尔的军制改革。当时卡尔迪维尔是英国陆军大臣，看到现行军制存在诸多弊端。

一是兵员储备问题。自拿破仑战争以来，英军中有的士兵服役长达21年，甚至终身服役。1847年通过了《陆军服役年限法》，规定士兵完成服役之后，既可选择退伍，但无补偿金，还可以再选择服役10年或12年。若选择后者，不仅可以获得奖励，还可以享受两个月的休假。由于后者吸引力大，选择继续服役的人居多。这一方面导致英军中老兵甚多；另一方面缺乏储备兵员，致使在紧急状态下，无法有效动员。

---

① David Chandler ed. , *The Oxford History of British Army*,1996, New York: Oxford University Press. ——译者注

二是兵员不按出生地分配。之前英国的募集的兵员，分配到各个团，士兵没有选择的余地。而且战友之间感情不易培养，不利于战场上配合和互助。同一个村、同一个郡出来的士兵可能从小认识，既有发小之谊，又有同乡之情，可以按地域紧密联系。

卡尔迪维尔的改革方案就是解决上述两个问题。其将英国按郡的地域和人口情况划分成 66 个旅管区，后来又改成团管区。每个团管区组建二个营，一个营赴海外作战，另一个营在团管区训练。团管区内民兵则组建成第三营。

但由于每个郡的人口数量不一样，有的郡没法组建两个营。有的地方，比如伦敦，可以组建两个以上营，有的地方则只能组建一个营。66 个团管区中，只有 25 个团凑满了两个营。

卡尔迪维尔军制改革，遇到的一个困难是，传统军制和作战习惯根深蒂固，无法一步改革到位。

1881 年，时任英国陆军大臣奇尔德斯继续改革，重点是团制的改革。

一是增加了团所属营之数量，每个团直辖两个常规营、两个民兵营，还可以增加志愿营。

二是将原来数字编号的团为营。

三是正式废除了团前面的数字序号，而以团管区的地名命名团名。但英印军例外。

例如，第 51 步兵团，改为国王直属约克郡轻步兵团第 1 营。第 105 步兵团改为国王直属约克郡轻步兵团第 2 营。

有人认为，这是废除了英军中的团级编制，实则不然，团级编制依然存在，即从数字序列团改为了地域团。职能也发生了变化，团不再是战术单位，而是后勤管理单位，司责募兵与训练。但这不能否认团的存在。

1908年，英国组建国土部队，原来团下属的志愿营和民兵营均按序号编入常规营。在“一战”和“二战”，团下属的营的数量得到了增加。比如，国王直属约克郡轻步兵团第1志愿营，改为第4营。同时组建了第5营。“二战”期间，先后组建了第7营、第8营和第9营。

英国陆军的旅则没有本地化，从各团抽调下属一个营，共三个营组成一个旅，进入战斗序列。

在英国陆军各营的翻译中，如果忽视团的存在，那么就会产生混乱。特别英印军中的廓尔喀团（Gorkha regiment），其仍保留了数字序列，比如第1廓尔喀团至第10廓尔喀团。而且一个廓尔喀团下面有多个营，比如第8廓尔喀团组建了7个营。如果没有团，4/8 Gorkha Rifles该如何翻译？数字8即团的序列号，4即营之序列号。

在现代英国陆军中，除上述之外，英国近卫师还存在团的战术单位，师正面直接下辖团，而非旅。但近卫师的主要任务是为伦敦团管区训练和补充营的战术单位。

澳军的营序号与英军不同是，2/19 battalion的编号前面的数字2是指第二澳大利亚帝国军，19表示营的序号。1st/19th，则两个营合并组建的。

以上对翻译过程中遇到的军制问题做了一个简单的梳理，希望对读者阅读本书有所帮助。

附录

二战时期东南亚战场各国陆军军制译名对比表

英文军制名称	英国[1]	美国	中华民国	日本
Army Group	集团军群	集团军群	集团军	总军（General Army）
Army	集团军	集团军	军团（Corps）[2]	方面军（Area Army）
Corps	军	军	军（Army）	军（Army）
Division	师	师	师	师团
Brigade	旅	–	旅[2]	旅团
Regiment	–	团	团	联队
Battaion	营	营	营	大队
Company	连	连	连	中队
platoon	排	排	排	小队
Section	班	班	班	分队

备注：

1. 英印军及英缅军的编制与英国陆军基本一致。

2. 抗战中期扩编，但仍存独立旅的编制。